Venire contra factum proprium

WIENER STUDIEN ZU GESCHICHTE, RECHT UND GESELLSCHAFT

VIENNESE STUDIES IN HISTORY, LAW, AND SOCIETY

Herausgegeben von Nikolaus Benke

BAND/VOL. 6

PETER LANG
EDITION

Lisa Isola

Venire contra factum proprium

Herkunft und Grundlagen eines sprichwörtlichen Rechtsprinzips

PETER LANG
EDITION

Bibliografische Information der Deutschen Nationalbibliothek
Die Deutsche Nationalbibliothek verzeichnet diese Publikation in der Deutschen Nationalbibliografie; detaillierte bibliografische Daten sind im Internet über http://dnb.d-nb.de abrufbar.

Gedruckt mit Unterstützung der
Rechtswissenschaftlichen Fakultät der Universität Wien.

Der Umschlag wurde unter Verwendung einer Graphik von
Veronika Dirnhofer gestaltet.

ISSN 1432-7422
ISBN 978-3-631-71714-1 (Print)
E-ISBN 978-3-631-71715-8 (E-PDF)
E-ISBN 978-3-631-71716-5 (EPUB)
E-ISBN 978-3-631-71717-2 (MOBI)
DOI 10.3726/b10795

Peter Lang Edition ist ein Imprint der Peter Lang GmbH.

Peter Lang – Frankfurt am Main · Bern · Bruxelles ·
New York · Oxford · Warszawa · Wien

Diese Publikation wurde begutachtet.

www.peterlang.com

Für Sophia Aemilia Karoline

Vorwort

Die folgende Untersuchung stellt die gekürzte und in einigen Punkten überarbeite Fassung meiner Dissertation dar, die im Frühjahr 2014 abgeschlossen und im Herbst 2014 an der Rechtswissenschaftlichen Fakultät der Universität Wien angenommen wurde.

Ich danke *Prof. Franz-Stefan Meissel* besonders dafür, dass er mir während meiner Tätigkeit als Universitätsassistentin am Wiener Institut für Römisches Recht und Antike Rechtsgeschichte als Betreuer der Dissertation freie Hand gelassen hat, wissenschaftlich eigene Wege zu gehen und mir dennoch mit Rat und Tat zur Seite stand. Auch Institutsvorstand *Prof. Nikolaus Benke* war dankenswerterweise bereit, das Dissertationsprojekt in jeder Hinsicht zu unterstützen; so insbesondere auch durch die Aufnahme in die von ihm herausgegebene Reihe „Wiener Studien zu Geschichte, Recht und Gesellschaft" des Peter Lang Verlages. Für stete Diskussionsbereitschaft und fördernde Kritik danke ich *Prof. Johannes Platschek*, *Prof. Richard Gamauf* und *Prof. Peter E. Pieler*. *Ass.Prof. Verena Halbwachs* gab mir zudem unzählige inhaltlich wichtige, oftmals auch richtungsweisende Anregungen und hat Kapitel für Kapitel sorgfältig durchgesehen. *Prof. Philipp Scheibelreiter* verdanke ich nicht nur Hilfestellung in philologischen Fragen, sondern auch beim Ausräumen der hin und wieder aufkommenden Selbstzweifel.

Darüber hinaus genoss ich auch Unterstützung außerhalb des Instituts, für die ich mich auf das Herzlichste bedanken möchte. Insbesondere bei *Prof. Laurens Winkel* von der Erasmus Universiteit Rotterdam für seine Gastfreundschaft und die anregenden Gespräche während meines Forschungsaufenthalts in Amsterdam; darüber hinaus bei *Prof. Andreas Wacke* für die zahlreichen Hinweise, die er mir zukommen ließ; für Hilfestellung bei der Bearbeitung der Texte zum kanonischen Recht bei *Prof. Herbert Kalb* und *Prof. Wim Decock*. Auch allen anderen, hier nicht namentlich genannten Professoren und Kollegen, die mir bei Kongressen und anderer Gelegenheit so viele Anregungen und Hinweise gaben, sei an dieser Stelle gedankt.

Besonders gefördert hat den Fortgang der Arbeit auch die Österreichische Akademie der Wissenschaften durch ein Stipendium am Österreichischen Historischen Institut beim Österreichischen Kulturforum in Rom und die Arbeit in der Bibliothek der Università degli Studi di Roma „La Sapienza" (Roma I) während dieser Zeit. Dank eines Stipendiums der Max-Planck-Gesellschaft am Max-Planck-Institut für europäische Rechtsgeschichte in Frankfurt am Main konnte die Arbeit schlussendlich zügig fertiggestellt und die Literatur vervollständigt werden.

Für einen großzügigen Druckkostenbeitrag danke ich der Rechtswissenschaftlichen Fakultät der Universität Wien.

Zu allergrößtem Dank verpflichtet bin ich nicht zuletzt auch meinem Vater *Mag. Rainer Isola*, der es auf sich genommen hat, das Manuskript binnen kürzester Zeit zu lektorieren.

Linz, im November 2016 Lisa Isola

Inhalt

Abkürzungen

Außer den üblichen und den bei Max Kaser, Das römische Privatrecht, 1. Abschnitt, 2. Aufl. 1971, XIX–XXX angeführten.

AbR	Archiv für bürgerliches Recht
AKKR	Archiv für Katholisches Kirchenrecht
AUPA	Annali del Seminario Giuridico dell'Università degli Studi di Palermo
ANRW	Aufstieg und Niedergang der Römischen Welt
ApR	Archiv für praktische Rechtswissenschaft
BIDR	Bullettino dell'Istituto di Diritto Romano
BMCL	Bulletin of Medieval Canon Law
CGIC	Corpus Glossatorum Iuris Civilis
CIC	Corpus Iuris Civilis
CRRS	Corpus der römischen Rechtsquellen zur antiken Sklaverei
DA	Deutsches Archiv für die Erforschung des Mittelalters
Giust. Civ.	Giustizia civile
Gl.	Glossa ordinaria
GPR	Zeitschrift für das Privatrecht der Europäischen Union
HdRG	Handwörterbuch zur deutschen Rechtsgeschichte
HLL	Handbuch der lateinischen Literatur der Antike
HQL	Handbuch der Quellen und Literatur der neueren europäischen Privatrechtsgeschichte
IRMAE	Ius Romanum Medii Aevi
LMA	Lexikon des Mittelalters
MGH	Monumenta Germaniae Historica
MIC	Monumenta Iuris Canonici
NJW	Neue Juristische Wochenschrift
NNDI	Novissimo Digesto Italiano
NP	Der Neue Pauly
NRH	Nouvelle revue historique de droit fançais
NGCC	Nuova giurisprudenza civile commentata
ÖJZ	Österreichische Juristen-Zeitung
OIR	Orbis Iuris Romani
PR I	(*Max Kaser*) Das Römische Privatrecht, Erster Abschnitt: Das altrömische, das vorklassische und das klassische Recht
PR II	(*Max Kaser*) Das Römische Privatrecht, Zweiter Abschnitt: Die nachklassischen Entwicklungen
RDC	Révue de Droit Canonique

RdW	Österreichisches Recht der Wirtschaft
RIDC	Rivista Internazionale di Diritto Comune
RJ	Rechtshistorisches Journal
RRMA	Das Römische Recht im Mittelalter
SDHI	Studia et Documenta Historiae et Iuris
StG	Studia Gratiana
Wbl	Wirtschaftsrechtliche Blätter
ZAS	Zeitschrift für Arbeits- und Sozialrecht
ZgR	Zeitschrift für geschichtliche Rechtswissenschaft
ZHR	Zeitschrift für das gesamte Handelsrecht und Wirtschaftsrecht
ZZP	Zeitschrift für deutschen Zivilprozeß

I. Einleitung

1. Inhalt des Verbots von *venire contra factum proprium*

Das Verbot von *venire contra factum proprium* begegnet in ganz unterschiedlichen Zusammenhängen: Man hört davon in der juristischen Ausbildung wohl zuerst in einer Lehrveranstaltung zum römischen Recht; meist wird es auch im Zusammenhang mit dem Prinzip von Treu und Glauben, Rechtsmissbrauch und Verwirkung in den Vorlesungen zum Privatrecht erwähnt; aber auch im Wettbewerbsrecht, etwa beim Einwand der „*unclean hands*" kommt es zur Sprache. In Form des „*estoppel*"-Prinzips figuriert es im Völkerrecht und nicht zuletzt im Zusammenhang mit dem Zivilprozessrecht bleibt es nicht unerwähnt. Oftmals wird in der Argumentation auf diesen Grundsatz zurückgegriffen, ohne dass Klarheit darüber besteht, warum er in Geltung steht, was er genau besagt und wie sein Anwendungsbereich von den Fällen abzugrenzen ist, in denen man doch widersprüchlich handeln darf. Bausteine einer Antwort darauf mögen in der Analyse des Ursprungs dieses Rechtsprinzips in der mittelalterlichen Rechtswissenschaft gefunden werden: In diesem Kontext wurde es erstmals als solches formuliert und von hier ausgehend kann die Basis im römischen Recht nachvollzogen werden.

„*Venire contra factum proprium nulli conceditur*"[1] bedeutet nach allgemeiner Auffassung, dass es verboten ist, durch widersprüchliches Verhalten anderen einen Schaden zuzufügen, die im Vertrauen auf ein zurechenbares Erstverhalten Dispositionen getroffen haben. Charakteristisch für alle Anwendungsfälle ist, dass der widersprüchlich Handelnde zu diesem späteren Handeln berechtigt wäre, hätte er nicht vorher einen gegenläufigen Vertrauenstatbestand geschaffen[2].

---

1 Der Schlussteil lautet statt „*nulli conceditur*" mitunter auch „*non valet*" oder „*nemini licet*", bzw. wird der Grundsatz teilweise auch überhaupt anders formuliert, wie etwa „*Factum proprium nemo impugnare potest*". Meist spricht man jedoch lediglich von „*Venire contra factum proprium*" und unterschlägt die eigentliche Verhaltensanforderung.

2 Ein Verhalten, das „an sich" nicht rechtswidrig wäre, ist in einer solchen Konstellation verboten: Mithilfe des Grundsatzes vom Verbot des Selbstwiderspruchs soll also die Rechtslage „korrigiert" werden. Siehe *Singer*, Verbot widersprüchlichen Verhaltens (1993) 5, der ebd. auch untergliedert in a) die Folge des Rechtsverlustes, wenn einem Gläubiger die Berufung auf ein Recht verwehrt wird und b) die Folge der Rechtsbegründung, wenn ein Schuldner sich auf Wirksamkeitshindernisse, Einwendungen und Einreden, bzw. sogar das gänzliche Fehlen eines Verpflichtungstatbestandes, nicht mehr berufen darf.

Für geltende nationale Rechtsordnungen sowie für das Völkerrecht[3] wurde das Verbot von *venire contra factum proprium* bereits verschiedentlich hinsichtlich seiner aktuellen systematischen Position und Ausprägung untersucht. Darauf, dass in Österreich vergleichsweise ein „erstaunlich geringes Oevre" zum *venire contra factum proprium* vorliegt und das Thema hierzulande äußerst „stiefmütterlich" behandelt wird, wies insbesondere *Mader* bereits mehrfach hin[4]. Ebenfalls zurückhaltend steht diesem Problem die französische

3 Eine kleine Auswahl aus der reichen Literatur zum *estoppel*-Prinzip: *Youakim*, Estoppel (2004); *Barnett*, Res iudicata (2001); *Fauvarque-Cossin*, Estoppel, in: L'interdiction (2001) 3 ff; *Spence*, Protecting reliance (1999); *Friedl*, Consideration (1994); *Martin*, Estoppel (1979); *Staehelin*, Estoppel (1955).
Auch auf europäischer Ebene findet das Thema aktuell Behandlung: Siehe *Stempel*, Treu und Glauben im Unionsprivatrecht (2016) insbes. 261 ff u. zuvor für einen Teilbereich bereits *Halfmeier*, Opt-out, GPR 2005, 184 ff.

4 *Mader*, Rechtsmißbrauch (1994) 19; *ders.*, Gl. zu 2 Ob 214/11a, Wbl 2013/100, 282; *ders.*, Venire, in: FS Fenyves (2013) 257 ff (ebd. findet sich eine Gegenüberstellung der deutschen und österreichischen Behandlung des Themas in Judikatur und Literatur). Im Zusammenhang mit dem Abbruch von Vertragsverhandlungen wurde es jedoch mehrfach diskutiert (siehe etwa bereits *Ostheim*, Culpa in contrahendo, JBl 1980, 577 (unter cc. Verschuldenshaftung); *F. Bydlinsky*, Kontrahierungszwang, in: FS Klecatsky (1980) 140; *Koziol*, Haftpflichtrecht 2[2] (1984) 76 f sowie rezenter *Machold*, Schadenersatzrechtliche Folgen (2009) 83 f u. *Lukas*, Abbruch, I in: JBl 2009, 751 ff, II in: JBl 2010, 23 ff). Auch bei geschäftsplanmäßigen Erklärungen des Versicherers dachte man über eine Heranziehung nach; hier wurde die Anwendbarkeit jedoch ebenso verneint (siehe *Steiner*, Zivilrechtliche Ansprüche, ÖJZ 1986, 674 f) wie bei der Verjährung von Schadenersatzansprüchen aus fehlerhafter Anlageberatung (vgl. *Kletečka/Holzinger*, Verjährung, ÖJZ 2009, 637 ff). Überhaupt spricht sich die überwiegende österreichische Lehre tendenziell dafür aus, dass widersprüchliches Verhalten nur dann von der Rechtsordnung unerwünscht sei, wenn ein Vertrauen enttäuscht wird, dessen Schutz die Rechtsordnung vorsieht. Es sei nur der objektive Erklärungswert des Erstverhaltens, nicht aber der Selbstwiderspruch an sich entscheidungsrelevant. Diskutiert wurde die Frage schließlich auch im Zusammenhang mit der Frage, ob ein freier Dienstnehmer bzw. Werkvertragsnehmer, der den Abschluss eines Arbeitsvertrages selbst verweigerte, obwohl die gesetzlichen Voraussetzungen vorlagen, sich später zu seinem Vorteil (etwa um im Insolvenzfall Zahlungen aus dem Insolvenz-Ausfallgeld-Fonds zu erlangen) auf seine Arbeitnehmereigenschaft berufen könne. Der OGH lehnte hier eine Übertragung der Entscheidungen zur deutschen Rechtslage auf die österreichische ab und ordnete lediglich eine rückwirkende Entgeltkorrektur mittels *condictio* an. Eine Missbrauchsschranke bei der Ausübung subjektiver Rechte als Ausdruck des Verbots des *venire contra factum proprium* lasse sich zwar mit §§ 1295 Abs 2 iVm 1305 ABGB begründen, diese erreiche aber nicht das Ausmaß des § 242 BGB im deutschen Recht (bzw. Art. 2 schweizer ZGB). Darüber hinaus müsse der Vertrauende – anders als nach deutschem Recht – nach österreichischer Rechtslage aufgrund seines Vertrauens bereits Dispositionen getroffen haben (siehe OGH 8 Ob A 49/07z

Lehre gegenüber, da das französische Recht (ähnlich dem österreichischen) diesbezüglich keine allgemein einschlägige gesetzliche Regelung vorsieht[5].

Ausführlicher widmet sich dieser Frage hingegen die Literatur zum deutschen Recht, die das Verbot des Selbstwiderspruchs vor allem im Zusammenhang mit § 242 BGB diskutiert[6]. Darüber hinaus liegen aber auch eigenständige Abhandlungen zum *venire contra factum prorium* im deutschen Strafrecht[7], Steuerrecht[8], Gesellschaftsrecht[9] und Prozessrecht[10] vor. Insbesondere in italienischer Sprache[11], wo bspw. eigene Darstellungen zum *venire contra factum prorium* im Familienrecht[12] und Prozessrecht[13] veröffentlicht wurden, aber auch im spanischsprachigen Ausland wurde in den vergangenen Jahrzehnten

---

und dazu die Gl. von *Schauer* in: ZAS 2010/52). Rezent beschäftigte sich der OGH wieder mit der Frage nach der Zulässigkeit von widersprüchlichem Verhalten und ging erstmals umfassender inhaltlich darauf ein: *venire contra factum proprium* sei lediglich ein Tatbestand des Rechtsmissbrauches, der auf Vertrauensschutzüberlegungen beruhe. Ein subjektives Recht dürfe man nämlich nur dann nicht mehr ausüben, wenn man bei jemandem das schutzwürdige Vertrauen hervorgerufen hat, dass das Recht nicht (mehr) zusteht bzw. nicht ausgeübt wird und der andere im Vertrauen darauf Dispositionen getroffen hat – dann sei die Ausübung dieses Rechts nämlich sittenwidrig iSd § 879 Abs 1 ABGB (siehe 2 Ob 214/11a und dazu die Gl. von *Mader* in: Wbl 2013/100282. Siehe auch *Mader*, Venire, in: FS Fenyves (2013) 258 f u. 267 f). Zum *venire contra factum proprium* im Zusammenhang mit öffentlich-rechtlichen Problemstellungen vgl. zuletzt *Beiser*, Rechtsstaatsprinzip, RdW 2016/102, 137.

5 Bereits zu Beginn des 20. Jh. verfasste *Rundstein* (angeregt durch die sogleich näher zu besprechende Abhandlung *Riezlers*) eine rechtsvergleichende Studie zum französischen Recht: *Rundstein*, Widerspruch, AbR 43 (1919) 319 ff. Etwa *Houtcieff*, Cohérence, 2 Bde (2001) griff das Problem erneut auf.

6 *Griesbeck*, Venire (1978); *Dette*, Venire (1985); *Singer*, Verbot (1993); *Wieling*, Venire, AcP (1976) 334 ff; *Stocks*, Verwirkung (1939). Es spielt auch eine Rolle bei *Canaris*, Vertrauenshaftung (1971), insbes. handelt hier der zweite Abschnitt des zweiten Kapitels von der „Vertrauenshaftung kraft widersprüchlichen Verhaltens" (287 ff). Außerdem wird das Problem in den Gesetzeskommentaren zu § 242 BGB diskutiert – so etwa *Grüneberg* in: *Palandt*, BGB[74] (2015), § 242 Rn 55 ff; *Roth/Schubert* in: MüKo[7] (2015), § 242 Rn 255 ff oder *Looschelders/Olzen* in: *Staudinger*, BGB (2015), § 242 Rn 286 ff.

7 *Bruns*, Venire, JZ 11 (1956) 147 ff.

8 *Kreibich*, Treu und Glauben (1992).

9 *Lehmann*, Enthaftung, ZHR 79 (1916) 57 ff.

10 *Baumgärtel*, Treu und Glauben, ZZP 69 (1956) 89 ff (insbes. 119 ff).

11 *Festi*, Venire (2007); *Maffeis*, Forma, Giust. civ. 2005, 1938 ff; *Scarso*, Venire, Resp. civ. e prev. 74 (2009) 513 ff; *Scalese*, Coerenza (2000); *Astone*, Venire (2006).

12 *Sesta*, Venire, NGCC (2000) II, 350 ff.

13 *De Falco*, Venire, TAR (2004) 199 ff.

zum Verbot des Selbstwiderspruchs wiederholt publiziert[14]. Vor allem die spanische bzw. lateinamerikanische Literatur zieht bei Behandlung des geltenden Rechts immer wieder die Entstehungsgeschichte heran; ohne diese dürfte die aktuelle Gestalt des Rechtsprinzips nur fragmentarisch zu verstehen sein, daher ist auch aus Sicht des geltenden Rechts eine historische Betrachtung von besonderem Interesse[15]. Diese wurde bisher im deutschsprachigen Raum jedoch weitgehend außer Acht gelassen[16].

2. Entwicklung des Verbots des Selbstwiderspruchs

Dass einmal gebildete allgemeine Sätze vielfach zu Dogmen wurden, die man als Begründung verwendete, aber nicht mehr nach ihrer eigenen Begründung fragte, wurde schon für das römische Recht konstatiert[17] und kann als allgemeine Beobachtung auch auf später formulierte Prinzipien, wie etwa das Verbot von *venire contra fatum proprium*, übertragen werden.

Das klassische römische Recht kennt das Prinzip der Bindung an das eigene Vorverhalten in dieser Allgemeinheit noch nicht ausdrücklich; in verschiedenen Einzelfällen zeigt es sich allerdings bereits sinngemäß. Als selbständig formuliertes, universelles Prinzip entstand es zur Zeit der Glossatoren:

---

14 *Díez-Picazo*, Propios actos (1963); *De los Mozos*, Buona fe (1965) 183 ff; *Puig Brutau*, Actos propios (1951); *Pizza de Luna*, Actos propios, in: Estudios Couture (1957) 555 ff; *Morello/Stiglitz*, Acto propio, La Ley 1984, 865 ff; *Borda*, Actos propios (1986); *Ekdahl-Escobar*, Actos propios (1989); *López-Mesa*, Actos propios (2009) u. *ders./Rogel Vide*, Actos propios (2005); *Jaramillo Jaramillo*, Actos propios (2014).

15 Konkret für das *venire contra factum proprium* meint das auch *Wieling*, Rez. Dette (1985), AcP 187 (1987) 96 (vgl. unten S. 11) und allgemein für den Rechtsmissbrauch *Mader*, Rechtsmißbrauch (1994) 5. Das Werk *Riezlers* wird auch in beinahe jeder (auch fremdsprachigen) wissenschaftlichen Abhandlung zum widersprüchlichen Handeln in den geltenden Rechtsordnungen zitiert. Dadurch wird meines Erachtens auch die Erkenntnis zum Ausdruck gebracht, dass die historische Komponente für das Verständnis des *venire contra factum proprium* eine herausragende Rolle spielt. Zur „Wiederkehr von Rechtsfiguren", wobei in diesem Zusammenhang auch das Verbot von *venire contra factum proprium* erwähnt wird, vgl. *Honsell*, Lebendiges RR, in: GedS Mayer-Maly (2011) 225 ff (insbes. 232).

16 Näheres dazu sogleich unten S. 10 ff.

17 *Bruns/Pernice/Lenel*, Geschichte und Quellen (1915) 345 bezieht sich mit dieser Feststellung auf die *veteres* bzw. die „sich bildende Wissenschaft". Diese zeige die „erklärliche Neigung, allgemeine Sätze aufzustellen, deren Anwendung auf den Einzelfall die praktische Tätigkeit erleichtert". Dass nach einer Begründung dieser zu Dogmen verfestigten Sätze nicht mehr gefragt wurde, wird damit begründet, dass „man ihren Ursprung und ihre Motive nicht mehr feststellen konnte".

Gemeinhin werden die legistischen Brocardica *aurea*, als deren Autor Azo[18] gilt, als erster Nachweis dieses Prinzips bezeichnet[19], doch scheinen diese, wie noch näher auszuführen sein wird, lediglich in geordneter Form festzuschreiben, was bereits aus älteren Glossen bekannt war.

Die erste selbständige Darstellung erfuhr das Thema im 17. Jahrhundert in einer von *Stryk* betreuten Dissertation *Schachers* unter dem Titel „*De impugnatione facti proprii*". Er versuchte alle relevanten Formen des Selbstwiderspruchs zu erfassen und zitierte zu diesem Zweck nicht nur juristische Quellen der Antike, sondern auch etwa mittelalterliche Kommentare und frühe neuzeitliche Werke; darüber hinaus aber etwa auch die Evangelien und die Schriften Luthers. Er gliedert seine Abhandlung in die Abschnitte „*De impugnatione facti proprii regulariter illicita*" (S. 4 ff); „*De impugnatione facti proprii quoad ius personarum*" (S. 17 ff); „*De impugnatione facti proprii ex iure rerum, quoad actos inter vivos*" (S. 24 ff); „*De impugnatione facti proprii in ultimis voluntatibus*" (S. 46 ff); „*De impugnatione facti proprii quoad actus iudiciales*" (S. 56 ff); „*De impugnatione facti proprii in rebus ecclesiasticis*" (S. 67 ff) und „*De impugnatione facti proprii principis*" (S. 78 ff), wobei diese Abschnitte in Einzelaussagen zerlegt werden. Von Exegesen nach heutigem Verständnis kann nicht gesprochen werden[20].

1912 erschien *Riezlers* Monographie mit dem Titel „*Venire contra factum proprium*", die noch heute das Standardwerk darstellt. Er stellte auch Untersuchungen zum römischen Recht und dessen Rezeption im Mittelalter an, legte den Schwerpunkt jedoch auf das englische und deutsche Recht[21]. *Riezler* selbst erklärte das Schweigen der Pandektisten zu unserem Thema damit, dass die historische Schule das römische Recht so darstellen wollte, wie es sich in den Quellen zeigt, aus denen ein solch allgemeines Verbot eben nicht unmittelbar ablesbar sei[22].

---

18 Er stammte höchstwahrscheinlich aus Bologna, wo er jedenfalls studiert und gelehrt hat. Die beiden ältesten Urkunden, in denen er erwähnt wird, stammen aus 1190 und 1194, das letzte Dokument aus 1220. Siehe nur *Lange*, RRMA 1 (1997) 256 mwL auf S. 255.

19 Vgl. nur etwa *Riezler*, Venire (1912) 44; *Diez-Picazo*, Propios actos (1963) 45; *Astone*, Venire (2006) 75 Fn 65.

20 *Schacher*, Facti proprii (1688). Auch *Riezler*, Venire (1912) 47 nennt als einzige ihm vorangehende Gesamtdarstellung zum *venire contra factum proprium* diese Dissertation, wobei er anmerkt, dass nicht festzustellen sei, welchen Anteil man *Stryk* zuschreiben müsse, der die „Disputatio" leitete. Eine kurze Zusammenfassung bietet dazu auch *Díez-Picazo*, Proprios actos (1963) 54 ff.

21 Er wird für das deutsche Recht auch als Begründer der Lehre vom Verbot des *venire contra factum proprium* bezeichnet. Siehe nur *Stocks*, Verwirkung (1939) 28.

22 *Riezler*, Venire (1912) 53 f. *Procchi*, Venire, in: Eccezione (2006) 92 vermutet als weiteren Grund die Aversion der (meisten) Pandektisten gegen die *exceptio doli*

Liebs widmete sich in einem 1981 in der Juristenzeitschrift veröffentlichten Aufsatz über die „Geschichte einiger lateinischer Rechtsregeln“ auch der Herkunft des *venire contra factum proprium*[23]. Seiner kritischen Haltung gegenüber dem Verbot widerspruchsvollen Verhaltens entgegnete *Wacke*, dass dieses als „rechtsethische Anforderung“[24] durch die Anführung von Gegenbeispielen nicht seine Funktion verliere; es werde im Gegenteil dadurch nur umso „schärfer konturiert“. *Wacke* kommt zu dem Schluss: „Die Geltung des Verbots vom widersprüchlichen Verhalten rundheraus zu bestreiten, wäre falsch; zulässiges und verbotenes *venire contra factum proprium* sind vielmehr voneinander zu unterscheiden“[25].

Exkurs: Regel und Prinzip[26]
Dass es nicht nur verbotenes, sondern auch zulässiges *venire contra factum proprium* geben kann, führt zu der Frage, welche rechtliche Qualität dem Satz „*venire contra factum proprium nulli conceditur*“ zukommt. Dabei wird nach dem jeweiligen historischen Kontext zu unterscheiden und der Umstand zu berücksichtigen sein, in welcher Form die Rechtserzeugung in der betroffenen Rechtsordung erfolgt.

Bereits im römischen Recht wurde von den Juristen diskutiert, was eine Regel ausmache. So schreibt der Spätklassiker Paulus in D. 50, 17, 1 (16 ad Plaut): *Regula est, quae rem quae est breviter enarrat. non ex regula ius sumatur, sed ex iure quod est regula fiat. per regulam igitur brevis rerum narratio traditur, et, ut ait Sabinus, quasi causae coniectio est, quae simul cum in aliquo vitiata est, perdit officium suum*[27]. Darin sieht ein Teil der Literatur

---

generalis, als deren Kind er das Verbot des Selbstwiderspruches sieht. Gegenüber der mittelalterlichen wie auch der modernen Dogmatik überhöht *Wieling*, Rez. Dette, AcP 187 (1987) 97 die Pandektisten und begründet ihr Außerachtlassen mit ihrer wissenschaftlichen Brillanz: „Die Pandektisten des 19. Jh. benötigten die Krücke des venire contra factum proprium nicht. Auf der Höhe wissenschaftlicher Rechtsbehandlung waren sie in der Lage, die Probleme mit den überkommenen dogmatischen Hilfsmitteln zu lösen. Erst unter der Herrschaft des BGB begann mit der zunehmenden Wertschätzung des § 242 auch die Blüte unseres Rechtssprichworts, welche es zu einer der am meisten angewandten Rechtsfiguren gemacht hat; dem BGB kann man daraus freilich keinen Vorwurf machen.“

23 *Liebs*, Rechtssätze, JZ 36 (1981) 160 ff.

24 Vergleichbar drückt sich auch *Wieacker*, Rechtstheoretische Präzisierung (1956) 27 aus, der den Grundsatz auf die Gerechtigkeitsidee selbst zurückführt, insbes. auf die *fides*, die auch in *pacta sunt servanda* ihren Niederschlag finde.

25 *Wacke*, Rechtsprinzipien, OIR 5 (1999) 189.

26 Siehe für einen Überblick zur Entwicklung *Pokol*, Abstrahierungsformen, Rechtstheorie 42 (2011) 105 ff (ab 112 ff zum anglo-amerikanischen Rechtskreis).

27 Diese Stelle legt *Wacke*, Rechtsprinzipien, OIR 5 (1999) 177 f einschränkend aus. Zur „Definition der Rechtsregel in D 50, 17, 1“ ausführlich *Schmidlin*,

den Typ der deskriptiven Regel angesprochen, von der sich die normative Regel – wie beispielsweise die *regula iuris civilis* im Sinne zwingender Formvorschriften[28] – unterscheiden lasse[29]. Dem wurde allerdings entgegengesetzt, dass der Konjunktiv (*non sumatur ... fiat*) lediglich eine Mahnung ausdrücke, nicht aber einen Zustand[30]. Paulus drücke damit lediglich den Wunsch aus, dass eine *regula* nicht übermäßig erweitert oder stets starr angewendet werde, sondern der lebendige Kontakt zu den individuell-konkreten Problemen des juristischen Alltags erhalten bleibe[31].

Im Mittelalter hatte die Herausstellung von allgemeinen Sätzen in erster Linie die Funktion, die Masse des im *Corpus Iuris* enthaltenen Rechtsstoffes zu bewältigen. Dabei wurde – insbesondere auch zu Lehrzwecken – abstrakt beschrieben, was in den einzelnen Texten kasuistisch vorgefunden wurde. Diese Zusammenfassung ermöglichte es, die Wertungen aufzuspüren, die hinter den Entscheidungen der Juristen stehen[32]. Eine solche Gewinnung

Rechtsregeln (1970) 7 ff. Siehe außerdem *Behrens*, D 50, 17, 1, SZ 75 (1958) 353 ff, der die Echtheit des Fragments aus inhaltlichen (nicht sprachlichen) Gründen anzweifelt und von einem Ursprung in der enzyklopäischen Literatur ausgeht.

28 Wie etwa in Gai. 2 inst., D. 28, 1, 4 (= Gai. 2, 114): ... *an secundum regulas iuris civilis testatus sit.*

29 Vgl. *Stein*, Regulae iuris (1966); *Schmidlin* bezeichnet die „deskriptiven" stattdessen als „kasuistische" und „definierende" *regulae*; *Horak* sowie *Kaser* nennen sie „empirische". Vgl. *Schmidlin*, Rechtsregeln (1970); *ders.*, Regula iuris, in: FS Kaser (1976) 91 ff; *Horak*, Rationes Decidendi 1 (1969) 116 ff; *Kaser*, Interpolationenforschung. Anhang: Über Rechtsregeln, in: Rechtsquellen (1986) 146 ff; siehe dazu auch *Hausmaninger*, Nemo sibi ipse, in: Gedächtnisschrift Schmidt (1966) 399 ff. Zu „Stellenwert und Bedeutung" von Rechtsregeln im römischen Recht siehe darüber hinaus *Finkenauer*, Stipulation (2010) 13 ff; *Tuori*, Scaevola, TR 72 (2004) 254 ff (insbes. 256 f); allgemein *Nörr*, Spruchregel und Generalisierung, SZ 89 (1972) 18 ff; *Carcaterra*, Definizioni (1966); *Martini*, Definizioni (1966) – die beiden letzten Arbeiten sind unabhängig voneinander im selben Jahr unter dem selben Titel erschienen. Eine „Textausgabe und Übersetzung" samt einleitendem Überblick bietet *Eichler*, Regeln (2010). Ausführlich zuletzt *Corbino*, Caso, diritto e regula, RIDA 61 (2014) 47 ff.

30 *Daube*, Palingenesie, SZ 76 (1959) 205. Er geht außerdem davon aus, dass diese Aussage von Paulus nicht allgemein jede *regula* betreffend zu verstehen ist, sondern sieht einen konkreten Zusammenhang mit der *regula Catoniana*, die als Juristenregel „beinah wie ein Stück Gesetzgebung angewandt" worden sei, von der man aber seit der Kaiserzeit abzurücken versucht habe.

31 *Hausmaninger*, Nemo sibi ipse, in: Gedächtnisschrift Schmidt (1966) 412.

32 Ausführlicher dazu unten S. 17 ff. Vgl. zum Thema die Beiträge in *Cairns/du Plessis* (Hrsg.), The Creation of Ius Commune. From Casus to Regula (2010). Im Gegensatz zu den römischen Juristen, die frei aufgrund ihrer eigenen Autorität *regulae* formulierten, fühlten sich die mittelalterlichen Juristen an den Text des *Corpus Iuris* gebunden. Siehe dazu *Gordley*, Ius Quaerens Intellectum, in: ebd. 79.

von *regulae iuris* war nach *Bezemer*[33] überhaupt primäres methodisches Anliegen der mittelalterlichen Jurisprudenz.

In einer schematischen Unterscheidung zwischen Naturrecht und Rechtspositivismus kann einerseits die innere Gerechtigkeit eines Prinzips oder andererseits die formale Normierung desselben als Grund seiner Zugehörigkeit zu einer Rechtsordnung gesehen werden: Nach der naturrechtlichen Lehre führt die einem Prinzip innewohnende Gerechtigkeit automatisch dazu, dass es zum Bestandteil des geltenden Rechts werde. Demgegenüber verlangt der Rechtspositivismus, dass der Gesetzgeber das Prinzip ausdrücklich oder zumindest implizit normiert, andernfalls komme ihm keine Wirkung zu[34].

In der Diskussion zum geltenden Recht wird allgemein angenommen, das Prinzip unterscheide sich von der Regel dadurch, dass Prinzipien bloße Leitlinien der Gesetzgebung seien, die dann rechtsverbindliche Regeln schaffen soll, die sich an diesen Leitlinien orientieren[35]; bei *Alexy* sind Prinzipien so weit verstanden, dass sie „aufgrund ihres hohen Generalitätsgrades ... nicht unmittelbar zur Begründung einer Entscheidung verwendbar" sein sollen[36]. Es lässt sich allerdings feststellen, dass auch Prinzipien von der Rechtssprechung unmittelbar zur Anwendung gebracht werden. *Esser* sieht in Prinzipien überhaupt das Produkt richterlicher Entscheidungspraxis (allerdings als „Entdeckung", nicht als Rechtsschöpfung[37]), während *Dworkin* als besonderes Unterscheidungsmerkmal hervorhebt, dass der Richter gegenläufige Prinzipien gegeneinander abwiegen könne, während bei Regeln immer eine der anderen derogiere[38].

Ramos Pascua unterscheidet die integrierende (zur Ausfüllung von Gesetzeslücken), interpretierende (für die Erfassung des Sinngehalts einer Norm) und programmierende (als Vorbild der Gesetzgebertätigkeit) Funktion von Prinzipien; sie bilden gewissermaßen das Skelett einer Rechtsordnung[39]. Er bezeichnet den Einsatz von Prinzipien durch Rechtsanwender als „einen Akt der ‚Autointegration' und der ‚Heterointegration' zugleich", da „bereits im positiven Recht eingewobene Elemente zur Anwendung" gebracht und gleichzeitig

33 *Bezemer*, The Formation of Regulae, in: From Casus to Regula (2010) 57 ff.

34 Vgl. nur *Ramos Pascua*, Prinzipien, in: Prinzipien (1996) 7.

35 Siehe etwa *Bobbio*, Principi generali, NNDI 13 (1966) 889 f. *Schulze* hingegen spricht von „‚Prinzipienkatalogen' und anderen Regelwerken", die von Forschernetzwerken für die europäische Privatrechtsangleichung erstellt werden und qualifiziert damit wohl die Prinzipien auch als Regeln (vermutlich dann weiter gefasste). Siehe *Schulze*, Einleitung in: Gemeinsame Prinzipien (2003) 14.

36 *Alexy*, Theorie (1978) 299 Fn 81 u. S. 319.

37 *Esser*, Grundsatz und Norm (1956). *Hart* hingegen erkennt den Richtern Rechtsschöpfungskompetenz zu: Siehe etwa *Hart*, Concept (1961) 246 f.

38 *Dworkin*, Rights (1977).

39 *Ramos Pascua*, Prinzipien, in: Prinzipien (1996) 10.

„Fremdbestandteile" integriert würden, die „ethisch-politischen Wertungen" entsprüngen[40]. *Canaris* versteht das System allgemeiner Prinzipien, aus denen bei Fehlen normativer Regelungen deduziert werden könne, als Zusammenspiel teils auch widersprüchlicher Argumente, die durch Unterprinzipien und Einzelwertungen konkretisiert würden[41].

Die konkrete Einzelregel ist generell von Prinzipien bestimmt; das kann nach *F. Bydlinsky* ein eigenständiges Prinzip oder auch eine Prinzipienkombination sein, die ihrerseits aus einander verstärkenden oder auch einschränkenden Prinzipien besteht[42]. Insbesondere im österreichischen Privatrecht ist in § 7 ABGB[43] ein Rückgriff auf die „natürlichen Rechtsgrundsätze" auch ausdrücklich normiert.

Prinzipien sind oftmals sprichwörtlich formuliert und treten, wie zuletzt *Wacke* aufgezeigt hat, mit „sprachlich einprägsamer Eleganz"[44] auf. Die Vollständigkeit hingegen ist kein Qualifizierungsmerkmal. Der Begriff „Parömie" weist gemäß seines Wortsinnes darauf hin, dass unausgesprochen ein über den bloßen Wortlaut hinausreichender Sinn umfasst ist. Auch die metonymische Bedeutung ist aber nicht alleiniges Charakteristikum des sprichwörtlichen Prinzips; vielmehr geht es um die Volksläufigkeit. *Wacke* kommt zu der Erkenntnis, dass historisch überlieferte, sprichwörtliche Prinzipien zu einer europäischen Rechtsangleichung beitragen können, insbesondere in der sprachlich prägnanten Vermittlung eines Rechtssatzes, der zündenden „Wiedergabe einer

40 *Ramos Pascua*, Prinzipien, in: Prinzipien (1996) 33.

41 *Canaris*, Systemdenken (1969) 16 f.

42 *F. Bydlinski*, System und Prinzipien (1996) 23.

43 „Läßt sich ein Rechtsfall weder aus den Worten, noch aus dem natürlichen Sinne eines Gesetzes entscheiden, so muß auf ähnliche, in den Gesetzen bestimmt entschiedene Fälle, und auf die Gründe anderer damit verwandten Gesetze Rücksicht genommen werden. Bleibt der Rechtsfall noch zweifelhaft; so muß solcher mit Hinsicht auf die sorgfältig gesammelten und reiflich erwogenen Umstände nach den natürlichen Rechtsgrundsätzen entschieden werden." Bei den „natürlichen Rechtsgrundsätzen" handelt es sich um „die allgemeinsten Wertungsprinzipien, die der Rechtsordnung zugrunde liegen". Siehe idS *F. Bydlinski* in *Rummel*[3] (2000), § 7 Rz 9 ff. Die Anwendung von § 7 ABGB setzt jedoch voraus, dass sich ein Rechtsfall weder aus den Worten noch aus dem natürlichen Sinn eines Gesetzes entscheiden lässt und damit eine planwidrige Unvollständigkeit vorliegt, weil ein bestimmter Fall einer Beurteilung bedarf, der nach dem Gesetz nicht beurteilt werden kann. Vgl. dazu bspw. *Schauer* in *Kletečka/Schauer*, ABGB-ON[1.01] (2013) § 7 Rz 4. *Kramer*, Natürliche Rgs, in: FS ABGB (2011) 1181 ff erwähnt ausdrücklich das Verbot von *venire contra factum proprium*, wenn er die natürlichen Rechtsgrundsätze des § 7 ABGB inhaltlich konkretisiert: Er schlägt vor, dass es sich dabei um einerseits „überhistorisch" gültige sowie andererseits um durch Rechtsvergleichung gewonnene Rechtsgrundsätze handelt. Siehe ebd. 1169 ff mwN (insbes. 1173 f mit Fn 29).

44 *Wacke*, Rechtsprinzipien, OIR 5 (1999) 181 ff.

juristischen Einsicht von der Evidenz eines Aphorismus“[45]. Nur, wenn „eine inhaltlich überzeugende Sachaussage sprachlich in eleganter Form“[46] auftrete, könne ein solcher Aphorismus entstehen, daher seien modernen Gesetzen vergleichbar präzise Regeln die Ausnahme, hingegen auslegungsbedürftige Maximen häufig[47].

Hausmaninger wies darauf hin, dass auch eine *regula* des römischen Rechts als Generalisierung und Abstraktion zwar aus der Kasuistik hervorgegangen sei, jedoch ein Eigenleben entfaltet und stark auf alle folgende Rechtsfindung ausgestrahlt hat. Eine Ausnahme zerstörte die Regel nicht; diese blieb vielmehr weiterhin ein bedeutendes dogmatisches Element. Er spricht von einem „Kräfteparallelogramm …, dessen Komponenten Rechtssicherheit und Fallgerechtigkeit, Regel und Ausnahme, oder Rechtsanwendung und Rechtsfortbildung heißen“[48].

Gelegentlich bloß als „sprachlicher Putz“ abgekanzelt, haben die sprichwörtlichen Rechtsprinzipien neben der Legitimierung von Lösungen auch den nicht zu unterschätzenden Wert der internationalen Kommunikation unter Juristen. Darauf hat *Mader* erst kürzlich wieder aufmerksam gemacht: Die gängigen lateinischen Rechtsprinzipien „… versteht auch der Jurist in Lissabon oder London. In ihrer kurzen und prägnanten Form dokumentieren solche Sätze bestimmte Rechtsgedanken und Prinzipien, die ansonsten nur mit weit ausholenden Beschreibungen darzustellen wären“[49].

Seit *Riezlers* Ausführungen gab es keine monographische Darstellung zum Verbot des *venire contra factum proprium* mehr, die sich vergleichbar eingehend mit den historischen Wurzeln dieses Grundsatzes beschäftigt hätte. Überhaupt schenkte die deutschsprachige Literatur der Entwicklung des noch heute geläufigen, in manchen Rechtsordnungen sogar zentralen Rechtssprichwortes keine große Aufmerksamkeit.

Ausdrücklich weist etwa *Dette* auf sein Erkenntnisinteresse hin, zu dem die Entwicklung des Grundsatzes gerade nicht zählt: „Ziel dieser Arbeit ist also nicht die Erforschung der Geschichte des das Prinzip des venire contra factum

---

45 Ebd. (Fn 44) 184.

46 Ebd. (Fn 44) 190.

47 Ebd. (Fn 44) 199.

48 *Hausmaninger*, Nemo sibi ipse, in: Gedächtnisschrift Schmidt (1966) 411. Vgl. auch *Nörr*, Spruchregel, SZ 89 (1972) 89: „… zu erwarten, dass die normativen Elemente überwiegen“. Siehe auch *ders.*, Spekulationen, in: Historiae (2003) 630. Vgl. hingegen *Finkenauer*, Regulae iuris, Index 43 (2015) 16 der hervorhebt, dass die römischen Juristen auch bei Vorliegen einer einschlägigen Regel stets von Fall zu Fall entschieden.

49 *Mader*, Venire, in: FS Fenyves (2013) 257.

proprium ausdrückenden Rechtssatzes, sondern dessen aktuelle Geltung"[50]. Diese Beschränkung kritisierte bereits *Wieling* in seiner Rezension von *Dettes* Werk: „Bedauerlich ... ist es, daß der Verfasser auf eine Untersuchung zur Geschichte der Rechtsfigur verzichtet hat; sie hätte ihm manche Möglichkeit zu deren Verständnis bieten können"[51]. Auch *Singer* erwähnt diese Kritik *Wielings* an *Dettes* Vorgehensweise, entschließt sich aber dennoch ebenfalls zur Ausklammerung dieser Fragestellung: „Rechtsphilosophische, rechtssoziologische, aber auch rechtshistorische Bezüge müssen weitgehend unberücksichtigt bleiben"[52]. *Griesbeck* weist auf nur vier Seiten im Zusammenhang mit den „historischen Grundlagen" auf das römische Recht hin, wobei davon wiederum die Hälfte dieser Ausführungen ganz allgemein von der *exceptio doli* handelt. Als Quellen des römischen Rechts zum *venire contra factum proprium* werden lediglich D. 8, 3, 11[53]; D. 1, 7, 25[54] und D. 21, 3, 1, 5[55] abgedruckt und mit einigen wenigen Worten paraphrasiert[56].

Einschlägig sind hingegen einige fremdsprachige Sammelbuchbeiträge: So etwa ein Aufsatz von *Procchi*, der zwar in erster Linie die spätere deutsche Rechtsentwicklung auf diesem Gebiet behandelt, jedoch auch einige Stellen zum römischen Recht bespricht (insbesondere fasst er die bei *Riezler* besprochenen Themenbereiche in einer Übersicht zusammen) und die Tradition im *ius commune* beleuchtet[57]. Für das Kapitel „*Mater familias quasi sui iuris vixerat*"[58], aber auch zum Thema der allgemeinen Rechtsgrundsätze in den europäischen Rechtsordnungen interessant ist außerdem ein rezent erschienener Beitrag *Ceramis*[59].

Die mangelnde Auseinandersetzung mit *venire contra factum proprium* durch Romanisten bedauert etwa *Gutiérrez-Masson*[60], obwohl sich gerade die spanischsprachige Literatur zum geltenden Recht vergleichsweise häufig des Rückgriffs auf die Geschichte des Rechtsinstituts bedient[61]. Wenngleich

---

50 *Dette*, Venire (1985) 26.
51 *Wieling*, Rez. Dette, AcP 187 (1987) 96.
52 *Singer*, Verbot widersprüchlichen Verhaltens (1993) 5 (mit einem Hinweis auf *Wieling* in Fn 27). Auf S. 51 nimmt er schließlich kurz Bezug auf D. 1, 7, 25 pr. Siehe aber ebd. 74 ff mwN zu den „rechtsethischen Grundlagen".
53 Siehe dazu unten Kapiel 1.16.
54 Siehe dazu unten Kapiel 1.14.
55 Siehe dazu unten Kapiel 1.21 (auf S. 161 ff).
56 Siehe *Griesbeck*, Venire (1978) 3 ff bzw. 5 f.
57 *Procchi*, Venire, in: Eccezione (2006) 77 ff.
58 Siehe unten S. 108 ff.
59 *Cerami*, D. 1, 7, 25 pr, in: Principios (2014) 855 ff.
60 *Gutiérrez-Masson*, Actos propios, in: Buona fede oggettiva 2 (2003) 273.
61 Siehe etwa *Corral-Talciani*, Raíz histórica, in: Venire (2014) 19 ff oder *Pizza de Luna*, Actos propios, in: Estudios Couture (1957) 559 f.

dem Titel nach nicht mit einer vertieften Auseinandersetzunge mit der historischen Entwicklung zu rechnen ist, bietet hier insbesondere *Díez-Picazo* in seiner Monographie zur „Jurisprudencia del Tribunal Supremo" einen guten Einblick in die Quellen[62]. Während er sich stark an *Riezler* orientiert, folgen daraufhin *Borda*[63] und *Ekdahl-Escobar*[64] sowie zuletzt *Jaramillo Jaramillo*[65] ihrerseits weitgehend der Darstellung *Díez-Picazos*.

Bereits in der Vergangenheit kritisiert wurde, dass *Riezler* sich auf das Gebiet des Zivilrechts beschränkt und es unterlassen hat, auch das öffentliche Recht zu „durchforsten"[66]; deswegen beleuchteten auch seine „Studien" nur einen Ausschnitt des Anwendungsbereiches.

Selbst im Bereich des Zivilrechts sind aber nicht nur in den vergangenen mehr als einhundert Jahren rechtshistorischer Forschung zu den einzelnen relevanten Texten viele neuere wissenschaftliche Erkenntnisse erzielt worden,

62 *Díez-Picazo*, Proprios actos (1963) 21–42 zum römischen sowie auf 43–60 zum „derecho intermedio". Er exegiert 22 ff D. 1, 7, 25 pr (siehe zu diesem Text unten Abschnitt V, Kapitel 1.14); auf S. 27 ff D. 8, 3, 11 (siehe dazu unten Abschnitt V, Kapitel 1.16); beschäftigt sich 32 ff mit der Konvaleszenz (siehe dazu die Kapitel. 1.19; 1.21; 1.22; 1.23 in Abschnitt V sowie Abschnitt VI., Kapitel 1.1.) und 35 ff mit D. 50, 17, 75 (vgl. unten S. 380 f); 39 f bringt er den Selbstwiderspruch in Zusammenhang mit der Regel *„allegans propriam turpitudinem non audietur"* und 40 ff schlussendlich mit den Fällen der Bindung an Verträge, *pacta*, andere Formen der Willenserklärungen und schriftliche Dokumente. 44 ff finden auch die Brocardica Erwähnung, 47 ff werden die Postglossatoren und Kanonisten behandelt; es folgt 50 ff die Literatur der Praktiker (Gil de Castejón; Álvarez de Velasco; Cardoso do Amaral; Barbosa, Díez de Ribadeneyra sowie Rodríguez de Fonseca), 52 ff die Darstellung der „Tradadistas" (Pufendorff; Lauterbach; Acosta; de Olea; Valeron und Surdo. Er nennt weitere Autoren in Fn 45) und schlussendlich 54 ff eine Besprechung von *Schachers* Werk *„De impugnatione facti proprii"* (siehe oben S. 5).

63 *Borda*, Actos propios (1986) 13 ff. Der Einleitungsteil zu den historischen Grundlagen fällt hier aber deutlich knapper aus als bei *Díez-Picazo*.

64 *Ekdahl-Escobar*, Actos propios (1989) kommt in einem historischen Einleitungsteil (39–58) auf den S. 41 ff auf das römische Recht zu sprechen: Zunächst ebenfalls auf D. 1, 7, 25 pr, danach auf D. 50, 17, 75, aber auch auf *pacta* und Vertragsbindung. 50 ff folgt bei ihr ebenfalls das „derecho intermedio", welches hier – wie auch bei *Borda* – etwas knapper behandelt wird als bei *Díez-Picazo*.

65 *Jaramillo Jaramillo*, Actos propios (2014) hat seiner Monographie ebenfalls einen historischen Teil eingefügt und fasst kurz die Sachverhalte von D. 1, 7, 25 pr (146 f), D. 8, 3, 11 (147 ff), D. 44, 4, 32 (150 f) sowie D. 50, 17, 75 (151 f) zusammen. Daran anschließend skizziert er auf knapp sieben Seiten die spätere Rechtsentwicklung (S 155 ff).

66 *Koschaker*, Rez. Riezler, SZ 33 (1912) 549. *Riezler* selbst weist bereits darauf hin, dass auch in diesem Bereich „Anklänge an diese Idee zu finden sind". Als Beispiel nennt er den Text C. 2, 3, 29, der auch in dieser Arbeit noch aufgegriffen und näher erläutert werden wird: Siehe unten S. 51 ff.

sondern es hat sich auch an Forschungsfragen und Methoden einiges verändert; man denke nur an die heute als problematisch angesehene „Interpolationenjagd" der ersten Hälfte des 20. Jahrhunderts und deren Abflauen[67].

3. Plan der Darstellung

Riezlers Vorgehensweise unterscheidet sich grundlegend von dem für die vorliegende Arbeit entwickelten Aufbau. Während *Riezler* eine assoziative Auswahl passend erscheinender dogmatischer Figuren erstellte, folgt die Struktur dieser Abhandlung einer für das Thema grundlegenden Rechtsquelle: den legistischen Brocardica *aurea*, welche Ende des 12. bzw. Anfang des 13. Jahrhunderts zusammengestellt und in der Folge unter dem Namen Azos Eingang in mehrere Druckausgaben gefunden haben.

Um eine sinnvolle Abgrenzung bei der Untersuchung dieses Gegenstandes zu finden, bietet sich diese Strukturierung an; durch eine Untersuchung der hier angeführten Quellen soll einerseits die Idee der mittelalterlichen „Erfinder" (man könnte auch sagen „Entdecker") dieses Grundsatzes sichtbar und gleichzeitig die Plausibilität für das als Haupterkenntnisquelle herangezogene (antike) römische Recht ergründet werden. In einem letzten Schritt können auf dieser Grundlage allgemeine Überlegungen zur Rechtsnatur des Satzes und damit auch der Einordnung für das geltende Recht angestellt werden.

Bislang wurde solch eine Aufarbeitung für keines der sprichwörtlichen Rechtsprinzipien vorgenommen, obwohl die Brocardica immer wieder als Ursprung von noch heute relevanten Parömien genannt werden[68]. Das Wesen der Brocardica als Literaturgattung des gelehrten Rechts und damit die Arbeitsweise der Glossatoren ist daher zunächst in Grundzügen zu erörtern; sodann werden aufgrund der „Vorgabe" der Brocardicastelle einerseits Texte aus allen Teilen des *Corpus Iuris Civilis* behandelt, somit Quellen aus allen Bereichen des klassischen und nachklassischen Rechts, und andererseits, wenn auch in sehr viel geringerem Ausmaß, Stellen aus dem *Decretum Gratiani* berücksichtigt. Diese Zersplitterung der Themen verlangt jeweils eine Einführung in das Rechtsgebiet, auf deren Basis die Exegese der konkreten Stelle erfolgen kann, die ihererseits in einer Untersuchung des in ihr enthaltenen Selbstwiderspruches gipfelt.

Der Fokus liegt darauf, die dogmatischen Wurzeln des Rechtsgrundsatzes zu beleuchten. An welche Fälle war ursprünglich gedacht? Welche Rechtsgebiete sind betroffen? Welche Abgrenzungskriterien wurden festgelegt? Das

67 Vgl. nur als zentrale Werke *Kaser*, Interpolationenforschung, in: Rechtsquellen (1979) 112 ff und *Wieacker*, Romanistische Textkritik (1971).

68 Vgl. etwa für den Satz „*semel heres semper heres*": *Tanaka*, Semel heres, in: Werkstatt (2016) 423.

sind die Fragen, die vornehmlich gestellt werden und für deren Aufarbeitung die Brocardica den Rahmen bieten. Die Natur und Geschichte der Literaturgattung, welche diesen Satz hervorgebracht hat, sind dabei eine Facette, die für das Verständnis der Rechtsnatur des „Verbots" und seines Ursprungs wesentlich ist.

Betont sei, dass in der vorliegenden Arbeit keine kritische Edition des Textes der Brocardica vorgenommen wird. Eine neue Herausgabe des Textes der Brocardica *aurea* wäre auch für die Nachvollziehbarkeit anderer noch heute nutzbar gemachter Abstrahierungen aus der kasuistischen Literatur des römischen Rechts hilfreich und bleibt weiterhin ein Desiderat[69]; bis dahin muss in erster Linie auf die (verbesserungsbedürftige)[70] Standardausgabe zurückgegriffen werden, die im Band IV des *Corpus Glossatorum Iuris Civilis* der Ausgabe Turin 1967 enthalten ist.

Die Behandlung der Argumente ist nicht immer gleich dicht, sondern es wird auf jene Texte der Schwerpunkt gelegt, die als Grundlage des Rechtsprinzips und für dessen Rezeption besonders wichtig erscheinen.

---

69 Einen hilfreichen Ausgangspunkt für die Auffindung von relevanten Handschriften bildet etwa der Aufsatz von *Schwaibold*, Wer sucht, RJ 4 (1985) 206 Fn 25 f.

70 Insbes. die zitierten Anfangsbuchstaben der Fragmente weichen teilweise von den übereinstimmend in den Handschriften überlieferten Allegationen ab; soweit sich daraus für die Auflösung des Zitats ein anderes Ergebnis ergibt, wird darauf in den Fußnoten hingewiesen und für die Entscheidung, welcher Text zugrunde gelegt wird, eine Erklärung geboten.

II. Die Literaturgattung der Brocardica

1. Renaissance der Wissenschaften im 12. Jahrhundert

Die Zeit, welche unsere Literaturgattung hervorgebracht hat, wird aufgrund der alle Bereiche der Wissenschaften erfassenden Geisteshaltung auch als „Renaissance des Mittelalters" oder genauer als „Renaissance des 12. Jahrhunderts"[1], bezeichnet. Diese Strömung setzt – zumindest was die Rechtswissenschaften anbelangt – bereits Ende der ersten Hälfte des 11. Jahrhunderts ein[2] und dauert bis zur zweiten Hälfte des 13. Jahrhunderts an. Einerlei ob man Anhänger der Kontinuitätstheorie ist oder davon ausgeht, dass die Beschäftigung mit dem römischen Recht im Westen zwischenzeitlich vollkommen abriss und die Quellen erst wiederentdeckt werden mussten, um eine neuerliche Erschließung zu ermöglichen[3], lässt sich in dieser Zeit jedenfalls ein massiver Aufschwung bei der Bearbeitung und Nutzbarmachung des antiken Gedankengutes feststellen[4].

Es entstehen Schülerkreise um einzelne Lehrer, die als *universitates* die Ursprünge unserer heutigen Universitäten bilden[5]. *Weimar* beschreibt im Vorwort eines einschlägigen Sammelbandes die Vorgänge dieser Zeit als Entwicklung von Theorie, Lehre und Praxis[6].

---

1 Insbes. im Anschluss an *Haskins*, Renaissance (1927). Vgl. auch *Engelmann*, Wiedergeburt (1939) 17; *Calasso*, Medio evo (1954) 346 f mit Fn 1 u. S. 361; *Goetz*, Wiederaufleben, Archiv für Kulturgeschichte 10 (1912–13) 125 ff. Siehe außerdem die Sammelbände zum Thema: *Weimar* (Hrsg.), Renaissance (1981); *Benson/Constable* (Hrsg.), Renaissance (1982).

2 So zumindest die hL. Siehe aber *Winroth*, Teaching, in: Law and Learning (2006) 41 ff, der den Beginn erst in den 1130er Jahren ansetzt.

3 *Winkel* zeigt über den von ihm vorrangig untersuchten Bereich des Rechtsirrtums hinausreichende, allgemein gültige Argumente für eine generelle Kontinuität auf. Siehe *Winkel*, Vorbemerkungen, Ius Commune 13 (1985) 69 ff. Vgl. auch die Diskussion bei *Kuttner*, Revival, in: Renaissance (1982) 299 f und den Abschnitt „Kontinuität und Diskontinuität" in *Lange*, RRMA 1 (1997) 8 ff mit der dort ziterten weiterführenden Lit.

4 Möglicherweise bringt diese allgemeine Wiederentdeckung der Antike einen weiteren Grund für die Ausformulierung des Prinzips vom Selbstwiderspruch mit sich: Bereits Aristoteles erklärte das Prinzip vom ausgeschlossenen Widerspruch zum sichersten aller Prinzipien (Metaphysik IV 4, 1006 a) und noch heute ist es für die formale Logik zentral. An dieser Stelle kann auf dieses weite Problemfeld nicht ausführlicher eingegangen werden, jedoch sei auf das Werk von *Schlick*, Widerspruch (2011) hingewiesen.

5 Zur Bedeutung dieser Universitäten für die Entwicklung der Rechtswissenschaft siehe nur *Berman*, Revolution (1995) 199 ff.

6 *Weimar*, Renaissance (1981) im unpaginierten Vorwort.

Dass es weniger um die Autorenschaft einzelner Werke als vielmehr die Weiterentwicklung von Lehren innerhalb einer Schule ging, zeigt sich in einer aus unserer Sicht mangelhaften Zitierpraxis, was oftmals zu Plagiatsvorwürfen verleitet. Dennoch ist eine verstärkt individuelle Sichtweise festzustellen – und es mangelt den hochmittelalterlichen Rechtslehrern auch nicht an Selbstbewusstsein[7].

Viele Versuche wurden unternommen, die Gründe für die Wiederentdeckung des antiken Wissens und die Ausbildung von wissenschaftlichen Methoden nicht nur zur Erschließung des Rechts, sondern auch der Literatur, Geschichtsschreibung und der Naturwissenschaften aufzudecken; ein einzelner Auslöser konnte jedenfalls nicht festgestellt werden. Es ist wohl vielmehr ein Zusammenspiel mehrerer Faktoren wie eine verstärkte Mobilität[8], damit verbunden die Konfrontation und infolge dessen auch die Beschäftigung mit fremden Kulturen, möglicherweise als Vorbedingung auch der um 1000 einsetzende Anstieg der Bevölkerungszahl[9], sowie ein Aufschwung der ökonomischen Aktivitäten, der mit einer zunehmenden Spezialisierung (vor allem in den Städten) zusammenhängen dürfte.

Neben dem „Drang, zu wissen"[10], gab es für die Rechtswissenschaften auch einen materiellen Hintergrund als Motivation, das oft langwierige und kostspielige Studium auf sich zu nehmen: Die Gesellschaft hatte großen Bedarf an gut (aus-)gebildeten Personen, die ihr rechtliches Wissen in der Praxis umsetzen konnten[11]. Prominentes Beispiel hierfür ist die Festlegung der Rechte des römisch-deutschen Kaisers auf Basis des römischen Rechts durch die Bologneser *quattuor doctores* (Bulgarus, Martinus, Hugo und Jacobus) in den Roncaglischen Gesetzen[12].

---

7 Vgl. nur das bekannte Zitat von Pillius: „... *post completum disputationum ... coepi mecum cogitare quidnam possem scribere per quod mihi memoriam mecum conservarem et alios praeceptores ad invidiam provocarem.* (... nachdem ich das Buch der Disputationen vollendet hatte ..., begann ich bei mir zu überlegen, was ich vielleicht zu schreiben vermöchte, wodurch ich mir Nachruhm sichern und die übrigen Lehrer zur Beschimpfung reizen könnte). Text und Übersetzung: *Glöckner*, Cogitationis (1989) 25 mwN in Fn 27.

8 *Classen*, Geistesgeschichtliche Lage, in: Renaissance (1981) 14 ff.

9 *Glöckner*, Cogitationis (1989) 21.

10 *Grundmann*, Universität² (1976) 39.

11 *Classen*, Universitäten, in: Mittelalterforschung (1981) 118.

12 Zum Reichstag von Roncaglia 1158 siehe etwa *A. Wolf*, Gesetzgebung, HQL 1 (1973) 567 f. Die Bologneser Schule geht angeblich auf Irnerius zurück, der seinerseits möglicherweise in einem gewissen Pepo einen Vorgänger hatte. Vgl. den Bericht des Odofredus in dessen Lectura super D. 1, 1, 6: „*Signori, dominus Yrnerius, qui fuit apud nos lucerna iuris, id est primus qui docuit in civitate ista; nam primo cepit studium esse in civitate ista in artibus, et cum studium esset destructum Rome, libri legales fuerunt deportati ad civitatem Ravenne et de Ravenna ad civitatem istam.*

2. Herstellen von Verbindungsnetzen: Allegationen und Noten

Zum Verständnis und zur Durchdringung der antiken Rechtstexte war für die Rechtsgelehrten des Mittelalters nicht nur die Beherrschung der lateinischen Sprache unabdingbar, sondern auch das Erkennen von Ordnungskriterien und Strukturen. Dieses Bedürfnis nach System lag nicht zuletzt an der Anerkennung des Textes als *ratio scripta*, die man als in sich widerspruchslose Rechtsmasse darstellen wollte.

Durch Kapitelüberschriften an den oberen Rändern der Seiten und das Benützen unterschiedlichfarbiger Tinten wurde in einem ersten Schritt die Auffindbarkeit einzelner Stellen vereinfacht[13]. Aus demselben Grund notierte man sich an den Rand des Textes Verbindungen zu anderen Stellen; einerseits geschah dies durch graphische Symbole, die neben mehreren als verwandt angesehenen Texten eingefügt wurden[14], andererseits aber auch durch ausdrückliches Zitat einer oder mehrerer Stellen bei einem oder allen dieser Texte. Diese Zitate zeigen

---

Quidam dominus Pepo cepit autoritate sua legere in legibus, tamen quicquid fuerit de scientia sua nullius nominis fuit. Sed dominus Yrnerius dum doceret in artibus in civitate ista, cum fuerunt deportati libri legales, cepit per se studere in libris nostris et studendo cepit docere legibus. Et ipse fuit maximi nostris et fuit primus illuminator scietie nostre; et quia primus fuit qui fecit glosas in libris nostris vocamus eum lucernam iuris. (Meine Herren, Irnerius, der bei uns die Leuchte des Rechts war, d.h. der erste, der in dieser Stadt lehrte; denn zunächst begann in dieser Stadt ein Studium der Artes, und als das Studium in Rom zerstört wurde, wurden die Rechtsbücher ausgelagert nach Ravenna und von Ravenna hierher. Ein gewisser Pepo begann aus eigenem Antrieb in den Gesetzen zu lesen, was jedoch aus seiner Wissenschaft spross war ohne Wert. Irnerius aber, indem er die Artes in dieser Stadt lehrte, als die Rechtsbücher ausgelagert wurden, begann für sich unsere Bücher zu studieren und studierenderweise begann er das Recht zu lehren. Und er besaß einen sehr großen Namen und war der erste Erleuchter unserer Wissenschaft; und da er <auch> der erste war, der Glossen in unseren Büchern anbrachte, nennen wir ihn ‚Leuchte des Rechts'‚)." Text und Übersetzung: *Glöckner*, Cogitationis (1989) 44. Diese Rolle des Irnerius (bzw. „Wernerius") hinterfragt *Winroth*, Teaching, in: Law and Learning (2006) 41 ff kritisch und hält sie schlussendlich für nicht glaubwürdig. Zeitlich folgen die *quattuor doctores* und auf diese folgt die Generation von Vacarius, Rogerius, Johannes Bassianus und Placentinus; die wiederum darauf folgende Generation ist bereits die Azos. Azo war Schüler des Johannes Bassianus, der wiederum Schüler des Bulgarus gewesen ist. Der Ruhm Azos wurde seinerseits maßgeblich gefördert durch dessen Schüler Accursius, dem Verfasser der Glossa Ordinaria, in welche er die Anmerkungen seines Lehrers bevorzugt aufnahm. Eine graphische Darstellung der Lehrer-Schüler-Verhältnisse findet sich bei *Glöckner*, Cogitationis (1989) 497.

13 *Glöckner*, Cogitationis (1989) 23 f.

14 Zu den geheimnisvollen roten Zeichen siehe nur *Dolezalek/Weigand*, SZ Kan. Abt. 100 (1983) 143 ff.

ein erstaunliches Maß an Textbeherrschung, werden doch oft bei einem Text außerordentlich lange Listen von Allegationen beigefügt (die gelegentlich auch in übereinstimmende und widersprechende Beispiele getrennt sind).

Schließlich begann man, den Inhalt eines Textes schlagwortartig darzustellen: Man setzte neben den Originaltext einen abstrakten Satz, der meist mit „*nota* …" eingeleitet wurde, womit man auf einen Blick die wesentliche Aussage einer Stelle darzustellen versuchte. Der kasuistische Text wurde abstrahiert und zusammengefasst, indem eine Rechtsregel formuliert wurde.

Bei den sog. „Noten" handelt es in einem engeren Sinne um solche allgemeine Sätze, in einem weiteren wird dazu aber auch bspw. die in einigen Handschriften auftauchende, auf eine Stelle im Text weisende Hand gezählt, welche die Aufmerksamkeit des Lesers hierhin lenken sollte[15].

Konnte ein- und dieselbe Regel aus mehreren Stellen abgeleitet werden, so wurden daran anschließend wiederum die Parallelstellen als Allegationen angeführt.

Da aber aus unterschiedlichen Texten oft einander widersprechende Regeln ableitbar waren, versuchte man zur Herstellung einer Synthese diesen Widerspruch mittels der *sic et non*-Methode aufzulösen[16]. Dabei ging man einerseits oft den Weg, ein Verhältnis der Spezialität anzunehmen, andererseits aber begegnete man dem Problem mitunter auch mit dem Instrument der Fiktion[17].

Die jeweils quellenmäßig belegten Gegensatzpaare wurden zunächst als *generalia* und später als *brocardica* bezeichnet; auf einer weiteren Entwicklungsstufe wurden sie aus den Glossenapparaten herausgelöst, in eigenständigen Sammlungen zusammengetragen und in einem weiteren Schritt auch mit distinguierenden *solutiones* ausgestattet.

3. Technik der Regelfindung

In den Brocardica versuchen die mittelalterlichen Juristen, den Rechtsstoff in Form abstrakter Prinzipien darzustellen, was künftig eine raschere Durchdringung desselben ermöglichen sollte. Diese abstrakten Prinzipien werden mittels Induktion aus der kasuistischen Literatur gewonnen.

---

15 Vgl. *Kuttner*, Repertorium (1981) 232 ff; sowie *Genzmer*, Kodifikation, in: RR (1987) 46.

16 Siehe allgemein zur scholastischen Methode der mittelalterlichen Jurisprudenz *Henke*, Alte Jurisprudenz und neue Wissenschaft, JZ 42 (1987) 685 ff, insbes. 687 f. Zur Zurückweisung der „maßlos übertriebenen" Kritik an der Scholastik und deren Neubewertung als „Höhepunkt in der Entwicklung der Logik": *Otte*, Dialektik (1971) 12 f.

17 *Glöckner*, Cogitationis (1989) 135 f.

Auch Aristoteles[18], dessen Lehren im Laufe des 12. Jahrhunderts ebenfalls einen großen Aufschwung erlebten, kannte bereits die Methode der unvollständigen („eigentlichen") Induktion[19]; hierbei schließt man von Urteilen über mehrere Gegenstände auf allgemeine Urteile, denen aufgrund der Gleichförmigkeitsthese über ihre Induktionsbasis hinaus Geltung zugesprochen wird[20]. Mit anderen Worten: Im Gegensatz zum heutigen Juristen kontinentaleuropäischer Prägung, der allgemeine Regeln auf konkrete Fälle anwendet, suchten die Juristen des Mittelalters vielmehr gemeinsame allgemeine Grundgedanken in den kasuistischen Texten des *Corpus Iuris Civilis*, in welchen auf konkrete Fragen meist konkrete Antworten gegeben werden[21]. Sie gingen sodann davon aus, dass diese Antworten auch auf alle nicht thematisierten Fälle anzuwenden sind, die ein bestimmtes Merkmal, das allen beantworteten Fragen gemeinsam ist, aufweisen[22].

Das Ergebnis der Induktion wird auch als Erfordernis der Gerechtigkeit an sich gesehen; Azo etwa erläutert in seiner Summe zu Inst 1, 1[23]: *Aequitas autem est rerum convenientia quae in paribus causis paria iura desiderat* (Gerechtigkeit ist nämlich die Übereinstimmung von Dingen, die in gleichen Fällen gleiches Recht erfordert). Die Kunst sei es daher, eine begrenzte Lehre über eine unbegrenzte Anzahl von Dingen „zusammenzuziehen": *Est autem ars secundum Porphyrium de infinitis finita doctrina: ad arctando dicta et bene potest haec iuris notitia ars appellaria quod a fine habet mirabilem.*

---

18 Zur Grundlage des aristotelischen Denkens für Azos Arbeitsweise vgl. *Herberger*, Dogmatik (1981) 178.

19 Vgl. *Popper*, Logik³ (1969) 3 ff; *Lang*, Brocardasammlungen, SZ Kan. Abt. 31 (1942) 107 ff.

20 *Otte*, Dialektik (1971) 213, der diese Vorgehensweise als Auffassung der „herrschenden Richtung bei den Glossatoren" bezeichnet.

21 Freilich finden sich schon antike *regulae*, die in allgemeinen Aussagen und nicht kasuistischer Fallösung bestehen. Vgl. insbes. den Digestentitel 50, 17 („*De regulae iuris*"). Dazu etwa *Stein*, Regulae (1966) und *Schmidlin*, Rechtsregel (1970).

22 Vgl. das folgende Beispiel Azos zum Digestentitel *De regulis iuris*: *dicitur itaque regula quasi causae coniunctio, id est: plures causae simul coniunctae regulam constituunt. Verbi gratia: statutum est in piscibus,ut occupanti concedantur, idem est in feris bestiis, idem in volucribus: colligitur regula, ut quod in nullius bonis est occupanti concedatur.* „Daher wird die Regel gewissermaßen Fall- (Ursachen-) Verbindung genannt, d.h.: Mehrere Fälle (Ursachen) ergeben miteinander verbunden eine Regel; z.B.: Es ist für Fische festgelegt, dass sie dem gehören, der von ihnen Besitz ergreift, ebenso für wilde Tiere und Vögel. Daraus entsteht durch Zusammenfassung die Regel, dass alle herrenlosen Dinge dem gehören, der von ihnen Besitz ergreift)." Text und Übersetzung: *Herberger*, Dogmatik (1981) 178 f.

23 Benützte Ausgabe: Turin 1578, fol 223 v.

Da es aber meist Fälle gibt, auf welche das derart entwickelte Prinzip nicht passt, meint etwa Placentinus, dass die Ausnahmen einer Regel in der Regel mitinbegriffen sein müssen[24].

So muss davon ausgegangen werden, dass auch das Prinzip vom Verbot des Selbstwiderspruchs die ihm widersprechenden Ausnahmen inkludiert, selbst wenn es diese in seinem schlagwortartigen Titel nicht ausdrücklich nennt.

Die Divisionsmethode führt zu einer „Systematisierung von Einzelbegriffen"[25]; aus kasuistischen Texten abgeleitete allgemeine Begriffe werden in ihrer Einheit wiederum zerlegt und zu Überbegriffen von kleineren Teilmengen gemacht.

Charakteristisch ist für die Brocardica allgemein, dass den vom Verfasser formulierten und mit Allegationenreihen belegten allgemeinen Rechtsprinzipien widersprechende Argumente gegenübergestellt werden, die wiederum quellenmäßig belegt werden[26]. Es finden sich in der Brocarda-Sammlung, welche unter dem Namen Azos überliefert ist, jedoch auch einige Stellen ohne Gegensätze[27], obwohl die *nota* als allgemeine Aussagen von den *generalia* gerade dadurch unterschieden werden, dass letzteren ein Gegensatz gegenübergestellt wird, ersteren hingegen nicht. Ein *generale* ohne Gegensatz sei eine Ausnahme, die wiederum als *nota* zu gelten habe, so *Genzmer*[28]. Somit handelt es sich bei diesem als „Brocardica" betitelten Werk entweder um eine gemischte Sammlung von *generalia* und *notabilia*, oder diese Kategorien werden später unter dieser gemeinsamen Bezeichnung zusammengefasst.

Im Anschluss an die Argumente *pro* und *contra* wird meist in einer *solutio* versucht, den Widerspruch als einen bloß scheinbaren aufzulösen und so doch beiden Aussagen (wenn auch beschränkte) Gültigkeit zu verleihen.

Die älteren Brocardica, in denen keine Lösung vorgeschlagen wird, werden folgerichtig als „solutionslose Brocardica" bezeichnet; bei den Legisten wird

---

24 Gl. *Regula est* (D. 50, 17, 1): *dicit P. omnes exceptiones esse de regula, et cum eis contineri. Sed opponitur: ergo nulla vitiari posset. Sed respondebat posse vitiari si idem ius in exceptionibus intelligeretur, quod regula breviter in quibusdam casibus statuit. Et sic hic intellexit. Secundum eum ergo omnes verae sunt, licet habeant exceptionem.* Siehe dazu *Otte*, Dialektik (1971) 215 f.

25 *Genzmer*, Kodifikation, in: RRMA (1987) 19.

26 Interessant ist der Hinweis *Glöckners* auf parallele Erscheinungen in der islamischen Rechtswissenschaft; auch diese kenne Sammlungen abweichender Meinungen, sog. *khilaf*, die aufgrund der Anerkennung des Konsenses der Rechtsgelehrten als Rechtsquelle notwendig waren. Auch in der arabischen Kultur habe es eine solche Form der Dialektik, hier *jadal* genannt, gegeben. *Glöckner* sieht nun in den Brocardica-Sammlungen eine Rückkehr dieser „Literaturgattung zu jenen Wissenschaftlern …, bei denen sie auch ihren Ausgang nahm." *Glöckner*, Cogitationis (1989) 27.

27 *Lange*, RRMA 1 (1997) 239; *Schwaibold*, Wer sucht, RJ 4 (1985) 210; *d'Ablaig*, Bibliothek, SZ 9 (1888) 16.

28 *Genzmer*, Kodifikation, RRMA (1987) 47.

als Hauptvertreter dieses Typs meist Otto Papiensis genannt. Ob seine *generalia* oder der *libellus disputatorius* des Pillius de Medicina zeitlich früher zu datieren sind, ist in der Literatur umstritten[29].

4. Entwicklung und Vertreter der Literaturgattung

Nach der wohl hL stellt der *libellus disputatorius* des Pillius de Medicina (1169–1213[30]) das älteste Beispiel einer Brocarda-Sammlung dar; schon Baldus wies darauf hin, dass dieses Werk als erstes die eben beschriebene Struktur aufweist.

Pillius wollte den Rechtsstoff für Studenten verständlich aufbereiten und die überzogene Dauer des Rechtsstudiums mithilfe eines übersichtlichen Lehrbuchs auf ein erträgliches Maß reduzieren. Überhaupt handelt es sich hier um eine der ersten vom *Corpus Iuris* unabhängigen geordneten Gesamtdarstellungen. Diese ist in drei Bücher gegliedert: Eines über die Beweislastverteilung (*de presumptionibus*), eines über den Prozess (*de judiciis*) und eines, in das weitere *generalia* aufgenommen wurden, die eher ungeordnet aneinander gereiht sind (*de variis disputandi articulis*). Pillius führte im *libellus* den Titel „Brocarda" wohl erstmals in die Rechtsliteratur ein; er selbst bezeichnete damit allerdings seine Quaestionensammlung und damit ein vom *libellus disputatorius* zu unterscheidendes Werk. In der zwischen 1175 und 1192 entstandenen ersten Auflage des *libellus* gab es noch keine *solutiones*; erst später – wohl auf Bitten von Studenten und Dozenten – verfasste er solche, arbeitete diese in einem weiteren Schritt in den *libellus* ein und veröffentlichte um 1195 eine zweite Auflage[31].

Weimar ging davon aus, dass Otto Papiensis[32] um 1185 ein Brocardicawerk mit den Anfangsworten „*Dolum per subsequentia purgari*" schuf (da der *libellus disputatorius* zumindest in seiner ersten Auflage älter sein dürfte, müsste dieser demnach eher am Beginn der oben angesetzten Zeitspanne entstanden sein). In dieser Sammlung habe er ohne besonderes System Quellenbelege im Wortlaut gesammelt und auch gegensätzliche Argumente gegenübergestellt. In weiterer Folge habe Azo[33] diese Brocardica in eine neue Reihenfolge gebracht und titelweise geordnet. Späterhin seien die Belegstellen nur noch allegiert und das Gesamtwerk als „*Salicta*" („Weidengeflecht") veröffentlicht worden. In dieser Ausgabe seien bereits die *solutiones contrarietatum* enthalten gewesen.

---

29 Vgl. *Lang*, Brocardasammlungen, SZ Kan. Abt. 31 (1942) 107 ff mwN.

30 In diesem Zeitraum ist er urkundlich belegt. Siehe *Lange*, RRMA 1 (1997) 227 ff mwL auf S. 226 f.

31 *Lange*, RRMA 1 (1997) 230. Vgl. vor allem auch *Genzmer*, Kodifikation, RRMA (1987) 49 ff.

32 Er war in der zweiten Hälfte des 12. Jh. tätig. Siehe *Lange*, RRMA 1 (1997) 238 ff mwN.

33 Zur Datierung von Azo bereits oben S. 5 Fn 18.

Die Bearbeitung der Brocardica des Otto Papiensis durch Azo datiert *Weimar* auf vor 1204 bzw. 1209 und zieht als Grundlage für diese Annahme einerseits den Beleg heran, dass sich das Werk 1211 unter den Büchern eines Richters aus Ferrara befand (es wurde bei diesem gestohlen), andererseits erfolgt die Datierung aufgrund der Selbstzitate der Summa Codicis des Azo in den *solutiones*[34].

Weimars Schüler *Schwaibold* veröffentlichte jedoch eine Dissertation, in der eine andere Hypothese entwickelt wird: Die Brocardica „*Dolum per subsequentia purgari*" stammten demzufolge nicht von Otto Papiensis, sondern von einem anonymen Verfasser und seien außerdem in England[35] um 1160 entstanden. Diese Ansicht impliziert zwei neue Annahmen gegenüber der bisherigen hL: Einerseits muss sich Baldus bei Richtigkeit dieser Behauptung irren, da er den *libellus disputatorius* des Pillius de Medicina als erste Brocardica-Sammlung nennt; Pillius begann sein Studium in Bologna aber erst 1169 und stellte den *libellus* nach seiner Übersiedelung nach Modena fertig, welche nach 1175, aber vor 1182 erfolgt ist[36]. Andererseits konnten die Brocardica *dolum* somit auch nicht die Grundlage von Azos Brocardica sein, wenn man davon ausgeht, dass dieser sich, wie bereits bei Sarti erwähnt ist[37], zur Erstellung seiner eigenen Brocardica an den Vorarbeiten des Otto Papiensis orientiert hat, der *dolum* dieser Theorie nach aber nicht verfasst hat. Allerdings ist es auch nicht ausgeschlossen, dass Sarti sich mit seiner Annahme, dass Azo die Brocardica Ottos als Grundlage herangezogen hat, irrt. Tatsächlich ist zwar seine Aussage zu den kanonistischen Brocardica des Damasus und deren Überarbeitung durch Bartholomäus Brixensis unwidersprochen, doch bereits *Savigny* äußerte Zweifel an *Sartis* Theorie zu den legistischen Brocardica, die ohne Begründung erfolgte[38]. *Seckel*[39] und prinzipiell auch *Schwaibold*[40] (der jedoch eine andere Sammlung und nicht *dolum* für die des Otto hält) schenken der Schilderung Sartis allerdings Glauben.

Zwei erhaltene Handschriften der unter dem Namen Azos überlieferten Brocardica sind so aufgebaut, dass zwar *solutiones* vorhanden sind, jedoch

---

34 *Weimar*, Legistische Literatur, HQL 1 (1973) 239.

35 Zum Einfluss der bologneser Rechtslehre im England dieser Zeit siehe etwa *De Zulueta/Stein*, Teaching (1990), insbes. xii f; *Turner*, England, JBS 1975, 1 ff; *Rathbone*, Roman Law, StG XI (1967) 253 ff.

36 Für 1181 ist sein Aufenthaltsort in Modena belegt; bis 1201 sind danach Dokumente vorhanden, die ihn als Jurist in Modena bezeichnen. Möglicherweise kehrte Pillius später nach Bologna zurück; ebenso denkbar ist allerdings, dass er bis zu seinem Lebensende in Modena geblieben ist. *Lange*, RRMA 1 (1997) 228 f mwN.

37 Siehe *Sarti/Fattorini*, De claris archigymnasii (1888–1896) 382.

38 *Savigny*, Geschichte 4 (1826) 325 f.

39 *Seckel*, Distinctiones, in: FS Martitz (1911) 384 Fn 2; *ders.*, Editionen 1, SZ 21 (1900) 308.

40 *Schwaibold*, Wer sucht, RJ 4 (1985) 202 ff.

nicht unmittelbar bei den einzelnen Rechtssätzen, wie dies in den anderen Handschriften und in den Drucken der Fall ist, sondern gesammelt am Ende. Diese Handschriften beinhalten laut *Schwaibold* die ursprünglichen Brocardica des Otto ohne fremde Zutaten. Daher wären, folgt man seiner Ansicht, diese Brocardica wohl die bei Sarti erwähnten Brocarda des Otto und nicht die anonymen Brocardica *dolum*. Die am Ende gesammelten *solutiones* stammen hingegen auch *Schwaibolds* Ansicht nach von Azo[41].

Dieser Vorschlag erscheint durchaus plausibel, wenn man eine Parallele zur Entwicklung des *libellus disputatorius* zieht: Auch er erschien in zwei Auflagen; die erste ohne *solutiones*, auf Nachfrage in einer Neuauflage mit *solutiones*, welche Pillius selbst verfasste und einfügte. Bei den unter dem Namen Azos überlieferten Brocardica könnte die Entwicklung ebenso erfolgt sein, was unter anderem die Beobachtung nahelegt, dass vor der eigentlichen *solutio* immer der Rechtssatz in gekürzter Form nochmals wiedergegeben wird; demnach dürften diese *solutiones* zunächst vom zugehörigen Rechtssatz getrennt aufgeschrieben worden sein. Zur Auffindbarkeit der betreffenden Stelle in der Brocardica-Sammlung wurde sodann in der Sammlung von *solutiones* die jeweilige Fundstelle angegeben. Ein Unterschied zur Entwicklung des *libellus disputatorius* bestünde allerdings insofern, als die *solutiones* nicht wie bei jenem vom Autor der Erstauflage selbst verfasst und eingefügt wurden, wenn Otto Papiensis die Erstauflage und Azo die passenden *solutiones* dazu verfasst hat. Jedenfalls dürften die *solutiones* (des Azo) in die Brocarda (des Otto Papiensis) später aus Praktikabilitätsgründen integriert und das Werk in einer Zweitauflage veröffentlicht worden sein[42].

Ebenfalls für die Theorie *Schwaibolds* könnte sprechen, dass in den *solutiones* oft Kritik an den Brocarda geübt wird, was wohl nicht in der Form geschehen wäre, hätte der Autor der *solutiones* diese *generalia* selbst in der Form verfasst bzw. zusammengestellt. Geht man nun aber davon aus, dass in den Brocardica zum größten Teil die älteren, bereits bekannten Noten erweitert und zusammengestellt wurden, könnte man gegen dieses Argument vorbringen, dass man solche *notabilia*, die zwar allgemein bekannt waren, die man aber für unzutreffend hielt, nicht stillschweigend übergehen, sondern sie in die Sammlung aufnehmen und die eigene Kritik an ihnen publik machen wollte; somit müsste nicht unbedingt ein konkretes Vorlagewerk Gegenstand der kritischen Bearbeitung sein.

---

41 *Schwaibold*, Wer sucht, RJ 4 (1985) 212. Er nennt die MS: Vatikan, „Chigi E. VII.218 … fol. 1ra bis fol. 22vc“ und eine „insbesondere am Schluss leicht veränderte Fassung“ in Paris, „B.N. lat. 4601 auf fol. 1ra bis fol. 21rc“.

42 Möglicherweise erfolgte dieser Schritt durch Cacciavillanus, der auch eigene Zusätze verfasste. Siehe sogleich unten S. 25.

Interessant für die Rekonstruktion der Entwicklung ist auch das Vorwort zum Druck Neapel 1568; dort wird nämlich eine andere Entstehungsgeschichte geschildert: Zwar stimmt sie mit der allgemeinen Schilderung insofern überein, als Azo lediglich die *solutiones*, nicht aber die *generalia* selbst zugeschrieben werden. Allerdings wird ausdrücklich nur davon gesprochen, dass es einerseits Brocardica von Pillius de Medicina und andererseits die Brocarda des Azo gibt – Otto Papiensis wird nicht erwähnt.

Das kann auf unterschiedlichen Irrtümern beruhen: Entweder *Sarti* irrte sich, weil er fälschlich Otto Papiensis anstatt Pillius de Medicina als Autor der *generalia* bezeichnete, die Azo überarbeitete; oder der Herausgeber des Druckes 1568 lag falsch, weil tatsächlich Otto Papiensis und nicht Pillius de Medicina die fraglichen Regeln schuf. Jede der beiden Möglichkeiten könnte ihren Grund darin haben, dass eine Abkürzung für „Pillius" mit der Sigle „Papiensis" verwechselt wurde oder umgekehrt das Kürzel statt mit „Papiensis" vielmehr mit „Pillius" aufgelöst wurde. Schlussendlich ist auch nicht ausgeschlossen, dass weder Sarti noch der Herausgeber des Druckes 1568 richtig liegen, weil Azo selbst sowohl *generalia* als auch *solutiones* schuf: Der Herausgeber nimmt irrtümlich an, Azo habe den *libellus disputatorius* übernommen (was nachweislich nicht der Fall ist) und Sarti vermutet fälschlich eine parallele Entwicklung zu Damasus/Bartholomäus Brixensis. Möglicherweise besteht aber eine Parallele zur Entwicklung des *libellus disputatorius* und Azo ging in gleicher Weise wie Pillius vor, hat also ebenfalls zunächst eine Sammlung solutionsloser Brocardica zusammengestellt (die er selbst erdachte oder aus den älteren Noten zusammenstellte) und diese später mit Lösungen versehen (hier wäre aber wieder zu diskutieren, ob dann in der Art Kritik an den *generalia* geübt worden wäre). Dass die Sigle des Otto Papiensis oftmals anzutreffen ist, kann für sich genommen schlicht daran liegen, dass Azo ihn häufig punktuell zitiert. Allerdings ist wohl zu bedenken, dass das bereits sehr frühe Einsetzen der Behauptung, Azo gründe sich auf Vorarbeiten, diesen letzten Ansatz nicht sehr wahrscheinlich macht.

Schwaibold hat zu den Azonischen Brocardica festgestellt, dass es zwei unterschiedliche Kategorien an überlieferten Handschriften gibt (insgesamt hat er 33 Handschriften aufgefunden): Einerseits die Schriften, die Azos Werk[43]

43 *Schwaibold*, Wer sucht, RJ 4 (1985) 206 Fn 25: „Brüssel, B.r. 131–134, fol. 1ra – 31vd; Cambridge, Pemroke College 72, fol. 160ra – 178rc (Anfang bis Druckausgabe 129b fehlt); Mailand, B.A. E.23inf., fol. 71ra – 102vc; Mainz SB I 502, fol. 64ra – 101ra; Seo de Urgel, B. C. 2022, fol. 52ra – 74vc; Vatikan, BAV Chigi E.VII.211, fol. 31ra – fol. 62vc; Chigi E.VCI.218, fol. 37ra – 58vd; Worcester, CLF.14,fol. 108ra – fol. 134vd". Als zweite Fassung identifiziert er: „Vatikan, BAV Ottob.lat. 1298, fol. 1ra – 27rd; Wien, OeNB 2191, fol. 2ra – 43va". Nicht

enthalten und andererseits eine von Cacciavillanus überarbeitete Fassung[44].

Von Cacciavillanus ist ansonsten nur bekannt, dass er 1199 in Bologna den Eid der Rechtslehrer leistete, jedoch bald nach Vincenza ging, um dort zu lehren. *Savigny* vermutete, dass Cacciavillanus ein Schüler Azos war; als Autor sei er jedenfalls nur durch seine Zusätze zu den Azonischen Brocardica bekannt[45]. Die Zusätze des Cacciavillanus im Werk Azos sind durch die Sigle „*Car.*“ oder „*Caz.*“ vom übrigen Text zu unterscheiden.

Möchte man einerseits sowohl Baldus als auch Sarti Glauben schenken, folgt man andererseits aber auch großteils *Schwaibolds* Ausführungen und berücksichtigt *Weimars* Erkenntnisse, so kann folgende Entwicklungslinie nachgezeichnet werden: Einerseits ist anzunehmen, dass der *libellus disputatorius* des Pillius de Medicina in der Erstauflage nicht viel später als 1175 entstanden ist. Bald darauf entstand die Sammlung *dolum* in England unabhängig von der Entwicklung der Brocardica des Otto. Otto Papiensis verfasste seine *generalia* vermutlich auch nicht sehr viel später, aber doch wohl vor der Zweitauflage des *libellus disputatorius* 1195, der bereits *solutiones* enthielt und damit Azo dazu animiert haben könnte, seinerseits *solutiones* zu dem Werk Ottos zu verfassen, was wohl bald nach 1200 geschah. Schlussendlich fügte Cacciavillanus die *solutiones* des Azo in das Werk Ottos ein und merkte an einigen Stellen eigene Zusätze an.

Die zweite und dritte Schicht der in den Druckausgaben überlieferten Sammlung sind damit eindeutig einer bestimmten Person zuzuordnen, nur die erste ist umstritten und dürfte auch auf älteren Noten unterschiedlicher Autoren beruhen, also keine gänzlich eigenständige geistige Schöpfung sein. Da somit jedenfalls zwei, wahrscheinlicher jedoch drei (oder auch mehr) Personen am „Endprodukt“ beteiligt waren, wird die Sammlung in der vorliegenden

---

zuordnen kann er „Vatikan, BAV Vatlat 977, fol. 1ra – 2vc“, da es die für seine Differenzierung relevanten Stellen nicht enthält.

44 *Schwaibold*, Wer sucht, RJ 4 (1985) 206 Fn 26: „Durham, CL C. III, 12, fol. 218ra – 263vc; Troyes B.M, 1751, fol. 53ra – 179ra”. Auch hier erkennt er eine zweite Auflage: „Avignon, B. Calvet 762, fol. 50ra – 83ra; Bamberg, SB Iur. 27, p. 1a – 104c und Iur. 34, fol. 49ra – 102ra; Bologna, Coll.Spa. 118, fol. 177va – 212vd; Bremen, SB a 131, fol. 204ra – 241ra; Cambridge, GC 665/261, fol. 121ra – 152ra; Laon, B.M. 395, fol. 2ra – 83v; Madrid, B.N. 676, fol. 112ra – 169vc; München, SB Clm 213, fol. 63ra – 110rc und Clm 3507, fol. 3ra – 50vc; Paris, B.N. lat 4604 fol. 108ra – 115vd (falsch gebunden) und lat. 4609, fol 1ra – 54ra; Sitten, AdC 83, p. 283a – 344b; Turin. B.N. K.I.19, fol. 36ra – 89rc; Vatikan, BAV Ottob.lat. 482, fol. 2ra – 52vc und Ottob.lat. 1299, fol. 57ra – 90vd und Vat.lat. 2343, fol. 87ra – 137vb und Vat.lat. 77798 fol. 55ra – 114vb; Wien, OeNB 2077, fol. 93ra – 103rc und 106ra – 114vd und OeNB 2088, fol. 1ra – 49va”.

45 *Savigny*, Geschichte 5 (1829) 39 f.

Arbeit als Brocardica *aurea* bezeichnet, da dieser Titel am neutralsten und gleichzeitig individualisierbarsten erscheint, um dieses Werk von den übrigen Zusammenstellungen begrifflich abzugrenzen.

5. Etymologie

Woher der Name „Brocarda" bzw. der synonym gebrauchte Begriff „Brocardica" stammt, ist bis heute unklar[46]. So wurde einerseits angenommen, dass er aus dem Griechischen, etwa von προταρχικά („allererste Regeln") stamme[47]; andererseits, dass die Bezeichnung ursprünglich „*Procarda*" gelautet habe, was eine (möglicherweise in der Studentenspache entwickelte) Kurzform von „*pro et contra*" darstelle[48]. Wieder andere vermuten hinter Brocarda das lateinische Wort „*broccus*" („mit hervorstehenden Zähnen"), was sinnbildlich für die als geistiges Gefecht verstandene Disputation stehe. Auch „*brocca*" mit der Bedeutung „Spieß", „Spitze" oder „Stich" wurde als Ursprung vorgeschlagen[49].

Ein weiterer Lösungsansatz, der insbesondere in diversen französischsprachigen etymologischen Wörterbüchern vertreten wurde, ist die Ableitung von dem Eigennamen Burchhard, bezogen auf Burchard von Worms[50]. Dieser veröffentlichte zu Beginn des 11. Jahrhunderts eine bedeutende kirchenrechtliche Sammlung, die unter dem Namen „Der Burchard" bzw. „*Decretum Burchardi*"

46 Als „fast unübersehbar" muss man die Literatur zu den Brocardica nicht bezeichnen (so aber *Sturm*, Brocardicum, in: Vriendenboek Verstegen (2004) 279); seit dem Jahre 1900 haben – zumindest was die einschlägige rechtswissenschaftliche Literatur anbelangt – in etwa ein Dutzend Autoren dieses Problem angesprochen und sich dabei nicht immer selbst im Detail damit beschäftigt. Zu ihren Deutungen siehe sogleich in der Folge.

47 *Savigny*, RR 3 (1834) 570 Fn h steht dieser Deutung kritisch gegenüber: Siehe dazu auch *Riccobono*, Brocardica, NNDI 2 (1957) 583 ff.

48 *Kantorowicz*, Quaestiones, TR 16 (1939) 4.

49 *Weimar*, Argumenta Brocardica, in: Renaissance (1997) 45; *ders.*, Brocarda, LMA 2 (1983), 707; *ders.*, Legistische Literatur, HQL 1 (1973) 143 Fn 5.

50 So etwa *Stein*, Regulae (1966) 131. Zu den Nachweisen in etymologischen Wörterbüchern siehe *Sturm*, Brocardicum, in: Vriendenboek Verstegen (2004) 279 mwN. Zur rechtswissenschaftlichen Literatur, in welcher diese Ableitung vertreten wird, vgl. die Nachweise bei *Meyer*, Brocardica, SZ Kan. Abt. 38 (1952) 460 ff; *Savigny*, RR 3 (1834) 569; *Weimar*, Brocarda, HRG 1 (2008) 685 f. Zuletzt wurde diese Ableitung vertreten von *Sturm*, Brocardicum, in: Vriendenboek Verstegen (2004) 280, der hierzu fünf Argumente beibringt: 1. Die Methathese ist als Konsonantenumsprung besonders häufig (Bur > Bro); 2. In Zitaten des *decretum* wurde der Name Burchards verformt in *Burchardi*, aber auch *Brocardi*; 3. Aus den Überschriften des *decretum Burchardi* wurden „*regulae ecclesiasticae*" abgeleitet; 4. Der Zusammenhang zwischen diesen *regulae* und deren Verfasser Burchard geriet in Vergessenheit; und schließlich 5. Die Legisten übernahmen solche *regulae* bereits im 12. Jh. als Ausdruck des *utrumque ius* von den Dekretisten.

weit verbreitet war[51]. Es liegt daher nicht fern, dass die dort zitierten Regeln als „Burchardica“ bezeichnet wurden. Eine kanonistische Brocardica-Sammlung des Damasus etwa trägt auch in mehreren Ausgaben den Titel „*Burchardica sive regulae canonici*“. Möglicherweise ist das die ältere Bezeichnung, aus der sich späterhin abgewandelte Titel entwickelt haben, wie etwa der aus der Druckausgabe der legistischen Brocardica unter dem Namen Azos in Basel 1567: „*Brocardica sive generalia iuris*“. Damit wären mit dem Begriff zuerst nur Regeln aus dem *Decretum Burchardi* bezeichnet worden, späterhin generell kanonistische Regeln und schlussendlich überhaupt jede Rechtsregel schlechthin[52].

Auch wenn die letztgenannte Erklärung als bislang überzeugendste erscheint, soll an dieser Stelle eine Überlegung hinzugefügt werden, die freilich bloße Hypothese bleiben muss.

Im Rahmen der „Renaissance des 12. Jahrhunderts“ begann auch ein Aufschwung auf dem Forschungsgebiet der Logik. Man beschäftigte sich verstärkt mit den Aristotelischen Texten und den syllogistischen Schlussformen. Um diese besser memorieren zu können, entwickelte man Kunstworte, deren Buchstabenabfolge durch die verwendeten Vokale die Wahrheitswerte von Obersatz, Untersatz und Schlusssatz bezeichneten, sowie im Falle der Schlussformen zwei bis vier durch ihre Konsonanten die Rückführbarkeit auf einen Modus der ersten Schlussform. Während wohl zunächst die später bekannten Namen dieser Schlussformen noch nicht feststanden und erst nach und nach verfestigt wurden, erscheinen sie ab dem frühen 13. Jahrhundert bereits in der heute bekannten Form[53].

---

51 Vgl. nur *Kerner*, Dekret, 2 Bde (1969) sowie *Hartmann*, Burchards Dekret, in: Bischof Burchard (2000) 161 ff. Eine ausführliche Bibliographie bietet *Kéry*, Canonical Collections (1999) 133 ff.

52 *Corral-Talciani* schlägt darüber hinaus das deutsche Wort „Brötchen“ vor, weil damit ein Stück Brot bezeichnet werde, wie auch die Brocardica Stücke des Rechts darstellten. Da aber weder formale Argumente noch Quellen beigebracht werden, wird dieser Ansatz hier nicht weiter verfolgt. Vgl. *Corral-Talciani*, Raíz histórica, in: Venire (2010) 25. *Calasso*, Medio evo 1 (1954) 534 setzt „brocardo” schließlich synonym mit „regola generale”.

53 In der arabischen Welt fand das gesamte Organon des Aristoteles zwar schon seit dem 8./9. Jh. Verbreitung, im Abendland wird die Syllogistik des Aristoteles aber erst im 12. Jh. wieder bekannt („*logica nova*“) und zur dominierenden Disziplin der mittelalterlichen Philosophie. Die Behandlung des Stoffes beginnt mit Petrus Abälard (1079–1142); die Entwicklung von Merkwörtern ist sodann ab William von Sherwood (ca. 1200/1210-ca. 1272) und Petrus Hispanus (1210–1277) belegt. Letzterer verfasste um 1240/1250 seine „*Summulae Logicales*“, welche über zwei Jh. das Standardwerk der mittelalterlichen Logik blieben. Vgl. dazu nur *Kraus*, Art. Syllogismus, HWR 9 (2009) 282 ff.
Der Merkvers lautet: *Barbara, Celarent, Darii, Ferioque prioris*
Cesare, Camestres, Festino, Baroco secundae

Man vergleiche die Entstehungszeit unserer Brocarda: Vorläufer von Otto Papiensis bzw. Pillius de Medicina entstehen im späten 12. Jahrhundert; die Endfassung der als „*aurea*“ bekannten Brocarda von Azo und Cacciavillanus Anfang des 13. Jahrhunderts[54].

Der „Modus bocardo“ als fünfter Schlussmodus der dritten syllogistischen Figur (dh der Mittelbegriff steht sowohl in der ersten als auch in der zweiten Prämisse an erster Stelle) zeigt durch seine Vokalabfolge o – a – o die verwendeten kategorischen Sätze an: Es gilt als Obersatz M o P (dh einige M [für *M*ittelbegriff] sind nicht P [für *P*rädikatsbegriff] bzw. mindestens ein M ist nicht P; das „o“ steht für nego als partikuläre Verneinung), als Untersatz M a S (dh alle M sind S [für *S*ubjektsbegriff]; das „a“ steht für *a*ffirmo als allgemeine Bejahung) und aus den beiden Prämissen folgt der Schlusssatz S o P (dh einige S sind nicht P bzw. mindestens ein S ist nicht P). Die Konsonanten geben an, wie man den Schlussmodus auf einen Schlussmodes der ersten Figur (also auf einen der „vollkommenen“ Syllogismen) zurückführen kann: *b*ocardo wird auf den „Modus *b*arbara“ zurückgeführt. Das c in bo*c*ardo gibt an, dass die Rückführung auf den Modus barbara nur über einen indirekten Beweis, eine *conclusio per absurdum*, möglich ist: Es wird die Wahrheit der a-Prämisse, also im Fall von boc*a*rdo die zweite Prämisse, angenommen und das kontradiktorische Gegenteil, dh die Verneinung des Schlusses. Hierdurch muss sich ein Widerspruch zur o-Prämisse, also im Fall von bocardo zur ersten Prämisse, ergeben.

Nicht ausgeschlossen ist, dass mit unserem Titel „Brocarda“ in Wahrheit diese Schlussform angesprochen ist: Im Italienischen etwa ist noch heute die Bezeichnung „Brocardo“ geläufig. Dann wäre die überlieferte Endung -a bei den mittelalterlichen „Brocarda“ insoweit falsch und das „r“ im Vergleich zu „Bocardo“ überschießend (was aber nicht weiter schaden würde).

Auch beim „Modus baroco“, dem vierten Modus der zweiten Figur (dh der Mittelbegriff steht sowohl in der ersten als auch in der zweiten Prämisse an zweiter Stelle), funktioniert die Ableitung nach den soeben dargestellten Regeln: Es wird P a M als erste Prämisse, S o M als zweite Prämisse und S o P als Schlusssatz gebildet. Die Rückführung auf den Modus barbara erfolgt wieder über eine *conclusio per absurdum*, indem die Wahrheit der a-Prämisse, also im

---

Tertia grande sonans recitat Darapti, Felapton
Disamis, Datisi, Bocardo, Ferison. Quartae
Sunt Bamalip, Calames, Dimatis, Fesapo, Fresison.

54 Auf die Bedeutung der aristotelischen Logik und des Syllogismus für die Ausbildung von *regulae iuris*, Rechtsprinzipien und *maximae iuris* im Mittelalter wies außerdem etwa *Masi Doria*, Pincipii e regole, in: Tra retorica e diritto (2011) 40 f bereits hin. Äußerst nützlich auch für den mit dem geltenden Recht beschäftigten Juristen sind bspw. die Einführungen von *Herberger/Simon*, Wissenschaftstheorie (1980) oder *Schneider*, Logik^2 (1972).

Fall von b*a*roco der erste Prämisse, angenommen wird sowie die Verneinung des Schlusses, wodurch sich ein Widerspruch zur o-Prämisse, also im Fall von bar*o*co zur zweiten Prämisse, ergibt. Es sei an dieser Stelle angemerkt, dass es hier ebenso eine Schreibweise mit „cc“ gibt, wie auch bei den „Broccarda“.

Lassen wir die Unsicherheit der Orthographie einmal beiseite und entwickeln weiter, was die Annahme eines Kunstwortes „Brocarda“ in der Logik bedeuten würde: Ein Werk, welches Sätze in Form eines „Modus Brocarda“ enthielte, also ein „Brocarda-Werk“ („Brocardica“ genannt), würde aufgrund der Vokale kategorische Sätze mit einer Abfolge der Wahrheitswerte von o – a – a beinhalten, das b am Anfang des Wortes und das c im Wortinneren würde wieder den Versuch einer Rückführung auf den Modus barbara über den indirekten Beweis bedeuten. Dieser gelingt aber nicht: Wenn man sagt, das gebildete Prinzip gelte nicht immer, weil ja auch der Gegensatz formuliert und belegt werden kann, und annimmt, dass die zu dem Prinzip genannten Belegstellen aber dieses bekräftigen, weil dort genau das beschriebene Verhalten mit denau der beschriebenen Rechtsfolge vorkommt, so ist das für sich zwar korrekt, aber es wäre kein richtiger Schluss. Es würde sich somit zwar im Gegensatz zu „Bocardo“ oder „Baroco“ bei „Brocarda“ um keine allgemein gültige Schlussform handeln, aber das Wesen der Brocarda-Sätze liegt ja gerade darin, dass Gegensatzpaare gebildet werden, die eben nicht zusammenpassen. Erst in der *solutio* löst sich der zuvor bestehende Widerspruch auf (allerdings haben die älteren Brocarda-Sammlungen noch keine *solutiones*; dort bleibt der Widerspruch offen bestehen).

Umgelegt auf das *venire contra factum proprium* könnte man als Subjektsbegriff das in den Belegstellen vorkommende tatsächliche Handeln annehmen, als Prädikatsbegriff „nicht erlaubtes Handeln“ und als Mittelbegriff „widersprüchliches Handeln“; daraus würden sich folgende Prämissen bilden lassen: „Einige widersprüchliche Verhaltensweisen sind erlaubt“ (weil zwei mal „nicht“ sich aufhebt: widersprüchliches Verhalten ist mindestens einmal „nicht nicht“ erlaubt) und „Jedes in den Belegstellen vorkommende Handeln ist widersprüchliches Verhalten“, daraus folgt: „Jedes in den Belegstellen vorkommende Handeln ist nicht erlaubt“. Es zeigt sich, dass zwar die Sätze für sich zutreffen, es aber kein korrekter Schluss ist; auch der indirekte Beweis gelingt nicht: Die Sätze „Jedes in den Belegstellen vorkommende Handeln ist widersprüchliches Verhalten“ und „Jedes in den Belegstellen vorkommendes Handeln ist erlaubt“ würden nicht in Widerspruch zum Satz „Einige widersprüchliche Verhaltensweisen sind erlaubt“ stehen. Der Schluss zu *contra* wäre jedoch ebenfalls nicht korrekt: Ersetzt man den Prädikatsbegriff „nicht erlaubtes Handeln“ durch „erlaubtes Handeln“ und kommt man daher aufgrund der Prämissen „Einige widersprüchliche Verhaltensweisen sind nicht erlaubt“ und „jedes in den Belegstellen vorkommende Handeln ist widersprüchliches Verhalten“ zu dem Schluss „Jedes in den Belegstellen vorkommendes Handeln ist nicht erlaubt“, so ist der

Schluss wieder nicht richtig und auch der indirekte Beweis gelingt nicht: „Jedes in den Belegstellen vorkommende Handeln ist widersprüchliches Verhalten" und „Jedes in den Belegstellen vorkommendes Handeln ist nicht erlaubt" stehen nicht im Widerspruch zu „Einige widersprüchliche Verhaltensweisen sind nicht erlaubt". Es bedarf also einer richtigstellenden *solutio*, welche diesen Schluss mittels Distinktion korrigiert.

So muss es immer sein, wenn zwei einander widersprechende Sätze gegenübergestellt und jeweils mit Belegstellen versehen werden, während die Wahrheit beider Aussagen behauptet wird: Es ist klar, dass die jeweilige Aussage in dieser Allgemeinheit nicht gelten kann, wenn es den Gegensatz und auch dafür Belegstellen gibt. Die für die Aussage angeführten Belegstellen enthalten aber natürlich alle Beispiele, auf welche die Aussage zutrifft. Diese müssen demnach zusätzliche Merkmale aufweisen, die sie vom Gegensatz und seinen Belegen abgrenzen; diese Merkmale werden in der *solutio* gesucht.

Abschließend sei nochmals betont, dass es sich bei der Wortherkunftserklärung aus der Logik um eine letztendlich nicht beweisbare Hypothese handelt. Doch die zeitliche Koinzidenz, sowie die nachweisbare Existenz des ähnlich konstruierten „Modus bocardo" rechtfertigen es, sie an dieser Stelle zu äußern. Auch die übrigen Ableitungen konnten bislang nicht bewiesen werden und so soll durch diesen Beitrag die Diskussion am Leben erhalten und um eine Idee bereichert werden.

6. Rechtsnatur

Während *Savigny* den Brocardica Regelcharakter zumaß[55], sah *Weimar* sie als Argumentensammlungen[56]. Hält man sich die frühen Vertreter und deren Zielsetzung vor Augen, so wird offenbar, dass der Zweck in der Zusammenfassung des Rechtsstoffes in einer Form angestrebt ist, welche die Erfassung der die Rechtsmasse beherrschenden Prinzipien erlaubt, ohne dass der Benützer alle Einzelfallentscheidungen kennen muss. Es handelt sich daher um eine Darstellungsform, die aus Einzelentscheidungen Grundsatzentscheidungen ablesen will, um in künftigen Fällen Analogien zu erleichtern. Rechtsanwender berufen sich daraufhin auf die Autorität des Rechtsgelehrten, dem die Kenntnis des gesamten Rechtsstoffes unterstellt und auf dessen Urteil darüber vertraut wird.

So wie die Glossen Interpretationen wiedergeben, tun dies auch die Brocardica, wenn auch in gewandelter Darstellungsform. Sie bilden gewissermaßen die Essenz dessen ab, was die Glossatoren aus den Quellen des römischen Rechts herauszulesen meinten und was daraufhin die weitere Rechtsentwicklung prägte.

---

55 *Savigny*, Geschichte 3 (1834) 568.

56 *Weimar*, Argumenta Brocardica, StG XIV (1967) 89 ff sowie *ders.*, Argumenta Brocardica, RRMA (1997) 45 ff.

III. Der Grundsatz *„venire contra factum proprium nulli conceditur“* in den Brocardica *aurea*

Eine Übersicht der Anwendungsfälle des Verbots widersprüchlichen Verhaltens will auch der Autor der Brocardica *aurea* bieten, wenn er zum Satz *„venire contra factum proprium nulli conceditur“* die relevanten Stellen zusammenträgt, in denen er (bzw. sein/e Vorgänger) einen Selbstwiderspruch zu erkennen glaubte. Wie sich zeigen wird, ist diese Zusammenstellung nicht nur die umfangreichste, sondern auch die am weitesten verbreitete – Generationen von Juristen lernten daraus, was die Grundprinzipien des Rechts seien[1]. Während einerseits die älteren, kleineren Sammlungen ungedruckt blieben, gab es andererseits keine späteren Neubearbeitungen mehr und so ist hier der Punkt der Entwicklung erreicht, der den Höhepunkt und auch den gleichzeitigen Abschluss dieser Darstellungsform bezeichnet[2].

1. Textgrundlage

Bereits im 16. Jahrhundert entstanden verschiedene Druckausgaben, die sich ihrerseits auf teilweise mehrere Handschriften stützten. Die *„Brocardica aurea“* im Druck aus Venedig 1566, herausgegeben von Francesco Bindono, sind für die Darstellung des *venire contra factum proprium* unbrauchbar, da hier mehrere Rubriken fehlen; unter anderem auch die, in der sich der für unser Thema relevante Satz findet. Damit sind auch die darauf beruhenden Nachdrucke nicht hilfreich[3]. Des Weiteren existiert ein Druck *„Brocardica sive generalia iuris“* aus Basel 1567[4], der laut Herausgeber Casparus Hervagius auf insgesamt fünf Handschriften beruht. Diesem Herausgeber ist der

---

1 So merkt *Riccobono*, Art. Brocardica, NNDI 2 (1957) 584 allgemein über die Bedeutung der Brocardica an: „I brocardica hanno avuto tuttavia una grande importanza nel mondo del diritto; come rappresentazioni brevi, agili, vive di verità giuridiche; essi hanno grande forza, perché racchiudono l’esperienza a volte dei grande giuristi romani, a volte della vita pratica per lunga serie di generazioni".

2 Vgl. auch unten S. 39.

3 NDr. Venedig 1581, 1593 und 1610, jeweils gemeinsam mit und als Anhang zur Summa. Siehe *Savigny*, Geschichte 5 (1961) 39.

4 NDr. Turin 1577. Siehe die Einführung zu den Brocardica von *Converso* in: CGIC IV.3 (1967) II f. Die Ausgabe Basel 1567 ist mittlerweile auch online abrufbar: http://books.google.at/books?id=HzI8AAAAcAAJ&printsec=frontcover&dq=brocardica&hl=de&sa=X&ei=59yVU7X8Dofa0QXztIDgDQ&ved=0CF8Q6AEwCA#v=onepage&q=brocardica&f=false.

Druck aus 1566 aber offenbar nicht bekannt, denn er behauptet im Vorwort, die erste Druckausgabe vorzulegen. Eine weitere Ausgabe der *„Brocardica aurea“* stammt aus Neapel 1568 und ist im Neudruck in der Ausgabe des Corpus Glossatorum Iuris Civilis, Band IV.3 aus Turin 1967 enthalten. Dem Herausgeber Johannes Boius sind die vorangehenden Drucke bekannt: Zur Venezianer Ausgabe stellt er im Vorwort schon fest, dass sie unvollständig sei, die Baseler Ausgabe rügt er mit harschen Worten für ihre Fehlerhaftigkeit[5].

Tatsächlich ist der auffälligste Unterschied zwischen der Ausgabe aus Basel 1567 und dem Druck Neapel 1568 hinsichtlich der Stelle zum *venire contra factum proprium*, dass zweiterer nicht innerhalb der *solutio* neben der Überschrift *„Adiectio“*[6] bzw. *„Additio“*[7] eine Überschrift *„Causa“* hervorhebt. Der Grund dieser Abweichung ist ein Missverständnis des bereits erwähnten und handschriftlich dokumentierten Kürzels *„Caz.“*, das im Druck 1567 falsch gedeutet und 1568 entweder übersehen oder bewusst nicht aufgenommen wurde[8].

Wie durch die unterschiedlichen Handschriftentraditionen nachverfolgt werden kann, fehlt oft genau der Text, der im Druck Basel 1567 zwischen *Adiectio* und der fälschlich angenommenen Überschrift *Causa* steht[9]. Somit liegt nahe, dass dieser Einschub ein von *Cacciavillanus* hinzugefügter Zusatz ist. Der Bearbeiter, von dem dieser Zusatz stammt, ist somit anders als noch von *Liebs* angenommen[10] durchaus eruierbar.

2. Kontext

Unterteilt in 104[11] Rubriken sind abstrakte Sätze zu verschiedenen rechtlichen Fragestellungen mitsamt ihren widersprechenden Gegensätzen gesammelt.

---

5 Er hielt diese Ausgabe sogar für derart mit Fehlern durchzogen, dass er sich veranlasst fühlte, eine Parallele zum Unrat in den Ställen des Augias zu ziehen.

6 So Basel 1567.

7 Neapel 1568.

8 Auch hat *Schwaibold*, Wer sucht, RJ 4 (1985) 207 f aufgezeigt, dass im Druck Neapel 1568 wiederholt „Azo“ im Text genannt wird, wobei es sich jedoch jeweils um Stellen handelt, die in Wahrheit von Cacciavillanus hinzugefügt wurden, wie aus den Handschriften ersichtlich wird. Trotz der genannten Mängel sieht auch *Schwaibold* in dieser Ausgabe die brauchbarste. Zur vermutlichen (verschollenen) Erstedition aus 1557 vgl. *Converso*, CGIC IV.3 (1967) III.

9 Dass diese eine „Erfindung Hervags“ sei, bemerkt für diese Stelle auch schon *Riezler*, Venire (1912) 44 Fn 4 und im Allgemeinen *Savigny*, Geschichte 5 (1834) 40.

10 *Liebs*, Rechtssätze (1985), JZ 36 (1981) 161.

11 Vgl. zu dieser Zählung *Schwaibold*, Wer sucht, RJ 4 (1985) 208 mit Fn 32. Ausführlich auch *Weimar*, Argumenta Brocardica, StG XIV (1967) 75 Fn 121 aE.

Die übergeordneten Themen sind etwa *dolus*[12] oder *culpa*[13], aber auch bspw. *contractus*[14], *pactum*[15] oder *stipulatio*[16]; ein Blick in den Index zeigt die Vielfalt an Themen. Die Rubrik, die auch den Satz zum *venire contra factum proprium* enthält, steht zwischen der zur *usucapio*[17] sowie der zu den *impossibilia*[18] und lautet im Druck Neapel 1568: „*De qualitate factorum*"[19], während Basel 1567 von „*aequalitate*" spricht.

In den hier zusammengestellten Titeln werden Betrachtungen über die Folge von unterschiedlichen Verhaltensweisen angestellt; dazu gehören etwa verschiedene Aspekte der Gleichstellung von Tun und Unterlassen, aber auch von Handlungen im Hinblick auf Dritte. Es geht daher um Fragen nach den Eigenschaften von Handlungen: Bestehen sie in Aktivität oder Passivität? Auf wen beziehen sie sich? Die Gleichförmigkeit, von welcher der Druck 1567 spricht, trifft jedoch auf die wenigsten Titel zu; tatsächlich passend erscheint sie in Wahrheit nur für unserem Titel zum *venire contra factum proprium*, wo die Folge von gerade nicht gleichförmigen Handlungen besprochen wird.

3. Aufbau des Titels „*Venire contra factum proprium nulli conceditur*"

Zunächst beginnt eine Aufzählung von Belegstellen direkt unter der Überschrift *Venire contra factum proprium nulli conceditur* (so etwa der Druck Basel 1567) bzw. *Venire contra proprium factum nulli conceditur* (Neapel 1568). Eigenem Verhalten zuwiderzuhandeln ist nicht erlaubt. Als Argumente für diesen Satz werden in einer bloßen Auflistung zunächst eine Stelle aus dem *Decretum Gratiani*[20], zwei Stellen aus den *Digesten*, zehn Stellen aus dem Codex Iustinianus und weitere drei Stellen, die mit I. bezeichnet werden, angeführt. In der bisherigen Literatur[21] wurde angenommen, dass mit „I." Stellen aus den *Institutionen* Justinians angesprochen sei. Das wäre hinsichtlich des Kontextes des *Corpus Iuris Civilis* naheliegend, denn sowohl Codex als auch Digesten werden zitiert. Die Zitate kommen jedoch in den justinianischen Institutionen nicht vor. Was aber auffindbar wäre, sind spätere Stellen in den

12 Nach der Zählung von Neapel 1568 Rubrik VI.
13 Ebd. (Fn 12) Rubr. VII.
14 Ebd. (Fn 12) Rubr XII.
15 Ebd. (Fn 12) Rubr XIII.
16 Ebd. (Fn 12) Rubr XIV.
17 Ebd. (Fn 12) Rubr IX.
18 Ebd. (Fn 12) Rubr XI.
19 Ebd. (Fn 12) Rubr X.
20 Dass Azo zuweilen kanonistische Quellen unter die legistischen mischt, ist ein bekanntes Phänomen. Vgl. nur etwa *Weigand*, Naturrechtslehre (1967) 55.
21 Vgl. *Liebs*, Rechtssätze, JZ 36 (1981) 161.

Brocardica selbst, denen die Allegationen entsprechen: I. steht daher vielmehr für *infra*[22] und es handelt sich um Verweise auf andere Stellen im selben Werk. Es wird auf andere Rechtsregeln in den Brocardica selbst verwiesen. Erst in der *solutio* wird tatsächlich eine Stelle aus den Institutionen erwähnt[23].

Nach insgesamt 16 Zitaten folgt der Einschub „*Et hoc etiam si ipso iure non tenuit concessio nec tamen contra venire potest et sic quidem probatur solutio*“. Dieser wurde bisher als Überschrift der Folgezitate gesehen. *Liebs* ging davon aus, dass die anschließenden Zitate zwar ebenfalls für die Gültigkeit des Rechtssatzes sprechen, dies jedoch mit einer Besonderheit: Die Rechtswirkungen würden hier nicht *ipso iure* eintreten, aber es werde eine gerichtliche Geltendmachung zugelassen, um nachteilige Folgen abzuwehren[24]. Naheliegender erscheint es hingegen, diese Bemerkung anders zu verstehen: Es handelt sich um einen Zusatz zu dem davor stehenden Zitat, der dieses näher erläutern soll. Rein optisch spricht für diese Interpretation schon der Umstand, dass die Schrift den abschließenden Erklärungen gleicht und nicht den Überschriften. In vielen Handschriften ist zudem ersichtlich, dass dieser Zusatz in Schwarz neben die Stelle geschrieben wurde, anstatt wie im Druck darunter. Die Schriftart hebt sich hier auch sonst nicht von den Zitaten ab. *Venire contra factum proprium nulli conceditur* sowie das folgende *contrarium* wurde demgegenüber mit roter Tine geschrieben. Inhaltlich spricht nicht nur der Gegenstand der Stelle[25], von der anzunehmen ist, dass sie mit dem Zusatz erläutert wird, sondern auch der Inhalt der folgenden 11 Digestentexte, der sich nicht durch ein solches Kriterium von den 16 vorhergehenden Stellen unterscheiden lässt, für die hier angebotene Lösung.

Nach den insgesamt 27 Zitaten für den Beweis der Rechtsregel folgt eine Auflistung von 26 weiteren Stellen aus Decretum, Brocardica, Codex und Digesten, die mit „*Contra*“ (Neapel 1568) oder „*Contrarium*“ (Basel 1567) überschrieben ist. In diesen Fällen gilt das Verbot nicht, sodass „widersprüchliches“ Verhalten erlaubt ist.

Den Schluss bildet die Auflösung des Widerspruchs zwischen den Argumenten *pro* und *contra* mittels abstrakter Abgrenzungskriterien[26] in der *solutio* des Azo, die jedoch durch eine *adiectio* des Cacciavillanus unterbrochen wird.

---

22 Für den Hinweis danke ich *Tammo Wallinga*.

23 Siehe unten Abschnitt V, Kapitel 3.3.

24 Vgl. *Liebs*, Rechtssätze, JZ 36 (1981) 161. Eine Überprüfung dieser Aussage regte inbes. *Johannes Platschek* im persönlichen Gespräch an.

25 Siehe unten Abschnitt V, Kapitel 1.16 zur „Servitutsbestellung beim Grundstück im Miteigentum“.

26 Für diese siehe unten Abschnitt V, Kapitel 3.

IV. Vergleich zu anderen legistischen Brocardica

1. „*Dolum per subsequentia purgari*“

Schwaibold hat 1985 seine Dissertation zu einer – nach seiner Deutung – „englischen Sammlung von Argumenten des römischen Rechts aus dem 12. Jahrhundert“ (so der Untertitel) vorgelegt. Bei dieser Arbeit handelt es sich um die „Herausgabe der Rubriken von ‚*Dolum*‘ und dem Verzeichnis der dort allegierten Quellenstellen“[1].

An 12. Stelle findet sich der Satz „*Neminem debere venire contra factum suum et si non valeat quod fecit*“[2]. Dazu findet sich wiederum ein Quellenkatalog, der aber deutlich kürzer ausfällt als der in den Brocardica *aurea*: Neun Texte, die allesamt aus den Digesten stammen, werden als Belegstellen für den Rechtsgrundsatz angeführt (D. 14, 6, 7, 2; D. 8, 3, 11; D. 20, 5, 10; D. 1, 7, 25 pr; D. 1, 16, 6, 1; D. 17, 1, 49; D. 4, 4, 41; D. 6, 1, 72; D. 23, 5, 17)[3], zwei Texte, beide aus dem Codex, sprechen für den anonymen Autor, allerdings gegen die Rechtsregel (C. 7, 16, 1; C. 8, 44, 25)[4]. *Solutio* gibt es hier keine. Bis auf drei Zitate (D. 14, 6, 7, 2; D. 17, 1, 49; D. 4, 4, 41), die für die Gültigkeit des Rechtsgrundatzes sprechen, sind dieselben Belegstellen auch in den Brocardica *aurea* angeführt[5].

2. „*Initium esse spectandum*“

Eine weitere Handschriftentradition von Brocardica mit den Anfangsworten „*Initium esse spectandum*” bespricht *Weimar* in seiner Analyse der Handschrift Edinburgh UL, 155 für das Max-Planck-Institut für europäische Rechtsgeschichte[6]. Auch dieses Werk hat keine *solutiones*[7]. Die Allegationen

---

1 *Schwaibold*, Dolum (1985) 3.

2 *Schwaibold*, Dolum (1985) 43.

3 *Schwaibold*, Dolum (1985) 43. Der Verfasser hat an dieser Stelle keine abweichenden Handschriften angegeben.

4 *Schwaibold*, Dolum (1985) 43. Auch hier sind keine abweichenden Handschriften angegeben.

5 *Schwaibold*, Dolum (1985) 134 mwN. Ein Unterschied zu den gleich zu besprechenden Brocardica „*Dunelmensia*“ besteht vor allem auch darin, dass die Brocardica *dolum* nach den Ergebnissen *Schwaibolds* und *De Zuluetas* jedenfalls nicht in dierekter Beziehung zum „*Liber pauperum*“ des Vacarius stehen.

6 Edinburgh, UL, 155; Analysis MPI europ. Rechtsgeschichte: *Weimar*. Die Handschrift stand auf Mikrofilm zur Verfügung.

7 Ausnahme: fol. 20rc-va, die nicht im gegebenen Zusammenhang stehen.

stammen überwiegend aus Digesten und Codex und weisen eine gewisse Übereinstimmung mit den Brocarda *aurea* auf, die dort allerdings in anderer Reihenfolge stehen. Die Rubriken stimmen jedoch auch nicht mit der Brocarda-Sammlung *dolum* überein. *Weimar* nimmt an, dass Azo für seine Sammlung von Brocardica zwei verschiedene Quellen benutzte: Einerseits die Brocardica *dolum*[8] und andererseits die Brocardica *initium*.

Die Sammlung *initium* beinhaltet ebenfalls ein dem *venire contra factum proprium* der Brocardica *aurea* vergleichbares Prinzip und auch die Zitate decken sich teilweise: Nach dem Satz „*Neminem licet contra factum suum venire*" folgen 16 Belegstellen (D. 13, 6, 17, 3; C. 4, 44, 7; D. 1, 7, 25 pr; D. 20, 5, 10; D. 17, 1, 49; D. 13, 7, 41; D. 21, 2, 17; D. 1, 16, 6, 1; C. 2, 29, 2; C. 8, 45, 2; C. 10, 5, 2; C. 2, 8, 1; C. 1, 40, 11; C. 4, 20, 14; C. 3, 26, 9; D. 1, 18, 6, 9); danach „*Licet contra factum suum venire*" und 9 Zitate dafür (D. 43, 26, 12 pr; D. 42, 3, 5; C. 7, 16, 36; C. 11, 47, 7; C. 1, 2, 14, 4; C. 4, 66, 2, 1; D. 46, 3, 27; D. 17, 1, 60, 4; D. 18, 1, 14). Von den insgesamt 25 Texten werden 15 auch in *aurea* zitiert, von den verbleibenden 10 Stellen (*Pro*: D. 13, 6, 17, 3; D. 17, 1, 49; C. 2, 8, 1; C. 1, 40, 11; C. 3, 26, 9; D. 1, 18, 6, 9. *Contra*: C. 7, 16, 36; C. 4, 66, 2, 1; D. 46, 3, 27; D. 18, 1, 14) stimmt eine für den Grundsatz sprechende mit *dolum* überein (D. 17, 1, 49).

3. „*Dunelmensia*"

Van de Wouw veröffentlichte 1991 in der Zeitschrift der Savigny-Stifung seine Edition der Brocardica „*Dunelmensia*".

Er geht davon aus, dass die meisten Texte dem *liber pauperum* des Vacarius entnommen sind, allerdings nicht ausschließlich: Auch Texte aus den Institutionen, den Digesten und dem Codex werden herangezogen. Die ebenfalls zitierten kanonistischen Texte stammen aus dem Decretum Gratiani und Dekretalensammlungen. Auch Selbstzitate in der Art *supra* und *Bro.* kommen vor. Auffällig ist, dass die Selbstzitate nur rückwärts (also *supra*) angeführt werden, nie aber in die andere Richtung (*infra*), was darauf hinweist, dass das Werk nach und nach entstand und keine Endrevision erfuhr. Viele Glossen sind mit der Sigle „*G*" zitiert. Manchmal hat *van de Wouw* das „*l.*" des Manuskripts in der Transkription dann auch zu einem „*G*" verändert oder ein „*G*" hinzugefügt, da der Vergleich mit dem *Liber pauperum* diese Korrektur nahelege und diese Texte nicht mit dem *initium* von *lex* und Paragraph zitiert seien. Überhaupt folge der Aufbau dieser Brocardica dem System des *liber pauperum*[9].

Aufgrund unterschiedlicher Zitierweise ist wahrscheinlich, dass mehr als eine Person an dieser Brocardica-Sammlung gearbeitet hat, vermutlich deshalb,

---

8 Diese Vorläuferschaft lehnt *Schwaibold* jedoch ab. Siehe bereits oben S. 22.

9 *Van de Wouw*, Dunelmensia, SZ 108 (1991) 236 f.

weil es sich um Brocardica *reportata* handelt. Ein Rechtslehrer habe wohl anhand des *liber pauperum* Rechtssätze vorgeschlagen und Argumente *pro* und *contra* dafür angeführt, so *van de Wouw*. Es sei aber auch Aufgabe der Studenten gewesen, mithilfe ihrer Rechtsbücher Argumente zu finden. Das konnte einerseits der *liber pauperum* sein, aber ebenso auch die vollständigen drei Teile der Digesten sowie der Codex. Später im Kurs zitierten die Teilnehmer die Brocardica, die sie bereits entwickelt hatten.

Die Zitate der Dekretalen ließen nach *van de Wouws* Erkenntnissen den Schluss zu, dass die Brocardica *Dunelmensia* in den neunziger Jahren des zwölften Jahrhunderts entstanden sind. Sie passen darüber hinaus zur Lehrtätigkeit in Oxford zu dieser Zeit[10].

Ein unserem Verbot ähnlicher Grundsatz findet sich auch darin[11] – allerdings ist hier der Aufbau gewissermaßen umgekehrt, denn zunächst werden Belegstellen für den Grundsatz, dass man widersprüchlich handeln darf, angeführt (*Licitum est contra factum suum venire*), und erst danach folgen Zitate dafür, dass man es nicht darf (*Non licet contra factum venire*). Außerdem werden hier Untergruppen zum „*iuramentum*“ und dem „*dictum*“ geschaffen, denen widersprochen oder nicht widersprochen werden darf.

Zwar stimmen wieder einige Zitate mit *aurea* überein, doch finden sich in *aurea* bspw. die Stellen, die in *Dunelmensia* im Zusammenhang mit dem Eid erwähnt werden, überhaupt nicht (weder *pro* noch *contra*). Aus der Untergruppe zum *dictum* ist jeweils ein Text *pro* und ein Text *contra* auch in *aurea* zu finden. *Aurea* zitiert nie „*G*“ und nimmt insgesamt nicht auf den *liber pauperum* Bezug; auch der Umstand, dass der Verfasser aufgrund der gewählten Abfolge offenbar eher zur Zulässigkeit des Selbstwiderspruches tendiert, deutet darauf hin, dass hier eine von den Brocardica *aurea* getrennte Tradition anzunehmen ist.

4. Pillius de Medicina: „*Libellus Disputatorius*“ und „*Quaestiones*“

Eine Edition des ersten Buches des *libellus* hat *Meyer-Nelthropp* besorgt[12], das zweite und das dritte Buch sind noch ungedruckt.

---

10 *Van de Wouw*, Dunelmensia, SZ 108 (1991) 242.

11 An 19. Stelle, die nach *van de Wouw* „anomal“ aus dem *liber pauper* (aus den Stellen 1, 15 und 1, 25) übernommen wurde. Siehe für die Zitate *Van de Wouw*, Dunelmensia, SZ 108 (1991) 238.

12 *Meyer-Nelthropp*, Libellus (1958). Er hat den Text aufgrund des Wiener Codex ÖNB Cod. 2157 (eine Sammelhandschrift, in der sich auf fol. 36r-87v der *libellus disputatorius* des Pillus findet. Die Handschrift ist mittlerweile online abrufbar im ÖNB-HANNA-Katalog) ediert, jedoch unter Heranziehung einer erst kurz zuvor wiederentdeckten zweiten Handschrift aus Olmütz, Bibliothek des Domkapitels

In dieser ältesten bekannten Brocarda-Sammlung[13] findet sich im dritten Buch zu „*de variis disputandi articulis*“ – um mit den Worten *Genzmers* zu sprechen – eine „ungeordnete Aneinanderreihung feiner, disputationswürdiger Fragen“[14]. Einer der Sätze zeigt ebenfalls bereits Anklänge an die uns bekannte Formulierung, doch findet man wiederum die umgekehrte Reihenfolge: „*uariatione circa factum proprium licita deprehenditur*“ mit einem nachfolgenden „*contra. non permittitur circa factum proprium uariatione*“. Die nachfolgende Erläuterung bringt inhaltlich keinen Aufschluss, verweist aber für die Frage nach der Zulässigkeit widersprüchlichen Verhaltens auf einen Kommentar des Irnerius; die Diskussion um die Zulässigkeit von widersprüchlichem Verhalten geht demnach offenbar bereits auf die Zeit des Universitätsgründers zurück[15].

Die *quaestiones aureae* des Pillius beinhalten keine ähnlich allgemein gehaltene Frage zur Zulässigkeit des widersprüchlichen Handelns; die Fragen sind hier konkreter formuliert, wie etwa: „*QVAESTIO CXV. AN QVIS DICITVR CONTRA VENIRE transactioni, si bona, quae nullo modo petere, uel in illis se intromittere promisit, in causa compareat contra terrium, quia obtinuit donec reus pareret iudicantis*“[16].

5. Ergebnisse aus dem Vergleich

Auch wenn der *libellus disputatorius* nicht im Zusammenhang mit den Brocardica *aurea* steht, spricht das *per se* noch nicht dagegen, dass Pillius nicht noch ein zweites Werk dieses Typs schuf, auf welches die späteren Brocardica (und insbesondere auch *aurea*) zurückgehen. Wahrscheinlich ist das aber wohl nicht, fehlt doch jeder Nachweis in dieser Richtung. Hinzu kommt im speziellen Fall des *venire contra factum proprium*, dass Pillius sich diesfalls zu einer Umkehrung der von ihm selbst im *libellus* vorgenommenen Reihung des erlaubten/unerlaubten Selbstwiderspruchs entschieden haben müsste.

Sollte demnach eine Verwandtschaft der Brocardica *aurea* mit anderen Sammlungen überlegt werden, so kämen dafür wohl nur *dolum* und *initium* in Frage. Eine Vorläuferschaft dieser Sammlungen ist im Übrigen nicht der

---

591 (fol 1–19r). Die ungedruckte Dissertation *Meyer-Nelthropps* war leider nicht zugänglich (bereits *Schwaibold* weist darauf hin, dass nur sehr wenige druckmaschinengeschriebene Ausgaben existieren; *Weimar* konnte das Exemplar von *Genzmer* zu Rate ziehen). Vgl. *Weimar*, Tractatus, Ius commune 1 (1967) 68 Fn 46a; *Schwaibold*, Dolum (1985) 3 Fn 14.

13 Siehe oben S. 21 ff.

14 *Genzmer*, Kodifikation, RRM (1987) 51.

15 Siehe ÖNB Cod. 2157 fol 44v. Die Handschrift ist online über den ÖNB-HANNA-Katalog verfügbar. Von Irnerius sind zwar keine Kommentare erhalten, jedoch sind zahlreiche seiner Glossen (zum Teil mittelbar) überliefert.

16 Benützte Ausgabe: Rom 1560, fol 197, in: CGIC IV.1 (1967).

einzig mögliche Weg der Beeinflussung; ebenso denkbar wäre der umgekehrte Weg, dass vielmehr die als Grundlage für Azos *solutiones* herangezogene umfassende Sammlung den Verfassern der anderen beiden Sammlungen ebenfalls bekannt war und diese zusammenschrieben, was ihnen von der Lektüre (oder einem Vortrag daraus) im Gedächtnis geblieben war, bzw. dass sie darüber hinaus andere ihnen passend erscheinende Zitate selbst hinzufügten. Auch eine gemeinsame Vorlage iSv bekannten Rechtsregeln, welche die einen mit diesen, die anderen mit jenen Belegstellen versahen und die nach dem jeweiligen Geschmack in unterschiedliche Reihenfolgen gebracht wurde, ist theoretisch denkbar.

Irgendeine Form der Verwandschaft der Sammlungen *dolum – initium – aurea* liegt aufgrund der zahlreichen Übereinstimmungen zumindest nahe. *Dunelmensia* scheint hingegen in einer anderen, an den *liber pauperum* anschließenden Tradition entstanden zu sein, wobei frühe Vorläufer durchaus auch in einer gemeinsamen Quelle mit den übrigen Brocardica liegen könnten. Die Entwicklung erfolgte jedoch offenbar getrennt und eine direkte Bezugnahme zwischen den beiden Werken ist nicht ersichtlich. Auch der *libellus disputatorius* dürfte keinen unmittelbaren Einfluss geübt haben.

Die besondere Qualität der Brocardica *aurea* liegt nicht nur darin, einen besonders umfassenden Quellenkatalog zu liefern, sondern vor allem in der Einführung abstrakter Abgrenzungskriterien, denn erst durch die *distinctio* in der *solutio*, die sich nur hier findet, wird aus der im Titel angestellten Beobachtung ein Grundsatz entwickelt, nach welchem zukünftige gleichartige Fälle gelöst werden könnten[17]. Auch wenn im *libellus disputatorius* ebenfalls knappe Überlegungen angefügt werden, finden sich doch keine vergleichbaren Distinktionen.

Azos Werk ist gewissermaßen als Endredaktion zu betrachten, wie auch *Converso* in der Einleitung zur Brocardica-Ausgabe des Corpus Glossatorum ausführt: „I *brocarda* di Azone rappresentano per la scuola dei glossatori il momento conclusivo dell'applicazione di un metodo di speculazione teoretica sulle antinomie contenute nel corpo di leggi giustinianee…"[18]. Einerseits sind keine weiteren Versuche einer Neubearbeitung feststellbar (abgesehen von den in den Drucken inhaltlich aufgenommenen, wenn auch nicht immer deutlich gekennzeichneten Zusätzen von Cacciavillanus) und andererseits hat diese Zusammenstellung auch in den Handschriften und insbesondere den Drucken die weiteste Verbreitung erfahren. Es weist auch *Genzmer* im Hinblick auf den *libellus disputatorius* darauf hin: „… die Wirkung in die Zukunft gehörte

17 Vgl. auch *Weimar*, Legistische Literatur, HQL 1 (1973) 143 f.
18 Vgl. *Converso*, CGIC IV.3 (1967) I.

nicht ihm, sondern der Codexsumme des Azo"[19]; und dieser war häufig dessen Brocardica-Sammlung beigefügt, wie auch die Druckausgaben zeigen.

Die Sammlung *aurea* ist daher die Hauptgrundlage der weiteren Überlieferung, die den Ausgangspunkt der späteren Privatrechtsentwicklung auf diesem Gebiet und somit den geeignetsten Anknüpfungspunkt dafür darstellt, inhaltlich aufzuarbeiten, wie diese sprichwörtliche Rechtsregel im Hinblick auf die als ursprüngliche Quellenbasis verstandenen Stellen zu begreifen ist. Diese war offenbar jahrhundertelang der Grundbestand dessen, was als verbotenes und erlaubtes widersprüchliches Verhalten angesehen wurde; hätte es keinen Bedarf an der Verfügbarkeit der in den Brocardica enthaltenen Rechtsgrundsätze und der dazugehörigen Belegstellen gegeben, wären im 16. Jahrhundert wohl nicht mehrere Druckausgaben angefertigt worden, die weiter verbreitet wurden. Die hier erwähnten Texte sollen nun mit der aktuellen romanistischen Methodik untersucht werden, um das Wissen, an welche Fälle hier gedacht war, wieder aufleben zu lassen und die Rechtsqualität nachvollziehen zu können, die für eine Ersthandlung gefordert wurde, gegen die man später nicht wieder vorgehen darf.

In zwei anschließenden Kapiteln werden schlussendlich auch die Texte aufgearbeitet, welche die wahrscheinlich in einer verwandten Tradition entstandenen Sammlungen „*Dolum*" und „*Initium*" zusätzlich nennen und ein Vergleich zu den in *aurea* behandelten Texten gezogen; auf die offenbar in keinem direkten Zusammenhang stehende Sammlungen „*Dunelmensia*" und den „*Libellus disputatorius*" wird hingegen nicht mehr näher Bezug genommen.

19 *Genzmer*, Kodifikation, RRM (1987) 51 f.

V. *Argumenta* in den Brocardica *aurea*

1. *Argumenta pro*

Die nun folgenden Kapitel sollen die Texte näher beleuchten, die in den Brocardica *aurea* als Beleg für die Aussage „*Venire contra proprium factum nulli conceditur*" angeführt werden. Dabei wird auch die Reihenfolge beibehalten, in der die Stellen dort genannt werden. Die Kapitelüberschriften 1 bis 27 in diesem Abschnitt geben demgemäß jeweils das Zitat unter Auflösung der Allegation sowie schlagwortartig das Thema des behandelten Textes wieder.

1.1. C. 12, q. 2, c. 18: Aneignung von Kirchengut durch Geistliche

C. 12, q. 2, c. 18. Res ecclesiae episcopus alienare uel usurpare non presumat.
Item in Concilio Leonis Papae IV. III. Pars.
Monemus et inrefragabiliter affirmamus, ut nullus episcoporum uel sacerdotum rem tituli sui usurpare presumat, sed neque salarium a Christianis sanctis locis oblatum causa amicitiae, uel timoris, aut muneris pertemptet auferre, ne ecclesia Dei ad nichilum redigatur. Quod qui facere presumpserit episcopus uel sacerdos, canonicam sine dubio subeat ultionem, et quod ecclesiae iniuste ablatum est reddere conpellatur, ita ut deinceps nullas uires pro his ad litigandum uel possidendum habere possint.[1]

C. 12, q. 2, c. 18. Kirchengüter zu veräußern oder anzueignen soll ein Bischof nicht wagen.
Ebenso im Konzil von Papst Leo IV. 3. Teil.
Wir ermahnen und bekräftigen unverbrüchlich, dass keiner der Bischöfe oder Priester es wagen soll, eine Sache im eigenen Namen an sich zu bringen, aber auch kein Lohn, der an heiligen christlichen Orten aus Gründen der Freundschaft angeboten wird oder aus Gottesfurcht oder Ehrengabe, soll ihn dazu verleiten, etwas anzunehmen, damit die Kirche Gottes nicht ins Nichts geführt wird. Denn welcher Bischof oder Priester auch immer wagte so zu handeln, der soll zweifellos der kanonischen Bestrafung unterliegen und gezwungen werden zurückzugeben, was der Kirche ungerechtfertigt weggenommen worden ist, sodass sie hierauf keine Mittel haben können sollen, um dafür zu streiten oder zu besitzen.

Der Einstieg in das Problem erfolgt über das kanonische Recht, denn das erste Zitat ist eines von zweien aus dem *Decretum Gratiani*. Gemeinsam

1 Der vorstehende Text folgt der Ausgabe *Friedbergs* (dort Sp. 683). Hinsichtlich der Lesarten der verschiedenen Handschriften und der Textänderungen *Friedbergs* gegenüber der *Editio Romana* wird auf den Anmerkungsapparat *Friedbergs* verwiesen. Zur Kritik an dessen Edition siehe aber etwa *Kuttner*, Canon Law, in: Gratian (1983) 495.

mit einem dritten Text, der sich mit demselben Thema beschäftigt, aber von Justinian stammt, bilden diese Texte eine Gruppe von Fällen, die sich mit dem Kirchenvermögen, der Frage nach Privatvermögen von Geistlichen und dem kirchlichen Veräußerungsverbot beschäftigt. Auch wenn Azo hauptsächlich als Experte auf dem Gebiet des *ius civile* bekannt ist, zeigen mehrere Beispiele auch seine Kenntnisse auf dem Gebiet des kanonischen Rechts[2].

Da Legistik und Kanonistik zur selben Zeit ihre Hochblüte erlebten, verwundert die gegenseitige Beeinflussung nicht; während allerdings für den Kanonisten die Kenntnis des römischen Rechts unumgänglich war (Stichwort: *ecclesia vivit lege Romana*), gilt das umgekehrt nicht in demselben Ausmaße. Dennoch waren die Legisten mit den kanonistischen Quellen, insbesondere dem *Decretum Gratiani*, durchaus vertraut; Azos Lehrer Johannes Bassianus etwa hatte mit dem Kanonisten Stephan von Tournai schließlich auch seinen Lehrer gemeinsam: Bulgarus[3].

Pöschl hat in einem grundlegenden Aufsatz darüber hinaus aufgezeigt, wie stark das Kirchengut als zentrales Element der allgemeinen Machtordnung des Mittelalters die verschiedensten Lebensbereiche beeinflusste[4], was auch die Behandlung ausgerechnet dieser Materie an prominenter Stelle erklärt.

Das Motiv dafür, diese speziell für Kanonisten interessanten Texte heranzuziehen, ist möglicherweise, dass man das Prinzip auch aus deren Sicht plausibel begründen wollte, um dessen Geltung für das *utrumque ius* darzustellen[5]. Offenbar erfolgreich: In der Glosse zum *Corpus Iuris Canonici* findet sich schließlich auch der Hinweis: „*sed nonne potest episcopus contra factum venire, si est illicitum*“[6].

Das Kirchenrecht[7] als Gegenstand wissenschaftlicher Beschäftigung wird häufig auf das *decretum*[8] des in Bologna wirkenden Mönchs Gratian zurückgeführt, der als Vater der Kanonistik gilt. Die hier zitierte, um 1140 entstandene Privatsammlung[9] besteht unter anderem aus Papstdekreten,

---

2 Vgl. nur *Belloni*, Azzone, SZ Kan. Abt. 83 (1997) 249 ff.

3 *Glöckner*, Cogitationis (1989) 227 ff.

4 *Pöschl*, Kirchengutsveräußerungen, AKKR 105 (1925) 1.

5 Für diesen Gedanken danke ich *Wim Decock*, der eine dahingehende Vermutung im mündlichen Gespräch geäußert hat.

6 Gl. *Restituas* (CIC 1, 17, 5), Benützte Ausgabe: Decretales Gregorii IX Pont Max, Paris 1561, 314.

7 Im engeren Sinne beschäftigt es sich mit der inneren Ordnung der Kirche, während „Kirchenrecht im weiteren Sinn“ auch die Stellung der Kirche in der staatlichen Ordnung mitumfasst.

8 Vgl. zu den zwei Rezensionen des Werkes insbes. *Winroth*, Gratian's Decretum (2004).

9 „Privat“ insofern, als sie nie formell vom Papst bestätigt wurde. Siehe aber *Kalb*, Valor iuridicus, in: Mem. Holböck (1985) 21 ff.

Konzilsbeschlüssen, patristischen Texten, aber auch Texten des römischen Rechts[10]. Das *Decretum Gratiani* bildete später den ersten Teil des *Corpus Iuris Canonici*, bis dieses 1917 funktionell durch den *Codex Iuris Canonici* ersetzt wurde (und dieser wiederum 1983 durch einen neuen Codex). Dennoch basieren noch heute zahlreiche kirchenrechtliche Bestimmungen inhaltlich auf dem *decretum*[11] und es ist immer noch Gegenstand neuerer kanonistischer Forschung.

Schematisch können drei Teile abgegrenzt werden[12]: Das Amts- und Kultusrecht ist im ersten und dritten Teil geregelt, wobei der erste Teil in 101 *distinctiones*, der dritte hingegen in nur 5 *distinctiones* unterteilt ist; das Prozess-, Vermögens- und Eherecht findet sich in Teil zwei. Dieser ist seinerseits in 36 *causae* (fiktive Rechtsfälle) und jeweils unterschiedlich viele daran anknüpfende *quaestiones* unterteilt.

Der korrekte Titel des Dekrets, „*Concordantia discordantium canonum*", also die „Harmonie des Unharmonischen"[13], zeigt das Ziel des Werkes an: Der Verfasser war bestrebt, aus dem vorhandenen, zersplitterten Quellenmaterial eine einheitliche, widerspruchsfreie Rechtsmasse zu schaffen. Die *canones* sind daher so zusammengestellt, dass widersprechende Texte einander gegenüberstehen und in Einklang gebracht werden können. Gratians Kommentierung erfolgt in den sog. *dicta*. Dadurch wurde aus der unübersichtlichen Masse an kirchlichen Rechtsquellen nicht nur eine bewältigbare Auswahl getroffen, sondern mithilfe der scholastischen Methode diese zu einem Ganzen zusammengefügt, was den Boden für die folgende wissenschaftliche Durchdringung bot. Hier lässt sich hinsichtlich der Zielsetzung eine Gemeinsamkeit mit den legistischen Brocardica feststellen.

Alle in das *decretum* aufgenommenen Texte sind jedoch aus einem ursprünglichen Zusammenhang herausgelöst, ähnlich wie die Texte des *Corpus Iuris Civilis* aus den Werken der klassischen Juristen. Der Kontext im Werk des Autors kann daher auch hier weiteren Aufschluss über die Bedeutung der einzelnen Stellen geben, jedoch tritt noch das Element hinzu, dass eine Aufnahme in vorgratianische Kanonessammlungen ebenfalls zu berücksichtigen ist.

Die *causa* aus dem zweiten Teil des *decretum* bildet das Generalthema:

> *Quidam clerici propria relinquere uolunt; de suis et ecclesiae rebus testamenta conficiunt; de rebus ecclesiae nonnulla largiuntur.*

---

10 Die Übersicht der Quellen, welche *Friedberg* seiner Textedition vorangestellt hat, zeigt die Vielfalt eindrucksvoll.

11 Siehe *Landau*, Gratian, MCL (2008) 22 ff u. insbes. 53 f.

12 Siehe dazu *Feine*, Decretum Gratiani, in: Reich und Kirche (1966) 203 ff. Vgl. zur Kritik *Sohms* und deren Zurückweisung: *Gillmann*, Einteilung und System (1988).

13 *Kuttner*, Harmony from Dissonance (1960).

Manche Kleriker wollen Eigentum hinterlassen; sie fertigen über eigene und Sachen der Kirche Testamente an; von den Sachen der Kirche verteilen sie einiges.

Mehrere *quaestiones* schließen sich an:

(Qu. I.) *Modo primum queritur: Utrum clericis liceat proprium habere?*
(Qu. II.) *Secundo, an res ecclesiae, que ab eis datae sunt, possint constare aliqua firmitate eis, qui eas acceperunt?*
(Qu. III.) *Tertio, si in tempus suae ordinationis, qui nichil habere uidebantur et post ordinationem aliqua inuenisse noscuntur, an possint ea quibus uoluerint, relinquere an non?*
(Qu. IV.) *Quarto, si de suis et ecclesiae rebus aliqua acquisisse noscuntur, an utrique communiter, an singulariter ecclesiae uel sacerdoti iure proueniant?*
(Qu. V.) *Quinto, si testamenta eis liceat conficere?*

q. 1. Als erstes ist zu fragen: Ob es Klerikern erlaubt ist, Eigentum zu haben?
q. 2. Zweitens, ob die Kirchengüter, die von ihnen gegeben wurden, dauerhaft bei denen bleiben können, welche sie entgegengenommen haben?
q. 3. Drittens, wenn diejenigen, die während ihrer Amtszeit nichts zu haben schienen, und die nach dem Amt irgendetwas erlangt zu haben erkannt werden, ob sie diese (Sachen) wem sie wollen hinterlassen können oder nicht?
q. 4. Viertens, wenn sie von eigenen und Sachen der Kirche irgendetwas erworben zu haben erkannt werden, ob es beiden gemeinsam oder nur der Kirche oder (nur) den Priestern rechtmäßig zukommt?
q. 5. Fünftens, ob es ihnen erlaubt ist, Testamente anzufertigen?

Im Folgenden interessieren vor allem die ersten beiden *quaestiones*, die sich insbesondere mit der allgemeinen Vorfrage beschäftigen, ob es überhaupt denkbar ist, dass Geistliche Eigentum haben, über welches sie in irgendeiner Form verfügen können.

Während unter *contra* ein Text zur ersten *quaestio* zu behandeln sein wird, steht die hier zu *pro* zitierte Entscheidung im Zusammenhang mit der zweiten *quaestio*, ob diejenigen, welche Kirchengüter von Geistlichen erhalten haben, sie dauerhaft behalten können. Diese *quaestio* zerfällt ihrerseits in 75 *canones*, die in 6 *partes* eingeteilt sind.

Der 18. *canon* enthält eine Bestimmung, die im Rahmen eines Konzils in Rom Anfang Dezember 853 unter Leo IV (847–855) erlassen wurde. Die meisten dort beschlossenen *canones* sind die mit Zusätzen versehenen Bestimmungen des Konzils von 826; es werden aber auch vier neue hinzugefügt, welche die Einsetzung von Priestern und ihre Beziehung zum Bischof regeln. Zwei weitere sind überhaupt nur in gekürzter Form im Bericht der Papstgeschichte des Pseudo-Liudprand[14], nicht aber in der übrigen handschriftlichen Überlieferung enthalten: Ein Text zur Zehentpflicht und unsere als C. 12, q 2,

---

14 Siehe dazu sogleich unten Fn 22.

c. 18 in das *Decretum Gratiani* aufgenommene Stelle. Da sie aber durch die Kanonessammlung des Deusdedit[15] beglaubigt sind, wird den beiden Texten allgemein Authentizität zugesprochen[16], denn es wird vermutet, dass Deusdedit ein Exemplar der Akten zur Verfügung stand, das heute nicht mehr erhalten ist. Im selben Wortlaut wie bei Deusdedit findet die Stelle sich auch in der etwa zeitgleich entstandenen *Collectio Canonum* des Anselm von Lucca und wurde von dort wohl in die ebenfalls vorgratianische Canonessammlung „Polycarp" des Gregor von S. Grisogono übernommen[17].

Bischöfe leisteten bei ihrem Amtsantritt das *iuramentum fidelitatis*, einen Eid, in welchem sie dem Papst die Treue schworen. Dieses Versprechen wurde zunächst mündlich abgegeben, schriftlich festgehalten und sodann öffentlich verkündet; es beinhaltete nach dem wohl seit Gelasius bestehenden und später in das päpstliche Kanzleibuch (*liber diurnus*) aufgenommenen Formular unter anderem die Klausel, dass die Kirchengüter ordnungsgemäß zu verwalten und nach den Regeln des Kirchenrechts aufzuteilen seien[18]. Gelasius hatte dieses Versprechen aufgrund der besonderen Umstände während der Zeit der Völkerwanderung eingeführt, später griff aber etwa Pelagius I. aus anderem Grunde darauf zurück: Er sollte einen Bischof weihen, der eine Frau und Kinder hatte, weswegen er eine Verschwendung von Kirchengütern befürchtete[19]. Besonderes galt für die nach Unabhängigkeit strebenden ravennatischen Bischöfe[20], die möglicherweise auch Anlass zu unserem Text boten, denn aus demselben Jahr, in welchem das Konzil abgehalten wurde, in dessen Rahmen diese Bestimmung erlassen wurde, ist eine Rüge von Papst Leo IV. an Erzbischof Johannes VII. von Ravenna wegen widerrechtlicher Aneignung von Besitzungen unter Verletzung des dem Papst geleisteten Eides überliefert[21].

---

15 Siehe unten S. 47.

16 Vgl. nur *Hartmann*, Konzilien (1984) 308 u. 343 sowie *Jasper*, Papstgeschichte, DA 31 (1975) 79.

17 Siehe *Friedberg*, Fn 181.

18 Das bedeutete eine gleichmäßige Verteilung auf vier Verwendungskategorien: 1. für den Bischof; 2. für die Geistlichkeit; 3. für die Armen und Fremden; sowie 4. für die Kirchenfabrik (Kirchenstiftungen). *Ministeria atque ornatum ecclesiae vel quidquid illud est in patrimonio eiusdem, non minuere studeat, sed augere. De reditu vero ecclesiae vel oblatione fidelium quatuor faciat portiones.* Vgl. *Thiel*, Epistolae Romanorum (2004) 379 f; *Sickel*, Liber diurnus (1966) 5 f, Fn 6.

19 *Gottlob*, Amtseid (1936) 4 u. 8 f. Das schriftliche Versprechen wird hier als *cautio* bezeichnet.

20 *Gottlob*, Amtseid (1936) 20 ff.

21 Regesta imperii, abt. I (Karolinger), Bd I. 4, 2. Fasz. 844–858, 123 f (Rn 279). Vgl. auch *Gottlob*, Amtseid (1936) 23 Fn 99: *Videte quia multum contra iuramentum, quod nostro fecisti praesulatui, extendisti pedem et talia operari praesumpsisti.* Später wird Johannes von Nikolaus I. exkommuniziert. Vgl. *Schnitzer*, Verträge (1961) 126 zu der (von ihm zurückgewiesenen) Ansicht, dass dem Bischof

Die Papstgeschichte des Pseudo-Liudprand[22] ist von einem unbekannten Autor zwischen 1077 und 1084/85 verfasst worden[23] und zieht als Quellen insbesondere den *liber Pontificalis*[24] und die pseudoisidorischen Dekretalen[25], aber auch andere kanonistische Texte heran[26]. Diese werden in Exzerptform wiedergegeben. So lautet die Zusammenfassung unseres Textes:

> *Item in eadem irrefragabiliter affirmando instituit, ut nullus episcoporum vel sacerdotum rem sui tituli usurpare aut alienare praesumat. Qui autem hoc fecerit, canonicam sine dubio subeat ultionem*[27].

> Ebenso ordnet er diesbezüglich unverbrüchlich bekräftigend an, dass keiner der Bischöfe oder Priester eine Sache in seinem Namen an sich zu bringen oder zu veräußern wagen soll. Diejenigen nämlich, die das täten, sollen unzweifelhaft der kanonischen Bestrafung unterliegen.

Bischof Anselm von Lucca stand in enger Verbindung zu Gregor VII, was auch seinem Werk deutlichen Niederschlag findet[28]. Seine Kanonessammlung wurde zwischen 1081 (wahrscheinlich aber nach 1083) und 1086[29] fertiggestellt und berücksichtigt neben der größten Quellengruppe, den päpstlichen

---

keine Befugnis zukomme, Mensalgut zu veräußern; als Begründung dafür wurde vorgebracht, dass der Bischof sich im Konsekrationseid verpflichtet habe, „ohne Ratseinholung beim Hl. Stuhl nicht zu veräußern".

22 Zur Bezeichnung „Pseudo-Liudprand" kam es, weil einige Kapitel aus dem Werk des Liudprand von Cremona hier übernommen wurden, was zu einer falschen Zuschreibung führte, die jedoch bereits vom Herausgeber *Busäus* 1602 erkannt wurde. Dennoch beließ er den Namen im Titel, wie er ihn in seiner von *Flacius* stammenden Druckvorlage vorgefunden hatte.

23 Während in der früheren Forschung die Papstgeschichte „nur als Hilfsmittel Bischof Bennos II. zur Erlangung der Zehentbestätigung durch Gregor VII. interpretiert" wurde, schlug *Jasper* eine neue Deutung vor: Er vermutete als Verfasser der Papstgeschichte Bischof Benno II. von Osnabrück selbst und sieht als zentrales Thema die Papstwahlen und das Bestätigungsrecht der Kaiser und Könige. *Jasper*, Papstgeschichte, DA 31 (1975) 94 sowie 106 f.

24 Dabei handelt es sich um eine chronologisch geordnete Sammlung von Papstviten. *Davis*, Pontiffs[3] (2010).

25 Gefälschte kirchenrechtliche Sammlung aus dem 9. Jh. Vgl. etwa *Zechiel-Eckes*, Pseudoisidor, Francia 28/1 (2001) 37 ff bzw. die Beiträge im Sammelband *Hartmann/Schmitz* (Hrsg.), Fälschung, MGH 31 (2002).

26 *Jasper*, Papstgeschichte, DA 31 (1975) 17 ff.

27 Text: *Hartmann*, Konzilien (1984) 343. Siehe ebd. Fn 250: „Das Veräußerungsverbot beim Kirchengut gilt sonst nur für Priester, während die Erlaubnis des Bischofs das Verbot aufzuheben vermag." Vgl. *Pöschl*, Kirchengutsveräußerungen, AkKR 105 (1925) 13 ff, der die vorliegende Stelle nicht erwähnt.

28 Vgl. zu den unterschiedlichen Versionen *Fowler-Magerl*, Clavis (2005) 139 ff; sowie eine bibliographische Übersicht bei *Kéry*, Collections (1999) 218 ff.

29 *Cushing*, Papacy (1998) 5.

Texten, auch Konzilsbeschlüsse, Material aus den Pseudo-Isidorischen Dekretalen und *canones*, etwa aus dem *Decretum Burchardi* und anderen früheren Sammlungen. Aus dem *Corpus Iuris* werden zwar Institutionen, Codex sowie Novellen zitiert, nicht aber die Digesten. Das 6. Buch setzt sich unter anderem auch mit Fragen des Eigentums sowie den Vorrechten und Pflichten von Bischöfen auseinander[30]. Hier findet sich auch wiederum unser Text: Kapitel 58 trägt den Titel „*Ut nullus episcoporum vel sacerdotum rem tituli sui usurpare presumat*", „Dass keiner der Bischöfe oder Priester eine Sache in seinem Namen an sich zu bringen oder zu veräußern wagen soll"; danach folgt der Konzilsbeschluss im vollen Wortlaut[31].

Die zweite „gregorianische" Sammlung ist die des Deusdedit, Kardinal-Priester von San Pietro in Vinculi[32]. Sie wurde vermutlich um (1083 bis)[33] 1087[34] fertiggestellt und steht nicht in direkter Abhängigkeit zu Anselms Sammlung (möglicherweise haben sie allerdings eine gemeinsame Grundlage in Form der *Collectio canonum Barberiana*)[35]. Das dritte Buch, „*De rebus ecclesiae*", beschäftigt sich mit dem Kirchenvermögen und enthält als 48. Kapitel wiederum unseren Text in der Form, wie sie auch aus dem *Decretum Gratiani* bekannt ist.

Die Kanonessammlung „Polycarpus" des papsttreuen Kardinals Gregor von S. Grisogono dürfte zwischen 1111 und 1113 entstanden sein[36]. Deutlich zeigt dieses Werk auch die enge Beziehung zwischen dem römischen und kanonischen Recht, zieht es doch als erstes seiner Art auch Digestentexte heran[37]. Besonders streicht *Horst* „das Interesse Gregors an der materiellen Sicherung als Grundlage einer intakten Kirchenorganisation" hervor und sieht den „Schutz des Kirchenguts" als zentrales Anliegen. Besonders „die Unveräußerlichkeit des Kirchenguts" werde „immer wieder stark betont"[38]. Gerade in den Kapiteln 4 bis 28 in Buch 4 werden Pflichten und Aufgaben der Bischöfe

---

30 *Szuromi*, Anselm (2006) 74; *Cushing*, Papacy (1998) 1 ff.

31 *Thaner*, Anselm II (1965) 342: Lib. VI, cap. 158.

32 Zur Rolle des römischen Rechts in dieser *Collectio canonum* siehe *Gaudemet*, Deusdedit, in: Doctrine Canonique (1994) 155 ff. Eine kurze Beschreibung, eine Zusammenstellung der Editionen, Handschriften und weitere Bibliographie findet sich bei *Kéry*, Collections (1999) 228 ff.

33 *Cushing*, Papacy (1998) 95 ff.

34 *Blumenthal*, Deusdedid, in: Mélanges Lefebvre-Teillard (2009) 135.

35 *Cushing*, Papacy (1998) 95.

36 Ende 1113 stirbt Gregor. Zu 1111 als *terminus post quem* siehe: *Horst*, Polycarpus (1980) 5 f. Weitere bibliographische Nachweise wieder bei *Kéry*, Collections (1999) 266 ff.

37 *Horst*, Polycarpus (1980) 10 mwN.

38 *Horst*, Polycarpus (1980) 96.

festgelegt sowie Bestimmungen zu deren Lebenswandel getroffen[39]; im 19. Kapitel ist unser Text wiedergegeben.

Es findet sich im *decretum Gratini* zwar eine Reihe von Stellen, welche die Ablehnung von Reichtum zum Ausdruck bringen, die grundsätzliche Frage aber, ob Privateigentum erlaubt ist, wird nach den Beobachtungen *Leitmaiers* „zum Teil explicit, mit grösserer Deutlichkeit aber und allseitig implicit von den Kirchenvätern in bejahendem Sinne beantwortet"[40].

Die grundsätzliche Zulässigkeit von Privateigentum nach kanonischem Recht gilt aber nicht für Geistliche; Gratian trennt streng die Geistlichen[41] von den Laien: „*Duo sunt genera Christianorum*" (C. 1, q. 12, c. 7). Der Klerus ist nach *Landau* dadurch gekennzeichnet, dass es sich um von Gott erwählte Personen handelt, denen Heirat und Eigentumserwerb – im Gegensatz zu den Laien – verboten ist[42].

Entschließt sich etwa jemand, in ein Kloster einzutreten und Mönch zu werden, so fällt sein gesamtes Vermögen dem Kloster zu und er kann forthin nicht mehr darüber verfügen, selbst wenn er später austreten möchte[43].

Auch die Frage nach dem Vermögen von Bischöfen behandelt Justinian und bestimmt in C. 1, 3, 41, 5, dass sie grundsätzlich über nichts, was sie nach Erlangung des Amtes zugewendet bekommen, verfügen können, denn diese Güter fielen der Kirche zu[44]. Was Bischöfe aber vor ihrer Ordination erworben haben

---

39 *Horst*, Polycarpus (1980) 34.

40 *Leitmaier*, Privateigentum, StG II (1954) 364. Wesentlich verbunden sei die Theorie des Privateigentums mit der Lehre vom Naturrecht; diesem entspringt es einer aA jedoch nicht, sondern ist erst Folge der Ausbilung von Gesetzes- und Gewohnheitsrecht. Vgl. etwa *Weigand*, Naturrechtslehre (1967), zu Gratian und dessen Quellen insbes. 121 ff u. 132 ff.

41 Durch formelle Weihe (*ordinatio*) abgegrenzter Personenkreis. Vgl. *Feine*, Kirchliche RG (1964) 50; 129 f.

42 *Landau*, Gratian, MCL (2008) 43.

43 Siehe Novelle 5, c. 5. Dazu *Pfannmüller*, Gesetzgebung (1902) 40. Was bei nachträglichem Eigentumserwerb von Klerikern zu geschehen hat, dazu siehe unten Kapitel 2.9.

44 Τοὺς δὲ νῦν ὄντας ἐπισκόπους ἢ μέλλοντας γίνεσθαι θεσπίζομεν μηδαμῶς ἔχειν ἐξουςίαν διατίθεσθαι ἢ δωρεῖσθαι ἢ καθ'ἑτέραν οἱανδήποτε περίνοιαν ἐκποιεῖν τι τῆς ἑαυτῶν περιουσίας, ἣν μετὰ τὸ γενέσθαι ἐπίσκοποι ἐκτήσαντο ἢ ἀπὸ διαθηκῶν ἢ ἀπὸ δωρεῶν ἢ καθ' ἕτερον οἱονδήποτε τρόπον, πλὴν εἰ μὴ μόνα, ἃ πρὸ τῆς ἐπισκοπῆς ἐξ οἱασδήποτε αἰτίας ἔσχον ἢ μετὰ τὴν ἐπισκοπὴν ἀπὸ γονέων καὶ θείων καὶ ἀδελφῶν εἰς αὐτοὺς περιῆλθεν ἢ καὶ περιελεύσεται. Im Anschluss werden bestimmte Ausnahmen genannt. Vgl. auch Nov. 131 (151), c. 13. *Fitting* hat in seiner Monographie zum *peculium castrense* auch dem „*quasi castrense peculium*" der Geistlichen besondere Aufmerksamkeit gewidmet, da dieses „für das Verständnis der Entwicklung und Gestaltung der Ständeverhältnisse im Mittelalter von der allergrößten Bedeutung" sei. Die Analogie sieht er in der Auffassung begründet, dass einerseits

oder was ihnen während der Amtszeit von nahen Angehörigen zugewendet wird, darüber können sie frei verfügen. Nach § 19 desselben Gesetzes ist auch die Entgegennahme einer Bezahlung für die Weihe zum Bischof (und anderer geistlicher Ämter) verboten[45].

Deutlich wird das Verbot von Privateigentum für Kleriker auch in Gratians summarischem Hinweis auf den Inhalt der von ihm unter *qaestio* I zusammengestellten Quellen:

> *Clericos nihil possidere multis auctoritatibus iubetur.*
>
> Dass Kleriker nichts besitzen, wird durch viele Belegstellen befohlen.

Die *partes* der zweiten *quaestio* zeigen jedoch einen anderen Schwerpunkt: Während es in der ersten *quaestio* um persönliches Eigentum von Geistlichen und dessen Ablehnung geht[46], beschäftigt sich etwa der *pars* I der zweiten *quaestio* mit einem anderen Problem:

> ... *Quod res ecclesiae nullo modo distrahi possunt et distractae possideri, multis auctoritatibus probatur.*
>
> ... Dass Sachen der Kirche keinesfalls veräußert werden und, wenn sie veräußert wurden, besessen werden können, wird durch viele Belegstellen bewiesen.

Hier deutet sich der Fokus in dieser *quaestio* auf das Kirchenvermögen und eine darauf bezogene Verfügungsbefugnis bereits an. Die Kirche selbst kann Eigentum haben, auch wenn es eine alte Streitfrage ist, wer der Träger dieser Vermögensrechte ist[47]. Diesem Kirchenvermögen widmete Gratian größte Aufmerksamkeit und zieht zu dessen Analyse auch römisches Recht heran.

---

das römische Kaiserreich und das Reich Gottes einander gewissermaßen parallel gegenüberstünden und dass es als Aufgabe der Christen bzw. der Kleriker (unter der Führung der Bischöfe) gesehen wurde, einen geistigen Kampf gegen die Sünde zu führen, was sich auch in der Bezeichnung „*milites Christi*" widerspiegle. So, wie die Beamten im Staatsdienst als „*milites saeculi*" schon zuvor ein dem *peculium castrense* nachgebildetes Sondervermögen zugesprochen bekamen, sei diese Konstruktion auch auf die Geistlichen „Beamten" übertragen worden. *Fitting*, Castrense Peculium (1871) 437 ff.

45 Ἔτι θεσπίζομεν, καθὰ τοῖς θείοις διώρισται κανόσι, μήτε ἐπίσκοπον ... μήτε ἄλλον οἱασδήποτε ἀξίας κληρικὸν ἐπὶ δόσει χειροτονεῖσθαι.

46 *Picasso*, Canones (2006) 171 f sieht hierin indirekt eine Aufforderung zum Leben in Gemeinschaft.

47 Theorie des göttlichen Eigentums; Christus als Eigentümer, damit Eigentum der Kirche und dadurch eigentümerähnliche Stellung des Papstes; Eigentum der Armen; staatliches Obereigentum; Eigentum der einzelnen Institute als juristische Personen; etc. Vgl. etwa *Kratsch*, Justiz (1990) 14 ff u. allg. *Vogt*, Vermögensrecht² (1910); *Wenner*, Vermögensrecht (1940) sowie den Abschnitt zur historischen Entwicklung in *Meijers*, Vermögensrecht (2000). Das CIC entscheidet

Der 12. *canon* in *causa* 12, *quaestio* 2 etwa ordnet an:

Non sunt alienanda in episcopatu adquisita.
Item Deusdedit Episcopo Mediolanensi.
Res in episcopatu adquisitas sacerdotibus nulla est alienandi licentia.

Während des Episkopats erworbene (Sachen) dürfen nicht veräußert werden.
Ebenso Deusdedit an den Bischof von Mailand.
Es gibt keine Erlaubnis für Priester, Sachen, die während des Episkopats erworben worden sind, zu veräußern.

Die Kirche als juristische Person bedarf der Vertretung durch ihre Organe, um am Rechtsleben teilhaben zu können[48]. Daraus, dass sie Trägerin von Eigentumsrechten sein kann, folgt auch, dass sie durch ihre Organe darüber verfügen kann. Dennoch kann nicht einmal der Papst Kirchenvermögen ohne rechtfertigenden Grund gültig veräußern, allerdings liegt es in seinem Ermessen, ob ein solcher rechtfertigender Grund vorliegt[49].

Zahlreiche Dekrete und Synodenbeschlüsse verbieten die Veräußerung und und Belastung von Kirchenvermögen allgemein[50], doch ist dieses Verbot kein absolutes. Die rechtfertigenden Gründe sind dringende Notwendigkeit (wenn die Kirche Schulden begleichen muss und nicht genügend liquide Mittel zur Verfügung stehen); offensichtliche Nützlichkeit (zum Beispiel wenn sich eine besonders vorteilhafte Geschäftsabschlussmöglichkeit bietet); Pietät (bspw. um Nahrungsmittel an Bedürftige verteilen zu können); Zweckmäßigkeit (wenn etwa der Besitz mehr Aufwand mit sich bringt als Nutzen). Bei unbeweglichen Sachen einerseits und beweglichen Sachen von besonders hohem Wert andererseits müssen darüber hinaus gewisse Formalitäten eingehalten werden. So bedarf es der vorherigen Beratung etwa zwischen Bischof und Kapitel, der Zustimmung des Bischofs, in dessen Zuständigkeitsbereich das fragliche Gut fällt, eines formellen Auftrags zur Veräußerung, etwa durch den Generalvikar,

---

schlussendlich zugunsten der Institutionentheorie: Vgl. nur *Schnitzer*, Verträge (1961) 15 u. 21 ff.

48 Siehe zur „Rechtsgestalt der Kirche“ *Pieler* in: FS Potz (2014) 575 ff. Außerdem *Liebs*, Christen (2015) 95 mit Fn 86, der auf Laktanz, de mort. 48 verweist, wo „nicht nur von *corpus Christianorum* als Eigentümer der Grundstücke die Rede ist, sondern auch klarstellend von *ius corporis eorum, id est ecclesiarum, non hominum singulorum* und von *Christianis, id est corpori et conventiculis eorum reddi iubebis* (§ 9).“

49 Vgl. *Wernz*, Ius decretalium III.1 (1908) 170. Nach vorconcordarischem Recht war die *iusta cuasa* Gültigkeitsvoraussetzung der Alienation, siehe *Schnitzer*, Verträge (1961) 108.

50 Siehe auch C. 12, q. 2 insbes. die *canones* 20; 41 und 52.

oder der förmlichen Zustimmung der betroffenen Parteien und ofmals auch des Kathedralkapitels[51].

In unserem Text ist der letzte Teil Ausdruck davon, dass der Selbstwiderspruch nicht gestattet wird: *et quod ecclesiae iniuste ablatum est reddere conpellatur, ita ut deinceps nullas uires pro his ad litigandum uel possidendum habere possint.* Wenn der Bischof somit dem kirchlichen Verbot, zu dem er sich bekannt hat, zuwiderhandelt, ist das unzulässig, weswegen die Kirchengüter ihm (wohl von der Kirche) wieder entzogen werden und er sie danach auch nicht mehr zurückerlangen kann, denn er hätte sie von vornerhein nicht an sich bringen dürfen. Auch kann darin ganz allgemein ein Widerspruch iSd „Inkonsistenz" zwischen dem Bekenntnis zu den kirchlichen Geboten und der tatsächlichen Praxis gesehen werden, der nicht ermöglicht werden soll.

1.2. C. 2, 3, 29 pr: Verzicht I – *praescriptio fori*

C. 2, 3, 29 pr (Imp Iustinianus A. Johanni pp)
Si quis in conscribendo instrumento sese confessus fuerit non usurum fori proscriptione propter cingulum militiae suae vel dignitatis vel etiam sacerdotii praerogativam, licet ante dubitabatur, sive oportet eandem scripturam tenere et eum qui hoc pactus est non debere adversus suam conventionem venire, vel licentiam ei praestari decedere quidem a scriptura, suo autem iure uti: sancimus nemini licere adversus pacta sua venire et contrahentes decipere. D. k. Sept. Constantinopoli post consulatum Lampadii et Orestae vv. cc. [a. 531][52]

C. 2, 3, 29 pr (Kaiser Justinian an Johannes, Prätorianerpräfekt)
Wenn jemand beim Ausstellen einer Urkunde erklärt hat, nicht von der *praescriptio fori* wegen seines Soldatenstandes oder wegen des Vorrechts des Amtes oder auch der Priesterschaft Gebrauch zu machen, mag auch früher bezweifelt worden sein, ob eine solche schriftliche Erklärung verbindlich sei und ob derjenige, der dieses *pactum* abgeschlossen hat, nicht gegen seine Vereinbarung handeln darf, oder ob ihm die Freiheit zugestanden wird, von der schriftlichen Erklärung abzugehen und von seinem Recht Gebrauch zu machen, ordnen Wir an, dass niemand gegen seine *pacta* handeln und die Mitkontrahenten täuschen darf. Gegeben den 1. September 531 in Konstantinopel im Jahr nach dem Konsulat des Lampadius und des Oresta.

Die Motivation, diesen Text als Beleg für den Grundsatz „*venire contra factum proprium nulli conceditur*" auszuwählen, liegt im Hinblick auf den Schlusssatz klar auf der Hand. Interessant ist an dessen Formulierung vor allem, dass das Vertrauen des Gegenübers ausdrücklich erwähnt wird; es scheint also nach

51 Siehe dazu *Thurston*, Property, CE 12 (1911), online: http://www.newadvent.org/cathen/12466a.htm.

52 Es wird hier, wie auch allen anderen Texten aus dem *Corpus Iuris Civilis*, die Ausgabe *Mommsen/Krüger* zugrunde gelegt.

der Ansicht Justinians weniger eine Sanktionierung eines *dolus* angestrebt, der sich im widersprüchlichen Handeln manifestiert, sondern vielmehr der Schutz des Vertrauens in den Vordergrund gerückt.

Möglicherweise spielt es für die Positionierung in diesem Zusammenhang eine Rolle, dass – wie schon in der ersten Belegstelle – hier Priester erwähnt werden; wieder geht es darum, dass sie ein schriftliches Bekenntnis ablegen, wie schon zuvor beim *iuramentum fidelitatis*, und auch hier wird ihnen (wie anderen bevorrechteten Personengruppen) ein Zuwiderhandeln nicht gestattet.

Im vorliegenden Text möchte jemand einen ihm zustehenden besonderen Gerichtsstand mittels Prozesseinrede geltend machen. Konkret wäre der passende Rechtsbehelf die *praescriptio*[53] *fori*. Diese Prozesseinrede muss schon im *initium*, also vor der *litis contestatio*, vorgebracht werden. Das wird ihm jedoch verwehrt, weil er im Vorfeld mittels schriftlicher Erklärung (*scriptura*), die als *pactum* gewertet wird, auf diese Einrede verzichtet hat. An dieses *pactum* bindet Justinian den Erklärenden sodann, obwohl es „früher" zweifelhaft gewesen sei, ob ein Zuwiderhandeln hier nicht erlaubt wäre. „*Licet ante dubitabatur*" wird hier als Andeutung des Problemfeldes der Verzichtserklärung im klassischen römischen Rechts zu verstehen sein. Die klassischen Juristen haben keine allgemeine Theorie des Verzichts ausgebildet. Für den Erlass von Verbalobligationen bediente man sich als Konträrakt stets der förmlichen *acceptilatio*[54]. Bereits bei den alten Deliktsobligationen aus *furtum* und *iniuria* gab es jedoch auch die Möglichkeit von formlosen Aufhebungsabreden, die ebenfalls nach *ius civile* befreiend wirkten[55]. Hier liegen die Wurzeln der später bei anderen Obligationen vom Prätor anerkannten *pacta de non petendo*, aus denen dem begünstigten Schuldner eine *exceptio pacti* – oft wahlweise neben der *exceptio doli* – entstand[56].

Exkurs: Abgrenzung *exceptio doli* – *exceptio pacti*

Da die *exceptiones pacti* und *doli* für die Geltendmachung von widersprüchlichem Verhalten eine besonders zentrale Rolle spielen und in der Folge wiederholt angesprochen werden, soll hier in einem Exkurs näher auf die Frage nach deren Abgrenzung eingegangen werden.

In einigen Digestenstellen wird dem Beklagten, wie soeben angedeutet, neben der *exceptio pacti* wahlweise eine *exceptio doli* gewährt. Aufgrund des Wahlrechts des Beklagten zwischen den beiden Exzeptionen sprach

---

53 Die *praescriptio* ist hier nicht im Sinne des Formularprozesses zu verstehen; dieser Begriff bezeichnet im Kognitionsprozess generell jedes Mittel, mit dem der Beklagte einen ihm günstigen Umstand geltend macht. Siehe *Kaser/Hackl*, ZP^2 (1996) 487 ff.

54 Gai. 3, 169.

55 Dabei handelt es sich um einen formfreien Sühnevergleich, mit dem der Deliktstäter dem Verletzten dessen Racherecht abkauft.

56 *Wacke*, Pactum I, SZ 90 (1973) 226 f.

Koschaker[57] von der „Doppelexceptio"; die Einreden werden aber immer nur alternativ gewährt: Sie werden durch *vel* oder *aut* verbunden.

Die *exceptio doli* ist ihrer Natur nach nicht wie die *actio de dolo* gegenüber anderen Einreden subsidiär. Ulpian sagt zwar in D. 2, 14, 10, 2 (4 ad ed.): „*Doli exceptionem subsidium esse pacti exceptionis*", aber damit ist nur gemeint, dass die *exceptio doli* auch dann anwendbar sein kann, wenn die *exceptio pacti* nicht mehr anwendbar ist – mit *subsidium* wird lediglich auf den weiteren Anwendungsbereich der *exceptio doli* gegenüber der spezielleren *exceptio pacti* hingewiesen. Die *exceptio doli* kann hier aushelfen, aber diese Aushilfsfunktion ist nicht ihre einzige Bestimmung; sie kann vielmehr auch im Kernbereich anderer *exceptiones* (wie insbesondere *pacti* und *rei venditae et traditae*) anwendbar sein und mit ihnen konkurrieren.

Ulpian weist in D. 44, 4, 2, 4[58] am Ende ausdrücklich darauf hin:

D. 44, 4, 2, 4 (Ulpianus libro septuagensimo sexto ad edictum)
... dolo enim facere eum, qui contra pactum peteat, negari non potest.

D. 44, 4, 2, 4 (Ulpian im 76. Buch zum Edikt)
... dass derjenige nämlich arglistig handelt, der etwas entgegen einem *pactum* gerichtlich einklagt, das kann nicht bestritten werden.

Der Schuldner kann sich statt der *exceptio pacti* also auch der *exceptio doli* bedienen, da derjenige, der entgegen einem *pactum* eine Klage anstrengt, treuwidrig handelt. Die Nichtanerkennung eines vom Kläger selbst abgeschlossenen *pactum de non petendo* ist ein Paradebeispiel für doloses *venire contra factum proprium*, weil der Kläger sich mit seinem eigenen Erstverhalten – nämlich der Willenserklärung, nicht zu klagen – in Widerspruch setzt. Abgesehen davon ist diese Willenserklärung vom Beklagten akzeptiert worden und es liegt daher ein *pactum* vor.

Prozessual ist die *exceptio doli* wegen ihres weiteren Anwendungsbereichs für den Beklagten vorteilhafter als die *exceptio pacti*: Sie lässt nämlich einen dolosen Widerspruch des Klägers zum eigenen Vorverhalten genügen und enthebt den Beklagten der Notwendigkeit, darüber hinaus ein gültiges *pactum* nachzuweisen und damit insbesondere das Zustandekommen der Willenseinigung. Freilich muss dafür bei der *exceptio doli* der *dolus* nachgewiesen werden, was bei der *exceptio pacti* nicht eigens zu belegen wäre.

Was zu geschehen hat, wenn inhaltlich beide Einreden zutreffen, wird in den Quellen uneinheitlich beantwortet: Während es Standpunkt der

57 *Koschaker*, Bedingte Novation, in: FS Hanausek (1925) 150. Freilich führt er ebd. aus, dass diese „Vermengung" der beiden Einreden erst durch die Byzantiner erfolgte.

58 Oder auch in Ulp. 43 ad Sab., D. 12, 6, 23, 3: *dolo enim facit, qui contra transactionem expertus amplius petit.*

frühklassischen Juristen ist, dass die *exceptio pacti* für alle Fälle, in denen sie sich rechtfertigen lässt, allein zuständig und die *exceptio doli* in diesem Bereich ausgeschlossen ist[59], steht etwa Ulpian als Vertreter der Spätklassik in D. 44, 4, 4, 8 auf dem entgegengesetzten Standpunkt:

D. 44, 4, 4, 8 (Ulpianus libro septuagensimo sexto ad edictum)
Item quaeritur, si uniones tibi pignori dedero et convenerit, ut soluta pecunia redderentur, et hi uniones culpa tua perierint et pecuniam petas. Exstat Nervae et Atilicini sententia dicentium ita esse excipiendum: "si inter me et te non convenit, ut soluta pecunia uniones mihi reddantur": sed est verius exceptionem doli mali nocere debere.

D. 44, 4, 4, 8 (Ulpian im 76, Buch zum Edikt)
Ebenso wurde gefragt [was rechtens ist], wenn ich dir einzelne Perlen als Pfand gegeben habe und vereinbart wurde, dass sie gegen Zahlung des Geldes zurückgegeben werden sollen und diese Perlen aufgrund deines Verschuldens verloren gegangen sind und du das Geld gerichtlich forderst. Es besteht [hierzu] eine Sentenz des Nerva und des Atilicinus, welche sagen, dass die *exceptio* einzuwenden sei: „Wenn zwischen mir und dir nicht vereinbart wurde, dass mir die Perlen bei Zahlung des Geldes zurückgegeben werden": Aber richtiger ist, dass die *exceptio doli mali* hinderlich sein muss.

Ulpian lässt eine freie Auswahl zwischen beiden Exzeptionen ebenfalls nicht zu, die seiner Ansicht nach ausschließlich zuständige *exceptio* ist aber die *exceptio doli*, während Nerva und Atilicinus, die er hier zitiert, die *exceptio pacti* für zuständig erachteten. Ulpians Ansicht dürfte allgemein Standpunkt der spätklassischen Juristen gewesen sein.

Den Wendepunkt zwischen diesen beiden Positionen stellt vermutlich Julian dar, wenn er in D. 39, 6, 18, 2 von *pacti conventi vel doli mali exceptione* spricht:

59 Die engere *exceptio pacti* ist nach herrschender Ansicht älter als die weitere *exceptio doli*. Die zuständige *exceptio* des Beklagten, welcher sich auf ein mit dem Kläger abgeschlossenes, gültiges *pactum* beruft, war wohl ursprünglich nur die vom Prätor im Edikt *de pactis et conventionibus* verhießene *exceptio pacti (conventi)*. Wäre es davor bereits möglich gewesen, durch die *exceptio doli* jeden Verstoß gegen Treu und Glauben einzuwenden, hätte es der Schaffung der *exceptio pacti* überhaupt nicht bedurft, weswegen anzunehmen sei, dass vor dem Erlass des Edikts *de pactis et conventionibus* bloße *pacta* im *stricti iuris iudicium* überhaupt nicht berücksichtigt werden konnten – weder unter Berufung auf *dolus* noch auf die Willensübereinkunft an sich. Vgl etwa *Wacke*, Pactum I, SZ 90 (1973) 232 und *Krüger*, Exceptio doli 1 (1892) 93 unter Berufung auf *Pernice*, Labeo 1 (1873) 415.

D. 39, 6, 18, 2 (Iulianus libro sextagensimo digestorum)
Titia chirographa debitorum suorum Septicii et Maevii donatura illis Ageriae dedit et rogavit eam, ut ea, si decessisset, illis daret, si convaluisset, sibi redderet: morte secuta Maevia Titiae filia heres extitit: Ageria autem, ut rogata erat, chirographa Septicio et Maevio supra scriptis dedit. quaeritur, si Maevia heres summam, quae debebatur ex chirographis supra scriptis, petat vel ipsa chirographa, an exceptione excludi possit? respondit Maeviam vel pacti conventi vel doli mali exceptione summoveri posse.

D. 39, 6, 18, 2 (Julian im 60. Buch seiner Digesten)
Titia übergab der Ageria *chirographa* ihrer Schuldner Septicius und Maevius, um jene[60] zu beschenken und bat sie[61], dass sie, wenn sie[62] sterben sollte, jenen [das Versprochene] zu geben, wenn sie gesunden sollte, [die *chirographa*] ihr selbst zurückzugeben: Der Tod folgte und Maevia, die Tochter der Titia, beerbte diese: Ageria aber übergab, wie sie gebeten worden war, die *chirographa* den oben beschriebenen Septicius und Maevius. Es wird gefragt, ob die Erbin Maevia mittels *exceptio* abgewehrt werden kann, wenn sie die aus den oben beschriebenen *chirographa* geschuldete Summe oder die *chirographa* selbst gerichtlich fordert. Er[63] antwortete, Maevia könne entweder mittels *exceptio pacti conventi* oder [mittels *exceptio*] *doli mali* abgewehrt werden.

Die sterbenskranke Titia übergibt Ageria Schuldverschreibungen und vereinbart mit ihr, dass Ageria ihr diese zurückgeben soll, wenn sie wieder gesund wird. Sollte Titia aber sterben, so solle Ageria die Schuldverschreibungen an die ausstellenden Schuldner Septicius und Maevius herausgeben, um diese von ihrer Schuld zu befreien, wodurch diese beschenkt werden sollen. Tita stirbt und Ageria übergibt die Schuldverschreibungen vereinbarungsgemäß an Septicius und Maevius heraus. Sollte die Erbin der Titia, Maevia, nun die aus den Schuldverschreibungen geschuldete Summe gerichtlich einklagen oder die Schuldverschreibungen selbst[64] verlangen, so entscheidet Julian, dass ihr entweder die *exceptio pacti* oder die *exceptio doli* entgegengehalten werden kann.

Es wird somit wieder die Praxis des älteren Rechts erwähnt, die nach Möglichkeit die *exceptio pacti* zur Anwendung bringt[65]; daneben gewährt

60 = Septicius und Maevius.
61 = Ageria.
62 = Titia.
63 = Julian.
64 Die *chirographa* würde sie wohl mittels *rei vindicatio* herausverlangen.
65 Somit kann der Erbin Maevia von den Schuldnern Septicius und Maevius ein *pactum*, das eigentlich zwischen Titia und Ageria abgeschlossen wurde, entgegengehalten werden. Zu den sog. *pacta in rem*, auf die auch Dritte sich berufen können, siehe auch S. 238 ff.

Julian aber auch die *exceptio doli* für diesen Fall[66]. Nachdem einmal das neue Regime zur Anerkennung gebracht worden war, griff man später auch da auf *exceptio doli* zurück, wo sich ein konkludentes *pactum* argumentieren ließe: Es kommt zur Konkurrenz.

Ein anschauliches Beispiel für die Diskussion, ob eine *exceptio pacti* oder doch eine *exceptio doli* anzuwenden ist, ist der eingangs erwähnte Fall der ungültigen *acceptilatio*[67]: Sie wird mitunter als wirksames *pactum de non petendo* gewertet, weswegen eine *exceptio pacti* gewährt wird[68]; andererseits begegnet aber auch die Lösung über eine *exceptio doli*.

Da auf diesem Gebiet wie eben dargestellt eine Rechtsentwicklung festzustellen ist, wird bei den Texten, in denen ein *venire contra factum proprium* mittels einer dieser Einreden abgewehrt werden kann, in besonderem Maße darauf Bedacht zu nehmen sein, von welchem Juristen bzw. zu welcher Zeit die Entscheidung getroffen wurde.

Die Entscheidung Justinians, dass die schriftliche Verzichtserklärung auf die *praescriptio fori* als *pactum* anzusehen sei, gegen welches der Verzichtende nicht mehr vorgehen könne, stammt freilich aus einer Zeit, zu welcher der Kognitionsprozess sich bereits längst durchgesetzt hatte und eine Entscheidung zwischen den Einredegründen für den Betroffenen daher nicht mehr von so essenzieller Bedeutung war wie im Formularprozess, da der Richter ohnehin alle Umstände des Falles von Amtswegen zu berücksichtigen hatte.

Justinian liefert in § 1 der Konstitution die Begründung, durch welche er seine Entscheidung gerechtfertigt sieht: Selbst nach dem Edikt des Prätors seien *pacta* (zumindest diejenigen, welche weder gegen Gesetze verstoßen noch betrügerisch eingegangen worden sind) jedenfalls zu befolgen gewesen und außerdem sei es eine „Regel des alten Rechts“, dass jeder auf ihn begünstigende Regelungen verzichten könne[69]. Mit dem Hinweis auf die Verbindlichkeit

---

66 Der *dolus* der Maevia dürfte im Außerachtlassen des Erblasserwillens liegen, auch wenn dieser nicht in Form eines gültigen Testaments erklärt wurde.

67 Vgl. zum Zusammenhang zwischen ungültiger *acceptilatio* und Verbot widersprüchlichen Handelns auch *Wacke*, Exceptio doli, in: FS Murga Gener (1994) 988 f. Ungültig kann die *acceptilatio* bspw. dann sein, wenn nicht eine Verbalobligation aus *stipulatio* aufgehoben werden soll, sondern etwa die Verpflichtung aus einem Konsensual- oder Realvertrag. Siehe zur Wahl des Schuldners zwischen *exceptio pacti* und *doli* in diesen Fällen vor allem die Texte D. 2, 14, 27, 9; D. 46, 4, 19 pr; D. 18, 5, 5 pr sowie D. 46, 4, 8 pr.

68 Zur Diskussion um den Text Ulp. 48 ad Sab., D. 46. 4, 8 pr und die Bedeutung des Konsenses als Grundlage der *acceptilatio* vgl. *Platschek*, Pecunia constituta, in: The Letter (2013) 246 sowie *Krampe*, Inutilis acceptilatio, TR 53 (1985) 3 ff.

69 Iust., C. 2, 3, 29, 1: *Si enim ipso edicto praetoris pacta conventa, quae neque contra leges nec dolo malo inita sunt, omnimodo observanda sunt, quare et in hac causa pacta non valent, cum alia regula est iuris antiqui omnes licentiam habere*

der *pacta* ist offenbar die im Edikt verheißene *exceptio pacti* angesprochen. Jurstinian stellt damit auf den Einredegrund der Willensübereinkunft ab und nicht auf den *dolus* des Klägers. Für die von Justinian angesprochene *regula iuris* hat *Ankum* den folgenden Wortlaut rekonstruiert: „*Onmes licentiam habere his quae pro se introducta sunt renuntiare*"[70].

Das Vorteilhafte ist hier ein besonderer Gerichtsstand: Während sich die Zuständigkeit für den allgemeinen Gerichtsstand nach dem Wohnsitz des Beklagten richtete[71], konnten Soldaten, Staatsbeamte und Priester mittels *praescriptio fori* ein *privilegium fori* geltend machen: Magistrate etwa konnten gegen ihren Willen nicht vor einem anderen Magistrat gleichen oder geringeren Ranges belangt werden[72] und Soldaten hatten in der Hinsicht ein Vorrecht, als ihnen ein *ius domum revocandi* zustand[73], durch welches sie einen anderen Verhandlungsort, vermutlich den Garnisonsort[74], verlangen konnten. Nach C. 1, 3, 32 (472 n. Chr.) konnte man Kleriker nur vor dem Gericht des Statthalters ihrer Heimatprovinz belangen; ausgenommen von dieser Regel ist allerdings der Fall, dass sie in Urkunden selbst darauf verzichtet hatten, was aus C. 1, 3, 50[75] und C. 2, 3, 29 hervorgeht[76].

Grundsätzlich musste der *iudex* eine Privilegierung, die im Staatsinteresse lag, schon von Amts wegen berücksichtigen; widrigenfalls hatte er eine Strafe zu befürchten[77]. Lag aber der besondere Gerichtsstand im Interesse des

---

his quae pro se introducta sunt renuntiare? Vgl. dazu auch Jul. 45 dig., D. 4, 4, 41 : ... *quia unicuique licet contemnere haec, quae pro se introducta sunt.* Dazu unten Abschnitt VI, Kapitel 1.2.

70 *Ankum*, Verbotsgesetze, SZ 97 (1980) 296.

71 Auch im nachklassischen Verfahren; siehe *Kaser/Hackl*, ZP² (1996) 588 mwN in Fn 22. Grundsätzlich ist der Wohnsitz zum Zeitpunkt der *in ius vocatio* ausschlaggebend (außer für die Gerichtsbarkeit der Munizipalmagistrate – hier ist die *litis contestatio* maßgeblich). Ebd. 246.

72 Ulp. 13 ad ed., D. 4, 8, 3, 3: *Tractemus de personis arbitrantium. et quidem arbitrum cuiuscumque dignitatis coget officio quod susceperit perfungi, etiam si sit consularis: nisi forte sit in aliquo magistratu positus vel potestate, consul forte vel praetor, quoniam in hoc imperium non habet.* Andere Zuständigkeiten, wie das Vorrecht des Stadtpräfekten, Streitsachen seiner untergeordneten Amtsträger selbst zu entscheiden, werden hier wohl nicht gemeint sein, denn dabei handelt es sich nicht um begünstigende Regeln für den Beklagten, sondern um Rechte von dessen Vorgesetzen, auf welche er nicht verzichten kann.

73 Ulp. 3 ad ed., D. 5, 1, 7.

74 So die Vermutung von *Kaser/Hackl*, ZP² (1996) 245 Fn 24.

75 Zu diesem Text sogleich unten Fn 78.

76 *Pieler*, Gerichtsbarkeit, RAC (1977) 477.

77 *Pieler*, Gerichtsbarkeit, RAC (1977) 462. Es gab allerdings auch eine Reihe anderer besonderer Gerichtsstände, die dem Kläger wahlweise neben dem allgemeinen zur Verfügung standen (*forum rei sitae/contractus/delicti commissi* etc) und den

Beklagten, so hatte der Richter dann, wenn eine schriftliche Verzichtserklärung desselben vorlag, wiederum diese zu berücksichtigen; tat er das nicht, so drohte ihm nach § 2 unseres Textes ebenfalls eine Bestrafung.

Derselbe Fall wie in C. 2, 3, 29 wird von Justinian auch in C. 1, 3, 50 geschildert, einem Text, der nur um ein Jahr jünger ist als unsere Ausgangsstelle[78]. Allerdings werden sowohl der Sachverhalt als auch die Entscheidung in gestraffter Form dargestellt, außerdem ohne den Beisatz, dass das widersprüchliche Verhalten, durch welches das Gegenüber getäuscht wird, Grund für die Entscheidung sei und ohne Drohung an die Richter. Wieder erwähnt wird aber, dass es sich um ein *pactum* handle (allerdings ohne Bezugnahme auf das prätorische Edikt) und die ebenfalls in § 1 des C. 2, 3, 29 genannte *regula*[79].

Während C. 2, 3, 29 unter dem Codex-Titel „*De pactis*" eingeordnet ist und somit die Qualifikation der Vereinbarung als *pactum* und die Verbindlichkeit desselben im Vordergrund gestanden sein dürfte, findet sich C. 1, 3, 50 (51) unter dem Titel: „*De episcopis et clericis et orphanotrophis et brephotrophis et xenodochis et asceteriis et monachis et privilegio eorum et castrensi peculio et de redimendis captivis et de nuptiis clericorum vetitis seu permissis*". Es geht somit um Sonderregelungen für Kleriker und Soldaten. In dieser Parallelstelle wird von den drei in C 2, 3, 29 genannten privilegierten Personengruppen (Soldaten, Staatsbeamte und Priester) nur auf den geistlichen Gerichtsstand ausdrücklich Bezug genommen. Auf diesen kann man sich auch hier nicht berufen, wenn man zuvor schriftlich darauf verzichtet hat. Aufgrund des klerikalen Empfängerkreises scheint man die Erläuterung, dass die schriftliche Erklärung als *pactum* anzusehen sei, welches schon aufgrund des prätorischen Edikts als verbindlich anzusehen wäre, für nicht notwendig befunden zu ha-

Beklagten grundsätzlich nicht zur *praescriptio fori* berechtigten, außer es gab einen besonderen, privilegierten Gerichtsstand zu dessen Gunsten, auf den er nicht (schriftlich) verzichtet hatte.

78 Justinian an Johannes, Prätorianerpräfekt, im Jahre 532: *Si quis in conscribendo instrumento sese confessus fuerit non usurum fori praescriptione propter sacerdotii praerogativam, sancimus non licere ei adversus sua pacta venire et contrahentes decipere, cum regula est iuris antiqui omnes licentiam habere his quae pro se introduca sunt renuntiare. § 1 Quam generalem legem in omnibus casibus obtinere sancimus, qui necdum per iudicialem sententiam vel amicalem conventionem sopiti sunt.*

79 Ein möglicher Grund für diese Doppelüberlieferung ist, dass im ersten Buch die für Kleriker relevanten Regelungen zusammengestellt wurden; da offenbar angenommen wurde, dass Kleriker nur die Titel zum Kirchenrecht zur Kenntnis nehmen würden, kamen die auch an anderer Stelle generell getroffenen Anordnungen hier nochmals zur Sprache. Siehe dazu *Pieler*, Rechtsliteratur, in: Profane Literatur 2 (1978) 413 f.

ben[80], und auch die Erwähnung der Haftung des *iudex* (wie in § 2 von C. 2, 3, 29) war hier uninteressant.

Die verschärfte Haftung des *iudex* in dem Fall, dass er den Selbstwiderspruch hier nicht beachtet, zeigt aber auch die besondere Bedeutung, die Justinian diesem Punkt beimisst: In § 2 der hier zitierten Konstitution C. 2, 3, 29 droht Justinian den Richtern[81] an, dass sie sich selbst der Gefahr einer Bestrafung aussetzen, sollten sie die Anordnung des *principium* nicht befolgen.

Die Figur des *iudex qui litem suam fecerit* findet sich schon bei Gaius[82]: In D. 44, 7, 5, 4 (3 aur.)[83] und D. 50, 13, 6 (3 rer. cott. sive aur.)[84] ist wortgleich überliefert, dass der *iudex qui litem suam fecerit* weder aus Vertrag noch aus Delikt haftet, aber *quasi ex maleficio* belangt werden kann, selbst wenn er nur „unvorsichtig“[85] handelt und er etwa aus mangelndem Sachverstand[86] so vorgegangen ist und daher ein Fehlurteil getroffen hat. Begründet wird diese Haftung des *iudex*, der als Privatperson nur nach der Formel des Prätors vorzugehen hatte, mit der Machtposition desselben: Sein Urteil war praktisch unanfechtbar und die Prozessleitung lag allein bei ihm[87]. Es handelte sich nach *Kaser* um eine Pönalklage, die im klassischen Recht auf eine typisierte *culpa*

---

80 Möglicherweise traute man den betroffenen Personen eher zu, die Notwendigkeit, sich nicht widersprüchlich zu verhalten, schon aufgrund einer „moralischen“ Verpflichtung selbst einzusehen.

81 Diese Haftung erfasst allerdings nicht nur den *iudex*, sondern darüber hinaus auch die *pedanei iudices*, die kompromissarischen Richter und die erwählten Schiedsrichter: *Omnes itaque iudices nostri hoc in litibus observent, et huiusmodi observatio et ad pedaneos iudices et ad compromissarios et arbitros electos perveniat scituros, quod, si neglexerint, etiam litem suam facere intellegantur.*

82 Schon seit Cuiaz (Opera omnia, Ausgabe Venedig 1758, Bd I, 212) wird vermutet, dass diese Regelung auf das 5. Buch der Nikomachischen Ethik (5, 9, 12.1136 b) von Aristoteles zurückgeht. Siehe dazu auch *Stein*, Quasi-delictual obligations, RIDA 5 (1958) 567.

83 Eingeordnet in Titel 44, 7: *De obligationibus et actionibus*, lautet Fragment 5, § 4: *Si iudex litem suam fecerit, non proprie ex maleficio obligatus videtur, sed quia neque ex contractu obligatus est utique peccasse aliquid intellegitur, licet per imprudentiam, ideo videtur quasi ex maleficio teneri.*

84 In Titel 50, 13: *De variis et extraordinariis cognitionibus et si iudex litem suam fecisse dicetur*, Fragment 6: *Si iudex litem suam fecerit, non proprie ex maleficio obligatus videtur: sed quia neque ex contractu obligatus est et utique peccasse aliquid intellegitur, licet per inprudentiam, ideo videtur quasi ex maleficio teneri in factum actione, et in quantum de ea re aequum religioni iudicantis visum fuerit, poenam sustinebit.* D. 50, 13, 6 geht also insofern über D. 44, 4, 4, 8 hinaus, als der Text noch die *actio in factum* als Rechtsmittel nennt.

85 So die Übersetzung von *Schneider* in *Otto/Schilling/Sintenis*.

86 *Heumann/Seckel*, Art. Imprudentia, Handlexikon[11] (1971) 252: unwissend/unkundig.

87 *Hübner*, Litem suam fecit, IURA 5 (1954) 201.

(weil der *iudex* die Richterfunktion ohne die nötigen Fähigkeiten übernommen hatte) abstellte; in der Nachklassik habe dieses Fehlverhalten dagegen als *quasi*-Delikt gegolten[88]. Andere halten einen „Haftungstatbestand eigener Art“ für wahrscheinlicher[89]. Es handle sich um einen Fall, der in der Einteilung der Haftungsgründe nach *obligationes ex contractu – ex maleficio – ex variis causarum figuris*[90] unter die letztgenannte Kategorie falle. In der Literatur[91] wurde bereits mehrfach auf den Widerspruch zu Ulpian in D. 5, 1, 15, 1 hingewiesen, der im Gegensatz zu Gaius einen *dolus* des *iudex* als Haftungsvoraussetzung nennt:

> *D. 5, 1, 15, 1 (Ulpianus libro vicensimo primo ad edictum)*
> *Iudex tunc litem suam facere intellegitur, cum dolo malo in fraudem legis sententiam dixerit (dolo malo autem videtur hoc facere, si evidens arguatur eius vel gratia vel inimicitia vel etiam sordes), ut veram aestimationem litis praestare cogatur.*

> D. 5, 1, 15, 1 (Ulpian im 21. Buch zum Edikt)
> Der *iudex* wird als ein „*litem suam facere*“ begehend angesehen, wenn er ein Urteil arglistig unter Verletzung des Rechts gesprochen hat (mit *dolus malus* scheint er zu handeln, wenn dessen Begünstigung oder Feindschaft oder auch Bestechung klar erwiesen wird), sodass er gezwungen wird, den wahren Streitwert zu leisten.

Ein Unterschied zu Gaius (D. 50, 13, 6) besteht auch hinsichtlich des Haftungsumfanges, denn dort ist nicht wie hier der Streitwert (*veram aestimationem*) zu ersetzen, sondern eine Summe, die der Richter nach Billigkeitsgesichtspunkten (*aequum*) festzusetzen hat. In den Institutionen Justinians (IJ. 4, 5 pr)[92] wird schließlich der Wortlaut übernommen, wie er auch schon aus dem von Gai-

---

88 *Kaser*, PR I² (1972) 630 Fn 65.

89 So *Hübner*, Litem, IURA 5 (1954) 202.

90 Vgl. Gai. 2 aur., D. 44, 7, 1 pr.

91 Vgl. zu diesem vielbehandelten Thema etwa *De Koninck*, Litem, in: Essays Spruit (2012) 86 ff; *Bianchi*, Imparzialità (2012) 181 ff (insbes. 213 f); *Breuer*, Staatshaftung (2011) 205 ff; *Lambertini*, Litem (2010); *Descheemaeker*, Quasi ex delicto, LH 31 (2010) 11 ff; *Mattioli*, Quasi delitti (2010) 61 ff; *Erişgin*, Litem, Rechtspfleger-Studienhefte 2007, 109 ff (insbes. 112); *Burdese*, Responsabilità, in: Studi Mazzarolli 1 (2007) 50 ff; *Petito*, Litem, in: Processo (2006) 453 ff; *Giusto*, Litem, SDHI 71 (2005) 457 ff; *Scevola*, Responsibilità (2004); *Robinson*, Litem, in: FS Wacke (2001) 389 ff; *dies*, Litem, SZ 116 (1999) 195 ff; *Lamberti*, Litem, Labeo 38 (1990) 245 ff; *De Martino*, Litem, BIDR 91 (1988) 1 ff; *Birks*, Litem, TR 52 (1984) 373 ff; *MacCormack*, Liability, ANRW II.14 (1982) 27; *Hochstein*, Quasi (1971); *Hübner*, Litem, Iura 5 (1954) 200 ff. Zur Einbeziehung der *arbitri ex compromisso* siehe insbes. *Ziegler*, Schiedsgericht (1971) 223 ff; *Stein*, Quasi-delictal, RIDA 5 (1958) 567 ff.

92 *Si iudex litem suam fecerit, non proprie ex maleficio obligatus videtur. sed quia neque ex contractu obligatus est et utique peccasse aliquid intellegitur, licet per*

us überlieferten Text bekannt ist. Ein beliebter Ansatz, namentlich etwa von *Windscheid*[93] vertreten, will den Widerspruch der Stellen dadurch auflösen, dass bei *dolus* der Streitwert zu ersetzen sei, bei *imprudentia* aber nur ein Ersatz nach Billigkeitsgesichtspunkten festzusetzen sein soll, der in aller Regel deutlich niedriger ausfallen wird.

Robinson, die für den *iudex qui litem suam fecerit* neben einem Artikel zum klassischen Recht[94] auch eine Darstellung der Sichtweise Justinians und dessen Kompilation vorgelegt hat[95], macht in der zweitgenannten Studie auf den Kontext in den Digesten aufmerksam: Während es im 7. Titel des 44. Buches hauptsächlich um die Klassifikation der Obligationen gehe, sei aufgrund des Zusammenhanges in 50. Buch anzunehmen, dass die Definition der prozessualen Befugnisse in den Provinzen im Vordergrund stehe. Es gehe um die Stellung des *iudex pedaneus*[96], der auch in der klassischen *cognitio extra ordinem* und außerdem im Strafrecht bereits auftrete[97]. Der *iudex qui litem suam fecerit* ist ihrer Ansicht nach von den Kompilatoren deshalb mehrfach herangezogen worden, weil er einerseits für die Klassifikation der Obligationen ein nützliches Beispiel abgebe und andererseits als Vorbild für die administrative Kontrolle der Beamten (wie des *iudex pedaneus*) herangezogen werden könne, da die *cognitio* zivile und strafrechtliche Jurisdiktion kombiniere und es dem Berufungsrichter ermögliche, über alle Vorwürfe der Unzuständigkeit oder Korruption zu verhandeln[98].

Nicht thematisiert hat *Robinson* die Einordnung von D. 5, 1, 15, 1. Dieser Text steht im 5. Buch der Digesten unter dem Titel 5, 1: „*De iudiciis: ubi quisque agere vel conveniri debeat*" und behandelt daher primär Zuständigkeitsfragen. In demselben Zusammenhang steht aber auch unser Codex-Text, weswegen gerade dieses Fragment hier von besonderem Interesse wäre. Innerhalb des ersten Titels des 5. Buches behandeln die Texte im Umfeld unseres Fragments Fragen im Zusammenhang mit dem Erbrecht. Diese Beobachtung könnte von Bedeutung sein, falls das Ergebnis *Lambertinis* zutreffend ist: Seiner Ansicht nach lässt sich feststellen, dass sich im spätklassischen Prozessrecht eine Form der Verantwortlichkeit entwickelt habe, die als eine Art „neues Disziplinarstrafrecht" definiert werden könne. Den Ursprung dieses Diszipli-

---

imprudentiam: ideo videtur quasi ex maleficio teneri, et in quantum de ea re aequum religioni iudicantis videbitur, poenam sustinebit.

93 *Windscheid*, Pandekten 2^6 (1887) 814 mit Fn 1.

94 *Robinson*, Litem, SZ 116 (1999) 195 ff.

95 *Robinson*, Litem, in: FS Wacke (2001) 389 ff.

96 *Robinson*, Litem, in: FS Wacke (2001) 394. Siehe zum *iudex pedaneus* unten S. 137.

97 Siehe auch *Kaser/Hackl*, ZP^2 (1996)169 f, 441, 443, 461 f; *Pieler*, Gerichtsbarkeit, RAC (1977) 395.

98 *Robinson*, Litem, in: FS Wacke (2001) 396.

narrechts verortet er insbesondere im Umfeld der *lex Cornelia testamentaria nummaria*[99]. Diese 81 v. Chr. von Sulla erlassene *lex* regelt die Behandlung von Testamentsfälschungen, Prozessdelikten und Münzverbrechen; verschiedene Delikte werden darin einem Schwurgericht unterworfen[100].

Lenel rekostruiert im 21. Buch von Ulpians Ediktkommentar für das vor unserem Text eingeordnete Fragment D. 44, 7, 42[101] die Rubrik „*Ad legem Corneliam*", für das folgende, hier interessierende Fragment nur „?"[102]. Möglicherweise ist aber überhaupt keine neue Rubrik anzunehmen, sondern es bleibt die *lex Cornelia* auch hier weiter Gegenstand der Überlegungen, was in Zusammenschau mit der Beobachtung *Lambertinis* die Vermutung bekräftigen würde, dass es hier um die Frage geht, wann und wie ein *iudex* in diesen speziellen Fällen zur Verantwortung gezogen werden kann.

Somit ist denkbar, dass neben dem klassischen Haftungsregime nach Billigkeitsmaßstäben (welches auch bei bloßer *imprudentia* schlagend wurde), wie es bei Gaius für den *iudex* des Formularprozesses überliefert ist, ein weiteres für den Bereich der *lex Cornelia testamentaria nummaria* bestand, im Rahmen dessen nur für *dolus*, dafür dann aber auf den gesamten Streitwert, einzustehen war; diese Haftung könnte sich in späterer Folge auch außerhalb des ursprünglichen Anwendungsbereiches allgemein für den Kognitionsprozess durchgesetzt haben. Wie die spätere Rechtsentwicklung zeigt, wurden allerdings die Strafen für den Richter mit der Zeit drastisch angehoben. Die relevanten Faktoren für diese Entwicklung sieht *Lambertini* in dem Umstand, dass der Richter im Kognitionsprozess keine Privatperson, sondern ein öffentlicher Funktionär mit ausgeweiteten Kompetenzen ist, außerdem darin, dass gegen ein Urteil nun Berufung erhoben werden konnte und schlussendlich im Ursprung und in der Manifestation der *iuris dictio* in der Person des Imperators[103].

---

99 Er gründet diese Annahme vor allem auf die Texte Marcian. 14 insitit., D. 48, 10 (*De lege Cornelia de falsis et de senatus consulto Liboniano*), 1, 3 *Sed et si iudex constitutiones principum neglexerit, punitur* und PS 5, 25 (*Ad legem Corneliam testamentariam*), 4 *Iudex, qui contra sacras principum constitutiones contrave ius publicum, quod apud se recitatum est, pronuntiat, in insulam deportatur.* Vgl. *Lambertini*, Litem (2010) 4.

100 Siehe zu den *leges Corneliae allg. Mommsen*, Strafrecht (1899) 667 ff; *Kocher*, Lex Cornelia (1965).

101 *Is, cui sub condicione legatum est, pendente condicione non est creditor, sed tunc, cum exstiterit condicio, quamvis eum, qui stipulatus est sub condicione, placet etiam pendente condicione creditorem esse. § 1 Creditores eos accipere debemus, qui aliquam actionem vel civilem habent, sic tamen, ne exceptione submoveantur, vel honorariam actionem, vel in factum.*

102 *Lenel*, Pal II (1889) 541.

103 *Lambertini*, Litem (2010) 5 (für die Strafen, insbes. im Codex Theodosianus, siehe ebd. 5 ff).

Unter Justinian kam es wieder zu einem Wandel, für den C. 2, 3, 29 in besonderem Maße steht: Es wird für die Missachtung der Regel, dass jemand, der schriftlich auf ein ihn begünstigendes *privilegium fori* verzichtet, gegen dieses *pactum* nicht mehr handeln darf, eine neue Form der Verantwortlichkeit für Richter eingeführt[104]. Damit unterstreicht Justinian die Relevanz, die er dieser Regelung zumisst.

Der schriftliche Verzicht auf ein *privilegium fori* ist zwar formal kein Verzicht im Sinne einer *acceptilatio*, welche die Schuld aus einer *stipulatio* wirksam zum Erlöschen bringen könnte; sie kann aber ähnlich wie eine ungültige *acceptilatio* als *pactum* eingewendet werden, da den Parteien ein dieser schriftlichen Erklärung zugrundeliegender Konsens unterstellt wird[105]. Will sich der Verzichtende mit diesem *pactum* in Widerspruch setzen, so verstößt er gegen sein eigenes Vorverhalten und handelt daher *dolos*; der *iudex* ist verpflichtet, diese Umstände zu berücksichtigen und das *pactum* anzuerkennen, widrigenfalls ihm selbst eine Haftung droht. Justinian erwähnt eigens das Element des enttäuschten Vertrauens und unterstreicht die Relevanz, die er dieser Regelung zumisst, durch die strenge Haftung des *iudex*.

1.3. C. 4, 30, 13: *Cautio discreta*

C. 4, 30, 13 (Imp Iustinus A. Theodoto pu.)
Generaliter sancimus, ut, si quid scriptis cautum fuerit pro quibuscumque pecuniis ex antecedente causa descendentibus eamque causam specialiter promissor edixerit, non iam ei licentia sit causae probationes stipulatorem exigere, cum suis adquiescere deceat, nisi certe ipse e contrario per apertissima rerum argumenta scriptis inserta religionem iudicis possit instruere, quod in alium quemquam modum et non in eum quem cautio perhibet negotium subsecutum sit. nimis enim indignum esse iudicamus, ut, quod sua quisque voce dilucide protestatus est, id in eundem casum infirmare testimonioque proprio resistere.

C. 4, 30, 13 (Kaiser Justinus an Theodotus, Stadtpräfekt)
Wir setzen allgemein fest, dass, wenn eine schriftliche Urkunde gemacht wurde für diejenigen Gelder, die einem vorangehenden Rechtsgrund entstammen, und der *promissor* diesen Rechtsgrund speziell ausgesprochen hat, ihm dann nicht mehr erlaubt sein soll, vom *stipulator* Beweise für diesen Rechtsgrund zu fordern, weil er seinen eigenen Angaben Folge leisten muss, wenn er nicht im Gegenteil durch äußerst offenkundige Beweise in Schriftform die Gewissenhaftigkeit des Richters überzeugen kann, dass das Geschäft auf irgendeine andere Weise erfolgt ist und nicht auf diejenige, welche die Urkunde anführt. Wir beurteilen es nämlich als allzu unangemessen, dass jemand das, was er mit der eigenen Stimme

104 *Lambertini*, Litem (2010) 15.

105 Für die Frage nach der Verbindlichkeit allgemeiner Gerichtsstandsvereinbarungen siehe unten Kapitel 2.14.

> deutlich verkündet hat, in demselben Fall anficht und der eigenen Bezeugung Widerstand leistet.

Erneut geht es um eine schriftliche Vereinbarung und auch hier wird im Text sogar ausdrücklich von der Widersprüchlichkeit des Verhaltens gesprochen: In einer Urkunde wird der Rechtsgrund für eine bestehende Schuld ausdrücklich erwähnt, infolgedessen wird dem Aussteller dieser Urkunde verwehrt, entgegen dieser seiner eigenen Bezeugung von seinem Vertragspartner den Beweis des gültigen Zustandekommens dieses Rechtsgrundes zu fordern. Nur wenn er offenkundige Beweise für die Unrichtigkeit der Urkunde vorlegen kann, kann er sich auf die Unwirksamkeit des Rechtsgrundes berufen.

Es zeigt sich wieder eine Verkettung von Themen in den Brocardica *aurea*: Zunächst geht es im ersten Text um Kirchenvermögen und die Verfügungsbefugnis Geistlicher; dann wird im nächsten Fall schriftlich auf ein *privilegium fori* verzichtet – als Beispiel angeführt wird ein Priester – und nun steht allgemein die Beweiskraft von schriftlichen Urkunden im Vordergrund: gemeinsame Schnittmenge von erstem und zweitem Text sind die Geistlichen; von zweitem und drittem Text Schriftlichkeit.

In der griechischen συγγραφή verpflichtete sich der Aussteller dazu, einem anderen (oder überhaupt jedem Überbringer) eine empfangene Geldsumme zurückzuzahlen, was selbst dann zur Klage berechtigte, wenn das Darlehen in Wahrheit nie ausbezahlt wurde („fiktives Darlehen“[106]). Die Frage der Auszahlung wurde daher durch die Beweiskraft der Urkunde dem Streit endgültig entzogen[107].

Auch die römische *stipulatio* wurde bereits zur Zeit der Klassik häufig zu Beweiszwecken schriftlich festgehalten, eine solche Beweisurkunde war aber bekanntlich für die Rechtswirkungen des Vertrages an sich irrelevant. Für die Nachklassik lässt sich diesbezüglich eine Änderung feststellen, wobei die Entwicklung jedoch in West- und Osthälfte des Reiches unterschiedlich verlief: Während im Westen weiterhin an der mündlichen Wortform festgehalten wurde, verbreitete sich im Osten die Ansicht, dass die Schriftlichkeit rechtsbegründend wirke. Diese Tendenz setzte sich schließlich auch in der Praxis des Westens durch und die Mündlichkeit der *stipulatio* wurde zugunsten der Errichtung einer schriftlichen Schuldurkunde verdrängt. Die ursprüngliche bloße Beweisurkunde wird so zur konstitutiven Schuldurkunde.

---

106 Siehe dazu *Scheibelreiter*, Kreditkauf, in: Documents (2015) 181 ff (insbes. 183 ff); *Pfeifer*, Fiktive Formulare, ZABR 16 (2010) 147; *Kränzlein*, Rechtsvorstellungen, in: Schriften (2010) 66; *Thür*, Fiktives Darlehen, in: FS Knütel (2009) 1269 ff; *Jördens*, Kaufpreisstundungen, ZPE 93 (1998) 277; *Rupprecht*, Papyruskunde (1994) 119; *Pringsheim*, Symbol, in: Abh. (1961) 385; *ders.*, Sale (1950) 245. Kritisch zum Begriff „fikitives Darlehen“: *Kühnert*, Kreditgeschäft (1965) 152 ff.

107 Vgl. *Platschek*, Pecunia (2013) 2 f mwN.

Der Name der *stipulatio* verschwindet mit der Zeit ebenso wie die Frage- und Antwortform an sich. „*Spondere*", „*promittere*" etc. werden somit späterhin in untechnischem Sinne verwendet und der Unterschied zwischen *stipulatio* und *pactum* verschwamm[108]. In einem Gesetz Leos wurde schließlich 472 n. Chr. ausdrücklich bestimmt, dass jede beliebige Vertragsformulierung als Stipulation zu betrachten sei[109]. Justinus spricht denn auch in C. 7, 39, 7, 4 (525) von den *contractibus, in quibus … stipulationes et promissiones vel pacta ponuntur* und stellt die Parteien, zwischen denen in C. 4, 30, 13 *scriptis cautum fuerit*, als *promissor* und *stipulator* vor[110]. Damit unterscheidet er offenbar nicht zwischen den einzelnen Typen.

Da die klassische *stipulatio* als abstraktes Schuldversprechen in seiner Gültigkeit nicht von einer dahinterstehenden *causa*[111] abhängig war, konnte eine solche nur berücksichtigt werden, wenn sie in das Verpflichtungsversprechen ausdrücklich mit aufgenommen wurde[112]. Später gewann die *causa* jedoch an Bedeutung; es kam zwar für die Schuldbegründung weiterhin nicht auf ihre Nennung an, diese war jedoch ausschlaggebend für die Beweislast. Wurde sie nicht genannt, so hatte der Gläubiger ihr Vorhandensein zu beweisen; wurde sie ausdrücklich erwähnt, so traf den Schuldner die Beweislast, wenn er ihre Ungültigkeit behaupten wollte. Eine Sonderregelung bestand für Darlehensschulden: Ein Schuldner, der behauptete die Summe nie erhalten zu haben, konnte die diesbezügliche Beweislast mittels des speziellen Rechtsbehelfs der (allerdings durch Fristen[113] zeitlich beschränkten) *querela* bzw. *exceptio non numeratae pecuniae*[114] auf den Gläubiger überwälzen. Dieser Rechtsbehelf ist im gegebenen Zusammenhang von besonderem Interesse, denn Titel 30 im 4.

---

108 *Kaser*, PR II² (1975) 377; *Riccobono*, Stipulation (1957) 1 ff; *Levy*, Vulgarrecht (1956) 35 ff.

109 Leo, C. 8, 37, 10: *Omnes stipulationes, etiamsi non sollemnibus vel directis, sed quibuscumque verbis pro consensu contrahentium compositae sint, legibus cognitae suam habeant firmitatem.* Vgl. dazu auch *Meder*, Bargeldlose Zahlung (1996) 72 u. 76 f mit Fn 53; *Zimmermann*, LO² (1996) 80 f Fn 81.

110 *Levy*, Oströmisches Vulgarrecht, SZ 77 (1960) 6.

111 *J. G. Wolf* sieht in dieser *causa stipulationis* keinen Rechtsgrund, sondern vielmehr eine bloße Zweckbestimmung, womit er der von ihm vorgefundenen hL, namentlich vertreten durch *Siber* und *Kaser*, entgegentrat. Mehrfach ausgeführt in *J. G. Wolf*, Causa stipulationis (1970). Siehe dazu die Rez. von *Honsell* in: SZ 92 (1975) 328 ff u. *Wacke* in: TR 40 (1972) 231 ff. *Honsell* qualifiziert die These der Zweckbestimmung als „Mißverständnis" und auch *Wacke* weist auf die vielfältigen Bedeutungen des *causa*-Begriffes hin.

112 Vgl. die Übersicht bei *Haas*, Schuldversprechen (2011) 10 ff.

113 Seit Caracalla als einjährige Frist belegt, ab Diokletian fünfjährig und ab Justinian schließlich zweijährig. Vgl. *Wesener*, Querela, RE XXIV (1963) 866 f.

114 Dieser Rechtsbehelf dürfte für den provinzialen Kognitionsprozess geschaffen worden sein und ist seit Caracalla bezeugt. Vgl. *Kaser*, PR II² (1975) 379 f; *Frese*,

Buch des Codex Iustinianus lautet „*De non numerata pecunia*"[115] und unter diesen wurde der hier zu besprechende Text eingeordnet.

Der Aussteller des Schuldscheines[116] im Text C. 4, 30, 13 hat einen bestimmten Rechtsgrund in die Urkunde aufgenommen, aus welchem er eine zurückzuzahlende Summe erhalten habe. Er kann sich in der Folge nicht mehr darauf berufen, dass diese von ihm selbst angegebene *causa* ungültig war, denn damit würde er seinem eigenen Vorverhalten widersprechen, was ihm nicht gestattet werden soll.

Im Zusammenhang mit der Stipulation wird eine *causa* vor allem auch in D. 22, 3, 25, 4[117] angesprochen[118]. Dieser Text steht der Entscheidung von Justinus insofern nahe, als auch hier die Beweiskraft kausaler Urkunden hervorgehoben wird. Paulus berichtet im dritten Buch seiner Quaestionen von der oben bereits angesprochenen Beweislastregel und spricht ebenfalls aus, dass der Schuldner grundsätzlich zu seinem eigenen schriftlichen Bekenntnis zu stehen habe und er es nur durch überzeugende Beweise wieder entkräften könne. Dieser Text wurde von den Kompilatoren wohl auch deshalb unter den Titel „*De probationibus et praesumptionibus*" gestellt, also den prozessualen, beweisrechtlichen Fragen zugeordnet. Es scheint daher nicht um das Vorbringen zu gehen, eine stipulierte Darlehensschuld bestehe mangels Zuzählung der Valuta nicht, denn dann wäre die Erwähnung der *querela/exceptio non numeratae pecunia* zu erwarten. *Lenel* hat für den Abschnitt, in welchem er diesen Text ursprünglich bei Paulus vermutet, den Titel „*Si certum petetur: de*

Quittung, SZ 18, (1897) 270 ff; *Mitteis*, Reichsrecht und Volksrecht (1891) 496 ff; *Levy*, Querela, SZ 70 (1953) 215 f.

115 Einen engeren Bezug zur *cautio* stellt die Rubrik im Codex Hermogenianus und Gregorianus her: „*De cauta et non numerata pecunia*". Siehe dazu *Levy*, Querela, SZ 70 (1953) 218.

116 Vgl. zu den Interpolationsannahmen hinsichtl des Wortes „*cautio*" (allerdings ohne Nennung unseres Fragments): *Riccobono*, Stipulation (1957) 158.

117 Paul. 3 quaest., D. 22, 3, 25, 4: *Sed haec, ubi de solutione indebiti quaestio est. sin autem cautio indebite exposita esse dicatur et indiscrete loquitur, tunc eum, in quem cautio exposita est, compelli debitum esse ostendere, quod in cautionem deduxit, nisi ipse specialiter qui cautionem exposuit causas explanavit, pro quibus eandem conscripsit: tunc enim stare eum oportet suae confessioni, nisi evidentissimis probationibus in scriptis habitis ostendere paratus sit sese haec indebite promississe.*

118 Bei *Heumann/Seckel*, Art. Cautio, Handlexikon[11] (1971) 61 ist der Text D. 22, 3, 25, 4 ein Beleg dafür, dass „*cautio*" in der Bedeutung „Schuldverschreibung" insbes. den Schuldschein über ein empfangenes Darlehen bezeichnet. Allg. zur *causa* bspw. *Biondi*, Contratto e stipulatio (1953) 340; für seine *conclusio*, zumindest nach prätorischem Recht sei die *causa* Bestandteil der *stipulatio*, siehe insbes. 344. Vgl. außerdem *Riccobono*, Stipulation (1957) 123 ff. Siehe auch *Albers*, Formstrenge, in: Vertragstypen (2011) 176 ff u. *Zimmermann*, LO[2] (1996) 551 ff.

condictione" rekonstruiert[119]. Eine Verortung in diesem thematischen Umfeld könnte wiederum die zu D. 44, 4, 2, 3[120] aufgestellte These *Söllners* stützen, dass die nichtige *causa* hinter einer Stipulation mittels *condictio* (konkret: die *condictio liberationis*[121]) bzw. gegebenenfalls auch einredeweise in Form einer *exceptio doli* geltend gemacht werden könne[122]. Die Echtheit des von *J. G. Wolf* der Interpolation verdächtigten Ulpiantextes wurde von *Wacke* mit der Annahme einer Dreiteilung des *causa*-Mangels verteidigt: „(1) anfängliche *stipulatio sine causa*, (2) *stipulatio certa ex causa, quae* (a) *aut non est secuta*, (b) *aut finita est*"[123]. Nichteintritt und späterer Wegfall der *causa* führe somit in gleicher Weise dazu, dass eine Klage auf keiner *causa* beruhe und daher mittels *exceptio doli* abgewiesen werden könne[124].

Auf die drei eben angesprochenen Texte (C. 4, 30, 13; D. 22, 3, 25, 4; D. 44, 4, 2, 3) aufbauend, wurde im Mittelalter eine eigene *causa*-Lehre entwickelt: Auch eine Stipulation, die keine *causa* nenne (diese wird als „*cautio indiscreta*" bezeichnet, im Gegensatz zur „*cautio discreta*", welche den Rechtsgrund nennt), beruhe auf einer solchen. Diese sei eine der Urkundenerrichtung vorausgehende Obligation[125].

---

119 *Lenel*, Pal I (1899) 1186 ff (siehe 1189).

120 Ulp. 76 ad ed., D. 44, 4, 2, 3: *Circa primam speciem, quibus ex causis exceptio haec locum habeat, haec sunt, quae tractari possunt. si quis sine causa ab aliquo fuerit stipulatus, deinde ex ea stipulatione experiatur, exceptio utique doli mali ei nocebit: licet enim eo tempore, quo stipulabatur, nihil dolo malo admiserit, tamen dicendum est eum, cum litem contestatur, dolo facere, qui perseveret ex ea stipulatione petere: et si cum interponeretur, iustam causam habuit, tamen nunc nullam idoneam causam habere videtur. proinde et si crediturus pecuniam stipulatus est nec credidit et si certa fuit causa stipulationis, quae tamen aut non est secuta aut finita est, dicendum erit nocere exceptionem.*

121 Die Formel der *condictio incerti*, als deren Anwendungsfall die *condictio liberationis* gesehen werden kann, wurde von *Giffard* wir folgt entschlüsselt: „*Quidquid paret Nm Nm Ao Ao dare facere orportere, eius iudex Nm Nm Ao Ao dumtaxat sestertiorum X milia c. s. n. p. a.*", siehe *Giffard*, Incertum, SDHI 4 (1938)152 ff. Ihm folgen auch *J. G. Wolf*, Causa (1970) 190 ff, insbes. S. 195 u. *Wacke*, Causa, TR 40 (1972) 259. Die *condictio incerti* hält hingegen für unklassisch: *Saccoccio*, Certum (2002) 108; ähnlich schon *Pernice*, Labeo III.1 (1892) 202 ff.

122 *Söllner*, Causa, SZ 77 (1960) 214.

123 *Wacke*, Causa, TR 40 (1972) 240.

124 Vgl. zum Text auch *Sacconi*, Stipulatio (1989) 33 ff. u. 47 ff.

125 Siehe va *Söllner*, Causa, SZ 77 (1960) 182 ff. Vgl. auch *Zimmermann*, LO² (1996) 551 f Fn 34; *Haas*, Schuldversprechen (2011) 10 ff, insbes. 13 f. Letztere nennt die *cautio indiscreta* auch „Stipulation ohne Angabe der *causa*", bzw. die *cautio discreta* „Stipulation mit Angabe der *causa*". Vgl. ebd. 16 ff für eine Zusammenfassung der Literatur des 19. und frühen 20. Jh. (*Cropp, Liebe, Puchta, Gneist, Savigny, Bähr, Kindel, Jhering*). Vgl. zur Entwicklung der abstrakten Schuldzusage auch *Wielandt*, Schuldzusage (2010) 12 ff. Zur Begründung der

Bereits durch die bei Darlehensschulden zugelassene *exceptio non numeratae pecuniae* erfuhr die abstrakt verpflichtende Kraft der Stipulation laut *Mitteis* eine erste Abschwächung. Aufgrund von Missverständnissen in der Praxis sei es daraufhin zu einer Ausdehnung dieses Gedankens gekommen und es habe auch gegen solche Stipulationsurkunden die *exceptio non numeratae pecunia* gegeben, „welche nicht über ein Darlehen, sondern *ex causa praecedenti*, zur Umwandlung einer älteren Schuld, ausgestellt worden waren“[126]. Als Beleg für diese These zieht er den Text C 4, 30, 13 heran und stellt fest, dass die Worte *non iam* „unverkennbar“ auf eine bisher bestehende Praxis hindeuteten[127]. Den Gebrauch der Einrede bei anderen als Darlehensschulden habe Justin hiermit beseitigt.

Es ist jedoch vielmehr davon auszugehen, dass das „*non iam*“ – wie auch die Übersetzung von *Treitschke* in *Schilling/Sintenis* offenbar annimmt[128] – sich auf das Verhalten des Schuldners bezieht: Ihm soll es „nicht mehr“ erlaubt sein zu behaupten, dass die *causa* nicht existiere, nachdem er deren Gültigkeit zuvor selbst schriftlich festgehalten habe. Es ist somit nicht eine generelle Praxis zu vermuten, die ab sofort „nicht mehr“ zulässig sein solle, sondern ein Verhalten des Schuldners, welches ihm „früher“, also bevor er die *causa* in die Urkunde aufgenommen hat, möglich gewesen wäre. Auf den Schuldner bezieht sich schließlich auch die Begründung im Text der Konstitution: Es wäre anstößig, seinem eigenen Zeugnis zuwiderzuhandeln.

Frese geht davon aus, dass hier von einer novierenden, mit der Stipulationsklausel versehenen Darlehensurkunde die Rede ist, die dann beweiskräftig sein soll, wenn die *causa antecedens* ausdrücklich namhaft gemacht worden sei[129]. Diese Ansicht kann mit dem von *Cimma* vorgebrachten Argument bestärkt werden, dass eine Verbindung zu C. 4, 30, 5[130] zu sehen ist, wo im Fall eines *chirographum* über ein *mutuum*, welches *ex antecedente causa* abgefasst ist,

---

gemeinrechtlichen Anschauung, eine *cautio indiscreta* sei jedenfalls unverbindlich vgl. *Baumann*, Schuldanerkenntnis (1992) 115 ff.

126 *Mitteis*, Reichsrecht und Volksrecht (1891) 496 f.

127 So auch bereits *Huschke*, Darlehen (1882) 138, der wiederum auf ältere Autoren verweist, wie *Schlesinger*, Formalkontracte (1858) 62. Vgl. auch *Mitteis*, Reichsrecht und Volksrecht (1891) 497 Fn 1.

128 Bd 5, 606 f: „Wir verordnen allgemein, dass, wenn wegen Geldern, die aus einem vorhergegangenen Rechtsgrunde herrühren, eine Verschreibung gemacht wird, und der Aussteller diesen Rechtsgrund darin bestimmt ausspricht, ihm dann nicht mehr gestattet sein soll, den Beweis dieses Grundes von dem Gläubiger zu fordern, da er seinen eigenen Bekenntnissen nachkommen muss …“

129 *Frese*, Quittung, SZ 18 (1897) 272. Fr 25 hält er für interpoliert.

130 Alex., C. 4, 30, 5: *Adversus petitiones adversarii si quid iuris habes, uti eo potes. ignorare autem non debes non numeratae pecuniae exceptionem ibi locum habere, ubi quasi credita pecunia petitur, cum autem ex praecedenti causa debiti in*

die Anwendung der *exceptio non numeratae pecuniae* ausgeschlossen wird[131]. Die Begründung dort: Es stehe nicht in Frage, ob eine Summe ausgezahlt wurde, sondern ob ein Rechtsgrund für die frühere Verbindlichkeit besteht.

Novationsstipulationen müssen tituliert sein, dh die alte *causa* nennen[132]. Nennt die Stipulation aber die *causa*, so muss wiederum der Schuldner ein etwaiges Nichtbestehen derselben beweisen. Somit scheint es im Ergebnis darauf hinauszulaufen, dass im Falle der Novation immer den Schuldner die Beweislast trifft.

Die Einordnung des Textes C. 4, 30, 13 unter den Titel *De non numerata pecunia* macht es wahrscheinlich, dass der geschilderte Fall in irgendeiner Weise mit einer Darlehensschuld in Zusammenhang steht[133]. Eine Novation erscheint hier durchaus wahrscheinlich: Die ursprünglich aus anderem Rechtsgrund geschuldete Summe wird gestundet und soll in ein Darlehen umgewandelt werden; zu diesem Zweck wird eine Stipulation abgeschlossen. Will der Schuldner aber geltend machen, dass er nicht zur Rückzahlung verpflichtet sei, weil schon die ursprüngliche Schuld überhaupt nicht bestanden hat, ist die *querela/exceptio non numeratae pecuniae* nicht der passende Rechtsbehelf: Es geht (wie auch in C. 4, 30, 5) nicht darum, die Auszahlung einer Summe zu bestreiten, sondern darum, die Gültigkeit des novierten Geschäftes anzufechten. Dieser Zweck ist aber von der Einrede nicht umfasst und vor allem auch die *querela*, also das aktive Vorgehen des Schuldners, soll hier unterbunden werden. Damit könnte er nämlich gerichtlich anmerken lassen, dass er die Gültigkeit bestreitet, was sinnvoll wäre, um die Fristen für die *exceptio non numeratae pecuniae* zu wahren[134]. Dass ihm dieser Rechtsbehelf nicht zusteht, bedeutet aber nicht, dass er sich bei einer Klage des Gläubigers nicht mit dem Einwand wehren könnte, die Klagsführung sei wegen der Ungültigkeit des Grundgeschäftes *dolos*. Wie in

---

chirographum quantitas redigitur, non requiri, an tunc cum cavebatur numerata sit, sed an iusta causa debiti praecesserit.

131 *Cimma*, Pecunia (1984) 130.

132 *J. G. Wolf*, Causa (1970) 87 f mwN. Auch *Wacke*, Causa, TR 40 (1972) 236 weist darauf hin, dass „nur die titulierte Stipulation echt novatorisch wirken" kann, hingegen „die abstrakte allenfalls einen Erlöschungsgrund *sui generis* abgeben" würde. Zur Bedeutung des Parteiwillens bei der Novationsstipulation siehe allg. *Apathy*, Animus novandi (1975) bzw. zur Konzeption und Entwicklung der Novation *Bonifacio*, Novazione (1950).

133 Entgegen der Glosse, die annimmt, dass gerade keine Darlehensschuld bestehen könne, da ansonsten für die *exceptio non numeratae pecuniae* kein Anwendungsbereich verbleibe.

134 Es kann vom Aussteller einer Schuldurkunde auch unabhängig von einer Klage auf Rückzahlung bei Gericht eine einseitige Beschwerde zu protokoll gegeben werden, wenn er eine solche Klage fürchtet, aber die Auszahlung bestreitet. Vgl. *Levy*, Querela, SZ 70 (1953) 227 f.

D. 22, 3, 25, 4 muss der Schuldner zwar zu seinem schriftlichen Wort stehen, hat er aber klare Beweise, wird er diese im Prozess vorbringen können[135]. Als Argument für das Verbot des Selbstwiderspruches wurde der Text deshalb herangezogen, weil abgesehen von solchen Ausnahmen eine Bindung an das Vorverhalten – hier in Form schriftlicher Bekenntnisse – statuiert wird.

1.4. C. 4, 1, 11: Verzicht II – *iusiurandum* als Beweismittel

C. 4, 1, 11[136] *(Imp Iustinianus A. Demostheni pp.)*
Si quis iusiurandum intulerit et necdum eo praestito postea, utpote sibi adlegationibus abundantibus, hoc revocaverit, sancimus nemini licere penitus iterum ad sacramentum recurrere (satis enim absurdum est redire ad hoc, cui renuntiandum putavit, et, cum desperavit aliam probationem, tunc denuo ad religionem convolare) et iudices nullo modo eos audire ad tales iniquitates venientes. D. xv k. Oct. Chalcedone Decio vc. cons. [a. 529.]

C. 4, 1, 11 (Kaiser Justinian an Demosthenes, Prätorianerpräfekt)
Wenn jemand einen Prozesseid zugeschoben hat und diesen später, als er noch nicht geleistet war, etwa wegen im Überfluss für ihn geltendgemachten Beweisgründen wieder zurücknimmt, verordnen Wir, dass es gänzlich niemandem erlaubt ist, nochmals auf den Eid zurückzukommen (denn es ist recht widersinnig, zu dem zurückzukommen, auf das man verzichten zu müssen geglaubt hat und, wenn man am anderen Beweis verzweifelt ist, dann neuerlich zur Religion zu eilen) und dass die Richter auf keine Weise die anhören, die zu solchen Ungerechtigkeiten schreiten. Gegeben zu Chalcedon den 17. September 529 unter dem 5. Konsulat des Decius.

Jemand verlangt im Prozess von seinem Gegner zunächst eine Eidesleistung, nimmt dieses Begehren dann aber wieder zurück, weil er genügend andere Beweise zu haben glaubt. Daraufhin kann er es sich nicht ein weiteres Mal anders überlegen und doch einen Eid verlangen.

Sollte eine Weiterführung der thematischen „Kette" von Belegstellen für das Verbot von *venire contra factum proprium* angestrebt sein, so könnte ein Zusammenhang mit dem vorigen Text insofern bestehen, als die Rücknahme des Eides als eine Form des Verzichts qualifiziert werden könnte. Außerdem

---

135 Vgl. zur Abgrenzung von *exceptio doli* und *exceptio non numeratae pecuniae*: *Sacconi*, Stipulatio (1989) 51 ff.

136 Hier gibt es eine Abweichung zwischen den Drucken, die zu einer unterschiedlich Auflösung der Allegation führen. Beide Texte existieren; tatsächlich als Quelle herangezogen wurde aber wohl der Codex-Text aus Basel 1567, denn dieses Zitat findet sich auch in den meisten Handschriften, während das Digestenzitat aus Neapel 1568 – soweit ersichtlich – nirgends auftaucht. Es handelt sich hier um Ulp. 34 ad Sab., D. 12, 1 (*De rebus creditis si certum petetur et de condictione*), 4: *Si quis nec causam nec propositum faenerandi habuerit ...*

wird wieder die Religion erwähnt und ein Eid könnte auch eine Rolle beim Text aus dem *Decretum Gratiani* spielen (siehe oben die Ausführungen zu Kapitel 1.1 im Zusammenhang mit dem *iuramentum fidelitatis*).

Die Rechtswirkungen des Eides im Rahmen eines Prozesses, sowie die Bindungswirkungen von „Zuschieben" und „Zurücknehmen" können nur im jeweiligen zeitlichen Kontext bestimmt werden.

Bereits in Homers Ilias (8. Jh. v. Chr.[137]) finden sich Belege, nach welchen ein Prozess nach griechischem Recht mittels Eid entschieden wird. In Il. 23, 573–585 geht es etwa um einen Streit zwischen Menelaos und Antilochos, im Zuge dessen ersterer die übrigen Anführer auffordert, Urteilsvorschläge zu machen (*dikazein*) und gleich selbst als einer der Anführer den ersten in Form eines möglichen streitbeendenden Eides abgibt. Ohne weiteres Verfahren lenkt Antilochos jedoch ein und so kam es weder zu weiteren Urteilsvorschlägen noch zu einer Entscheidung. Wäre Menelaos Urteilsvorschlag als der „geradeste" bestimmt worden und hätte Antilochos daraufhin den vorgeschlagenen Reinigungseid[138] geleistet, wäre der Streit dadurch zu seinen Gunsten beendet gewesen. Hätte er sich geweigert, den festgesetzten Eid zu leisten, wäre dadurch automatisch das Recht seines Gegners bestätigt worden[139]. So geschah es etwa auch in Il. 19, 254–265, wo die Versöhnung zwischen Agamemnon und Achilleus erzählt wird: Mit der Einleitung „es möge wissen" (*isto*) ruft Agamemnon die Schwurgötter als Zeugen der behaupteten Tatsache und gleichzeitig als Garanten für deren Wahrheit an. Für den Fall eines Meineides setzt er sich der Rache der Schwurgötter aus[140]. Der Streit ist damit zu seinen Gunsten beendet[141].

---

137 Siehe zur Person Homer und damit auch der Autorenschaft und Datierung der Ilias *Bannert*, Homer (2005).

138 Dh dass der Schwörende sich „frei schwört"; er schwört, dass er nichts Unrechtes getan hat und unterwirft sich für den Fall eines Meineids der Rache einer Gottheit (hier: Poseidons).

139 Vgl. zu diesem Text auch *Zuccotti*, Giuramento (2000) 10.

140 Vgl. zur umstrittenen Deutung der berühmten Schildszene und insbes. der Frage, ob ein Beweis- oder Sachurteil gefällt wird: *H. J. Wolff*, Rechtsstreit, in: Beiträge (1961) 18 ff; *Thür*, Dikazein, SZ 87 (1970) 432 ff; *ders.*, Rechtsstreit, in: Kodifizierung (2005) 36 ff; *Gagarin*, Greek Law (2005) 86 ff; *Ruschenbusch*, Rechtsstreit, in: Kleine Schriften (2005) 136.

141 Siehe zum Eid im römisch-ägyptischen Provinzialrecht insbes. *Seidl*, Eid (1933). Im Einleitungsteil dort auch Studien zum nationalgriechischen, nationalägyptischen, ptolemäischen und römischen Eidesrecht. Vgl. außerdem *Duran*, Oaths, SZ 116 (1999) 25 ff, der insbes. vergleichend auf Homer und weitere literarische Quellen, aber auch auf das Recht von Gortyn eingeht.

Ein solcher prozessentscheidender Eid begegnet auch bei Plautus: Im Prolog des Rudens (ca. 211 v. Chr.) wird geschildert, wie der falsch Schwörende dem Schwurgott Jupiter verfallen soll[142].

Das *sacramentum* des altrömischen Legisaktionenverfahrens dürfte ursprünglich auch ein Eid gewesen sein, der – wie beim eben beschriebenen griechischrechtlichen Pendant – dazu führte, dass derjenige, der falsch geschworen hat, der Schwurgottheit verfallen solle[143]. Es wird vermutet, dass auf einer späteren Entwicklungsstufe ein Reinigungsopfer dargebracht werden konnte, um so die Person durch das Opfertier[144] zu ersetzen, welches nun stellvertretend die Gefahr der Gottesrache auf sich nahm[145]. Später kam es dann zum bei Gaius überlieferten Geldeinsatz: Eine bestimmte Summe, deren Höhe sich nach dem Streitgegenstand bemaß[146], musste im Fall des Unterliegens in die Staatskasse eingezahlt werden[147].

Das *iusiurandum*[148] der klassischen Zeit bezeichnet unterschiedliche Formen des Parteieids im Formularprozess: *In iure* gibt es neben dem freiwilligen Eid (*iusiurandum voluntarium*), welcher dem Gegner „zugeschoben" (*iusiurandum deferri*) wird[149], auch den auferlegten Eid (*iusiurandum necessarium*), den der Prätor in Ausnahmefällen verlangt[150].

Was beim freiwilligen Eid nach dem Zuschieben eines *iusiurandum* passiert, hängt vom Verhalten der Parteien ab: Der Gegner kann sich weigern den Eid zu leisten, was dazu führt, dass weiter verhandelt wird[151]. Er kann sich aber auch darauf einlassen und den Eid leisten (*iusiurandum dare*), wodurch das Recht außer Streit gestellt wird[152] und die Klage nunmehr als unbegründet

---

142 Vgl. zu dieser und weiteren Stellen *Amirante*, Giuramento (1954) 170 ff.

143 Allg. zum Eid in der römischen Antike: *Zuccotti*, Giuramento (2000) 21ff.

144 Vgl. etwa *Calore*, Per Iovem lapidem (2000).

145 *Kaser/Hackl*, ZP² (1996) 83 ff.

146 Vgl. Gai. 4, 14 (XII tab. 2, 1).

147 Gai. 4, 13 f.

148 Der Begriff kommt vom Aufsagen (*iurare*) der Formel (*ius*), die vorgesprochen und wiederholt werden musste. Siehe dazu *Harke*, Eid (2013) 15 mwN.

149 Für eine Übersicht über die Gegenstände der Eideszuschiebung siehe *Fierich*, Eideszuschiebung (1888) 6 f.

150 *Harke*, Eid (2013) 43 ff u. 117 ff; *Steinwenter*, Iusiurandum, RE X (1919) 1258; *Biondi*, Giuramento (1913) 7 ff.

151 Ausgenommen ist hiervon die *actio certae creditae pecuniae*: Hat der Kläger auf Verlangen des Beklagten das *iusiurandum calumniae* geleistet und damit beschworen, dass er nicht aus Schikane klagt, kann er daraufhin umgekehrt dem Beklagten den Eid zuschieben und wenn dieser nun den Eid verweigert, kann die *missio in bona* verlangt werden. Siehe dazu ausführlicher *Kaser/Hackl*, ZP² (1996) 268 f; *Steinwenter*, Iusiurandum, RE X (1919) 1258.

152 Zumindest dann, wenn der Eid den gesamten Prozessgegenstand umfasst. Wurde nur eine Teilfrage außer Streit gestellt, so musste über den Rest natürlich verhandelt werden. Vgl. *Honsell/Mayer-Maly/Selb*, RR⁴ (1987) 533 f.

gilt[153]. Schlussendlich kann die Eidesleistung vom Zuschiebenden auch wieder erlassen werden (*iusiurandum remittere*), was der Leistung des Eides gleichzuhalten ist und auch dieselben Rechtsfolgen nach sich zieht[154].

Diese Art von Eid ist in unserem Codex-Text daher ganz offenbar nicht gemeint, denn die Rücknahme hätte ansonsten bedeutet, dass der Eid als geleistet angesehen worden wäre und der Prozess damit zugunsten dessen entschieden gewesen wäre, dem der Eid zunächst zugeschoben worden war. Wie eine *confessio* erspart das *iusiurandum* den ganzen Prozess und entscheidet den Streit endgültig, wie es schon bei den in der Ilias geschilderten Streitigkeiten der Fall war[155].

Endemann erklärt die Funktionsweise des freiwilligen Eides damit, dass es sich um einen „Vergleich unter der Bedingung der Eidesleistung oder Verweigerung“ handelt. Der dahinterstehende Streitgegenstand könne nun daraus eingeklagt bzw. mittels *exceptio pacti* oder *doli generalis* eingewendet werden. Dieser Eid gehöre somit nicht dem Prozess-, sondern dem materiellen Zivilrecht an. Auch *Demelius* spricht von der „reinen Konventionalnatur“ dieses Typs und ordnet ihn ebenfalls dem materiellen Recht zu[156].

Fierich nimmt mit *Demelius* an, dass der an den Gegner gestellte Antrag, ein *iusiurandum voluntarium* zu schwören, erst mit der Eidesleistung Bindungswirkungen entfalte. Daraus schließt er für dessen Widerruflichkeit, dass diese jederzeit möglich sein müsse. Etwas anderes vermutet er für das *iusiurandum necessarium*: Sobald der Prätor den Zwang auf *solvere aut iudicare* ausübe, sei die Widerruflichkeit nicht mehr anzunehmen, auch wenn es dafür keine Quellenbelege gebe[157]. Diese Eide *in iure* dürften aber – sofern sie widerruflich waren – auch wiederholbar sein: Es gibt keinen ersichtlichen Grund, der den Parteien eine spätere Vereinbarung desselben Inhalts versagen würde; es steht dem Gegner schließlich frei, ob er sich darauf einlassen möchte.

153 Der Prätor verweigert entweder die Klage oder er gewährt bei Zweifelhaftigkeit der Eidesleistung eine *exceptio*. Siehe *Harke*, Eid (2013) 45 f; *Münks*, Parteieid (1992) 9.

154 *Münks*, Parteieid (1992) 12.

155 Zur prozessentscheidenden Wirkung des Eides siehe allg. *Amirante*, Giuramento (1954) 184 ff.

156 Vgl. *Demelius*, Schiedseid (1887) 27. Seine Vorstellung, dass „erst die Ableistung des Eides Klage und Einrede begründet“ (ebd. 27, Fn 5), wird vom Rezensenten *Gradenwitz* als die Annahme einer „Art von Realvertrag“ bezeichnet. *Gradenwitz*, Rez. Demelius, SZ 8 (1887) 270. Gegen den Vertragscharakter *Münks*, Parteieid (1992) 18 f mit *Amirante*, Giuramento (1954) 35 ff und *Kaden*, Rez. Amirante, SZ 73 (1956) 439 (seinerseits unter Berufung auf *Fadda*, Pactum de iureiurando, BIDR 1 (1888) 34 ff).

157 *Fierich*, Eideszuschiebung (1888) 61.

Daneben gibt es aber auch Eide, die *apud iudicem* geleistet werden; diese gelten als Beweismittel bei der Parteienvernehmung (oder auch bei Zeugeneinvernahme) bzw. treten sie in Form des Schätzungseides durch den Kläger (*iusiurandum in litem*)[158] auf. Auch hier gibt es wiederum solche Eide, die von einer Partei der anderen zugeschoben werden, und solche, die der Prätor auferlegt[159]. Für diesen Bereich hat *Fierich* dargetan, dass *in iudicio* nur vom Richter zugelassene Eide geleistet werden können. Sobald also der Gegner den Eid annahm und über die Zulassung beraten wird, ist ein Widerruf nicht mehr möglich[160] und damit auch keine Wiederholung.

Die beiden Eidestypen unterscheiden sich nach der Lehre von *Demelius* dadurch, dass der Eid *in iure* (Schiedseid) das Recht des Klägers feststellen und damit den Prozess entscheiden, der Eid *apud iudicem* aber die Wahrheit feststellen soll (Beweiseid)[161]. Es gibt laut *Endemann* somit „einen Eid, dessen Benutzung als obligatorischer Rechtsakt, und einen Eid, der nur als Wahrheitsmittel erscheint"[162].

Dadurch, dass der Kognitionsprozess nicht mehr zwischen den Verfahrensabschnitten *in iure* und *apud iudicem* unterscheidet, sondern nunmehr der Amtsträger das gesamte Verfahren durchzuführen hatte, ist diese Einordnung der Rechtswirkungen von Eiden nach dem Verfahrensabschnitt, in welchem sie zugeschoben werden, nicht mehr möglich. Die Bindung an einen zugeschobenen (oder zurückgeschobenen) Eid kennt der Kognitionsprozess generell nicht, Parteienaussagen unter Eid stellen aber ein typisches Beweismittel dar. Als solches kann der Eid (im Gegensatz zur *confessio*) einen Sachentscheid in diesem Verfahrenstyp nicht ersetzen[163]. Es gibt hier also keinen prozessentscheidenden

---

158 Vgl. dazu *Chiazzese*, Jusiurandum (1958); *Provera*, Iusiurandum (1953).

159 *Biondi*, Giuramento (1913) 76 ff.

160 *Fierich*, Eideszuschiebung (1888) 62 unter Berufung auf den Fall des Albucius bei Seneca; dieser hatte Arruntius einen Eid zugeschoben, der ihn auch angenommen hat. Obwohl Albucius den Eid daraufhin widerrief, wurde er von den Centumviren für wirksam befunden. Vgl. Sen. contr. 7 praef. Zu diesem Text auch *Amirante*, Iusiurandum, in: Studi Betti 3 (1962) 30 ff.

161 *Demelius*, Schiedseid (1887). Gegen die Unterscheidung zwischen prozessentscheidendem Eid und Beweiseid: *Broggini*, Prova, in: Coniectanea (1966) 171 (mit Fn 104). *Münks* spricht davon, dass der wesentliche Unterschied zwischen *iusiurandum voluntarium* und *necessarium* in der Anwendung des prätorischen Zwanges beim notwendigen Eid liegt. Die Beschränkung des *iusiurandum necessarium* auf bestimmte Klagstypen hänge damit zusammen, dass „nur in diesen Fällen die Zwangsdrohung wegen des zu unterstellenden Wissens des Beklagten über das Bestehen des Anspruchs gerechtfertigt war". *Münks*, Parteieid (1992) 19.

162 *Endemann*, Beweislehre (1973) 441 f; 446.

163 *Kaser/Hackl*, ZP² (1996) 492.

Eid, welcher dem *iusiurandum in iure* des Formularprozesses vergleichbar wäre.

Die ägyptische Provinzialpraxis, die ein auf den Eid abgestelltes Beweisurteil zuließ, bezeichnet *Seidl* als „Experiment" für die spätere Entwicklung des römischen Rechts[164]. Justinian stellt neben das *iusiurandum voluntarium* und das *iusiurandum necessarium* noch das *iusiurandum iudicialium*[165]. Alle drei Typen stellen nun bloße Beweismittel dar[166]. Der Eid in den Konstitutionen Justinians entspricht funktionell dem alten *iusiurandum apud iudicem* und ist daher als Tatsacheneid zu bezeichnen, im Gegensatz zum alten *iusiurandum in iure*, welches auf die Existenz des klägerischen Rechtes gerichtet ist[167]. Das neue *iusiurandum necessarium* kann aber bei allen Streitgegenständen zur Anwendung kommen[168] und führt dazu, dass der Beklagte verurteilt wird, falls der Kläger den auf Anordnung des Gerichtes zugeschobenen Eid leistet oder der Beklagte einen solchen verweigert. Im umgekehrten Fall wird er freigesprochen, wenn er selbst den Eid leistet oder der Kläger ihn verweigert. Nach *Steinwenter* ist dieser Eid nun „ein über richterliche Verfügung zu verwendendes, formales Beweismittel geworden", allerdings hat *Fierich* nachgewiesen, dass auch das justinianische Recht den Unterschied zwischen Rechts- und Tatsacheneid prinzipiell kannte[169].

Das *iusiurandum* im nachklassischen Prozessrecht kann während des Verfahrens von demjenigen, der seinem Gegner den Eid zugeschoben hat, grundsätzlich auch wieder widerrufen werden[170]; nach dem (rechtskräftigen) Urteil ist dies jedoch in aller Regel nicht mehr möglich[171].

---

164 *Seidl*, Eid (1933) 105.

165 Dieser richterliche Eid konnte im klassischen Prozess als Beweismittel vom *iudex privatus* nach freiem Ermessen gewürdigt werden, im nachklassischen Prozess bezeichnet der Begriff jedoch den Eid, der einer der beiden Parteien beim Versagen aller anderen Beweismittel vom Richter auferlegt wurde. *Steinwenter*, Iusiurandum, RE X (1918) 1258 f.

166 *Kaser/Hackl*, ZP² (1996) 590.

167 *Demelius*, Schiedseid (1887) 131.

168 Es ist nun also nicht mehr auf ganz bestimmte Streitgegenstände beschränkt, wie dies in klassischer Zeit der Fall gewesen ist. Vgl. *Biondi*, Giuramento (1913) 74; *Demelius*, Schiedseid (1887) 124.

169 *Fierich*, Eideszuschiebung (1888) 73.

170 Iust., C. 4, 1, 11, 1: *Si quis autem sacramentum intulerit et hoc revocare maluerit, licere quidem ei hoc facere et alias probationes, si voluerit, praestare, ita tamen, ut huiusmodi licentia usque ad litis tantummodo terminum ei praestetur.* Damit wird die bisherige Rechtslage modifiziert, wonach der Widerruf lediglich bis zu dem Zeitpunkt möglich war, zu dem der Eid angenommen wurde: *Bertolini*, Giuramento (1886) 141.

171 Iust., C. 4, 1, 11, 2: *Post definitivam autem sententiam, quae provocatione suspensa non sit vel quae, postquam fuerit appellatum, corroborata fuerit, nullo*

Der in die Brocardica aufgenommene Text C. 4, 1, 11 spricht aus, dass es zwar möglich ist, den Eid zurückzunehmen, allerdings daraufhin nicht mehr, ihn doch wieder heranzuziehen[172]. Auch vor dem Urteil tritt damit eine gewisse Bindung ein, die allerdings auf das Parteienverhalten bezogen ist; ein einmaliger Selbstwiderspruch gegen die Zuschiebung wird zwar erlaubt (der Widerruf), denn dieser schadet der anderen Partei nicht. Ein zweiter aber (die abermalige Zuschiebung) ist unzulässig, denn was dem anderen einmal erlassen wurde, soll ihm nun nicht nochmals auferlegt werden können.

Grundsätzlich könnte der Gegner den Eid als Beweismittel zwar verlangen, hier aber nicht mehr, weil der andere aufgrund des Vorverhaltens (des Widerrufs) schon darauf vertraut, dass er ihn nicht leisten muss[173]. In diesem Fall soll der Richter kein Gehör gewähren.

Fierich sieht hierin seine Ansicht bestätigt, dass der zugeschobene Eid im justinianischen Zivilprozessrecht „den anderen Beweismitteln gleichgestellt wurde“ und daher auch „durch andere Beweismittel ersetzt werden“ kann. Umgekehrt könnten auch andere Beweismittel durch den Eid ersetzt werden. Unzulässig sei „nur die Rückkehr zu einer schon einmal zurückgenommenen Eideszuschiebung“[174]. Er führt diesen Gedanken aber nicht in der naheliegenden Weise mit der Frage weiter, ob auch hier umgekehrt auf die anderen Beweismittel geschlossen werden kann; ob es also möglich wäre, ein anderes Beweismittel zunächst zu beantragen, es dann fallen zu lassen (auch hier etwa, weil andere Beweismittel ausreichend erscheinen) und sich später dann doch nochmals darauf zu berufen.

Wenn die „Zuflucht zur Religion“, die nach der Entsagung laut dem in Klammern stehenden Text endgültig versperrt bleiben soll, der Grund für die Entscheidung ist, dürfte diese sich nur auf den Eid beziehen und daher die abermalige Heranziehung bei anderen Beweismitteln möglich sein. Dachte Justinian hier aber an den in C. 2, 3, 29 angesprochenen Grundsatz (er spricht dort von „*regula est iuris antiqui*“), dass jeder auf ihn selbst Begünstigendes verzichten kann, müssten auch die anderen Beweismittel umfasst und die Berufung auf die Religion nur als Zusatzargument zu werten sein, um seinem Standpunkt im konkreten Fall moralisches Gewicht zu verleihen.

Auch der Umstand, dass man dem Gegner einen Eid zuschieben kann, dessen Abgabe oder Nichtabgabe dann als Beweismittel gewertet wird, kann als begünstigende Regel gesehen werden. Möglicherweise wertet er den Widerruf des

---

modo revocare iuramentum et iterum ad probationem venire cuidam concedimus, ne repetita lite finis negotii alterius causae fiat exordium.

172 Vgl. auch *Zilletti*, Processo (1965) 245 f, insbes. die Nachweise in Fn 38. Zum Text außerdem *Demelius*, Schiedseid (1887) 131 f.

173 Zum Beweismangel siehe *Harke*, Eid (2013) 146 ff.

174 *Fierich*, Eideszuschiebung (1888) 61.

Eides als Verzicht. In C. 2, 3, 29 wird ausgesprochen, dass niemand gegen seine *pacta* handeln und das Gegenüber damit täuschen dürfe, denn bereits nach dem Edikt des Prätors seien *pacta* zu befolgen. Dort wird der schriftliche Verzicht auf einen besonderen Gerichtsstand als *pactum* gewertet. Möglich ist durchaus, dass Justinian auch den Widerruf einer Eideszuschiebung nicht nur als Verzicht wertet, sondern überhaupt einem *pactum* gleichsetzt und den Widerspruch gegen dasselbe nicht gestattet, da der Prozessgegner dadurch in seinem Vertrauen auf das Erstverhalten getäuscht werde. Dieses Vertrauen scheint aber auch in diesem Fall zentrales Merkmal zu sein und so legt die Zusammenschau der bisher behandelten Texte nahe, dass der Vertrauensschutzgedanke bei der Entwicklung des Verbots von *venire contra factum proprium* eine Rolle gespielt hat; gemeinsam ist den dabei zugrundegelegten Texten aber, dass sie allesamt nicht aus der Klassik stammen.

1.5. Selbstverweis I: Bindung an den geschlossenen Vergleich

Es folgt der erste Selbstverweis innerhalb der Brocardica *aurea*[175]. Die Gemeinsamkeit mit dem vorangehenden Zitat liegt darin, dass es sich wieder um eine Frage des Prozessrechts handelt und wieder Schutz gewährt werden soll, wenn jemand auf etwas zurückkommen möchte, worauf er zunächst verzichtet hat: Während es in C. 4, 1, 11 zuvor darum ging, dass eine Partei, die einen Eid zunächst zugeschoben, ihn dann aber wieder zurückgenommen hat, diesen nicht nochmals zuschieben kann, verweist der Brocardicaverfasser nun auf eine Stelle seines eigenen Werkes, an der er sich mit der Regel auseinandersetzt, dass eine Klage über einen Gegenstand zurückzuweisen ist, über den bereits ein Vergleich geschlossen wurde: *Remissa actione vel transactione super maleficio iterum agi*[176]. Sechs Digestentexte werden *pro* (D. 9, 2, 46; D. 9, 4, 20; D. 12, 6, 23, 1; D. 48, 5, 4, 2; D. 48, 6, 5, 2; D. 48, 9, 12) sowie fünf *contra* (D. 2, 14, 7, 13; D. 47, 10, 17, 11; D. 47, 12, 1; D. 48, 2, 7, 2; D. 48, 21, 2) angeführt (unter dem Titel „*Non agi*") und schlussendlich die Abgrenzungskriterien in der *solutio* erläutert: Es geht um die Frage, wann eine Klagserhebung zulässig ist, obwohl bereits ein Vergleich über den fraglichen Klagsgegenstand abgeschlossen wurde. Generell wird eine solche Vorgehensweise für unzulässig erklärt und D. 2, 14, 17, 1 zur Erläuterung herangezogen, wonach die schulderlassende Vereinbarung mit Erbschaftgläubigern wirksam und bindend ist. C. 2, 4, 18

175 Da jede mittels Selbstverweis angesprochene Brocardicastelle bei umfassender Darstellung ihrerseits einer solchen Monographie bedürfte, wie sie hier zum *venire contra factum proprium* vorgelegt wird, muss sich die Behandlung auf die Nennung des Titels, eine bloße Anführung der dort genannten Zitate unter Auflösung der Allegationen sowie eine knappe Darstellung der *solutio* beschränken.

176 Ausgabe Neapel 1568, 156.

dient daraufhin zur Veranschaulichung, dass *pacta* über Kapitalverbrechen erlaubt sind; ausgenommen wird der Ehebruch. Bei anderen Offizialdelikten, die nicht die Todesstrafe zur Folge haben, sind solche Vereinbarungen so weit möglich, als kein *crimen falsi* begangen wird[177].

Besonders erwähnt wird mit D. 47, 12, 3, 10 auch ein Text, der im Zusammenhang mit den unter *contra* angeführten Belegstellen zum *venire contra factum proprium* noch näher zu besprechen sein wird und sich mit der *paenitentia* des privilegiert Klagsbefugten bei der *actio de sepulchro violato* auseinandersetzt. Hier liege kein *pactum* vor, weswegen die urspüngliche Entscheidung, nicht zu klagen, widerrufen werden könne[178].

Diese prozessbeendenden Vereinbarungen sind für die Rubrik vom *venire contra factum proprium* insofern relevant, als darin generell ein Vorverhalten gesehen wird, von dem man nicht wieder abweichen kann. Ausgenommen von dieser Regelung sind nur solche Vergleiche, die nicht rechtlich anerkannt sind.

1.6. Selbstverweis II: Bindung des *iudex* an Vorentscheidungen

Der zweite Selbstverweis bezieht sich auf die Bindung des *iudex* an das eigene Vorverhalten und das seines Amtsvorgängers: *Suum vel decessoris sui factum iudex mutare potest*[179]. Auch hier folgt die Aufzählung der Argumente für die Geltung dieses Satzes (C. 7, 45, 1 u 2; D. 1, 18, 6, 9; D. 4, 8, 19 pr; *Decretum* C. 5, q. 9, c. 3; D. 4, 4, 42; D. 27, 9, 9; D. 42, 1, 14; D. 40, 12, 27 pr; *Decretum* C. 30, q. 3, c 1 § 2), danach die Überschrift *contra* und eine neuerliche Liste von Argumenten (C. 7, 45, 2; D. 1, 16, 16; D. 4, 4, 7, 2; D. 48, 18, 1, 27; D. 48, 19, 9, 11; *Decretum* C. 2, q. 3, c. 3; *Decretum* C. 25, q. 2, c. 18; D. 42, 1, 55). Wieder folgt eine *solutio*.

Auch diese Stelle befasst sich mit Fragen des Prozessrechts. Zusammenfassend behandeln die aufgelisteten Texte folgende Themenbereiche:

Der Prätor kann seine Anordnungen widerrufen, aber es wird keine *restitutio in integrum* gewährt, wenn ein Schuldner auf Anordnung des Prätors an seinen minderjährigen Gläubiger bezahlt, der nicht durch einen Vormund vertreten ist[180].

Ein *iudex* kann sein einmal getroffenes Urteil deshalb nicht mehr abändern, weil er mit dem Urteil aufgehört hat, *iudex* zu sein[181]. Daher kann er ein Zwischenurteil sehr wohl abändern, weil er bis zum Endurteil sein Amt

177 Zum *falsum* vgl. *Robinson*, Falsum, TR 60 (1992) 29 ff sowie *Piazza*, Falso (1991).
178 Näheres zu diesem Text unten S. 361 ff.
179 Ausgabe Neapel 1568, 126 f.
180 D. 27, 9, 9; D. 42, 1, 14; D. 4, 4, 7, 2.
181 D. 42, 1, 55.

innehat. Sein Urteil bleibt auch dann verbindlich, wenn er später zum Sklaven wird[182].

Auch der *praeses provinciae* kann sein Urteil nicht ohne Grund wieder aufheben, aber in besonderen Fällen wird eine *in integrum restitutio* gewährt und zwar nicht nur gegen ein Urteil, das er selbst erlassen hat, sondern auch gegen Urteile seiner Amtsvorgänger[183].

Auch in den Fällen, in denen der Urteilende selbst sein Erkenntnis nicht mehr aufheben kann, kann der Kaiser dieses noch aufheben oder abändern[184].

Die *solutio* entscheidet nach der Rechtskraft; solange das Endurteil nicht rechtskräftig ist, können auch Anordnungen getroffen werden, die einem Zwischenurteil widersprechen[185]. Beispielhaft wird die Situation bei einem in Abwesenheit des Betroffenen erlassenen Bescheid bzw. beim Abwesenheitsurteil diskutiert. Gegen ein rechtskräftiges Urteil kann aber nicht gehandelt werden. Dieses bildet daher das *factum proprium*, bei dem ein *contra venire* untersagt ist.

1.7. Selbstverweis III: Rücktritt vom Kauf

Zentrales Thema des anschließenden Zitats ist der Rücktritt vom Kauf und die Rückforderung der eigenen Leistung. Damit wird der Bereich des Prozessrechts an dieser Stelle verlassen und das Gebiet des materiellen Rechts betreten: *Cum quis solvit precium venditione retractata non potest ipsum repetere*[186]. Neun Zitate untermauern diesen Ausspruch (Auth. zu C. 1, 2, 14[187]; C. 7, 38, 2; C. 8, 44, 27; C. 7, 39, 1; C. 11, 47, 7; C. 2, 19, 11; D. 22, 1, 29; C. 10, 34, 1 und 2; D. 19, 1, 11, 12[188]).

---

182 C. 7, 45, 2.

183 D. 4, 4, 42; D. 40, 12, 27 pr; D. 48, 18, 1, 27.

184 D. 48, 18, 1, 27; D. 48, 19, 9, 11.

185 Siehe aber D. 1, 7, 25 pr bzw. den Einschub nach D. 3, 8, 11, wo trotz mangelnder Rechtswirksamkeit eines Erstverhaltens diesem nicht entgegengehandelt werden darf. Hier jedoch geht es um Prozessrecht, während dort Fragen des materiellen Rechts betroffen sind.

186 Ausgabe Neapel 1568, fol 104v (CGIC IV.3 (1967) 207).

187 Nov. 7, c. 5 und Nov. 120, c. 11.

188 Die Vulgata nimmt hier ein neues Fragment an (es wäre damit nicht Fragment 11, § 12, sondern Fragment 12 pr), welches die *inscriptio* „*Idem*" (bezogen auf Ulpian, der in der *inscriptio* von Fragment 10 genannt und auch bei Fragment 11 mit *Idem* bezeichnet wird) trägt und mit „*Emptorem noxali* …" beginnt. In der Florentina handelt es sich jedoch um eine Stelle aus Fragment 11, dessen § 12 beginnt mit: „*Idem libro secundo responsorum ait emptorem noxali* …" Die Ausgabe Basel 1567 zitiert nicht nur die *lex* und damit ihr *principium*, sondern § 4, der somit in Wahrheit § 16 ist (§ 12 muss als pr gewertet werden, § 13 = § 1 etc.) und den letzten §, also § 18.

Interessant ist an dieser Stelle, dass kein *contra* folgt. Dennoch gibt es eine *solutio*, welche die Anwendbarkeit dieses Satzes erläutert. Die erste im Anschluss an die Nennung der Belegstellen aufgestellte Behauptung bezieht sich auf die Relevanz des Vorliegens einer Stipulation. Hierbei dürfte es sich jedoch wieder um einen Einschub von Cacciavillanus handeln, da zu vermuten ist, dass die „eigentliche" *solutio* erst auf die abermalige Anführung des Titels folgt, nachdem den einzelnen *solutiones* jeweils ein solches Zitat zur Identifikation vorangestellt wurde. Dies deshalb, weil die Solutionensammlung zunächst getrennt von den solutionslosen Brocarda verfasst wurde und so die Auffindbarkeit der zusammengehörigen Stellen in den beiden Werken erleichtert werden sollte. Erst in einem späteren Schritt wurden die *solutiones* in die Brocardicasammlung eingefügt und das zuordnende Zitat verlor seine Funktion[189].

In der *solutio* erläutert Azo sodann, dass alle genannten Texte Sonderfälle sind, da sie sich auf Delikte beziehen; sollten beide Parteien ihre Leistung zurückerhalten haben oder nie eine Leistung erfolgt sein, sei die Sache anders zu entscheiden.

Am Ende steht die Sigle des Pillius de Medicina, ihn zitiert Azo hier wohl.

Dass man den bereits bezahlten Kaufpreis, den man aus dem gültig abgeschlossenen Vertrag geschuldet hat, nicht zurückfordern kann, wird hier somit als Ausdruck des Verbots des Selbstwiderspruches verstanden[190]. Um die Verpflichtung aus Vertrag als Grundlage einer Selbstbindung geht es denn auch im nächsten Text.

1.8. C. 4, 10, 5: Verbindlichkeit von Verträgen

C. 4, 10, 5 (Impp Diocletianus et Maximianus AA. et CC. Camerino et Marciano)
Sicut initio libera potestas unicuique est habendi vel non habendi contractus, ita renuntiare semel constitutae obligationi adversario non consentiente minime potest. quapropter intellegere debetis voluntariae obligationi semel vos nexos ab hac non consentiente altera parte, cuius precibus fecistis mentionem, minime posse discedere. D. non. April. Byzantii AA. conss. [a. 293]

C. 4, 10, 5 (Die Kaiser Diokletian und Maximian und die Cäsaren an Camerinus und Marcian)
So wie jeder anfangs frei entscheiden kann, Verträge abzuschließen oder nicht abzuschließen, so kann man keinesfalls von einer einmal vereinbarten Obligation ohne Zustimmung des Gegners zurücktreten. Deshalb müsst ihr verstehen, dass ihr, wenn ihr einmal durch eine freiwillige Obligation gebunden seid, ohne Einverständnis des anderen Teiles, den ihr in eurer Bittschrift erwähnt habt,

189 Siehe zu all dem bereits ausführlich oben S. 361 ff.

190 Vgl. allgemein zur Selbstbindung durch Verträge sogleich S. 80 f; zur Bindung an den Kaufvertrag unten S. 127 ff.

keinesfalls davon abgehen könnt. Gegeben am 4. April 293 in Byzanz unter dem Konsulat der Kaiser.

Hier legt die Formulierung „*renuntiare … minime potest*" die Auswahl dieser Stelle für einen Beleg des Verbots von *venire contra factum proprium* nahe. Dieses Zitat zeigt (wie schon der vorangehende Selbstverweis), dass die „normale" Bindungswirkung von Verträgen als Ausdruck des Verbots, widersprüchlich zu handeln, angesehen wurde.

Im Anschluss an die Heranziehung der Verbindlichkeit von Kaufverträgen im Speziellen wird nun also die Verbindlichkeit von Verträgen im Allgemeinen als Argument herangezogen.

Das Reskript von Diokletian und Maximian aus 293 n. Chr. stellt zunächst die Vertragsfreiheit in der Hinsicht fest, dass es jedermann freisteht, einen Vertrag abzuschließen oder nicht. Hat man sich mit seinem Vertragspartner auf einen konkreten Vertrag geeinigt und diesen formgültig abgeschlossen, so ist man nun aber daran gebunden, ebenso, wie auch der andere Teil; ohne Zustimmung der jeweils anderen Seite kann man von der übernommenen Verbindlichkeit nicht mehr zurücktreten[191]. Nur durch Zusammenwirken beider Parteien kann die Bindungswirkung wieder aufgehoben werden[192].

Durch das Eingehen eines *contractus* wird die *obligatio ex contractu* begründet. Das Wort *contractus* ist hier in seinem engeren Wortsinn als „Schuldvertrag" zu verstehen und nicht in seinem weiteren als „jeder erlaubte haftungsbegründende Vorgang"; somit also als technischer Kontraktsbegriff[193]. Jede Kontraktsobligation (Real-, Verbal-, Litteral- und Konsensualkontrakte wie auch ein- und mehrseitige Verträge) ist von dieser Aussage umfasst, nicht aber *nuda pacta*, da für die Bezeichnung als „*contractus*" die Klagbarkeit Voraussetzung ist. Da es zwei Personen sind, die hier anfragen (Camerinus und Marcianus) und die Antwort auch im Plural formuliert ist (*intellegere debetis … vos nexos …altera parte, cuius precibus fecistis mentionem*), scheint eine Gesamtobligation vorzuliegen. Diese ist somit ebenso in der allgemeinen, in dritter Person Singular getroffenen Aussage enthalten, wie der Fall, dass auf jeder Seite nur eine Person beteiligt ist. Bei Übereinkunft der Parteien kann die Verbindlichkeit auch hier mittels einvernehmlichen Abgehens wieder aufgehoben werden, nicht aber durch einseitige Willenserklärung[194]. Darin zeigt sich die Bindung an das eigene, eine Obligation begründende Vorverhalten.

---

191 *Wacke* vermutet, dass es hier einer ausdrücklich erklärten Einwilligung bedarf. *Wacke*, Pactum I, SZ 90 (1973) 252 f Fn. 143.

192 Siehe dazu allg. *Knütel*, Contrarius Consensus (1968).

193 *Kaser*, PR I² (1971) 523. Für eine detaillierte Analyse der Worte *contrahere* und *contractus* allgemein, sowie im besonderen juristischen Kontext, vgl. *Wunner*, Contractus (1964).

194 Ausgenommen aber etwa die Sonderfälle, in denen ein Reurecht zusteht.

Ebenso wie die Begründung einer *obligatio ex contractu* erzeugt aber auch die *obligatio ex delicto* Bindungswirkungen, wie das nächste Zitat zeigen wird.

1.9. C. 4, 20, 14: Verfahrensverbindung unter Ausschluss der *praescriptio fori*

C. 4, 20, 14 (Imp Zeno A. Arcadio pp.)
Nullum penitus, cum semel ad iudicem quemlibet, licet non suum, dicendi gratia testimonii fuerit ingressus, armatam forte militiam vel quamlibet aliam fori praescriptionem ad evadendum iudicis motum, quem vel testimonii verborum improbitas vel rei qualitas flagitaverit, posse praetendere praecipimus, sed omnes, qui in civili scilicet causa suum praebeant testimonium, separato et tamquam ante iudicium interim deposito exceptionis fori privilegio huiusmodi praesidio denudatos, ita iudicantis intrare secretum, ut, quodcumque aures eius offenderit, non dubitent sibimet formidandum: data cunctis iudicibus absque ullo praescriptionis obstaculo (sicut saepe dictum est) testes, quorum voces falsitate vel fraude non carere perspexerint, pro qualitate videlicet delicti animadvertendi licentia. D. XII k. Iun. Constantinopoli Longino cons. [a. 486]

C. 4, 20, 14 (Kaiser Zeno an Arcadius, Prätorianerpräfekt)
Wir ordnen an, dass überhaupt niemand, der einmal vor irgendeinem Richter, wenn auch nicht seinem eigenen, zur Zeugenaussage erschienen ist, sich darauf berufen können soll, dass er etwa zum bewaffneten Militär gehört, oder auf irgendeine andere *praescriptio fori*, um der Gemütsbewegung des Richters zu entkommen, die entweder die Unangemessenheit der Worte der Zeugenaussage oder die Eigenschaft der Sache erfordert hat; sondern dass alle, die in einer zivilrechtlichen Angelegenheit ihre Zeugenaussage ablegen, bei abgeschnittenem und gleichsam vor Gericht vorübergehend abgelegtem Privileg der *exceptio fori*, des derartigen Schutzes entblößt sind und so das Arbeitszimmer des Richters betreten, dass sie nicht daran zweifeln, dass sie, was auch immer dessen Ohren beleidigt, fürchten müssen: Allen Richtern ist gestattet, ohne irgendein Hindernis einer *praescriptio* (wie oft gesagt wird), Zeugen, deren Aussagen sie als nicht frei von Falschheit und Betrug durchschauen konnten, nach der Eigenschaft des Delikts zu bestrafen. Gegeben am 1. Juni 486 in Konstantinopel unter dem Konsulat des Longinus.

Erscheint jemand vor einem Richter zur Zeugenaussage, kann der Einvernommene sich nicht darauf berufen, dass ihm ein anderer (besonderer) Gerichtsstand zusteht, wenn er in diesem Prozess eine Falschaussage oder Richterbeleidigung begangen hat. Es soll der Richter, vor dem diese Tat begangen wird, auch über die Bestrafung des Täters entscheiden, ohne dass diesem eine *praescriptio bzw. exceptio fori* zustehen würde; die Verfahren werden also verbunden. Zusammengehörige Sachen sollen vor demselben Gericht verhandelt werden[195]. Das Vorverhalten liegt einerseits im bloßen Erscheinen zur Zeugenaussage vor dem Richter, dem gegenüber sodann der Einwand des besonderen Gerichtsstandes nicht mehr vorgebracht werden kann, andererseits wird eine Bindung durch das verpönte Verhalten begründet. Es handelt sich in erster Linie um die prozessrechtliche Frage der Zuständigkeit des *forum continentiae causarum*.

Der Zusammenhang mit dem vorigen Text, in dem es um die Verbindlichkeit von Verträgen ging, liegt in der Begründung einer Verpflichtung, an welche man sodann gebunden ist.

Es erfolgt aber insofern ein thematischer Rückgriff auf davor erwähnte Fälle, als nun das Prozessrecht wieder im Mittelpunkt steht und vor allem besonders bevorrechtete Personengruppen angesprochen werden, die aufgrund ihres Vorverhaltens gewisse Privilegien nicht mehr geltend machen können: Das dritte Zitat, C. 4, 30, 13, betraf etwa einen ausdrücklichen Verzicht auf ein *privilegium fori*; hier in C. 4, 20, 14 könnte eine Art konkludenter Verzicht auf ein solches *privilegium fori* unterstellt werden.

Das *forum continentiae causarum*[196] bei Falschaussage kommt außer in der Hauptquelle C. 4, 20, 14 nur noch in einer weiteren Konstitution Zenos vor, die an unsere Ausgangsstelle anknüpft[197]. Der älteste Nachweis einer Anordnung über die Verbindung von Verfahren bei sachlicher Zusammengehörigkeit stammt allerdings von Konstantin: In C. 3, 1, 10[198] spricht er aus, dass eine zusammenhängende Rechtssache nicht geteilt und nicht etwa Besitz und Hauptstreitfrage vor unterschiedlichen Richtern verhandelt werden soll[199]. Dieser Gerichtsstand schloss auch privilegierte Gerichtsstände aus (*ex beneficii praerogativa*)[200].

Sollte etwas Derartiges verlangt, also die *praescriptio fori* geltend gemacht werden, habe der Richter von Amts wegen eine Strafe aufzuerlegen. Für den Fall der Widerklage wird eine Verfahrensverbindung schließlich auch bei

195 *Kaser/Hackl*, ZP² (1996) 589 Fn 26; *Kaiser*, Kaisergesetze (2007) 304.

196 Siehe zu diesem Thema *Mittermaier*, Forum, AcP 2 (1819) 141; *Pfotenhauer*, Doctrina processus (1826) 53 f; *Rudorff*, Civilprozess (1837) 68 f.

197 Zeno, C. 4, 20, 15 pr.

198 Const., C. 3, 1, 10: *Nulli prorsus audientia praebeatur, qui causae continentiam dividit et ex beneficii praerogativa id, quod in uno eodemque iudicio poterat terminari, apud diversos iudices voluerit ventilare: poena ei ex officio iudicis imminente, qui contra hanc supplicaverit sanctionem atque alium super possessione alium super principali quaestione iudicem postulaverit.*

199 Also wohl, dass das possessorische und das petitorische Verfahren vom selben Richter verhandelt werden soll.

200 Zur Ableitung der Konzentrationsmaxime im Konkursverfahren aus diesem Text: *Forster*, Konkurs (2009) 324 f.

Justinian (C. 7, 45, 14[201] und Nov. 96, 2[202]) angeordnet[203]. Justinian beruft sich in diesem Text auf eine Entscheidung aus Papinians *quaestiones*, nach welcher ein Richter nicht nur den Beklagten freisprechen, sondern umgekehrt auch den Kläger für schuldig befinden und verurteilen könne. Diese Entscheidung bestätigt Justinian nicht nur, sondern weitet sie insofern aus, als dem Kläger, der in dieser Weise verurteilt wird, keine *exceptio quod non competens iudex agentis esse cognoscitur*, also keine *praescriptio fori*, zustehen soll[204].

In den Digesten handelt der zweite Titel im 11. Buch von den Sachen, „deretwegen man vor denselben Richter gehen muss" (*de quibus rebus ad eundem iudicem eatur*). Hier finden sich zwei Texte: Nach dem ersten Fragment von Pomponius aus dessen Sabinus-Kommentar ist dann, wenn zwischen mehreren Personen die *actio familiae erciscundae* oder zwischen denselben Personen

201 Iust., C. 7, 45, 14: *Cum Papinianus summi ingenii vir in quaestionibus suis rite disposuit non solum iudicem de absolutione rei iudicare, sed ipsum actorem, si e contrario obnoxius fuerit inventus, condemnare, huiusmodi sententiam non solum roborandam, sed etiam augendam esse sancimus, ut liceat iudici vel contra actorem ferre sententiam et aliquid eum daturum vel facturum pronuntiare, nulla ei opponenda exceptione, quod non competens iudex agentis esse cognoscitur. cuius enim in agendo observavit arbitrium, eum habere et contra se iudicem in eodem negotio non dedignetur.*

202 Nov. 96, 2: *Illud quoque promereri competentem correctionem decet. Adiit enim quidam docens, quia in conventionem fecit obligatum sibi apud quendam gloriosissimorum nostrorum iudicum, deinde qui factus est in conventione tamquam et ipse actorem obligatum habens apud alium eum traxit iudicem. Et aliquid inopinabile fiebat: quia enim uterque seorsum actoris obtinet officium, miserandum quiddam et risibile in idem veniebat: mox enim cum voluisset aliquis propnam movere litem, repente is qui e diverso convenerat apud alium iudicum, trahebat eum apud quem ipse sortitus fuerat iudicem, et alterutros protrahentes inmortaliter permanserunt litigantes. § 1 Sancimus igitur, si quis obnoxium arbitratur habere eum. qui contra se conventionem exposuit, non apud alium iudicem, sed apud eum mox a principio convenire, et eundem esse iudicem in utroque negotio. Si veto forsan displicuerit ei apud quem litem sortitus est iudex, licet ei etiam hoc emendare, Viginti enim dierum indutias dantibus nobis post libelli transmissionem, post quam oportet litem contestari, licet iutra praedictam suspensionem refutare quidem illum, alium vero mereri apud quem iterum similiter utramque exerceri competit litem, et eiusmodi artes in nullo fieri, sed unumquemque proprio iure uti. Si itaque tacuerit, deinde postea voluerit causam apud alterum iudicem movere, necessitatem habere eum sustinere terminum eius litis illatae sibi ab eo qui eum in iudicium traxit, et dum finem lis acceperit, tunc eum suam causam apud alium iudicem proponere, ut ita tales eorum auferamus artes et in alterutros calumnias.*

203 Vgl. dazu auch *Vincenti*, Denuntiatio litis, in: Atti Cost. IX (1993) 371 f.

204 Vgl. *Pollak*, Widerklage (1970); *Sartorius*, Widerklage (1838), zu diesem Text insbes. 55 ff.

die *actio communi dividundo* oder die *actio finium regundorum* erhoben wird, ein und derselbe Richter zu bestellen und alle Miterben oder Teilhaber sind an den selben Ort zu laden[205]. Das zweite Fragment stammt aus Papinians *quaestiones* und handelt davon, dass einer von mehreren Vormündern, der (wegen mangelnder Zahlungsfähigkeit der übrigen) in Anspruch genommen wird, beantragen kann, dass alle an denselben Richter verwiesen werden[206]. Diese Regel führt Papinian auf kaiserliche Reskripte zurück. Vergleichbar entscheidet Gordianus in C. 5, 51, 5, dass Vormünder, die eine Vormundschaft gemeinschaftlich verwaltet haben, oder deren Erben, vor demselben Richter zu erscheinen haben. Dies sei schon längst bestimmt worden (*iam pridem constitutum est*)[207]. Ebenfalls in die Digesten aufgenommen wurde mit D. 40, 12, 9 ein Gaius-Text, in welchem von dem Fall berichtet wird, dass jemand seine Freiheit behauptet, während ein anderer behauptet, dessen Eigentümer zu sein, und ein weiterer, sein Nießbraucher zu sein (*principium*), bzw. zwei oder mehrere Personen sich für Miteigentümer halten (§ 1). Ist einer von denen, die einen solchen Anspruch behaupten, abwesend, so kann der andere zwar sein Recht am Sklaven geltend machen, allerdings wird der Abwesende sich an denselben Richter wenden müssen, sollte er vor Abschluss des Verfahrens zurückkehren. Es wird dem Zurückgekehrten allerdings bei Vorliegen eines

---

205 Pomp. 13 ad Sab., D. 11, 2, 1: *Si inter plures familiae erciscundae agetur et inter eosdem communi dividundo aut finium regundorum, eundem iudicem sumendum: praeterea, quo facilius coire coheredes vel socii possunt, in eundem locum omnium praesentiam fieri oportet.*

206 Pap. 2 quaest., D. 11, 2, 2: *Cum ex pluribus tutoribus unus, quod ceteri non sint idonei, convenitur, postulante eo omnes ad eundem iudicem mittuntur: et hoc rescriptis principum continetur.*
Steiner, Solidarobligationen (2009) 246 vermutet als Zweck dieser Vorgehensweise eine Abtretung der Mündelklage gegen die übrigen Tutoren. Siehe auch *Finkenauer*, Duo rei, SZ 130 (2013) 196 („er kann offenbar Abtretung der Klagen verlangen"). *Meffert*, Streitgenossenschaft (1974) 77 glaubt hingegen, dass es hier vielmehr um eine Erörterung der Solvenz geht. Vgl. *Schmieder*, Duo rei (2007) 273, der den Verweis an denselben Richter für das Verfahren angeordnet sieht, in welchem über die Insolvenz der Mitvormünder verhandelt wird (welche der in Anspruch genommene Vormund bezweifelt). Siehe auch *Provera*, Beneficium, in: Studi Sanfilppo IV (1983) 649 f; *Voci*, Responsabilità, Iura 21 (1970) 87 f. *Levy*, Haftung mehrerer Tutoren, SZ 37 (1916) 81 mit Fn 2 hält „*tutoribus*" für interpoliert. Siehe außerdem *Babusiaux*, Papinians Quaestionen (2011) 202 mit Fn 964.

207 Gord., C. 5, 51, 5: *Omnes tutores seu heredes eorum, qui administraverunt tutelam, ad eundem iudicem ire debere iam pridem constitutum est. cum igitur patrem tuum cum alio tutelam administrasse adlegas, praeses provinciae eundem iudicem adversus te atque heredes contutorum patris tui dare debebit, quatenus quisque condemnari debeat, examinaturum.*

rechtmäßigen Grundes (*iusta causa*) gestattet, den Richter abzulehnen; etwa weil zwischen ihm und dem Richter Feindschaft besteht[208].

Diese Fälle aus den Digesten handeln jedoch von einer Streigenossenschaft[209]; in dieser Hinsicht dient die Zusammenlegung von Verfahren der Rationalisierung und wohl auch der Fehlervermeidung: Der Richter, der das erste Verfahren durchgeführt hat, kennt alle Umstände des Falles, weswegen kein neues Beweisverfahren durchgeführt werden muss. Das liegt sowohl im Parteien- als auch im öffentlichen Interesse.

Der Text Konstantins geht jedoch darüber hinaus und stellt nicht auf die beteiligten Personen, sondern auf den Streitgegenstand ab: Er verweist possessorisches und petitorisches Verfahren über ein- und denselben Gegenstand an ein- und denselben Richter.

Schlussendlich statuiert Justinian, dass Klage und Widerklage vor demselben Richter verhandelt werden sollen. Auch hier handelt es sich um denselben Streitgegenstand.

C. 4, 20, 14 nimmt eine Sonderstellung ein. Der Text unterstreicht die starke Leitungsgewalt des Richters: Dieser kann, wenn er von einem Zeugen beleidigt wurde, auch dieses ihn selbst betreffende und sachlich von der Frage des Hauptprozesses zu unterscheidende Verfahren durchführen. Darüber hinaus ist ihm die Verurteilung wegen Falschaussage in einem Prozess, der vor ihm geführt wird, möglich. Auch wenn die Sanktionierung der Beleidigung an die noch im geltenden Recht in einem gewissen Rahmen vorhandene Möglichkeit der Sanktionierung von Ordnungswidrigkeiten innerhalb eines Prozesses erin-

---

208 Gai. ad ed. pu. de liberali c., D. 40, 12, 9 pr: *Si pariter adversus eum, qui de libertate litigat, consistant fructuarius et proprietarius, fieri potest, ut alteruter absit: quo casu an praesenti soli permissurus sit praetor adversus eum agere, dubitari potest, quia non debet alterius collusione aut inertia alteri ius corrumpi. sed rectius dicitur etiam alterutri eorum permittendum agere, ut alterius ius incorruptum maneat. quod si adhuc nondum finito iudicio supervenerit, ad eundem iudicem mittetur, nisi si iustam causam adferat, quare ad eum mitti non debeat, forte si eum iudicem inimicum sibi esse adfirmet. § 1 Idem dicemus et si duo pluresve domini esse dicantur et quidam praesto sint, quidam aberint. § 2 Unde in utroque casu dispiciamus, an, si is qui prior egerit victus sit, prosit ei, quod posterior vicerit, vel contra, id est ut, cum omnino alteruter vicerit, prosit etiam alteri, sicut prodest heredi liberti, quod in fraudem patroni servi manumissi sint. si cui placeat prodesse, consequens est, ut, cum idem petat, exceptioni rei iudicatae obiciatur replicatio: si cui vero placeat non prodesse, is habebit sequentem dubitationem, utrum id, in quo quis victus est, nullius erit an eius esse debeat, cum quo actum sit, an potius eius qui vicerit? scilicet ut utilis actio detur ei qui vicerit, minime autem praetor pati debeat, ut pro parte quis servus sit.*

209 Personenmehrheit auf Kläger- oder auch Beklagtenseite.

nert[210], so wären heute Beleidigungsdelikte und Verfahren über Falschaussagen ebenso in einem getrennten Prozess und von einem anderen Richter zu beurteilen, wie dies im klassischen Formularverfahren der Fall war. Der Grund für die derart starke Stellung des Richters in diesen Konstitutionen-Texten ist wohl darin zu sehen, dass der Richter des nachklassischen Verfahrens gewissermaßen Stellvertreter des Kaisers ist, von dem nun prinzipiell alle Jurisdiktionsgewalt ausgeht. In dieser Funktion soll er auch sein Ansehen verteidigen können und eine möglichst weitgehende Autorität ausüben.

Im zweigeteilten Formularprozess wäre eine solche Vorgehensweise nicht möglich; der *iudex* kann nur nach dem ihm vom Prätor vorgegebenen Streitprogramm agieren und in diesem Rahmen auch keine „zusätzlichen" Verurteilungen aufgrund von während des Verfahrens begangenen Verfehlungen vornehmen. Sowohl über eine Falschaussage als auch eine Beleidigung wäre nicht in demselben Verfahren vor demselben *iudex* entschieden worden.

In der Konstitution Zenos, die einmal von „*fori praescriptionem*", ein anderes Mal von „*exceptionis fori privilegio*" spricht, wird außerdem offenbar nicht mehr im technischen Sinne zwischen *exceptio* und *praescriptio* unterschieden. Wie *Kolitsch* nachgewiesen hat, ist „*exceptio*" in der Bedeutung „Einrede" in der Zeit zwischen Diokletian und Justinian nur fünfmal belegt; davon neben unserer Ausgangsstelle nur ein weiteres Mal im justinianischen *Corpus Iuris* und zwar ebenfalls im Codex[211]. In allen anderen Stellen bedeute es „Vorbehalt, Annahme". Auch Justinian bezeichnet die *praescriptio fori* in C. 7, 45, 14 als „*exceptio*" und will damit ausdrücken, dass der Beklagte sich auf begünstigende Umstände berufen möchte, nämlich dass der ihn verurteilende Richter unzuständig sei. Diese Funktion hat im nachklassischen Recht die *praescriptio*, der hier ein anderer Bedeutungsinhalt zugrunde liegt als noch im klassischen Recht. Für eine *exceptio* im eigentlichen Sinne ist im Kognitionsprozess eigentlich kein Platz mehr und so verschwimmen die Begrifflichkeiten.

Der Hinweis auf das *secretum* deutet im Übrigen darauf hin, dass dieses Verfahren nicht in einem frei zugänglichen öffentlichen Saal des Gerichtsgebäudes abgehalten wurde, sondern in einem kleineren Raum, der nicht die

---

210 Vgl. etwa § 199 öZPO: „(1) Demjenigen, der sich bei der Verhandlung einer gröberen Ungebür, insbesondere einer Beleidigung der Mitglieder des Gerichtes, einer Partei, eines Vertreters, Zeugen oder Sachverständigen schuldig macht, kann, vorbehaltlich der strafgerichtlichen oder disciplinaren Verfolgung, eine Ordnungsstrafe bis zu 2 000 Euro durch Beschluss des Senates auferlegt werden. (2) Gegen denjenigen, welcher sich den zur Erhaltung der Ordnung und Ruhe getroffenen Anordnungen des Vorsitzenden oder des Senates widersetzt, kann Haft bis zu drei Tagen verhängt werden." Vgl. auch „*contempt of court*" im *Common Law*.

211 C. 11, 62, 14, 1 (a 491). Die drei anderen Belege stammen aus dem Codex Theodosianus (in zeitl. Reihenfolge): CTh. 4, 11, 2 (a 349); 11, 36, 18 (a 365) und 2, 3, 1 (a 428). Vgl. *Kolitsch*, Praescriptio, SZ 76 (1959) 295 Fn 144.

volle Öffentlichkeit ermöglichte, aber wohl doch zumindest einem Kreis von Standesgenossen zugänglich war[212].

Soldaten etwa stand generell ein *ius domum/forum revocandi* und daher ein *privilegium fori* zu, wenn sie als Zeugen nach Rom geladen und deshalb dorthin gekommen waren. Grundsätzlich durften sie nicht hier verfolgt und dadurch zu einem längeren Aufenthalt gezwungen werden. Vergleichbare Vorrechte genossen auch Staatsbeamte und Priester[213].

Einen Selbstwiderspruch könnte man darin sehen, dass der Betroffene zunächst bei der Zeugeneinvernahme das Vorrecht des Gerichtsstandes „abgelegt" hatte, indem er den Richter beleidigte; er kann es somit nun nicht mehr in Anspruch nehmen, wenn er deshalb vor diesem Gericht nunmehr als Angeklagter und nicht mehr als Zeuge steht. Um einen Zusammenhang mit dem *venire contra factum proprium* herzustellen, müsste man also der Beleidigung zugleich einen konkludenten Verzicht auf das *privilegium fori* unterstellen, mit dem man sich daraufhin nicht in Widerspruch setzen kann.

Es folgt ein Text, der insofern mit dieser Problematik im Zusammenhang steht, als es sich um einen Fall handelt, in dem zwei unterschiedliche Fragen gewissermaßen gemeinsam abgehandelt werden: Die eine als Vorfrage zur anderen.

1.10. C. 8, 8, 1: Das *interdictum de liberis ducendis* nach erfolgreicher Klage

C. 8, 8, 1[214] *(Imp Antoninus A. Iustino)*
Si, ut proponis, cum tuae potestatis esses, super rebus matris obtinuisti, potes eos qui tibi condemnati sunt convenire. quod si extitit, qui te filium et in sua potestate esse contendit, interdicto in eam rem proposito de fide intentionis eius quaeretur. PP. VI id. April. duobus Aspris conss. [a. 212]

C. 8, 8, 1 (Kaiser Antoninus an Justinus)
Wenn, wie du darlegst, während du eigener Gewalt warst, du hinsichtlich Sachen deiner Mutter obsiegt hast, kannst du diejenigen, die dir verurteilt worden sind, in Anspruch nehmen. Wenn aber jemand hervortritt, der behauptet, dass du sein Sohn bist und unter seiner Gewalt stehst, wird nach dem in dieser Sache

212 Siehe *Kaser/Hackl*, ZP² (1996) 245 mit Fn 26.

213 Für den Ort des Gerichts im nachklassischen Verfahren vgl. *Pieler*, Gerichtsbarkeit, RAC X (1978) 398 f. Siehe auch *Kaser/Hackl*, ZP² (1996) 554 f. Zu den Fällen, in denen ein *privilegium fori* zustand, siehe bereits oben S. 57 f.

214 Der Druck Neapel 1568 verweist auf l. 2 („ii" statt „i" – ebenso die Mehrzahl der Handschriften). Hier dürfte jedoch dem Druck Basel 1567 zu folgen sein, der l. 1 nennt, denn C. 8, 8, 2 ist eine bloße Zuständigkeitsbestimmung und besagt lediglich: „*Adi praesidem provinciae ac postula filios tuos exhiberi*". Der Fehler scheint sich schon relativ früh in die Überlieferung eingeschlichen zu haben.

erlassenen Interdikt über die Glaubhaftigkeit seiner Äußerung verhandelt werden. Promulgiert am 8. April 212 unter dem Konsulat der beiden Asper.

Der laut eigenen Angaben gewaltfreie Justin hat über zum Nachlass seiner Mutter gehörige Gegenstände erfolgreich Klage geführt und kann nach dem vorliegenden Reskript von Caracalla nun aus diesem Titel Exekution fordern. Es folgt eine einschränkende Variante: Behauptet nun jemand, *pater familias* des Justin zu sein, wird nach Maßgabe des Interdikts *de liberis ducendis* zuerst darüber verhandelt werden müssen.

Über die Zulassung der Exekution wird demnach erst entschieden, nachdem ein Erkenntnis bzgl. des *status familiae* herbeigeführt worden ist. Insofern werden auch hier zwei Verfahren „verbunden". Wessen Verhalten hier widersprüchlich sein könnte, wird am Ende des Kapitels diskutiert.

Bevor auf das *interdictum de liberis ducendis* näher eingegangen wird, welches außer im Titel C. 8, 8 auch im Titel D. 43, 30 behandelt wird[215], ist noch ein Fragment aus letzterem hervorzuheben, welches – zumindest teilweise – als Parallelstelle zu unserem Ausgangsfall gesehen werden kann:

D. 43, 30, 4 (Africanus libro quarto quaestionum)
Si eum, qui se patrem familias dicat, ego in mea potestate esse et iussu meo adisse hereditatem dicam, tam de hereditate agi oportere quam ad interdictum de filio ducendo iri debere ait.

D. 43, 30, 4 (Afrikan im 4. Buch seiner Quaestionen)
Wenn ich behaupte, dass ich denjenigen, der sich als *pater familias* bezeichnet, in meiner Hausgewalt habe und er auf mein *iussum* hin die Erbschaft angetreten hat, dann sagt er[216], dass über die Erbschaft geklagt wie auch zum Interdikt über die Wegführung des Sohnes geschritten werden muss.

Wieder hält sich jemand für gewaltfrei und ein anderer behauptet die *patria potestas* über ihn: Ersterer tritt auf ein *iussum* des Zweiteren hin eine Erbschaft an. In der Folge entsteht Streit über die Frage der *patria potestas*[217].

---

215 Vgl. auch *Hackl*, Vaterschaftsfeststellung, SZ 90 (1973) 142 mwN in Fn 146.
216 = Julian.
217 Siehe zu diesem Text etwa *D'Ors*, Quaestiones de Africano (1997) 153 ff.

Wird ein *filius familias* von einem Dritten[218] zum Erben eingesetzt[219], so muss er die Erbschaft zwar persönlich antreten, bedarf allerdings des vorherigen *iussum* seines *pater familias*, dem er die Erbschaft schließlich erwirbt[220].

Aktivlegitimiert zur *hereditatis petitio* ist an sich derjenige, der behauptet, Erbe nach *ius civile* zu sein; er verlangt mit dieser Klage die Feststellung seines zivilen Erbrechts und die Herausgabe des Nachlasses[221]. Während im Codex-Text C. 8, 8, 1 der (vermeintliche) Haussohn bereits geklagt und obsiegt hat, klagt in D. 43, 30, 4 derjenige, der behauptet, *pater familias* desjenigen zu sein, der als Gewaltfreier agiert. Er muss aber außerdem mittels *interdictum de liberis ducendis* vorgehen, denn ohne Feststellung seiner *patria potestas* könnte er den Erbschaftsantritt seines *filius* nicht für sich geltend machen und somit auch keine Herausgabe verlangen.

Ist der, *qui se patrem familias dicat*, gewaltfrei, so kann er eventuell für sich selbst erwerben, nicht aber für den, der fälschlich behauptet, sein Gewalthaber zu sein[222]. Gab es tatsächlich ein *iussum* in Form eines einseitigen Befehles, so wird dieses mangels Verpflichtungswillens des Sohnes entweder überhaupt keine Rechtswirkungen entfalten oder es könnte bei Vorliegen eines Konsenses als *mandatum* (dann müsste man sich allerdings fragen: *tua gratia*?) gewertet werden, das aber weder mittels Erbschaftsklage noch Interdikt eingeklagt werden würde, sondern vielmehr mittels *actio mandati*. Diese würde gegen den Sohn selbst angestellt werden, was bei den beiden anderen Klagsarten – so viel darf an dieser Stelle vorweg genommen werden – nicht angenommen werden kann.

---

218 Bei den *sui heredes* wäre dafür kein Platz, weil diese bereits mit dem Tod des Erblassers ohne weiteres in dessen Rechtsposition eintreten; da in diesem Fall kein gesonderter Antritt erfolgt, bedarf es dazu auch keines *iussum*. Vgl. *Kaser*, PR I² (1971) 713 ff.

219 Dasselbe gilt aber auch für den Haussohn, dem das gesetzliche Erbrecht am Nachlass der Mutter zusteht: Siehe unten S. 91 Fn 223.

220 Ulp. 6 ad Sab., D. 29, 2, 6 pr: *Qui in aliena est potestate, non potest invitum hereditati obligare eum in cuius est potestate, ne aeri alieno pater obligaretur*. Vgl. auch *Krüger*, Erwerbszurechnung (1979) 26 f u. *Schulz*, Stellvertretung, SZ 33 (1912) 66 f. Siehe zu den Fällen, in welchen dieser Ablauf gestört ist, *Müller-Eiselt*, Divus Pius (1982) 43 ff. Vom *iussum* des *pater familias* an den *filius familias* sprechen auch PS 3, 4b, 12 (= D. 29, 2, 93 pr) und Ulp. 8 ad Sab., D. 29, 2, 25, 11; siehe dazu *Buchwitz*, Servus alienus heres (2012) 39 f bzw. 40 ff.

221 *Müller-Ehlen*, Hereditatis petitio (1998) 4.

222 Da der Sohn selbst behauptet, gewaltfrei zu sein, kann hier der Fall außer Betracht bleiben, in dem jemand, der glaubt, Haussohn zu sein, aufgrund eines *iussum* die Erbschaft antritt; dann wäre die Erbschaft nämlich weder für den Vater noch für den Sohn erworben worden. Vgl. Ulp. 6 ad Sab., D. 29, 2, 6, 4: *Si is, qui putabat se filium familias, patris iussu adierit, eum neque sibi neque ei qui iussit quaesisse hereditatem constat...*

Besteht hingegen tatsächlich die behauptete *patria potestas*, so kann der Haussohn vielmehr nur für den Gewalthaber erwerben, nicht aber für sich selbst. Ist daher tatsächlich ein *iussum* ergangen, so wird die Erbschaft für den *pater familias* erworben; gibt es kein solches *iussum*, so kann er durch den Haussohn zunächst nichts erwerben, kann aber ratihabieren und damit rückwirkend den Erbschaftsantritt legitimieren (etwa im Falle unseres Codex-Textes)[223].

Für die Feststellung der *patria potestas* werden in den Digesten im Zusammenhang mit der *rei vindicatio* Abgrenzungsfragen hinsichtlich mehrerer Rechtsmittel diskutiert:

> *D. 6, 1, 1, 2 (Ulpianus libro sexto decimo ad edictum)*
> *Per hanc autem actionem liberae personae, quae sunt iuris nostri, ut puta liberi qui sunt in potestate, non petuntur: petuntur igitur aut praeiudiciis aut interdictis aut cognitione praetoria, et ita Pomponius libro trigensimo septimo: nisi forte, inquit, adiecta causa quis vindicet: si quis ita petit "filium suum" vel "in potestate ex iure Romano", videtur mihi et Pomponius consentire recte eum egisse: ait enim adiecta causa ex lege Quiritium vindicare posse.*

> D. 6, 1, 1, 2 (Ulpian im 16. Buch zum Edikt)
> Mit dieser Klage können freie Personen, die unserem Recht unterworfen sind, wie beispielweise Kinder, die unter der Hausgewalt stehen, nicht gefordert werden: Sie werden daher entweder durch ein Feststellungsverfahren oder Interdikte oder die prätorische Kognition gefordert, und so sagt Pomponius im 37. Buch: Wenn nicht etwa, sagt er, jemand mit einer *causa adiecta* vindiziert: Wenn also jemand derart „seinen Sohn" fordert oder einen, der „nach römischem Recht unter der Hausgewalt steht", so scheint mir auch Pomponius zuzustimmen, dass er richtig geklagt hat: Er sagt nämlich, dass man mit einer *causa adiecta* nach quiritischem Gesetz vindizieren kann.

---

223 Vgl. auch Ulp. 6 ad Sab., D. 29, 5, 6, 1: *Sed in bonorum possessione placuit ratam haberi posse eam, quam citra voluntatem adgnovit is qui potestati subiectus est.* Zum speziellen Fall des gesetzlichen Erbrechts nach der Mutter siehe § 2 desselben Fragments: *Sed et si legitima hereditas filio delata sit ex senatus consulto Orfitiano matris, idem erit probandum.* Zum *senatus consultum Orfitianum* siehe IJ. 3, 4 pr: *Per contrarium autem ut liberi ad bona matrum intestatarum admittantur, senatus consulto Orfitiano effectum est, quod latum est Orfito et Rufo consulibus, divi Marci temporibus. et data est tam filio quam filiae legitima hereditas, etiamsi alieno iuri subiecti sunt: et praeferuntur et consanguineis et adgnatis defunctae matris.* Nach § 2 des Fragments ändert eine Statusänderung an diesem Erbrecht nichts. Vgl. zum *senatus consultum Orfitianum*: *Meinhart*, SCa Tertullianum u. Orfitianum (1967).

Die Möglichkeiten sind demnach: 1. Ein Feststellungsverfahren (*praeiudicium*[224]), 2. Interdikte (das ist einmal das Interdikt *de liberis exhibendis* zur zwangsweisen Vorweisung des Hauskindes *in iure* als Vorbereitung des hier gleich näher zu besprechenden weiteren Interdikts *de liberis ducendis* auf ungestörte Wegführung)[225]; 3. Prätorische Voruntersuchung (*cognitio*)[226] und 4. Die Aufnahme des familiären Rechtsverhältnisses in die Klagsformel der Vindikation (*vindicatio adiecta causa*)[227].

Das *interdictum de liberis ducendis* ist außer in den drei Codex-Fragmenten im 8. Titel des 8. Buches auch im 30. Titel des 43. Buches der Digesten behandelt, aus dem unser Parallelfall stammt. Dort findet sich auch der Wortlaut des Interdikts[228]:

> *D. 43, 30, 3 pr (Ulpianus libro septuagesimo primo ad edictum)*
> *Deinde ait praetor: "si Lucius Titius in potestate Lucii Titii est, quo minus eum Lucio Titio ducere liceat, vim fieri veto".*

> D. 43, 30, 3 pr (Ulpian im 71. Buch zum Edikt)
> Dann sagt der Prätor: „Wenn Lucius Titius unter der Hausgewalt des Lucius Titius steht, verbiete ich dagegen, dass Lucius Titius ihn wegführe, Gewalt anzuwenden".

Es zeigt sich, dass der Vater das Interdikt zwar gegen jeden Dritten, der ihn an der Ausübung der *patria potestas* hindert[229], anstellen kann, nicht aber gegen das Kind selbst:

---

224 Vgl. dazu unten S. 122 (mit Fn 333). Siehe konkret zum Text: *Hackl*, Vaterschaftsfeststellung, SZ 90 (1973) 143 f. Zur Formel siehe *Kaser*, PR I² (1971) 342: *L. Titius filius* (oder *in potestate*) *Auli Agerii sit.*

225 Ulp. 71 ad ed., D. 43, 30, 3, 1: *Superiora interdicta exhibitoria sunt, hoc est pertinent ad exhibitionem liberorum ceterorumque, de quibus supra diximus: hoc autem interdictum pertinet ad ductionem, ut ducere quis possit eos, in quos habet ius ductionis. itaque prius interdictum, quod est de liberis exhibendis, praeparatorium est huius interdicti: quo magis enim quis duci possit, exhibendus fuit.* Vgl. *Hackl*, Vaterschaftsfeststellung, SZ 90 (1973) 142 f.

226 *Hackl*, Vaterschaftsfeststellung, SZ 90 (1973) 145 ff.

227 *Hackl*, Vaterschaftsfeststellung, SZ 90 (1973) 147 ff. Vgl. ebd. 148 zur Formel: „*Lucium Titium (filium) in potestate Auli Agerii esse*". Die *condemnatio* weicht vom üblichen Formular nicht ab.

228 Vgl. auch *Lenel*, EP³ (1927) 488 (§ 262).

229 Davon getrennt zu betrachten ist die Frage nach einer Bestrafung des Dritten aufgrund der etwaigen Verwirklichung des *crimen plagii*. Ob es rechtmäßig ist oder nicht, dass er sich die *patria potestas* anmaßt oder den Vater ohne Rechtsbehauptung an der Ausübung seiner Hausgewalt hindert, ist zu diesem Zeitpunkt außerdem noch offen.

D. 43, 30, 3, 3 (Ulpianus libro septuagensimo primo ad edictum)
Hoc autem interdictum competit non adversus ipsum filium, quem quis ducere vult, sed utique esse debet is qui eum interdicto defendat: ceterum cessat interdictum, et succedere poterit notio praetoris, ut apud eum disceptetur, utrum quis in potestate sit an non sit.

D. 43, 30, 3, 3 (Ulpian im 71. Buch zum Edikt)
Dieses Interdikt steht aber nicht gegen den Sohn selbst zu, den jemand wegführen will, sondern es muss unbedingt jemand vorhanden sein, der ihn gegen das Interdikt verteidigt: Andernfalls weicht das Interdikt und es kann eine Untersuchung und Entscheidung des Prätors folgen, sodass vor ihm darüber verhandelt wird, ob jemand unter der Hausgewalt steht oder nicht.

Hält der Sohn sich freiwillig bei dem Dritten auf, so kann das Interdikt nicht angestellt werden; es sei denn, der Dritte und der Kläger behaupten beide, der *pater familias* des Betreffenden zu sein[230]:

D. 43, 30, 5 (Venuleius libro quarto interdictorum)
Si filius sua sponte apud aliquem est, inutile hoc interdictum erit, quia filius magis apud se quam apud eum est, in quem interdicetur, cum liberam facultatem abeundi vel remanendi haberet: nisi si inter duos, qui se patres dicerent, controversia esset et alter ab altero exhiberi eum desideraret.

D. 43, 30, 5 (Venuleius im 4. Buch über die Interdikte)
Wenn ein Sohn aus eigenem Antrieb bei irgendjemandem ist, wird dieses Interdikt unwirksam sein, weil der Sohn eher bei sich (selbst) ist, als bei dem, gegen den mittels Interdikt vorgegangen wird, weil er die freie Wahl hat, wegzugehen oder zu bleiben: Außer zwischen zweien, die von sich behaupten Väter zu sein, besteht ein Streit und einer wollte ihn vom anderen herausverlangen.

Sowohl in C. 8, 8, 1 als auch in der Parallelstelle D. 43, 30, 4 wird aber das Interdikt angestrengt, weil das Hauskind behauptet, gewaltfrei und daher selbst *pater familias* zu sein; bzw. weil jemand im Hinblick auf einen Gewaltfreien behauptet, er sei dessen *pater familias*. Ob die Behauptung zutrifft, ist jeweils noch offen.

Zu D. 43, 30, 4 bemerkte *Lenel*, die Stelle sei „gewiss nicht unberührt und jedenfalls gekürzt; denn gegen den Sohn selbst findet das Interdikt gar nicht statt“[231] und stellt sie an die Spitze der Texte zum Titel *Ad Carbonianum*[232] *edictum*[233]. Dieses Edikt ist wohl ein Annex zur *bonorum possessio contra*

230 Zur Sonderstellung der Mutter vgl. auch Ulp. 71 ad ed., D. 43, 30, 1, 3 und Ulp. 71 ad ed., D. 43, 30, 3, 5.

231 *Lenel*, Afrikans Quästionen, SZ 51 (1934) 16 Fn 1.

232 Es geht wohl auf einen nicht weiter bekannten Prätor namens Carbo zurück. Siehe *Stiegler*, Statusstreit (1972) 17.

233 *Lenel* ordnet diesem Titel nachfolgend D. 37, 10, 8; D. 50, 16, 208 sowie D. 5, 3, 56 zu. *Lenel*, Afrikans Quästionen, SZ 51 (1934) 16 sowie *ders.*, Pal I (1889) 11.

tabulas[234]. Sind die in einem Testament übergangen Noterben (insbesondere die Kinder des Erblassers) *impuberes*, so wurde ihnen aufgrund des *edictum Carbonianum* die *bonorum possessio* prinzipiell erteilt und die Entscheidung in der Sache bis zum Eintritt der Mündigkeit hinausgeschoben. Dieses hat daher zwei Funktionen: Besitzeinweisung und Streitdilation[235]. In Frage steht nun im Fall der zu unserem Ausgangstext parallelen Stelle bei Afrikan der *status familiae*; auch hier werden diese beiden Ziele in der für die *patria potestas* angepassten Form verfolgt: Derjenige, der davon ausgeht *sui iuris* (und daher selbst *pater familias*) zu sein, ist demnach ein Unmündiger und die Entscheidung über seinen *status familiae* wird bis zum Eintritt der Mündigkeit aufgeschoben; damit auch die Entscheidung über das Schicksal der Erbschaft, die er angetreten hat[236].

Ein Unmündiger kann selbstverständlich ebenso gewaltfrei sein wie ein Mündiger; er nimmt diesfalls aber nur durch seinen Vormund am Rechtsleben teil. Wenn in C. 8, 8, 1 die Behauptung aufgestellt wird „*tuae potestatis esses*" bzw. in D. 43, 30, 4 „*Si eum, qui se patrem familias dicat, ego in mea potestate esse*", so bezieht sich das nur auf die Gewaltfreiheit und nicht auf die Mündigkeit. Denkbar wäre nun, dass in beiden Fällen das Interdikt gegen einen Vormund gerichtet wird, der wie eine Person behandelt wird, welche die Ausübung der *patria potestas* über den Unmündigen verhindert, und nicht wie jemand, bei dem der *minor* sich freiwillig aufhält (wie in D. 43, 30, 5). Möglicherweise wurde der Vormund hier von der Mutter testamentarisch eingesetzt, um deren Nachlassgegenstände es schließlich geht; so ist es auch im an späterer Stelle noch näher zu besprechenden Text C. 8, 46, 1[237]. Ein Argument dafür, dass es in diesem Text um einen Vormund geht (und nicht unwahrscheinlich einen, der in einem Testament bestellt wurde), könnte sich auch in der Palingenesie der

---

234 *Stiegler*, Statusstreit (1972) 17.

235 *Stiegler*, Statusstreit (1972) 18, rekonstruierte den folgenden Wortlaut: *Si cui controversia fiet, an inter liberos sit, et is impubes erit, causa cognita perinde (bonorum?) possessionem dabo ac si nulla de ea re controversia esset et iudicium in tempus pubertatis (causa cognita?) differam. Eum qui controversiam facit, si pro pupillo satis dabitur, simul in possessionem eorum bonorum esse iubebo.*

236 Vgl. insbes. auch Afr. 4 quaest., D. 37, 10, 8: *Decessit, quem ego filium meum et in mea potestate esse dico: existit impubes, qui eum patrem familias et ad se hereditatem pertinere dicat: decretum necessarium esse respondit.* § 1 *Item emancipatus decessit intestato superstite filio impubere, qui se ei suum esse dicit: ego contendo ante emancipationem conceptum atque ideo in mea potestate esse et bona emancipati ad me pertinere. et quidem hunc filium esse constat: sed hactenus de statu eius quaeritur, quod in potestate patris fuerit nec ne: sententia tamen edicti procul dubio ex Carboniano admittitur.*

237 Siehe dazu unten S. 116 f. Zu Entwicklung und Funktion der *tutela* und *cura* im Überblick vgl. *Fayer*, Familia I (1994) 379 ff.

Reskripte finden, wie *Honoré* sie dargestellt hat[238]. Nur fünf Tage nach unserer Ausgangsstelle C. 8, 8, 1 folgt das Reskript C. 5, 28, 2, das im Codex dem Titel *De tutela testamentaria* zugeordnet wurde. Hier wird diesem Titel gemäß über Probleme der testamentarischen Bestellung von (mehreren) Vormündern entschieden. Freilich ist ein inhaltlicher Zusammenhang allein aufgrund der zeitlichen Nähe keineswegs zwingend, doch könnte sich darin ein Hinweis finden, womit sich die Kanzlei zu dieser Zeit gerade beschäftigt hatte[239]. Beide wurden vom selben Libellsekretär verfasst: *Honoré* nennt ihn „no. 4“ und identifiziert ihn als Arrius Menander, einen östlichen Provinzialen[240], der aus den Digesten als Autor eines Werkes über Militärrecht (*De re militari*) bekannt ist und Ende Dezember 211 sein Amt antrat (bis Anfang Februar 212 gab es noch eine Überlappung, doch die hier interessierenden Reskripte aus April werden ihm von *Honoré* bereits allein zugeordnet), welches er bis Ende Juli 213 innehatte[241].

Mit der Frage nach der *patria potestas* verbunden ist auch die Frage nach der Erbschaft, welche der *minor* in C. 8, 8, 1 bereits erstritten, aber noch nicht in einer Exekution dieses Urteils an sich gebracht hat bzw. in D. 43, 30, 4 trotz des Erbschaftsantritts noch nicht tatsächlich ergriffen hat. Die *vindicatio hereditatis* wird gegen den aktuellen Besitzer des Nachlasses gerichtet sein[242] und damit regelmäßig gegen eine andere Person als das Interdikt, welches wohl gegen den Vormund angestrengt wird. Denkt man den Fall weiter, ergäbe sich dadurch eine Lösung, welche den Widerspruch mit der Regel, dass der Sohn selbst nicht mittels *interdictum de liberis ducendis* geklagt werden kann, harmonisch auflösen könnte. Freilich geht diese Deutung über den Wortlaut der Texte hinaus, die überdies bislang nicht in Verbindung zueinander gesetzt wurden.

---

238 Siehe die beigelegte Diskette zu *Honoré*, Emperors and Lawyers² (1994) bzw. online http://iuscivile.com/materials/honore/rescripta/rscrpt1.shtml#d212.

239 Nochmals fünf Tage nach C. 5, 28, 2 (also zehn Tage nach unserem Text C. 8, 8, 1) wurde das Reskript C. 6, 3, 4 erlassen, wo es um die Frage geht, ob ein Freigelassener testamentarisch verfügen kann. Auch hier zeigt sich insofern eine thematische Verwandtschaft, als Statusfragen und Probleme im Zusammenhang mit einem Testament entschieden werden.

240 Auf diese Herkunft könnte auch die etwas ungewöhnliche Formulierung „*super rebus matris obtinuisti*“ zurückzuführen sein. Siehe auch „Arrius Menander“ in *Kunkel*, Juristen² (1967) 233 f (Nr. 59).

241 *Honoré*, Emperors and Lawyers² (1994) 90 f. Vgl. zu Menanders Werk *de re militari*: *Lenel*, Pal I (1889) 605 ff (Nr 1.695–700).

242 Da die Passivlegitimation bei der Erbschaftsklage grds. den Besitz an Nachlassgegenständen voraussetzt. Vgl. Ulp. 15 ad ed., D. 5, 3, 9: *Regulariter definiendum est eum demum teneri petitione hereditatis, qui vel ius pro herede vel pro possessore possidet vel rem hereditariam.*

Dass auch der Brocardica-Verfasser hier einen Zusammenhang mit der Mündigkeit annimmt, könnte darin seinen Ausdruck finden, dass es im nächsten zum Verbot von *venire contra factum proprium* zitierten Text (C. 2, 29, 2 pr) um die Veräußerung eines Mündelgrundstückes geht.

Wieder eine andere Frage ist, wo in diesem Fall der Selbstwiderspruch liegt; ausdrücklich gesagt wird im Text: Du hast behauptet, unter deiner eigenen *potestas* zu stehen, hast auf Herausgabe von Sachen deiner Mutter geklagt und obsiegt. Du kannst nun Exekution führen. Zuerst aber muss dein Status geklärt werden, wenn jemand behauptet, dass du unter seiner *potestas* stehst. Dazu sagt dann offenbar der Autor der Brocardica: Hier ist der Selbstwiderspruch verboten.

Was also ist hier überhaupt das Erstverhalten, an welches man gebunden ist? Und worin liegt die Zuwiderhandlung? Bzw. damit verbunden stellt sich die Frage: Wer handelt denn widersprüchlich?

Möglicherweise lässt sich aus der Summe des Azo ableiten, wie diese Fragen (zumindest aus Sicht der mittelalterlichen Jurisprudenz) zu beantworten sind. Er führt nämlich zu dieser Stelle zunächst aus, dass dem Vater ein Interdikt gewährt wird, wenn er seine *potestas* über den Haussohn geltend machen will. Das treffe aber dann nicht zu, wenn wegen der Person des Klägers oder wegen entschiedener Sache gegenteilig zu antworten ist: *nisi ratio personae, vel rei iudicatae suadeant in contrarium responderi*. Dann nämlich stehe eine *exceptio* zu[243]. Azo dürfte den Sachverhalt daher so verstehen: Jemand behauptet gewaltfrei zu sein und verlangt Gegenstände der Mutter von mehreren Personen heraus (*eos qui tibi condemnati sunt*). Von diesen tritt einer hervor (*extitit*) und behauptet, der Vater des Klägers und damit dessen Gewalthaber zu sein. Bringt er diese Behauptung vor, bevor Klage geführt wird, so ist er damit zu hören und es wird zunächst über das Interdikt zu verhandeln sein. Beruft er sich jedoch erst nach der Verurteilung darauf, so kann ihm eine *exceptio* entgegengehalten werden: Durch die Einlassung auf die Klage hat er stillschweigend zum Ausdruck gebracht, sich nicht auf eine etwaige bestehende *patria potestas* zu berufen. Mit diesem *factum proprium* kann er sich nicht in Widerspruch setzen, weswegen er sich nach der Verurteilung nicht mit diesem Argument gegen die Exekution zur Wehr setzen kann.

Auch im nächsten Text kann ein Vater nicht mehr gegen sein Vorverhalten handeln:

---

243 CGIC 2 (1966): Azonis Summa super codicem, ad C. 8, 8, 1.

1.11. C. 2, 29, 2 pr: *In integrum restitutio* oder Nichtigkeit bei der Veräußerung von Mündelgrundstücken

C. 2, 29, 2 pr[244] *(Impp Diocletianus et Maximianus AA. et CC. Midae)*
Si in te ac fratrem tuum emancipatos pater vester fecit donationem, in alium postea transferendo portionem eius nihil vobis abstulit: nec, si frater tuus sibi quaesiti praedii rustici partem donanti patri consensit, dominium ab eo discedere potuit propter senatus consulti auctoritatem, nec auxilium in integrum restitutionis in hac re necessarium est. d. viii k. Ian. AA. conss. [a 293.]

C. 2, 29, 2 pr (Die Kaiser Diokletian und Maximian und die Cäsaren an Mida)
Wenn an dich und deinen Bruder, als ihr emanzipiert ward, euer Vater eine Schenkung gemacht hat, hat er durch die spätere Übertragung eines Teiles davon an einen anderen euch nichts weggenommen: Nicht einmal wenn dein Bruder zugestimmt hat, dass der Vater einen Teil des ihm erworbenen Landgutes verschenkt, hat er wegen der Autorität des Senatskonsults das Eigentum daran verlieren können und in dieser Sache ist auch die Hilfe der Wiedereinsetzung in den vorigen Stand nicht nötig. Gegeben den 25. Dezember 293 unter dem Konsulat der Kaiser.

Wie möglicherweise auch im vorangehenden Text geht es um Probleme im Zusammenhang mit Unmündigen. Hier kann der Vater eindeutiger als widersprüchlich Handelnder identifiziert werden, woraus möglicherweise auch ein Rückschluss auf die eben angebotene Lösung zum Selbstwiderspruch in C. 8, 8, 1 gezogen werden kann: Der Vater der anfragenden gewaltfreien Mida und ihres minderjährigen (zur Begründung warum minderjährig sogleich) aber emanzipierten Bruders schenkt seinen Kindern zunächst ein Grundstück und schenkt einen Teil desselben Grundstücks später einem anderen. Selbst wenn eine Einwilligung von Midas Bruder vorliegt, konnte der Vater keine Änderung der dinglichen Rechtslage mehr bewirken. Er ist an sein Vorverhalten gebunden und kann keine Verfügung treffen, welche diesem widerspricht.

Die *in integrum restitutio* begegnet sowohl im Formularprozess als auch im Kognitionsprozess[245]. Es sollen dadurch „in bestimmten Fällen missbilligte Rechtsgeschäfte beseitigt, fehlgeschlagene Rechtswirkungen aufgehoben oder

---

244 Das Zitat im Druck Neapel 1568 (mit *C. si advers. dotem l. pri.* ein Verweis auf C. 2, 33, 1) ist offenbar fehlerhaft, wie der Vergleich mit den Handschriften zeigt, die großteils mit dem Druck Basel 1567 (*C. si advers donat. l. Si in te.*) übereinstimmen, keine jedoch mit Neapel 1568. Auch dort geht es um einen Fall der *in integrum restitutio*, allerdings ohne dass ein vorangegangener Selbstwiderspruch damit in Zusammenhang stehen würde.

245 Vgl. grundlegend *Burchardi*, Wiedereinsetzung (1831); *Spaltenstein*, Wiedereinsetzung (1873); *Cervenca*, Restitutio (1965); *Raggi*, Restitutio (1965); *Kupisch*, Restitutio (1974). Mit der *in integrum restitutio* für und gegen Volljährige beschäftigte sich in den letzten Jahren insbes. wiederholt *Benöhr*: *Benöhr*, Sachproblem, in: FS Hausmaninger (2006) 41 ff; *ders.*, Rechtstechnik, in: FS Huwiler (2007) 39 ff; *ders.*, Restitutionsfristen, in: FS Labruna 1 (2007) 387 ff.

tatsächliche, frühere Zustände wiederhergestellt"[246] werden. Im Formularprozess wird noch zwischen der prätorischen und der judizialen Restitution unterschieden: Während erstere über Antrag des Benachteiligten dazu führt, dass der Prätor (bzw. Provinzstatthalter) den vorgebrachten Restitutionsgrund prüft und allenfalls zur Durchsetzung eine Klage gewährt[247], ist es bei zweiterer Form der *iudex*, der – beispielsweise aufgrund einer *actio quod metus causa* oder einer *actio de dolo* – dem Beklagten vor dem Endurteil aufträgt, den früheren Zustand wiederherzustellen[248]. Die beiden Typen der *in integrum restitutio* werden einander (aufgrund des Wegfalls der Verfahrensteilung) bereits im klassischen Kognitionsverfahren stark angenähert und gehen ohne Bruch in das allgemeine Verfahren der nachklassischen Periode über: Ein Antrag leitet das Verfahren ein und der Restitutionsgrund wird vom urteilenden Organ geprüft[249].

Wie *Levy* nachgewiesen hat, ist insbesondere von Diokletian, der auch in C. 2, 29, 2 entscheidet, eine Reihe von Reskripten überliefert, in welchen auf die *in integrum restitutio* Bezug genommen wird; in der Zeit nach Diokletian werden diese Anwendungsbeispiele viel seltener[250]. Die vorliegende Konstitution diskutiert die Frage nach einer Wiedereinsetzung in den vorigen Stand offensichtlich im Zusammenhang mit dem Minderjährigenschutz, denn zu den Gründen für eine Wiedereinsetzung zählt bekanntlich insbesondere auch der Schutz von Minderjährigen, die eine sie selbst benachteiligende Verfügung vorgenommen haben (*cum minore quam XXV annis natu gestum*). An diesen Schutzmechanismus war hier wohl gedacht, die *in integrum restitutio* wird schlussendlich aber für nicht notwendig befunden, was mit „*senatus consulti auctoritatem*" begründet wird. Was ist damit gemeint?

Der Vater wendet seinen beiden Kindern, der anfragenden Mida und deren Bruder, die beide aus der *patria potestas* entlassen wurden und Personen *sui iuris* sind, schenkungshalber etwas zu (*fecit donationem*), will einen Teil davon in der Folge aber einer anderen Person übertragen. Dass ihm das nun nicht mehr möglich ist, entspricht schon dem Grundsatz *nemo plus iuris tranferre potest, quam ipse habet.* Er hat das Vollrecht an der Sache nicht mehr, da er es zuvor auf seine Kinder übertragen hat; er kann also nicht mehr darüber verfügen. Soweit lässt sich der Fall auch ohne das besagte *senatus consultum* erklären.

---

246 *Kaser/Hackl*, ZP² (1996) 421 f.

247 Er entscheidet unmittelbar selbst in der Sache. Siehe *Kupisch*, Restitutio (1974) 2 f.

248 Zuständig sind die arbiträren *actiones in personam*, deren Formel einen Restitutionsauftrag enthält. Vgl. *Kaser/Hackl*, ZP² (1996) 425 f; sowie den Ediktstitel *De in integrum restitutionibus*, rekonstruiert bei *Lenel*, EP³ (1927) 109 ff.

249 Vgl. *Kaser/Hackl*, ZP² (1996) 424, 494, 581.

250 Diese zeigen „durchaus Züge der klassischen Kognition". *Levy*, Restitutio, SZ 68 (1951) 371.

Dass aber durch die Verfügung mit Zustimmung des emanzipierten Bruders nicht einmal der Anteil, der in dessen Eigentum steht, übertragen werden kann, bedarf weiterer Klärung.

Dieses Ergebnis wird darin begründet sein, dass es sich bei der betroffenen Sache um ein Grundstück mit bestimmten Merkmalen (zu diesen Merkmalen sogleich) handelt und der Bruder minderjährig ist[251]; dann verliert er sein Eigentum daran nämlich selbst dann nicht, wenn er der Veräußerung zugestimmt hat. Es bedarf nicht einmal der *restitutio in integrum*, um den Umstand geltend zu machen, dass er eine benachteiligende Verfügung getroffen hat: Das Rechtsgeschäft ist *ipso iure* unwirksam[252].

Bereits die Glosse weist darauf hin, dass zwar der Name des dafür einschlägigen und hier zitierten *senatus consultum* nicht, der Inhalt desselben aber sehr wohl überliefert ist: Ulpian berichtet im 35. Buch seines Ediktkommentars von einer *oratio principis* des Kaisers Septimius Severus unter dem Konsulat von Tertullius und Clemens vom 13. Juni 195 n. Chr. Diese ist in D. 27, 9, 1, 2 zum Titel „*De rebus eorum, qui sub tutela vel cura sunt, sine decreto non alienandis vel supponendis*" wörtlich wiedergegeben:

> *D. 27, 9, 1, 2 (Ulpianus libro trigensimo quinto ad edictum)*
> *"Praeterea, patres conscripti, interdicam tutoribus et curatoribus, ne praedia rustica vel suburbana distrahant, nisi ut id fieret, parentes testamento vel codicilllis caverint. quod si forte aes alienum tantum erit, ut ex rebus ceteris non possit exsolvi, tunc praetor urbanus vir clarissimus adeatur, qui pro sua religione aestimet, quae possunt alienari obligarive debeant, manente pupillo actione, si postea potuerit probari obreptum esse praetori. si communis res erit et socius ad divisionem provocet, aut si creditor, qui pignori agrum a parente pupilli acceperit, ius exsequetur, nihil novandum censeo".*
>
> D. 27, 9, 1, 2 (Ulpian im 35. Buch zum Edikt)
> „Außerdem, verehrte Senatoren, werde ich den Vormündern und Kuratoren verbieten, ländliche oder suburbane[253] Grundstücke zu veräußern, wenn nicht

251 Damit wäre dieser Text inhaltlich auch insofern mit dem vorhergehenden (C. 8, 8, 1) thematisch verwandt, als dort ebenfalls eine Vormundschaft anzunehmen ist. Siehe oben S. 94.

252 Vgl. *Levy*, Restitutio, SZ 68 (1951) 373. Zu Nullità („Nichtigkeit") einer- und „Anullabilità" („Vernichtbarkeit") durch Wiedereinsetzung andererseits siehe *Raggi*, Restitutio (1965) 241 ff.

253 *Kupisch* übersetzt mit „stadtnahe Grundstücke": Vgl. *Knütel/Kupisch/Seiler/Behrends* (*Kupisch*), CIC 4 (2005) 514. Dagegen leitet *Schneider* aus dem Text ab, dass es nicht auf die örtliche Lage, sondern die Zweckbestimmung ankommt: *suburbana* seien zwar nicht zur landwirtschaftlichen Nutzung bestimmt, gewähren aber ähnliche Erträge und sind den *rustica* daher gleichzuhalten (egal, ob in der Stadt oder am Land gelegen). Siehe *Otto/Schilling/Sintenis* (*Schneider*), CIC 2 (1831) 990 Fn 88.

etwa die Erblasser im Testament oder Kodizill festgesetzt haben werden, dass das geschehen solle. Wenn freilich die Schulden so hoch sein werden, dass sie aus den übrigen Mitteln nicht beglichen werden können, dann soll der Stadtprätor, der hochwürdige Mann, aufgesucht werden, der seiner Gewissenhaftigkeit gemäß bestimmen soll, welche [Sachen] veräußert werden können oder Gegenstand einer Verpflichtung werden sollen, unter fortdauernder Klage des Mündels, wenn später bewiesen werden kann, dass der Prätor hintergangen worden ist. Wenn die Sache im Miteigentum stehen wird und ein Miteigentümer auf Teilung klagen würde, oder wenn der Gläubiger, der vom Erblasser des Mündels ein Pfandrecht am Grundstück erhalten haben wird, das Recht geltend machen wird, beschließe ich nichts zu ändern."

Bestimmte Mündelgrundstücke, nämlich die für das Mündel besonders ertragreichen *rustica* und *suburbana*, dürfen demnach grundsätzlich nicht veräußert werden[254].

Ein solches Grundstück scheint im vorliegenden Sachverhalt betroffen zu sein, denn die Veräußerung war trotz Zustimmung des Bruders nichtig. Als Grund dafür wird das *senatus consultum* genannt, daher steht der Bruder offensichtlich unter Vormundschaft; der Bezug zur *in integrum restitutio* legt die Annahme nahe, dass der Bruder *minor* (*XXV annis*) ist. In § 1 der Konstitution (C. 2, 29, 2) führt Diokletian weiter aus, dass die Lage anders wäre, wenn andere Sachen betroffen wären, die „*sine decreti recitatione alienari possunt*":

In aliis vero rebus, quae etiam sine decreti recitatione alienari possunt, si, postquam sibi donatae fuerint, postea alii donanti eandem patri voluntatem in minore aetate accommodavit nec praestituta tempora restitutionis excessit, hoc auxilium implorare potest.

Bezüglich anderer Sachen allerdings, welche sogar ohne Erteilung eines Dekrets veräußert werden können, kann er diese Hilfe erbitten, wenn er, nachdem sie ihm geschenkt worden sind, nachher dem Vater, der dieselbe (Sache) einem anderen

254 Ausgenommen von dieser Regel sind solche Grundstücke, die aufgrund einer besonderen Bestimmung im Testament bzw. Kodizill, aufgrund dessen das Grundstück an das Mündel gelangt ist, ausdrücklich als frei veräußerbar deklariert wurden. Weiters ist eine Durchbrechung des Grundsatzes möglich, wenn der Nachlass überschuldet ist und der Prätor eine ausdrückliche Genehmigung erteilt, wobei aber dem Mündel seine Klage erhalten bleibt, damit es die Veräußerung rückgängig machen kann, sollte es später beweisen können, dass dem Prätor falsche Angaben gemacht worden sind, um die Genehmigung zu erschleichen. Diese Bestimmungen gelten auch für das Grundstück im Miteigentum bzw. für beschränkte dingliche Rechte wie das Pfandrecht – weder die Teilungsklage des Miteigentümers noch die Geltendmachung des Pfandrechts können zur Veräußerung des Mündelgrundstückes führen (außer der Prätor genehmigt auch dies ausdrücklich aufgrund von Überschuldung).

schenkte, in minderjährigem Alter die Zustimmung gegeben hat und er die Frist der Wiedereinsetzung nicht verstreichen hat lassen.

Wird demnach eine Sache veräußert, die auch ohne Zustimmung des Prätors verwertet werden kann, so ist die Veräußerung zwar zunächst gültig, der *minor* kann aber die *in integrum restitutio* verlangen, da die Verfügung ihn benachteiligt.

Im Ergebnis soll die zugewendete Sache dem Beschenkten verbleiben. Dem Schenker soll es nicht möglich sein, dem Begünstigten seinen Vorteil aufgrund eines Sinneswandels wieder zu entziehen: Jedenfalls nicht ohne dessen Zustimmung, denn er kann über die für ihn nun fremde Sache nicht mehr verfügen. Beim besonders schutzwürdigen Minderjährigen soll dies nicht einmal mit Einverständnis des Betroffenen möglich sein: Je nach Gegenstand der Schenkung steht dem *minor* in einem solchen Fall entweder eine *restitutio in integrum* offen, mit der er seine Benachteiligung geltend machen und eine Wiedereinsetzung begehren kann, oder er kann sogar bei unter das *senatus sconsultum* fallenden Grundstücken unmittelbar die Eigentumsklage anstellen, ohne dass es einer Wiedereinsetzung bedarf.

Der Minderjährigenschutz führt also im vorliegenden Fall dazu, dass der Vater in besonderem Maße an sein Vorverhalten gebunden wird: Wenn er seinem minderjährigen Sohn ein Grundstück schenkt, welches für diesen besonders nützlich ist und wohl wesentlich zu seiner Selbsterhaltungsfähigkeit als nunmehr Gewaltfreier beitragen dürfte, kann er nicht nur von der Schenkung als solcher nicht mehr zurücktreten, sondern auch als Vormund seines Sohnes bzw. mit Einwilligung eines magistratisch bestellten Vormundes keine Verfügung vornehmen, da eine solche Veräußerung nach der Bestimmung des *senatus consultum* nichtig wäre. Auf diese Nichtigkeit kann sich sodann auch die Miteigentümerin Mida berufen.

1.12. C. 8, 45, 1: Eviktionshaftung nach Pfandverkauf I

C. 8, 45, 1 (Imp Alexander A. Publicio)
Cum iure creditoris propter fisci debita praedium obligatum procurator meus vendidit, evictio non debetur, quia et privatus creditor eodem iure utitur, nisi nominatim hoc repromissum a privato fuerit. § 1 Si tamen fiscus in ius alterius creditoris successit, emptori non iusta fisci nomine movetur controversia, sive quia potior fuerat, quando vendebat, sive quia infirmior, quoniam hoc utique praestare debet, qui pignoris iure vendat, potiorem se ceteris esse creditoribus. PP. XV k. Nov. Maximo II et Aeliano conss. [a. 223]

C. 8, 45, 1 (Kaiser Alexander an Publicius)
Weil mein Prokurator mit dem Recht eines Gläubigers das wegen einer Forderung des Fiskus belastete Grundstück verkauft hat, wird nicht wegen Eviktion gehaftet, weil auch für einen privaten Gläubiger dasselbe Recht gilt, wenn dies vom

> Privaten nicht ausdrücklich versprochen worden ist. § 1 Wenn aber der Fiskus in das Recht eines anderen Gläubigers nachgefolgt ist, wird namens des Fiskus dem Käufer nicht rechtmäßig Streit erhoben, weil er entweder stärker gewesen ist, als er verkaufte, oder schwächer, weil der, der aufgrund des Pfandrechts verkaufte allerdings dafür einstehen muss, dass er stärker sei als die übrigen Gläubiger. Promulgiert am 18. Oktober 223 unter dem zweiten Konsulat des Maximus und dem des Aelianus.

Auch in diesem Text wird ein Vertreter tätig – ein *procurator* des Kaisers – und wieder geht es um ein Grundstück: Der Prokurator des Kaisers verkauft das dem Fiskus[255] verpfändete Grundstück *iure creditoris*; infolgedessen wird nicht für Eviktion gehaftet[256]. Das sei schon allein deshalb zu billigen, da auch bei privaten Pfandgläubigern der Ausschluss der Eviktionshaftung als vereinbart gelte, sofern diese nicht ausdrücklich zugesagt wird. Dabei dürfte es sich um eine Klausel handeln, die aufgrund ihrer Üblichkeit generell als konkludent vereinbart galt[257].

In der Variante folgt der Fiskus einem anderen Pfandgläubiger in dessen Rechtsposition nach[258]. Dieser Pfandgläubiger hat die Pfandsache verkauft.

---

255 Die Staatskasse wird in ihrer Gesamtheit als *fiscus* bezeichnet. Die Aufsicht führten seit Augustus – zunächst zumindest in den Senatsprovinzen, später auch darüber hinaus – die kaiserlichen Prokuratoren. Siehe zur Unterscheidung zwischen den Privat- und Staatsgeldern *Bolla-Kotek*, Fiskus (1938) 15 ff. Wenn hier also ein *procurator meus* verkauft, so ist darunter ein Fiskalverwalter zu verstehen. Vgl. dazu und zum (*procurator*) *a rationibus* als obersten Vorsteher aller kaiserlichen Prokuratoren: *Rostovtzeff*, Fiscus, RE VI (1907) 2385 ff; *Bolla-Kotek*, Fiskus (1938) 71 ff sowie grundlegend *Hirschfeld*, Verwaltungsbeamte (1905) u. *Alpers*, Finanzsystem (1995) 248 ff. Zur Körperschaftlichkeit des Fiskus sogleich beim nächsten Text unten S. 107.

256 Siehe dazu auch *Klingenberg*, Venditio, SZ 109 (1992) 381; *Boulvert*, Droit fiscal, ANRW II 14 (1982) 844.

257 Vgl. als parallele Erscheinung etwa das *pignus tacitum* des Vermieters an den *invecta illata*. Weitgehende Interpolationsvermutungen finden sich noch bei *Guarneri Citati*, Pactum, AUPA 8 (1922) 418 ff. Dagegen bereits *Erbe*, Pfandverkauf, in: FS Koschaker (1939) 486 f. Vgl. zum *pactum de non praestanda evictione* außerdem *Burdese*, Lex commissoria (1949) 173 ff; *Bartošek*, Responsabilità del creditore, BIDR 51/52 (1948) 238 ff; *Kaser*, Rez. Burdese, SZ 67 (1950) 560 f. Siehe allg. *Kaser*, PR I[2] (1971) 471.

258 Vgl. zur Annahme einer Generalsukzession infolge Erbschaft: *Erbe*, Pfandverkauf, in: FS Koschaker (1939) 486; ebenso *Cuiaz*, Opera 2, Ausgabe Neapel 1758, 562: *... ideoque si creditor, qui pignus vendidit lege pignoris, postea successerit in jus et nomen alterius creditoris, cui eadem res obligata est, non potest facere controversiam emptori ex persona defuncti creditoris, non tantum si ipse qui pignus vendidit, in eo pignore fuit antiquor et potior... Bolla-Kotek*, Fiskus (1938) 66 f weist allgemein darauf hin, dass der Fiskus zwar nicht „Erbe wird, aber vollinhaltlich in die Rechte und Pflichten einer anderen Person eintreten

Weil die besicherte Forderung zugunsten des Fiskus fällig wird und der Schuldner nicht leistet, will der Fiskus als Pfandgläubiger dem Käufer nun die Sache wieder abnehmen[259]. Damit würde der Fiskus als Rechtsnachfolger des Verkäufers den Eviktionsfall selbst herbeiführen. Nun steht der Fiskus aber auf dem Standpunkt, dass es zu keiner Haftung kommen könne, da er – wie anfangs ausgesprochen – gleich jedem privaten Pfandgläubiger nach der Veräußerung nicht für Rechtsmängel einstehen müsse; es wurde schließlich nicht ausdrücklich vereinbart. Der Kaiser entscheidet jedoch, dass diese Vorgehensweise unzulässig ist: Der Pfandgläubiger, der die Pfandsache verkauft hat, war nämlich im Veräußerungszeitpunkt entweder vorrangig, oder er war nachrangig und musste dafür einstehen, dass er den übrigen Gläubigern gegenüber vorrangig ist. Dasselbe gelte auch für den Rechtsnachfolger.

Dieser Gedanke findet sich auch bei Paulus in D. 20, 5, 10, der dort ausdrücklich die Eviktion für unzulässig erklärt, wenn der Pfandgläubiger das von ihm selbst verkaufte Grundstück von seinem Erwerber *ex alia causa* zurückverlangen möchte[260].

Was die Diskussion der stärkeren oder schwächeren Position des veräußernden Gläubigers anbelangt, so liegt die Besonderheit darin, dass der verkaufende Gläubiger generell dafür einstehen muss, *potiorem se ceteris esse creditoribus*; dem Fiskus kommt jedoch ein Rangprivileg zu.

„*Controversia movere*" wird auch in den beiden folgenden, in den Brocardica *aurea* zitierten Texten wieder begegnen[261]; offenbar ist diese Wendung auch Anhaltspunkt für die Auswahl eines Textes im gegebenen Zusammenhang. Die Sache wird hier von jemandem veräußert, der später selbst aus anderem Rechtsgrund darauf greifen möchte; er geht mit diesem „Streit erheben" aber gegen seinen eigenen Vertragspartner vor, dem er aufgrund der besonderen Konstellation nicht für Eviktion haftet und ihm somit einen Nachteil zufügen würde. Ein solches Vorgehen wird als Selbstwiderspruch unterbunden.

---

kann. „Die Ausdrucksweise wechselt zwischen *fiscum successorem habere*, *fiscum succedere*, *bona ad fiscum devolvere*, *pertinere*, *pervenire*." Von „*successit*" ist auch in C. 8, 45, 1, 1 die Rede.

259 Er wird zu diesem Zweck die *vindicatio pignoris* anstellen. Zu *controversiam movere* vgl. unten S. 123 ff.

260 Vgl. unten Kapitel 1.26. Siehe auch *Cuiaz*, Opera 2, Ausgabe Neapel 1758, 562: ... *Ad haec, notandum est adeo verum esse quod dicitur, eum qui actor laudari, et de evictione conveniri potest, si emptori faciat controversiam, repelli exceptione doli mali ... ut et venditor repellatur, qui de evictione non tenetur: ut puta creditor qui vendidit pignus iure pignoris, licet non teneatur de evictione; tamen ex alia causa facere controversiam emptori, et rem evincere non potest, ne mutet factum suum ...*

261 Siehe dazu unten S. 122 f.

„et 3"?

In den Drucken und den meisten Handschriften wird als zweite Fundstelle hier ein Fragment 3 angegeben, welches jedoch nicht existiert; dies muss an einem frühen Abschreibfehler liegen. Ein solcher ist in zweierlei Hinsicht denkbar: An irgendeinem Punkt scheint es zu einer Fehlinterpretation von „ii." als „iii" gekommen zu sein. Dass in einigen Handschriften dieses Zitat ganz weggelassen wurde, kann nun daran liegen, dass dieses als fehlerhaft erkannt und daher nicht übernommen wurde, oder aber daran, dass hier tatsächlich ursprünglich überhaupt kein zweites Zitat stand. In diesem letzteren Fall jedoch müsste ein weiterer Fehler in Form einer *aberratio oculorum* unterlaufen sein und das „ii." des Folgezitats, welches beim Abschreiben „hinaufgerutscht" ist, da es in der Zeile darunter zitiert ist, auch hier wiederum als „iii" missinterpretiert worden sein. Das wäre somit ein doppeltes Versehen.

Inhaltlich beschäftigt sich der nun möglicherweise hier gemeinte Text C. 8, 45, 2 ebenfalls mit der Eviktionshaftung eines veräußernden Pfandgläubigers; sollte jedoch ein Zusammenhang mit der in der Zeile darunter angeführten Stelle (im folgenden Kapitel besprochen) zu sehen sein, würde durch dieses Zitat eine Besprechung von widersprüchlichen Verhaltensweisen des Fiskus unterbrochen.

C. 8, 45, 2 (Imp Gordianus A. Sabino)
Si a creditrice iure pignoris fundos pater tuus comparaverit, evictis praediis ita demum petitionem adversus creditricem habere iure potes, si, cum vendiderit, de evictione rei promisit vel etiam dolo malo, cum sciret prudensque esset rem sine vitio non esse, eam patri tuo, cui successisti, venumdedit. nam sicut genus eiusmodi contractus inscium creditorem vinculo evictionis non adstringit, ita eum, qui fraudem admisit vel decepit, non excusat. PP. VIII id. April. Sabino II et Venusto conss. [a. 240]

C. 8, 45, 2 (Kaiser Gordian an Sabinus)
Wenn dein Vater von der Gläubigerin verpfändete Grundstücke gekauft hat, kannst du, wenn die Grundstücke evinziert worden sind, nur dann rechtmäßg gegen die Gläubigerin eine Klage erheben, wenn sie entweder beim Verkauf für Eviktion der Sache einzustehen versprach, oder arglistig, weil wissentlich und mit der Einsicht, dass die Sache nicht ohne Mangel ist, diese deinem Vater, dem du nachgefolgt bist, verkauft hat. Denn ebenso, wie diese Art von Verträgen den unwissenden Gläubiger nicht für Eviktion verpflichtet, entschuldigt sie auch den nicht, der einen Betrug begangen oder jemanden überlistet hat. Promulgiert am 7. April 240 unter dem zweiten Konsulat des Sabinus und dem des Venustus.

Der anfragende Sabinus[262] hat ein im Nachlass seines Vaters vorhandenes Grundstück übernommen[263], welches dieser von einer Pfandgläubigerin erworben hatte. Es kommt zur Eviktion und Sabinus wendet sich mit der Frage an den Kaiser, ob er nun Rechtsmangelgewährleistung gegen seine Vertragspartnerin geltend machen könne. Neben dem grundsätzlichen Ausschluss derselben nennt das Reskript auch zwei Ausnahmen: Erstens ausdrückliche Vereinbarung; und zweitens *dolus* des Gläubigers zum Zeitpunkt der Veräußerung, wenn dieser nämlich wusste, dass die Sache mit einem Rechtsmangel behaftet ist[264].

Es ist *Erbe* im Ergebnis zuzustimmen, wenn er darauf hinweist, dass der Käufer das Eviktionsrisiko bewusst übernimmt, um die Sache für einen niedrigeren Preis zu erwerben; tritt dieser Fall schließlich ein, so mangelt es an der Schutzwürdigkeit: Das billigend in Kauf genommene Risiko hat sich eben verwirklicht. Diese Grundüberlegung trifft jedoch dann nicht zu, wenn der Verkäufer dolos handelt. In dem Fall schlägt die Interessenabwägung zugunsten des Käufers aus und der verkaufende Gläubiger hat im Rahmen der *actio empti* seinen *dolus* zu vertreten (D 19, 1, 11, 16). Außerdem muss er gemäß C. 8, 45, 1 dafür einstehen, dass er ein stärkeres Recht an der Sache hat, als die übrigen Gläubiger, was für den verkaufenden Fiskus allerdings insofern keine Rolle spielt als er aufgrund seines Rangprivilegs auch als zeitlich nachgehender Pfandgläubiger bei Fälligkeit und Nichtleistung verwerten kann[265].

In C. 8, 45, 2 kann ein Selbstwiderspruch nur für den Fall angenommen werden, dass die Eviktionshaftung zunächst ausdrücklich zugesagt wird und der Gläubiger sich in der Folge weigern möchte, im Eviktionsfall tatsächlich dafür einzustehen.

Viel deutlicher liegt das widersprüchliche Verhalten in Fragment 1 auf der Hand: Zunächst verkauft der Fiskus die Sache und anschließend will er sie zurückfordern.

Auch der nächste Text beschäftigt sich mit dem Verhalten des Fiskus nach Verkauf einer Sache:

---

262 Die Vulgathandschriften sprechen in der Inscriptio von „*Sabinae*“ und somit einer anfragenden Tochter.

263 Den Umstand, dass Sabinus Erbe seines Vaters ist, wird man voraussetzen können, auch wenn das nicht ausdrücklich zur Sprache gebracht wird. Andernfalls ist ein Recht des Sohnes jedoch wohl kaum denkbar. Vgl. zum Text auch etwa *Burdese*, Lex commissoria (1949) 178 f; *Bartošek*, Responsabilità, BIDR 51/52 (1948) 263 (im Zusammenhang mit der *formula Baetica* zu deren Wortlaut siehe ebd. 241).

264 Selbst wenn sich *Erbe*, Pfandverkauf, in: FS Koschaker (1939) 487 den Interpolationsvermutungen *Guarneri Citatis* auch hinsichtlich dieses Textes nicht voll anschließt, hält er ihn doch für „unzweifelhaft überarbeitet“.

265 Vgl. *Erbe*, Pfandverkauf, in: FS Koschaker (1939) 498.

1.13. C. 10, 5, 1: Verkauf durch den Fiskus

C. 10, 5, 1 (Pars epistulae Imp Alexandri A. ad rationales)
Gravissimum verecundia mea duxit, ut, cuius rei pretium, cum bona fide esset addicta, semel fiscus acceperit, eius controversiam referat. Non solum ergo emptorem ab eadem statione, sed ne ab alia quidem quaestionem pati debere aequum est, cum et in his venditionibus emptore non inquietato officia inter se possint experiri. D. XV k. Mai. Modesto et Probo conss. [a 228.]

C. 10, 5, 1 (Teil eines Briefes von Kaiser Alexander an die Rechnungsprüfer)
Mein Anstandsgefühl hat es als äußerst schwerwiegend empfunden, dass der Fiskus, der den Preis für die Sache, nachdem sie gutgläubig zugesprochen worden war, einmal angenommen hat, darüber Streit erheben würde. Es ist gerecht, dass der Käufer also nicht nur von demselben Amt, sondern gewiss auch nicht von einem anderen einen Rechtsstreit erdulden muss, da auch bei solchen Verkäufen ohne Beunruhigung des Käufers die Beamten untereinander prozessieren können. Gegeben den 15. Mai 228 unter dem Konsulat von Modestus und Probus.

C. 10, 5, 2 (Imp Marcianus A. Palladio pp. Orientis)
Retractare fiscum, quod semel vendidit, aequitatis honestatisque ratio non patitur. D. V k. Ian. Constantinopoli Marciano A. cons. [a 451.]

C. 10, 5, 2 (Kaiser Marcian an Palladius, Prätorianerpräfekt des Orients)
Dass der Fiskus widerruft, was er einmal verkauft hat, duldet die Rücksicht auf Gerechtigkeit und Anstand nicht. Gegeben den 1. Jänner 451 in Konstantinopel unter dem Konsulat des Martian.

Die Texte handeln vom Fiskus, der nach dem Verkauf einer Sache (und Erhalt des Kaufpreises) „*controversiam referat*“; dieses Erheben eines Streites kann darin bestehen, dass er sich weigert, den verkauften Gegenstand herauszugeben, oder auch im Anstrengen eines Prozesses nach erfolgter Übergabe[266].

Ein Erwerb vom Fiskus brachte generell Vergünstigungen mit sich; insbesondere mussten Dritte, die ein Recht an der Kaufsache behaupten, ihre Klage nicht gegen den Erwerber, sondern gegen den Fiskus richten und überdies eine Frist von vier Jahren beachten (C. 7, 37, 3). Wie nun aus den Texten C. 10, 5, 1 u. 2 hervorgeht, bestand darüber hinaus auch ein Schutz des Erwerbers gegen den Fiskus selbst[267].

Darauf, dass weder der konkrete Fiskalbeamte, der den Verkauf durchgeführt hat, noch irgendein anderer solcher Beamter, egal ob von derselben oder einer anderen *statio*, so vorgehen darf, weist zunächst Alexander hin und Theodosius bekräftigt diese Entscheidung mit der Begründung, dass *aequitas*

266 Zur Bedeutung von „*controversia*“ ausführlicher sogleich S. 123 Fn 336.
267 Vgl. dazu *Bolla-Kotek*, Fiskus (1938) 90 f.

und *honestas* es verlangen, dass man dabei bleibt, wenn man etwas einmal verkauft hat[268].

Mit der Rechtsstellung der *stationes fisci* beschäftigt sich C. 4, 31, 1[269], wo Antoninus Senatsbeschlüsse und Kaiserreskripte erwähnt. Es geht darum, dass eine Aufrechnung nur gegen solche Gegenforderungen möglich ist, die gegen dieselbe *statio* bestehen. Als Grund für diese Bestimmung wird aber nicht genannt, dass es sich um verschiedene Rechtssubjekte handelt, sondern die Verhinderung von Verwirrung: *hoc iuris propter confusionem diversorum officiorum tenaciter servandum est*. Es ist also insbesondere auch in Zusammenschau mit C. 10, 5, 1 u. 2 davon auszugehen, dass zwar der Fiskus als solcher, nicht aber die einzelnen *stationes* als Rechtsperson betrachtet wurde[270].

Den Zusammenhang mit dem Selbstwiderspruch stellt auch die Glosse *Referat* (ad C. 10, 5, 1) her:

> *Hoc sive ut propriam, sive ut obligatam vendiderit: ut ... quae omnes sunt argumenta quod nemo veniat contra factum suum, vel eius, cui successit*[271].

> Egal ob man es als eigenes oder verpfändetes verkauft hat: Wie ... Diese [Fälle] sind alle Argumente dafür, dass niemand gegen seine eigenen Handlungen vorgehen könnte, oder [die Handlungen] dessen, dem er nachgefolgt ist.

Das Verhalten eines Fiskalbeamten hat Wirkung für den Fiskus insgesamt. Da der Fiskus in seiner Gesamtheit an den Verkauf gebunden ist, kann auch kein anderer Beamter, von welchem örtlichen „Amt" auch immer, dagegen

---

268 Vgl. dazu auch die Kapitel 1.8 u. 1.15.

269 *Et senatus censuit et saepe rescriptum est compensationi in causa fiscali ita demum locum esse, si eadem statio quid debeat quae petit. hoc iuris propter confusionem diversorum officiorum tenaciter servandum est. si quid autem tibi ex ea statione cuius mentionem fecisti deberi constiterit, quam primum recipies*. Siehe dazu auch *Pichonnaz*, La compensation (2001) 223 Fn 995, 263 Rn 919 u. 453 Rn 1550. Gegen den Fiskus als Gesamtheit ist die Aufrechnung aber lt D. 49, 14, 46, 5 (Hermogenian) möglich. Vgl. *Bolla-Kotek*, Fiskus (1938) 69 ff.

270 *Bolla-Kotek*, Fiskus (1938) 33 weist bereits darauf hin: „Ein selbständiges Vermögen mit einem dauernden Zweck als juristische Person zu betrachten, war dem klassischen Recht unbekannt. Nur der Fiskus wurde in der Praxis als eine solche aufgefasst." Er personifiziere das Staatsvermögen. *Kaser*, PR I² (1971) 303 weist auf die Sonderstellung des Fiskus hin, indem er im Anschluss an die allgemeine Feststellung, dass die Verbände des römischen Rechts meist öffentliche oder sakrale Aufgaben erfüllten und demnach außerhalb des Privatrechts standen, ausführt: „Nur der kaiserliche *fiscus*, der wohl aus dem privaten Vermögen des Princeps hervorgegangen ist, folgt zum Teil privatrechtlichen Regeln." Ausführlicher zum Fiskus noch die Darstellung bei *Mitteis*, PR I (1908) 362 ff u. insbes. *Hirschfeld*, Verwaltungsbeamte (1905) 1 ff.

271 Ausgabe Lyon 1627, 14.

vorgehen. Der *procurator* erscheint insofern als Organ der Staatskasse[272], die tatsächlich körperschaftlich agieren kann und einen etwaig zu treffenden Ausgleich intern abhandeln muss. Die Glosse weitet diesen Grundsatz auf alle Nachfolger aus, womit die grundsätzliche Austauschbarkeit der Organwalter einer juristischen Person angedeutet wird.

Guarneri Citati wies im Zusammenhang mit der Eviktion durch den Fiskus in C. 10, 5, 1 und 2[273] darauf hin, dass die Imperatoren die Versuche des Fiskus, einmal von ihm verkaufte Sachen beim Erwerber zu evinzieren, einzuschränken versuchten[274]. In Fragment 2 dieses Titels beruft sich Theodosius dazu auf *aequitas* und *honestas*, womit er die ablehnende Haltung gegenüber dem Selbstwiderspruch auf Billigkeit und Anstand zurückführt. Das „*Controversia movere*" wird nicht erlaubt. Ebenso ist es im nächsten Text; wie bereits im 11. (C. 2, 29, 2 pr), vielleicht auch schon im 10. Zitat (C. 8, 8, 1), das für die Geltung eines Verbots von *venire contra factum proprium* angeführt wird, geht es um das Verhalten eines Vaters.

1.14. D. 1, 7, 25 pr: *Mater familias quasi iure emancipata vixerat*

D. 1, 7, 25 pr (Ulpianus libro quinto opinionum)
Post mortem filiae suae, quae ut mater familias quasi iure emancipata vixerat et testamento scriptis heredibus decessit, adversus factum suum, quasi non iure eam nec praesentibus testibus emancipasset, pater movere controversiam prohibetur.

D. 1, 7, 25 pr (Ulpian im 5. Buch seiner Opinionen)
Nach dem Tod seiner Tochter, die als *mater familias* gelebt hatte, als wäre sie rechtsgültig emanzipiert, und mit [Hinterlassung von] in einem Testament eingesetzten Erben verstorben war, ist es dem Vater verboten, entgegen seinem eigenen Verhalten Streit zu erheben, als hätte er sie nicht rechtsgültig und nicht in Anwesenheit von Zeugen emanzipiert.

Die Tochter hat wie eine Gewaltfreie gelebt und ein Testament verfasst. Nach ihrem Tod möchte sich der Vater darauf berufen, dass keine gültige Emanzipation stattgefunden hat, doch wird ihm das im Hinblick auf sein Vorverhalten versagt.

---

272 Vgl. zur Einordnung der Prokuratoren *Bolla-Kotek*, Fiskus (1938) 74: „Ihre Vertretungsbefugnis richtet sich mithin nach den Grundsätzen des öffentlichen Rechtes; sie vertreten ohne eigenes Recht den Fiskus im Verhältnis von Organen." Vgl. auch *Wenger*, Stellvertretung (1906) 22 u. 24 f. Siehe weiters *von Lübtow*, Volk (1955) 615 f; außerdem allgemein *Hirschfeld*, Organe (1905) u. *Alpers*, Finanzsystem (1995).

273 Dazu sogleich unten Kapitel 1.13.

274 *Guarneri Citati*, Pactum, AUPA 8 (1922) 418 Fn 1.

Wohl aufgrund der Worte „*adversus factum suum ... movere controveria prohibetur*" wurde dieser Text meist als Ausgangspunkt von Überlegungen zum *venire contra factum proprium* gewählt, wenn Ursprung und Entwicklung des Verbots desselben untersucht werden sollten.

Bei der Interpretation des Textes stößt man zunächst auf das grundlegende Problem, dass der Text ausweislich der *inscriptio* einem Werk des Ulpian entstammt, welches dem genannten Juristen in der Literatur aber überwiegend abgesprochen wird[275].

275 Schon *Gothofredus*, Regulis (Ausgabe Genua 1653, 259) vermutete hinter dem Stil der Opinionen die Gesetzessprache des frühen Dominats; später haben sich insbes. auch etwa *Lenel*, Pal II (1889) 1001 Fn 2 – ohne weitere Begrüdung – und *Wieacker*, Textstufen (1960) 68 sowie *ders.*, Rez. Santalucia, Labeo 19 (1973) 196 ff – mit zahlreichen, hauptsächlich stilistischen Argumenten – gegen die Autorschaft Ulpians ausgesprochen. Ebenso *Rotondi*, Libri opinionum, in: Scritti 1 (1922) 453 f; *Arangio-Ruiz*, Rariora (1946) 169 f und *Schulz*, Geschichte (1961) 223. Vgl. außerdem die Dissertation von *Mertens*, Opiniones Ulpians (1958). Anderer Ansicht sind hingegen beispielsweise *Bluhme*, Ordnung, ZgR 4 (1820) 257 ff – aufgrund der Ordnung der Exzerpte in den Digesten und der Zuschreibung im Index – und später vor allem *Santalucia*, Libri opinionum 2 Bde (1971) –, weil einige der in der Literatur beanstandeten Wendungen bereits in den severischen Konstitutionen vorkommen und er bemerkenswerte Analogien mit den *libri de officio proconsulis* erkennen will. *Liebs*, Opinionum libri, TR 41 (1973) 297 ff spricht sich dafür aus, dass es sich zwar nicht um „ein Exzerpt aus Ulpian-Schriften, welches von einem späteren Autor angefertigt worden" ist, handle, wie *Lenel* noch vermutet hatte, jedoch um Exzerpte aus Konstitutionen aus der Zeit nach Diokletian, die großteils nicht überliefert seien. Nach detaillierter Untersuchung und dem Aufzeigen von Parallelstellen kommt er ebd. 293 zu dem Ergebnis, dass dieses Werk einen Rechtszustand überliefert, wie er zwischen 325 und 331 n. Chr. in Geltung gestanden haben müsse. *Liebs* macht diese Jahreszahlen an zwei Ereignissen fest: Einerseits sei der Text erst nach der Ansprache Konstantins bei der Entlassung seiner Soldaten aus dem Krieg gegen Licinus (überliefert im Codex Theodosianus: CTh. 7, 20, 1) entstanden, denn Konstantin habe mit seiner Ansprache seinen Willen kundgetan, Veteranen in weitestem Umfang von den *munera* freizustellen, was in den Regelungen der Opinionen seinen Ausdruck finde; andererseits aber müsse der Text vor der Herabsetzung des Mindestalters für die Übernahme des Dekurionats von 25 auf 17 Jahre, ebenfalls durch Konstantin, verfasst worden sein, denn diese sei den Opinionen noch unbekannt. Das Übergewicht des Munizipalrechts begründet er S. 304 f mwN damit, dass die Opinionen auf die Bedürfnisse der Provinz zugeschnitten und dort wohl auch entstanden seien. In welcher Provinz das gewesen sein könnte, bleibt bislang offen. Schlussendlich hat auch *Honoré* sich mit diesem Problem mehrfach befasst: Während er in der ersten Auflage seines Werkes über Ulpian noch die Ansicht vertreten hatte, dass die Opinionen zwar nicht von Ulpian selbst stammten, aber doch aus dem dritten Jh. (möglicherweise unter Alexander Severus verfasst, noch konkreter sogar vom Libellsekretär Nr 7, der von Oktober 222 bis Oktober 223

Mit der Datierung der Opinionen ist auch die Frage verbunden, wer zu deren Entstehungszeit als „*mater familias*“ bezeichnet wurde, denn im Gegensatz zum *pater familias*, dessen Rechtsstellung klar definiert ist, handelt es sich bei der Bezeichnung „*mater familias*“ eher um eine gesellschaftliche Kategorie[276], die eine zeitliche Entwicklung durchlaufen hat.

Die Übersetzung von *Knütel* deutet diesen Begriff als „gewaltfreie Ehefrau“[277], womit einerseits vorausgesetzt wird, dass die Frau verheiratet war, und andererseits, dass sie weder unter der *potestas* ihres Vaters noch der *manus* ihres Ehemannes stand.

Sintenis übersetzt *mater familias* mit „Familienmutter“[278], was zwar etwas danach klingt, dass die Frau Kinder hatte, aber der wortwörtlichen Übersetzung am nächsten kommt[279].

Wołodkiewicz[280] unterscheidet sechs Bedeutungen:

---

tätig gewesen sei; er schlägt jetzt stattdessen Licinius Rufinus vor), folgt er in der zweiten Auflage der genannten Monographie vollumfänglich der hier referierten Ansicht von *Liebs*: Siehe *Honoré*, Ulpian² (2002) 217 ff. Vgl. auch die Kritik in der Rezension zur Vorauflage: *Liebs*, Gnomon 56 (1984) 441 ff (verbesserte Version online unter: http://freidok.uni-freiburg.de/volltexte/6858/). Diese kann damit wohl als herrschende Lehre bezeichnet werden.

276 *Schiemann*, Mater familias, NP (1999) 998; *Karlowa*, Römische Ehe (1868) 61.

277 „Nach dem Tode der Tochter, die als gewaltfreie Ehefrau so gelebt hat, als sei sie rechtsgültig aus der väterlichen Gewalt entlassen worden, und die testamentarisch eingesetzte Erben hinterlassen hatte, ist es dem Vater verwehrt, im Widerspruch zu seinem eigenen früheren Verhalten einen Statusprozess mit der Begründung anzustrengen, er habe sie nicht rechtsgültig und auch nicht in Gegenwart von Zeugen aus der Gewalt entlassen.“ *Behrends/Knütel/Kupisch/Seiler* (*Knütel*), CIC 2 (1995) 133 f.

278 „Nach dem Tode seiner Tochter, welche als Familienmutter, gleichsam den Rechtsvorschriften gemäß aus der Gewalt entlassen, gelebt hatte und mit Hinterlassung von, in einem Testament eingesetzten, Erben gestorben war, darf der Vater gegen seine eigene Handlung, als habe er sie nicht den Rechtsvorschriften gemäß, noch in Gegenwart von Zeugen, aus der Gewalt entlassen, keinen Streit erheben.“ *Otto/Schilling/Sintenis* (*Sintenis*), CIC 1 (1832) 246.

279 Etwa *Watson*, Digest 1 (1985) 22 lässt den Begriff überhaupt unübersetzt.

280 *Wołodkiewicz,* Mater familias, in: Studi Sanfilippo 3 (1983) 735.

1. Die Ehefrau, die Mitglied in der agnatischen Familie des Ehemannes wird[281];
2. die Ehefrau, welche eine *coemptio* erfahren hat[282];
3. die Ehefrau eines *pater familias*, die Kinder hat[283];
4. die Ehefrau, die nach den *boni mores* lebt[284];
5. die Frau, die nach den *boni mores* lebt – also nicht nur die Ehefrau, sondern auch jede unverheiratete Frau oder Witwe[285]; und schließlich
6. die Frau, die mehr als ein Kind hat[286].

---

281 Hierfür nennt *Wołodkiewicz*: Cic. top. 3, 14 und Gell. 18, 6, 9. Cicero spricht in top. 3, 14 von *duae formae* der *uxores*: *una matrumfamilias, earum, quae in manum convenerant, altera earum, quae tantummodo uxores habentur.* Gellius beruft sich in Noctes Atticae 18, 6 auf die *idonei vocum antiquarum enarratores*: *matrem familias appellatam esse eam solam, quae in mariti manu mancipioque aut in eius, in cuius maritus, manu mancipioque esset.*

282 Boethius ist in seinem Kommentar zu Cic. top. 3, 14 der Ansicht: *Quae autem in manum per coemptionem convenerant, eae matres familias vocabantur. Quae vero usu vel farreatione, minime.* Hierzu meint *Lindersky*, Usu, SZ 101 (1984) 304, dass Boethius „Cicero und vielleicht auch seine unmittelbare Vorlage (Anm.: die des Boethius, nicht die des Cicero), die dem Ulpian zugeschriebenen Institutionen, arg mißverstanden" habe. Siehe darüber hinaus auch Servius ad Aen. XI 581: *materfamilias vero illa dicitur quae in matrimonium convenit per coemptionem: nam per quandam iuris sollemnitatem in familiam migrat mariti.* Außerdem den sog. „Servius Auctus" (Kommentator des 7. oder 8. Jh., der zum Werk des Servius Nachträge aus der Vergil-Auslegung der Zeit hinzufügte. Siehe dazu *Müller*, Sprachbewußtsein (2001) 108 mwN in Fn 18) ad Aen. XI 476: *matrem vero familias eam esse, quae in mariti manu manicipioque, aut in cuius maritus manu mancipioque esset, quoniam in familiam quoque mariti et sui heredis locum venisset. alii matronas virgines nobiles dicunt, matresfamilias vero illas quae in matrimonium per coemptionem convenerunt: nam per quandam iuris solemnitatem in familiam migrant mariti.*

283 Festus (Pauli exc.) sub Materfamiliae (ed. Teubner, 1913) 112: *Materfamiliae non ante dicebatur, quam vir eius paterfamiliae dictus esset; nec possunt nomine plures in una familia praeter unam appellari. Sed nec vidua hoc nomine, nec quae sine filiis est, vocari potest.*

284 Ulpian, Ep 4, 1: *Sui iuris sunt familiarum suarum principes, id est pater familiae, itemque mater familiae.*

285 Ulp. 59 ad ed., D. 50, 16, 46, 1: *"matrem familias" accipere debemus eam, quae non inhoneste vixit: matrem enim familias a ceteris feminis mores discernunt atque separant. proinde nihil intererit, nupta sit an vidua, ingenua sit an libertina: nam neque nuptiae neque natales faciunt matrem familias, sed boni mores.*

286 Gell. 18, 6, 4: „… *‚Matrona' est quae semel peperit, quae saepius, ‚mater familias'*…"; vgl. auch Isid., Etymol. IX, V, 8: *Matremfamilias inde vocari, quia per quandam iuris sollemnitatem in familiam transit mariti. Tabulae enim matrimoniales instrumenta emptionis suae sunt. Alias sicut matrona est mater primi pueri, id est quasi mater nati, ita materfamilias illa est quae plures enixa est. Nam familia ex duobus esse incipit.*

Diese Zusammenstellung zeigt, wie unterschiedlich dieser Begriff inhaltlich aufgeladen wurde. Es ist aber feststellbar, dass „*mater familias*" in den älteren Texten wohl ausschließlich die *uxor in manu* bezeichnet[287], während später nur die Frau *sui iuris* so genannt wird[288]. Will man herausfinden, was mit der Bezeichnung ausgedrückt werden soll, muss man somit das Alter des Textes feststellen, bzw. wenn der Inhalt des Begriffes aus einem Text deutlich hervorgeht, kann man möglicherweise darin ein Argument für das Alter des Textes finden.

Wołodkiewicz nimmt an, dass der Text D. 1, 7, 25 pr ein Beweis dafür ist, dass bereits zur Zeit Ulpians die *mater familias* eine Frau *sui iuris* ist[289]; das Problem der Autorschaft der Opinionen berücksichtigt er dabei nicht. Gerade von Ulpian sind außerdem unterschiedliche Bedeutungen des Begriffes überliefert.

In den Digesten finden sich von diesem Juristen zwei ausdrückliche Definitionen, die nicht darauf eingehen, ob die Frau *sui iuris* oder gewaltunterworfen war: In seinem Ediktskommentar erklärt er einmal, dass es nur darauf ankomme, dass die Frau nicht unanständig gelebt hat, egal ob sie verheiratet war oder nicht[290]; ein anderes Mal führt er im selben Werk aus, dass unter *mater familias* eine Frau von tadellosem Rufe zu verstehen ist[291]. Hier ist die Verwendung noch konsequent.

Außerhalb seines Ediktkommentars setzt Ulpian selbst den Begriff aber häufig in anderer Bedeutung ein[292]; beispielsweise in seinen Institutionen stellt

---

287 *Honsell/Mayer-Maly/Selb*, RR^4 (1987) 63.

288 Bspw. im *liber singularis regularum*, siehe unten S. 113 Fn 293. *Avenarius*, Liber singularis regularum (2005) 234 vermutet hinter der jüngeren Bedeutung ein Abkommen von dem Bezug auf die Familie und eine vordergründige Parallele zum *pater familias*, der auch als Alleinstehender so genannt wird. Während *Kunkel*, Mater Familias, RE XIV (1930) 2183 ff davon ausgeht, dass bereits in klassischer Zeit die Bedeutung „Frau *sui iuris*" im Vordergrund stand, vermutet *Carcaterra*, Materfamilias, Arch. Giur. 123 (1940) 113 ff, dass dieser Inhalt dem Begriff erst in justinianischer Zeit beigelegt und daher häufig interpoliert wurde. Vgl. auch *Fiori*, Materfamilias, BIDR 35–36 (1993–1994) 455 ff.

289 *Wołodkiewicz*, Mater familias, in: Studi Sanfilippo 3 (1983) 743 f.

290 D. 50, 16, 46, 1; siehe soeben S. 111 Fn 285.

291 Ulp. 71 ad ed., D. 43, 30, 3, 6: … *cum audis matrem familias, accipe notae auctoritatis feminam.*

292 Aber auch innerhalb des Ediktskommentars wird der Begriff einmal als Synonym für *matrona* eingesetzt. Als „*matrona*" wird die freigeborene, verheiratete Römerin bezeichnet, die an ihrer speziellen Ehrenkleidung erkennbar ist: Ihre Stola war unten mit einem besonderen Streifen, der *instita*, verbrämt. Vgl. zu diesem Begriff *Schroff*, Matrona, RE XIV.2 (1930) 2300 f. Zwar ist auch für diese die Ehrenhaftigkeit kennzeichnend, zusätzlich wird aber vorausgesetzt, dass die Frau freigeborene Römerin und verheiratet ist. *Schroff* definiert ebd.: „Jede *materfamilias* ist … auch *matrona*, aber nicht jede *matrona* ist auch *materfamilias*." Er

er die *mater familias* dem *pater familias* in der Hinsicht gleich, dass beide gewaltfrei sind[293], während die Ehrenhaftigkeit nicht erwähnt wird[294].

Klar ist, dass die *mater familias* in unserem Opinionen-Text nicht in einer *manus*-Ehe gelebt hat, denn ansonsten hätte sie infolge dieses Status nicht nur kein Eigentum, welches durch Erbgang weitergegeben werden könnte, sie

---

begründet diese Definition damit, dass *mater familias* nur eine Frau sein könne, deren Mann *sui iuris* ist; unterstehe dieser noch der *patria potestas*, so könne die Frau nur als *matrona*, nicht aber als *mater familias* bezeichnet werden.

293 D. 1, 6, 4; dort spricht er davon, dass derjenige ein *pater familias* ist, der gewaltfrei ist, egal ob mündig oder unmündig, und ebenso verhalte es sich auch bei der *mater familias*: *Nam civium Romanorum quidam sunt patres familiarum, alii filii familiarum, quaedam matres familiarum, quaedam filiae familiarum. patres familiarum sunt, qui sunt suae potestatis sive puberes sive impuberes: simili modo matres familiarum; filii familiarum et filiae, quae sunt in aliena potestate. nam qui ex me et uxore mea nascitur, in mea potestate est: item qui ex filio meo et uxore eius nascitur, id est nepos meus et neptis, aeque in mea sunt potestate, et pronepos et proneptis et deinceps ceteri.* Interessant ist in diesem Zusammenhang aber auch § 1 zu Titel 4 des – ebenfalls pseudo-ulpianischen – „*liber singularis regularum*". Unter der Überschrift „*De his qui sui iuris sunt*", definiert der Autor: „*Sui iuris sunt familiarum suarum principes* [Ms Vat.: *principis*], *id est pater familiae, itemque mater familiae*". „Gewaltfrei sind jeweils die Vorstände ihrer Familien, das sind der *paterfamilias* und ebenso die *materfamilias*". Text und Übersetzung: *Avenarius*, Liber singularis (2005) 234. *Avenarius* vermutet hier eine nachträgliche Hinzufügung, allerdings noch aus der Klassik stammend. Er geht außerdem davon aus, dass um 180 n. Chr. im *liber singularis regularum* der Lehrstoff der prokulianischen Rechtsschule, der auf die frühe klassische Jurisprudenz zurückging, als Regelwerk fixiert wurde. Dieses Regelwerk wurde zwar Ulpian zugeschrieben, jedoch lag das nach *Avenarius* nur daran, dass er den letzten bedeutenden Repräsentanten der prokulianischen Schule darstellt und nicht an einer tatsächlichen Beteiligung Ulpians an der Herausgabe des Textes. Heute existiert nur noch ein Auszug des *liber singularis regularum*, der vermutlich noch vor 320 n. Chr. angefertigt und in einer wahrscheinlich zu Beginn des 9. Jh. hergestellten Abschrift (Cod. Vat. Reg. Lat. 1128, entstanden in St. Gallen) erhalten ist. Vgl. *Avenarius*, Liber singularis (2005) 531 f.

294 In seinem Kommentar zur *lex Iulia et Papia* wird *mater familias* einmal generell als Synonym für *uxor* eingesetzt und in dieser Funktion der *concubina* gegenüber gestellt: Ulp. 2 ad leg. Iul. et Pap., D. 25, 7, 1 pr: *Quae in concubinatu est, ab invito patrono poterit discedere et alteri se aut in matrimonium aut in concubinatum dare? Ego quidem probo in concubina adimendum ei conubium, si patronum invitum deserat, quippe cum honestius sit patrono libertam concubinam quam matrem familias habere.* Von *Saller*, Gendered Semantics, Classical Philology 94.2 (1999) 194 wurde aufgezeigt, dass Ulpian je nach Kontext zwei unterschiedliche Aspekte der Definition von *mater familias* herausstreicht: Im Zusammenhang mit dinglichen Rechten definiere er *mater familias* analog dem *pater familias*, während er im nichtjuristischen Diskurs den Schwerpunkt auf den ehrbaren Charakter lege.

stünde außerdem ihrem Ehemann *filiae loco* und ihr Vater könnte schon aus diesem Grunde keine Ansprüche stellen[295]. Möglich wäre eine freie Ehe; in diesem Fall konnte sie zu Lebzeiten ihres Vaters kein eigenes Vermögen haben, wenn sie unter dessen *potestas* verblieben ist; dasselbe gilt aber auch für eine unverheiratete Frau, die von ihrem *pater familias* nicht emanzipiert wurde.

Der Umstand, dass die Frage, ob die Frau der *potestas* ihres Vaters unterlag oder nicht, erst nach ihrer Bezeichnung als *mater familias* aufgeworfen wird, könnte ein Indiz dafür sein, dass es nicht auf den gewaltfreien oder gewaltunterworfenen Status ankommt. Möglicherweise will man in erster Linie darauf aufmerksam machen, dass die Frau zu ihren Lebzeiten keinen Verstoß gegen die guten Sitten begangen hat und sie in ein positives Licht stellen, um die Entscheidung des Juristen zusätzlich moralisch zu untermauern.

Auch denkbar wäre, dass das nachfolgende „*quasi iure emancipata vixerat*“ mit der Qualifikation als *mater familias* insofern als Einheit zu sehen ist, als die Emanzipation ein Wesenselement derselben darstellt. „*Quasi*“ dient dazu, die Fiktion[296] anzuzeigen, sie sei *sui iuris*[297], was sie tatsächlich nicht ist, weil die *emancipatio* nicht rechtsgültig erfolgt ist.

Die Emanzipation setzt noch in der klassischen Zeit die aus den zwölf Tafeln abgeleitete Form voraus: Das Hauskind muss manzipiert und anschließend mittels *manumissio vindicta*[298] freigelassen werden. Bei Söhnen musste dieses Verfahren dreimal durchgeführt werden, bei Töchtern und Enkelkindern genügte einmal[299]. In nachklassischer Zeit verliert die Emanzipation

---

295 Abgesehen vielleicht von der Rückforderung einer etwaigen *dos profecticia* vom Ehemann der Tochter, was jedoch mit einem Testament auch nichts zu tun hat. Auch eine verwitwete *uxor in manu* ist unsere *mater familias* nicht, denn ansonsten wäre die Frage, ob der Vater sie emanzipiert hat, nicht relevant; sie wäre mit dem Tod ihres Ehemannes gewaltfrei geworden.

296 Vgl. *Wesener*, Quasi, in: Studi Donatuti 3 (1973) 1387 ff; zur Fiktion insbes. ebd. 1413 Fn 237 und *Pringsheim*, Symbol, in: Studi de Francisci 4 (1956) 209 ff. Es handelt sich in unserem Fall um eine sog. „offene“ Fiktion, da ganz offen etwas Wirklichkeitswidriges angenommen wird, um die Anwendung der Rechtsfolgen der Emanzipation zu ermöglichen. Dem Vater wird es verwehrt, sich auf deren Unwirksamkeit zu berufen.

297 So versteht es offenbar auch der Verfasser des Tipukeitos, der im 11./12. Jh. das nicht erhaltene Basiliken-Fragment zusammenfasst: Er übersetzt mit αὐτεξουςίας.

298 *Kaser*, PR I^2 (1971) 68. Die *manumissio vindicta* ist ein Anwendungsfall der *in iure cessio*: Ein *adsertor* berührt den zu Emanzipierenden mit einem Stab und behauptet dessen Gewaltfreiheit. Der Gewalthaber unterlässt eine Gegenbehauptung und der Prätor bestätigt die Freiheit mittels *addictio*. Vgl. ebd. 116. Wie *Wacke*, Iurisdictio voluntaria, SZ 106 (1989) 194 ausführt, wird das Erfordernis der Mitwirkung eines Dritten allerdings bereits im Laufe der späteren Klassik preisgegeben.

299 *Kaser*, PR I^2 (1971) 349 f. Zur Bedeutung dieser Freilassungswirkung für Kinderverkäufe siehe unten Kapitel 2.3.

zwar an Bedeutung, da die *patria potestas* insgesamt zurückgedrängt wird, dennoch bleibt sie in beiden Reichshälften eine „lebendige Einrichtung"[300].

Die römische Emanzipationsform bestand offiziell bis 531 fort[301], allerdings wurden in der Praxis teilweise abweichende Formen gehandhabt[302]. Das war oft auf Missverständnisse bei der Rezeption des römischen Rechts in den Provinzen zurückzuführen, denn die *patria potestas* in der Ausprägung des römischen Rechts war den Volksrechten unbekannt[303]. Diese Erkenntnis vorausgesetzt und mit der Vermutung, dass es sich wohl um einen Text aus der Provinz handelt[304], ist nun der Wortlaut von D. 1, 7, 25 pr zu überprüfen:

Der Nebensatz *quasi non iure eam nec praesentibus testibus emancipasset*, der das Vorbringen des Vater wiedergibt, der sich darauf berufen möchte, dass er seine Tochter nicht rechtsgültig und nicht in Gegenwart von Zeugen aus der Gewalt entlassen hat, bezieht sich wohl auf fehlende Voraussetzungen bei der *mancipatio*[305]. An dem Ergebnis, dass ihm dieses Vorbringen nicht erlaubt ist,

300 *Kaser*, RPR II² (1975) 211. Wie *Kaser* schreibt, „entarte" im Westen jedoch die Form, bis der Vollzug vor einer Behörde wesentlich wird; eine Entwicklung, die vermutlich eine Parallele auch im Osten zeitigt. Vgl. *Kaser*, RPR II² (1975) 212.

301 Nach dem Zeugnis von Justinian in den Texten C. 8, 47, 11 und C. 8, 48, 6. Vgl. *Mitteis*, Reichtsrecht und Volksrecht (1963) 216 f. Diokletian stellte 293 n. Chr. noch ausdrücklich fest (C. 8, 48, 3): *Non nudo consensu patria liberi potestate, sed actu sollemni vel casu liberantur, nec causae, quibus metus pater emancipavit filium, sed actus sollemnitas quaeritur.*

302 Vor allem die Bestätigung durch den Gerichtsmagistrat gewann an Bedeutung.

303 Ausgenommen das Recht der Gallier: Vgl. Gai. 1, 55; Caes. Gall. 4, 19. Spätestens nach der Ausdehnung des Bürgerrechts durch Caracalla durch die Constitutio Antoniniana von 212 n. Chr. musste dieses fremdartige Rechtsinstitut jedoch übernommen werden, was wohl einige Schwierigkeiten mit sich brachte. Wie *Mitteis*, Reichsrecht und Volksrecht (1891) 210 ausführte, kam es bei der Rezeption zu vielfältigen Missverständnissen und Abweichungen vom römischen Recht. Siehe zur Frage der privatrechtlichen Konsequenzen der Bürgerrechtsverleihung nur etwa *H. Wolff*, Papyrus Gissensis 1 (1976) 80 ff. Vgl. zur Überlieferung der Rezeption im syrisch-römischen Rechtsbuch die §§ 2; 3; 18; 36; 40; 47; 129 (ed. *Kaufhold/Selb*).

304 Siehe oben Fn 275.

305 *Solazzi* sieht in den erwähnten Zeugen allerdings die Assistenten bei der Inschrift, wie es seit Diokletian bezeugt sei, oder diejenigen, die bei der endgültigen Freilassung vor dem *preside* anwesend sein müssen. *Solazzi*, Condicio emancipationis, Arch. Giur. I (1921) 221, insbes. Fn 1. Siehe auch *Cerami*, D. 1, 7, 25pr, in: Principios (2014) 863 Fn 34. Interpolationsannahmen wollen vor allem diesen Nebensatz streichen; eine Einfügung durch die Kompilatoren wäre aber wohl schon deshalb unwahrscheinlich, weil die Kompilatoren viel eher bedacht waren, die Manzipation aus den Quellen zu tilgen.

entzündete sich eine Diskussion um die Frage, ob es eine *emancipatio tacita* im römischen Recht gab[306].

Wie *Riezler* zutreffend ausführte, kann man von einer *emancipatio tacita* allerdings nur sprechen, „wenn anzunehmen wäre, die Tochter sei trotz der Nichterfüllung der Form durch das Verhalten des Vaters wirklich *sui iuris* geworden". Die Stelle wolle aber „nur sagen, der Vater handle nicht recht, wenn er im Widerspruch zu seinem eigenen Verhalten nach dem Tode der Tochter eine Klage auf seine *patria potestas* gründe"[307]. Das ist insofern überzeugend, als davon auszugehen ist, dass im Falle einer rechtswirksamen Emanzipation durch bloßes Stillschweigen nicht die Formulierung *quasi iure emancipata vixerat* gewählt worden wäre[308]; nach *ius civile* wird die Tochter weiterhin als gewaltunterworfen anzusehen sein, die Berufung auf diesen Umstand ist dem Vater jedoch verwehrt, was zu einer Art prätorischer Gewaltfreiheit führt.

Der zweite Text, auf den die These von der *emancipatio tacita* gestützt wurde, ist C. 8, 46, 1:

C. 8, 46, 1 (Impp Antoninus et Verus AA. Titio)
Si filium tuum in potestate tua dicis esse, praeses provinciae aestimabit, an audire te debeat, cum diu passus sis ut patris familias rem eius agi per eos, qui testamento matris tutores nominati fuerunt. PP. sine die et conss.

C. 8, 46, 1 (Die Kaiser Antoninus und Verus an Titius)
Wenn du sagst, dass dein Sohn in deiner Hausgewalt sei, wird der *praeses provinciae* einschätzen, ob er dich hören muss, weil du es lange zugelassen hast,

---

306 Vgl. *van Ruyven*, Emancipatio tacita (1781). Während ältere Autoren hinter der Entscheidung eine Interpolation vermuteten, glaubte auch schon *Wieacker* nicht an einen justinianischen Eingriff bzgl. der *emancipatio de facto* in D. 1, 7, 25 pr. Er sieht den Grund für die Entscheidung im Rechtszustand des 4. Jh. n. Chr. Vgl. *Wieacker*, Rez. Santalucia, Labeo 19 (1973) 202. Von den zahlreichen Interpolationsannahmen sei nur die prominenteste von *Riccobono* erwähnt, der das *quasi iure* verdächtigt und ebenso den Teil *adversus factum suum quasi non iure eam nec praesentibus testibus emancipasset*. Die ursprüngliche Aussage des Textes sei nur, dass der Vater, der die Tochter aus seiner Gewalt entlassen hatte, nicht nach ihrem Tod gegen die von ihm selbst vorgenommene Emanzipation angehen kann; und dass er umgekehrt, wenn er sie nicht emanzipiert hat, sehr wohl „dagegen" handeln kann. Das Verbot des *venire contra factum proprium* manifestiere sich erst im Justinianischen Recht. *Riccobono*, Traditio ficta, SZ 34 (1913) 228 insbes. Fn 1.

307 *Riezler*, Venire (1912) 14. Es ist somit nicht davon auszugehen, dass dieser Text ein Beleg dafür ist, dass im vierten Jh. Emanzipationen generell durch bloßes Stillschweigen erfolgen konnten.

308 So auch *Van Ruyven*, Emancipatio tacita (1781) 25: *Sed, si tacita emancipatio fuisset cognita et iure admissa, utique debuisset esse iusta, et tamen dicitur haec filia vixisse, quasi iure emancipata. Ergo iure emancipata non erat, neque adeo tota illa dimissio, qua materfam. evaserat, pro emancipatione habebatur.*

dass dessen Vermögen als das eines *pater familias* von denen verwaltet wird, die im Testament der Mutter zu Vormündern ernannt worden sind. Ohne Angabe des Tages und des Konsuls.

Obwohl die Mutter, der ja keine *patria potestas* zukommen kann, in ihrem Testament nicht rechtswirksam Vormünder für ihren unmündigen Sohn bestellen konnte[309], wird es dem Vater nach diesem Reskript der *divi fratres* wegen langandauernden Duldens uU verwehrt, seine *patria potestas* geltend zu machen[310].

Glück sieht den Grund für die Entscheidung nicht in der Widersprüchlichkeit des Verhaltens, sondern in der Verjährung der Klage[311]. Klagen verjähren jedoch nach dem klassischen römischen Recht im Allgemeinen nicht, ausgenommen nur die prätorischen Bußklagen. Erst Theodosius II hat 424 nach provinzialen Vorbildern eine allgemeine Anspruchsverjährung durch Stillschweigen während 30 Jahren gesetzlich festgelegt[312]. Auch ist der Sohn offenbar noch unmündig, denn sein Vermögen wird von Vormündern verwaltet; somit wäre wohl auch diese Frist noch nicht abgelaufen. Bereits *Riezler* weist *Glücks* Ansicht mit dem Hinweis darauf zurück, dass *diu* eine unbestimmte Zeitangabe sei. Darüber hinaus führt er unter Berufung auf D. 40, 15 ins Feld, dass der Status einer Person sogar noch innerhalb von fünf Jahren nach ihrem Tod Gegenstand einer *quaestio* sein konnte. Seiner Meinung nach handelt es sich um einen Fall der Verwirkung. *Aestimabit* weise auf das richterliche Ermessen hin, welches wiederum Ausdruck der die Entscheidung beherrschenden *aequitas* sei. Der Gedanke dahinter sei: „Wer deutlich zu erkennen gibt, dass er ein Recht nicht wahren will, soll es nicht später seinem eigenen Verhalten zuwider geltend machen können“[313]. Ein Rechtsmissbrauch im Sinne des Verstoßes gegen das Schikaneverbot kann nicht der Grund sein, denn für eine solche Qualifikation des Verhaltens wäre es Voraussetzung, dass derjenige, der sein Recht geltend machen will, daraus keinen Vorteil zieht, sondern nur einem anderen einen Schaden zufügt[314]; der Vater hätte hier jedoch den Vorteil,

---

309 Zumindest bedürfte es einer im vorliegenden Text nicht erwähnten *confirmatio* durch den Magistrat. Vgl. *Kaser*, PR I² (1971) 355.

310 *Wacke*, Pactum II, SZ 91 (1974) 267 schlägt als möglichen Hintergrund der Stelle die Rückkehr des Vaters aus Kriegsverschollenheit vor. Vgl. dazu die Bestimmung in PS 2, 25, 1: *Pater ab hostibus captus desinit habere filios in potestate; postliminio reversus tam filios quam omnia sui iuris in potestatem recipit, ac si numquam ab hostibus captus sit.*

311 *Glück*, Pandecten 2 (1800) 402 Fn 94.

312 CTh. 4, 14, 1 (= C. 7, 39, 3, 1). Vgl. *Kaser/Knütel*, RP²⁰ (2014) 45 u. *Zimmermann*, LO² (1996) 770 Fn 147 mwN.

313 *Riezler*, Venire (1912) 16.

314 Vgl. *Kaser/Knütel*, RP²⁰ (2014) 47 Rn 15.

dass das Vermögen, welches als Vermögen des Sohnes verwaltet wurde, als das seine angesehen würde.

Piekenbrock bezeichnet hier den Zeitablauf als „konstitutiv", da kein positives Tun als *factum proprium* in Frage komme, sondern nur ein Unterlassen, welches die zeitliche Komponente voraussetze[315]. Tatsächlich spricht der Text nicht ausdrücklich von einem konkreten Akt, der als Emanzipation missverstanden werden könnte; was aber natürlich nicht bedeutet, dass es einen solchen keinesfalls gegeben haben könnte.

Interessant ist diesem Zusammenhang aber die allgemeine Beobachtung *Taubenschlags*, dass lange andauerndes Schweigen im Volksrecht oft als Beweisargument gegen die Richtigkeit einer Rechtsbehauptung im Prozess angesehen wurde[316]. Nachdem der Vorfall sich im provinzialen Umfeld abgespielt hat, könnte dies der leitende Gesichtspunkt sein. „Konstitutiv" wäre somit wohl nicht der Zeitablauf, sondern allenfalls die Entscheidung des *praeses provinciae*. Es wird vom Kaiser hier auch keine Entscheidung in der Sache getroffen, sondern die Lösung der Frage dem *praeses provinciae* übertragen, der ebenso zugunsten des Vaters entschieden haben kann[317].

Der Schauplatz in der Provinz und die Ähnlichkeit des Inhaltes im Vergleich zu D. 1, 7, 25 pr lassen zumindest den Verdacht aufkommen, dass dort dieses Konstitutionenmaterial verarbeitet[318], möglicherweise auch mit anderen Texten verwoben wurde. Im Gegensatz zu C. 8, 46, 1 spricht aber bei der *mater familias* wohl die Wahrscheinlichkeit dafür, dass ein äußerer Akt der

---

315 *Piekenbrock*, Befristung (2006) 172. *Wieacker* stellt im Zusammenhang mit der Verwirkung gem. § 242 BGB generell fest, dass „das zuzurechnende Vorverhalten hier (Anm: nicht im konkreten Zusammenhang mit der Digestenstelle, sondern allgemein im Fall der Verwirkung) Untätigkeit ist, von der wiederum das Element einer gewissen Dauerhaftigkeit nicht zu trennen ist". *Wieacker*, Rechtstheoretische Präzisierung (1956) 28. Zur „Bedeutung des ‚Zeitmoments' für die Schutzwürdigkeit des Vertrauens" beim Verbot des Selbstwiderspruches im geltenden deutschen Privatrecht siehe *Singer*, Verbot widersprüchlichen Verhaltens (1993) 225 ff u. 361 f.

316 Hierbei sei es irrelevant gewesen, ob die Klage eine dingliche oder eine persönliche war. Vgl. *Taubenschlag*, RP zur Zeit Diokletians, in: Bull. Pol. 1919/20, 262.

317 Der *praeses provinciae* war bis zur Schaffung des Instituts der Defensoren im Jahr 364 für die gesamte, auch niedere, Gerichtsbarkeit in den Provinzen zuständig. Vgl. *Mitteis*, Reichsrecht und Volksrecht (1891) 167 ff. Es handelt sich bei dieser Entscheidung somit um eine Überweisung zur Entscheidung an das Erstgericht. Vgl. zum „freieren, neuen, durchaus römischen Formalismus der Beurkundung" der Emanzipation vor dem *praeses provinciae*: *Selb/Kaufhold*, Syrisch-römisches RB 3 (2002) 53.

318 Es kann lediglich vermutet werden, dass auch *Wieling* sich auf diese Stelle bezieht, wenn er feststellt: „... Ulpian D. 1, 7, 25, die Entscheidung geht auf einen kaiserlichen Erlaß zurück." *Wieling*, Rez. Dette, AcP 187 (1987) 96 Fn 5.

Emanzipation vorhanden war: Nach dem ersten Satz mag das noch fraglich erscheinen, doch wenn der Vater vorbringt, er habe die Tochter *non iure … emancipasset*, so ist nur schwer vorstellbar, dass kein Akt stattgefunden hat, der als Emanzipation, wenn auch als nicht rechtsgültige, bezeichnet werden kann. Darüber hinaus wird die fehlende Hinzuziehung von Zeugen eigens erwähnt, was nur dann einen Sinn ergibt, wenn irgendein Akt stattgefunden hat. Auch *Santalucia* vertritt die Auffassung, dass die Betonung nicht auf „*quasi emancipata*" liege, sondern auf dem „*iure*"; der Emanzipationsakt sei somit zwar vorgenommen worden, doch seien die Formvorschriften außer Acht gelassen worden, was aber nicht dazu berechtige, sich auf die eigene Vernachlässigung der Formvorschriften zu stützen. Die Begründung: *adversus factum suum… pater movere controversiam prohibetur*[319].

Cerami meint, dass der Originaltext Ulpians[320] in D. 1, 7, 25 pr von den Kompilatoren interpoliert worden sei; ursprünglich sei auch hier der *praeses provinciae* angewiesen worden, im Wege der Voruntersuchung festzustellen, ob eine gültige Emanzipation stattgefunden hat, oder zumindest ein Anschein einer solchen bestand. Eine Spur davon sei – so zumindest *Cerami* – in der Wiederholung von „*quasi iure*" im Satzteil „*quasi iure nec praesentibus testibus*" übrig geblieben[321].

Aus den Volksrechten ist die Praxis überliefert, Hauskinder durch Freibriefe zu emanzipieren[322]. *Mitteis* vermutet einen griechischen Ursprung dieser Sitte, da dort die Schriftform besonders weit verbreitet war[323]. Der folgende

319 *Santalucia*, Libri opinionum 2 (1971) 209.

320 *Cerami* schließt sich generell *Santalucias* Deutung an und geht von der Klassizität der Opinionen aus.

321 *Cerami*, D. 1, 7, 25pr, in: Principios (2014) 863.

322 Diese eigentümliche Form belegt das syrisch-römischen Rechtsbuch in § 3: Der Vater schreibt dem zu emanzipierenden Sohn, dass dieser den Vater in allem geehrt hat, ihm in jeder Sache untertan war und er ihn wegen dieser Ehrerbietung aus seiner Gewalt entlässt. Hier geht es wohl auch darum, die Emanzipation von einer Straf-ἀποκήρυξις abzugrenzen.

323 Siehe *Mitteis*, Reichsrecht und Volksrecht (1891) 216. Vgl. dazu die Paulussentenzen (deren Entstehung *Liebs* im sehr späten dritten Jh. in Afrika vermutet) im zweiten Buch unter dem 25. Titel („*Quemadmodum filii sui iuris efficiuntur*"): § 1 *Pater ab hostibus captus desinit habere filios in potestate; postliminio reversus tam filios quam omnia sui iuris in potestatem recipit, ac si numquam ab hostibus captus sit.* § 2 *Singulae mancipationes vel isdem vel aliis testibus fieri possunt, vel eodem die vel intermisso tempore.* § 3 *Emancipatio etiam die feriato fieri potest.* § 4 *Apud magistratus municipales, si habeant legis actionem, emancipari et manumitti potest.* § 5 *Filius familias invitus emancipari non cogitur*. Text: *Liebs*, Pseudopaulinische Sentenzen II, SZ 113 (1996) 166. Akte im Rahmen der Emanzipation, die neben der Adoption und der Sklavenfreilassung zum „Kernbestand der *iurisdictio voluntaria*", der nichtstreitigen Gerichtsbarkeit zählt, werden

Hergang wäre somit zumindest denkbar: Der Vater wollte seine Tochter durch einen Freibrief emanzipieren; aufgrund der bisherigen Praxis in der Region gehen die Beteiligten davon aus, dass die Entlassung aus der Hausgewalt damit rechtswirksam vorgenommen wurde. Nach dem nunmehr geltenden römischen Recht führte dieser Vorgang jedoch nicht dazu, dass die Tochter *sui iuris* wurde, weil der förmliche Akt der Emanzipation fehlt; es waren keine Zeugen anwesend und möglicherweise war es nicht einmal die Tochter selbst[324]. Dieser Vorschlag könnte durch die folgende Beobachtung gestützt werden: Aufgrund der Ordnung in den Digesten[325] ist es naheliegend, dass

---

auch nach der Abschaffung des Legisaktionenverfahrens weiterhin als *legis actio* bezeichnet. Nach der Ansicht von *Wacke*, Iurisdictio voluntaria, SZ 106 (1989) 180 ff, insbes. 186, ist die Wendung *si qui legis actionem habet* technisch für den zuständigen Beamten und identisch mit der Befugnis, Gerichtsverhandlungen leiten zu dürfen. *Legis actio* und *iurisdictio voluntaria* seien „geradezu synonym". Sind die in unterschiedlichen Publikationen geäußerten Vermutungen von *Liebs* zutreffend, so sind die Paulussentenzen (spätes drittes Jh.: *Liebs*, Africa² (2005) 46 ff) und die *Ulpiani opiniones* sehr zeitnah entstanden (zwischen 325 und 331: *Liebs*, Opinionum libri, TR 41 (1973) 293) und außerdem beide Werke aus der Provinz. Während er aber die Paulussentenzen mit großer Überzeugung in Africa lokalisiert (*Liebs*, Africa² (2005) 50 ff), spricht er sich bei den Opinionen vorsichtig und ohne nähere Begründung für die Vermutung aus, sie seien „im Osten" enstanden (*Liebs*, Pseudo-Ulpianus II, Opinionum libri VI, HLL 5 (1989), § 507.468).

324 Bestärkt könnte diese These auch mit *Ceramis* Hinweis auf die Provinzialpraxis werden (allerdings geht er im Unterschied zu der hier angebotenen Lösung davon aus, dass die Zeugen nichts mit einer erforderlichen Manzipation zu tun haben): „L'espressione '*nec praesentibus testibus*' allude verosimilmente non già alla mancanza dei testimoni della *mancipatio*, implicitamente contemplata nella locuzione '*non iure*', bensì all'assenza dei testimoni richiesti per la redazione del documento scritto, che era adoperato usualmente, specie in provincia, come prova", siehe *Cerami*, D. 1, 7, 25pr, in: Principios (2014) 863 Fn 34.

325 Die Palingenesie der Opinionen ist einerseits umstritten und gibt andererseits für unsere Stelle keinen weiteren Aufschluss. *Lenel* stellt den Text unter den (Unter-)Titel „*De capite minutis*" und ordnet ihn als mittleren von drei Texten ein (das vorhergehende Fragment ist nach dieser Rekonstruktion D. 1, 5, 27 und das nachfolgende D. 48, 23, 3). In Fn 1 merkt er an: „*Fieri potuit ut sub hac rubrica de adoptionibus et emancipationibus ageretur. Sed si quis alio referre maluerit fr 2340.2341* (Anm: *ie* D. 1, 5, 27 u. D. 1, 7, 25), *quidem non contradixerim.*" *Santalucia* ist hingegen der Ansicht, D. 1, 7, 25 sei gemeinsam mit D 1, 5, 27 unter den Titel „*De adoptionibus et emancipationibus*" zu stellen. *Liebs* meint wiederum, die Generalthemen des fünften Buches seien „*In integrum restitutio*, Hauptteil des Schuldrechts, Personenrecht" und hier konkret „*De adoptionibus et emancipationibus*" der letzte Untertitel, dem ausschließlich D. 1, 7, 25 zuzuordnen sei. Siehe *Lenel*, Pal II (1889) 1010; *Santalucia*, Libri opinionum II (1971) 205 u. 207; *Liebs*, Opinionum libri, TR 41 (1973), überarbeitete Version (online) 27 mit Fn 120.

zumindest für die Kompilatoren der zentrale Punkt hier eine *absentia* ist. Im Fragment D. 1, 7, 24, einem Text aus Ulpians *disputationes*, geht es darum, dass man Abwesende nicht adrogieren kann; in § 1 des Fragments D. 1, 7, 25 wird gesagt, dass man umgekehrt als Abwesender niemanden adoptieren oder adrogieren kann. Das dazwischenstehende *principium*, um das es hier geht, könnte sich nun folgerichtig darauf beziehen, dass man Abwesende nicht emanzipieren kann (wie es bei einem Freibrief der Fall gewesen wäre). Aufgrund des Verbots des Selbstwiderspruchs kann der Emanzipierende sich auf die Ungültigkeit aber in der Folge nicht berufen.

Ob der Vater zu Lebzeiten der Tochter hätte geltend machen können, dass er keine gültige Emanzipation vorgenommen hat, sei dahingestellt – auch in diesem Fall wäre es ein widersprüchliches Verhalten – doch da der Tod den geduldeten Zustand gewissermaßen „versteinert“, kann er durchaus eine Rolle für die Entscheidung spielen. Eine ähnliche Überlegung könnte in der Lösung bei nichtigen Ehegattenschenkungen gesehen werden, die mit dem Tod des Schenkers Wirksamkeit erlangt[326].

Konkreter Anlass eines Streites ist offenbar das erwähnte Testament der Frau, in welchem sie Erben eingesetzt hat. Es ist auch denkbar, dass die Verstorbene nur in diesem Punkt als Gewaltfreie behandelt wird. Hätte der Vater zu ihren Lebzeiten bspw. eine von ihr vorgenommene Veräußerung mit dem Argument bekämpfen wollen, sie wäre gewaltunterworfen und die Sache daher sein Eigentum, so kann nicht ausgeschlossen werden, dass ihm das möglich gewesen wäre.

So vertrat auch *Favre* schon die Ansicht, dass der Vater zu Lebzeiten der Tochter reagieren hätte müssen: Nach dem Tod der Tochter kann er deren Testament wegen Ungültigkeit der Emanzipation nicht mehr beanstanden[327].

Wie *Wacke* in anderem Zusammenhang festgestellt hat, ist bei der Untersuchung eines Textes darauf Bedacht zu nehmen, ob es sich um eine theoretische Erörterung oder einen Fall aus der Praxis handelt. Während bei ersterem keine unwesentlichen Sachverhaltselemente anzunehmen seien, könne ein praktischer Fall unwichtige Nebensächlichkeiten enthalten[328]. Die Entscheidung dieser Frage kann also hilfreich sein, will man die Bedeutung des Todes für

---

326 Ab einer *oratio Severi* von 206 ist die nicht widerrufene Schenkung mit dem Tod des Schenkers automatisch wirksam, davor bestand zumindest die Möglichkeit, die Schenkung durch Fideikommiss zu bestätigen. Vgl. dazu *Kaser*, PR I^2 (1971) 332 mwN.

327 Diese Feststellung bezeichnet er als *ratio decidendi*, während es die *ratio dubitandi* sei, ob „*venire contra factum suum, quotiens aliquid factum est contra leges, aut non servatis sollemnibus*“ möglich ist. Siehe *Favre*, Rationalia, ad D. 1, 7, 25 (benützte Ausgabe: Gervasium 1604, 40).

328 *Wacke*, Dig. 49, 15, 6, in: Scritti Melillo III (2009) 1473.

die Entscheidung unserer Rechtsfrage feststellen. *Wacke* kommt zu dem Ergebnis, dass die Beteiligung einer Frau, wo es nicht gerade auf ihre weibliche Eigenschaft ankomme, einen Hinweis auf einen praktischen Fall darstelle, da der „juristische Prototyp" in der Regel männlich und der maskuline Begriff die umfassende Grundform sei[329]. In unserem Fall ist das weibliche Geschlecht zwar ausschlaggebend für die Bezeichnung „*mater familias*"; diese Qualifikation wiederum ist aber wohl nicht entscheidend für das Ergebnis, dass die Unwirksamkeit einer *emancipatio* nicht geltend gemacht werden kann. Auch bei einem Haussohn könnte sich diese Frage ebenso stellen. Es dürfte sich damit um einen praktischen Fall handeln; nachdem also auch nicht entscheidungsrelevante Aspekte in den Text aufgenommen sein könnten, ist die Bedeutung des Todes in Zweifel zu ziehen.

Was ist nun das *movere controversiam*, das dem Vater hier verboten wird? *Knütel* übersetzt es mit „Statusprozess"[330], was im Ergebnis zutreffend sein kann, jedoch über den Wortlaut hinausgreift. Bei *Sintenis* ist es ein allgemeines „Streit erheben"[331]. Noch genereller ist die Basiliken-Zusammenfassung im Τιπουκέιτος (11. Jh): Hier wird dieser Ausdruck lediglich mit λέγειν (sagen) wiedergegeben. Bei *Watson* wird übersetzt: „her father is estopped from initiating proceedings which would give the lie to his own act by raising the allegation that he did not carry out a lawful emancipation or did not do so in the presence of witnesses"[332].

Riezler geht zwar eher davon aus, dass es sich um ein *praeiudicium* über den Status der Tochter handelt[333], für denkbar hält er aber auch einen Angriff auf das wegen der Vermögensunfähigkeit der *filia familias iure civili* ungültige Testament[334].

---

329 *Wacke*, ebd.

330 Siehe oben Fn 277.

331 Siehe oben Fn 278.

332 *Watson*, Digest 1 (1985) 22.

333 Das *SC ne de statu defunctorum post quinquennium quaeratur* (D. 40, 15; C. 7, 21) gehe zwar vom Streit über die *libertas* aus, müsse aber dem Wortlaut nach auf jeden Statusprozess bezogen werden. Dass es sich bei der Frage, ob jemand *mater* oder *filia familias* ist, um eine Statusfrage handelt, gehe aus D. 37, 17, 1, 1 hervor und dass der Streit um die *potestas* Gegenstand eines *praeiudicium* sein konnte, aus D. 6, 1, 1. In diesem Falle bedürfe es keiner *exceptio*, da der Formel des *praeiudicium* das *condemna* fehle (Gai. 4, 44).

334 Bei einer *actio* gegen die *heredes testamento scripti* könnte diesen seiner Ansicht nach eine *exceptio doli generalis* gewährt werden. Vgl. *Riezler*, Venire (1912) 14 f. Es geht jedoch kaum um die allgmeine Frage der Testierfähigkeit einer Frau, da in unserem Text nur die mangelnde Entlassung aus der *patria potestas* ein Streitpunkt ist; weder die Form des Testaments, noch eine fehlende Zustimmung des Tutors werden zum Thema gemacht. Freilich wäre diese Diskussion um

Santalucia vertritt – wie offenbar auch die neuere deutsche Digestenübersetzung – die Ansicht, dass es sich um einen Statusprozess handeln müsse. Das sei seiner Ansicht nach überhaupt der Grund für die Entscheidung: Weil der Status eines Verstorbenen für sich genommen kein Gegenstand eines Hauptprozesses sein, sondern immer nur inzidenter im Zuge anderweitiger Streitigkeiten festgestellt werden könne, habe die Klage abgewiesen werden müssen. Der Vater bekämpfe somit nicht die Gültigkeit des Testaments, sondern die Gültigkeit der Emanzipation an sich. Der Text habe demnach nichts mit dem Problem der stillschweigenden Freilassung – also auch nichts mit dem Verbot widersprüchlichen Handelns – zu tun, sondern sei der Beweis, dass eine mangelhafte *emancipatio* nach dem Tod der Betroffenen keinen Gegenstand einer direkten Anfechtung bilden könne[335].

Der Status kann in diesem Fall tatsächlich nicht im Hauptweg festgestellt werden; das ergibt sich aus C. 7, 16, 13: *principaliter de statu defuncti agi non potest…* Mit *controversiam movere* ist aber ein außerordentlich weiter Begriff gewählt worden, der nicht fest abgegrenzt ist. Er bezeichnet generell einen Streit zwischen Personen, die an einem Rechtsfall beteiligt sind und kann Vorgehensweisen in jedem Stadium dieses Streites bezeichnen, der nicht einmal zwingend ein Gerichtsprozess sein muss[336]. Viele Szenarien sind davon umfasst und ein Statusprozess ist nicht das einzig denkbare. Der Vater darf in dieser Sache generell nichts tun, was seinem früheren Verhalten widerspricht. So ist auch *Kaser* der Ansicht, dass der Jurist sich schon deshalb nicht näher

---

Form und Tutor ohnehin müßig, sollte sich herausstellen, dass die Frau unter der *potestas* ihres Vaters verblieben ist.

335 *Santalucia*, Libri opinionum 2 (1971) 210 f. Dagegen wendet sich auch *Cerami*, D. 1, 7, 25pr, in: Principios (2014) 866, wo er ausführt, dass er überzeugt sei, dass hier der Status sehr wohl lediglich inzidental festgestellt werde und die Klage in erster Linie auf die Geltendmachung der Ungültigkeit des Testaments abziele.

336 *Kaser*, Controversiam movere, in: Studi Sanfilippo 2 (1982) 246 resümiert nach seinen Untersuchungen zur Verwendung dieses Begriffes in den Juristen- und Kaisertexten: „*Controversia*, als Streit zwischen den an einem Rechtsfall Beteiligten, bedeutet einen entweder als möglich erwogenen oder von den Parteien bereits geplanten oder *in iure* geprüften und gegebenenfalls vorbereiteten oder endlich einen schon anhängigen Prozess; oder allgemein einen vergangenen, gegenwärtigen oder zukünftigen Prozess in einem oder mehreren oder allen der soeben aufgezählten Stadien; außerdem zuweilen Fälle, in denen der Streit auf außergerichtlichen Wegen durch Schiedsgericht, Vergleich oder mittels Eid ausgetragen wird. Der Begriff reicht mithin außerordentlich weit und ist nicht fest abgegrenzt, hat also keine streng technische Bedeutung gewonnen." In der nachklassischen Entwicklung zeige sich keine grundsätzliche Veränderung, wohl aber eine stärkere Beziehung auf den Prozess. Siehe auch *Heumann/Seckel*, Art. Controversia, Handlexikon[11] (1971) 106, die dem Begriff *controversia* allgemein die Bedeutung Streit, Streitigkeit vor Gericht beimessen.

auf eine Verfahrensart einlässt, „weil er ja das *venire contra factum proprium* des Vaters ablehnt“[337].

Cerami spricht zunächst von einer *actio in rem*, die hier vom Vater angestellt werde[338], und weist an anderer Stelle auch darauf hin, dass die Formulierung „*movere controversiam prohibetur*“ typisch für die technisch-prozessuale Terminologie der *cognitio extra ordinem* sei; „*movere controversiam*“ bezeichne im Bereich der *cognitiones extra ordinem* die *litis denuntiatio* und somit die Anfrage des Klägers. „*Prohibetur*“ impliziere hingegen eine Maßnahme, mit welcher der zuständige Magistrat es mit seiner *auctoritas* ablehnt, die einleitende *denuntiatio* zu bestätigen; somit handle es sich inhaltlich um eine der *denegatio actionis* des Formularprozesses vergleichbare Abweisung des Klagebegehrens[339].

Dass der Tod möglicherweise aufgrund des tatsächlichen Geschehens erwähnt wurde, ohne dass er juristisch überhaupt eine Rolle für die Entscheidung spielen musste, wurde bereits ausgeführt[340]. Ebenso die Überlegung, dass er, falls er doch ein entscheidendes Element darstellt, eventuell eine nachträgliche (zumindest relative) Gültigkeit der *emancipatio* herbeiführt. Nicht zwingend erscheint demnach der Schluss, dass es ein Statusprozess sein muss, der aufgrund des Todes verwehrt wird.

Neben der Frage des widersprechenden Verhaltens ist fraglich, was hier das *factum proprium* ist, gegen das nicht zuwidergehandelt werden darf: ein ungültiger Emanzipationsakt oder das Dulden des Vaters, dass die Tochter praktisch gewaltfrei lebt?

Riezler lässt es offen, ob der Vater die Tochter „ausdrücklich, wenn auch nicht auf gesetzliche Weise, emancipiert hat, oder ... bis zum Tode der Tochter trotz deren tatsächlichen selbständigen Gebarens seine *patria potestas* nicht geltend gemacht hat“. Jedenfalls setze sich der Vater „mit seiner eigenen Willensbetätigung“ in Widerspruch[341].

Cerami hält in seiner Sachverhaltsbeschreibung fest, dass die Tochter lange Zeit wie eine Gewaltfreie gelebt habe[342], und auch *Wieling* paraphrasiert

337 Ein Präjudizialverfahren über das Freigewesensein eines Verstorben von der *patria potestas* gibt es nicht, daher wäre „nur an die Vindikationen, Forderungsklagen usw. zu denken, mit denen der paterfamilias die durch ein Hauskind erworbenen Rechte geltendmacht“, so *Kaser*, Controversiam movere, in: Studi Sanfilippo 2 (1982) 244 Fn 132.

338 *Cerami*, D. 1, 7, 25pr, in: Principios (2014) 862.

339 *Cerami*, D. 1, 7, 25pr, in: Principios (2014) 865.

340 Siehe oben S. 122.

341 Vgl. *Riezler*, Venire (1912) 13.

342 *Cerami*, D. 1, 7, 25pr, in: Principios (2014) 862: „Una filia familias, dopo aver lungo vissuto, al di fuori della famiglia paterna, come persona sui iuris ... e, quindi, come fosse stata legittimamente emancipata dal padre ..., muore, avendo in precedenza istituito eredi testamentari, nell'ovvia convinzione di essere,

den Text mit „Die Tochter lebt lange Zeit unbehelligt als emancipata …“[343]. *Mader* spricht hier davon, dass es dem Vater „nicht nur verwehrt wird, entgegen getroffener Abreden … zu handeln, sondern … eine Bindung an ein bestimmtes, bloß tatsächliches Verhalten, das anderen gezeigt wurde, angenommen wird“[344]. *Gutiérrez-Masson* stellt ebenfalls auf das passive Verhalten des Vaters und die unterlassene Geltendmachung der *patria potestas* während des gesamten Lebens der Tochter ab[345]. Letztere zieht hier eine Parallele zur *manumissio minor*, bei der das Dulden, dass ein Sklave als Freier lebt, schließlich ebenfalls dazu führe, dass dem Eigentümer im Falle der Reivindikation eine prätorische *exceptio doli* entgegengehalten werden könne[346].

Dass sie *quasi iure emancipata vixerat*, könnte tatsächlich auf eine gewisse zeitliche Komponente hinweisen, dass der Vater sie aber *non iure … emancipasset* ist, wie bereits angesprochen, wohl ein bestimmter Akt. Dabei könnte es sich nun aber entweder um zwei Voraussetzungen handeln, die kumulativ gegeben sein müssen, oder aber es werden mehrere Argumente vorgebracht, um die Entscheidung umso mehr zu rechtfertigen.

Bereits die Glossatoren und Kommentatoren haben sich über diese Frage den Kopf zerbrochen und anhand dieser Stelle diskutiert, wann widersprüchliches Verhalten generell verboten ist.

---

appunto, sui iuris, in conseguenza e per effetto della risalente emancipazione.“ Außerdem sieht er es ebd. 865 als im Text bestätigt an, „che la figlia era a lungo vissuta ut mater familas, ‘quasi iure emancipata’“ und nicht nur, wie *Santalucia*, Libri opinionum 2 (1971) 207 ff meint, „quasi emancipata, come avrebbe dovuto dire se l’emancipazione in realtà non vi fosse stata.“

343 *Wieling*, Rez. Dette, AcP 187 (1987) 97. Lange Zeit nimmt weiters auch *Diez-Picazo*, Propios actos (1963) 24 an: „Trata de invocar la patria potestad un padre que ha permitido durante mucho tiempo que su hija viva como ‚sui iuris‘…”

344 *Mader*, Rechtsmißbrauch (1994) 40. *Mader* meint jedoch, dass die Glosse *Factum suum* (D. 1, 7, 25 pr) der Ausgangspunkt für die heute geläufige Formulierung sei; es wird jedoch vielmehr anzunehmen sein, dass die Glossa ordinaria diese Formulierung aus den Brocardica übernommen hat (möglich ist allerdings, dass es ältere Glossen gibt, auf die sich bereits die Brocardica stützen. Für unser Rechtssprichwort wird allerdings vielmehr der bei Pillius de Medicina in dessen *libellus disputatorius* bei der Diskussion um die Zulässigkeit des Selbstwiderspruchs erwähnte Kommentar des Irnerius Vorbildwirkung gehabt haben; siehe oben S. 38).

345 „La ‚ratio iuris opinionis‘ descana en el comportamiento pasivo u. omission del ‚pater‘ que durante toda la vida de la ‚filiafamilias‘ se ha abstenido de reclamar la ‚patria potestas‘ sobre ella mediante la oportuna ‚quaestio praeiudicialis‘ acerca de su ‚status‘ familiar.“ *Gutiérrez-Masson*, Actos propios, in: Buona fede oggettiva 2 (2003) 281.

346 *Gutiérrez-Masson*, Actos propios, in: Buona fede oggettiva 2 (2003) 281. Von „*minus iustae manumissiones*” spricht auch *Balestri Fumagalli*, Lex Iunia (1985) 7 und bezogen auf Lantiner von „*libertas minor*” ebd. 4 Fn 4.

Die Glosse unterscheidet danach, ob das Erstverhalten rechtswidrig war oder nicht. Man dürfe nur dann widersprüchlich handeln, wenn mit der ersten Handlung ein Gesetzesverstoß begangen worden sei. Eine formlose Emanzipation sei nicht verboten und daher stehe in diesem Fall das Vorverhalten entgegen[347].

Stärker differenziert der Kommentator Bartolus, der drei Kategorien unterscheidet: Es gehe darum, ob das *factum* 1. *secundum legem*, 2. *praeter legem* oder 3. *contra legem* erfolge. Eine ähnliche Kategorisierung wird auch in der *solutio* zu *venire contra factum proprium* in den Brocardica *aurea* bei Azo wieder begegnen[348]. Die nicht rechtsgültige Emanzipation zählt Bartolus zur zweiten Gruppe und schließt daraus, dass aufgrund dieser Zuordnung hier die Regel eingreift, dass man nicht widersprüchlich handeln darf. Das sei sowohl dann der Fall, wenn diese Handlung, die zwar den Vorgaben für die Rechtswirksamkeit nicht entspricht (aber auch nicht verboten ist), durch Zeitablauf bestätigt werde, als auch dann, wenn dies nicht geschehen sei[349]. Für ihn ist der Zeitablauf somit nicht entscheidend. Nachdem das Schweigen im Vergleichstext C. 8, 46, 1 wohl nur formelle Beweisfunktion haben könnte und keine materielle Voraussetzung ist, überzeugt dieses Ergebnis auch im Hinblick auf D. 1, 7, 25 pr.

Schlussendlich stellt sich noch die Frage, ob ein schutzwürdiges Vertrauen der Tochter bzw. der Erben eine Rolle spielt oder ob es darum geht, den *dolus* des Vaters zu bestrafen, indem ihm die Berufung auf eine selbst herbeigeführte Formnichtigkeit verwehrt wird[350].

Cerami argumentiert mit dem *dolus* des Vaters, wenn er ausführt, dass die *denuntiatio*, mit welcher der Vater die Nichtigkeit des Testaments wegen der Ungültigkeit der Emanzipation geltend macht, dolos erscheine, nachdem er

---

347 Gl. *Factum suum* (D. 1, 7, 25 pr): ... *Solum refert an aliquis faciat quod est prohibitum a lege an quod non est prohibitum ut emancipare non solemniter ... In primo casu non obstat factum suum alicui, in secundo obstat...*

348 Siehe unten S. 365 ff.

349 ... *Circa hoc dic quod aut factum est (1) secundum legem aut (2) praeter legem aut (3) contra legem. (1) Primo casu aut est actus qui de sui natura est revocabilis ... et potest quis venire contra factum proprium. ... Si vero est actus de sui natura irrevocabilis, tunc regulariter non potest contravenire ... (2) Si vero est factum praeter legem, tunc habet locum lex nostra, quia aut est roboratum duiturnitate temporisa ut non. (3) Si vero est factum contra legem, et tunc aut est nullum in praeiudicium tertiae personae aut propter favorem publicum aut favorem volentis contravenire.*

350 Für das geltende deutsche Recht wäre nach *Wieacker*, Rechtstheoretische Präzisierung (1956) 28 die Antwort klar: „Das *venire contra factum proprium* ist *dolus praesens*; es setzt arglistiges oder auch nur sonst vorwerfbar fahrlässiges Veranlassen einer Erwartung im Partner unstreitig nicht voraus. ... das Prinzip des *venire* ist eine Anwendung der Sätze vom ‚Vertrauen im Rechtsverkehr', nicht ein spezifisches Verbot von Arglist und Lüge."

sich bewusst gewesen sein muss, die Emanzipation nicht rechtsgültig vorgenommen zu haben, und diese Irregularität niemals beanstandet hatte[351].

Die Stelle selbst thematisiert weder ein schutzwürdiges Vertrauen noch spricht sie ausdrücklich vom vorwerfbaren *dolus*; sie verbietet lediglich ohne nähere Begründung das widersprüchliche Handeln an sich. Damit lässt sie auch diesbezüglich Raum für Spekulation, denn erst Justinian spricht den Punkt des Vertrauensschutzes erstmals an[352].

1.15. C. 4, 44, 7: Einseitiger Rücktritt beim Kauf

C. 4, 44, 7 (Impp Diocletianus et Maximianus AA. et CC. Mucatraulo militi) Ratas manere semper perfectas iure venditiones vestra etiam interest. nam si oblato pretio rescindere venditionem facile permittatur, eveniet, ut et si quid vos laboribus vestris a fisco nostro vel a privato comparaveritis, eadem lege conveniamini, quam vobis tribui postulatis. [a. 293]

C. 4, 44, 7 (Die Kaiser Diokletian und Maximian und die Cäsaren an den Soldaten Mucatraulus)
Es ist bestimmt in eurem Interesse, dass rechtsgültige Kaufverträge immer wirksam bleiben. Wenn es nämlich durch Angebot des Preises leicht ermöglicht wird, den Verkauf aufzuheben, wird es geschehen, dass auch, wenn ihr mit eurem Verdienst etwas von unserem Fiskus oder von einem Privaten gekauft haben werdet, ihr nach derselben Norm belangt würdet, welche ihr verlangt, dass Euch zugestanden werde. [293]

Dieser Text ist wieder ein thematischer Rückgriff auf zuvor diskutierte Fälle: Es geht um die Bindung an einen Kaufvertrag und auch der Fiskus wird neuerlich erwähnt.

Im 44. Titel des vierten Buchs im Codex Iustinianus werden unterschiedliche Tatbestände besprochen, die zur Aufhebung eines bereits vollzogenen Kaufvertrages führen: *Vis* (Fr. 1 u. 8); *metus* (Fr. 8); *laesio enormis* (Fr. 2 u. 8); *fraus* (Fr. 5 u. 8); sonstiger *dolus* (Fr. 10 u. 11 pr); Irrtum (Fr. 11 § 1); der Kauf von kaiserlichem Privatvermögen durch Hofleute (Fr. 18); Kauf von einem flüchtigen Beamten (Fr. 17); Übervorteilung bei (parteilicher) öffentlicher Versteigerung (Fr. 16). Aber auch Fälle, in welchen ein Rücktritt nicht gestattet ist, werden hier diskutiert: Der (unzulässige) Rücktritt vom perfekten Vertrag (Fr. 3 u. 7); Weiterverkauf um einen geringeren Preis (Fr. 4 u. 8); Verkauf um einen zu geringen Preis (Fr. 15); Aufhebung ohne *probabilis causa* (Fr. 6); eine Gegenleistung, die nicht in Geld besteht (Fr. 9); die Einwilligung in die Aufnahme eines über dem tatsächlich Vereinbarten liegenden Kaufpreises in die Urkunde (Fr. 11 pr u. § 1); schlechter Verkauf aus dringenden Gründen

351 *Cerami*, D. 1, 7, 25pr, in: Principios (2014) 865 f.
352 Vgl. etwa den oben bereits besprochenen Text C. 2, 3, 29 pr.

(Fr. 12); Verkauf des *minor*, nur aus dem Grund, weil der Vertragspartner gewarnt wurde (Fr. 13); Nichterfüllung der Bedingung, dass der Erwerber eines Grundstückes die Abgaben zu leisten hat (Fr. 14).

Die Fr. 2 bis einschließlich 14 geben allesamt von Diokletian (gem. mit Maximian) erlassene Reskripte wieder, Fr. 2 stammt aus 285; Fr. 3–9 sind auf 293 datiert; Fr. 10–13 sind undatiert und Fr. 14 stammt aus 294.

Insgesamt lässt sich die Tendenz ablesen, die Vertragsbindung wieder zu verstärken, welche vor allem unter dem Einfluss volksrechtlicher Vorstellungen vom Lösungsrecht abgeschwächt worden sein dürfte[353]. Insbesondere tritt Diokletian gegen die Vorstellung der einseitigen Widerrufbarkeit des Kaufvertrages auf. Er hält einen solchen nachträglichen Rücktritt nicht für zulässig, denn wenn der Kaufvertrag einmal perfekt sei, bleibe er auch perfekt und könne folglich nachträglich nicht einseitig aufgelöst werden[354]. Diese Entscheidung gilt nach Fr. 6 auch beim Angebot des Doppelten der empfangenen Leistung[355]. Ausdrücklich wird auf die Beeinträchtigung der Rechtssicherheit hingewiesen, die durch eine Gestattung von solchen Vorgehensweisen hervorgerufen würde[356].

Dass ein solches Verhalten nicht zulässig ist, entspricht auch dem allgemeinen Prinzip, dass eine einseitige Aufhebung eines Vertrages nicht möglich ist, sondern nur durch Einverständnis beider Parteien die Bindungswirkung desselben beseitigt werden kann[357].

Fr. 7 spricht von dem Versuch, *oblato pretio* – *Treitschke* übersetzt mit: „durch Anbieten eines Angeldes“ – den Vertrag aufzulösen.

Das Angeld (*arr(h)a*)[358] ist eine Rechtsfigur, die für das klassische römische Recht keine große Rolle spielt[359]. Für das Zustandekommen eines Kaufvertrages war es nicht nötig und wirkte als bloße Bestätigung[360], so es überhaupt gegeben wurde. Vor allem in den griechischen Rechten ist seine Bedeutung jedoch eine viel größere, denn hier ist die Hingabe der *arra* haftungsbegründend. Diese Konstruktion nahm Einfluss auf das nachklassische Recht, daher

---

353 Siehe zum Reurecht im volksrechtlichen Obligationenrecht: *Taubenschlag*, RP zur Zeit Diokletians, in: Bull. Pol. 1919/20, 260 f.

354 Vgl. dazu auch Diocl./Maxim., C. 4, 44, 3: *De contractu venditionis et emptionis iure perfecto alterutro invito nullo recedi tempore bona fides patitur, nec ex rescripto nostro. quo iure fiscum nostrum uti saepe constitutum est.*

355 Diocl./Maxim., C. 4, 44, 6: *Non est probabilis causa, propter quam rescindi consensu factam venditionem desideras. quamvis enim duplum offeras pretium emptori, tamen invitus ad rescindendam venditionem urgueri non debet.*

356 Vgl. auch *Wacke*, Circumscribere, SZ 94 (1977) 200 mit Fn 42.

357 Siehe dazu bereits oben S. 80 f.

358 Siehe ausführlich dazu *Pringsheim*, Sale (1950) 333 ff.

359 Vgl. *Kaser*, PR I² (1971) 547. Vgl. Auch *Jakab/Ernst*, Kaufen (2008) v.

360 *Argumentum emptionis et venditionis contractae*: Gai. 3, 139; D. 18, 1, 35 pr.

bestand ein gewisser Bedarf, diese Ansicht zurückzudrängen, um den Regeln des klassischen römischen Rechts wieder zum Durchbruch zu verhelfen.

Der Sinn eines Angeldes ist es, den Verkäufer an den Vertrag zu binden, dem Käufer jedoch eine Rücktrittsmöglichkeit zu gewähren: Er übergibt dem Verkäufer einen Vermögenswert (bei der Sach-*arra* handelte es sich meist um einen Ring, aber auch die Geld-*arra* kam vor)[361], der diesem verfällt, sollte der Käufer den Kaufpreis nicht bezahlen[362].

Wie *Klingenberg* aber bereits angemerkt hat, können die Anfragenden nur als Verkäufer aufgetreten sein, denn diese werden schließlich am Ende aufgefordert, sich in die Rolle des Käufers hineinzuversetzen[363]. Es wird sowohl der Kauf von einem Privatmann wie auch der vom Fiskus als ein „umgekehrter" Fall erwähnt. Ob also hier ein Verkauf an den Fiskus stattfand oder an einen Privatmann, kann nicht mit Sicherheit gesagt werden. Die ausdrückliche Erwähnung des Fiskus könnte allerdings auf einen solchen Fall hinweisen, was das Staatsinteresse am Kaufvertrag naturgemäß erhöhen würde. Die anfragenden Soldaten möchten den Gegenstand, den sie verkauft haben, doch nicht herausgeben und sind deshalb bereit, dem Käufer eine bestimmte Summe auszuzahlen.

Es wäre denkbar, dass der Käufer ein Angeld gegeben hat, welches die Verkäufer nun an ihn zurückgeben wollen, um sich von der eigenen Leistungspflicht zu befreien. *Felgenträger* hat jedoch im Zusammenhang mit C. 4, 44, 6 herausgearbeitet, dass das Wort *pretium* dort „keinen Zweifel" lasse, „dass es sich dabei um den ganzen Kaufpreis und nicht etwa eine *arrha* handelt"[364]. Dasselbe wäre somit auch für diesen Fall anzunehmen.

Der Versuch des Kaisers, die anfragenden Soldaten von der Richtigkeit seiner Entscheidung zu überzeugen, ist nach der Einschätzung *Felgenträgers* eine philosophische Begründung, wie sie in klassischen Reskripten nicht häufig vorkomme[365].

Diese Betonung der Bedeutung, an früheres Verhalten gebunden zu sein, dürfte denn auch das Kriterium der Auswahl des Textes in die Konkordanzreihe für den Grundsatz *venire contra factum proprium nulli conceditur* darstellen. Es zeigt sich wiederum, dass die Bindung an einen Vertrag von den Glossatoren mit *venire contra factum proprium* in Verbindung gebracht wird.

Eine Bindung an eingegangene Verbindlichkeiten wird auch im nachfolend zitierten Text behandelt; dabei handelt es sich jedoch um einen Sonderfall, da die persönliche Bindung durch einen fehlgeschlagenen Versuch, ein dingliches

---

361 *Kaser*, PR I² (1971) 547 f.

362 *Pringsheim*, Sale (1950) 416 f.

363 *Klingenberg*, Venditio, SZ 109 (1992) 409. Siehe auch *Felgenträger*, Lösungsrecht (1933) 28 f mit Fn 4.

364 *Felgenträger*, Lösungsrecht (1933) 31.

365 *Felgenträger*, Lösungsrecht (1933) 29 Fn 5.

Recht zu begründen, herbeigeführt wird. Aufgrund dieser Besonderheit wird in den Brocardica *aurea* auch eine Anmerkung zu diesem Text notiert – zu keinem anderen Zitat zum *venire contra factum proprium* findet sich eine solche Erläuterung.

1.16. D. 8, 3, 11: Servitutsbestellung beim Grundstück im Miteigentum

D. 8, 3, 11 (Celsus libro vicesimo septimo digestorum)
Per fundum, qui plurium est, ius mihi esse eundi agendi potest separatim cedi. ergo suptili ratione non aliter meum fiet ius, quam si omnes cedant et novissima demum cessione superiores omnes confirmabuntur: benignius tamen dicetur et antequam novissimus cesserit, eos, qui antea cesserunt, vetare uti cesso iure non posse.

D. 8, 3, 11 (Celsus im 27. Buch seiner Digesten)
Dass ich das Recht habe, über ein Grundstück, das mehreren gehört, zu gehen und Vieh zu treiben, kann [von jedem der Miteigentümer] separat eingeräumt werden. Also wird das Recht genau genommen nicht anders meines werden, als wenn alle einräumen, und erst durch die letzte Einräumung werden alle vorhergehenden bestätigt werden: Wohlwollender wäre es aber zu sagen, dass auch bevor der letzte eingeräumt hat, diejenigen, die vorher eingeräumt haben, die Ausübung des eingeräumten Rechts nicht untersagen können.

Diese *Celsus*-Stelle wird häufig im Zusammenhang mit dem Verbot des *venire contra factum proprium* behandelt[366]. Ein Grundstück steht im Miteigentum mehrerer Personen. Während einige Miteigentümer dem Eigentümer des als herrschend vorgesehenen Grundstücks eine *servitus iter* bzw. *actus* an dem

366 Vgl. etwa *Riezler*, Venire (1912) 4 ff. Auch in Gl. *Factum suum* (D. 1, 7, 25 pr) ist der Verweis auf diese Stelle angemerkt: *Nota quem non posse venire contra factum suum. Sic infra D. 8, 3, 11 in glossa fi. et … Contra …* Beachte, dass man nicht gegen sein früheres Verhalten vorgehen kann. So unten D. 8, 3, 11 in der Glosse und … Anders … Benützte Ausgabe: Lyon 1627, 68. Vgl. die Formulierung des art. 1059 Codice Civile: „La servitù concessa da uno dei comproprietari di un fondo indiviso non è costituita se non quando gli altri l'hanno anch'essi concessa unitamente o separatamente. La concessione, però, fatta da uno dei comproprietari, indipendentemente dagli altri, obbliga il concedente e i suoi eredi o aventi causa a non porre impedimento all'esercizio del diritto concesso". Siehe auch Art. 597 Código Civil: „Para imponer una servidumbre sobre un fundo indiviso se necesita el consentimiento de todos los copropietarios. La concesión hecha solamente por algunos, quedará en suspenso hasta tanto que la otorgue el último de todos los partícipes o comuneros. Pero la concesión hecha por uno de los copropietarios separadamente de los otros obliga al concedente y a sus sucesores, aunque lo sean a título particular, a no impedir el ejercicio del derecho concedido."

im Miteigentum stehenden Grundstück einräumen, unterlässt mindestens ein Miteigentümer den Bestellungsakt[367].

Die Servitut kann daher nicht rechtswirksam entstehen; dennoch wird dem Miteigentümer, der den Bestellungsakt bereits gesetzt hat, ein Zuwiderhandeln nicht erlaubt: er muss die Ausübung der Servitut ab sofort dulden.

Prädialservituten können, da sie unteilbar sind, weder zugunsten noch zu Lasten bloß eines ideellen Anteiles bestellt werden. Bei Miteigentum nach ideellen Quoten kann eine Servitut daher nur mit Einwilligung aller Miteigentümer gültig bestellt werden[368]. Wie der Vergleich mit Paulus in D. 8, 4, 18 zeigt, darf die Feststellung, dass der letzte Bestellungsakt die bereits früher erfolgten wirksam macht, aber nicht im Sinne einer Rückwirkung missverstanden werden:

D. 8, 4, 18 (Paulus libro primo manualium)
Receptum est, ut plures domini et non pariter cedentes servitutes imponant vel adquirant, ut tamen ex novissimo actu etiam superiores confirmentur perindeque sit, atque si eodem tempore omnes cessissent. et ideo si is qui primus cessit vel defunctus sit vel alio genere vel alio modo partem suam alienaverit, post deinde socius cesserit, nihil agetur: cum enim postremus cedat, non retro adquiri servitus videtur, sed perinde habetur, atque si, cum postremus cedat, omnes cessissent: igitur rursus hic actus pendebit, donec novus socius cedat. idem iuris est et si uni ex dominis cedatur, deinde in persona socii aliquid horum acciderit. ergo et ex diverso si ei, qui non cessit, aliquid tale eorum contigerit, ex integro omnes cedere debebunt: tantum enim tempus eis remissum est, quo dare facere possunt, vel diversis temporibus possint, et ideo non potest uni vel unus cedere. idemque dicendum est et si alter cedat, alter leget servitutes. nam si omnes socii legent servitutes et pariter eorum adeatur hereditas, potest dici utile esse legatum: si

---

367 Vgl. auch den von *Lenel* in Pal I (1889) 162 unserer Stelle direkt vorangestellten Text Cels. 27 dig., D. 21, 2, 10: *Si quis per fundum quem cum alio communem haberet, quasi solus dominus eius esset, ius eundi agendi mihi vendiderit et cesserit, tenebitur mihi evictionis nomine ceteris non cedentibus.*

368 Vgl. *Kaser*, PR I² (1971) 411: „Der Miteigentümer (*socius*) hat eine *pars pro indiviso*, einen zwar körperlich die ganze Sache erfassenden, aber rechnerisch auf eine bloße Quote beschränkten Anteil. Diesen kann er, unabhängig von den anderen Miteigentümern, veräußern, verpfänden, mit einem *ususfructus* belasten, auch vindizieren. Folgerichtig können die Miteigentümer die ganze Sache nur veräußern oder belasten, indem alle über ihre Anteile verfügen. Ist die Verfügung unteilbar, wie in den Fällen der Belastung mit einer Servitut oder der Freilassung, muss sie von allen *socii* gemeinsam vorgenommen werden." *Hoffmann*, Servituten (1838) 67 führt an, dass in „früheren Zeiten" die Bestellung aller Miteigentümer sogar zum selben Zeitpunkt geschehen musste und dass man erst „später" von dieser Strenge abwich. Wurde dann das dingliche Nutzungsrecht von den einzelnen Miteigentümern nacheinander erteilt, wurde die Servitut durch die Einräumung des letzten Miteigentümers wirksam, sofern kein Personenwechsel eingetreten war.

diversis temporibus, inutiliter dies legati cedit: nec enim sicut viventium, ita et defunctorum actus suspendi receptum est.

D. 8, 4, 18 (Paulus im ersten Buch seines Handbuchs)
Es ist eine allgemeine Annahme, dass mehrere [Mit-]Eigentümer, auch wenn sie nicht gleichzeitig einräumen, Servituten übertragen oder erwerben können, wenn auch erst durch den letzten Akt die vorhergehenden bestätigt werden und es dann ist, als ob sie alle zur selben Zeit eingeräumt hätten. Und wenn also derjenige, der zuerst eingeräumt hat, gestorben ist oder auf andere Art und Weise seinen Teil veräußert hat und danach ein *socius* einräumt, wird nichts bewirkt werden: Denn wenn der letzte einräumt, wird die Servitut nicht als rückwirkend erworben angesehen, sondern sie wird so behandelt, als ob alle eingeräumt hätten, wenn der letzte einräumt: Daher wird wiederum dieses Rechtsgeschäft schwebend sein, bis der neue *socius* einräumt. Es ist aber dieselbe Rechtslage, wenn einem der [Mit-]Eigentümer eingeräumt wird und dann in der Person eines *socius* etwas Derartiges geschieht. Wenn also umgekehrt einem, der nicht eingeräumt hat, irgendetwas Derartiges geschieht, werden alle von neuem einräumen müssen: Denn es ist ihnen eine so große Zeitspanne zugestanden, in der sie erfüllen können oder bei verschiedenen Zeitpunkten könnten, und deshalb kann nicht einem [einzelnen Miteigentümer eingeräumt werden] oder ein [einzelner Miteigentümer] einräumen. Dasselbe ist auch zu sagen, wenn der eine [Miteigentümer] die Servituten einräumt, der andere [Miteigentümer] sie vermacht. Denn wenn alle *socii* Servituten vermachen und ihre Erbschaft gleichzeitig angetreten wird, kann man sagen, dass das Vermächtnis wirksam ist: Wenn [ihre Erbschaft] zu verschiedenen Zeitpunkten [angetreten wird], ist das Legat schon im Zeitpunkt des Anfalls unwirksam: Denn es wird nicht angenommen, dass auch der [Einräumungs-]akt der Verstorbenen ebenso schwebend ist, wie bei den Lebenden.

Die im Text angesprochenen Servituten *iter*, *actus* und *via* sind die ältesten Servituten und mussten, da sie als *res mancipi* angesehen wurden, mittels *mancipatio* oder *in iure cessio* übertragen werden[369]. Anders als noch etwa von *Steiner* angenommen[370], muss hier wegen des Wortes „*cessio*" aber nicht zwingend von einer Interpolation des Textes ausgegangen werden: Es kann sich ebenso um eine verkürzte Form von *in iure cessio* handeln, wie es denkbar wäre, dass mit dem Begriff *cessio* nicht der konkrete Übertragungsakt bezeichnet ist, sondern ganz allgemein ausgesagt wird, dass das Recht eingeräumt wurde. Über die Form der Übertragung, die durch *mancipatio* oder *in iure cessio* erfolgt sein mag, schweigt die Stelle. Die Möglichkeit, dass eine Verkürzung von *in iure cessio* bereits von den klassischen Juristen vorgenommen wurde und die Streichung von *in iure* daher nicht unbedingt erst durch die Kompilatoren

369 Vgl. etwa *Elvers*, Servitutenlehre (1856) 697 ff oder *Möller*, Servituten (2010) 113.
370 *Steiner*, Solidarobligation (2009) 190. Ebenso für weitgehende Interpolationen bereits *Biondi*, Servitù prediali (1946) 141.

erfolgte, erwähnt auch schon *Riezler*[371]. In der Glosse merkt auch Accursius zu *cedi* an: *secundum modum, qui sequitur*[372]. Die Übertragung sei also nach dem *modus* erfolgt, der hier zu befolgen ist. Da diese Interpolationsdebatte für den hier diskutierten Zusammenhang aber ohne inhaltliche Relevanz bleibt, soll sie an dieser Stelle nicht weitergeführt werden.

Es tritt hier keine Heilung *ex tunc* ein, wie etwa bei *ratihabitio* hinsichtlich Erwerbsakten Gelwaltunterworfener, die zunächst ohne konkretes *iussum* (und auch ohne *peculium*) agieren; vielmehr setzt die Wirksamkeit der übrigen Akte erst *ex nunc* mit der Erfüllung der letzten Voraussetzung, nämlich mit Einräumung durch den letzten Miteigentümer, ein. Für die Zeit davor könnte somit angenommen werden, dass mangels Wirksamkeit niemals eine Bindung der Parteien eintritt; dafür, dass dies nicht so ist, tritt Celsus in der hier diskutierten Stelle ausdrücklich ein[373].

Cerami führt zu dieser Passage aus, dass der Bestellungsakt, der von einem Miteigentümer ohne Beiziehung der übrigen vorgenommen wurde, somit nicht als vollkommen nichtig angesehen werden könne (was in strenger Befolgung des Prinzips der Unteilbarkeit der Servitut, welches die absolute und nicht heilbare Nichtigkeit des Aktes mit sich bringen würde, ansonsten anzunehmen wäre), sondern nur als „parzialmente inefficace“, in Erwartung der definitiven Bestätigung durch den letzten Bestellungsakt[374].

Obwohl vor Bestellung der Servitut durch den letzten Miteigentümer das Recht nun genau genommen – *suptili ratione*[375] – noch nicht wirksam entstanden ist, kann ein Miteigentümer, der seinen Bestellungsakt bereits gesetzt hat, die Ausübung der Servitut nicht mehr untersagen. Das wird man laut Celsus aufgrund wohlwollender Auslegung sagen müssen: *benignius tamen dicetur*[376]. Mit dieser Formulierung wird die Korrekturbedürftigkeit des *ius civile* in sachenrechtlichen Zusammenhängen signalisiert und eine für den Erwerber günstige Entscheidung getroffen[377].

---

371 *Riezler*, Venire (1912) 5 Fn 1.

372 Benutzte Ausgabe: Lyon 1627, 963.

373 Zu Celsus und seinen Argumentationsstrategien siehe etwa *Hausmaninger*, Publius Iuventius Celsus, ANRW II.15 (1972) 382 ff.

374 *Cerami*, D. 1, 7, 25pr, in: Principios (2014) 860; vgl. auch ebd. Fn 23.

375 Laut *Eisele* interpoliert. Vgl. *Mommsen*, CIC 1 (1973) 147 Fn 22. Siehe aber *Hausmaninger*, Subtilitas, in: FG Kaser (1986) 59 ff (64 kommt er bei der Besprechung der einschlägigen Quellen ebenfalls auf das *venire contra factum proprium* zu sprechen, welches hier missbilligt werde); sowie *ders.*, „Benevolent" and „Humane", Boston Law Review 61 (1981) 1139 ff.

376 Laut *Ferrini* interpoliert. Vgl. *Mommsen*, CIC 1 (1973) 147 Fn 17.

377 Celsus und Javolen sind die ersten Hochklassiker, bei denen *subtilitas* als rechtskritisches Argument auftritt. Siehe *Hausmaninger*, Subtilitas, in: FG Kaser (1986) 70. Die *benignitas* kommt zum Einsatz, wenn der „nächstliegende Wille

Es kann zwar mangels Quellenbelegs wohl nicht davon ausgegangen werden, dass dem Erwerber eine prätorische dingliche Klage gewährt wird, doch wird er sich zumindest als Beklagter gegen die *actio negatoria* auf Unterlassung eines Miteigentümers, der das Recht bereits eingeräumt hat, mittels *exceptio* wehren können. Das könnte eine *exceptio pacti* sein, wenn dem Bestellungsakt ein mitumfasstes *pactum* unterstellt werden kann[378]. *Riezler* lehnt diese Deutung jedoch mit dem Argument ab, dass die Treue zum eigenen Handeln und nicht die Vertragstreue der entscheidende Gesichtspunkt sei. Unter Berufung auf *Pernice* weist er weiters darauf hin, dass es eine unrömische Vorstellung sei, den auf Einräumung dinglicher Rechte gerichteten formalen Akten zugleich Vertragsfunktion zuzuschreiben[379]. Er favorisiert daher die *exceptio doli* als Rechtsbehelf; der *dolus* des Miteigentümers liege in der Widersprüchlichkeit seines Verhaltens[380]: Er selbst habe alles getan, was von ihm aus zur Entstehung des Rechts nötig war und nun soll er sich nicht auf die fehlende Mitwirkung anderer berufen können.

Kann die Vereinbarung hingegen als *pactum* gedeutet werden, so wäre eine Konkurrenz anzunehmen; dass sich das Erfordernis der Treue zum eigenen Handeln und die Vertragstreue durchaus überschneiden können, begegnete bereits mehrfach. Je nachdem, worauf sich der Beklagte berufen möchte – auf den *dolus* des Klägers oder auf die Vereinbarung –, ist die eine oder die andere *exceptio* einschlägig. Bei der *exceptio doli* genügt wohl ein Widerspruch des Klägers zum eigenen Vorverhalten, bei der *exceptio pacti* muss hingegen ein gültiges *pactum* nachgewiesen werden, insbesondere auch das Zustandekommen der Willenseinigung[381].

---

der Beteiligten" ermittelt wird, oder wenn die Überwindung strenger Förmlichkeiten des *ius civile* (durch honorarrechtliche Regelungen) gerechtfertigt werden soll. Vgl. zu diesem Begriff zuletzt *Hendel*, Sicherheitsgedanken, SZ 130 (2013) 427 mit Fn 45.

378 Da dies die Geltendmachung eines Verzichts darstellen würde, wäre somit *Gutiérrez-Masson* zu folgen, die den Einräumungsakt des Miteigentümers als einen stillschweigenden Verzicht deutet: „... implicita una renuncia tácita de su derecho por parte de los condóminos que, luego, es impugnada de manera difusa al pretender ejercitar la prohibitio o derecho al que renunciaron." *Gutiérrez-Masson*, Actos propios, in: Buona fede oggettiva 2 (2003) 283.

379 *Riezler*, Venire (1912) 12; *Pernice*, Vertragslehre, SZ 9 (1888) 205 ff. Vgl. grundlegend zur Einredekonkurrenz oben S. 52 ff.

380 Zur Begründung der *exceptio doli* mit dem Selbstwiderspruch vgl. auch *Wacke*, Pactum I, SZ 90 (1973) 232.

381 Siehe oben S. 52 ff.

Als Ergebnis ist festzuhalten: Der Verfügungsakt des einzelnen Miteigentümers hat zwar nach *ius civile* keine unmittelbaren Rechtswirkungen, im Rahmen des *ius honorarium* wird er jedoch berücksichtigt[382].

In den Brocardica folgt der bereits angesprochene Einschub:

> *Et hoc etiam si ipso iure non tenuit concessio nec tamen contra venire potest et sic quidem probatur solutio.*

Liebs geht davon aus, dass hier eine Zwischenüberschrift eingefügt wurde und interpretiert diesen Satz so, dass in den Belegstellen davor „ein *venire contra factum proprium* vorkommt, das *ipso iure* rechtsunwirksam sei", während in den darauf folgenden Stellen „ein durch *venire contra factum proprium* Benachteiligter die Möglichkeit habe, sich mit Hilfe des Gerichts den Folgen zu entziehen"[383].

Nicht nur das äußere Erscheinungsbild (vor allem in den Handschriften), sondern insbesondere auch der Inhalt der nachfolgenden Texte sowie der Inhalt des in diesem Kapitel besprochenen Textes D. 8, 3, 11 legen jedoch einen anderen Schluss nahe: Es handelt sich hier nicht um eine Überschrift der Folgezitate, sondern vielmehr um eine (von Cacciavillanus hinzugefügte) Erläuterung zu dem Zitat, bei dem sie steht. Zu übersetzen wäre sie demnach mit:

> Und auch wenn durch dieses [erg: Erstverhalten in D. 8, 3, 11] zwar *ipso iure* die Übertragung nicht wirksam war, kann man aber dennoch nicht dagegen handeln, und so wird nämlich die *solutio* bewiesen.

Damit soll nun also ausgesagt werden: Auch wenn das Erstverhalten des A hier *ipso iure* keinen Rechtserwerb des B zur Folge hat, ist dem A ein Zuwiderhandeln gegen das B gegenüber gesetzte Vorverhalten nicht erlaubt. Der Verweis auf eine *solutio* dürfte sich darauf beziehen, dass Azo in der den Widerspruch auflösenden *solutio* zum Rechtssatz *venire contra factum proprium nulli conceditur* und *contra* erläutert, dass eine Zuwiderhandlung bei Vereinbarungen, die nicht rechtswidrig, wenn auch nicht rechtlich geschützt sind, unzulässig ist[384].

Auch die Glossa ordinaria stellt D. 8, 3, 11 in Zusammenhang mit *venire contra factum proprium*; in Gl. *Non posse*[385] wird angemerkt, dass man nicht widersprüchlich handeln dürfe, außer das Vorverhalten sei *de iure* unwirksam gewesen. Als Beleg dafür nennt sie D. 8, 4, 13 pr[386], als Gegenargument

---

382 *Harke*, Argumenta Iuventiana (1999) 115 f.

383 *Liebs*, Rechtssätze, JZ 36 (1981) 161.

384 Vgl. unten S. 369 ff.

385 Ausgabe Lyon 1627, 963.

386 Zum Text D. 8, 4, 13 pr siehe unten Kapitel 3.2.

C. 11, 48, 7[387], wobei auf den Zusammenhang dieser Stelle mit D. 1, 7, 25 pr[388] hingewiesen wird.

Ein etwas anderes Problem wird im nun anschließenden Text zum Thema gemacht: Es geht dort um Fragen der Übertragung und nachträglichen Entziehung von Iurisdiktionsgewalt. Dadurch wird verdeutlicht, dass nicht nur die Verfügung über Rechte unter Privaten die Beteiligten bindet, sondern dass auch ein Träger von Hoheitsgewalt daran gebunden ist, wenn er über ihm daraus zustehende Rechte verfügt.

1.17. D. 1, 16, 6, 1: Übertragung und Entziehung der Gerichtsbarkeit durch den Prokonsul

D. 1, 16, 6, 1 (Ulpianus libro primo de officio proconsulis)
Sicut autem mandare iurisdictionem vel non mandare est in arbitrio proconsulis, ita adimere mandatam iurisdictionem licet quidem proconsuli, non autem debet inconsulto principe hoc facere.

D. 1, 16, 6, 1 (Ulpian im ersten Buch über das Amt des Prokonsuls)
Ebenso aber, wie es im Ermessen des Prokonsuls steht, die Gerichtsbarkeit zu übertragen oder nicht zu übertragen, ist es dem Prokonsul zwar erlaubt, die übertragene Gerichtsbarkeit wieder an sich zu ziehen, aber er darf dies nicht ohne Befragung des Kaisers tun.

Ein Prokonsul kann die Ausübung seiner Gerichtsbarkeit delegieren, er muss es aber nicht. Entscheidet er sich dafür, so darf er dem Delegaten die Ausübung der Gerichtsbarkeit nur nach Befragung des Kaisers wieder entziehen; ihm selbst ist aus eigener Rechtsgewalt ein Widerruf nicht mehr möglich, somit ist er an die Übertragung als Vorverhalten gebunden.

Außerhalb Italiens oblag die Gerichtsbarkeit im Herrschaftsgebiet Roms den römischen Statthaltern. Ursprünglich wurde zu diesem Zweck die Anzahl der Prätoren erhöht[389], bereits ab Sulla aber gab es eigene *praesides*[390]. Nur die Statthalter der senatorischen Provinzen[391] waren zur Zeit des Prinzipats „*pro consule*", weil nur sie keinen Statthalter über sich hatten. Dies gilt unabhängig davon, ob sie tatsächlich das Amt eines Konsuls bekleidet hatten oder nicht.

387 Zum Text C. 11, 48, 7 siehe unten Kapitel 2.12.
388 Zum Text D. 1, 7, 25 pr siehe oben Kapitel 1.14.
389 *Mommsen*, Staatsrecht, 2.1[3] (1899) 240 formulierte die Regel: „Jahrhundertelang ist zwar nicht jeder Prätor Provinzstatthalter, wohl aber jeder Provinzstatthalter Prätor gewesen."
390 *Pieler*, Gerichtsbarkeit, RAC X (1978) 380.
391 Diese waren bereits vor Augustus eingerichtet, siehe dazu *Hackl*, Zivilprozess in den Provinzen, SZ 114 (1997) 143.

Die Statthalter der kaiserlichen Provinzen[392] sind demgegenüber „*pro praetore*“, weil sie abhängig vom prokonsularischen Imperium des Kaisers waren[393]. Im ersten Buch von Ulpians Ausführungen *de officio proconsulis* geht es demgemäß nur um Statthalter von senatorischen Provinzen. Diese *proconsules* konnten ihre Aufgaben an Hilfsbeamte, die *legati proconsulis pro praetore* (bzw. *quaestores pro praetore*[394]), delegieren[395]. Der Einsatz von *iudices pedanei* in der statthalterlichen Gerichtsbarkeit ist davon zu unterscheiden[396]; diese „zum Fuße gehörigen“ Richter traten in der niederen Gerichtsbarkeit des Kognitionsprozesses als delegierte Richter auf, die vom Statthalter als Richter erster Instanz eingesetzt wurden, wenn dieser das Urteil nicht selbst sprechen wollte. Der *iudex pedaneus* konnte auch eine Privatperson sein, er hatte aber in dem konkreten Verfahren grundsätzlich dieselben Befugnisse, die auch der Delegierende selbst gehabt hätte. Seine Zuständigkeit endete mit dem jeweiligen Urteilsspruch, während die Exekution wiederum Sache des Magistrats war[397]. Auch der Legat war seinerseits befugt, solche *iudices* einzusetzen[398].

Das römische Verwaltungsrecht basiert auf zahlreichen kaiserlichen Erlässen, die nicht als Einheit gesehen werden können, sondern sich meist auf ein lokal beschränktes Gebiet beziehen („Partikularrecht“). Durch die

---

392 Etwa *Lusitania*, *Hispania Tarraconensis* und die *tres Galliae* oder *Galatia* und *Cappadocia*. Vgl. *Hackl*, ZP in den Provinzen, SZ 114 (1997) 143.

393 *Mommsen*, Staatsrecht, 2.1³ (1969) 244 f. Die Reform Diokletians beseitigte diese Zweiteilung in kaiserliche und senatorische Provinzen, und der Prokonsul war jetzt *praeses provinciae*. Siehe auch *Schulz*, Geschichte (1961) 312; *Waldstein/Rainer*, RG¹¹ (2014) 194 f.

394 Wohl auch um die „gewöhnliche“ prokonsularische Gewalt der des Kaisers äußerlich anzunähern, wurde diese Bezeichnung an die Terminologie für seine Delegierten, für die Statthalter in den kaiserlichen Provinzen (*pro praetore*), angelehnt. Siehe *Mommsen*, Staatsrecht, 2.1³ (1899) 247.

395 *Mommsen*, Staatsrecht, 2.1³ (1899) 246 f. Zur hoffnungslosen Überlastung der Statthalter und der Bewältigung der Masse durch bestellte Richter siehe *Riess*, Apuleius (2001) 195.

396 Diese Praxis hat aber offenbar derart überhand genommen, dass ihr Einsatz schließlich in diokletianischer Zeit gesetzlich eingeschränkt werden musste, damit die *praesides provinciae* den Überblick über die in ihrer Provinz anhängigen Verfahren behielten. Vgl. Diocl./Maxim., C. 3, 3, 2 (294 n. Chr.). Siehe auch *Pieler*, Gerichtsbarkeit, RAC X (1978) 395 f. Durch eine Reform im Jahre 362 n. Chr. wurde die Delegationsmöglichkeit allerdings wieder ausgeweitet: Vgl. Iul., C. 3, 3, 5 (362).

397 Bisweilen wird mit *iudex pedaneus* aber auch der Munizipalmagistrat bezeichnet. Zum nachklassischen Verfahren vgl. insbes. *Kaser/Hackl*, ZP² (1996) 547 ff und *Pieler*, Gerichtsorganisation (1981) § 6, 3a Fn 74 ff; *ders.*, Gerichtsbarkeit, RAC X (1977) 395 f.

398 Paul. 2 ad ed., D. 1, 16, 12.

fortschreitende Bürokratisierung scheint jedoch in der zweiten Hälfte des zweiten Jahrhunderts das Bedürfnis nach einer wissenschaftlichen Durchdringung der Materie aufgekommen zu sein und so versuchte schließlich Ulpian in seinen zehn um ca. 213 n. Chr.[399] entstandenen Büchern *de officio proconsulis*[400] aus der Fülle der oftmals voneinander abweichenden Einzelregelungen der Kaiserkonstitutionen ein allgemein anwendbares Verwaltungsrecht für alle Senatsprovinzen zu entwickeln[401]. Dabei wurden auch Reskripte aufgenommen, die an Statthalter der kaiserlichen Provinzen gerichtet wurden, obgleich diese schon dem Werkstitel nach nicht die primären Adressaten waren. *Schulz* vermutet als Grund für diese Beschränkung auf die senatorischen Provinzen, dass „in den kaiserlichen Provinzen das Recht noch zu stark differierte und auch noch zu wenig konsolidiert erschien". Auch die Werke von Paulus und Venuleius schließen die kaiserlichen Provinzen von ihren Betrachtungen aus[402].

Aus den vorhandenen Fragmenten des ersten Buches[403], welchem auch unsere Quelle entstammt, zeigt sich, dass in dessen Zentrum die

399 So *Honoré*, Ulpian² (2002) 181 ff, insbes. 184. Etwas vorsichtiger nimmt *Nogrady*, Strafrecht (2006) 20 Mitte Juli 212 bis Anfang April 217 n. Chr. als möglichen zeitlichen Rahmen an. Das Werk fällt vermutlich in die Anfangsphase des von *Honoré* angenommenen „fünf-Jahres-Plans" Ulpians; bis zu diesem Zeitpunkt hatte er vergleichbar wenig geschrieben. Anlass für den Beginn dieser Arbeiten dürfte der Erlass der *constitutio Antoniniana* und die Vision Caracallas (bzw. dessen Mutter Julia Domna) gewesen sein, das über einen Zeitraum von knapp eintausend Jahren entwickelte römische Recht auf ein bewältigbares Maß zu reduzieren, auch im Hinblick auf die neuen Bürger. Für ein solches war der im Staatsdienst bewährte Jurist aus Tyros (immerhin eine der bedeutendsten phönizischen Städte!) bestens geeignet. Für den Zusammenhang, die Gründe wiederum für die *constitutio Antoniniana* und die Bedeutung Julia Domnas für Ulpians intellektuelles Leben siehe *Honoré* ebd. 5 u. 81 f. Allg. zur *constitutio Antoniniana* siehe insbes. *Buraselis*, Θεία δωρεά (2007).

400 Vgl. zu diesem Werk etwa *Nogrady*, Strafrecht (2006); *Mantovani*, Bonus praeses, BIDR 96/97 (1993/1994) 203 ff; *Dell'Oro*, Officio (1960) 117 ff; *Rudorff*, Officio (1865) 233 ff.

401 *Schulz*, Geschichte (1961) 164 f u. insbes. 310 ff; *Avenarius*, Liber singularis (2005) 143 Fn 16 und *Nogrady*, Strafrecht (2006) 21.

402 *Schulz*, Geschichte (1961) 311. Eine Abweichung hinsichtlich des Stiles erklärt *Schulz* damit, dass auch nichtjuristische Leserkreise erreicht werden sollten. Vgl. auch ebd. 313. Dazu siehe auch *Honoré*, Ulpian² (2002) 95.

403 In der von *Lenel* rekonstruierten Reihenfolge der Digestenfragmente: *De ingressu* D. 1, 16, 4 pr-§5; *De iurisdictione mandata* D. 1, 16, 4, 6; D. 1, 16, 6 pr (= D. 50, 17, 70) bis § 2; *De xeniis* D. 1, 16, 6, 3; D. 1, 3, 33 (ev. fälschlich als Buch 1 inskribiert: D. 1, 16, 9). *Lenel*, Pal II (1889) 966 ff. Er weicht damit von der von *Rudorff* vorgeschlagenen Palingenesie ab. Dieser teilt mit ihm zwar den ersten Titel (*de ingressu*), schlägt aber die Untertitel *de donis et muneribus*

Vorbereitungshandlungen für eine Tätigkeit als Prokonsul sowie deren Beginn stehen[404]. Es ist von der Einreise die Rede, wie der zukünftige Prokonsul sich in der Provinz ankündigen soll, von der Möglichkeit seine Ehefrau mitzunehmen, und auch von der Frage nach der Delegierbarkeit einzelner Aufgaben an die *legati* und dem Umfang von deren Befugnissen[405]. Die letztendliche Verantwortlichkeit lag aber jedenfalls beim Prokonsul selbst, wie auch D. 1, 16, 6 pr ausspricht. Er hatte seinen Legaten auf deren Anfrage hin Rechtsauskünfte zu erteilen[406] und an ihn konnte auch derjenige Berufung erheben, der von einem der *legati*[407] bzw. einem von diesen bestellten *iudex*[408] verurteilt worden war.

Ein Vergleich zu D. 1, 16, 4, 6 lässt den Anschein eines Widerspruches entstehen; während in D. 1, 16, 6, 1 dem Prokonsul die freie Wahl überlassen wird, ob er die Gerichtsbarkeit überträgt oder nicht, spricht Ulpian in D. 1, 16, 4, 6 aus:

> *Post haec ingressus provinciam mandare iurisdictionem legato suo debet nec hoc ante facere, quam fuerit provinciam ingressus...*

Knütel nimmt in der neueren Übersetzung hier offenbar eine Empfehlung an den Prokonsul an, die Gerichtsbarkeit zu delegieren. Er übersetzt:

> Hat er demgemäß die Provinz betreten, sollte er seinen Legaten die Gerichtsbarkeit übertragen; doch darf er dies erst tun, wenn er die Provinz betreten hat...[409]

Er sollte die Gerichtsbarkeit übertragen, er musste es aber nicht. Demgegenüber nimmt *Sintenis* in der älteren Übersetzung ausdrücklich eine Verpflichtung dazu an:

---

und *de officio legati* vor. Zu den Gründen, aus welchen *Dell'Oro* schlussendlich *Rudorff* folgt, siehe *Dell'Oro*, Officio (1960) 121 ff. Vgl. auch *Mantovani*, Bonus praeses, BIDR 96/97 (1993/1994) 206 Fn 8.

404 *Nogrady*, Strafrecht (2006) 21 meint, darin zeige sich, „dass Ulpian in diesem Werk besonders auf die Praxis zielte".

405 *Schulz* vermutet, dass diesen Überlegungen „sicherlich ein Abschnitt über die Bestellung des Prokonsuls" vorausging. *Schulz*, Geschichte (1961) 311. Wie *Nogrady*, Strafrecht (2006) 22 herausgestellt hat, bestimmt die Delegation der *iurisdictio* „auch die weiteren in *de officio proconsulis* behandelten Materien. Nur solche werden behandelt, die nicht auf die Legaten übertragen werden können."

406 Ulp. 1 de off proc., D. 1, 16, 6, 2: *Legatos non oportet principem consulere, sed proconsulem suum, et is ad consultationes legatorum debebit respondere.*

407 Ven. Sat. 2 de off. procons., D. 49, 3, 2: *Appellari a legatis proconsul potest, et, si multam dixerit, potest de iniquitate eius proconsul cognoscere et quod optimum putaverit statuere.*

408 Ulp. 1 de appellat., D. 49, 3, 1, 1: *Ab eo, cui quis mandavit iurisdictionem, non ipse provocabitur: nam generaliter is erit provocandus ab eo cui mandata est iurisdictio, qui provocaretur ab eo qui mandavit iurisdictionem.*

409 *Behrends/Knütel/Kupisch/Seiler* (*Knütel*), CIC 2 (1995) 156.

> Eingetroffen in die Provinz muss er darauf seinen Legaten mit der Gerichtsbarkeit beauftragen, darf es aber nicht eher tun, als bis er die Provinz betreten hat...[410]

Fanizza löst den durch die Annahme einer solchen Verpflichtung hervorgerufenen Widerspruch von D. 1, 16, 4, 6 zu der postulierten Entscheidungsfreiheit in D. 1, 16, 6, 1 dahingehend, dass sie *debet*[411] in Fragment 4 nur auf das Betreten des Gebietes und nicht auf die Bestellung bezieht[412]. Diese Erklärung erscheint plausibel, denn damit könnte der Prokonsul generell sein freies Wahlrecht ausüben, wie in Fr. 6 statuiert; sollte er sich aber für die Übertragung entscheiden, so darf er diese nach Fr. 4 erst nach dem Betreten der Provinz durchführen, nicht aber früher. Eine diese Deutung berücksichtigende Übersetzung könnte etwa lauten:

> Nach Betreten der Provinz darf er die Gerichtsbarkeit seinen Legaten übertragen; er darf dies aber nicht tun, bevor er die Provinz betreten hat...

Also muss er nicht übertragen, sondern er darf vielmehr nicht übertragen, bevor er die Provonz betreten hat. Nachdem nun festgestellt ist, dass es dem Prokonsul nach Betreten der Provinz freisteht, *legati* zu bestellen oder auch nicht, ist nun die Bindungswirkung einer solchen Bestellung näher zu untersuchen. Grundsätzlich ist das Verhältnis zwischen Kaiser und Prokonsul einerseits und andererseits das zwischen Prokonsul und Legat getrennt zu betrachten[413]. So ist es dem Legaten etwa nicht erlaubt, eine Anfrage unmittelbar an den Kaiser zu richten[414].

Der Prokonsul muss seinerseits keine Rücksprache mit dem Kaiser halten, wenn es um die Frage geht, ob er seine Gerichtsbarkeit delegiert oder nicht.

Dieses „Trennungsprinzip" wird grundsätzlich auch durchgehalten, wenn der Prokonsul sich entscheidet, eine einmal erfolgte Delegierung wieder zurückzunehmen, wenn man die Wendung „*adimere ... licet*" in D. 1, 16, 6, 1 wie *Hellmann* deutet[415]: Die Entziehung sei an sich rechtswirksam, er solle sie nur nicht vornehmen, ohne den Kaiser zuvor zu befragen; er könne sie aber zurücknehmen. „*Non debere*" im zweiten Satz rufe keine Nichtigkeit bei Zuwiderhandeln hervor, sondern es werde lediglich eine bestimmte Verhaltensweise für diesen Fall nahegelegt.

---

410 *Otto/Schilling/Sintenis* (*Sintenis*), CIC 1 (1830) 262.

411 Die zahlreichen Interpolationsannahmen für dieses Wort seien hier außer Betracht gelassen.

412 *Fanizza*, Amministrazione (1999) 70; zustimmend *Metzger*, Rez. Fanizza, SZ 119 (2002) 610.

413 *Fanizza*, Amministrazione (1999) 130.

414 D. 1, 16, 6, 2: *Legatos non oportet principem consulere, sed proconsulem suum, et is ad consultationes legatorum debebit respondere.*

415 *Hellmann*, Terminologie, SZ 23 (1902) 399.

Auch die Glosse meint, dass hier „nur" auf die Ehre des Prokonsuls abgestellt wird:

> Gl. *Debet* (D. 1, 16, 6, 1)
> *Ex honestate: Potest tamen, ut praediximus proxime, et in ...*
> Aus Ehrenhaftigkeit: Er kann nämlich, wie wir kurz zuvor erwähnt haben, und in ...

Auch wenn man *debere* in D. 1, 16, 6, 1 gleich dem Text D. 1, 16, 4, 6 mit „dürfen" übersetzt, bleibt die Rechtsfolge des Verstoßes noch offen. Will man das Ergebnis, dass bei einem Verstoß keine Nichtigkeit eintritt, mit dem Grundsatz, dass niemand widersprüchlich handeln darf, in Einklang bringen, so muss man diese Anordnung an sich sehr wohl als verbindlich ansehen; es handelt sich aber im konkreten Fall eben um eine *lex imperfecta*.

Nach diesem Exkurs in das Verwaltungsrecht kehrt die Argumentation in den Brocardica *aurea* wieder in den Kernbereich des Zivilrechts zurück: Wer einmal seine Zustimmung im Hinblick auf eine Geschäftsführung erklärt, darf keine Ansprüche mehr geltend machen, die dieser Zustimmung widersprechen würden.

1.18. D. 3, 5, 8: *Ratihabitio* eines schlecht geführten Geschäfts[416]

> *D. 3, 5, 8 (Scaevola libro primo quaestionum)*
> *Pomponius scribit, si negotium a te quamvis male gestum probavero, negotiorum tamen gestorum te mihi non teneri. videndum ergo ne in dubio hoc, an ratum habeam, actio negotiorum gestorum pendeat: nam quomodo, cum semel coeperit, nuda voluntate tolletur? sed superius ita verum se putare, si dolus malus a te absit. Scaevola: immo puto et si comprobem, adhuc negotiorum gestorum actionem esse, sed eo dictum te mihi non teneri, quod reprobare non possim semel probatum: et quemadmodum quod utiliter gestum est necesse est apud iudicem pro rato haberi, ita omne quod ab ipso probatum est. ceterum si ubi probavi, non est negotiorum actio: quid fiet, si a debitore meo exegerit et probaverim? quemadmodum recipiam? item si vendiderit? ipse denique si quid impendit, quemadmodum recipiet? nam utique mandatum non est. erit igitur et post ratihabitionem negotiorum gestorum actio.*

416 Dem folgenden Kapitel liegt ein Vortrag zugrunde, den ich anlässlich der 68e Session der Société international Fernand de Visscher pour l'Histoire des Droits de l'Antiquité an der Università degli Studi di Napoli Frederico II am 17. September 2014 gehalten und in ausführlicherer Form unter dem Titel „D. 3, 5, 8 und die Regel ‚*ratihabitio mandato comparatur*'" in der Tijdschrift voor Rechtsgeschiedenis Band 83 (2015) 107–125 publiziert habe. Siehe ebd. für weiterführende Lit.

D. 3, 5, 8 (Scaevola im ersten Buch seiner Quaestionen)
Pomponius schreibt, wenn ich ein von dir noch so schlecht geführtes Geschäft gebilligt haben werde, seist du mir doch nicht aus der Geschäftsführung verpflichtet. Es sei also zu überlegen, ob nicht, solange es zweifelhaft ist, ob ich genehmige, die *actio negotiorum gestorum* schwebe: Wie nämlich könnte sie, wenn sie einmal entstanden wäre, durch bloßen Willensentschluss aufgehoben werden? Aber er hält das obere nur dann für wahr, wenn dir die Schlechtgläubigkeit fern liegt. Scaevola: Ich denke im Gegenteil, auch wenn ich billigen würde, bestehe weiterhin die *actio negotiorum gestorum*, aber deshalb wird gesagt, du bist mir insofern nicht verpflichtet, als ich nicht missbilligen kann, was ich einmal gebilligt habe: Und wie das, was nützlich geführt wurde, notwendig *apud iudicem* als ratihabiert gilt, so auch alles, was von einem selbst gebilligt worden ist. Wenn es im Übrigen, sobald ich billige, keine Geschäftsführungsklage [mehr] gäbe: Was würde bewirkt, wenn einer etwas von meinem Schuldner eingetrieben und ich es gebilligt haben würde? Wie erhielte ich es zurück? Ebenso, wenn er verkaufte? Schließlich, wenn er etwas selbst aufgewendet hat, wie wird er es erhalten? Denn ein Mandat ist es jedenfalls nicht. Es wird folglich auch nach der Genehmigung eine *actio negotiorum gestorum* bestehen.

Die schlechte Führung eines fremden Geschäfts wird nachträglich genehmigt; es stellt sich daraufhin die Frage, ob eine *actio negotiorum gestorum* zusteht. Pomponius schließt das aus, Scaevola spricht sie zu.

Trotz der polemisierenden Ausdrucksweise Scaevolas dürfte dieser der angeführten Meinung des Pomponius jedoch nicht widersprechen, sondern nur dessen Ausführungen ergänzen[417]: Der Ausschluss der *actio negotiorum gestorum* bei Pomponius dürfte nur relativ zu verstehen sein, nämlich nur bzgl. der Geltendmachung, dass das Geschäft schlecht geführt wurde[418]. Trotz der schlechten Führung des Geschäfts wurde eine Zustimmung erteilt und an diese ist der Geschäftsherr nun gebunden. Nur wenn dem Geschäftsführer *dolus malus* vorzuwerfen ist, soll seine Haftung durchsetzbar sein, denn dann kann er die Genehmigung nicht einwenden[419].

---

417 Siehe schon *Seiler*, Negotiorum gestio (1968) 69.

418 *Bertolini*, Ratifica 1 (1889) 26 f vertritt diese Ansicht unter Anführung älterer widersprechender Literatur. Offenbar sieht etwa *Masiello*, Quaestiones publice (2003) 144 die Lösung des Pomponius anders, denn er beschreibt die Wirkung dieser Ansicht so, dass es im Falle der Genehmigung keine *actio negotiorum gestorum* – und zwar weder *directa*, noch *contraria* – gebe, ausgenommen den Fall des *dolus*.

419 Vgl. für die Parallele im Auftragsrecht und die dort genehmigungsfähigen Geschäfte *Deppenkemper*, Negotiorum gestio 2 (2014) 317 ff. Diese zweibändige Monographie erschien zu spät, um sie in meinem Artikel zu „*ratihabitio mandato comparatur*" in: TR 83 (2015) 107 ff noch berücksichtigen zu können. IGz meiner These, die Regel „*ratihabitio mandato comparatur*" beziehe sich lediglich auf die Gleichstellung bzgl. der Außenwirkungen (arg. *comparatur*), bedeute jedoch

Der Geschäftsführer seinerseits muss aber jedenfalls die Vorteile herausgeben, die er aus der Geschäftsführung erlangt. Diese Verpflichtung kann nach Scaevola (und wohl auch nach Pomponius, hätte er diese Frage mitbedacht bzw. mitbeantworten wollen) mittels Klage aus *negotiorum gestio* eingeklagt werden. Die Aussage, dass insofern nicht gehaftet wird, als nicht missbilligt werden kann, was einmal genehmigt wurde, bedeutet, dass Scaevola sich außerhalb des von ihm angesprochenen Bereiches doch zumindest hinsichtlich der Haftung für die schlechte Geschäftsführung der von Pomponius vertretenen Ansicht anschließt.

Grosso deutet die Genehmigung überzeugend als Klagsverzicht und damit als *pactum de non petendo*[420], was offenbar bei *Seuffert* ebenfalls bereits die Überlegung war, wenn er ausführt, dass auch die Rechnungslegung mittels *actio negotiorum gestorum directa* selbst bei *ratihabitio* noch verlangt werden könne, es sei denn, es wäre ausdrücklich der Wille kundgetan worden, auf die Klage auch in dieser Hinsicht zu verzichten[421].

Der Geschäftsherr kann sich daher nach einer *ratihabitio* in zweierlei Hinsicht nicht mehr darauf berufen, dass das Geschäft schlecht geführt wurde: Einerseits kann er hinsichtlich der Disposition über sein Vermögen durch den Geschäftsführer nichts mehr unternehmen und andererseits diesen auch nicht

nicht, dass im Innenverhältnis zwischen Geschäftsführer und -herrn tatsächlich die Klagen aus Mandat gewährt wurden (diesbezüglich bleibt es mE bei der Beurteilung als *negotiorum gestio*), geht *Deppenkemper* ebd. 327 ff für diesen Fall von den Auftragsklagen aus und vermutet – im Anschluss insbes. an *Behrends* – eine Kontroverse zwischen Sabinianern (deren Linie hier Pomponius repräsentiere; *Deppenkemper* spricht von der „Tatbestandslösung") und Prokulianern (vertreten durch Scaevola; „Rechtsfolgenlösung"). Meine Erklärung dafür, dass (nur!) bei Ulpian in D. 50, 17, 60 ausdrücklich von einer *actio mandati* gesprochen wird, ist hingegen, dass es dort um Geschäfte ging, die ein beauftragter Geschäftsführer unter Überschreitung der Grenzen des konkreten Auftrages getätigt hat, die jedoch nachträglich vom Geschäftsherrn genehmigt wurden und daher ebenfalls im Rahmen des ohnehin zwischen den beiden Beteiligten bestehenden Mandats abgewickelt wurden (alternativ: Änderung des Rechtszustandes zwischen Hochklassik und Spätklassik; vergleichbar dem Tätigwerden eines Freigelassenen als Vermögensverwalter für seinen Patron, welches zur Zeit der Hocklassik noch überwiegend als *negotiorum gestio* beurteilt, in der Spätklassik sodann im Rahmen des Mandatsrechts behandelt wurde). Damit bedrüfte es der zahlreichen, auch von *Deppenkemper* wieder geäußerten Interpolationsvermutungen nicht.

420 *Grosso*, Patti, in: Studi Urbinati 2 (1928) 65 f. Die Frage nach der Inhärenz derselben kann an dieser Stelle außer Betracht bleiben.

421 *Seuffert*, Ratihabition (1868) 47; aA *Stolfi*, Libri ad edictum di Pomponio (2001) 133.

mehr auf Schadenersatz klagen[422]. Dieser Selbstwiderspruch wird nicht gestattet: Man kann später nicht missbilligen, was man einmal genehmigt hat[423].

1.19. D. 6, 1, 72: Konvaleszenz I bei Veräußerung fremder Sachen

D. 6, 1, 72 (Ulpianus libro sexto decimo ad edictum)
Si a Titio fundum emeris Sempronii et tibi traditus sit pretio soluto, deinde Titius Sempronio heres extiterit et eundem alii vendiderit et tradiderit, aequius est, ut tu potior sis. nam et si ipse venditor eam rem a te peteret, exceptione eum summoveres. sed et si ipse possideret et tu peteres, adversus exceptionem dominii replicatione utereris.

D. 6, 1, 72 (Ulpian im sechzehnten Buch zum Edikt)
Wenn du von Titius ein Grundstück des Sempronius gekauft hast und es dir nach Kaufpreiszahlung übergeben worden ist, dann Titius der Erbe des Sempronius geworden ist und er dasselbe einem anderen verkauft und übergeben hat, ist es gerechter, dass du stärker bist. Denn auch wenn der Verkäufer selbst diese Sache von dir forderte, könntest du ihn mittels *exceptio* abwehren. Aber auch wenn er selbst besäße und du klagen würdest, könntest du gegen die *exceptio dominii* eine *replicatio* anwenden.

Hier wird erstmals ein Problemkreis angesprochen, der noch in mehreren Stellen, die zum *venire contra factum proprium* in den legistischen Brocardica erwähnt sind, vorkommen wird: Die Konvaleszenz.

Ein Nichteigentümer verkauft und übergibt ein fremdes Grundstück und erwirbt später durch Gesamtrechtsnachfolge das Eigentum daran. Daraufhin verkauft und übergibt er das selbe Grundstück nochmals einem Dritten. Wer nun das stärkere Recht hat (erster oder zweiter Erwerber) und wie dieses durchgesetzt werden kann, ist Gegenstand der juristischen Diskussion. Entschieden wird, dass auch ein Gesamtrechtsnachfolger durch vorhergehendes Handeln des Erblassers gebunden ist: Gleich ihm darf er sich damit nicht in Widerspruch setzen.

Weil der Erwerber gegen eine *rei vindicatio* des Veräußerers, der nun zum zivilen Eigentümer geworden ist, geschützt wird, stellt sich weiters die Frage, ob er deshalb geschützt wird, weil er durch diesen Vorgang selbst das Eigentum erlangte – das würde man als direkte Konvaleszenz bezeichnen – oder ob

422 *Bertolini*, Ratifica 1 (1889) 34.

423 *Masiello*, Quaestiones publice (2003) 144. *Reprobare non possum semel probatum* wurde sodann auch zu einer sprichwörtlichen Regel; dazu *Wacke*, Ratum habere, SZ 121 (2004) 350. Vgl. zu dieser Regel auch *van de Wouw*, Dunelmensia, SZ 108 (1991) 263.

er mittelbar durch andere Mechanismen zu schützen ist, was eine indirekte Konvaleszenz bedeuten würde[424].

Dass der Text D. 6, 1, 72 von einer Abwehr durch *exceptio* spricht, könnte für sich genommen auch nur in der Qualifikation des Grundstückes als *res mancipi* begründet sein: Beim Erwerb von *res mancipi* durch bloße *traditio* könnte schon aufgrund des Formmangels auch bei Annahme einer direkten Konvaleszenz zunächst kein ziviles, sondern nur bonitarisches Eigentum erlangt werden. Auch wenn der Veräußerer von vornherein ziviler Eigentümer war, müsste das bonitarische Eigentum im Falle der Erhebung der *rei vindicatio* vom Erwerber mittels *exceptio rei venditae et traditae* besonders geltend gemacht werden; widrigenfalls würde der Klage stattgegeben. Das zivile Eigentum müsste der Erwerber in dieser Konstellation jedenfalls erst ersitzen, egal ob der Veräußerer nun von vornherein ziviler Eigentümer war oder er es erst nachträglich wurde. Die Frage nach der direkten oder indirekten Konvaleszenz stellt sich somit viel dringlicher bei einer *traditio* von *res nec mancipi* durch Nichteigentümer: Wird der Erwerber durch den nachträglichen Rechtserwerb seines Vormannes nun direkt zum zivilen Eigentümer oder bleibt hier das Eigentum zunächst beim Veräußerer, während der Erwerber es erst ersitzen muss und sich vorläufig nur mittels *exceptio* wehren kann?

Von den Texten zur Konvaleszenz beim Erwerb von Landgütern, somit *res mancipi*, wurden von Azo zwei herangezogen, um die Regel zu stützen, dass widersprüchliches Verhalten unzulässig sei. Bei dem an dieser Stelle zu besprechenden Text handelt es sich vor allem deshalb um einen Sonderfall, weil er mehrfach überliefert ist: In Ulp. 16 ad ed., D. 6, 1, 72[425], in Pomp. 2 ex Plaut., D. 21, 3, 2[426] und in Ulp. 76 ad ed., D. 44, 4, 4, 32[427].

---

424 Durch den nachträglichen Zusammenfall von Verfügendem und Rechtsinhaber in einer Person wird das Erwerbsgeschäft „geheilt“. Dies könnte mit der Vorstellung einer juristischen Sekunde erklärt werden, wenn nach dem Durchgangserwerb des Verfügenden das Recht sofort an den Erwerber übergeht. Vgl. *Wacke*, Konvaleszenz, SZ 114 (1997) 198 mwN.

425 Zum Text siehe oben S. 144.

426 *Si a Titio fundum emeris qui Sempronii erat isque tibi traditus fuerit, pretio autem soluto Titius Sempronio heres exstiterit et eundem fundum Maevio vendiderit et tradiderit: Iulianus ait aequius esse priorem te tueri, quia et si ipse Titius fundum a te peteret, exceptione summoveretur et si ipse Titius eum possideret, Publiciana peteres.*

427 *Si a Titio fundum emeris qui Sempronii erat isque tibi traditus fuerit pretio soluto, deinde Titius Sempronio heres extiterit et eundem fundum Maevio vendiderit et tradiderit: Iulianus ait aequius esse praetorem te tueri, quia et, si ipse Titius fundum a te peteret, exceptione in factum comparata vel doli mali summoveretur et, si ipse eum possideret et Publiciana peteres, adversus excipientem "si non suus esset" replicatione utereris, ac per hoc intellegeretur eum fundum rursum vendidisse, quem in bonis non haberet.*

Unser Fragment D. 6, 1, 72 aus Ulpians 16. Buch *ad edictum* ist im Vergleich zum Fragment aus dessen 76. Buch *ad edictum* und auch im Vergleich zu dem Text von Pomponius, der dasselbe Problem in seinen *libri ex Plautio* bespricht, relativ stark gekürzt. Es wird weder der Name des zweiten Käufers (Maevius; so in den beiden anderen Überlieferungsstellen) angeführt noch wird kenntlich gemacht, dass es sich um eine Entscheidung Julians handelt, die zitiert wird, was ebenfalls aus beiden anderen Texten hervorgeht. Die Einrede wird in D. 6, 1, 72 (wie auch bei Pomponius in D. 21, 3, 2) ohne nähere Spezifizierung nur *exceptio* genannt, während Ulpian in D. 44, 4, 4, 32 von einer *exceptio in factum comparata vel doli mali* spricht.

Der vierte Titel im 44. Buch der Digesten beschäftigt sich insgesamt mit „*doli mali et metus exceptione*", während der erste Titel im 6. Buch die *rei vindicatio* bespricht. Dort steht Fr. 72 jedoch wiederum in direktem Anschluss an einen Paulus-Text, der sich ausdrücklich auf *dolus* bezieht[428]. Wohl deshalb übersetzt *Wollschläger* das bloße „*replicatione*" an dieser Stelle unter über den Wortlaut hinausreichender Interpretation mit „Replik der Arglist"[429]. Wenn man jedoch annimmt, dass dem Erwerber als *exceptio* neben der *doli mali* auch eine *in factum comparata* zu Verfügung steht, so muss das auch auf die *replicatio* zutreffen.

Lenel rekonstruiert auch für Ulpians 16. Buch *ad edictum* einen Titel zur *rei vindicatio*, ordnet den Text D. 6, 1, 72, der von den Kompilatoren in den Digesten unter diesen Titel gestellt wurde, für den Zusammenhang bei Ulpian aber dem folgenden Titel zur *actio Publiciana* zu[430]. Das könnte daran liegen, dass an die Feststellung, dass eine *exceptio* gegen den Veräußerer und nunmehrigen Eigentümer erhoben werden kann, die Folgebehauptung geknüpft wird, dass der Käufer als Kläger, wenn ihm vom Verkäufer die *exceptio iusti dominii* entgegengehalten würde, eine *replicatio* vorbringen könne. Die Klage des Käufers wäre hier wohl die *actio Publiciana* (so auch ausdrücklich die beiden Parallelstellen) und das dürfte der Grund für die Zuordnung zu diesem Titel sein.

Im 76. Buch zum Edikt beschäftigt sich Ulpian schwerpunktmäßig mit den Einreden[431] (*de exceptionibus*, für unseren Abschnitt konkret *doli mali et metus* – also gleich den Digesten an der relevanten Stelle), was auch erklärt, warum hier die *exceptio* explizit bezeichnet, an der anderen Stelle aber – wo

---

428 Paul. 13 ad Sab., D. 6, 1, 71: *Quod si possessor quidem dolo fecit, actor vero iurare non vult, sed quanti res sit adversarium condemnari maluit, mos ei gerendus est.*

429 „... könntest du gegen seine Einrede des Eigentums die Replik der Arglist geltend machen." *Behrends/Kupisch/Knütel/Seiler* (*Wollschläger*), CIC 2 (1995) 579.

430 *Lenel*, Pal II (1889) 511.

431 Siehe dazu auch unten S. 161.

die Klage im Zentrum des Interesses steht und die Frage nach der konkreten Einrede nur am Rande eine Rolle spielt – der Name unterschlagen wird.

D. 21, 3, 2 bildet gemeinsam mit D. 3, 3, 62[432] und D. 21, 2, 59[433] das gesamte Überlieferungsmaterial zum zweiten Buch in Pomponius *libri ex Plautio*. Diese beiden anderen Texte thematisieren den Herausgabeanspruch aufgrund eines Legats. D. 21, 3, 2 hat mit D. 3, 3, 62 gemeinsam, dass auch dort eine *exceptio* (und zwar die wegen mangelnder Vertretungsbefugnis eines Prokurators) erwähnt wird; mit D. 21, 2, 59, dass es um den Kauf einer Sache vom Nichteigentümer und die spätere Klage des tatsächlichen Eigentümers geht. In D. 21, 2, 59 gibt es jedoch keine Konvaleszenz, sondern es ist vielmehr der Käufer, der die Sache einem Dritten weiterüberträgt. Der Text D. 21, 3, 2 selbst bezeichnet zwar die *actio* mit „*Publiciana*", nicht aber die *exceptio*. Aufgrund der Titelrubrik „*De exceptione rei venditae et traditae*" soll die Einrede im Zusammenhang in den Digesten wohl darauf bezogen sein. Bei Pomponius lesen wir lediglich „*exceptione*"; ob hier gekürzt wurde oder die Kompilatoren ihre eigene Interpretation zum Ausdruck bringen, kann nicht mit Sicherheit gesagt werden.

Somit bestehen drei mögliche Einreden: Die bei Ulpian konkurrierend erwähnten *exceptiones doli mali* und *in factum comparata* sowie die bei Pomponius möglicherweise, eindeutig aber von den Kompilatoren angenommene *exceptio rei venditae et traditae*. Es stellt sich somit die Frage, wie die Anwendungsgebiete dieser Einreden abgesteckt werden können.

Der Wortlaut der *exceptio doli* ist uns in den Gaius-Institutionen überliefert:

> *Gai. 4, 119*
> *Si in ea re nihil dolo malo Auli Agerii factum sit neque fiat.*

> Gai. 4, 119
> Wenn in dieser Sache nichts mit Arglist des Klägers geschehen ist und geschieht.

Was den Wortlaut der *exceptio rei venditae et traditae* anbelangt, so orientieren wir uns zunächst an der Rekonstruktion *Lenels*[434]:

> *Si non Aulus Agerius fundum quo de agitur Numerio Negidio vendidit et tradidit.*

---

432 *Ad legatum petendum procurator datus si interdicto utatur adversus heredem de tabulis exhibendis, procuratoria exceptio, quasi non et hoc esset ei mandatum non obstat.*

433 *Si res quam a Titio emi legata sit a me, non potest legatarius conventus a domino rei venditori meo denuntiare, nisi cessae ei fuerint actiones. vel quodam casu hypothecas habet.*

434 *Lenel*, EP³ (1927) 511.

Wenn nicht der Kläger das Landgut, um das prozessiert wird, dem Beklagten verkauft und tradiert hat.

Vergleichsweise lautet die *exceptio pacti* nach Gaius:

Gai. 4, 119
Si inter Aulum Agerium et Numerium Negidium non convenit, ne ea pecunia peteretur.

Gai. 4, 119
Wenn zwischen Kläger und Beklagtem keine Übereinkunft besteht, dass dieses Geld nicht gefordert werde.

Krüger geht davon aus, dass die *exceptio doli* grundsätzlich mit allen *exceptiones in factum conceptae* konkurriert, egal, welches das konkrete *factum*, auf das jeweils abgestellt wird, sein mag[435]. Die Konkurrenz der *exceptio doli* mit der *exceptio in factum* hat nach *Krüger* aber einen anderen Grund als die Konkurrenz mit der *exceptio pacti*[436]: Während die *exceptio in factum* im Vergleich zur *exceptio doli* einen engeren, aber in diesem Rahmen deckungsgleichen Anwendungsbereich hat, liegt der Grund für die Konkurrenz zwischen *exceptio doli* und *exceptio pacti* darin, dass man den Sachverhalt einmal als *pactum* konstruieren und die *exceptio pacti* geben, andererseits aber auch ein *pactum* verneinen und gegen den *dolos* Handelnden eine *exceptio doli* gewähren konnte[437]. Im einen Fall ist somit die Grundlage ein- und dieselbe: es ist nur eine *exceptio* die allgemeinere (*doli*), die andere aber die speziellere (*in factum*). *Exceptio doli* und *exceptio pacti* hingegen haben unterschiedliche Grundlagen.

Dass es die einseitige Willenserklärung des Klägers ist, die die Grundlage der *exceptio doli* (und wohl auch der spezielleren *exceptio rei venditae et traditae*[438]) ist, zeigt sich besonders anhand des Falles, dass ein Nichteigentümer mit dem Willen des Eigentümers verkauft und tradiert hat und letzterer vinzidieren will[439]. Die *exceptio pacti*, die nicht auf den dolosen Selbstwiderspruch, sondern die Parteienvereinbarung abstellen würde, kommt in einer solchen Konstellation nicht vor. Somit ist die *exceptio pacti* für die Konvaleszenz nach dem Verkauf des fremden Grundstücks nunmehr auszuscheiden.

Da sich Ulpian auch in D. 21, 3, 1 pr sowie D. 21, 2, 17 mit der Frage der zuständigen *exceptio* beschäftigt und diese Texte die Grundlage der

---

435 *Krüger*, Exceptio doli 1 (1892) 30.

436 Siehe zu Konkurrenz der *exceptio doli* mit der *exceptio pacti* bereits oben S. 52 ff.

437 *Krüger*, Exceptio doli 1 (1892) 31 f.

438 Allgemein nimmt man an, dass die *exceptio rei venditae et traditae* gleichzeitig mit der *actio Publiciana*, also im letzten Jh. v. Chr., entstanden ist – die *actio* als Angriffsmittel, die *exceptio* als Verteidigung. *Krüger* ist anderer Ansicht; vgl. zu seinen Argumenten: *Krüger*, Exceptio doli 1 (1892) 15 ff.

439 Siehe unten Abschnitt VI, Kapitel 1.3.

Kapitel 21 und 22 bilden, werden die Ergebnisse zur Abgrenzung von *exceptio doli*, *exceptio in factum* und *exceptio rei venditae et traditae* erst nach der Besprechung dieser Texte dargestellt. Weil es sich hierbei um Kernfragen des Umgangs mit verbotenem Selbstwiderspruch handelt, wird dieser Frage sodann ein eigener Abschnitt gewidmet.

Die Darstellung der Konvaleszenzfälle wird durch das nun folgende Zitat unterbrochen.

1.20. D. 7, 1, 25 pr: Erwerb durch den Nießbrauchsklaven *donandi causa*

D. 7, 1, 25 pr (Ulpianus libro octavo decimo ad Sabinum)
Sed et si quid[440] *stipuletur sibi aut Sticho servo fructuario donandi causa, dum vult fructuario praestitum, dicendum, si ei solvatur, fructuario adquiri.*

D. 7, 1, 25 pr (Ulpian im 18. Buch zu Sabinus)
Aber auch, wenn jemand etwas sich selbst oder dem Nießbrauchsklaven Stichus schenkungshalber stipulieren lässt, ist dann, wenn er die Leistung für den Nießbraucher will, zu sagen, dass, wenn ihm geleistet wird, für den Nießbraucher erworben wird.

Der Sachverhalt lässt sich unterschiedlich deuten: Entweder es lässt sich jemand stipulieren, dass etwas entweder an ihn selbst geleistet werden soll oder schenkungshalber an einen Sklaven, an dem ein Nießbrauch besteht; oder aber, jemand lässt sich schenkungshalber stipulieren, dass ihm selbst oder dem Nießbrauchsklaven Stichus geleistet werden soll; bzw. als dritte Möglichkeit wäre sprachlich denkbar: Jemand lässt etwas sich selbst oder aber schenkungshalber dem Nießbrauchsklaven Stichus stipulieren.

Das Ergebnis lautet nach Ulpian: Will „er" die Sache dem Nießbraucher zukommen lassen, erwirbt dieser bei Leistung an „ihn"[441].

---

440 Der Beginn dieses Ulpian-Textes lautet in der *littera Bononiensis*: *Sed et si quis stipuletur*; in der *Florentina* lesen wir jedoch: *Sed et si quid stipuletur*.

441 Für völlig interpoliert halten den Text noch etwa *Dulckeit*, Erblasserwille (1934) 69 ff; *Grosso*, Usufrutto² (1958) 220 wie auch *Cugia*, Adiectus solutionis causa (1919) 30 ff. Zumindest ab *dum* sei der Text komplett zu streichen. Grund für die Interpolationsannahme war in erster Linie, dass man davon ausging, ein Erwerb des Nießbrauchers durch den Nießbrauchsklaven komme bei einer Schenkung grundsätzlich nicht in Frage. Der *servus fructuarius* erwirbt in der Regel für den *dominus*; nur in Ausnahmefällen kann er für den Usufruktuar erwerben, nämlich wenn er mit Mitteln des Nießbrauchers (*ex re fructuarii*) etwas erwirbt oder wenn er aus eigener Arbeit etwas erlangt (*ex operis servi*). Die Schenkung falle unter keine der beiden Kategorien. *Dulckeit*, Erblasserwille (1934) 69 f ist es etwa „unbegreiflich, wie die Schenkungsabsicht des Stipulanten gegenüber dem Nießbraucher des Sklaven, der ihm solutionis causa adiectus ist, bei Leistung an den

Drei Fragen stehen hier im Vordergrund: Wer ist der Versprechensempfänger? Wessen Wille entscheidet? Zu welchem Zeitpunkt muss der ausschlaggebende Wille gebildet werden?

Aus dem Wortlaut ist nicht unmittelbar erkennbar, wer der Versprechensempfänger der Stipulation ist[442]. Dass der Sklave – anders als im in den Digesten unmittelbar vorangehenden Fr. 24[443] – im *principium* von Fr. 25 nicht Versprechensempfänger ist, ergibt sich daraus, dass diesfalls zwei mögliche Stipulationen alternativ ins Auge gefasst werden würden: Es wäre demnach möglich, dass jemand sich selbst etwas stipulieren lässt, oder aber, er lässt schenkungshalber dem Stichus stipulieren. Für die erste mögliche Stipulation wäre das dann beide Varianten umfassende Ergebnis, dass bei Leistung an „*ei*" der Nießbraucher erwirbt, wenn „er" ihn beschenken will, unpassend.

Sklaven (ei = servo!) den Erwerb ohne weiteres dem Nießbraucher zuführen soll". Weiters weist er ebd. darauf hin: „Die in verschiedene Richtung gehende contemplatio des Schenkers findet in der Kompilation nur im Hinblick auf den servus fructuarius Erwähnung." Bereits *Buckland*, Sklavery (1908) 343 hat jedoch den Erwerb *ex re* weiter verstanden, nämlich als einen Erwerb, der das Vermögen des Nießbrauchers betrifft: „... acquisition *ex re* is acquisition by a transaction connected with his affairs." Damit wäre auch eine Schenkung umfasst. Zuletzt verteidigte *Schnabel*, Solutionis causa adiectus (2015) 80 f die Echtheit des Fragments, meinte aber, es liege weder ein Erwerb *ex re* noch ein Erwerb *ex operis* vor, sondern ein anderer Erwerbsgrund, der bei Gaius (Gai. 2, 92 sowie UE 19, 21) nicht erwähnt sei, da dieser damit „Anfänger offenbar noch nicht behelligen" habe wollen. Allgemein zum Erwerb durch einen *servus fructuarius* siehe etwa *Sturm*, Sklavenkasse, in: Symposion Wieling (2006) 223 ff; *Klinck*, Übergabe an Dritte (2004) 98 ff; *Goedert*, Servus fructuarius, SDHI 54 (1988) 262 ff; *Krüger*, Erwerbszurechnung (1979) 67 ff; *Benöhr*, Gewaltunterworfene (1972) 29 ff (Beschränkt auf den Besitz); *Wesener*, Ususfructus, SZ 81 (1964) 106 (genauer: zur Begründungsart des Nießbrauchs und dessen – fehlende – Auswirkung auf den Erwerb für den Usufruktuar *ex re fructuarii vel ex operis suis*); *Grosso*, Usufrutto[2] (1958) 206 ff; *Dulckeit*, Erblasserwille (1934) 9 ff, 26 ff u. 47 ff (zum Erwerb durch den *servus fructuarius* aufgrund einer letztwilligen Verfügung) sowie 65 f (zur Zuwendungsabsicht des Schenkers beim *servus fructuarius*); *Berger*, Sklavenrecht, Philologus 73 (1914) 61 ff u. 91 ff; *Buckland*, Slavery (1908) 342 ff (hauptsächlich zum *bona fide serviens*, aber mit Vergleich zum *servus fructuarius*) u. 361 ff (zum *servus fructuarius* mit Rückverweis auf das Kapitel zum *bona fide serviens*); *Eisele*, Sklavenrecht, SZ 26 (1905) 66 ff; *Salkowski*, Sklavenerwerb (1891) 116 ff; *Kuntze*, Servus fructuarius (1889) 28 ff. Auf Haftungsrechtliche Fragen (betreffend die *custodia*-Pflicht des Nießbrauchers hinsichtlich des Sklaven) beschränkt ist die Abhandlung von *Stiegler*, Servus fructuarius, in: FS Wesener (1992) 467 ff.

442 Auch *Berger*, Sklavenrecht, Philologus 73 (1914) 95 Fn 79 beanstandete, dass das „*stipuletur*" in D. 7, 1, 25 pr subjektslos ist.

443 Siehe zu diesem sogleich S. 152.

Bleiben als mögliche Versprechensempfänger der Nießbraucher, der Eigentümer oder ein Dritter.

Ist es der Nießbraucher[444], so wäre der Text wie folgt zu verstehen: Der *promissor* stipuliert dem Nießbraucher schenkungshalber eine Leistung und es wird vereinbart, dass diese Leistung auch dem Nießbrauchsklaven Stichus erbracht werden kann. Wird nun dem Stichus geleistet[445], stellt sich die Frage, für wen er erwirbt: Ist auch für diesen Fall[446] gewollt, dass der Nießbraucher der Beschenkte ist, so erwirbt der Nießbraucher bei Leistung an den *servus fructuarius*; soll hingegen dann der Sklave selbst (oder gar dessen Eigentümer) Begünstigter sein, erwirbt er für seinen *dominus*.

Handelt es sich beim Versprechensempfänger um den Eigentümer des Sklaven, so geht es vielmehr darum, dass Hintergrund der Stipulation ist, dass der Nießbraucher vom Eigentümer etwas zugewendet bekommt: Dies geschieht über den „langen" Weg, wenn der *promissor* an den Sklaveneigentümer leistet und dieser dann in einem zweiten Schritt diese Leistung dem Sklavennießbraucher als Schenkung zuwendet. Abgekürzt wird dieser Weg, wenn der *servus fructuarius* zu dem Zweck, dass im Fall der Leistung an ihn der Nießbraucher direkt erwirbt, in der Stipulation als *solutionis causa adiectus* genannt wird.

Kommt hier aber ein Dritter als Versprechensempfänger ins Spiel, wie die Glosse[447] es vermutet (hier findet sich zu „*quis*" der Hinweis: „*extraneus*", doch ist das in der Vulgattradition vorgefundene „*quis*" in der *littera Florentina* ein „*quid*"), so ist der Text wie folgt zu verstehen: Ein *promissor* stipuliert einem *extraneus* eine Leistung. In diese Stipulation wird ein *solutionis causa adiectus* aufgenommen: Es kann (schenkungshalber) an Stichus geleistet werden. Stichus steht im Eigentum des A und es besteht an ihm ein Nießbrauch zugunsten des B. Nun fragt sich, wer erwirbt, sollte an Stichus geleistet werden: A oder B? Diese Frage entscheidet sich nach „seinem" Willen.

Die erste Frage lässt sich also ohne Überlegungen zur zweiten Frage kaum schlüssig beantworten: Wer ist „er", dessen Wille ausschlaggebend dafür ist, ob der Nießbraucher durch die Leistung an den *servus fructuarius* etwas erwirbt: Geht es um den Willen des Versprechensempfängers oder ist es der Wille des Leistenden, der entscheidend ist? Es könnte sogar um den Willen des Sklaven gehen – für wen will er erwerben? In den Digesten steht unmittelbar

444 Davon geht *Schnabel*, Solutionis causa adiectus (2015) 78 ff aus.

445 Dass „*ei*" für „*servo*" steht, meint schon die Glosse: Siehe Gl. „*Si ei*" (D. 7, 1, 25 pr), benutzte Ausgabe: Lyon 1627, 859.

446 *Schnabel*, Solutionis causa adiectus (2015) 82 meint: zu diesem Zeitpunkt (ie im Zeitpunkt der Leistung an den Sklaven). Siehe sogleich Fn 458.

447 Benutzte Ausgabe: Lyon 1627, 859.

vor unserem Fragment ein Paulus-Text, in dem der Schenkende direkt dem Sklaven stipuliert. In diesem Fall ist der Wille des *promissor* entscheidend[448]:

> *D. 7, 1, 24 (Paulus libro decimo ad Sabinum)*
> *Si quis donaturus usufructuario spoponderit servo in quem usum fructum habet stipulanti, ipsi usufructuario obligabitur, quia ut ei servus talis stipulari possit, usitatum est.*
>
> D. 7, 1, 24 (Paulus im zehnten Buch zu Sabinus)
> Wenn jemand, der den Nießbraucher beschenken will, einem Sklaven, welchen derjenige im Nießbrauch hat, ein Stipulationsversprechen gibt, wird er dem Nießbraucher selbst verpflichtet, denn dass ein solcher Sklave sich für ihn etwas stipulieren lassen kann, ist gebräuchlich.

Es ist wenig wahrscheinlich, dass im folgenden Fr. 25 derselbe Fall vorliegt, dass also der *promissor* auch hier dem Sklaven stipuliert und dabei sein (des Versprechenden) Wille zählt[449]. Vielmehr lässt hier wohl jemand sich selbst etwas stipulieren, während der Sklave *solutionis causa adiectus* ist: Wenn nun aber tatsächlich ein *extraneus* die Stipulation abschließt, wendet materiell gesehen nicht der *promissor*, sondern dieser Dritte, dh der Versprechensempfänger, dem Nießbraucher (oder Eigentümer) des Sklaven die Sache zu, denn er lässt sich versprechen, dass an den *servus fructuarius* etwas übergeben werden kann, das ansonsten er selbst erhalten würde; folglich wird es sein Wille sein, der hier den Ausschlag gibt. Dass auch eine Leistung vom *promissor* an den *stipulator* „schenkungshalber" erfolgen würde, ist zwar denkbar, aber letztlich irrelevant: Egal ob der *promissor* dem Versprechensempfänger etwas schuldet und ihm die Leistung im Hinblick darauf stipuliert oder auch hier eine Schenkungsabsicht Hintergrund ist – für die Frage des Erwerbs im Falle der Leistung an den *servus fructuarius* zählt die Schenkungsabsicht des Versprechensempfängers und der Umstand, ob diese auf den Nießbraucher bezogen ist[450].

Es empfiehlt sich ein Blick in die Basiliken:

> *Bas. 16, 1, 25. Οὐλπιανός.*
> Εἰ δὲ καὶ ἐμαυτῷ ἐπερωτήσω ἢ κατὰ δωρεὰν δούλῳ, οὗ τὴν χρῆσιν ἔχεις, καὶ καταβληθῇ τῷ δούλῳ, σοὶ προσπορίζεται, ἐν ᾧ σε λαβεῖν ἤθελον.

---

448 *Kuntze*, Servus fructuarius (1889) 33 Fn 22 legt die Distinktion Labeos hinsichtlich der Zuwendung eines Testators an einen *servus fructuarius* auf den Fall der „einfachen Schenkung" um: Es komme darauf an, mit Rücksicht auf wen der Testator – bzw. der Schenkende – die Zuwendung gemacht hat.

449 Siehe bereits oben S. 150. Dass der Wille des Leistenden den Ausschlag gibt, nimmt hingegen *Schnabel*, Solutionis causa adiectus (2015) 78 ff an; er meint jedoch ebd., dass der Leistende gleichzeitig auch der Schenkende ist.

450 Insofern ist es für diese Frage auch irrelevant, ob die *donatio* hier *causa* der Stipulation war. Siehe aber *Schnabel*, Solutionis causa adiectus (2015) 82.

Bas. 16, 1, 25. Ulpian.
Aber auch, wenn ich mir selbst etwas stipulieren lasse oder schenkungshalber einem Sklaven, an dem du einen Nießbrauch hast, wird, wenn dem Sklaven dann geleistet wird, die Sache für dich erworben, wenn ich wollte, dass du sie erhältst.

Diese Übertragung weist die Rollen eindeutig zu[451]: Die Beteiligten sind der Versprechensempfänger *ego*, der *promissor*, der Nießbraucher *tu* und schließlich der Nießbrauchsklave. Zwischen *ego* und dem *promissor* wird eine Stipulation abgeschlossen. Der Nießbraucher *tu* kann folglich nicht dieselbe Person sein wie der Versprechensempfänger *ego*[452]. Inhalt der Stipulation ist, dass der *promissor* etwas an *ego* oder schenkungshalber an den *servus fructuarius* leisten soll. Wird an den Nießbrauchsklaven geleistet, entscheidet der Wille des *ego*, ob *tu* zum Eigentümer des Leistungsgegenstandes wird.

Erwirbt nicht der Nießbraucher durch eine Leistung an den *servus fructuarius*, so erwirbt der Eigentümer des Sklaven unabhängig davon, ob tatsächlich der *dominus* oder vielmehr der Sklave selbst begünstigt werden sollte; das ergibt sich aus D. 7, 1, 22. Dieser Text steht nach *Lenels* Palingenesie[453] in Ulpians 18. Buch *ad Sabinum* direkt vor unserem Fragment:

D. 7, 1, 22 (Ulpianus libro octavo decimo ad Sabinum)
Sed et si quid donetur servo, in quo usus fructus alterius est, quaeritur, quid fieri oporteat. et in omnibus istis, si quidem contemplatione fructuarii aliquid ei relictum vel donatum est, ipsi adquiret: sin vero proprietarii, proprietario: si ipsius servi, adquiretur domino, nec distinguimus, unde cognitum eum et cuius merito habuit, qui donavit vel reliquit. sed et si condicionis implendae causa quid servus fructuarius consequatur et constiterit contemplatione fructuarii eam condicionem adscriptam, dicendum est ipsi adquiri: nam et in mortis causa donatione idem dicendum est.

D. 7, 1, 22 (Ulpian im 18. Buch zu Sabinus)
Aber auch wenn einem Sklaven etwas geschenkt wird, an dem ein anderer einen Nießbrauch hat, wird gefragt, was geschehen soll. Und in allen diesen Fällen gilt: Wenn ihm im Hinblick auf den Nießbraucher etwas hinterlassen oder geschenkt worden ist, erwirbt er demselben. Wenn [ihm] aber [im Hinblick auf] den Eigentümer [etwas hinterlassen oder geschenkt worden ist], [erwirbt er] dem

451 *Berger*, Sklavenrecht, Philologus 73 (1914) 95 Fn 79 meint unter Heranziehung der Basiliken, dass die Stelle nur verständlich werde, wenn man als Subjekt „*quis donaturus usufructuario*" aus dem vorangehenden Fragment D. 7, 1, 24 herübernehme.

452 Ohne Berücksichtigung der Basiliken zieht *Schnabel*, Solutionis causa adiectus (2015) 78 ff eine solche Gleichsetzung von Nießbraucher und *stipulator* aber vor und argumentiert ebd. 82, dass auch in Fr. 24 zwei Funktionen in einer Person zusammenfallen, weil dort nämlich der Nießbrauchsklave gleichzeitig Versprechensempfänger sei.

453 *Lenel*, Pal II (1889) 1072.

> Eigentümer. Wenn im Hinblick auf den Sklaven selbst [diesem etwas hinterlassen oder geschenkt worden ist], wird [es] dem Eigentümer erworben und wir unterscheiden nicht, weshalb er ihn[454] kennt und [warum der Sklave] dessen Wohltat verdient, der schenkt oder hinterlässt. Aber auch wenn der Nießbrauchsklave etwas erlangt, um eine Bedingung zu erfüllen, und feststeht, dass diese Bedingung im Hinblick auf den Nießbraucher beigefügt wurde, muss gesagt werden, dass ihm[455] selbst erworben wird: denn auch bei der Schenkung auf den Todesfall ist dasselbe zu sagen.

An dieser Stelle für unsere Frage relevant ist die Aussage des Juristen, dass bei einer Schenkung an einen *servus fructuarius* der Nießbraucher erwirbt, wenn dem Sklaven im Hinblick auf diesen etwas geschenkt worden ist; wenn dagegen im Hinblick auf den Eigentümer, so erwirbt der Eigentümer. War das Geschenk für den Sklaven selbst gedacht, erwirbt der Sklave ebenfalls seinem Herrn.

Es kann daher nicht der Eigentümer darüber entscheiden, ob er durch seinen Sklaven erwirbt oder ob durch diesen vielmehr derjenige erwirbt, der den Nießbrauch hat; das entscheidet vielmehr ein Dritter als Schenkender. So lässt sich argumentieren, dass der Eigentümer es in D. 7, 1, 25 pr ebenfalls nicht in der Hand hat, diese Entscheidung zu treffen. Folgerichtig wäre der Eigentümer des Sklaven dann wohl auch nicht der Versprechensempfänger, denn dieser wendet mittelbar durch den *promissor* jemandem etwas zu; dass der Eigentümer des Sklaven sich durch den Sklaven selbst etwas zuwenden will, kann nicht angenommen werden[456].

Damit kann die Frage nach der Person des Versprechensempfängers vorläufig dahingehend beantwortet werden: Er ist nach dem Verständnis der Basiliken nicht der Nießbraucher. Nachdem der Wille des Versprechensempfängers nach dem bisher Gesagten den Ausschlag gibt und in keinem der umliegenden Texte der Eigentümer des Sklaven die Entscheidung über den Erwerb treffen kann, außerdem eine schenkungsweise Zuwendung an sich selbst unwahrscheinlich ist, ist *ego* vermutlich nicht der *dominus* des Sklaven und die Glosse behält Recht: *Ego* ist ein *extraneus*, ein außenstehender Dritter.

Dies ist noch verstärkt, wenn der Text nicht *Sed et si quid stipuletur sibi*, sondern *Sed et si quis stipuletur sibi* lautet und das *quis* hier im *si*-Satz als *aliquis* zu verstehen ist, also irgendjemand sich stipulieren lässt. Die Korrektur der *Florentina* durch die Vulgatfassung ist somit sinnvoll.

---

454 = den Sklaven.

455 = dem Nießbraucher.

456 Zu vermuten ist auch, dass es aus dem Text ersichtlich wäre, wenn jemand seinen eigenen Sklaven, an dem ein Nießbrauch besteht, als alternativen Leistungsempfänger genannt hätte.

Offen ist noch die Frage nach dem Zeitpunkt, in dem der entscheidende Wille des *ego*[457] vorliegen muss: Hält man sich den Paulus-Text D. 7, 1, 24 nochmals vor Augen, so ist hier vermutlich die Absicht bei Abschluss der Stipulation entscheidend: Jemand stipuliert in der Absicht, dem Nießbraucher etwas zu schenken. So, nur in der passiven Form, kann man auch unseren Text lesen: Jemand lässt sich etwas stipulieren, während er es dem Nießbraucher zukommen lassen will. Der Wille im Zeitpunkt der Stipulation ist demnach ausschlaggebend[458].

Sturm hat die folgenden Paragraphen dieser *lex* eingehend diskutiert[459]. Dort geht es um die Frage, wer bei einem Kaufvertrag bei Übergabe der Kaufsache an den Nießbrauchsklaven Eigentum erwirbt[460]. In diesen Fällen entscheidet die „Kasse", aus der bezahlt wird, das heißt, der Umstand, ob der Sklave den Kaufpreis aus den Mitteln seines Eigentümers oder denen des Nießbrauchers bezahlt[461]. Wird zuerst der Erwerbstatbestand gesetzt und erst später der Kaufpreis gezahlt, kommt es nach *Sturm* in der Zwischenzeit zu einem Schwebezustand. Die Kaufpreiszahlung führt sodann zu einer rückwirkenden Zuordnung. Die Zahlung an sich bewirkt zwar nicht den Eigentumserwerb, sie bestimmt aber, wer durch den Erwerbstatbestand Rechtsinhaber wurde

---

457 Die Bezeichnung folgt nun der in den Basiliken vorgeschlagenen Rollenverteilung.

458 *Berger*, Sklavenrecht, Philologus 73 (1914) 96 (Forts. Fn. 79) meint, dass der Nießbraucher in der Stipulation genannt sein müsse: „In der Stipulation, die hier der ‚quis' – ein Freier – entgegennahm, war auch der Sklavennießbraucher genannt, denn bei ‚Sticho servo frucuario' musste sein Name erwähnt worden sein. Stichus ist hier nichts anderes als ein Organ, das die seinem fructuarius zugedachte Leistung in Empfang nimmt." Anders *Schnabel*, Solutionis causa adiectus (2015) 78 ff: Er meint, dass der Nießbraucher Versprechensempfänger ist und der *promissor* der Schenkende; er ist weiters der Auffassung, dass es nicht um den Willen im Zeitpunkt der Stipulation geht und die Frage, wer „generell" für den Fall der Leistung an Stichus begünstigt werden soll, sondern seiner Ansicht nach geht es vielmehr darum, ob im Zeitpunkt der Leistung an den Stichus noch gewollt ist, dass der Nießbraucher durch ihn erwirbt (82 f); diese Deutung erscheint aber nicht sehr plausibel, denn wäre Stichus – wie *Schnabel* ebd. 79 selbst sagt – lediglich als „Empfangsstelle zum Vollzug der Schenkung" für den Nießbraucher in die Stipulation aufgenommen worden, kann diese Eigenschaft im Nachhinein nicht mehr einseitig abgeändert werden.

459 *Sturm*, Sklavenkasse, in: Symposion Wieling (2006) 223 ff.

460 Die von *Sturm* herangezogenen parallelen Stellen sind Gai. 7 ad ed. prov., D. 41, 1, 43, 2; Ulp. 18 ad Sab., D. 7, 1, 25, 1; Ulp. 17 ad Sab., D. 7, 1, 12, 5 u. Paul. 1 ad ed. Aed. Cur., D. 21, 1, 43, 10.

461 Aufgrund des Nießbrauchs ist der Usufructuar berechtigt, die Arbeitskraft des Sklaven zu nutzen und zu erwerben, was der Sklave mit Mitteln des Nießbrauchers beschafft und erschafft. Obwohl der Nießbraucher nicht *possessor*, sondern bloßer *detentor* des Sklaven ist, kann er in einer solchen Konstellation durch den Sklaven Besitz und somit Eigentum erwerben.

und beendet somit den Schwebezustand. Im hier besprochenen *principium* gibt es aber keine Kasse, aus der bezahlt wird: Es wird schenkungshalber etwas versprochen. Es entscheidet daher keine Kasse, sondern der Wille.

Nach der These von *Sturm* gibt es beim Kauf durch den Nießbrauchsklaven drei rechtlich relevante Zeitpunkte: 1. den Abschluss des Kaufvertrages; 2. die Leistung an den Sklaven und 3. die Zahlung des Kaufpreises; wobei zwischen 2. und 3. ein Schwebezustand eintreten kann, sofern diese Zeitpunkte nicht zusammenfallen.

Übertragen auf unseren Fall würde das heißen, dass die relevanten Zeitpunkte folgende sind: 1. der Abschluss der Stipulation; 2. die Leistung an den Sklaven und 3. die Bildung des ausschlaggebenden Willens durch *ego*. Dass der Fall hier aber anders zu lösen ist, als die von *Sturm* behandelten Konstellationen, ist bereits daraus zu erkennen, dass § 1 des Fr. 7, 1, 25 beginnt mit: *Interdum tamen in pendenti est, cui adquirat iste fructuarius servus...* Aufgrund dieses *tamen* lässt sich schließen, dass es im vorangehenden Text eben gerade anders ist: Es ist somit im *principium* kein Schwebezustand anzunehmen und der ausschlaggebende Wille wird im Zeitpunkt des Abschlusses der Stipulation gebildet sein müssen.

Auf der Grundlage der bisherigen Ausführungen lässt sich als wahrscheinlichste Konstellation zusammenfassen:

Ein *extraneus* lässt sich eine Leistung stipulieren, unter Hinzufügung von Stichus (einem Saklven, an dem ein Nießbrauch besteht) als *solutionis causa adiectus*. Leistet der *promissor* an Stichus, so gilt: Will der *extraneus* eine Schenkung an den Nießbraucher (im Zeitpunkt der Stipulation; dh ist diese Funktion bei der Beifügung von Stichus als *solutionis causa adiectus* vorgesehen), so erwirbt der Nießbraucher. Soll hingegen das Geschenk dem Sklaven selbst oder dessen Eigentümer zugute kommen, erwirbt der Eigentümer.

Nachdem diese Stelle in den Brocardica nur aufgelistet, in der *solutio* aber nicht nochmals erwähnt und der Zusammenhang nicht näher erläutert wird, lässt sich nur mutmaßen, inwiefern dieses Fragment ein Beweis dafür sein soll, dass ein *venire contra factum proprium* unzulässig ist. Es wurde nicht der erste Vergleichstext D. 7, 1, 24 ausgewählt, in dem jemand etwas dem Nießbrauchsklaven in der Absicht, dem Nießbraucher etwas zu schenken, mittels Stipulation verspricht. Man hat auch nicht den dritten Vergleichstext D. 7, 1, 22 ausgewählt, in welchem jemand dem Nießbrauchsklaven etwas im Hinblick auf den Nießbraucher schenkt. In D. 7, 1, 25 pr will jemand etwas dem Nießbraucher zuwenden und lässt sich im Hinblick darauf stipulieren, dass dem Nießbrauchsklaven etwas geleistet werden kann, wenn es nicht dem Versprechensempfänger selbst geleistet wird. Diese Zwischenschaltung eines Dritten dürfte daher der ausschlaggebende Punkt für die Auswahl des Textes gewesen sein.

In der Stipulation wird als Vertragsinhalt vereinbart, dass die Leistung schuldbefreiend – alternativ zum Versprechensempfänger selbst – an den Nießbrauchsklaven Stichus erbracht werden kann. Im Zeitpunkt der Stipulation hat der Versprechensempfänger den Willen, dass bei Leistung an den Sklaven der Nießbraucher Eigentum erwerben soll. Er kann diesen Punkt des Vertrages nicht im Nachhinein einseitig ändern. Ein Widerruf wäre nur möglich gewesen, wenn sich der Gläubiger die Leistung ausschließlich selbst hätte versprechen lassen und den Schuldner bloß ermächtigt hätte, an einen Dritten zu leisten. Der Sklave ist hier jedoch ein *solutionis causa adiectus*: Er ist unwiderruflich empfangsberechtigt, wenn auch nicht forderungsberechtigt[462]. Der Versprechensempfänger kann dem Schuldner nicht verbieten, an den Nießbrauchsklaven zu leisten. Er kann auch nicht durch einen Willenswandel bei Leistung an den Nießbrauchsklaven diese nun doch statt dem Nießbraucher vielmehr dem *dominus* zukommen lassen[463]. Er ist in jeder Hinsicht an sein Vorverhalten gebunden[464].

---

462 Siehe nur *Kaser*, PR I² (1971) 637. Auf Leistung klagen kann aufgrund der Idee der Obligation als *vinculum iuris* nur der Versprechensempfänger selbst. Tut er das, so handelt es sich dabei nicht um ein verbotenes widersprüchliches Verhalten. *Azo* führt unter *contra* einen solchen Fall an: Iul. 54 dig., D. 46, 3, 34, 2: *Stipulatus sum decem mihi aut hominem Titio dari: si homo Titio datus fuisset, promissor a me liberatur et, antequam homo daretur, ego decem petere possum.* Zum *solutionis causa adiectus* siehe zuletzt *Schnabel*, Solutionis causa adiectus (2015); *Hans Ankum*, Solutionis causa adiectus, in: Studi Nicosia I (2007) 139 ff.

463 So aber *Schnabel*, Solutionis causa adiectus (2015) 82.

464 Bisher wurde immer davon ausgegangen, dass „*ei*" der Sklave ist, dass also diskutiert wird, was zu gelten hat, wenn an den *servus fructuarius*, der hier *solutionis causa adiectus* ist, geleistet wird; dafür spricht auch die Wahrscheinlichkeit. Anders aufbauen könnte man die Argumentation hingegen, wenn man in „*ei*" nicht den Nießbrauchsklaven Stichus sieht, sondern den Nießbraucher selbst, was sprachlich durchaus möglich wäre. Dann würde das Besondere der Stelle vielmehr darin liegen, dass direkt an den Nießbraucher selbst geleistet wird, obwohl in der Stipulation nur vereinbart wurde, dass alternativ zum Versprechensempfänger an den Nießbrauchsklaven geleistet werden kann. Durch den Nießbrauchsklaven aber würde der Nießbraucher ohnehin Eigentum erwerben; daher wäre der Zweck der Stipulation ebenso erfüllt, wenn unmittelbar an diesen selbst geleistet wird. Deswegen kann dem Nießbraucher die Sache nicht mehr streitig gemacht werden und der Versprechensempfänger kann sich auch nicht an den *promissor* wenden und mit dem Hinweis darauf, dass der Wortlaut der Stipulation noch nicht erfüllt sei, nochmalige Leistung verlangen. Wertungsmäßig würde das zum folgenden Javolen-Fragment zu einem anderen Schenkungsfall passen: Iav. 6 epist., D. 39, 5, 25: *Si tibi dederim rem, ut Titio meo nomine donares, et tu tuo nomine eam ei dederis, an factam eius putes? respondit, si rem tibi dederim, ut Titio meo nomine donares eamque tu tuo nomine ei dederis, quantum ad iuris suptilitatem accipientis facta non est et tu furti obligares: sed benignius est, si*

1.21. D. 21, 3, 1 pr: Konvaleszenz II bei Veräußerung fremder Sachen

D. 21, 3, 1 pr (Ulpianus libro septuagesimo sexto ad edictum)
Marcellus scribit, si alienum fundum vendideris et tuum postea factum petas, hac exceptione recte repellendum.

D. 21, 3, 1 pr (Ulpian im 76. Buch zum Edikt)
Marcellus schreibt, wenn du ein fremdes Grundstück verkauft hast und, nachdem es danach zu deinem gemacht geworden ist, klagst, wirst du zurecht durch diese *exceptio* abgewehrt.

Nun kommt der Verfasser der Brocardica *aurea* wieder auf die Frage der Konvaleszenz zurück. Der Spätklassiker Ulpian zitiert hier die Rechtsansicht des hochklassischen Juristen Marcellus: Im Konvaleszenzfall steht dem Erwerber gegen den auf Herausgabe klagenden Veräußerer „diese" Einrede zu. In Justinians Digesten bezieht sich *hac exceptione* auf die Titelüberschrift D. 21, 3 „*de exceptione rei venditae et traditae*".

Laut *Lenels* Palingenesie steht der Text auch bei Ulpian[465] und bei Marcellus[466] unter dem Titel „*de exceptione rei venditae et traditae*". Bei Marcellus ist dieser Text allerdings der einzige erhaltene unter diesem Titel und auch bei Ulpian findet sich eine ausdrückliche Bezeichnung jedenfalls unter diesem Titel seines 76. Buches *ad edictum* nicht. Überhaupt ist der einzige, der die *exceptio rei venditae et traditae* im gesamten, nur drei Fragmente umfassenden dritten Titel des 21. Buches der Digesten namentlich nennt, Hermogenian in Fragment 3[467]. Er bringt aber lediglich zum Ausdruck, dass diese Einrede – neben dem Erwerber selbst – auch den Rechtsnachfolgern des Erwerbers gegen den Veräußerer bzw. gegen dessen Rechtsnachfolger zusteht. Um welchen Grundsachverhalt es geht, aufgrund dessen die Einrede überhaupt zusteht, wird nicht näher ausgeführt.

In der Rekonstruktion *Lenels* ist dieser Text auch bei Hermogenian der einzige unter dem Titel *de exceptione rei venditae et traditae*[468]. Im gesamten ersten Fragment, in dem Ulpian zuerst die Ansicht des Marcellus referiert

---

agam contra eum qui rem accepit, exceptione doli mali me summoveri. Auch hier soll, da das angestrebte Ziel erreicht wurde, die fehlerhafte Ausführung nicht zur Rückforderung berechtigen, obwohl diese strengrechtlich dazu führt, dass das Recht nicht wirksam übertragen wurde.

465 *Lenel*, Pal II (1889) 860.

466 *Lenel*, Pal I (1889) 623.

467 Herm. 6 iur. epit., D. 21, 3, 3: *Exceptio rei venditae et traditae non tantum ei cui res tradita est, sed successoribus etiam eius et emptori secundo, etsi res ei non fuerit tradita, proderit: interest enim emptoris primi secundo rem non evinci. § 1 Pari ratione venditoris etiam successoribus nocebit, sive in universum ius sive in eam dumtaxat rem successerint.*

468 *Lenel*, Pal I (1889) 275.

und anschließend Celsus zitiert, wird außer in § 4, in dem eine *exceptio in factum* erwähnt wird, in den jeweiligen Texten nie ausdrücklich gesagt, um welche Einrede es eigentlich geht: es wird von *hac exceptione*, *haec exceptio* oder überhaupt nur *exceptionem* gesprochen[469].

Der Umstand, dass vor allem im ersten Fragment die *exceptio rei venditae et traditae* nie erwähnt wird, die *exceptio in factum* aber ein Mal vorkommt, kann unterschiedliche Gründe haben: Entweder geht es hier tatsächlich immer um die *exceptio rei venditae et traditae* und deshalb muss in dem Fall, in dem nur eine analoge Einrede zusteht, dieser Umstand eigens erwähnt werden; oder es geht in allen Texten ursprünglich um eine andere *exceptio*, wie möglicherweise überhaupt immer um die *exceptio in factum*, die ein Mal ausdrücklich erwähnt wird, sonst aber per Verweisung angewendet wird; oder aber, es wird in Wahrheit die *exceptio doli* kommentiert. Auch hier lässt sich die einmalige Erwähnung einer *exceptio in factum* mit einem Sonderfall erklären.

In § 1 wird die gewissermaßen umgekehrte Situation zum *principium* angesprochen:

> *Sed et si dominus fundi heres venditori existat, idem erit dicendum.*
>
> Aber auch wenn der Eigentümer des Grundstücks Erbe des Verkäufers wird, ist dasselbe zu sagen.

Der Nichtberechtige veräußert die Sache, stirbt und wird vom dinglich Berechtigten beerbt. Dieser Fall sei gleich zu beurteilen, wie der des *principium*; also kann auch in diesem Fall derjenige, in dessen Person nichtberechtigter Veräußerer und ziviler Eigentümer nachträglich zusammenfallen, die Sache vom Erwerber nicht zurückverlangen[470].

Nach § 2 muss vom Kläger bewiesen werden, dass der Verkaufsauftrag keine Klausel hinsichtlich der Nichtübergabe vor Zahlung des Kaufpreises enthalten hat:

> *Si quis rem meam mandatu meo vendiderit, vindicanti mihi rem venditam nocebit haec exceptio, nisi probetur me mandasse, ne traderetur, antequam pretium solvatur.*
>
> Wenn jemand meine Sache in meinem Auftrag verkauft hat, schadet mir diese *exceptio*, wenn ich die verkaufte Sache vindiziere, wenn nicht bewiesen wird, dass ich beauftragt habe, dass sie nicht übergeben werden soll, bevor der Kaufpreis geleistet wird.

---

469 Zum Text des *principium* siehe oben S. 158, zu den übrigen Paragraphen gleich im Folgenden S. 159 ff.

470 Bekanntlich handelt es sich hierbei um einen unter den römischen Juristen kontrovers beurteilten Fall.

Auch hier wird die *exceptio* im Text wieder nicht näher bezeichnet, sondern nur von den Kompilatoren in Beziehung zur Titelrubrik gesetzt. Die Entscheidung würde aber nicht nur auf die Situation einer *exceptio rei venditae et traditae* passen: Auch bei einer *exceptio in factum* müssten Verkauf und Übergabe erwiesen werden, der einzige Unterschied ist, dass der Verkäufer und Übergeber nicht ziviler Eigentümer sein muss. Darüber hinaus ist eine direkte Anwendung der Einrede schon deshalb bemerkenswert, weil der Kläger als Auftraggeber nicht derjenige ist, der hier verkauft und übergeben hat, sondern der Auftragnehmer. Dass dennoch „durchgegriffen“ wird, ist zwar aus dem Zweck der Einrede begründbar, doch müsste die Formel angepasst werden.

Ebenso wird die *exceptio* in § 3 nicht namhaft gemacht:

> *Celsus ait: si quis rem meam vendidit minoris quam ei mandavi, non videtur alienata et, si petam eam, non obstabit mihi haec exceptio: quod verum est.*

> Celsus sagt: Wenn jemand meine Sache um weniger verkauft hat, als ich ihm aufgetragen habe, wird sie nicht als veräußert angesehen und, wenn ich sie fordere, hindert mich diese *exceptio* nicht: Was zutreffend ist.

Wird die Sache vom Auftragnehmer für weniger veräußert als vom Auftraggeber angeordnet, kann der Auftraggeber die Sache zurückfordern und ihm kann keine Einrede vom Erwerber entgegengehalten werden. Es gibt wieder keine Konkretisierung, welche *exceptio* hier gemeint ist, doch wird es dieselbe sein wie in § 2, wo ebenfalls der *rei vindicatio* des Eigentümers, der den Verkaufsauftrag erteilt hat, eine Einrede entgegengehalten wird. Im ersten Fall erfolgreich, außer es kann eine ausdrückliche Einschränkung nachgewiesen werden; im zweiten Fall ist die *exceptio* erfolglos. Da schon die Einrede nicht „schadet“, wird sie offenbar nicht zugelassen und eine *replicatio* ist nicht nötig; jedenfalls wird keine solche erwähnt.

Die Situation in § 4 ist etwas komplexer:

> *Si servus merces peculiariter emerit, deinde dominus eum, priusquam proprietatem rerum nancisceretur, testamento liberum esse iusserit eique peculium praelegaverit et venditor a servo merces petere coeperit: exceptio in factum locum habebit, quia is tunc servus fuisset cum contraxisset.*

> Wenn ein Sklave Waren mit Geld aus dem Pekulium kauft, dann sein Eigentümer, bevor er das Eigentum an den Sachen erlangt hat, im Testament anordnet, dass er frei sein und ihm das Pekulium als Prälegat vermacht sein soll, und der Verkäufer vom Sklaven die Waren fordern will, wird eine *exceptio in factum* Platz haben, weil er damals Sklave war, als er den Vertrag abgeschlossen hatte.

Ein Pekuliarsklave kauft Waren mit Mitteln aus dem Pekulium. Der *dominus* erlangt kein Eigentum an den Sachen, wohl weil sie noch nicht übergeben wurden. Später wird der Sklave, der testamentarisch freigelassen wurde und das Pekulium als Prälegat erhielt, auf Herausgabe geklagt; vermutlich nachdem er die als Sklave gekaufte Sache als Freier übergeben erhalten hat. Erstmals wird die Einrede bezeichnet: es ist eine *exceptio in factum*. Sie kommt aber deshalb hier zur Anwendung, weil das Problem in einer Statusänderung des Erwerbers liegt; es kann daher durchaus eine Abweichung von der in den übrigen Fällen zuständigen Einrede vorliegen.

In § 5 wird die Sache nur verkauft, der Besitz wird nicht durch Übergabe erlangt, sondern auf andere fehlerfreie Weise:

> *Si quis rem emerit, non autem fuerit ei tradita, sed possessionem sine vitio fuerit nactus, habet exceptionem contra venditorem, nisi forte venditor iustam causam habeat, cur rem vindicet: nam et si tradiderit possessionem, fuerit autem iusta causa vindicanti, replicatione adversus exceptionem utetur.*

> Wenn jemand eine Sache gekauft hat, sie ihm aber nicht übertragen wurde, aber er den Besitz fehlerfrei erlangt hat, hat er eine *exceptio* gegen den Verkäufer, wenn nicht zufällig der Verkäufer eine *iusta causa* hat, aus der er die Sache vindiziert: Denn auch wenn er den Besitz übertragen hätte, könnte er, wenn er aus einer *iusta causa* vindiziert, eine *replicatio* gegen die *exceptio* geltend machen.

Auch hier steht dem Erwerber eine *exceptio* zu; aber doch wohl nicht die *exceptio rei venditae et traditae*; hier ist schon wegen der mangelnden Übergabe zu vermuten, dass es sich um eine *exceptio in factum*, oder noch wahrscheinlicher, um eine *exceptio doli* handelt.

Lenel rekonstruiert als Titel des 76. Buches *ad edictum* bei Ulpian „*De exceptionibus*". Er unterteilt dieses Buch einerseits in Texte zur *Exceptio rei venditae et traditae*; andererseits Texte zur *Exceptio doli mali et metus*; sowie zu *Quarum rerum actio non datur* und *Si quid contra legem etc. factum esse dicetur*; wobei der letzte Teil wiederum in Texte *Ad legis Cinciae exceptionem* und *De litigiosis* zerfällt[471]. Diese Einteilung ist aber freilich nur eine Rekonstruktion; die Titel orientieren sich an den Digesten und die Anordnung muss bei den jeweiligen Juristen nicht unbedingt tatsächlich in dieser Reihenfolge erfolgt sein. Stellt man z.B. den Block zur *exceptio doli* vor die Texte zur *exceptio rei venditae et traditae*, so gibt es keinen Grund, warum letztere sich nicht ebenfalls auf die *exceptio doli* beziehen könnten. In den Texten nämlich, die sich auch laut Lenel auf die *exceptio doli* beziehen, wird diese Einrede auch manchmal „*haec exceptio*" oder nur „*exceptio*" genannt. Freilich muss eingestanden werden, dass die Texte, die unter *De exceptione rei venditae et traditae* eingeordnet sind, keinen ausdrücklichen Hinweis auf einen *dolus* seitens des Klägers beinhalten, was bei den anderen Texten sehr wohl der Fall ist[472]. Möglicherweise haben die Kompilatoren die Texte, die wir heute unter dem Titel *De exceptione rei venditae et traditae* vorfinden, aber gerade

---

471 *Lenel*, Pal II (1889) 860 ff.
472 Vgl. etwa zu D. 21, 2, 17 unten S. 166 ff.

deswegen aus dem ursprünglichen Kontext herausgelöst und unter diesen Titel gestellt, weil hier der *dolus* nicht ausdrücklich erwähnt wird.

Die *exceptio rei venditae et traditae* wurde ihrem Ursprung nach vom Prätor geschaffen, um den Käufer einer *res mancipi* zu schützen, dem diese vom zivilen Eigentümer bloß formlos tradiert wurde. Hierin ist sich die herrschende Lehre weitgehend einig[473].

Es handelt sich in D. 21, 3, 1 pr vermutlich um einen Fall der bloßen *traditio*[474] einer *res mancipi* – des *fundus*. Der Veräußerer ist jedoch Nichteigentümer. Wirkt die Konvaleszenz direkt[475], so könnte der Erwerber mit dem Erwerb des zivilen Eigentums durch seinen Vormann zum bonitarischen Eigentümer und damit so gestellt werden, als hätte er von vornherein von einem berechtigten Vormann erworben. Aus diesem Grund hätte er die *exceptio rei venditae et traditae*. Wirkt die Konvaleszenz jedoch nicht direkt, erwirbt der Käufer kein bonitarisches Eigentum in dem Sinne, als sein Erwerb als von einem schon ursprünglich dinglich berechtigten Vormann abgeleitet gelten würde, sondern er bleibt formal bloßer Ersitzungsbesitzer. Gegen den zivilen Eigentümer kann sich der bloße Ersitzungsbesitzer normalerweise nicht wehren. Wird der nichtberechtigte Vormann jedoch nachträglich zum zivilen

473 Vgl. oben S. 148 Fn 438. Siehe dazu etwa *Ferrini*, Exceptio rei venditae et traditae, in: Rendiconti Lombardo 2.25.12 (1892) 844 ff; *Voigt*, Ius naturale 4 (1875) 510; *Lenel*, EP³ (1927) 405 Fn 5. AA *Krüger*, Exceptio doli 1 (1892) 90: Ursprünglich erfüllte nach *Krüger* die *exceptio doli* auch die Funktion der *exceptio rei venditae et traditae*. Nur aus bestimmten Gründen sei eine regel- und namenlose *exceptio in factum* zur Anwendung gekommen, die inhaltlich der *exceptio rei venditae et traditae* entsprochen habe. Der Name *exceptio rei venditae et traditae* habe sich erst im Laufe der Zeit für diese *exceptio in factum* eingebürgert, die erst nach Julian durch Ulpian, Paulus und Hermogenian in dieser Form herausgebildet worden sei. Im Edikt sei diese Einrede daher nicht gestanden. Der Kläger habe laut *Krüger* mit dem Abschluss des Kaufs und dessen Vollziehung durch *traditio* gezeigt, dass der Käufer an der Sache ungestörten Besitz haben solle, soweit es an ihm liege. Mit dieser Erklärung setze er sich in Widerspruch, wenn er die verkaufte Sache selbst vindiziere. Darin liege sein *dolus*. Die *bona fides* gebiete es, „dass der einmal rechtsgeschäftlich erklärte und betätigte Wille des Klägers gleich bleibe". Vgl. Marcellus in D. 17, 1, 49; Pomponius bei Paulus in D. 18, 1, 15, 2; Papinian bei Ulpian in D. 6, 2, 14; Labeo und Marcellus bei Ulpian in D. 44, 4, 4, 13; Alexander in C. 8, 44 (45), 11; Diokletian in C. 3, 32, 14 und C. 4, 51, 3.

474 Falls aus dem Text ein *mancipaverit* oder *mancipio dederit* entfernt wurde, scheidet die *exceptio rei venditae et traditae* sowieso aufgrund des Wortlauts „... *et traditae*" aus. Dann wäre eine *exceptio doli* wahrscheinlich; eventuell wäre auch an eine in Analogie zur *exceptio rei venditae et traditae* geschaffene *exceptio in factum* zu denken. Dieser Ansatz ist in der Literatur aber bislang nicht vertreten worden.

475 Zum Begriff der direkten und indirekten Konvaleszenz siehe oben S. 144 f.

Eigentümer und klagt er den Erwerber mit der *rei vindicatio*, so kann sich der Käufer gegen seinen widersprüchlich handelnden Vormann mittels *exceptio* zur Wehr setzen. Ob dies die *exceptio rei venditae et traditae* oder die *exceptio in factum* bzw. *doli* ist, hängt davon ab, wem eine *exceptio rei venditae et traditae* überhaupt gewährt wurde.

Es ist hier etwa an den Fall gedacht, dass ein Ersitzungsbesitzer die Sache verkauft und übergibt, diese später jedoch mit der *actio Publiciana* zurückverlangt – dem Wortlaut der von *Lenel* rekonstruierten Einrede[476] nach müsste auch hier der Beklagte sich mittels *exceptio rei venditae et traditae* wehren können, denn diese setzt nur voraus, dass das Landgut, um das prozessiert wird, nicht vom Kläger an den Beklagten verkauft und übergeben wurde.

Der Ansicht, dass jeder Erwerber sich mit dieser Einrede gegen seinen Vormann wehren kann, sind *Wubbe*[477] und (im Anschluss an ihn) auch *Kaser*[478]. *Erman* ist hier anderer Meinung, denn er nimmt zwar entgegen *Krüger* an, dass die *exceptio rei venditae et traditae* bereits in das *edictum perpetuum* aufgenommen worden war[479], allerdings nur für den Fall, dass der zivile Eigentümer die Sache verkauft und tradiert hat. In einem Fall der *traditio* durch einen Nichteigentümer müsse entweder eine *exceptio doli* oder eine *exceptio in factum*, die der *exceptio rei venditae et traditae* nachgebildet sei, zur Anwendung kommen. Er schlägt daher vor, in den Ediktswortlaut ein „*suum*" einzufügen. Also etwa:

> „*extra quam si* (oder als *praescriptio*: *ea res agatur, nisi*) *hunc hominem, quo de agitur, Aulus Agerius Numerio Negidio suum vendidit et tradidit.*"[480]
>
> Außer wenn der Kläger diesen seinen Sklaven, um den prozessiert wird, dem Beklagten verkauft und übergeben hat.

Dagegen bringt *Thielmann*[481] vor, dass sich eine derartige Einschränkung des ediktalen Anwendungsbereichs in der Bezeichnung der *exceptio* widerspiegeln müsse; etwa mit *exceptio rei suae venditae et traditae* oder *exceptio rei a domino venditae et traditae*. Er sieht außerdem kein rechtliches Motiv für diese „Reduzierungstheorie".

Ulpian zitiert im 76. Buch *ad edictum* (D. 44, 4, 4, 32) Julian[482]. Hier wird in einem Konvaleszenzfall die *exceptio doli* oder *in factum* zur Anwendung gebracht. Julian begründet seine Ansicht zur Doppelveräußerung: Titius ist ein

476 Siehe oben S. 147.
477 *Wubbe*, Res aliena pignori data (1960) 39 ff.
478 *Kaser*, In bonis esse, SZ 78 (1961) 196.
479 *Erman*, Exceptio rei venditae et traditae, SZ 14 (1893) 237 ff.
480 *Erman*, Exceptio rei venditae et traditae, SZ 14 (1893) 253.
481 *Thielmann*, Doppelveräußerung, SZ 111 (1994) 223 ff.
482 Siehe dazu auch oben S. 146.

nichtberechtigter Veräußerer, der ein Landgut, eine *res mancipi*, bloß tradiert hat und nachträglich durch Erbgang zum zivilen Eigentümer wird.

> *... quia et, si ipse Titius fundum a te peteret, exceptione in factum comparata vel doli mali summoveretur et, si ipse eum possideret et Publiciana peteres, adversus excipientem "si non suus esset" replicatione utereris ...*
>
> ... da auch Titius selbst, wenn er das Grundstück von dir herausverlangen wollte, mit einer *exceptio in factum* oder *doli* abgewiesen würde. Und wenn er selbst das Grundstück besäße und du ihn mit der *actio Publiciana* klagtest, könntest du gegen seine *exceptio iusti dominii* eine *replicatio* vorbringen ...

Neben diesem Text, in dem eine *exceptio in factum* oder *doli* zur Anwendung kommt, zitiert Ulpian in demselben 76. Buch *ad edictum* auch Marcellus in der besprochenen Stelle D. 21, 3, 1 pr, in der dasselbe Problem mittels *exceptio rei venditae et traditae* gelöst wird – zumindest wenn man den Zusammenhang mit der Titel-Rubrik ernst nimmt. *Thielmann* ist der Ansicht, dass es dafür zwei Deutungsmöglichkeiten gibt: Entweder Ulpian habe diese Divergenz durch eine eigene Stellungnahme beseitigt oder er habe sie bewusst stehen lassen, um auf die Problematik hinzuweisen.

Thielmann meint weiter, die *exceptio rei venditae et traditae* sei ursprünglich in das Edikt aufgenommen worden, aber durch das „Proponieren der *doli formulae*“ und die „Praxis der Erteilung nicht-ediktaler Einreden“ außer Übung geraten und somit sei die *exceptio rei venditae et traditae* schon in der späten Republik bzw. frühen Hochklassik bloß zu einer „Kategorie der Wissenschaft und Praxis“ geworden, die spezielle Tatbestände bezeichne, die auch von der *exceptio doli* und der *exceptio in factum* abgedeckt worden wären. In der Spätklassik habe sich die Bezeichnung dann wieder verfestigt und sei so in die Digesten aufgenommen worden[483].

Ein Vergleich von D. 44, 4, 4, 32 mit D. 21, 3, 2 macht aber stutzig: Es wird von Pomponius dieselbe Rechtsauskunft des Julian geschildert wie in D. 44, 4, 4, 32 von Ulpian. Pomponius sagt aber nicht „*exceptione in factum comparata vel doli mali summoveretur*“, sondern nur „*exceptione summoveretur*“. Abgesehen von der Bezeichnung der Einrede sind beide Stellen – zumindest bis hierher – exakt wortgleich[484]. Der Ulpian-Text, in dem neben einer *exceptio in factum* die *exceptio doli* erwähnt wird, wurde unter den Titel „*de doli mali et metus exceptione*“ eingeordnet, die Pomponius-Stelle, in der neben der Sachverhaltsschilderung nur von „*exceptio*“ die Rede ist, steht unter „*De exceptione rei venditae et traditae*“.

Nach der Ansicht, welche die *exceptio rei venditae et traditae* nach klassischem Recht nur dem bonitarischen Eigentümer als Erwerber vom bereits

---

483 *Thielmann*, Doppelveräußerung, SZ 111 (1994) 225.

484 Siehe oben S. 145 Fn 426 u. 427.

im Veräußerungszeitpunkt dinglich Berechtigten gegen seinen Vormann zugesteht, kann der Käufer in einem Fall der Veräußerung durch einen nichtberechtigten Vormann diese Einrede nicht erheben, da er bloß Ersitzungsbesitzer werden kann. Die *exceptio doli* kann erhoben werden, wenn dem Kläger Arglist vorwerfbar ist, was der Beklagte zu beweisen hat[485]. Insofern ist die *exceptio rei venditae et traditae* für den Erwerber günstiger, denn dort muss er nur beweisen, dass ihm die Sache vom Kläger verkauft und tradiert wurde[486]. Deshalb wurde möglicherweise eine zur *exceptio rei venditae et traditae* analoge *exceptio in factum* für diesen Fall geschaffen[487], um den hier gleichermaßen schützenswerten Beklagten vom Beweis des *dolus* zu befreien. Für die *exceptio in factum* musste er zwar nachweisen, dass der Kläger ihm die Sache verkauft und tradiert hat, es war aber nicht notwendig, dass der Veräußerer bereits im Zeitpunkt der *traditio* dinglich berechtigt gewesen ist.

Nach der Ansicht, dass auch derjenige gegen seinen Vormann mittels *exceptio rei venditae et traditae* vorgehen kann, der von einem Nichtberechtigten erworben hat, ist in einem solchen Fall ebenso wie bei der Veräußerung durch den zivilen Eigentümer die Einrede der verkauften und übergebenen Sache zuständig.

Erman, der an sich der erstgenannten Lehre folgt, sieht in Marcellus, der in D. 21, 3, 1 von Ulpian zitiert wird, aufgrund dieses Zitats den ersten Juristen, der die zunächst zuständige *exceptio in factum* für den Fall des Erwerbs vom Nichtberechtigten als *exceptio rei venditae et traditae* bezeichnet[488]. Dass das der Fall ist, kann mit diesem Text aber wohl nicht bewiesen werden, sondern nur, dass nach den Kompilatoren diese Einrede zuständig ist, denn sie setzten den Text, in dem die *exceptio* nicht ausdrücklich namhaft gemacht wird, unter die Rubrik *De exceptione rei venditae et traditae*.

Der zunächst nichtberechtigte Veräußerer, der die Berechtigung nachträglich erwirbt, soll seinem Vertragspartner die verkaufte und übergebene Sache nicht selbst nachträglich streitig machen können. Dass ein solches widersprüchliches Handeln als dolos eingestuft wird, zeigen insbesondere die Texte, die in diesem Fall eine *exceptio doli* zur Anwendung bringen.

Ein Beispiel für die Anwendbarkeit der *exceptio doli* bei Vindikation durch den Verkäufer ist der folgende Text:

---

485 Zum Wortlaut siehe oben S. 147.

486 *Krüger*, Exceptio doli 1 (1892) 47 ff.

487 Vergleichbar der *actio pigneraticia utilis*; siehe dazu unten S. 172.

488 *Erman*, Exceptio rei venditae et traditae, SZ 14 (1893) 250.

1.22. D. 21, 2, 17: Konvaleszenz III bei Veräußerung fremder Sachen

> *D. 21, 2, 17 (Ulpianus libro vicesimo nono ad Sabinum)*
> *Vindicantem venditorem rem, quam ipse vendidit, exceptione doli posse summoveri nemini dubium est, quamvis alio iure dominium quaesierit: improbe enim rem a se distractam evincere conatur. eligere autem emptor potest, utrum rem velit retinere intentione per exceptionem elisa, an potius re ablata ex causa stipulationis duplum consequi.*

> D. 21, 2, 17 (Ulpian im 29. Buch zu Sabinus)
> Niemand bezweifelt, dass der vindizierende Verkäufer einer Sache, die er selbst verkauft hat, mittels *exceptio doli* abgewehrt werden kann, obwohl er aus anderem Rechtsgrund das Eigentum erworben hat: Denn er versucht unredlichermaßen, eine von ihm veräußerte Sache zu evinzieren. Der Käufer kann aber wählen, ob er die Sache behalten und den Anspruch mittels *exceptio* vernichten, oder besser wegen der entzogenen Sache aus der Stipulation das Doppelte erlangen möchte.

Dieser Text wie auch die bereits besprochenen Stellen D. 6, 1, 72 und D. 44, 4, 4, 32 zum gleichen Thema stammt vom Spätklassiker Ulpian, allerdings nicht wie die beiden anderen aus seinem Ediktskommentar, sondern aus seinen Ausführungen *ad Sabinum*. Da in der Zeit zwischen Sabinus und Ulpian ein Rechtswandel eingetreten sein könnte, ist insbesondere auch zu berücksichtigen, wem welche Aussage zuzurechnen ist.

Wieder geht es um die Frage nach der Rechtsfolge, wenn der Veräußerer bei Konvaleszenz vindiziert. *Krüger* nimmt an, dass vor *alio iure* ursprünglich eine oder mehrere Erwerbsarten als Beispiele angeführt wurden, die später einer Kürzung zum Opfer fielen[489]. Plausibler erscheint aber die Vermutung, dass Ulpian hier schlicht zum Ausdruck bringen wollte, dass der Verkäufer im Veräußerungszeitpunkt nicht Eigentümer war, es aber später – aus welchem Grund auch immer – wurde.

Ulpian erklärt im weiteren Verlauf des Textes die beiden Möglichkeiten, zwischen denen ein Käufer wählen kann, wenn der Verkäufer die Sache von ihm zurückverlangt: Er kann entweder eine *exceptio* erheben, was dazu führt, dass er im Vindikationsprozess gegen den Verkäufer obsiegt, oder er kann auf die Einrede verzichten. Nachdem bei der *rei vindicatio* ein etwaiger *dolus* des Klägers nicht von Amts wegen zu berücksichtigen ist, bleibt dem Erwerber die Wahl: Es liegt demnach elektive Konkurrenz vor[490]. Verzichtet der Käufer auf die Einrede, kann er die Sache gemäß der *clausula arbitraria* herausgeben oder sie nicht herausgeben und es zu einer Verurteilung kommen lassen; er kann daraufhin Rechtsmangelgewährleistung aus dem Kaufvertrag geltend machen

---

489 *Krüger*, Exceptio doli 1 (1892) 49.

490 *Knütel*, Stipulatio poenae (1976) 303 f. Zum Problem der Subsidiaritätslösung vgl. ebd. 306 ff.

bzw. die *condictio* aus der Stipulation erheben, in welcher der Verkäufer das *duplum* für den Fall versprochen hat, dass die Sache evinziert wird. Entscheidet er sich für die *exceptio*, so kann er nicht aus der *stipulatio duplae* klagen, da diese nur bei Eviktion verfällt. Die beiden Rechtsbehelfe schließen einander somit gegenseitig aus.

Jedenfalls wird in diesem Text nur die *exceptio doli* erwähnt, von einer *exceptio rei venditae et traditae* ist nicht die Rede. Allerdings fällt auf, dass eine besondere Begründung angeführt wird: Es wäre vorstellbar, dass Ulpian hier deshalb nur von der *exceptio doli* spricht, weil er diese allein bei Sabinus vorfand[491]. In diesem Fall wäre es die Meinung des Sabinus und nicht die des Ulpian, die hier wiedergegeben wird.

Weiters ist auffällig, dass in diesem Text kein Hinweis darauf zu finden ist, ob es sich um eine *res mancipi* oder *nec mancipi* handelt – der Gegenstand wird schlicht mit „*res*" bezeichnet[492]. Möglicherweise lässt sich daraus ableiten, dass eine *exceptio doli* hier deshalb statt der *exceptio rei venditae et traditae* eingesetzt wird, weil diese ihrem Ursprung nach nur den bonitarischen Eigentümer schützt, der vom berechtigten Vormann eine *res mancipi* bloß tradiert erhält und Sabinus daher bei der *res nec mancipi* nur an eine *exceptio doli* dachte.

Eine andere Erklärungsmöglichkeit ist, dass Sabinus bei der *traditio* durch einen Nichtberechtigten auch bei einer *res mancipi* keine *exceptio rei venditae et traditae* zur Anwendung bringen würde, weil dies nicht der ediktalen *exceptio* entsprechen würde, die eine Veräußerung durch den zivilen Eigentümers voraussetzt.

Eine *exceptio in factum* wird hier nicht erwähnt. Das kann entweder daran liegen, dass es sie zu Zeiten des Sabinus einfach noch nicht gab oder sie kommt hier nicht vor, weil es nicht im Zentrum der Aufmerksamkeit lag, welche Einrede hier zuständig wäre, sondern vielmehr die grundsätzliche Frage, ob überhaupt Rechtsmangelgewährleistung geltend gemacht werden kann, wenn die Sache schlussendlich nicht herausgegeben wird. Der Text wäre dann so zu verstehen: Es greift hier zwar wohl eine *exceptio*, aber darum geht es an dieser Stelle nicht, sondern darum, dass man auch auf seine Einrede verzichten kann, um stattdessen Rechtsmangelgewährleistung geltend zu machen, denn dann kann man sogar das *duplum* aus der Stipulation erhalten, obwohl man die Sache behalten und nur einfachen Wertersatz geleistet hat[493]. Diese Fokussierung

---

491 Vgl. auch *Knütel*, Stipulatio poenae (1976) 302 f Fn 4. Dagegen *Riezler*, Venire (1912) 20 f.

492 Freilich ist aufgrund der Tilgung der *mancipatio* nicht unbedingt ein ausdrücklicher Hinweis iSd Bezeichnung als „*res mancipi*" zu erwarten, doch wird es üblicherweise erwähnt, wenn etwa ein *fundus* oder *servus* betroffen ist.

493 In diesem Sinne ist wohl auch *Knütel*, Stipulatio poenae (1976) 303 Fn 5 aE zu verstehen.

würde auch gut zur Einordnung in den Digesten passen: Dort steht der Text unter der Rubrik „*De evictionibus et duplae stipulatione*".

Es wäre außerdem zu überlegen, ob nicht auch der Erwerber einer *res nec mancipi* zum bonitarischen Eigentümer werden könnte: Mit der Bezeichnung „prätorisches Eigentum", das neben dem „zivilen Eigentum" an einer Sache bestehen kann, wird im Grunde bloß ausgesagt, dass jemand, der nicht ziviler Eigentümer ist, eine stärkere Position hat als alle anderen: Er kann sich im Prozess nicht nur gegen jeden Dritten, sondern auch gegen den zivilen Eigentümer selbst behaupten. Nimmt man mit der herrschenden Lehre an, dass es im römischen Recht keine direkte Konvaleszenz[494] gab, so kann auch derjenige, dem vom Nichteigentümer eine *res nec mancipi* tradiert wurde, nicht schon deshalb das zivile Eigentum erlangen, weil sein ursprünglich nichtberechtigter Vormann nachträglich zum Rechtsinhaber wurde. Da jener dieses Recht aber gegenüber dem Erwerber, dem er die Sache zuvor selbst veräußert hatte, nicht geltend machen kann (weil er ansonsten mit einer Einrede zurückgewiesen wird), hat der Erwerber eine stärkere Position und der Veräußerer bloß ein *nudum ius Quiritium.*

Ankum/van Gessel-de Roo/Pool definieren den Terminus „*rem in bonis meam esse*" als: „die durch prätorische Rechtsmittel gegen jeden (absolut) geschützte, fast vollständige Sachherrschaft". Diese Sachherrschaft, die sowohl *res mancipi* als auch *res nec mancipi* umfasst, ist „nicht bloß eine vorübergehende Rechtslage während der Ersitzungsfrist"[495]. Unter diese Kategorie ordnen die Autoren auch denjenigen ein, „dem ein Nichteigentümer eine Sache verkauft und übergeben hat, wenn der Letztere nachträglich das Eigentum erworben hat"[496].

Dem steht der Text der Gaius-Institutionen, insbesondere der §§ 40 und 41 im 2. Buch, nicht entgegen[497]: Das *dominium duplex* wird zwar anhand der bloßen *traditio* eines Sklaven erklärt, aber damit wird nicht ausgeschlossen, dass es auch andere Fälle bonitarischen Eigentums geben kann. Vgl. dazu

---

494 Siehe oben S. 144 f.

495 *Ankum/van Gessel-de Roo/Pool*, In bonis III, SZ 107 (1990) 183.

496 *Ankum/van Gessel-de Roo/Pool*, In bonis III, SZ 107 (1990) 185.

497 Gai. 2, 40: *Sequitur ut admoneamus apud peregrinos quidem unum esse dominium: nam aut dominus quisque est aut dominus non intellegitur. quo iure etiam populus Romanus olim utebatur: aut enim ex iure Quiritium unusquisque dominus erat aut non intellegebatur dominus. sed postea divisionem accepit dominium, ut alius possit esse ex iure quiritium dominus, alius in bonis habere.*
Gai. 2, 41: *Nam si tibi rem mancipi neque mancipavero neque in iure cessero, sed tantum tradidero, in bonis quidem tuis ea res efficitur, ex iure Quiritium vero mea permanebit, donec tu eam possidendo usucapias: semel enim impleta usucapione proinde pleno iure incipit, id est et in bonis et ex iure Quiritium tua res esse, ac si ea mancipata vel in iure cessa esset.*

auch D. 44, 4, 4, 32[498]: Jemand veräußert ein Grundstück, das ihm nicht gehört, wird dann zum zivilen Eigentümer und veräußert das Grundstück abermals. Hier wird am Ende gesagt, dass der Veräußerer dem zweiten Käufer ein Grundstück verkauft hat „*quem in bonis non haberet*". Der erste Erwerber ist aufgrund von Konvaleszenz nämlich derjenige, in dessen *bona* das Grundstück sich nun befindet. Er ist bonitarischer Eigentümer geworden. Der nachträgliche Erwerb des ursprünglich nichtberechtigten Veräußerers hat somit, wenn auch nicht hinsichtlich des *ius civile*, so doch zumindest hinsichtlich des prätorischen Rechts, unmittelbare Wirkungen. Diese Situation kann mit *Klingenberg* als „prätorische Konvaleszenz" bezeichnet werden[499].

Zurück zum Fall D. 21, 2, 17: Das widersprüchliche Verhalten wird als *improbus* verurteilt[500]. *Kaser* hat die Bedeutung des Begriffes *improbus* näher untersucht und ist zu dem Schluss gekommen, dass dem Begriff zwar wie dem sinnverwandten *dolus malus* ein „sittlicher, also aus der außerrechtlichen Sphäre herkommender Vorwurf zugrunde" liegt, aber „die Unredlichkeit betrifft hier unmittelbar ein rechtlich geregeltes, nicht bloß der sittlichen Beurteilung überlassenes Verhalten"[501]. Es handelt sich also nach *Kaser* eher um einen Begriff der Rechtswidrigkeit als um einen Begriff der Sittenwidrigkeit. Wenn er weiter ausführt, dass „*improbe* ein materiell nicht bestehendes Recht geltend gemacht" wird, trifft das in unserem Fall insofern nicht ganz zu, als der Veräußerer ziviler Eigentümer ist und ihm dieses Recht nach *ius civile* sehr wohl zusteht, andernfalls bedürfte es keiner Einrede. Er kann aber dieses Recht gegenüber dem Erwerber nicht geltend machen, da die Geltendmachung *improbus* wäre, weswegen er durch prozessuale Mittel abgewehrt wird.

In einer Zusammenschau der Texte zur Konvaleszenz kann festgestellt werden, dass diese nach *ius civile* nur indirekt Wirkungen entfalten kann: Sie muss mittels *exceptio* geltend gemacht werden. Darin, dass die *exceptio* gegen den zivilen Eigentümer möglich ist[502], kommt jedoch zum Ausdruck, dass es doch eine direkte Wirkung im Sinne des Erwerbs von bonitarischem Eigentum gibt: Der Erwerber hat fortan das stärkste Recht an der Sache. Somit gibt es zwar

---

498 Siehe für den Wortlaut der Quelle oben S. 145 Fn 427.

499 *Klingenberg*, Partielle Konvaleszenz, in: FS Kränzlein (1986) 53 ff.

500 Auch *Wacke* kommt zu dem Ergebnis, dass dem Falltyp, in welchem der unberechtigte Verfüger nachträglich zum Rechtsinhaber wird, „das schon in den römischen Quellen anzutreffende rechtsethische Verbot widerspruchsvollen Verhaltens (*venire contra factum proprium*)", welches „von Ulpian D. 21, 2, 17 als *improbritas* vorgeworfen" wird, zugrunde liegt. *Wacke*, Konvaleszenz, SZ 114 (1997) 224.

501 *Kaser*, Rechtswidrigkeit und Sittenwidrigkeit, SZ 60 (1940) 106.

502 Gl. *Conatur* (D. 21, 2, 17): *Quem de evictione tenet actio, eundem agentem repellit exceptio*. Wer für Eviktion haftet, der wird mit einer *exceptio* abgewehrt, wenn er selber klagt. Die *exceptio* ist hier wohl die *exceptio rei venditae et traditae* (oder auch *doli*).

nicht nach *ius civile*, wohl aber nach *ius honorarium* im römischen Recht eine Form der direkten Konvaleszenz.

Ausdrücklich kommt die *exceptio rei venditae et traditae* in diesen Fällen nirgends vor. Der einzige Nachweis für eine Anwendung dieser Einrede im fraglichen Zusammenhang ist der durch die Kompilatoren hergestellte Konnex zur Titelrubrik D. 21, 3. Die Basiliken sind nicht aufschlussreich, denn nach den jeweiligen Titel-Überschriften werden alle Anwendungsfälle inhaltlich den Digesten gemäß, jedoch lediglich abstrakt aufgelistet, ohne die Einreden nochmals zu erwähnen.

Die Ansicht *Ermans*[503] hinsichtlich der Ediktmäßigkeit der *exceptio rei venditae et traditae* hat viel für sich: Die Einrede wurde wohl tatsächlich ursprünglich nur für die Fälle geschaffen, in denen der Veräußerer einer *res mancipi* bereits im Veräußerungszeitpunkt ziviler Eigentümer war und die Sache bloß tradierte. Das Argument *Thielmanns*, dass es dafür keine rechtlichen Gründe gebe und dass sich eine derartige Beschränkung in der Bezeichnung niederschlagen müsste, überzeugt nicht: Es gab und gibt immer wieder Fälle, in denen für einen ganz konkreten Spezialfall eigene Rechtsmittel vorgesehen sind, die allenfalls auf ähnlich gelagerte Fälle analog anzuwenden sein können. Die Bezeichnung dafür ist meist schlagwortartig und kann nicht alle Tatbestandsvoraussetzungen auflisten. Man könnte hier eine Parallele zum Fall des nachträglichen Eigentumserwerbs des ursprünglich nichtberechtigten Verpfänders ziehen: Der Pfandgläubiger hat in diesem Fall eine *vindicatio pignoris utilis*[504].

Wann die zur *exceptio rei venditae et traditae* analoge *exceptio in factum* geschaffen wurde, kann nicht mit Sicherheit bestimmt werden; zur Zeit Julians gibt es die *exceptio in factum* für den Fall der Konvaleszenz nach D. 44, 4, 4, 32 bereits. Nachdem die Unterscheidung zwischen *res mancipi* und *res nec mancipi* weggefallen war[505], war dem ediktalen Anwendungsbereich der *exceptio rei venditae et traditae* die Grundlage entzogen, wie auch *Wacke* anmerkt. Er geht davon aus, dass die *exceptio rei venditae et traditae* zu diesem Zeitpunkt bereits für den Fall der Konvaleszenz üblich war und sich ihr Anwendungsbereich im Laufe der Zeit demnach ausgeweitet und anschließend

503 Siehe oben S. 163.

504 Dazu sogleich S. 172 ff.

505 Iust., C. 7, 25, 1: ... *nullam esse differentiam patimus inter dominos, apud quos vel nudum ex iure quiritum vel tantummodo in bonis reperitur* ... Hier wird formell abgeschafft, was wohl schon viel früher außer Übung geriet; bereits seit der Mitte des zweiten Jh. n. Chr. dürfte die *mancipatio* nur noch beurkundet, aber nicht mehr wirklich vollzogen worden sein. Vgl. *Kaser*, PR I² (1971) 415 Fn 19 unter Hinweis auf *Naber*, Mancipationis natura, in: Mnemosyna Pappulias (1934) 183 ff sowie *Archi*, Trasferimento (1934) 170 ff. Vgl. dazu allg. *Sturm*, Absterben, in: FS Kaufmann (1993) 347 ff.

wieder verkleinert hatte, weg vom Ursprungsfall, hin zum neueren Anwendungsbereich[506].

Ein Lösungsvorschlag, der die Überlegung *Wackes* aufgreift, dass der Anwendungsbereich der Einrede sich gewandelt hat und diese etwas variiert, könnte dem Problem möglicherweise ebenso Abhilfe schaffen: Es könnte bis zum Wegfall der Unterscheidung *res mancipi – res nec mancipi* beim ursprünglichen Zustand geblieben sein: Die *exceptio rei venditae et traditae* war nur für Fälle des Erwerbs vom dinglich Berechtigten zuständig, bei Konvaleszenz kam die *exceptio in factum* zum Einsatz. Auch bei der Verpfändung ist schließlich im vergleichbaren Fall eine *actio utilis* zuständig[507]. Nach dem Wegfall der Unterscheidung *res mancipi – res nec mancipi* fällt aber auch der Anwendungsbereich der ediktalen *exceptio rei venditae et traditae* weg. Diese Einrede in ihrer ursprünglichen Form gibt es ab sofort nicht mehr. Was bleibt, ist die *exceptio in factum*. Nun erschien es aber wohl seltsam, eine analoge *exceptio* zu einer nicht mehr existierenden Einrede weiterhin als *exceptio in factum* zu bezeichnen. Daher wird nun diese *exceptio in factum* ab sofort *exceptio rei venditae et traditae* genannt, wobei dieser nun aber ein anderer Anwendungsfall zugrunde liegt als der ursprünglichen *exceptio rei venditae et traditae*. Die *exceptio in factum* in D. 21, 3, 1, 4 ist eine andere *exceptio in factum*, nämlich eine, die sich auf die Statusänderung bezieht, weswegen sie als solche bestehen bleibt.

Es handelt sich somit um zwei unterschiedliche Einreden mit demselben Namen: Einerseits die ältere *exceptio rei venditae et traditae* für Fälle der bloßen *traditio* einer *res mancipi* durch den zivilen Eigentümer und andererseits die jüngere *exceptio rei venditae et traditae*, die eigentlich nur die umbenannte *exceptio in factum* für den Fall ist, dass eine Sache durch den Nichtberechtigten veräußert wird, der das zivile Eigentum nachträglich erwirbt.

Alle Texte zur ursprünglichen *exceptio rei venditae et traditae* passen nun nicht mehr zum Rechtszustand zur Zeit Justinians; eine Ausnahme bildet nur der Hermogenian-Text, der den Sachverhalt nicht schildert, sondern lediglich davon spricht, dass die Einrede für und gegen Rechtsnachfolger wirkt.

In den Ediktskommentaren gibt es jeweils einen eigenen Titel zur *exceptio rei venditae et traditae* und auch in den Digesten möchte man diesen beibehalten. Die *exceptio in factum* bzw. die nunmehr *exceptio rei venditae et traditae* genannte Einrede existiert weiterhin, weswegen sich der Digesten-Titel nunmehr mit ihr beschäftigt. Ihm werden alle vom Sachverhalt her passenden Texte zugeordnet, die nicht ausdrücklich eine *exceptio doli* nennen. Dabei ist nicht von einer Interpolation im Sinne einer Textveränderung auszugehen, sondern nur davon, dass die Texte in einen anderen Zusammenhang gestellt wurden, als dies ursprünglich im Werk des jeweiligen Juristen der Fall gewesen

---

506 *Wacke*, Konvaleszenz, SZ 114 (1997) 210.
507 Vgl. unten S. 172 ff.

ist. Wird eine *exceptio doli* ausdrücklich erwähnt, so ordnete man den Text unter den Titel *de doli mali et metus exceptione* ein. Liegt der Schwerpunkt nicht auf der Einrede, wurde der Text anders eingeordnet, wie etwa unter den Titel *de evictionibus et duplae stipulatione*. Wird die *exceptio doli* nicht ausdrücklich erwähnt und liegt der Schwerpunkt trotzdem auf der Einrede, stellte man den Text unter den Titel *de exceptione rei venditae et traditae*.

Im Ergebnis soll der Kläger keinen Vorteil aus seinem widersprüchlichen Verhalten ziehen, das von der Rechtordnung missbilligt wird. Es kann ihm als *exceptio doli* entgegengehalten werden oder mittels der eigens auf diesen Fall zugeschnittenen *exceptio rei venditae et traditae* bzw. dieser nachgebildeten *exceptio in factum*.

Der Selbstwiderspruch in diesen Fällen liegt klar auf der Hand: Jemand, der eine Sache veräußert, verlangt sie von seinem Vertragspartner später wieder zurück. Dieses Ziel verfolgt er, indem er sein zwischenzeitlich erworbenes ziviles Eigentum geltend macht. Um im Formularprozess dieses ungerechtfertigte Ergebnis zu verhindern, werden dem Käufer Einreden gewährt, deren er sich bedienen kann, aber nicht muss; im Falle des Abschlusses einer *stipulatio duplae* etwa könnte es vorteilhafter sein, auf die Erhebung der *exceptio* zu verzichten und anschließend Rechtsmangelgewährleistung geltend zu machen.

Auch der nächste Fall beschäftigt sich mit der Konvaleszenz, doch geht es hier nicht um den Erwerb von Eigentum, sondern um die Möglichkeit eines Pfandgläubigers, dem vom zunächst Nichtberechtigten verpfändet wird, der nachträglich die Berechtigung erwirbt.

1.23. D. 13, 7, 41: Konvaleszenz bei Verpfändung fremder Sachen

D. 13, 7, 41 (Paulus libro tertio quaestionum)
Rem alienam pignori dedisti, deinde dominus rei eius esse coepisti: datur utilis actio pigneraticia creditori. non est idem dicendum, si ego Titio, qui rem meam obligaverat sine mea voluntate, heres extitero: hoc enim modo pignoris persecutio concedenda non est creditori, nec utique sufficit ad competendam utilem pigneraticiam actionem eundem esse dominum, qui etiam pecuniam debet. sed si convenisset de pignore, ut ex suo mendacio arguatur, improbe resistit, quo minus utilis actio moveatur.

D. 13, 7, 41 (Paulus im dritten Buch seiner Quaestionen)
Du hast eine fremde Sache zum Pfand gegeben, dann hast du begonnen, der Eigentümer dieser Sache zu sein: Es wird dem Gläubiger die *utilis actio pigneraticia* gegeben. Es ist nicht dasselbe zu sagen, wenn ich Erbe des Titius werde, der meine Sache ohne meinen Willen verpflichtet hat: Denn auf diese Weise ist die Verfolgung des Pfandes dem Gläubiger nicht gestattet, und es ist zur Erhebung der *utilis pigneraticia actio* durchaus nicht ausreichend, dass demselben das Eigentum zukommt, der auch das Geld schuldet. Wenn aber hinsichtlich des Pfandes eine

Vereinbarung getroffen worden war, sodass er der Lüge bezichtigt werden kann, so widersetzt er sich unredlichermaßen, wenn die *utilis actio* erhoben wird.

Auch der hier zu besprechende Text handelt von der Frage nach den rechtlichen Folgen der Konvaleszenz. Es werden die Unterschiede zwischen den Arten der Konvaleszenz beim Pfandrecht diskutiert. In diesem Bereich ist die Konvaleszenz vor allem deshalb von besonderer Bedeutung, da es hier keine Möglichkeit der Ersitzung gibt. Wie *Wacke* aufgezeigt hat, war das dingliche Pfandrecht als prätorisches Institut von der *usucapio* nach *ius civile* ausgeschlossen[508].

Für die *vindicatio pignoris* mussten nach dem Formelwortlaut drei Voraussetzungen gegeben sein: Zum einen die *conventio pignoris*, zum anderen eine zu besichernde Forderung und schließlich das *in bonis habere*[509] der Pfandsache durch den Pfandbesteller. Nur dieser letzte Punkt ist Gegenstand der Problematik der Pfandrechtskonvaleszenz, denn Mängel der Verpfändungsabrede waren unheilbar (sie konnte nur erneut vorgenommen werden) und eine erst nachträglich enstehende zu besichernde Forderung (allerdings spätestens bis zur Klagserhebung) ist von der Formel gedeckt, daher erfordert dieser Fall keine analoge Anwendung[510].

Hatte der Pfandbesteller die Sache im Zeitpunkt der Verpfändung nicht *in bonis*, so konnte das Pfandrecht zunächst nicht gültig entstehen. Was zu geschehen hatte, wenn Pfandbesteller und Eigentümer der Pfandsache später in einer Person zusammenfielen, ist unter anderem in dem (bereits vielbehandelten und äußerst umstrittenen[511]) Text D. 13, 7, 41 diskutiert, der schematisch in drei Abschnitte unterteilt werden kann:

1. Verpfändung einer fremden Sache und nachfolgender Eigentumserwerb des Verpfänders; hier wird eine *utilis actio pigneraticia* gegeben.
2. Verpfändung einer fremden Sache und Rechtsnachfolge des Eigentümers nach dem (nichtberechtigten) Verpfänder; dann gibt es keine *utilis actio pigneraticia*. Begründung: Für die Gewährung der *utilis actio pigneraticia* genügt es nicht, dass der Schuldner auch Eigentümer der Pfandsache ist.
3. Verpfändung einer fremden Sache und Rechtsnachfolge des Eigentümers nach dem nichtberechtigten Verpfänder und Vereinbarung mit dem Eigentümer selbst. In diesem Fall gibt es wieder eine *utilis actio*, wenn die

---

508 Vgl. *Wacke*, Konvaleszenz, SZ 114 (1997) 206.

509 Zu diesem Begriff siehe oben S. 168 f.

510 Vgl. *Schanbacher*, Konvaleszenz (1987) 11 f; *Wacke*, Konvaleszenz von Pfandrechten, SZ 115 (1998) 444. Zur Entwicklung der *actio Serviana* und *quasi Serviana* zuletzt *Krämer*, Besitzloses Pfandrecht (2007) 38 ff.

511 Vgl. nur *Tondo*, Convalida (1959) 74 ff u. 116 ff; *Wubbe*, Res aliena pignori data (1960) 120 ff und *Schanbacher*, Konvaleszenz (1987) 113 ff.

Weigerung des Eigentümers *improbus*[512] wäre, da er der Lüge zu bezichtigen wäre.

Zunächst wird der Grundfall besprochen, in welchem derjenige, der über die Sache zunächst unberechtigterweise verfügt, anschließend zum Rechtsinhaber wird; hier wird die Konvaleszenz bejaht[513]. In den anderen beiden Varianten wird der tatsächliche Rechtsinhaber Erbe des unberechtigt Verfügenden. Nur in der zweiten Untervariante, in welcher der Rechtsinhaber selbst eine Vereinbarung trifft, wird dem Pfandnehmer eine Klage gewährt. Grund dafür ist aber nicht eine Konvaleszenz des Rechtes, sondern das Verhalten des Erben selbst, der sich in Selbstwiderspruch setzt.

Die Wendung „*pignori dare*" sagt nichts über eine tatsächliche körperliche Übergabe aus, sondern bringt nur zum Ausdruck, dass ein Pfandrecht eingeräumt wird[514]. Somit ist nicht ersichtlich, ob ein Pfandrealvertrag zustande gekommen ist; das dingliche Pfandrecht scheitert jedenfalls an der mangelnden dinglichen Berechtigung des Vormannes.

„*Dominus rei eius esse coepisti*" lässt nicht auf eine konkrete Erwerbsart schließen. Es ist denkbar, dass auch hier – wie in den übrigen Sachverhaltsvarianten dieses Textes – dem Eigentumserwerb eine Erbschaft zugrundeliegt[515]. Dieses Ergebnis ist (wie auch *Wubbe* festgestellt hat) dem Wortlaut nach aber nicht unbedingt zwingend[516].

Die erwähnte „*utilis actio pigneraticia*" ist – unabhängig davon, ob ein Pfandrealvertrag zustande kam oder nicht – eine analoge *actio Serviana*[517]

512 Vgl. oben S. 169 f.

513 Zur Vorstellung des Durchgangserwerbs siehe oben S. 145.

514 So auch *Wubbe*, Res aliena pignori data (1960) 120 und *Schanbacher*, Konvaleszenz (1987) 113; jeweils mwN.

515 *Wubbe* denkt vornehmlich an diesen Fall: „Strikt te bewijzen is dit niet, maar het is meer dan waarschijnlijk, dat Paulus in het bijzonder denkt an het geval, dat de verpander na de verpanding erfgenaam van den ‚waren eigenaar' is geworden; men kann dit afleiden uit de tweede zin …" *Wubbe*, Res aliena pignori data (1960) 120 u. 279.

516 Auch *Schanbacher* nennt als mögliche Erwerbsarten (neben der Erbschaft) die aufschiebend bedingte Übereignung von *res nec mancipi* oder den Erwerb eines Grundstücks durch *mancipatio absentia*. Siehe *Schanbacher*, Konvaleszenz (1987) 113.

517 Zur Formel ausführlich *Schanbacher*, Konvaleszenz (1987) 113 ff. Die Verwendung des Wortes *competere* deute darauf hin, dass im Zentrum des Streites „die Subsumierbarkeit des Beerbungsfalles unter die formelmäßigen Voraussetzungen der seit Julian im Falle des Verpfändererwerbs gebräuchlichen *actio utilis*" stehe. Siehe *Schanbacher*, Konvaleszenz (1987) 209. Vgl. auch schon *Bachofen*, Pfandrecht 1 (1847) 30 und *Kaser*, Besitzpfand, SDHI 45 (1979) 25.

und keine analoge *actio pigneraticia contraria*[518]. Die Klage aus dem Pfandrealvertrag würde nur gegen einen nichtberechtigten Verpfänder zustehen, um dem Pfandgläubiger die Möglichkeit zu eröffnen, ein Ersatzpfand zu fordern. Dieses Interesse besteht aber gerade nicht mehr, sobald das dingliche Recht konvalesziert und damit eine *vindicatio* zusteht, mit welcher auf die Sache zugegriffen werden kann.

Weitere Argumente können für dieses Ergebnis angeführt werden: *Wubbe* hat herausgestellt, dass die *actio pigneraticia in personam* nie mit dem Zusatz *utilis* versehen wurde[519]. *Braukmann* hat die Bedeutung des Wortes „*persecutio*" untersucht und kam zu dem Ergebnis, dass es zwar „in der klassisch-ediktalen Trias *actio*, *petitio*, *persecutio*" nicht nur die *persecutio in rem*, sondern auch eine *persecutio in personam* umfasse, der Zusatz *pignoris* aber auf das dingliche Pfandrecht hindeute, welches verfolgt werde[520].

Eine „*utilis*" *actio pigneraticia* (*in rem*) und keine *actio directa* ist hier deshalb zuständig, weil, wie oben bereits ausgeführt, letztere das *in bonis habere* im Zeitpunkt der Verpfändung erfordert[521].

Die im zweiten Teil von Paulus zum Ausdruck gebrachte Rechtsansicht steht im Gegensatz zu Modestin in D. 20, 1, 22:

---

518 So auch bereits *Wubbe*, Res aliena pignori data (1960) 119 Fn 110. Vgl. zur Diskussion um die Formel dieser Klage insbes. *Schanbacher*, Konvaleszenz (1987) 113 mwN. Siehe auch das Reskript Diokletians aus 286 in C. 8, 15, 5 pr: *Cum res, quae necdum in bonis debitoris est, pignori data ab eo postea in bonis eius esse incipiat, ordinariam quidem actionem super pignore non competere manifestum est, sed tamen aequitatem facere, ut facile utilis persecutio exemplo pignoraticiae daretur.*

519 *Wubbe*, Res aliena pignori data (1960) 120.

520 Vgl. zur Begrifflichkeit *Behrends*, Actio, petitio, persecutio, in: FS Sellert (2000) 14 u. 20 ff. *Braukmann*, Pignus (2008) 81 geht in der Folge davon aus, dass die Quellen „keine Anwendung der pfandrechtlichen *actio utilis* gegen Dritte erkennen" lassen und dass diese Stelle daher „einen zwischen dinglichen und schuldrechtlichen Rechtsbehelfen angesiedelten Sonderfall darzustellen scheint".

521 So bereits *Lenel*, EP³ (1927) 494, insbes. Fn 9. Ihm folgen *Kaser/Knütel*, RP²⁰ (2014) 177 (§ 31 Rn 17); *Schanbacher*, Konvaleszenz (1987) 12 sowie *Braukmann*, Pignus (2008) 82. *Braukmann* schließt ebd. die Überlegung an, dass die Gewährung des Rechtsschutzes trotz Fehlens der tatbestandlichen Voraussetzung für die *actio (quasi) Serviana sive hypothecaria* auf die Denkweise „der die Verpfändung als *negotium bonae fide contractum* auffassenden vorklassischen Tradition" zurückzuführen sei. Vgl. zum Begriff „*in bonis habere*": *Ankum/van Gessel-de Roo/Pool*, In bonis, 3 Teile: SZ 104 (1987) 238 ff; SZ 105 (1988) 334 ff; SZ 107 (1990) 155 ff.

D. 20, 1, 22 (Modestinus libro septimo differentiarum)
Si Titio, qui rem meam ignorante me creditori suo pignori obligaverit, heres exstitero, ex postfacto pignus directo quidem non convalescit, sed utilis pigneraticia dabitur creditori.

D. 20, 1, 22 (Modestin im 7. Buch seiner Unterscheidungen)
Wenn ich Erbe des Titius geworden bin, der meine Sache ohne mein Wissen seinem Gläubiger als Pfand verpflichtet hat, konvalesziert aus diesem nachträglichen Grund das Pfand nicht unmittelbar, aber es wird dem Gläubiger die *utilis pigneraticia* gegeben.

Während also Paulus dem Pfandgläubiger die *actio pigneraticia utilis* verweigert, falls der wahre Eigentümer der Pfandsache durch Erbgang zum Rechtsnachfolger des unrechtmäßigen Verpfänders und damit auch zum Schuldner der Hauptschuld wird, gewährt Modestin in einem gleichgelagerten Fall eine *actio utilis pigneraticia.*

Viele Versuche wurden in der Vergangenheit bereits unternommen, um diesen Widerspruch aufzulösen. Bereits die Glosse[522] überliefert unterschiedliche Harmonisierungsversuche: Einmal will man im Paulustext einen *creditor sciens* sehen, während bei Modestin ein *creditor ignorans* betroffen sei. Dieser Ansatz, nach dem es auf das Wissen bzw. den Willen des Gläubigers ankommt, beruft sich auf den Unterschied im Wortlaut: Während Paulus davon spricht, dass jemand *sine mea voluntate* verpfändet, geschieht dies bei Modestin *ignorante me.* Bei Paulus weiß *ego* möglicherweise von der Verpfändung, auch wenn er sie nicht will, bei Modestin ist er unwissend.

Ein anderes Mal wird angenommen, dass bei Paulus ein ausdrücklicher Widerspruch vorgelegen sei, was bei Modestin nicht der Fall gewesen sei. Auch diese Ansicht stützt sich auf den eben erwähnten sprachlichen Unterschied.

Ein weiterer Ansatz sieht die Divergenz darin begründet, dass Paulus die Klage *de iure stricto* versage, Modestin sie aber *de aequitate* gewähre. Diese Interpretation geht über den Wortlaut hinaus und versucht eine dogmatische Begründung beizubringen.

So auch die später als *„vulgus interpretum"* bezeichnete Auffassung des *Accursius*, die davon ausgeht, dass es sich bei Modestin um die *actio in personam contraria* handle, die gewährt wurde, bei Paulus aber sei die *vindicatio pignoris* versagt worden.

Nach zahlreichen Interpolationsverdächtigungen kann heute wohl mit Recht die Anerkennung einer Juristenkontroverse als herrschende Meinung bezeichnet werden[523].

---

522 Verwendete Ausgabe: Lyon 1627, 1416 f und 1899.

523 Insbes. gegen die Interpolationsannahmen *Bonfantes*: *Tondo*, Convalida (1959) 76 f. Mit zahlreichen Nachweisen zur späteren Rezeption der Lösungsmodelle sowie zu Interpolationsvermutungen und deren Zurückweisung in der bisherigen

Nach *Braukmann* sind unterschiedliche Traditionen der Grund für diese Kontroverse: Weil „die proculianisch-klassische Tradition, deren allein auf den Zeitpunkt der Pfandrechtsbegründung abstellende Subsumtionsstrenge ... eine Konvaleszenz nicht zulassen kann ..., differenziert Modestin hier zwischen den beiden Pfandrechtskonzeptionen[524] und entscheidet sich bewusst für die vorklassische Doktrin[525], deren Ergebnis für die klassische Lehre nicht erreichbar wäre“[526].

Schanbacher argumentiert in dieser Variante mit dem Verbot des *venire contra factum proprium*; seiner Ansicht nach könne „ohne die Vorstellung einer ‚Repräsentation' der Erblasserpersönlichkeit durch den Erben ... das Prinzip des ‚*vcfp*' im Beerbungsfall nicht vorausgesetzt werden“[527]. Nach Untersuchungen zur Vorstellung der Einheit von Erblasser- und Erbenpersönlichkeit kommt er zu dem Ergebnis, „dass beide, Paulus und Modestin, den Fall der Beerbung des nichtberechtigten Verpfänders durch den Eigentümer nach dem Kriterium des ‚*vcfp*' entschieden haben. Jene Vorstellung genügte Modestin, um dem Erben den Verpfändungsakt als ‚*factum proprium*' zuzurechnen, Paulus hingegen nicht“[528]. Als palingenetisches Argument für dieses Ergebnis macht er darauf aufmerksam, dass Paulus „den Fall im Anschluss an den Erwerbsfall, dessen Entscheidung sich sicher danach richtet“, behandelt und dass man für Modestin aufgrund des Werktitels *Differentiae* „eine ursprünglich gemeinsame Behandlung der beiden Fälle immerhin vermuten“ könne[529]. Paulus bringe durch dieses Mittelstück seine abwehrende Haltung „gegenüber

Literatur: *Schanbacher*, Konvaleszenz (1987) 123 ff und auch *Wubbe*, Res aliena pignori data (1960) 125.

524 *Ie* der vorklassischen und der klassischen Tradition, die *Braukmann* als Grundthese unterscheiden will.

525 Diese fasse die Verpfändung als *bonae fidei contractum* auf. *Braukmann*, Pignus (2008) 82.

526 *Braukmann*, Pignus (2008) 83.

527 *Schanbacher*, Konvaleszenz (1987) 126 u. 209.

528 *Schanbacher*, Konvaleszenz (1987) 131. Auch *Braukmann* folgt dieser Ansicht und sieht hierin eine Kontroverse über die Behandlung widersprüchlichen Verhaltens überliefert. *Riezler*, Venire (1912) 27 findet die Antinomie aber „gar nicht so erstaunlich“, weil „sich die Anerkennung des Konvaleszenzprinzips überhaupt nur schrittweise von Fall zu Fall durchgesetzt hat“ und erst durch das deutsche BGB in § 185 generell formuliert wurde. Diesen Abschnitt bringt er nicht mit dem Gedanken des *venire contra factum proprium* in Verbindung, sondern nur mit der Anerkennung der Konvaleszenz an sich. Erst der dritte Teil wird von ihm im Zusammenhang mit *venire contra factum proprium* besprochen, was auch sinnvoll erscheint.

529 *Schanbacher*, Konvaleszenz (1987) 131 Fn 700 mwN, sowie zu den *Differentiae* ebd. 132 ff u. *Wubbe*, Res aliena pignori data (1960) 125 Fn 141.

einer Entscheidungsbegründung mit diesem Gedanken“ zum Ausdruck und „damit freilich auch diesen selbst“[530].

Benke/Meissel vermuten demgegenüber Gerechtigkeitsüberlegungen hinter der Kontroverse: Während Paulus es wohl für nicht akzeptabel hält, „dass der Eigentümer E an seiner Sache, die er nie zum Pfand gegeben hat, auf Grund der im Erbgang eingetretenen Rechtsnachfolge nur mehr belastetes Eigentum haben sollte“ und damit „das Schwergewicht wohl auf die Privatautonomie des Eigentümers“ lege, „rückt Modestin möglicherweise das dingliche Rechtsschutzbedürfnis des Pfandgläubigers in den Blickpunkt; außerdem mag es ihm angemessen erscheinen, dass dem E, der durch die Erbschaft insgesamt erheblich profitieren dürfte, eine Pfandhaftung aufgebürdet wird“[531]. Sie sehen in den unterschiedlichen Ergebnissen daher keine Entscheidung für oder gegen die Anwendbarkeit des Verbots des Selbstwiderspruchs.

So kritisiert auch *Wacke* die Regelung des § 185 Abs 2 Fall 3 BGB (nach welcher es bei unbeschränkter Haftung für Nachlassverbindlichkeiten automatisch zur Konvaleszenz ungültiger Verfügungen durch den Erblasser zulasten des Erben kommt) mit dem Hinweis darauf, dass diese Lösung vor dem Prinzip der Privatautonomie nicht bestehen kann[532]. Die Universalsukzession könne für *facta* des Rechtsvorgängers nur dann eine Verantwortlichkeit bewirken, „soweit sie als haftungsauslösende Tatbestände Rechtsfolgen erzeugen“. Unwirksame Verfügungen seien davon nicht umfasst[533]. *Wacke* führt weiters aus, dass die Entscheidung, welche eine Konvaleszenz in diesem Fall bejaht (er spricht konkret von der bereits erwähnten Regelung des BGB, doch trifft dies ebenso auf die Entscheidung Modestins zu), nicht auf dem Prinzip des *venire contra factum proprium*, sondern auf dem *dolo petit*-Einwand beruhe[534],

---

530 *Schanbacher*, Konvaleszenz (1987) 131. Zur Erklärung dieses Falles mit dem Grundsatz des *venire contra factum proprium* siehe darüber hinaus insbes. *Koschaker*, Convalida, Iura 4 (1953) 65.

531 *Benke/Meissel*, Sachenrecht[10] (2012) 202.

532 *Wacke*, Konvaleszenz, SZ 114 (1997) 201 mwN. Er führt aus, dass dieses Ergebnis damit begründet werden könne, dass infolge der Vereinigung von Pflicht und Recht der Erbe die von ihm verlangte Sache aufgrund der auf ihn übergegangenen Verschaffungspflicht „sogleich wieder zurückübereignen müsste“, sie somit auf dem *dolo-petit*-Einwand beruhe, der zur Anwendung der *exceptio doli* führe, jedoch nicht auf dem Verbot des *venire contra factum proprium*. Es handle sich damit um „eine Schuldumwandlung: Der Erblasser konnte die von ihm eingegangene Rechtsverschaffungspflicht nicht erfüllen und schuldete deshalb (im allgemeinen) Schadensersatz“. Vgl. ebd. 199 f.

533 *Wacke*, Konvaleszenz, SZ 114 (1997) 202; *Wacke*, Konvaleszenz von Pfandrechten, SZ 115 (1998) 446.

534 Vgl. *Wacke*, Konvaleszenz, SZ 114 (1997) 224; *Wacke*, Konvaleszenz von Pfandrechten, SZ 115 (1998) 449.

dh dem Einwand, dass die Klagsführung arglistig erscheint, weil der Kläger bei Veräußerungen die eigene Eviktionshaftung[535] bzw. bei der Verpfändung die eigene Garantiehaftung (mit der *actio pigneraticia contraria*, wenn eine fremde Sache zum Pfand gegeben wurde) auslösen würde[536].

Tatsächlich dürfte eine Kombination von *Wackes* Erwägungen (die er allerdings für das geltende Recht anstellt) mit der von *Benke/Meissel* vermuteten Gerechtigkeitsüberlegung die plausibelste Erklärung für die Kontroverse im römischen Recht bieten: Wie *Wacke* für das geltende so hielt auch schon Paulus für das römische Recht ein Ergebnis, wie es später von Modestin vertreten wurde, für nicht mit dem Prinzip der Privatautonomie vereinbar. Auch das von *Wacke* beigebrachte Argument, dass hier eine schuldrechtliche Ersatzforderung zu einem dinglichen Verwertungsrecht führe, das inhaltlich nicht gerechtfertigt sei und „an ein juristisches Wunder" grenze[537], mag für Paulus ausschlaggebend gewesen sein; so könnte seine Entscheidungsbegründung *„nec utique sufficit … eundem esse dominum, qui etiam pecuniam debet"* zu verstehen sein. Modestin wiederum scheint aus Praktikabilitätsgründen[538] für die Konvaleszenz eingetreten zu sein: Weil der Eigentümer aufgrund der Erbschaft für die Rechtsverschaffung haftet, wird ihm von vornherein nicht gestattet, selbst zu evinzieren. Dass diese Überlegungen ihrerseits Folge von in den Schulen tradierten Gerechtigkeitsvorstellungen sind, wie *Braukmann* es vermutet, kann wohl nicht bewiesen werden; immerhin bietet dieser Ansatz aber eine Erklärung für die Hintergründe der von einander abweichenden Entscheidungen.

Anders als im zweiten ist es im dritten Teil[539] des Paulus-Fragments: Hier ist es nicht die Verpfändung des Erblassers, sondern die Vereinbarung, die der Eigentümer selbst im Zusammenhang mit der Pfandsache trifft; zu dieser darf er

---

535 Grundlegend für diese Entscheidung sei die Parömie *Quem de evictione tenet actio, eundem petentem repellit exceptio*. Siehe zur Herbeiführung der eigenen Eviktionshaftung (bzw. aufgrund besonderer Eigenschaft als veräußernder Pfandgläubiger im konkreten Fall zwar nicht Herbeiführung der Eviktion, doch Entziehung des Kaufgegenstandes durch den Verkäufer) bereits oben S. 102 ff.

536 *Wacke*, Konvaleszenz von Pfandrechten, SZ 115 (1998) 442 f. Er führt dazu die französische Parömie *Qui doit garantie, ne peut evincer* an. Vgl. ebd. Fn 16 mwN.

537 *Wacke*, Konvaleszenz, SZ 114 (1997) 200 mit Fn 11. Siehe auch *Wacke*, Konvaleszenz von Pfandrechten, SZ 115 (1998) 443.

538 *Wacke*, Konvaleszenz von Pfandrechten, SZ 115 (1998) 446 nennt es „Vergröberung".

539 Für die Interpretation dieses Schlusssatzes *„sed si convenisset de pignore, ut ex suo mendacio arguatur, improbe resistit, quo minus utilis actio moveatur"* legt *Schanbacher*, Konvaleszenz (1987) 122 eine etwas von der Standardübersetzung abweichende Übersetzung zugrunde: „Wenn man aber über das Pfandrecht übereingekommen wäre, dass es sich aus seiner Lüge ergibt, wehrt er sich zu Unrecht dagegen, dass mit der *actio utilis* vorgegangen wird." *Wacke*, Konvaleszenz von Pfandrechten, SZ 115 (1998) 446 Fn 27 hält diesen Teil für interpoliert.

sich im Anschluss nicht in Widerspruch setzen, da ihm ansonsten ein *mendacium* vorgeworfen werden kann[540], welches ihn unredlich erscheinen lässt. Worin die Vereinbarung bestand, ist nicht eindeutig zu sagen. Auch Vivian meint bereits in der Glosse am Ende des *casus* zu D. 13, 7, 41: *Istam ultimam particulam obscure dicit.* Wieder werden mehrere Vorschläge beigebracht, wie etwa, dass der Erbe fälschlich zusichert, der Erblasser sei Eigentümer der Pfandsache gewesen, oder dass der Erbe nachträglich selbst zustimmt[541]. Will er sich jetzt auf die Unwirksamkeit der Verpfändung berufen, so wird ihm dies aufgrund des Verbots des Selbstwiderspruches versagt; nicht die Universalsukzession ist der Grund für die Entscheidung, sondern das Verhalten des Erben selbst[542]. Weil sein Verhalten *improbus*[543] ist, wird dem Gläubiger die *utilis actio* gewährt und der Eigentümer kann sich nicht gegen diese zur Wehr setzen. Diese Variante ist somit ein Beispiel für einen Fall, in welchem Selbstwiderspruch verboten ist, für die vorhergehende ist das hingegen nicht zu vermuten.

1.24. D. 23, 5, 17: Die verbotswidrige Veräußerung des Dotalgrundstücks durch den Ehemann[544]

D. 23, 5, 17 (Marcianus[545] libro septimo digestorum)
Fundum dotalem maritus vendidit et tradidit: si in matrimonio mulier decesserit et dos lucro mariti cessit, fundus emptori avelli non potest.

---

540 Somit ein aktives Verhalten, was diesen Fall von den Stellen C. 8, 15, 2 und C. 4, 29, 5 unterscheidet, in denen es um bloße Passivität geht, die arglistig erscheint. Vgl. *Schanbacher*, Konvaleszenz (1987) 135 aE.

541 Benützte Ausgabe: Lyon 1627, 1416. Vgl. wiederum *Schanbacher*, Konvaleszenz (1987) 133 f (für weiterführende Lit. insbes. Fn 716).

542 Vgl. hierzu auch *Riezler*, Venire (1912) 27 f.

543 Vgl. zur umgekehrten Situation, in welcher der Kläger *improbe* handelt und daher abgewiesen wird und zum Begriff „*improbus*" oben S. 169 f.

544 Aufgrund des rezent erschienenen, umfangreichen (ca. 90 Druckseiten) Beitrages von *Wacke* zur Unveräußerlichkeit des Mitgiftgrundstücks, der sich auch ausweislich des Titels insbes. mit den „Grenzen vom Verbot des *venire contra factum proprium*" beschäftigt (erschienen in: Scritti Zabłocka (2016) 1069 ff), erschien es geboten, diesem Thema breiteren Raum zu widmen und zu *Wackes* Einwenden gegen die Anwendbarkeit des Verbots von *venire contra factum proprium* in diesem Fall Stellung zu nehmen.

545 Sowohl die Florentina als auch die Vulgatfassung nennen hier zwar Marcian, doch gehen viele Stimmen in der Literatur davon aus, dass es sich vielmehr um einen Text von Marcellus handelt. Zum einen kennt der Index Florentinus keine Digesten von Marcian, sondern nur solche von Marcellus, und zum anderen passt das Fragment auch inhaltlich in das 7. Buch der Digesten des Marcellus, das sich mit Dotalrecht beschäftigt. Siehe *Jörs*, Aelius Nr 88, RE I (1894) 525; *Stiegler*, Drittwirkung, SZ 85 (1968) 394 Fn 1; *Knütel/Kupisch/Seiler/Behrends* (*Seiler*), CIC 4 (2005) 224 Fn 1; *Reggi*, Rez. Söllner, Index 3 (1972) 586. Ein Schreibfehler

D. 23, 5, 17 (Marcian im 7. Buch seiner Digesten)
Der Ehemann hat ein Mitgiftgrundstück verkauft und übergeben. Wenn die Ehefrau während aufrechter Ehe gestorben ist und der Ehemann die Mitgift lukriert hat, kann das Grundstück dem Käufer nicht entzogen werden.

Der Ehemann verkauft und übergibt ein Dotalgrundstück. Diskutiert wird der Fall, dass die Frau während aufrechter Ehe stirbt: Geht die *dos* nun endgültig im Vermögen des Mannes auf und wird der zunächst zur Veräußerung so nicht berechtigte Vormann damit nachträglich zum voll Berechtigten, kann dem Erwerber niemand mehr das Grundstück entziehen.

Ein vergleichbarer Sachverhalt wird in D. 41, 3, 42 von Papinian geschildert[546]:

---

ist an sich plausibel, doch erscheint ein anderer Irrtum ebenfalls möglich: Autor könnte tatsächlich Marcian sein, das Werk hingegen nicht seine Digesten, sondern seine Institutionen. Aus diesem Werk sind in den Digesten mehrere Stellen überliefert, im Konkreten aus Buch 7 sind es insgesamt 14 Fragmente, verstreut in diversen Büchern und Titeln (D. 7, 1, 41; D. 7, 5, 12; D. 28, 7, 18; D. 29, 7, 6; D. 30, 113; D. 32, 65; D. 32, 67; D. 33, 7, 17; D. 33, 8, 20; D. 35, 2, 89; D. 36, 3, 12; D. 38, 4, 6; D. 40, 5, 50; D. 50, 16, 210). *Lenel* rekonstruiert dafür in seiner Palingenesie den Titel „*De legatis*“ (Pal I (1889) 661), was inhaltlich ebenfalls passen würde. Dass Marcian insbes. in seinen Institutionen Papinian des Öfteren zitiert, ist auffällig; die Angabe des Papinianischen Werkes in den Institutionen Marcians ist wohl regelmäßig einer Kürzung durch die Kompilatoren zum Opfer gefallen. Siehe dazu schon *Krüger*, Rez. Costa, SZ 21 (1900) 414. Marcian ist es auch, der Kommentare zu Papinians *libri* über die *lex Iulia de adulteriis* verfasst hat. Vgl. *Lenel*, Pal I (1889) 803 ff: „*De adulteriis libri II. Cum notis Marciani*”. Ein in den Digesten erhalten gebliebener Text dieses Werkes handelt „*De fundo dotali*“ (D. 23, 5, 12, bei *Lenel* Nr. 9) und das Verbot der Veräußerung von Dotalgrundstücken findet sich in einem Kapitel ebendieser *lex Iulia*.

546 Einen zweiten Papinian-Text zu diesem Rechtsproblem, aus dem 8. Buch seiner Responsen, stellt *Lenel* in der Palingenesie ebenfalls (siehe soeben Fn 545) unter den Titel „*De legatis*“ bzw. unter den Unterpunkt *De fideicommissis* (Pal I (1889) 916), was sich allerdings schon deshalb hier leichter bestimmen lässt, da es im Text ausdrücklich um Probleme des Testamentrechts geht. Buch 3 in Papinians Quaestionen behandelt hingegen unterschiedliche Fragestellungen. Es beginnt nach *Lenel* (Pal I (1889) 817 ff) mit einem Abschnitt zur Prozessvertretung (*De cognitoribus et procuratoribus et defensoribus*), darauf folgt ein einzelner Text, den er einsam unter den Titel „*De negotiis gestis*“ stellt, sodann kommt ein inhaltlich eher heterogener Block von acht Fragmenten mit der gemeinsamen, von ihm rekonstruierten Überschrift *De minore XXV annis*, dem auch unser Text zugeordnet wird. Dass danach die Zwischenüberschriften „*Ex quibus causis maiores etc*“, „*Qui arbitrium receperint etc*“, „*De recepto argentariorum*“ sowie „*De satisdando*“, mit teilweise nur ein bis zwei zugeordneten Texten folgen sollen, zeigt die Zersplitterung der Themen in diesem Buch. In dem Abschnitt, zu welchem auch D. 23, 5, 17 gehört, wird das Verbot widersprüchlichen Handelns

D. 41, 3, 42 (Papinianus libro tertio quaestionum)
Cum vir praedium dotale vendidit scienti vel ignoranti rem dotis esse, venditio non valet. Quam defuncta postea muliere in matrimonio confirmari convenit, si tota dos lucro mariti cessit. Idem iuris est, cum is, qui rem furtivam vendidit, postea domino heres exstitit.

D. 41, 3, 42 (Papinianus im dritten Buch seiner Quaestionen)
Verkaufte der Ehemann das Mitgiftgrundstück jemandem, der weiß oder jemandem, der nicht weiß, dass es zur Mitgift gehört, dann gilt der Verkauf nicht. Mit dem Tode der Frau während der Ehe wird es aber nach einhelliger Ansicht bekräftigt, wenn der Mann die ganze Mitgift lukriert. Dasselbe ist rechtens, wenn derjenige, der eine gestohlene Sache verkaufte, später Erbe des Eigentümers wird.

Papinian erwähnt im Gegensatz zu Marcian keine *traditio*, sondern nur eine *venditio*, welche zunächst unwirksam sei, jedoch durch den Tod der Frau konfirmiert werde. Über den Marcian-Text hinausgehend wird darauf hingewiesen, dass es nicht auf den Umstand ankommt, ob der Käufer sich bewusst ist, dass es sich um ein Dotalgrundstück handelt. Zudem bringt Papinian den Vergleichsfall der *res furtiva*, an welcher der nichtberechtigte Veräußerer nachträglich als Erbe die Berechtigung erlangt.

Gaius behandelt in Inst. 2, 62 f[547] das bemerkenswerte Phänomen, dass ein Eigentümer über seine Sache nicht verfügen darf: so könne insbesondere der Ehemann, der Eigentum an der Mitgift seiner Frau erwirbt, ohne ihr Einverständnis nicht über dazu gehörende Grundstücke verfügen[548]. Grund dafür

---

thematisiert: Hierher gehört das berühmte Zitat aus D. 50, 17, 75: *Nemo potest mutare consilium suum in alterius iniuriam.* Dieses zieht *Lenel* mit dem davor eingeordneten Text D. 4, 4, 30 und dem nachfolgenden Text D. 37, 6, 8 zu einer Einheit zusammen. Beide Texte behandeln Fragen des Testamentrechts im Zusammenhang mit Haussöhnen. Zwischen diesem Auszug und dem fraglichen Text D. 41, 3, 42 liegt laut *Lenel* nur ein weiteres Fragment: D. 28, 6, 12. Auch dieser Text hat ein Problem im Zusammenhang mit einem Haussohn und Testamenten zum Thema. Im direkten Anschluss steht hier der Text zur verbotswidrigen Veräußerung des Dotalgrundstücks, was zeigt, dass auch die Einordnung des Textes D. 23, 5, 17 zum selben Problem bei Marcian in Buch 7 seiner Institutionen in den Zusammenhang „*De legatis*" passen könnte. Auch haben wir es hier mit einem Todesfall zu tun, obwohl der konkrete Auszug nicht ausdrücklich ein letztwillige Verfügungen betreffendes Problem erörtert.

547 Gai. 2, 62 f: *Accidit aliquando, ut qui dominus sit, alienandae rei potestatem non habeat, et qui dominus non sit, alienare possit. Nam dotale praedium maritus invita muliere per legem Iuliam prohibetur alienare, quamvis ipsius sit vel mancipatum ei dotis causa vel in iure cessum vel usucaptum...* Vgl. dazu IJ. 2, 8 pr.

548 Das Verbot betrifft die *alienatio voluntaria*, nicht aber die hoheitliche Beschlagnahme, wie insbes. im Fall der vom Ehemann unterlassenen *cautio damni infecti* (vgl. Paul. 36 ad ed., D. 23, 5, 1 pr). Auch ein etwaiger Rechtsnachfolger (sogar der Fiskus: Ulp. 5 de adul., D. 23, 5, 2) des Ehemannes ist daran gebunden.

ist das Verbot einer *lex Iulia*. Diese in anderen Stellen auch sogenannte „*lex Iulia de fundo dotali*" war vermutlich ein Kapitel der *lex Iulia de adulteriis* aus dem Jahre 18 vor Christus[549].

Im Eigentum des Mannes bildete die Mitgift ein Sondervermögen; grundsätzlich konnte er über die zur *dos* gehörenden Gegenstände frei verfügen und bei einer Veräußerung dem Empfänger auch Eigentum übertragen; er musste der Frau allerdings im Falle der Auflösung der Ehe Ersatz leisten. Die Verfügungsfreiheit des Mannes war jedoch in mancher Hinsicht eingeschränkt. Wie aus Gai. 2, 62 f ersichtlich, untersagte *lex Iulia de fundo dotali*[550] dem Mann das *alienare* gegen den Willen der Frau. In D. 23, 5, 17 und D. 41, 3,

549 Oder *de maritandis ordinibus*, falls die *lex de adulteriis* ein Teil davon war. Vgl. PS 2, 21b, 2: *Lege Iulia de adulteriis cavetur, ne dotale praedium maritus invita uxore alienet.* Siehe dazu *Kaser*, PR I² (1971) 334 mwN sowie *Wesel*, Statuslehre (1967) 43 Fn 6. Zur *lex Iulia de adulteriis* zuletzt insbes. *J.G.Wolf*, Lex Iulia, Iura 62 (2014) 47 ff.

550 Diese verbot dem Mann insbes. die Veräußerung von italischen Grundstücken ohne Zustimmung der Frau. Die Anwendbarkeit auf Provinzialgrundstücke bezeichnet noch Gaius als zweifelhaft. Eine Verpfändung war angeblich sogar bei Zustimmung der Frau untersagt. Unter Justinian wurde auch die Veräußerung gänzlich untersagt sowie das Verbot auch auf nichtitalische Grundstücke ausgeweitet. „*Invita muliere*" wurde daher planmäßig aus Texten des *Corpus Iuris Civilis* getilgt. Deswegen scheint in den übrigen Quellen dieses Erfordernis nicht mehr auf. Vgl. *Tigerström*, Dotalrecht I (1831) 295. Zweifel an der Echtheit hinsichtlich des Verbots der Verpfändung auch mit Zustimmung der Frau hat offenbar *Kaser*, RP II² (1975) 188, der diesbezüglich von einer „angeblichen Bestimmung" spricht. Ebenso *Stagl*, Favor dotis (2009) 256: „die Klassizität … ist nicht ganz zweifelsfrei." *Pringsheim*, Rez. Noailles, SZ 44 (1924) 555 f erörterte, dass die von der *lex Iulia* ausdrücklich erlaubte Zustimmung der Frau nicht als Verzicht auf ein Recht, sondern als Verzicht auf eine Garantie zu werten ist. Die Doktrin habe „das Verbot von der Veräußerung auf die Verpfändung ausgedehnt, hier aber die Zustimmung nicht zur Wirkung gelangen lassen, weil das Gesetz hier nicht sprach, der Gedanke an die Interzession aber nahe lag. Justinian dehnt das Verbot auf das ganze Mannesvermögen aus, erklärt aber dafür, um das Dotalgrundstück herauszuheben, die Zustimmung zu dessen Veräußerung für unwirksam." Diese Erklärung erscheint plausibel: Abgesehen von der Nähe zur Interzession kann man auch die Trennung der Vermögensmassen als Begründung heranziehen: So wie eine durch Schenkung unter Ehegatten herbeigeführte Vermögensverschiebung unerwünscht ist, gilt das auch, wenn das zur *dos* der Frau gehörende Grundstück von einem Pfandgläubiger verwertet wird, um mit dem Erlös eine gegen den Mann bestehende Forderung zu befriedigen. Ist der Mann – wie es bei Pfandverwertung regelmäßig der Fall sein wird – nicht zahlungsfähig, so erleidet die Frau dadurch eine Vermögenseinbuße, dass ihr Rückforderungsanspruch sodann nicht mehr befriedigt werden kann. Zur nachklassischen Entwicklung des Veräußerungsverbotes siehe insbes. Nov. 91.

42 nimmt der Mann jedoch verbotswidrigerweise eine solche Veräußerung vor. Was die Folge dieses Verstoßes gegen die *lex Iulia* anbelangt, so wissen wir aus den beiden Stellen nur, dass nach dem Tod der Frau keine Rückforderung möglich ist, sofern die *dos* in diesem Fall vom Mann lukriert wurde. Das bedeutet, dass es sich um eine von einem Dritten bestellte *dos adventicia* ohne ausdrücklicher Rückstellungsvereinbarung handeln musste oder der *pater familias* als Besteller einer *dos profecticia* nicht mehr am Leben war[551]. War die *dos* anders ausgestaltet, so wird diese Rechtsfolge nicht eingetreten sein. Auch hätte dem Erwerber das Grundstück vor dem Tod der Ehefrau demnach sehr wohl entzogen werden können[552]; darüber, wie dieses „Entziehen" praktisch umgesetzt werden konnte, herrscht in der Literatur Streit.

---

551 Es hing von der konkreten rechtlichen Ausgestaltung ab, wem die *dos* im Falle des Todes der Frau zufiel. *Kaser*, PR I² (1971) 335 spricht sich gegen eine rechtliche Verpflichtung des *pater familias* zur *dos*-Bestellung aus: „Eine Pflicht zur Dotierung bestand in klassischer Zeit für den Gewalthaber der Frau, für sie selbst und wohl auch für ihre sonstigen nächsten Angehörigen offenbar nur als eine stark sittliche Bindung, aber nicht als eine rechtliche." Anders *Stagl*, der seine Ansicht, dass Justinian die Verpflichtung zur *dos*-Bestellung bereits in der augusteischen Ehegesetzgebung vorfand, mit dem Argument begründet, dass eine *dos profecticia* nach dem Tod der Tochter zurückgefordert werden konnte. Darin sei die „Kehrseite der Dotierungspflicht" zu sehen. Ebenso, wie das Mandat nach *Nörr* eine „Verrechtlichung" erfahren habe, sei auch das *officium* des Vaters zur Dotierung in gewissem Umfang verrechtlicht worden. *Stagl*, Favor dotis (2009) 37 ff, 52, 57 f und 63 kommt zu dem Ergebnis, dass die *lex Iulia et Papia* eine gesetzliche Dotierungspflicht statuierte. Ebenso für eine Dotierungspflicht etwa bereits *Leonhard*, Dos, RE V (1905) 1584. Eine vom *pater familias* – oder später auch von anderen männlichen Vorfahren – der Frau bestellte *dos profecticia* war generell im Fall des Todes der Frau an diesen herauszugeben (sofern er noch lebte), während eine von einer anderen Person bestellte *dos adventicia*, bei der eine Rückgabe nicht ausdrücklich vereinbart worden war (was die *dos adventicia* zu einer *dos recepticia* machen würde), dem Mann endgültig zufiel. Vgl. *Kaser*, PR I² (1971) 334; *Leonhard*, Dos, RE V (1905) 1587 f; *Stagl*, Favor dotis (2009) 12 f.

552 *Riezler*, Venire (1912) 24 f sieht aus diesem Grunde hier ein Gegenbeispiel für das „Prinzip der Unzulässigkeit des Widerspruchs mit der eigenen Willensbetätigung". Dem Mann stehe nämlich trotz seines Wortbruchs die *exceptio rei venditae et traditae* nicht entgegen, wenn er den *fundus*, den er verbotswidrig verkauft und übergeben hat, vindiziert. Nur aufgrund der Konvaleszenz verbleibe das Grundstück beim Käufer und könnte diesem ohne Konvaleszenz wieder abgenommen werden. Wenn *Wacke*, Unveräußerlichkeit, in: Scritti Zabłocka (2016) 1139 Fn 219 meint, in meiner Dissertationsfassung hätte ich behauptet, dass niemand vor dem Tod der Frau zurückfordern habe können, hat er mich missverstanden; nur stand dem Mann wohl – dazu sogleich im Detail mit Begründung – eine *exceptio* entgegen. Ganz abgesehen von mM, ob der Mann hier widersprüchlich handeln durfte oder nicht, geht es an dieser Stelle insbes. um die

Ein Teil der Lehre geht davon aus, dass der Ehemann selbst vindizieren konnte. Er war schließlich Eigentümer, und aufgrund der absoluten Nichtigkeit sowohl der *causa*[553] infolge Rechtswidrigkeit als auch der Verfügung[554] mangels Verfügungsbefugnis sei das Geschäft insgesamt als rechtlich nicht existent anzusehen[555]. Dem Mann könne daher auch *dolus* nicht einredeweise entgegengehalten werden – nicht einmal dann, wenn er dem Erwerber gegenüber ausdrücklich und bewusst wahrheitswidrig behauptet hatte, das Grundstück gehöre nicht zur Mitgift seiner Frau[556]. Nur wenn es infolge des Todes der Frau zur Konvaleszenz gekommen sei, sei ihm eine Rückforderung nicht mehr möglich gewesen. Es stellt sich dann in der Folge die Frage, ob dem Mann nach dem Tod seiner Frau bereits die Aktivlegitimation fehlte, oder ob er dann mittels *exceptio* abgewehrt werden konnte. Nachdem es keinen Quellenbeleg für eine direkte, *ipso iure* zum Rechtserwerb führende Konvaleszenz gibt, die unmittelbar zum Erwerb des zivilen Eigentums durch denjenigen geführt hätte, der eine Sache vom zunächst nicht ausreichend Berechtigten erworben hatte, wird anzunehmen sein, dass auch hier eine *exceptio* erhoben werden müsste, was einer „indirekten" Konvaleszenz entspricht[557]. Die Vertreter dieser eben dargestellten Theorie der absoluten Nichtigkeit gehen daher an dieser Stelle überwiegend von einer *exceptio doli* aus. Dann aber erscheint es seltsam, dass dem verfügenden Mann bei gleichbleibender innerer Einstellung und ohne weiterer nach außen erkennbarer, ihm vorwerfbarer Handlung nach dem Tod der Frau ein widersprüchliches Verhalten plötzlich

Erklärung, warum der Verfasser der Brocardica *aurea* diesen Text an dieser Stelle nennt; und zwar als Beleg für ein Verbot von *venire contra factum proprium*. Das kann nur daran liegen, dass dem Mann (seiner Ansicht nach) letztendlich die Rückforderung versagt bleibt.

553 „*Venditio non valet*" in D. 41, 3, 42.

554 „*Alienandae rei potestatem non habeat*" heißt es in Gai. 2, 62.

555 In diesem Sinne etwa *Czyhlarz*, Veräußerungsverbot, Lindes Zeitschrift 22 (1865) 433.

556 *Czyhlarz*, Veräußerungsverbot, Lindes Zeitschrift 22 (1865) 432 will immerhin in diesem Fall gegen eine im Ausnahmefall zulässige *exceptio doli* eine *replicatio ex lege Iulia* gewähren.

557 Siehe zur direkten/indirekten Konvaleszenz bereits oben S. 144. Die *exceptio rei venditae et traditae* ist für den Fall der *traditio* aufgrund eines gültigen Kaufvertrages mit dem voll berechtigten zivilen Eigentümer gedacht und wird hier wegen ursprünglicher Nichtigkeit der *causa* und mangelnder Verfügungsbefugnis nicht zur Anwendung gelangt sein. Anders *Czyhlarz*, Veräußerungsverbot, Lindes Zeitschrift 22 (1865) 431 Fn 65: Weil es sich um eine *exceptio in factum* handle, komme es nur auf das Faktum des Kaufes an, nicht aber auf dessen Rechtsgültigkeit. Ausdrücklich kommt die *exceptio rei venditae et traditae* in Konvaleszenzfällen kein einziges Mal vor. Siehe bereits oben S. VII ff.

als dolos vorwerfbar war, das ihm vorher nicht einredeweise entgegengehalten werden konnte[558].

Eine andere Ansicht meint, die Verfügung sei nur zugunsten der Frau unwirksam, allen anderen gegenüber sei sie aber als wirksam zu betrachten[559]; es handle sich also um eine „relative" Nichtigkeit[560]. In diesem Sinne hätte die Verfügung, obwohl sie als nichtig gilt, doch in gewissem Umfang Rechtswirkungen. Die Vertreter dieser Ansicht arbeiteten in der Vergangenheit mit weitgehenden Interpolationsannahmen, durch welche sie die von ihnen präferierte relative Nichtigkeit in die Texte hineinschrieben[561]. Solche Interpolationsannahmen sind aber dann gar nicht notwendig, wenn man davon ausgeht, dass eine Unwirksamkeit vorliegt, die bloß seitens einer Person nicht geltend gemacht werden kann: nämlich vom verfügenden Ehemann. Ihm ist widersprüchliches Verhalten vorzuwerfen, und zwar unabhängig davon, ob die Frau noch lebt oder nicht. Ihm gegenüber kann dieser *dolus* auch zu jedem Zeitpunkt einredeweise geltend gemacht werden, egal ob gegen eine *rei vindicatio* oder auch gegen eine *condictio*. Vor dem Tod der Frau kann das Grundstück zwar zurückgefordert werden, aber nur von ihr aus eigenem Recht[562], nicht

---

558 Dass ein- und dasselbe widersprüchliche Verhalten dem Veräußerer vor dem Tod der Frau nicht vorgeworfen werden kann, danach aber schon, erschiene an sich widersprüchlich.

559 *Söllner*, Actio rei uxoriae (1969) 37 (mit Fn 6); *Noailles*, Inaliénabilité, Ann. Gren. 31 (1919) 27 ff (insbes. für das klassische Recht 32 ff). So entspreche es laut *Pringsheim*, Rez. Noailles, SZ 44 (1924) 552 jedenfalls (auch) dem justinianischen Recht.

560 Siehe etwa *Pringsheim*, Rez. Noailles, SZ 44 (1924) 552 ff.

561 siehe etwa *Pringsheim* ebd. 552 f.

562 Auch in anderen Fällen kommt es vor, dass eine bestimmte privilegierte Person gegen Verfügungen, die zwischen dem Eigentümer und anderen Personen vorgenommen wurden, vorgehen kann.
Als Beispiel könnte hier die *actio Fabiana* bzw. *actio Calvisiana* dienen, die der Freilasser hat, dessen Freigelassener zu Lebzeiten in Umgehung des Gebots, als *libertus* dem Patron die Hälfte des Vermögens als *debita portio* zu hinterlassen, Verfügungen vornimmt. Die *actio Fabiana* steht dem Patron bei testamentarischer Erbfolge, die *actio Calvisiana* bei Intestaterbfolge zu. Diese Arbiträtklagen richten sich gegen jeden, der aus einem vom *libertus* arglistig zur Minderung des Pflichtteils des Patrons vorgenommenen Geschäft etwas erlangt hat, und sind auf Herausgabe des Erlangten gerichtet. Vgl. zu diesen Klagen *Kaser/Hackl*, ZP² (1996) 709; *Levy*, Privatstrafe (1915) 69 ff; *Kupisch*, In integrum restitutio (1974) 85 ff und 181 ff; *Zoz di Biasio*, Atti in frode (1978) 11 ff; *Masi Doria*, Bona libertorum (1996) 179 ff.
Auch ein Gläubigervertreter kann gegen in Gläubigerschädigungsabsicht vorgenommene Veräußerungen vorgehen, die der Schuldner als Eigentümer der Sachen vorgenommen hat. *Stagl*, Favor dotis (2009) 124 führt aus, dass dieser vom Erwerber vindizieren kann, nachdem er die *in integrum restitutio* durgesetzt

vom Mann, der über sein Recht nach außen hin erkennbar verfügen wollte[563]. In seiner Person liegen keine außergewöhnlichen Umstände vor, die ihn besonders schutzwürdig machen würden; im Gegenteil, die Frau soll gegen eine vom ihm vorgenommene Handlung geschützt werden.

---

hat, was allerdings die Bösgläubigkeit des Erwerbers voraussetze. Andererseits stehe bei unentgeltlichen Geschäften auch gegen den Gutgläubigen die *actio in factum* zu. Auch nach erfolgter *venditio bonorum* gebe es noch das *interdictum fraudatorium* als Rechtsbehelf; Justinian habe diese Rechtsbehelfe zur „*actio Pauliana*" verschmolzen. Dem gegenüber vertritt *Grevesmühl*, Gläubigeranfechtung (2003) 11 f die Ansicht, dass schon die Klassiker die *actio Pauliana* als Rechtsbehelf neben einer *in integrum restitutio* und dem *interdictum fraudatorium* kannten (ebd. 58 ff näher ausgeführt); *Klinck*, Insolvenzanfechtung (2011) 4 spricht (ebenso wie *Grevesmühl*, Gläubigeranfechtung (2003) 61 mit Fn 285 u. mwN) im Zusammenhang mit der *actio Pauliana* von einer *actio in personam*, weist ebd. in Fn 7 aber darauf hin, dass es „erhebliche Unsicherheiten" auslöse, dass Theophilus in seiner Paraphrase zu I. 4, 6, 6 die *actio Pauliana* als *actio in rem* bezeichnet. Der Beklagte konnte, da die Formel eine Arbiträrklausel enthielt, einer Geldverurteilung entgehen, wenn er natural restitutierte (*Grevesmühl*, Gläubigeranfechtung (2003) 62). Zentral ist nach *Klinck* ebd. der Begriff „*fraus*" und somit der Umstand, dass über eine Verfügung des Schuldners ein „negatives Werturteil" zu fällen gewesen sei. Vgl. *Ankum*, Actio Pauliana (1962) (dazu Rez. *Dilcher*, SZ 80 (1963) 506 ff); *ders.*, Interdictum fraudatorium, in: Synt. Arangio-Ruiz II (1964) 779 ff; *D'Ors*, Interdicto fraudatorio (1974); *Palumbo*, Actio Pauliana (1934) (dazu Rez. *Kaden* SZ 56 (1936) 337); *Impallomeni*, Mezzi di revoca (1958); *ders.*, Pauliana actio, RE Suppl. XII (1970) 1008 ff. Im speziellen Verhältnis von Ehefrau und Ehemann gibt es abseits solcher Anfechtungsmöglichkeiten auch etwa den Fall, dass der Frau eine *actio ex testamento* zusteht, obwohl nicht sie, sondern der Mann Legatar ist, wenn nämlich ihr Vater seinem Erben auferlegt hatte, dem Mann für seine Tochter eine Mitgift zu bestellen und es zur Scheidung kommt, bevor dem Mann das Legat geleistet wird, oder wenn sonst ein Legat zugunsten des Mannes mit dem Ziele der Mitgiftbestellung ausgesetzt wird und der Mann an der Durchsetzung scheitert, etwa weil er dem gegenüber Erben im Prozess unterliegt oder er nicht das Geld hat, die nötige Kaution zu leisten. Vgl. *Stagl*, Favor dotis (2009) 210 f u. 217 f. Diese Beispiele haben allerdings gemeinsam, dass es sich um persönliche Klagen handelt.

563 Auch Accursius merkt in Gl. *Si tota* (D. 41, 3, 42) an: ... *si lucretur vir dotem ex pacto, ex persona mulieris posset vindicare: non sua: cum contra suum factum venire non possit ... sed et tunc .s. si agetur ex persona mulieris, posset exceptione repelli.* Es gibt also laut Accursius eine Vindikation aus der Person der Frau neben der aus der Person des Mannes. Der Mann kann aus seiner Person nicht mittels Vindikation vorgehen, da er sich nicht widersprüchlich verhalten darf. Lukriert der Mann die *dos* und erhebt er nun die aus der Person der Frau zustehende Vindikation, so wird er aber ebenfalls mittels *exceptio* abgewehrt.

Sowohl der veräußernde Ehemann als auch der Käufer kann keine Leistung, jedenfalls keine Primärleistung, aus dem Kauf einklagen, sofern „*venditio non valet*" in D. 41, 3, 42 technisch zu verstehen und der Kaufvertrag tatsächlich nichtig ist; wobei hier zu erwähnen ist, dass einige Stimmen in der Literatur – etwa *Krüger* und *Savigny* – davon ausgehen, dass hier eigentlich die Verfügung, der Manzipationskauf, gemeint sei, der nicht wirksam ist; die anderen Stellen sprechen im Zusammenhang mit dem Verbot der *lex Iulia* nämlich davon, dass das *alienare* nicht gestattet ist[564]. Wie auch immer: Wurden die

564 Bei Gai. 2, 62 f ist davon die Rede, dass im Falle des Ehemannes ein Eigentümer „*alienandae rei potestatem non habeat*" (bis hierher (= IJ. 2, 8 pr), und er bespricht auch, wie der Ehemann das (zivile) Eigentum an den Dotalsachen erlangt hat (*mancipatio*, *in iure cessio*, *usucapio*). Der Kaufvertrag ist hier kein Thema. In den Digesten sprechen etwa die Texte zum Titel *de fundo dotali* (D. 23, 5) ansonsten praktisch immer von *alienare*: nämlich die Fragmente 1, 1 (Paul. 36 ad ed.); 2 (Ulp. 5 de adult.); 3, 1 (Paul. 36 ad ed.); 4 (Gai. 11 ad ed. Prov.; das hier neben *alienare* erwähnte *obligare* bezieht sich auf die Verpfändung); 9, 3 (Afr. 8 quaest.); 10 (Paul. 8 quaest.); 11 (Afr. 8 quaest.) 13, 1 (Ulp. 5 de adult.); 16 (Tryph. 11 disp.). Bei Marcian kommen dann D. 23, 5, 17 *venditio* und *traditio* vor, wobei nicht näher spezifiziert wird, ob auf der schuldrechtlichen oder der sachenrechtlichen Seite das Problem liegt. Lediglich in Fr. 2 des besagten Titels sagt Ulpian (in 5 de adult.) neben „*alienare non possit*" auch „*venditio ... impeditur*". Einzig in D. 41, 3, 42 steht sodann ausdrücklich „*venditio non valet*". Da aber einerseits die *mancipatio* bekanntermaßen von den Kompilatoren aus den Digesten getilgt wurde und andererseits „*venditio*" auch das gesamte Veräußerungsgeschäft umfassen kann (Manzipationskauf), kann auch diese Stelle nicht mit Sicherheit Auskunft darüber geben, dass der Vertrag nichtig war. Ist der Kaufvertrag als gültig anzusehen, ist die *exceptio* leicht erklärt: *Quem de evictione tenet actio, eum agentem repellit exceptio*. In dem umgekehrten Fall, dass die Frau ein Grundstück verkauft, welches ihrem Mann *dotis causa* gegeben wurde, wird ebenfalls davon gesprochen, dass der Verkauf nicht gültig sei. Hier hindert aber nicht das Verbot der *lex Iulia* die Gültigkeit der Veräußerung, sondern der Umstand, dass sie nicht verfügungsbefugt ist; das betrifft aber grundsätzlich die schuldrechtlichen Ansprüche aus dem Kaufvertrag nicht: Es gibt keinen Grund dafür, hier Nichtigkeit des Vertrages infolge Rechtswidrigkeit anzunehmen. Das würde der Wortlaut aber nahelegen: C. 5, 12, 23 (Diokletian an Diogenes) *Si praedium uxor tua dotale venumdedit, sponte nec ne contractum habuerit, nihil interest, cum rei tibi quaesitae dominium auferre nolenti minime potuerit [a 294]*. Auch *Krüger* merkte als Herausgeber des Digestentextes zu *venditio* an: „*de mancipatione venditionem secuta Papinianus hoc dixerit.*" Es sei mit *venditio* also in Wahrheit die auf den Kauf gefolgte *mancipatio* gemeint. *Savigny*, System 4 (1841) 559 Fn bb ging ebenfalls davon aus, dass *venditio* hier eigentlich für *alienatio* stehe. Die *lex Iulia* würde demnach kein „Verbot" statuieren, das zur Rechtswidrigkeit des schuldrechtlichen Geschäfts führt, sondern schlicht die Verfügungsbefugnis des Mannes über die *dos* in der Hinsicht einschränken, als eine Verfügung über Grundstücke nur unter Mitwirkung der Ehefrau erfolgen kann.

Leistungen bereits erbracht, so dürften diese zunächst nicht rückforderbar gewesen sein; zumindest bis zur Entscheidung der Frau. Das Verbot bezweckt nämlich nicht den Schutz eines der beiden Leistenden[565], sondern den Schutz der Frau mit ihrem Interesse an der Mitgift. Fordert sie das Grundstück heraus, so kann der Erwerber sich nun gegebenenfalls an seinen Vormann wenden, um einen etwaig bereits geleisteten Kaufpreis zurückzufordern. Die Frau hätte aber auch die Möglichkeit, durch ihre Zustimmung das Geschäft voll wirksam zu machen[566] und damit auch den Anspruch auf Gegenleistung entstehen zu lassen[567]. Täte sie das, bestünde kein Zweifel, dass nicht nur sie, sondern auch der Mann das Grundstück nicht zurückfordern könnte – es

---

Als Hauptargument gegen die These, dass *venditio* eigentlich *alienatio* meint, wird D. 31, 77, 5 herangezogen. Die *causa* müsse hier nichtig sein, da ansonsten die erwähnte Schuld bestünde und das angesprochene Fideikommiss gültig wäre. Nichtig müsste das Fideikommiss aber deshalb sein, weil der Käufer an eine Person leisten müsste, die ihrerseits die Verfügung bekämpfen könnte und (noch) nicht ausdrücklich auf diese Befugnis verzichtet hat. Der Frau wäre diesfalls *dolus* vorzuwerfen, wenn sie den Kaufpreis aus einem Geschäft einklagen würde, bei dem sie immer noch durch Eviktion selbst die Rechtsmangelgewährleistung herbeiführen kann; deswegen kann sie bei Erhebung der ihr aus dem Fideikommiss zukommenden, in die *cognitio extra ordinem* fallenden Klage nicht erfolgreich sein. Durch die konkludente Bestätigung der Verfügung infolge der Legatsannahme durch die Frau kann sie jedoch mit ihrer *actio in rem utilis* nicht mehr erfolgreich vorgehen – dieser steht wegen der Konvaleszenz die *exceptio doli* des Käufers entgegen –, weswegen ihr dann aber hinsichtlich der Klage aus Fideikommiss bzgl. des Kaufpreises kein *dolus*-Vorwurf mehr gemacht werden kann.

565 Das Veräußerungsverbot hat aber deswegen noch keine Pönalfunktion: Kommt es infolge der Zustimmung der Frau – oder auch infolge ihres Todes bei gleichzeitiger Lukrierung der Mitgift durch den Mann – zur Konvaleszenz, kann nun auch der Kaufpreis eingeklagt werden. Bis aber nicht geklärt ist, ob die Frau zustimmt (womit der Anspruch auf Kaufpreiszahlung entstünde) oder widerspricht (womit ein Rückforderungsanspruch entstehen würde), wird die Kaufpreisleistung nicht erzwungen werden können. Kommt es zum Prozess zwischen Ehemann und Veräußerer, wird die Frau diesbezüglich wohl förmlich befragt werden, damit es zur Klärung der Situation kommt. Dasselbe wird im Übrigen für den umgekehrten Fall zu gelten haben, wenn der Kaufpreis vorgeleistet wurde und der Erwerber die Übergabe des Grundstückes durchzusetzen versucht.

566 Deshalb ist es auch nicht plausibel, dass das Verbot der Veräußerung des Dotalgrundstückes – wie von *Bachofen*, Veräußerungsverbot, in: Ausgewählte Lehren (1848) 89 vorgeschlagen (und von *Stagl*, Favor dotis (2009) 34 Fn 45 als „sehr plausibel" gelobt) – den Zweck hatte, den Haftungsfonds für den Fiskus im Falle des Ehebruches durch die Frau zu sichern, der dann (unter anderem) die Hälfte der *dos* einziehen könnte.

567 Die Situation wird bezüglich der Gefahrtragung nun parallel dem Kauf einer Speziessache unter aufschiebender Bedingung im Falle des Eintritts der Bedingung zu beurteilen sein. Siehe dazu *Pennitz*, Periculum (2000) 185 ff.

erschiene daher inkonsequent, wenn er es vor ihrer Zustimmung bzw. ihrem endgültigen Widerspruch können sollte, wo diese Entscheidung doch nicht in seiner Hand liegt.

Auch beispielsweise in dem Fall, dass von vornherein eine *dos aestimata* bestellt wurde, ist eine vom Mann vorgenommene Verfügung über das Dotalgrundstück nicht rückgängig zu machen[568]. In diesem Fall hat die Frau nämlich insofern kein Interesse an der Unwirksamkeit der Verfügung, als ihr nicht die Rückgabe des konkreten Dotalgrundstücks[569], sondern nur eine von vornherein bestimmte Summe geschuldet wird, und das Verbot der *lex Iulia* greift daher dann nicht.

Im Ergebnis ist der Lehre der relativen Nichtigkeit zu folgen, aber mit anderer Begründung: „Relativ" ist die Unwirksamkeit nämlich nicht, was das materielle Recht anbelangt[570]; prozessual gesehen erscheint sie aber relativ, weil der Mann sie nicht geltend machen kann. Das liegt aber eben daran, dass nicht er durch die Rechtswidrigkeit des Geschäfts geschützt sein soll und ihm daher bei widersprüchlichem Verhalten ein *dolus*-Vorwurf gemacht werden kann. Der Anspruch der Frau ist hingegen durchsetzbar und sie ist daher die einzige, die ein klagbares Interesse an der Rückerlangung hat.

Wenn der Kaufvertrag nichtig ist, wird für die Zeit vor Erbringung der Leistung anzunehmen sein, dass bis zur Zustimmung der Frau wohl keine der

---

568 Der Frau muss „die Anwartschaft auf Rückstellung" für den Fall der Auflösung der Ehe zustehen (D. 23, 5, 3, 1). So kommt das Verbot nicht nur im Falle einer *dos aestimata* nicht zur Anwendung, sondern auch dann nicht, wenn dem Mann ein Wahlrecht zusteht (zB „*fundus Cornelianus aut homo Stichus*") oder die Frau bei einer *dos recepticia* keine *actio rei uxoriae* hat. Siehe *Czyhlarz*, Dotalrecht (1870) 199 f. *Bechmann*, Dotalrecht II (1867) 448 fasst zusammen: „Demnach findet das Gesetz keine Anwendung, wenn die Rückgabe der Dos einem Dritten versprochen, oder wenn ein giltiges absolutes pactum de lucranda dote abgeschlossen ist." Daneben ist es Voraussetzung, dass das Eigentum am Grundstück in die *dos* gegeben wird. Dass das Grundstück selbst übertragen wird, ist nicht Voraussetzung. *Czyhlarz* nennt hier den Fall, dass der Mann bereits Eigentümer des Grundstückes war, dieses der Frau aber schuldete und die Frau ihm diese Schuld *dotis causa* erlässt. Er hat das Grundstück also unabhängig von der *dos* erlangt, es aber *dotis causa* behalten (D. 23, 5, 9 pr u. D. 23, 5, 14, 2). Aufgrund des Schulderlasses wird das Grundstück zum Dotalgrundstück und fällt fortan unter das Veräußerungsverbot, da es *soluto matrimonio* an die Frau herausgegeben werden muss. Siehe zu alldem *Czyhlarz*, Veräußerungsverbot, Lindes Zeitschrift 22 (1865) 409 ff.

569 In der Regel wird eine *aestimatio venditionis causa* vorgenommen. Der Schätzwert kann sodann als eine Art gestundeter Kaufpreis angesehen werden. Siehe nur *Bechmann*, Dotalrecht II (1867) 212 u. 216 sowie *Fayer*, Familia II (2005) 695 Fn 104.

570 Insofern stimmt die Begrifflichkeit nicht mit der Diktion des BGB überein.

Primärleistungen aus dem Kaufvertrag einklagbar ist. Dagegen kann für den Fall der bereits erbrachten Leistung aber nicht angenommen werden, dass die Parteien jederzeit ihre Leistung zurückfordern können. Dies hängt – wie bereits ausgeführt – wohl von der Entscheidung der Frau ab. Es kann hier auch[571] der bei Papinian erwähnte Vergleichsfall herangezogen werden: Die *res furtiva* kann der unbefugt Veräußernde nicht vom Erwerber zurückfordern; er kann also seine bereits erbrachte Leistung auch dann nicht kondizieren, wenn der Erwerber darauf im Einzelfall gar keinen klagbaren Anspruch gehabt hätte. Das ist nicht immer der Fall bei der Veräußerung einer gestohlenen Sache, in gewissen Konstellationen kommt es aber vor[572]. Der bestohlene Eigentümer kann mit seiner *rei vindicatio* die Sache vom Erwerber herausverlangen – er ist der, dessen Interesse in diesem Fall geschützt wird. Diese Rückforderungsmöglichkeit entfällt, wenn er sich für eine persönliche sachverfolgende Klage gegen den Dieb (in Gestalt der *condictio furtiva*) entscheidet[573]; oder wenn er

---

571 Dagegen spricht im konkreten Zusammenhang unter anderem die folgende Überlegung: Könnte der veräußernde Mann in dem Fall, dass jemand anderer ihm ein besseres Angebot machen würde, gegen die erste nichtige Veräußerung vorgehen, wäre es ihm möglich, einfach eine zweite vorzunehmen, sodass ihm schlussendlich der höhere Erlös verbleibt, wenn er die *dos* lukriert. Ist hingegen davon auszugehen, dass im Konvaleszenzfall bei Mehrfachverkauf die erste Übergabe ausschlaggebend ist, so ist die Rückforderungsbefugnis des Mannes deshalb nicht zielführend, da der Ersterwerber dann auch vom Mann, also dem, der das Grundstück bei ihm evinziert hatte, wieder zurückverlangen könnte. Diese Frage stellt sich bei den übrigen Veräußerungsfällen durch den Nichtberechtigten deshalb nicht, da dort die *causa* in der Regel gültig ist und daher die Rückforderung durch den Veräußerer schon aus diesem Grund nicht in Frage kommt. Fiele hingegen das Grundstück nach der Rückforderung durch die Frau an sie, so wird eine Veräußerung, die sie selbst vornimmt, nun wirksam sein, denn der Mann hat sein Behaltensinteresse bereits aufgegeben (sofern mindestens der Preis als Gegenleistung erzielt wird, den er selbst vereinbart hatte). Dieser Gedanke bleibt freilich Spekulation.

572 Wusste nur der Käufer von der Furtivität, so hatte zwar er keine *actio empti*, der Verkäufer hatte hingegen sehr wohl die *actio venditi*; Voraussetzung war allerdings, dass der Verkäufer seine Leistung freiwillig erbrachte. Leistete er (freiwillig), so konnte er die Leistung wohl nicht zurückfordern, obwohl kein klagbarer Anspruch darauf bestand. So wird dem Synallagma entsprochen. Wussten beide von der Furtivität, war der Kaufvertrag nichtig; wusste nur der Verkäufer davon, war der Vertrag hingegen gültig. In dem Fall aber, dass der Verkäufer allein Bescheid wusste, konnte ausnahmsweise auch ohne Eviktion auf das Interesse an der ordnungsgemäßen Erfüllung geklagt werden. Vgl. dazu Paul. 33 ad ed., D. 18, 1, 34, 3 sowie Afr. 8 quaest., D. 19, 1, 30, 1. Siehe *Benöhr*, Synallagma (1965) 69 f.

573 Im Vergleich dazu wird auch dann ein Fall indirekter Konvaleszenz anzunehmen sein, wenn die Frau etwa im Scheidungsfall mit der *actio rei uxoriae* gegen den

stirbt und der zunächst unberechtigt Verfügende ihn beerbt (wie im Beispiel Papinians): Im Sinne der „indirekten" Konvaleszenz hat der Erwerber sodann gegen die *rei vindicatio* seines Vormannes und nunmehrigen Eigentümers ebenfalls eine *exceptio*[574].

Es ist nicht davon auszugehen, dass die Konvaleszenz nur eintreten kann, wenn der Konsens fortbesteht und keine Partei widerruft[575]; dies wäre singulär und findet sich in keinem anderen Konvaleszenzfall. Auch etwa in dem Fall, dass ein Nichtberechtigter eine Sache mehrfach veräußert, ist die erste Verfügung bei Konvaleszenz ausschlaggebend, obwohl meist gerade diese vom Veräußerer nicht mehr gewollt ist[576]. Oder ein anderes Beispiel, das zwar keinen Konvaleszenzfall im engeren Sinne darstellt, aber doch gewisse Parallelen zu unserem Fall aufweist, da noch eine Zustimmung berechtigter Personen aussteht: Die Servitutsbestellung an einem Grundstück im Miteigentum, von welcher der im Kapitel 16 besprochene Celsus-Text D. 8, 3, 11 berichtet: Verfügt nur ein Miteigentümer, kommt die Servitut nicht gültig zustande, da alle Miteigentümer mitwirken müssen. Will derjenige, dem das Recht hätte übertragen werden sollen, die streng genommen gar nicht entstandene Servitut ausüben, so kann der Miteigentümer, der bereits verfügt hat, ihn nicht mehr an der Ausübung hindern. Er kann nicht widerrufen. Nehmen sodann auch die übrigen Miteigentümer den Bestellungsakt vor, so entsteht die Servitut, ohne dass nach einem fortbestehenden Konsens gefragt wird. Der Verfügende hat eben schon alles getan, was aus seiner Sicht notwendig war, um das Recht zu übertragen, auch wenn dieses zunächst nicht wirksam entstehen konnte, weil noch andere Personen mitwirken mussten. Dasselbe muss auch gelten, falls er Rechtsnachfolger der übrigen Miteigentümer werden sollte. D. 31, 77, 5[577] betrifft einen anderen Fall: Dort geht es um die Frage, ob zwischen der Frau und dem Erwerber Konsens besteht (wenn überhaupt von Konsens gesprochen werden kann), es geht aber nicht um einen fortdauernden Konsens mit dem Mann (bzw. seinen Erben) als Veräußerer.

Das Grundstück ist häufig der wichtigste Bestandteil der *dos* und hat wohl einen besonderen Stellenwert im Familienvermögen; das spricht durchaus dafür, dass beide Ehegatten einen – unterschiedlich ausgestalteten – Anspruch

---

Mann vorgeht und von ihm den im Rahmen dieser Klage festgestellten Schätzwert, der auch den Wert des Grundstückes umfasst, ausbezahlt bekommt.

574 Allerdings ist in dieser Konstellation für die Zeit vor der Konfusion keine *exceptio* nötig, da dem Dieb schon gar kein aktives Klagerecht iS einer (dinglichen) *actio* zukommt.

575 So aber *Wacke*, Unveräußerlichkeit, in: Scritti Zabłocka (2016) 1149.

576 Freilich ist dort wohl zumindest die *causa* von Beginn an gültig; vgl. aber etwa den bereits erwähnten Fall der *res furtiva*.

577 Zu diesem Text sogleich unten S. 203 ff.

darauf haben. Das ist jedoch kein Argument gegen die „Relativität" der Nichtigkeit in prozessualer Hinsicht, wie soeben beschrieben: Neben der Klage der Frau, worauf sogleich noch näher zurückzukommen sein wird, hat der Mann grundsätzlich wohl die *rei vindicatio*; es muss aber davon ausgegangen werden, dass der Erwerber gegen ihn nach der Verfügung zu jedem Zeitpunkt erfolgreich eine *exceptio* geltend machen kann.

Es erscheint wenig plausibel, dass einerseits die Frau gegen ein Verhalten des Mannes geschützt werden soll und ihr dafür auch ein eigener Rechtsbehelf gewährt wird, andererseits daneben aber doch der Mann das gegen eine von ihm selbst vorgenommene Veräußerung gerichtete Verbot zu seinen eigenen Gunsten geltend machen können soll.

Auch wenn der Mann ein Haftungsinteresse hat wie auch ein Vormund an der Rückerlangung eines der *oratio Severi* zuwider veräußerten Mündelgrundstücks, betrifft dieses den Erwerber nicht; es ist gewissermaßen Problem des Mannes im Innenverhältnis zu seiner Frau[578]. Die *oratio Severi* – nebenbei bemerkt über 200 Jahre jünger als die *lex Iulia*[579] – verbietet die Veräußerung von Mündelgrundstücken durch den Vormund[580]. Ein Verstoß gegen diese Vorschrift führte zur Nichtigkeit der Veräußerung und hier ist auch wahrscheinlich, dass der Vormund mit der *rei vindicatio* vorgehen konnte. Diese ist aber die Klage des Mündels, nicht des Vormundes, der selbst keinen Anspruch auf das Grundstück hat. Die Situation ist insofern nicht vergleichbar, als das Mündel nicht für sich selbst handeln konnte; es bedurfte zur Geltendmachung seiner Rechte der Hilfe seines Vormundes, der die *rei vindicatio* somit im Namen des durch die Norm Geschützten, des Mündels, erhob[581]. Diesem ist

578 Anders *Wacke*, Unveräußerlichkeit, in: Scritti Zabłocka (2016) 1151. Er meint, es sei dem Mann nicht zuzumuten, „sich wegen des Verkaufs für die restliche Ehedauer fortwährend die Vorwürfe seine (sic) Gattin anhören" zu müssen (vgl. ebd. 1147).

579 Der auf der *oratio Severi* basierende Senatsbeschluss stammt aus dem Jahr 195 n. Chr. Es ist also schon aufgrund gewandelter Rechtsauffassung auch eine Abweichung in den Rechtsfolgen eines Verstoßes gegen die jeweilige Bestimmung denkbar.

580 Nur im Falle großer Schulden des Mündels kann auf Erlaubnis des Prätors hin eine Veräußerung von Mündelgrundstücken sanktionslos durchgeführt werden. Der Prätor kann nicht ohne weiteres eine Veräußerung genehmigen und das Mündel kann darüber hinaus gegen eine Veräußerung vorgehen, die vom Prätor wegen wahrheitswidriger Angaben genehmigt wurde.

581 Der Vormund kann für das Mündel Klagen erheben und auch beklagt werden (siehe nur *Kaser*, PR I² (1971) 360). Nach Erreichung der Volljährigkeit wird das Mündel selbst mittels *rei vindicatio* gegen den Erwerber vorgehen können; das kann aus Ulp. 6 opin., D. 27, 9, 10, geschlossen werden, wenn auch Vorsicht geboten ist, da die Opinionen vermutlich nicht vom genannten Spätklassiker selbst stammen, sondern vielmehr von einem unbekannten nachklassischen Autor.

kein *dolus* vorwerfbar. Das Mündel hatte es auch nicht wie die Frau in der Hand, das Geschäft durch Zustimmung wirksam zu machen[582]. Hervorzuheben ist an dieser Stelle, dass selbst bei einer der Gewalt ihres Vaters unterworfenen Frau und im Falle einer von ihm bestellten *dos profecticia* allein die Zustimmung der Frau ausschlaggebend und auch eine Zustimmung ihres Vaters irrelevant war[583]. Die Frau brauchte ihren Mann nicht wie das Mündel seinen Vormund, um nach außen hin aufzutreten. Im Gegensatz zur Klage des Mannes stand der vom Anspruch des Mannes unabhängigen Klage der Frau keine Einrede entgegen, denn *dolus* war ihr nicht vorwerfbar[584].

Siehe bereits oben Fn 275. In diesem Text wird entschieden, dass die *rei vindicatio* dann nicht (mehr?) erfolgreich erhoben werden kann, wenn der Tutor im Rahmen der *actio tutelae* den Schätzwert des veräußerten Grundstückes geleistet hat. *Ankum*, Oratio Severi, in: FS Blaho (2009) 7 nimmt an, dass der *rei vindicatio* eine *exceptio doli* entgegensteht (also nicht von vornherein eine *denegatio actionis* erfolgt). Die Situation muss also so beurteilt werden, als hätten zwei verschiedene Personen gehandelt: Der Vormund tritt bei der späteren, sich selbst widersprechenden „Zweithandlung", nämlich der Rückforderung, tatsächlich nach außen hin für das Mündel auf, weswegen diese Zweithandlung so angesehen werden muss, als hätte das Mündel selbst gehandelt. Die erste Handlung, nämlich die verbotswidrige Veräußerung, ist als vom Vormund in eigener Person vorgenommen anzusehen, der als Verfügungsbefugter auftritt, weswegen diese Handlung ihm selbst zugerechnet wird. Man kann auch nicht sagen, dass ein Anspruch des Vormunds und ein Anspruch des Mündels „einzeln und unabhängig von der Mitwirkung des anderen" besteht und durchgesetzt werden kann, wie das bei Mann und Frau der Fall ist.

582 Jedenfalls nicht, solange es Mündel ist. Eine Veräußerung wäre nur unter speziellen Voraussetzungen (etwa bei hohen Schulden des Mündels) und bei Genehmigung durch den Prätor möglich. Auf diesen Unterschied wies schon *Bachofen*, Veräußerungsverbot, in: Ausgewählte Lehren (1848) 96 hin und bezeichnete ihn als „wesentlich": Das Mündel werde „gegen jede Veräußerung geschützt, die Frau nur gegen eigenmächtige Alienationen des Mannes, durch welche ihr Restitutionsanspruch vereitelt werden könnte."

583 Pap. 1 de adult., D. 23, 5, 12, 1.

584 *Czyhlarz*, Dotalrecht (1870) 205 f, der dem Mann die *rei vindicatio* gewähren möchte, ohne dass ihm ein *dolus*-Vorwurf gemacht werden kann, geht dem gegenüber nicht von zwei gesonderten Ansprüchen aus, sondern meint, dass der Mann das Interesse der Frau mit seiner *rei vindicatio* durchsetzen können soll. Erst nach Auflösung der Ehe meint auch *Czyhlarz*, dass der Frau eine *„utilis in rem actio"* zugekommen sei, damit „der Frau dadurch das Grundstück in natura erhalten" werde, „und zwar selbst für den Fall, daß sich der Mann lieber auf das Interesse verurtheilen lassen wollte, als der Frau das Grundstück zu übertragen beziehungsweise seine dingliche Klage abzutreten. Es sollte auch diese Möglichkeit, der ungiltigen Veräußerung gegen den Willen der Frau zu einem Effecte zu verhelfen, abgeschnitten werden." In diesem Sinne auch *Bechmann*, Dotalrecht II (1867) 460.

Auch wenn der Käufer aufgrund der Rückforderungsbefugnis jedenfalls der Frau – die durch das Verbot der *lex Iulia* eben besonders geschützt werden soll – im Ergebnis ohne Schutz bleibt, erscheint er doch schutzwürdig gegenüber dem Mann, der eine verbotswidrige Veräußerung vornimmt. Gegen seinen Anspruch muss eine *exceptio* zustehen, denn er hat sich erkennbar seines Rechts an der Sache entledigen wollen. Nur wenn der Mann den Anspruch der Frau, dem keine *exceptio* entgegensteht, im Rahmen eines von ihr (trotz seines Verhaltens etwaige) erteilten Prozessmandats wahrnehmen kann, ist ihm ein Auftreten gegen den Erwerber theoretisch möglich, denn dann ist es ein fremdes Recht, das er geltend macht – wie der Vormund mit der *rei vindicatio* des Mündels. Nur weil in einer solchen Konstellation die Rückforderung als „Zweitverhalten" nicht dem Mann, sondern der Frau zuzurechnen wäre, könnte er hier vor Gericht auftreten, ohne dass ihm ein *dolus* entgegengehalten werden kann. Auch ein etwaiges Zurückbehaltungsrecht wegen eines bereits bezahlten Kaufpreises kann der Erwerber gegen den Anspruch der Frau nicht geltend machen. Sie wird den Kaufpreis nicht aus ihrer Parapherna bezahlen müssen und so zum Rückkauf gezwungen[585]. Der Erwerber muss „sein Vertrauen dort suchen, wo er es gelassen hat", nämlich bei seinem Vertragspartner, dem Ehemann: Gegen diesen muss er gesondert klagsweise vorgehen.

Der Mann haftet der Frau bei einer Auflösung der Ehe sowohl im Falle einer *dos aestimata* als auch bei einer *dos inaestimata* im Rahmen der *actio rei uxoriae* lediglich schuldrechtlich für die Herausgabe der *dos*. Das Veräußerungsverbot bzgl. der Dotalgrundstücke soll den Haftungsfonds für die Frau erhalten, wenn sie bei der *dos inaestimata* einen konkreten, unter anderem auf das Grundstück gerichteten Rückforderungsanspruch hat. Eine weitere Funktion des Veräußerungsverbotes wird es aber wohl sein, auch ihren Unterhalt bereits während aufrechter Ehe zu sichern. Auf diese Sicherheit wird bei einer *dos aestimata* von vornherein generell verzichtet; im Gegenzug trifft den Ehemann dann aber auch der Nachteil eines zufälligen Sachuntergangs oder einer auf Zufall beruhenden Verschlechterung der Dotalgegenstände, da die geschätzte Summe unabhängig von Zustand oder auch nur fortdauernder Existenz der hingegebenen Gegenstände erstattet werden muss. Im Falle der *dos inaestimata* muss – bzw. kann – die Frau im konkreten Einzelfall auf ihre Absicherung durch die *lex Iulia* verzichten, indem sie der Veräußerung des Dotalgrundstückes zustimmt. Dann wird der Veräußerungserlös als Ersatz für das aus der *dos* ausgeschiedene Grundstück ihrer Mitgift gutgeschrieben[586]. Damit wird ein Teil der *dos*, nämlich der das Grundstück betreffende, zu einer *dos*

---

585 AA *Wacke*, Unveräußerlichkeit, in: Scritti Zabłocka (2016) 1146.

586 Vgl. Pomp. 16 ad Sab., D. 23, 3, 32: *Si ex lapidicinis dotalis fundi lapidem vel arbores, quae fructus non essent, sive superficium aedificii dotalis voluntate mulieris vendiderit, nummi ex ea venditione recepti sunt dotis.*

aestimata[587]: der Rückforderungsanspruch der Frau bezieht sich nur noch auf die Kaufpreissumme. Sie kann aber nicht zur Zustimmung zur Veräußerung und damit zu dieser Umwandlung des Rückforderungsanspruches gezwungen werden, somit muss sie die Möglichkeit haben, ihr Vorrecht geltend zu machen. Das bedeutet, dass sie dafür auch einen Rechtsbehelf haben muss, der in einem Fragment als „*auxilium*" angedeutet wird[588]. Dieses wird dann gewährt, wenn die Frau mit der *actio rei uxoriae* zumindest theoretisch gegen ihren Mann auf Rückgabe des konkreten Grundstückes klagen könnte, sollte die Ehe beendet werden[589].

Die *actio rei uxoriae* selbst steht aber nur persönlich gegen den Ehemann bei beendeter Ehe zu; der Dritte kann mit dieser Klage weder während aufrechter Ehe noch im Scheidungsfall belangt werden[590].

Unbestritten ist, dass die Frau eine – wie auch immer geartete – „Berechtigung" an der *dos* hat, was in vielen Stellen[591] zum Ausdruck kommt: Es sei nur auf das berühmte Tryphonin-Zitat aus D. 23, 3, 75 verwiesen: *Quamvis in bonis mariti dos sit, mulieris tamen est …*[592]. Diese Berechtigung hat auch eine gewisse Außenwirkung, wie etwa der Umstand zeigt[593], dass die Frau im

---

587 Die Änderung der vertragsmäßigen Bestandteile der *dos* fällt unter den Begriff der *permutatio dotis*. Siehe *Bechmann*, Dotalrecht II (1867) 227 f. Im Falle der *aestimatio venditionis causa* könnte der Mann ihm etwaig zustehende Retentionsrechte, die er nun nicht mehr durch bloßes Zurückbehalten durchsetzen kann, mittels *actio empti* einklagen (als eine Art Preisminderungsanspruch). Vgl. etwa Paul., Fr. Vat. 105.

588 Ulp. 5 de adult., D. 23, 5, 13, 3.

589 Siehe etwa Paul. 36 ad ed., D. 23, 5, 3, 1: *Totiens autem non potest alienari fundus, quotiens mulieri actio de dote competit aut omnimodo competitura est.*

590 Wenn im Übrigen die Ehe nicht durch den Tod der Frau, sondern durch Scheidung endet, die Frau die *actio rei uxoriae* erhebt und der Mann den Schätzwert leistet, wird sie nicht mehr gegen den Erwerber vorgehen können; hier ist die Lage mit dem Mündel durchaus vergleichbar, das nicht mehr gegen den Erwerber eines entgegen der *oratio Severi* veräußerten Mündelgrundstücks vorgehen kann, wenn der Vormund im Rahmen der *actio tutelae* den Schätzwert geleistet hat.

591 Oder auch ganz schlicht in der Bezeichnung „*res uxoria*". Konkret auf das Dotalgrundstück bezogen spricht etwa Macer 1 appell., D. 2, 8, 15, 3 aus, dass auch die Frau Besitzerin des in die *dos* gegebenen Grundstücks ist (was von einer Kautionsbestellung befreit). Zur Berechtigung der Frau an ihrer Mitgift zuletzt *Waelkens*, Dos naturaliter, in: Studies Schrage (2010) 399 ff. Siehe auch *Ankum*, Eviktion von Dotalsachen, BIDR 39 (1997, publ. 2003) 49 ff sowie *ders.*, Responsabilité, in: Essays Spruit (2002) 229 ff.

592 Vgl. die vergleichbare Formulierung in Boethius ad Cic. Top. 17, 65: *Dos enim licet matrimonio constante in bonis viri sit, est tamen in uxoris iure, et post divortium velut res uxoria peti potest …*

593 *Stagl*, Favor dotis (2009) 237 (und wiederholt an vielen weiteren Stellen) führt diese seltsame Situation, dass der Ehemann zwar als Eigentümer gilt, dieses

Konkurs des Mannes bezüglich der *dos* ein vorzugsweises Befriedigungsrecht hat[594] und dass die Mitgift, wenn der Mann eine *societas omnium bonorum* eingeht, im Teilungsfall vor der Aufteilung des vergemeinschafteten Vermögens vorweggenommen wird[595]. Diesen Beispielen ließen sich noch viele weitere hinzufügen[596].

Söllner will der Frau auch in klassischer Zeit bzgl. des Dotalgrundstückes direkt eine *rei vindicatio* gegen den Erwerber zugestehen. Das hängt mit seiner Sicht auf das Dotalrecht insgesamt zusammen: Das Eigentum der Frau an der *dos* – so seine These – werde lediglich von dem des Mannes verdrängt, soweit dessen *manus*-Gewalt reicht oder (im Falle der *manus*-freien Ehe) reichen würde[597]. Durch die unerlaubte Veräußerung des Dotalgrundstückes habe der

---

Eigentum ihn aber nicht so berechtigt, wie er es hinsichtlich seiner übrigen Vermögensgegenstände ist, darauf zurück, dass es sich in der Klassik, was diesen Rechtsbereich betrifft, um eine „Übergangsphase" handle, da sich das altzivile Volleigentum des Mannes im Laufe der Zeit zum justinianischen Volleigentum der Frau gewandelt habe. Diese Zwischenzeit sei von einem „funktionell geteilten Solidareigentum" geprägt, in dessen Rahmen auch der Frau eine dingliche Berechtigung an der Mitgift zukomme (siehe ebd. 274).

594 Siehe zum *„privilegium exigendi"* der Frau siehe etwa *Stagl*, Favor dotis (2009) 260 ff.

595 Paul. 32 ad ed., D. 17, 2, 65, 16.

596 Er haftet der Frau auch etwa für Beschädigungen bzw. die Zerstörung von Dotalgegenständen, bezüglich derer ihm *dolus* oder die Vernachlässigung der *diligentia quam in suis rebus* vorgeworfen werden kann. Es trifft ihn daher eine Obliegenheit zum schonenden Umgang: Siehe *Söllner*, Actio rei uxoriae (1969) 36. Findet der Mann einen Schatz am Dotalgrundstück, so steht ihm lediglich die Hälfte des Finders zu, die andere Hälfte hat er der Frau herauszugeben (Vgl. Ulp. 31 ad Sab., D. 24, 3, 7, 12). Er hat darüber hinaus eben keine Verfügungsbefugnis über die zur *dos* gehörenden Grundstücke und es kann ihm in Ausnahmefällen (siehe dazu *Stagl*, Favor dotis (2009) 251) überhaupt die Verfügungsbefugnis auch hinsichtlich der übrigen Dotalgegenstände entzogen werden. Außerdem steht ihr und nicht dem Mann die Klage aus der Stipulation zu, wenn ein von ihr gekauftes Grundstück, das sie ihrem Mann in die *dos* gegeben hatte, bei ihm evinziert wird; sie erlangt dadurch das *duplum*, obwohl sie mit der *actio rei uxoriae* nach beendeter Ehe maximal das *simplum* erlangen hätte können. Um diesen Fall geht es in Tryph. 6 disp., D. 23, 3, 75 dann in der Folge: ... *et merito placuit, ut, si in dotem fundum inaestimatum dedit, cuius nomine duplae stipulatione cautum habuit, isque marito evictus sit, statim eam ex stipulatione agere posse. porro cuius interest non esse evictum quod in dote fuit quodque ipsa evictionem pati creditur ob id, quod eum in dotem habere desiit, huius etiam constante matrimonio, quamvis apud maritum dominium sit, emolumenti potestatem esse creditur, cuius etiam matrimonii onera maritus sustinet.*

597 Im Scheidungsfall habe er gemeinsam mit der *manus* über die Frau auch das Eigentum an den Dotalgegenständen zu remanzipieren, bei der *manus*-freien Ehe musste er das Eigentum eben an die Frau übertragen.

Mann jedoch schon vor Ende der Ehe seine Rechtsposition daran aufgegeben, weswegen das Eigentum der Frau bereits jetzt wieder zum Vollrecht erstarke[598]. Diese Sicht auf das Dotalrecht geht aber – wie neben anderen zuletzt *Stagl* angemerkt hat[599] – wohl zu weit; die bei *Pringsheim* vorgeschlagene *rei vindicatio utilis*[600] erscheint daher treffender[601]. *Kaser* deutete beiläufig noch allgemeiner die Lösung über eine *actio in rem utilis* an, verfolgte diesen Ansatz jedoch selbst nicht weiter[602]. Eine solche Klage erscheint aber schon deshalb sachgerecht, da die Frau aus eigenem Recht vorgehen muss: Eine Abtretung der Klage des Mannes ist wegen der dieser entgegenstehenden *exceptio* nicht zielführend. Die Frau hat zwar eine spezielle, auch Dritten gegenüber wirkende Berechtigung an den Dotalgegenständen, kann aber grundsätzlich (vor einer Rückerlangung im Rahmen der *actio rei uxoriae* bei beendeter Ehe)

---

598 *Söllner*, Actio rei uxoriae (1969) 43. Weiters meint er ebd. 44, dass die Verfügung des Mannes nachträglich voll wirksam werde, sobald die Frau sterbe.

599 *Stagl*, Favor dotis (2009) 204.

600 *Pringsheim*, Rez. Noailles, SZ 44 (1924) 554. Er führt aus, diese Klage sei (im justinianischen Recht) der „Versuch einer Vereinigung römischer und griechischer Gedanken; sie ist eine actio in personam, weil für die Römer der Mann Eigentümer der dos ist; sie ist eine actio in rem, weil für die Griechen die Frau Eigentümerin der dos ist." Dem Ergebnis der *actio in rem* (*utilis*) entsprechen auch schon die Ausführungen von *Bachofen*, Veräußerungsverbot, in: Ausgewählte Lehren (1848) 108: „Die Eviction kann nur von der Frau, nicht von dem Manne ausgehen: sie allein hat das Recht, gegen den dritten Erwerber mit einer in rem actio aufzutreten, obschon sie nicht Eigenthümerin ist, und zwar ohne an die Zeit der actio de dote gebunden zu sein, also sofort, nicht erst nach Endigung der Ehe oder mit beginnender Verarmung des Mannes." Weiter führt er 109 aE aus: „Die Fassung der Vindication wird nirgends beschrieben. Sie muss nothwendig mit einer Fiction verbunden gewesen sein..."

601 Die Erben haben hier keine Möglichkeit, die Klage der Frau auf Geltendmachung der Verbotswidrigkeit zu erheben, weil in D. 23, 5, 17 die *dos* nach dem Tod der Frau dem Ehemann zufällt; aufgrund der Konversion kann niemand dem Erwerber das Grundstück mehr streitig machen. Hätte die Frau mit ihrer Zustimmung der Verfügung zur Wirksamkeit verholfen, hätten ihre Erben ebenfalls keine Möglichkeit gehabt, auf das Grundstück zu greifen. Die Klage ist mit der Berechtigung an der *dos* verknüpft. Anders wäre die Lage daher wohl, wenn die *dos* nach dem Tod der Frau nicht an den Ehemann gefallen wäre; dann wäre es nicht zur Konversion gekommen und der Erbe hätte sodann das nicht aus der *dos* ausgeschiedene Grundstück fordern können (vgl. Ulp. 5 de adult., D. 23, 5, 13, 3: *Heredi quoque mulieris idem auxilium praestabitur, quod mulieri praestabatur*). Das Interesse beschränkt sich dann naturgemäß auf die Absicherung des Rückgabeanspruchs und betrifft daher nur einen Teil dessen, was Interesse der Frau gewesen ist.

602 *Kaser*, PR I² (1971) 285 Fn 11; *ders.*, Verbotsgesetze (1977) 56 f.

nicht mittels *rei vindicatio* auf diese greifen[603]. Dass der Anspruch ein dinglicher ist, wird daraus ersichtlich, dass er gegenüber Dritten geltend gemacht werden kann, deren Schuldhaftigkeit keine Rolle spielt.

Eine *actio utilis* zugunsten der Frau begegnet außerdem in einem anderen mit der *lex Iulia* zusammenhängenden Fall: Julian spricht in 16 dig., D. 23, 5, 7 pr von einer *utilis actio* in dem Fall, dass eine zugunsten des Mitgiftgrundstückes bestehende Servitut infolge Konfusion erlischt, weil der Mann das diesem dienende Grundstück erwirbt. Da in diesem Text eine durch Zeilenausfall entstandene Lücke vermutet wird[604], geht man davon aus, dass die Überlegung betreffend die *actio utilis* eine Weiterentwicklung des Falles betrifft, nämlich die Frage, was zu geschehen habe, wenn der Mann sein ursprünglich dem Dotalgrundstück dienende Grundstück an den früheren Verkäufer wieder zurückveräußert. Gegen diesen werde dann der Frau die erwähnte *actio utilis* gewährt, sofern der Mann den Wertverlust des Grundstücks der Mitgift seiner Frau nicht gutschreibe. Darauf habe die Frau wiederum nur dann einen klagbaren Anspruch, wenn die Ehe aufgelöst werde: Da es nur um die Rückgewähr des Grundstückes im gleichen Zustand wie bei Mitgiftbestellung gehe und die Frau während bestehender Ehe keine unmittelbare Insolvenzgefahr treffe, bestehe auch kein Bedürfnis für ihren vorzeitigen Rechtsschutz[605]. Es erscheint jedoch plausibler, dass die Frau auch hier infolge der *lex Iulia* ein eigenes Klagsrecht hatte und dieses eben mittels *actio utilis* geltend machen konnte: So wie sie analog zu einer *rei vindicatio* klagen konnte, wenn sie das entgegen der *lex Iulia* veräußerte Grundstück zurückverlangte, hatte sie hier analog zu einer *vindicatio servitutis* eine Klage, wenn sie die Verschlechterung ihres Dotalgrundstückes bekämpfte und die infolge der rechtsgeschäftlichen Tätigkeit ihres Mannes erloschene Servitut geltend machen wollte, die ursprünglich zugunsten des Grundstückes bestanden hatte. An der Ausübung der Servitut wird sie auch während bestehender Ehe ein Interesse haben. Dass

---

603 Etwa bei der Gläubigerbenachteiligung stehen im klassischen Recht die unterschiedlichen Rechtsbehelfe (auch) je nach Wissensstand des Erwerbers zu: Im Rahmen einer Vindikation konnte der Gläubiger so behandelt werden, als wäre die Sache Eigentum des Schuldners geblieben. Vgl. *Gröschler*, Actiones in factum (2002) 250 f. Siehe zu *actio Fabiana* und *Pauliana* Fn 562. Die Konstruktion, dass der Ehemann der Frau seine *rei vindicatio* oder auch eine in seiner Person zustehende *condictio* abtreten muss, leidet insbes. daran, dass der Dritte schlechter gestellt würde, wenn er sich gegen die Frau nicht ebenso zur Wehr setzen könnte, wie gegen den Mann. Dem Zedenten entgegenstehende Einwendungen muss der Beklagte aber auch einem Zessionar entgegenhalten können. Die Frau muss also aus eigenem Recht gegen ihn vorgehen. Dieser Anspruch wird ein dinglicher sein, umso mehr, da das Wissen des Erwerbers keine Rolle spielt.

604 Siehe für Lit. dazu *Kieß*, Confusio (1995) 49 Fn 57.

605 So etwa *Kroppenberg*, Insolvenz (2001) 92 Fn 47.

von der Leistung des Schätzwertes durch den Ehemann und seiner Liquidität die Rede ist, wird damit zusammenhängen, dass die Frau auch hier zwischen der Geltendmachung ihres dinglichen Rechts gegen den Dritten mittels *actio in rem utilis* und der *actio rei uxoriae* (den Wertverlust des Grundstücks betreffend) gegen den Mann wählen konnte. Da die Frau durch die Verbotsnorm der *lex Iulia* geschützt werden soll, wird nicht ihr, sondern dem Erwerber das Insolvenzrisiko seines Vertragspartners aufgebürdet: Er muss versuchen, sich bei diesem zu regressieren und gegebenenfalls den Ausfall hinnehmen[606].

Auch die Frage, ob die Frau bereits während aufrechter Ehe gegen die verbotswidrige Veräußerung vorgehen kann oder nur im Scheidungsfall bei Rückforderung der *dos*, wurde in der Vergangenheit unterschiedlich beantwortet[607]. Da die Frau, wie bereits erwähnt, auch während aufrechter Ehe ein Interesse an der *dos* hat, ist schon aus diesem Grund wahrscheinlich, dass sie sofort gegen die Veräußerung ihres Dotalgrundstückes vorgehen kann: Aus der *dos* soll schließlich auch ihr Unterhalt während der Ehe bestritten werden[608]. Grundsätzlich ist das Aufgabe des Mannes, der zu diesem Zweck Früchte aus der *dos* ziehen und für die *onera matrimonii* aufwenden soll[609]. *Bachofen* sieht

606 Siehe für die Konkurrenz der persönlichen sachverfolgenden *actio rei uxoriae* gegen den Ehemann und der dinglichen sachverfolgenden *actio utilis* gegen den Dritten (ua im Vergleich zu *actio tutelae* und *rei vindicatio* beim Mündel) bereits die Fn 573, 581 und 590. *Selb*, Formulare Analogien, in: Studi Biscardi III (1982) 339 überlegt hingegen, ob der Frau entweder „die gegen den Mann gerichtete *actio rei uxoriae* gegen Titius (passiv) *utiliter* gewährt, oder ob … die dem Mann gegen den Dritten zustehende *condictio* … (aktiv) gewährt" werde. Die *actio in rem utilis* hat an dieser Stelle aber die besseren Gründe für sich. Interpolationsannahmen begegnen bei *Kieß*, Confusio (1995) 49 ff.

607 Für eine Rückforderung erst nach Ehescheindung etwa *Fitting*, Civilistische Bemerkungen, AcP 42 (1859) 167; für eine sofortige Rückforderungsmöglichkeit *Bachofen*, Veräußerungsverbot, in: Ausgewählte Lehren (1848) 108 (siehe oben Fn. 600).

608 Dass die Sicherung des Rückgabeanspruches nicht der einzige Grund für das Veräußerungsverbot ist, kann man etwa daraus schließen, dass auch der Fiskus als Rechtsnachfolger des Ehemannes von diesem Verbot betroffen ist, obwohl er *„semper ideoneus successor sit et solvendo"*. Siehe Ulp. 5 de adult., D. 23, 5, 2. Anders ist die Lage im in Ulp. 5 de adult., D. 23, 5, 13, 4 geschilderten Fall, da die Ehe dort durch den Tod des Mannes endet: Dadurch reduziert sich das Interesse der Frau auf den Rückgabeanspruch, weswegen das Vindikationslegat über das Mitgiftgrundstück zugunsten eines Dritten wirksam ist, sofern der Rückgabeanspruch der Frau als Erbin durch die nach Abzug der Legate verbleibende Erbschaft ausreichend gesichert ist.

609 Die *dos*, als Vermögenszuwendung an den Ehemann, sollte zunächst dazu dienen, den Lebensstandard der Eheleute zu heben und einen Beitrag zu den vom Mann zu tragenden *onera matrimonii* zu leisten. Siehe *Kaser*, PR I[2] (1971) 332 f. In diesem Zusammenhang ist auch die Abgrenzung zur unzulässigen Schenkung

in der Alimentation der Frau überhaupt den Zweck der *dos*; die Übereignung an den Mann sei lediglich Mittel zur Erreichung dieses Zweckes[610].

Veräußerte der Mann verbotswidrigerweise ein Dotalgrundstück, wird er seine Verwaltungs- und Fruchziehungsbefugnis verwirkt haben, bzw. kann man die Veräußerung diesbezüglich als Verzicht deuten. Nun ist die Frau diejenige, die das Grundstück, wenn sie es vom Dritten zurückerlangt, verwalten und auch die Früchte daraus ziehen kann. Diese Erträgnisse wird sie dann wohl für ihren Unterhalt heranziehen müssen. Solche Fälle, dass die Frau aus ihrer *dos* selbst für ihren Unterhalt sorgte, sind durchaus bekannt: Etwa die mögliche Vereinbarung, dass die *dos* nicht eingeklagt werden durfte, solange die Frau aus der versprochenen Mitgift selbst für ihren Unterhalt aufkam[611]; oder die Möglichkeit einer Rückgabe der *dos* an die Frau, zu dem Zweck, sich selbst zu ernähren, obwohl *manente matrimonio* ansonsten ein Restitutionsverbot bestand[612].

---

unter Ehegatten zu sehen. Dazu *Leonhard*, Dos, RE V (1905) 1581 f. Vgl. Tryph. 9 dis., D. 23, 3, 76: *... nisi oneribus matrimonii serviat, dos nulla est*. Zur Problematik um die *onera matrimonii*, Alimentationsleistungen und verbotene Schenkungen siehe *Halbwachs*, Non enim donat, in: FS Thomas (2010) 130 ff. Wichtige Aufgabe der *dos* ist es des Weiteren, die Frau für den Fall einer Beendigung der Ehe abzusichern: Im Falle der Scheidung hatte der Ehemann die *dos* grundsätzlich an sie herauszugeben und auch nach seinem Tod fiel die Mitgift an sie, was ihrem Versorgungs- und auch Wiederverheiratungsinteresse entsprach. Früchte hingegen verblieben dem Mann bzw. fielen in seine Erbmasse; sie waren grundsätzlich für den laufenden Unterhalt heranzuziehen.

610 *Bachofen*, Veräußerungsverbot, in: Ausgewählte Lehren (1848) 111 f meint, die *dotis datio* enthalte einen Vertrag „nach dem Schema: do ut facias"; der Mann werde „Eigenthümer mit der Verpflichtung, aus dem Ertrag der Sache der Frau Lebensunterhalt zu reichen. Die Alimentation der Frau ist also Zweck, die Übertragung des Eigenthums auf den Mann nur Mittel zum Zweck ...: das dominium mariti ist die Form, unter welcher die Frau während der Ehe in einer dem Wesen derselben entsprechenden Weise ihre Sache nutzt."

611 Siehe Paul. 35 ad ed., D. 23, 4, 12, 1: *Ex pactis conventis, quae ante nuptias vel post nuptias interponi solent, alia ad voluntatem pertinent, ut mulier dote promissa se alat et donec nupta sit, dos ab ea non petatur...*

612 Vgl. Paul. 2 sent., D. 23, 3, 73, 1: *Manente matrimonio non perditurae uxori ob has causas dos reddi potest: ut sese suosque alat ...* Ein weiterer Fall, in dem die Frau während aufrechter Ehe die *dos* zurückverlangen konnte, war auch der Vermögensverfall des Mannes. Siehe dazu etwa Ulp. 33 ad ed., D. 24, 3, 24 pr. Sollte der Mann die *dos* bereits zurückgestellt haben, im Scheidungsfall aber zu Retentionen berechtigt sein, so wird er diese in irgendeiner Form (aktiv) einklagen können müssen. Kommt es zur Herausgabe des Grundstücks an die Frau, wird der Dritte den Kaufpreis vom Mann zurückfordern können (sollte er diesen bereits geleistet haben).

Verstarb die Frau, ohne dass es bereits zu einer Rückforderung gekommen ist, ging mit Lukrierung der *dos* das endgültige Verfügungsrecht bezüglich des Dotalgrundstücks auf den Ehemann über. Dieser konnte jedenfalls jetzt dem Erwerber das Grundstück nicht mehr streitig machen und es gibt nun niemanden mehr, der gegen die Veräußerung vorgehen könnte. Deshalb umfasst der Regelungszweck der *lex Iulia* nicht auch das Interesse der Familie an der Erhaltung ihrer gemeinschaftlichen Vermögensbasis: Wenn die Verfügung über das Dotalgrundstück nämlich konvalesziert, bleibt der Familie das Grundstück gerade nicht erhalten. Das hängt von der Frau ab: Von ihrer Zustimmung oder auch ihrem Tod. Das Interesse der Familie ist ein wesentlicher Punkt, der das Verbot der Veräußerung des Dotalgrundstückes vom Verbot der Ehegattenschenkung unterscheidet. Beim Verbot der Ehegattenschenkung ist die Trennung von Familienvermögen und damit auch der Schutz des jeweiligen Familienvermögens zentrales Anliegen. Daher führte ein Verstoß gegen das Verbot zu Nichtigkeit und Rückforderung. Schutz des Familienvermögens ist aber nicht der Zweck des Verbots der *lex Iulia de fundo dotali*, bei dem es in erster Linie um die Absicherung der Frau geht, der auch letztendlich die Entscheidung obliegt, ob sie die Veräußerung nicht doch bestätigt und damit voll gültig werden lässt[613]. Durch die Heilung des Rechtsgeschäfts hat der Erwerber sodann das stärkste Recht an der Sache, das er vor der Konvaleszenz nicht hatte, da er von der Frau hätte belangt werden können.

Dass der Text D. 23, 5, 17 von einer *traditio* spricht, kann auf einer in diesem Bereich anerkannten Interpolation beruhen, da die *mancipatio* durchwegs aus den Digesten getilgt wurde[614]. Egal ob tradiert oder manzipiert wurde: Die Verfügung ist aufgrund mangelnder Verfügungsbefugnis zunächst nichtig und nach der Heilung muss bis zum Ablauf der Ersitzungsfrist gegen den vindizierenden Ehemann (bzw. numehr Witwer) eine *exceptio* (wohl *doli*) geltend gemacht werden, denn eine Konvaleszenz wirkt nur „indirekt". Ist auch der Kaufvertrag nichtig[615], umfasst die Konvaleszenz hier nicht nur die Verfügungsbefugnis, sondern auch die *causa*; diese *causa* könnte aber eine *iusta causa usucapionis* sein. Manche gehen hingegen davon aus, dass es sich beim verbotswidrig veräußerten Dotalgrundstück schon um keine *res habilis* handelt; dass das entgegen der *lex Iulia de fundo dotali* veräußerte Grundstück also

613 Eine Parallele zwischen der nichtigen Ehegattenschenkung und der Nichtigkeit einer gegen das Verbot der *lex Iulia de fundo dotali* verstoßenden Verfügung will schon *Czyhlarz*, Veräußerungsverbot, Lindes Zeitschrift 22 (1865) 432 ziehen. Das Haftungsinteresse des Mannes muss sich der Dritte, wie bereits ausgeführt, nicht entgegenhalten lassen.

614 Davon geht auch *Stagl*, Favor dotis (2009) 257 Fn 72 im Anschluss an *Daube*, Adultery, in: Mélanges Ph. Meylan (1963) 65 aus.

615 Zu den Gründen, aus denen das zweifelhaft ist, siehe oben Fn 564.

ebenso unersitzbar ist wie gemäß den *leges Iuliae et Plautiae* ein gewaltsam entzogenes. Nur so könne einer Umgehung des Gesetzes vorgebeugt und, in den Worten *Czyhlarz*'[616], dem „Geist des Veräußerungsverbotes" vollständig entsprochen werden. Nur durch die Unersitzbarkeit sei sichergestellt, dass bei einer Weiterveräußerung der zweite Erwerber das Grundstück nicht ersitzt und damit dieses der Frau zumindest indirekt infolge der verbotswidrigen Veräußerung durch den Mann endgültig entzogen wird[617]. Dass Papinian in D. 41, 3, 42 die *res furtiva* als Parallelfall nennt, könnte diese These untermauern. Wie bei der *res furtiva* der nachträgliche Eigentumserwerb des Veräußernden den Makel der Furtivität gleich einer *reversio in potestatem* tilgt, tilgt beim verbotswidrig veräußerten Dotalgrundstück ebenfalls die Lukrierung der *dos* durch den zuvor unberechtigter Weise verfügenden Mann den Makel der dem Verbot der *lex Iulia* zuwider vorgenommenen Veräußerung. Dass das Wissen oder Unwissen keine Rolle spielt, kann zudem als Hinweis auf die *bona fides* (die somit hier offenbar keine Rolle spielen soll) und damit als Hinweis auf das Ersitzungserfordernis gesehen werden; dass trotz *bona fides* die Ersitzung unmöglich ist, könnte folglich ein Hinweis auf die Unersitzbarkeit sein.

In D. 31, 77, 5 behandelt Papinian einen zu den beiden vorigen Texten gewissermaßen „umgekehrten" Fall: Der Mann stirbt, nachdem er unbefugt über ein Dotalgrundstück verfügt hat:

> *D. 31, 77, 5 (Papinianus libro octavo responsorum)*
> *Qui dotale praedium contra legem Iuliam vendidit, uxori legatum dedit et emptoris fidei commisit, ut <eo> amplius*[618] *ei pretium restituat. Emptorem fideicommissi non teneri constabat. Si tamen accepto legato mulier venditionem irritam faceret, eam oblato pretio doli placuit exceptione summoveri.*

> D. 31, 77, 5 (Papinianus im achten Buch seiner Responsen)
> Jemand, der entgegen der *lex Iulia* ein Mitgiftgrundstück verkauft hatte, wandte seiner Frau ein Vermächtnis zu und erlegte dem Käufer das Fideikommiss auf, dass er ihr darüber hinaus den Kaufpreis entrichten soll. Es stand fest, dass der Käufer nicht wegen des Fideikommisses verpflichtet war. Wenn aber die Frau nach Annahme des Vermächtnisses den Verkauf hinfällig machen wollte, wurde

---

616 *Czyhlarz*, Dotalrecht (1870) 201 f.

617 In diesem Sinne auch *Bechmann*, Dotalrecht II (1867) 454.

618 Dh, dass einerseits die Erben aus dem Legat zu einer Leistung verpflichtet sind und darüber hinaus auch der Käufer zur Leistung des Kaufpreises an die Frau verpflichtet werden soll. Andere Übersetzungsmöglichkeit: „... dass er ihr den darüber hinausgehenden Preis entrichten soll." Dann stellt sich aber die Frage: Worüber hinausgehend? Die Glosse (ad D. 31, 77, 5) meint: a) über das Legat hinausgehend, das geringer ist als der Kaufpreis (Accursius), dh die Differenz zwischen niedrigerem Legat und höherer Kaufpreissumme oder b) einen über den an den Testator geleisteten Kaufpreis hinausreichenden Betrag als Differenz zum wahren Wert des Grundstückes (Vivian). Siehe dazu Fn 620.

entschieden, dass sie nach Anbot des Preises durch die Arglisteinrede abgewehrt werde.

Die Frau hat dem entgegen der *lex Iulia* vorgenommenen Verkauf ihres Mitgiftgrundstückes offensichtlich nicht zugestimmt; sie ist aber bisher auch noch nicht dagegen vorgegangen.

Der Mann nimmt in der Zwischenzeit in sein Testament mehrere Bestimmungen auf: Einerseits setzt er ein Legat zugunsten der Frau aus, andererseits soll ihr der Erwerber des Dotalgrundstückes aufgrund eines Fideikommisses den Kaufpreis ausfolgen.

Dass die Übergabe des Grundstücks bereits stattgefunden hat, wird man daraus schließen können, dass am Ende des Textes ausgesprochen wird, dass sie nach Annahme des Legats mit der *exceptio doli* abgewehrt werden kann, sofern ihr der Kaufpreis angeboten wurde; offenbar klagt sie also den Erwerber auf Herausgabe.

Die Frau kann, wenn sie das Legat nicht annimmt, mit ihrer *actio in rem utilis* gegen den Erwerber vorgehen und das Grundstück herausverlangen. Dieser kann aber nicht gezwungen werden, ihr aus dem Fideikommiss auch noch den Kaufpreis zu leisten.

Nimmt sie das Legat aber an, stimmt sie konkludent auch dem Geschäft zu, welches dem Fideikommiss zugrunde liegt, da sie diesfalls den Testatorwillen ungeteilt anerkennen muss. Der Testator will offenkundig die Gültigkeit der Veräußerung und gleichzeitig, dass der Frau der Kaufpreis als Ersatzleistung zukommt[619]. Dem stimmt sie durch die Legatsannahme konkludent zu, wodurch die Veräußerung des Dotalgrundstückes voll wirksam wird. Mit ihrer *actio in rem utilis* kann sie nun nicht mehr erfolgreich vorgehen, da dieser infolge der (indirekten) Konvaleszenz die *exceptio doli* des Erwerbers entgegensteht, sofern ihn selbst kein *dolus*-Vorwurf trifft: Das ist dann der Fall, wenn er die Leistung aus dem konvaleszierten Rechtsgeschäft erbracht hat bzw. er sie nun anbietet[620]. Ob die Frau die Kaufpreisleistung nach Annahme des Legats auch aus dem Fideikommiss erreichen hätte können, wird nicht weiter ausgeführt.

---

619 Vgl. Bartolus mit seiner Anmerkung zu D. 31, 77, 5 in der Glosse: *Qui legat pretium rei, videtur legare animo compensandi cum re.*

620 Entwickelt man diesen Gedanken weiter, so kommt man zu dem Schluss, dass der Frau, die infolge der Konvaleszenz die Eviktion nicht mehr herbeiführen kann, nun hinsichtlich der Klage aus Fideikommiss bzgl. des Kaufpreises kein *dolus*-Vorwurf mehr gemacht werden kann. Somit könnte sie nun alternativ mit dieser erfolgreich auf Kaufpreiszahlung klagen. Dass der Käufer zunächst nichts aus dem Fideikommiss schuldet kann zwei Gründe haben: Ist der Kaufvertrag nichtig (vgl. dazu oben Fn 564), so besteht die Schuld, von der das *fideicommissum a debitore relictum* den Käufer gegenüber dem Erben befreien sollte, nicht und somit kann auch aus dem Fideikommiss diese Schuld nicht eingeklagt werden. Eine anderen Grund für das Nichtbestehen der Schuld nimmt hier die Glosse an: Vivian bildet

Wieder zeigt sich, dass die Frau es in der Hand hat, das Geschäft zu „kippen“: Nimmt sie das Legat nicht an, so stünde es ihr frei, das Grundstück vom Erwerber herauszuverlangen. Sie ist diejenige, die darüber entscheidet, ob das Geschäft voll wirksam wird oder unwirksam bleibt. Insofern erscheint die Unwirksamkeit dieses Geschäfts „relativ“.

---

den Fall so, dass das Grundstück zwölf wert war, jedoch um zehn verkauft wurde. Der Kaufpreis von zehn sei auch geleistet worden. Das Fideikommiss umfasse demnach zwei als Differenz zum wahren Wert. Da diese zwei nicht geschuldet seien, könne der Käufer auch nicht mittels Fideikommiss dazu verpflichtet werden, diese Differenz zu leisten. Wieder anders scheint Accursius den Fall zu verstehen: Er meint, das Legat sei niedriger als der Kaufpreis (Gl. *Dedit*: *in quo erat etiam minus quam in fundo pretio*) und dem Käufer werde mittels Fideikommiss auferlegt, den über den Wert des Legats hinausgehenden Kaufpreis an die Frau zu leisten (Gl. *Amplius*: *quam legatum relictum ab heredibus*).
Unabhängig vom Bestehen einer Schuld gegenüber dem Erben wird das Fideikommiss den Käufer aber schon deshalb nicht verpflichten können, weil dieser ansonsten gezwungen wäre, an eine Person zu leisten, die ihrerseits die Verfügung bekämpfen kann und die (noch) nicht auf diese Befugnis verzichtet hat. Der Frau wäre *dolus* vorzuwerfen, wenn sie den Kaufpreis einklagen würde, obwohl sie selbst immer noch die Möglichkeit hätte, Eviktion herbeiführen. Daraufhin müsste der Käufer sich an die Erben wenden, um sich zu regressieren, die wiederum gegen die Frau vorgehen können müssten, damit diese nicht im Endeffekt das Grundstück (oder zumindest den durchsetzbaren dinglichen Anspruch darauf) und den Kaufpreis hätte und damit unrechtmäßig zu Lasten der Erben bereichert erscheint. Deswegen könnte eine ihr aus dem Fideikommiss zukommende, in die *cognitio extra ordinem* fallende Klage nicht erfolgreich sein: Das wäre dann gemeint mit „*Emptorem fideicommissi non teneri*“. Auch hier könnte es also sein, dass wieder keine materiellrechtliche Nichtigkeit vorliegt, die dazu führt, dass keine Schuld besteht, sondern es prozessuale Folge ist.
Hinterließ der Mann der Frau an Stelle der *dos* ein *legatum pro dote* (oder einen Erbteil), so musste die Frau aufgrund des sog. *edictum de alterutro* wählen, ob sie die Rückgabe der *dos* gegen die Erben durchsetzen oder die Zuwendung aus dem Testament haben wollte. Dazu allg. *Kaser*, PR I² (1971) 339 mwN. Dies galt nicht, wenn das Legat weniger wert war als die *dos*: Vgl. Ulp. 5 de adult., D. 23, 5, 13, 4. Auch dann, wenn der Wille des Mannes erkennbar der war, dass der Frau außer einem Legat zusätzlich auch noch die *dos* (oder ein Teil davon) erhalten bleiben sollte, kam diese Regelung nicht (voll) zum Zuge: Der im Testament erklärte Wille des Erblassers war es, dass die Frau einerseits das Legat und andererseits zusätzlich die *dos* bekommen sollte. Auf unseren Fall umgelegt: Der Mann wollte, dass die Frau zusätzlich zum Legat (vom Erben) auch den Kaufpreis (vom Käufer) als Äquivalent für das Dotalgrundstück erhielt. Dass das dafür gedachte Fideikommiss unwirksam war, ändert nichts am erkennbaren Willen des Mannes, dass die Frau in diesem Umfang einen Anspruch neben dem Legat haben sollte. Vgl. *Bechmann*, Dotalrecht II (1867) 462 f.

Der veräußernde Ehemann darf sich mit seiner Ersthandlung, dem Verkauf und der Übergabe des Grundstücks, zu keiner Zeit in Widerspruch setzen. Die Nichtigkeit kann nicht von ihm selbst geltend gemacht werden, da ihm in diesem Fall immer *dolus* vorzuwerfen wäre. Die Ehefrau hingegen kann das Grundstück zurückfordern, da ihr kein Selbstwiderspruch vorgeworfen werden kann; stirbt sie, fällt diese Rückforderungsmöglichkeit aber weg und geht nicht auf ihren Ehemann über. Hier könnte eine Parallele zum zunächst unberechtigterweise verpfändenden Erben des wahren Eigentümers gezogen werden: Auch dieser Verpfänder kann trotz Universalsukzession die Sache nicht (erfolgreich) fordern, sondern wird an seine eigene Verfügungshandlung gebunden.

1.25. D. 17, 1, 26, 7: Haftungsfragen bei Diebstahl durch einen auftragsgemäß erworbenen Sklaven

D. 17, 1, 26, 7 (*Paulus libro trigensimo secundo ad edictum*)
Sed cum servus, quem mandatu meo emeras, furtum tibi fecisset, Neratius ait mandati actione te consecuturum, ut servus tibi noxae dedatur, si tamen sine culpa tua id acciderit: quod si ego scissem talem esse servum nec praedixissem, ut possis praecavere, tunc quanti tua intersit, tantum tibi praestari oportet.

D. 17, 1, 26, 7 (Paulus im 32. Buch zum Edikt)
Aber wenn der Sklave, den du in meinem Auftrag gekauft hast, dich bestiehlt, sagt Neraz, dass du mit der *actio mandati* erreichst, dass dir der Sklave wegen des Schadens ausgeliefert wird, wenn es denn ohne deine Schuld passiert ist: Wenn ich gewusst habe, dass der Sklave so veranlagt ist und nicht gewarnt habe, damit du Vorsichtsmaßnahmen hättest treffen können, dann muss dir so viel geleistet werden, wie dein Interesse ausmacht.

Zwischen diesem Zitat und dem vorigen bestehen insofern Gemeinsamkeiten, als beide Male ein Kaufvertrag geschlossen wird und zwar mit jemandem, bei dem nicht das (alleinige) Interesse an Erwerb bzw. Veräußerung der Sache liegt. In beiden Fällen geht es überdies um *res mancipi*: Einmal um ein (Dotal-)Grundstück, einmal um einen Sklaven. Während in D. 23, 5, 17 die Frau ihre Zustimmung der Veräußerung erteilen müsste, geht es nun darum, dass jemand einen Auftrag zum Erwerb erteilt: Der Text ist ein Gegenbeispiel zum vorangehenden Paragraphen desselben Fragments (D. 17, 1, 26, 6[621]), in welchem Paulus entscheidet, dass ein Beauftragter dem Auftraggeber nicht in Rechnung stellen könne, was er aufgrund seines allgemeinen Lebensrisikos aufwenden musste, auch wenn ihm diese Kosten ohne den Auftrag nicht entstanden wären. Beispielhaft werden dort der Überfall von Räubern,

621 *Non omnia, quae inpensurus non fuit mandator imputabit, veluti quod spoliatus sit a latronibus aut naufragio res amiserit vel languore suo suorumque adpraehensus quaedam erogaverit: nam haec magis casibus quam mandato imputari oportet.*

Schiffbruch und Erkrankung genannt. Er fährt nun in unserer Stelle mit einem Zitat von Neraz fort, nach welchem der Fall ein anderer sei, wenn der auftragsgemäß gekaufte Sklave den Auftragnehmer bestiehlt. Hier müsse der Auftraggeber Ersatz leisten. Diesen könne der Auftragnehmer mittels *actio mandati contraria* verlangen.

Die *noxae deditio* kann hier nicht mittels *actio furti noxalis* gefordert werden, da nicht der Mandant sondern der Mandatar selbst Eigentümer des Sklaven geworden ist[622]: Dieses Eigentum hätte er daraufhin vertragsgemäß in einem weiteren Schritt auf den Auftraggeber übertragen müssen. *Honsell* erblickte in diesen „konstruktiven Schwierigkeiten, die der Begründung einer Noxalhaftung entgegenstanden" den Grund dafür, dass man dem Mandatar die *actio mandati contraria* gewährte, „da die Sache jedenfalls bei wirtschaftlicher Betrachtung bereits im Zeitpunkt des Erwerbs dem Auftraggeber gehört hatte"[623]. *Gröschler* weist allerdings zurecht darauf hin, dass hinter der Entscheidung des Paulus „deliktsrechtliche Überlegungen" stehen, „die auf eine Vertragsklage … übertragen werden"[624]. Auch *Pflüger* zeigte bereits auf, dass „in einem solchen Falle die *actio ex contractu* tatsächlich zur Noxalklage" werde. Ein Unterschied bestünde nur insofern, als der Beklagte, der es vorzieht, den Schaden zu ersetzen, nur das *simplum* zu zahlen hätte, während bei der *actio furti noxalis* das Zwei- oder Mehrfache zu leisten wäre. „Kontraktsklage bleibt eben Kontraktsklage"[625].

Hat der Auftraggeber jedoch gewusst, dass der Sklave bereits vorher gestohlen hat (dass diesem also eine „schädliche Neigung" zu unterstellen ist) und hat er den Auftragnehmer nicht davon in Kenntnis gesetzt bzw. diesen vor einer solchen Eigenschaft des Sklaven gewarnt, sodass er präventive Maßnahmen hätte ergreifen können, muss das Interesse ersetzt werden. Hier wird eine *dolus*-Haftung des Auftraggebers statuiert[626] und nicht eine Haftung für fremdes Verschulden im Rahmen einer Noxalhaftung.

Dieselbe Entscheidung, wie sie hier unter dem Titel „*Mandati vel contra*" diskutiert wird, findet sich etwas ausführlicher im Rahmen eines längeren Traktats über Sklaven, die bei verschiedenen Verträgen als Vertragsgegenstand

622 Diese Beobachtung macht auch schon *Honsell*, Risikohaftung, in: FS von Lübtow (1980) 489. Ebd. wird in Fn 20 unter Berufung auf Gai. 4, 78 festgestellt, dass hier die Regel *noxa caput sequitur* nicht galt und der Auftraggeber daher auch dann nicht belangt werden konnte, wenn er Eigentümer geworden war.

623 *Honsell*, Risikohaftung, in: FS von Lübtow (1980) 489. *Nörr*, Utilitätsgedanke, SZ 73 (1956) 92 spricht im Zusammenhang mit dem sogleich zu betrachtenden Text D. 47, 2, 62, 5 von „Durchgangserwerb".

624 *Gröschler*, Schadens- und Aufwendungsersatz, in: Africani quaestiones (2011) 21.

625 *Pflüger*, Haftung des Schuldners, SZ 65 (1947) 175.

626 IdS *Noda*, Haftung des Auftraggebers, in: Mandatum (1993) 210.

den Vertragspartner bestehlen[627]. In D. 47, 2, 62, 5[628] zitiert Afrikan wahrscheinlich Julian. Da die indirekte Rede erst mit § 7 des Fragments endet, dürfte der gesamte Text auf den Zitierten zurückgehen und erst danach die eigene, Julians Ausführungen ergänzende Stellungnahme Afrikans folgen. Dieser Text findet sich unter dem Digestentitel „*de furtis*". Afrikan/Julian erläutert hier unter Hinweis auf die Situation beim Depositum, dass niemand einen Nachteil daraus haben soll, dass er im Rahmen eines Auftrages im Interesse eines anderen und nicht für einen eigenen Vorteil tätig wird; es sei nämlich die Schuld des Auftraggebers, dass er den Auftrag erteilt hat, den diebischen Sklaven zu kaufen[629]. Diese Überlegung hat seiner Ansicht nach Vorrang vor dem Grundsatz, dass niemand durch seinen Sklaven über dessen Wert hinaus geschädigt werden könne. Das Utilitätsprinzip führt bei unentgeltlicher Tätigkeit hier zum Ersatz des vollen Zufallsschadens. Diese Tätigkeit ist also nicht nur für Schäden, die der Ausführende verursacht, sondern auch für Schäden, die er bei der Ausführung erleidet, privilegiert[630].

Hinsichtlich des Haftungsumfanges werden in den Texten unterschiedliche Formulierungen verwendet: So spricht Paulus/Neraz einerseits für den Grundfall, in welchem kein *dolus* des Auftraggebers vorliegt, von *servum noxae dedere*, andererseits von *quanti tua intersit* für den Fall der Kenntnis des Auftraggebers; Afrikan/Julian verlangt jedoch für beide Fälle *damnum decidere* ohne weitere Unterscheidung.

---

627 Vgl. zu diesem Problem allg. *Liebs*, Klagenkonkurrenz (1972) 118 ff, zu unserem Text insbes. 122.

628 *Quod vero ad mandati actionem attinet, dubitare se ait, num aeque dicendum sit omni modo damnum praestari debere, et quidem hoc amplius quam in superioribus causis servandum, ut, etiamsi ignoraverit is, qui certum hominem emi mandaverit, furem esse, nihilo minus tamen damnum decidere cogatur. iustissime enim procuratorem allegare non fuisse se id damnum passurum, si id mandatum non suscepisset: idque evidentius in causa depositi apparere. nam licet alioquin aequum videatur non oportere cuiquam plus damni per servum evenire, quam quanti ipse servus sit, multo tamen aequius esse nemini officium suum, quod eius, cum quo contraxerit, non etiam sui commodi causa susceperit, damnosum esse, et sicut in superioribus contractibus, venditione locatione pignore, dolum eius, qui sciens reticuerit, puniendum esse dictum sit, ita in his culpam eorum, quorum causa contrahatur, ipsis potius damnosam esse debere. nam certe mandantis culpam esse, qui talem servum emi sibi mandaverit, et similiter eius qui deponat, quod non fuerit diligentior circa monendum, qualem servum deponeret.*

629 Für eine Interpolation der „Verschuldensfiktion" etwa *Honsell*, Risikohaftung, in: FS von Lübtow (1980) 491 mwN. Er geht daher ebd. 492 davon aus, dass die Kompilatoren die Zufallshaftung in eine Verschuldenshaftung verfälscht haben. Nur beiläufig erwähnt den Text *Walter*, Actio depositi (2012) 345 in Fn 723.

630 *Honsell*, Risikohaftung, in: FS von Lübtow (1980) 491.

Die Glosse vermutet als Grund für diesen Unterschied, dass Afrikan/Julian an den Fall denkt, dass ein bestimmter Sklave gekauft werden soll (*certum*), während bei Paulus/Neraz[631] irgendein Sklave erworben wird (*incertum*)[632]. Diese Vermutung verwirft schon *Kübler* mit dem Argument, dass der Auftraggeber kaum Kenntnis von der diebischen Veranlagung des zu kaufenden Sklaven haben konnte, wenn er noch nicht weiß, welcher Sklave vom Auftragnehmer ausgewählt wird[633]. Auch im Wortlaut findet sich dafür kein Anhaltspunkt, wenn aber natürlich auch nicht ausdrücklich gesagt wird, dass es ein bestimmter bzw. irgendein unbestimtmer Sklave sein soll.

Wahrscheinlicher ist eine Juristenkontroverse: Während Paulus (Neraz folgend) aufgrund der Möglichkeit einer *noxae deditio* den Sklavenwert als normalen Haftungsumfang ansieht, ist Afrikan (im Anschluss an Julian) der Ansicht, dass in einem solchen Fall der Schaden jedenfalls zu ersetzen sei, da er im Verhalten des Auftraggebers begründet ist. Diese Vermutung könnte auch mit dem Argument gestützt werden, dass das Ergebnis auf die *aequitas* gestützt wird, einen Maßstab, der naturgemäß im Einzelfall umstritten sein kann.

Nörr führt aus, dass die Zweifel Julians sich auf zwei unterschiedliche Aspekte beziehen könnten: Argument für die Deutung, dass er sich auf die Frage bezieht, ob auch bei nicht dolosem Verhalten der ganze Schaden zu tragen ist, sei aber, dass das *aeque* einen Zusammenhang mit den zuvor besprochenen Fällen herstelle. Für weniger wahrscheinlich hält er die zweite Deutungsvariante, die insbesondere im Anschluss an *Kunkel* davon ausgeht, dass Julians Zweifel sich darauf beziehen, ob der Mandant, wenn er *dolos* handelt, den gesamten Schaden ersetzen muss oder ob er sich auch dann durch *noxae deditio* befreien kann[634].

Gröschler[635] sieht „*omni modo*" dagegen auf zwei andere Aspekte bezogen: Einerseits auf die Frage, ob der Auftraggeber „jedenfalls" haftet, unabhängig von seiner Kenntnis hinsichtlich der Diebstahlsneigung des Sklaven, andererseits auf den Haftungsumfang, ob also eine *noxae deditio* möglich oder notwendig der gesamte Schaden zu ersetzen ist. *Nörr* beziehe *omni modo* nur auf den Haftungsumfang, während *Gröschler* selbst zunächst die Frage behandelt sieht, „ob der Auftraggeber bei Unkenntnis überhaupt in irgendeiner Weise haftet"; die

---

631 Dass tatsächlich Neraz bereits eine Noxalhaftung für diesen Fall annimmt, bezweifelt *Klami*, Teneor mandati (1979) 35 f.

632 Gl. *Certum* (D. 47, 2, 62, 5): „*Aliud si incertum: ut supra man. l. Inter causas. § Sed cum servus*". Auch die Basiliken-Scholien unterscheiden bereits derart: Vgl. Bas. 12, 62, 13 (ed. *Scheltema/van der Wal*).

633 *Kübler*, Konträrklagen, SZ 38 (1917) 97.

634 *Nörr*, Utilitätsgedanke, SZ 73 (1956) 92 f. Vgl. auch *Kunkel*, Rez. Heldrich, SZ 46 (1926) 437.

635 *Gröschler*, Schadens- und Aufwendungsersatz, in: Africani quaestiones (2011) 24 ff.

Frage nach vollem Ersatz oder *noxae deditio* spiele zu diesem Zeitpunkt noch gar keine Rolle. Es gehe somit um „das Problem der Übertragung deliktsrechtlicher Grundsätze auf das Vertragsrecht“[636], welche Julian als „kenntnisunabhängige Haftung des Auftraggebers“ bejahe[637]. Der Hinweis, dass der Schaden im Teil *non fuisse se id damnum passurum, si id mandatum non suscepisset* unmittelbar mit dem Mandat zusammenhängt, sei als zusätzliche Rechtfertigung dieser Übertragung zu sehen. Hauptargument sei jedoch ein *argumentum a minore ad maius* im Sinne von: Wenn schon in Fällen wie der Sicherungsübereignung eines diebischen Sklaven, welche immerhin im Interesse des Sicherungsnehmers liegt, eine kenntnisunabhängige Haftung des Sicherungsgebers besteht, dann muss das umso mehr für den Fall des *mandatum* gelten, wo der Auftragnehmer fremdnützig agiert. Dieser Zusammenhang mit den §§ 1 und 3 des Fragments werde hergestellt mit der Bemerkung *et quidem hoc amplius quam in superioribus causis servandum*. Erst im Zusammenhang mit dem *depositum* gehe es schließlich um den Haftungsumfang. Den abrupten Übergang erklärt *Gröschler* mit einer Kürzung der Stelle, inhaltlich sei der Text jedoch nicht gestört. Mit *idque evidentius in causa depositi apparere* werde das *argumentum a minore ad maius* nochmals aufgegriffen und erläutert, dass aufgrund des Gedankens der Fremdnützigkeit des Depositars dem Hinterleger auch bei Unkenntnis kein Recht auf *noxae deditio* zustehe. Das müsse auch für das ebenfalls fremdnützige Mandat gelten. Der Abschnitt ab *et sicut in superioribus contractibus* stelle eine bloße Ergänzung zu den bisherigen Aussagen dar. Erst jetzt gehe es um den Fall, dass der Autraggeber Kenntnis (oder verschuldeten Unkenntnis) von der diebischen Natur des Sklaven hatte. Hier bedürfe es keiner Übertragung der deliktischen Haftung auf das Vertragsrecht und auch die *noxae deditio* spiele keine Rolle.

Dieses Ergebnis überzeugend und kann mit einem weiteren Argument gestützt werden: Es geht hier um eine vertragliche Haftung des Auftraggebers selbst. Ihm ist *dolus* bzw. *culpa* vorzuwerfen und er hat daher auch zu haften. Es ist nicht der Sklave als Dieb, für den der Auftraggeber hier einzustehen hat, sondern das verwerfliche Verhalten des Auftraggebers selbst, welches im Verschweigen besteht.

Der abermalige Vergleich mit den anderen Vertragstypen hat nach *Gröschler* nun wiederum den Sinn, die Haftung aufgrund der ausschließlichen Fremdnützigkeit auf fahrlässige Unkenntnis auszudehnen. Für einen nachklassischen Zusatz hält er aber den letzten Satz ab *nam certe mandantis culpam esse*, da die Haftung des Unwissenden hier mit einer Verschuldensfiktion begründet

636 Diese Frage der Übertragung deliktsrechtlicher Grundsätze auf vertragliche Klagen sei im Übrigen das zentrale Thema des gesamten Fragments, wie *Gröschler* in einer Gesamtschau nach Überprüfung der anderen Paragraphen feststellt. *Gröschler*, ebd. 28.

637 *Gröschler*, ebd. 25 mit Fn 30.

werde, was mit dem hinter Julians Entscheidung stehenden Utilitätsgedanken nichts zu tun habe.

In § 7 des Fragments ergänzt Afrikan die Ausführungen seines Lehrers Julian um den Hinweis, dass der Auftragnehmer kein übermäßiges Risiko eingehen darf, und kehrt den Haftungsrahmen der *diligentia quam in suis rebus* gewissermaßen um, wenn er dem Auftragnehmer keine größere Vorsicht zumutet, als der Auftraggeber selbst hätte walten lassen.

Aus diesen überzeugenden Argumenten *Gröschlers* für die Deutung von Text D. 47, 2, 62, 5[638] lassen sich nun folgende Schlüsse für unsere Ausgangsstelle D. 17, 1, 26, 7 ziehen:

Zunächst ist zu vermuten, dass das Verschulden des Auftragnehmers im Teil *si tamen sine culpa tua id acciderit* nach ähnlichen Maßstäben zu beurteilen ist, wie Afrikan sie in D. 47, 2, 62, 7 festlegt. Der Auftragnehmer muss daher grundsätzlich die übliche Sorgfalt walten lassen, wie sie von einem *vir bonus* erwartet wird; er muss sich in dem Umfang vor Diebstahl durch Sklaven absichern, wie ein *vir bonus* das ohne konkreten Verdacht eben tun würde.

Möglich ist nun im Hinblick auf die Entscheidung Afrikans, dass eine Einschränkung dahingehend besteht, als dem Auftragnehmer nur die Vorsicht zugemutet wird, wie sie der Autraggeber in dieser Situation selbst hätte walten lassen. Accursius freilich bezieht das Verschulden des Auftragnehmers auf ein Auswahlverschulden, da der Erwerb „irgendeines" Sklavens in D. 17, 1, 26, 7 im Gegensatz zu dem konkreten Sklaven in D. 47, 2, 62, 5 nach der mittelalterlichen Ansicht das Unterscheidungskriterium zwischen den beiden Texten darstellt[639]. Diese Erklärung findet jedoch keine Stütze im Text und erscheint wenig plausibel.

Die kenntnisunabhängige Haftung des Mandanten in diesem konkreten Fall hat deliktsrechtliche Hintergründe. Aufgrund einer wirtschaftlichen Betrachtungsweise wird der Sklave dem Auftraggeber hier so zugerechnet, als wäre er bereits auftragsgemäß tradiert worden. Dieser hat nun verschuldensunabhängig für ihn einzustehen. Aufgrund der allgemeinen haftungsrechtlichen Regeln kann sich jemand, der derart zur Haftung für fremdes Verschulden herangezogen wird, durch *noxae deditio* befreien. Durchsetzbar ist dieser Haftungsanspruch des Mandatars aufgrund der problematischen Zuordnung im Rahmen der indirekten Stellvertretung mittels Vertragsklage, hier der *actio mandati contraria*[640], in deren Rahmen als *bonae fidei iudicium* solche Umstände berücksichtigt werden können. Zu diesem Ergebnis kommt Paulus/Neraz,

---

638 Zustimmend zur Deutung durch *Gröschler* auch *Klingenberg*, Rez. Harke, SZ 130 (2013) 583.

639 Gl. *Culpa* (D. 17, 1, 26, 7): „*Adhibito in emenda*".

640 Zur Vermutung *Biondis*, dass zumindest der in D. 47, 2, 62, 5 zitierte Julian in Wahrheit von der *actio furti noxalis* sprach, vgl. *Biondi*, Judicia Bonae Fidei

während Afrikan/Julian unter vergleichsweiser Heranziehung der Haftung bei anderen Rechtsinstituten es für „billiger" halten, dass der Schaden in jedem Fall zu ersetzen ist. Die Übertragung der deliktsrechtlichen Grundsätze auf das Vertragsrecht nehmen zwar beide vor, kommen für den Haftungsumfang jedoch zu unterschiedlichen Ergebnissen: Während für Paulus/Neraz derselbe Haftungsumfang gerechtfertigt erscheint, wie er bei einer „normalen" Noxalhaftung besteht, halten Afrikan/Julian hier eine Korrektur dieses Haftungsregimes im Sinne der *aequitas* für angebracht. Es liegt somit für diesen Fall eine echte Juristenkontroverse vor[641].

Bürge vermutet noch eine dritte Juristenmeinung, die er als „ältere Praxis" bezeichnet, welche in solchen Fällen immer eine Begrenzung des Schadenersatzes auf die *noxae deditio* vorsah. Diese Begrenzung habe Paulus/Neraz auf die Fälle eingeschränkt, in welchen den Mandanten kein Verschulden trifft und Afrikan/Julian habe sie ganz abgelehnt[642].

Hat der Mandant jedoch Kenntnis der schädlichen Eigenschaft und warnt er den Auftragnehmer nicht, so trifft ihn selbst ein Verschulden. Aufgrund dieses Verschuldens wird er aus dem Vertrag haftbar gemacht. Da sein eigenes Fehlverhalten und nicht das des Sklaven im Blickpunkt steht, handelt es sich hier nicht um eine Übertragung der deliktischen Haftung in das vertragliche Verhältnis, sondern um eine „direkte" Vertragshaftung. Somit steht – obwohl äußerlich dieselbe Klage zuständig ist – in dieser Variante ein anderer Grund dahinter. Eine *noxae deditio* kommt naturgemäß nicht in Frage. Für diese Variante kommen Paulus/Neraz und Afrikan/Julian mit denselben Gründen zum selben Ergebnis.

Was aber ist das widersprüchliche Verhalten, welches hier unzulässig sein soll? Mit letztendlicher Sicherheit lässt sich diese Frage kaum beantworten. Vermutet kann aber zumindest werden, dass der Verfasser der Brocardica *aurea* sich auf den Schlussteil bezieht: Beauftragt jemand einen anderen, einen Sklaven zu kaufen, von dem er weiß, dass er stiehlt, so kann er sich der persönlichen Haftung nicht durch eine *noxae deditio* unter Hinweis darauf entziehen, dass der Sklave gestohlen hat und nicht er selbst. Seine Ersthandlung würde in dem Fall im Verschweigen der Diebstahlsneigung des Sklaven

---

(1920) 115. Für die Annahme, dass *mandati* in D. 17, 1, 26, 7 eine Interpolation für „*furti*" sei, siehe außerdem *Heldrich*, Verschulden (1924) 30.

641 *Watson*, Mandate (1961) 161 zieht aus einem Vergleich der Texte den Schluss, dass die Juristen zwar darin nicht uneinig wären, in welchem Ausmaß der Mandatar grundsätzlich entschädigt werden soll, aber manche seien der Ansicht, dass alle seine Schäden ersetzt werden sollen und andere nur manche Schäden. Hier sei danach zu unterscheiden, ob der Schaden Resultat des Auftrags oder während des Mandats eingetreten sei.

642 *Bürge*, Retentio (1979) 184.

liegen und die Zweithandlung in der Geltendmachung des Auslieferungsrechts hinsichtlich dieses Sklaven; eine solche wird ihm verwehrt.

Der nächste Text greift sodann ein Problem wieder auf, welches bereits mehrfach zur Sprache gekommen ist: Die Eviktionshaftung nach Pfandverkauf.

1.26. D. 20, 5, 10: Eviktionshaftung nach Pfandverkauf II

D. 20, 5, 10 (Paulus libro sexto responsorum)
Etsi is, qui lege pignoris emit, ob evictionem rei redire ad venditorem non potest, tamen non esse audiendum creditorem qui fundum vendidit, si velit eiusdem rei ex alia causa quaestionem movere.

D. 20, 5, 10 (Paulus im 6. Buch seiner Responsen)
Obwohl derjenige, der aufgrund der Vereinbarung eines Pfandrechts [die Pfandsache] gekauft hat, nicht wegen Eviktion der Sache gegen den Verkäufer Rückgriff nehmen kann, ist dennoch der Gläubiger, der das Grundstück [als Pfand] verkauft hat, nicht anzuhören, wenn er wegen derselben Sache aus einem anderen Rechtsgrund Streit erheben will.

Grundsachverhalt ist der Verkauf einer verpfändeten Sache durch den Pfandgläubiger. Die Rechtsmangelgewährleistung ist daher generell ausgeschlossen[643]: Wollte der verwertende Pfandgläubiger mit dem Käufer der Pfandsache vereinbaren, dass dieser auf die Eviktionshaftung verzichtet, so musste (wie *Kaser* nachgezeichnet hat) der Gläubiger sich diese Befugnis zunächst in der Pfandabrede gegenüber dem Schuldner bzw. dem Drittpfandbesteller vorbehalten[644]. Andernfalls wäre er in diesem Sinne nicht verfügungsbefugt, da er ohne Rechtsmangelgewährleistung schließlich einen deutlich geringeren Preis erzielen wird, was den Umfang eines etwaig erzielten und an den Pfandbesteller herauszugebenden *superfluum* naturgemäß verringert. Im Laufe der Rechtsentwicklung entfiel die Voraussetzung einer ausdrücklichen Vereinbarung jedoch und der Pfandgläubiger war von der Haftung für Rechtsmängel befreit, sobald er dem Käufer gegenüber offengelegt hatte, dass er die Sache als Pfand verkauft[645].

So geschah es wohl auch hier: Der Gläubiger hat das Grundstück verkauft, haftet aber dem Käufer nicht für Eviktion – offenbar hat er seine Eigenschaft

---

643 Vgl. dazu auch oben Kapitel 1.12.
644 Vgl. dazu auch etwa *Schwarz*, Konträrklagen, SZ 71 (1954) 145 f.
645 Vgl. *Kaser*, Pfandrecht II, TR 47 (1979) 211f, sowie *ders.*, Rez. Burdese, SZ 67 (1950) 567; *Leifer*, Mancipium und auctoritas, SZ 57 (1937) 202. Siehe auch *Dernburg*, Pfandrecht 2 (1864) 180 f und *Erbe*, Pfandverkauf und Eviktion, in: FS Koschaker 1 (1939) 498 und insbes. im Zusammenhang mit dem vorliegenden Paulus-Text auch 485 f.

als Pfandgläubiger dem Käufer gegenüber offengelegt. Eine besondere Vereinbarung in der Pfandabrede, um sich vom Pfandbesteller die Verfügungsbefugnis unter Ausschluss der Rechtsmangelgewährleistung auszubedingen, ist zur Zeit des Paulus nicht mehr nötig; sie wird als stillschweigend von der Abrede mitumfasst angesehen.

Später will er die Sache aus einem anderem Rechtsgrund dem Erwerber wieder streitig machen, was ihm aber nicht gestattet wird.

Schanbacher leitet aus der Wendung „*ex alia causa quaestionem movere velle*" ab, dass der Gläubiger selbst Eigentümer der Pfandsache gewesen sei, ohne von seinem Eigentum im Zeitpunkt der Veräußerung zu wissen; in diesem Fall habe er mangels Übereignungswillens das Eigentum nicht verloren[646]. Eine zweite Möglichkeit sei, dass der Pfandgläubiger erst später das Eigentum von dritter Seite erworben und die Sache daher zuvor unbefugt verwertet habe[647] ; Paulus knüpfe im vorliegenden Text „an die Eviktionshaftung den Einredeschutz"[648]. Abweichend ist *Tondo* der Auffassung, dass Paulus die Möglichkeit des Einredeschutzes wegen der Eviktionshaftung voraussetzt und den Einredeschutz an die Unzulässigkeit des *venire contra factum proprium* knüpft[649].

Ob einer dieser Auffassungen eher zuzustimmen oder überhaupt eine neue Deutung vorzuschlagen ist, wird im Folgenden überprüft.

Paulus schreibt, dass der Veräußerer nicht gehört wird: *non esse audiendum*. Diese Wendung kommt in den Digesten noch neun weitere Male vor: Neben unserem Paulus-Text stammen sieben Belege von Ulpian[650], eine Stelle

---

646 *Schanbacher*, Konvaleszenz (1987) 145. Zur Bedeutung des Übereignungswillens beim *error in dominio* siehe unten Abschnitt VI, Kapitel 1.3.

647 *Schanbacher*, Konvaleszenz (1987) 145 Fn 771. Auch *Wubbe*, Res aliena pignori data (1960) 80, Fn 16, der hier von *Schanbacher* nicht zitiert wird, kommt unter Kritik an *Betti* (Esercitazioni I (1930) 114 ff) zu demselben Ergebnis: Jener gehe zu Unrecht davon aus, dass der Gläubiger Eigentümer gewesen sei; er könne es vielmehr auch später geworden sein. Ebenso kommt *Tondo*, Convalida (1959) 120 zu dem Ergebnis, dass die Worte *ex alia causa* gleichermaßen auf einen früheren, wie auch auf einen nachträglichen Erwerb bezogen werden können. Er führt weiter aus, dass nach Ansicht derjeniger, die der ersten Interpretation folgen, der Gläubiger erst nach der Durchführung des Verkaufs erkannt haben darf, dass er selbst Eigentümer ist. Er führt als Vertreter neben dem bei *Wubbe* genannten *Betti* auch *Dernburg* an. Dieser jedoch führt ebenfalls bereits beide Varianten an: Vgl. *Dernburg*, Pfandrecht II (1964) 181.

648 *Schanbacher*, Konvaleszenz (1987) 137 f.

649 *Schanbacher*, Konvaleszenz (1987) 138 Fn 730; vgl. *Tondo*, Convalida (1959) 122. *Tondo* wiederum beansprucht diese Erkenntnis nicht für sich selbst, sondern beruft sich auf *Betti*, Esercitazioni I (1930) 116.

650 Ulp. 12 ad ed., D. 4, 6, 15, 3: Jemand, der eine *in integrum restitutio* verzögert, darf nicht gehört werden; Ulp. 3 ad ed., D. 5, 1, 2, 3: In Rom wird ein *minor viginti quinque annis* nicht gehört, wenn er eine *in integrum restitutio* gegen

von Papinian[651] und eine von Macer[652]. Es werden zwar in diesem Zusammenhang bisweilen ältere Juristen zitiert, die möglicherweise diese Worte ihrerseits bereits verwendet haben[653], direkt überliefert ist die Formulierung jedoch somit erst bei den Spätklassikern.

In einigen Fällen wird derjenige, der nicht zu hören ist, wohl tatsächlich mittels *exceptio* abgewehrt, zB der Schuldner, der seinen Miteigentumsanteil verpfändet hat und nach Tilgung der Schuld nicht gehört wird, wenn er die Sache zurückverlangt, ohne dem Gläubiger den anderen Miteigentumsanteil auslösen zu wollen, den dieser erworben hat, nachdem er auf Teilung geklagt worden war. In diesem Fall hat der Gläubiger wohl ein Retentionsrecht, welches er mittels *exceptio doli* geltend machen kann[654].

In anderen Fällen wird mit *non esse audiendum* aber schlicht eine Klage nicht zugelassen; beispielsweise im Fall desjenigen, dem die Berufung gegen

---

jemanden begehrt, der *alterius negotii causa venerat*; Ulp. 4 de omn. Trib., D. 5, 1, 73, 3: Jemand, der gegen ein Abwesenheitsurteil Berufung einlegen will, wird nicht gehört, wenn er allein in Missachtung der Ladung abwesend war; Ulp. 20 ad ed., D. 10, 3, 7, 13: Verpfändet jemand seinen Miteigentumsanteil und will diesen nach Zahlung der Schuld zurückfordern, so wird er nicht gehört, wenn er dem Gläubiger die ihm entstandenen Aufwendungen nicht ersetzen will, die diesem deshalb entstanden sind, weil er auf Teilung in Anspruch genommen wurde und daraufhin den anderen Miteigentumsanteil erworben hat; Ulp. 26 ad ed., D. 12, 2, 18: Ein *procurator* darf nicht gehört werden, wenn er einen Eid angetragen hat obwohl er dazu nicht ausdrücklich beauftragt bzw. nicht zur Verwaltung aller Geschäfte bestellt wurde oder *procurator in rem suam* ist; Ulp. 6 disp., D. 40, 1, 4, 2: Jemand kauft einen Sklaven. Bietet dieser dem Käufer später zum Zwecke der *redemptio suis nummis* an, seinen Wert zu ersetzen, ist er nicht zu hören, da von Vornherein beabsichtigt sein muss, dass ein Scheinkauf vorgenommen und der Vertrag eigentlich zwischen Käufer und Sklaven zustandekommen soll (in diesem Fall könnte er auf Freilassung klagen); Ulp. 2 de adult., D. 48, 5, 16, 5: Wenn Vater und Ehemann sich geweigert haben, innerhalb des sechzigsten Tages Anklage wegen Ehebruches zu erheben, beginnt der Fristlauf für Dritte sofort und die Anklageverweigerer dürfen nicht mehr gehört werden.

651 Pap. 8 quaest., D. 13, 5, 25 pr: Der Schulder einer Wahlschuld hat die Leistung einer der beiden Alternativen ausdrücklich zugesagt. Er darf daraufhin nicht mehr gehört werden, wenn er nun doch die andere Leistung erbringen möchte.

652 Macer 2 publ., D. 48, 16, 15, 4: Hat jemand Anklage erhoben und dann wieder davon Abstand genommen, fällt er unter das *senatus consultum Turpillianum* und wird auch dann nicht gehört, wenn der Angeklagte später verstirbt und er wieder bereit wäre, die Anklage zu erheben.

653 Ulpian zitiert Neraz in D. 4, 6, 15, 3 und Julian in D. 12, 2, 18; Macer beruft sich auf die Kaiser Severus und Antoninus (Caracalla).

654 Ulp. 20 ad ed., D. 10, 3, 7, 13.

ein Abwesenheitsurteil nicht gestattet wird, weil er allein aufgrund von Nichtbeachtung der Ladung abwesend war[655].

Der Widerspruch gegen das Erstverhalten liegt auch hier wieder in einem „Streit erheben". Es wird von Paulus ausgesprochen, dass der Veräußerer dann nicht gehört wird, wenn er *quaestionem movet.* Wie *Pennitz* nachgewiesen hat, lässt diese Wendung sogar „offen, ob eine *traditio* bereits durchgeführt ist und ob danach auch die *litis contestatio* vollzogen wurde oder ob beides noch aussteht"[656]. Diese Formulierung lässt also auch offen, in welcher Form der Streit erhoben wird: Es wird weder die Klagserhebung noch die Zurückweisung einer *actio* mittels *exceptio* zugelassen, sollte die Sache irgendwie an ihn zurückgelangt sein und er nun vom Käufer geklagt werden. Auch vor dem Hintergrund der Ergebnisse zur Untersuchung der Bedeutung des verwandten *controversiam movere*[657] überzeugt diese Erkenntnis.

Tatsächlich scheinen beide bereits aufgezeigten Varianten denkbar: Der Gläubiger kann ebenso unwissend eine von vornherein eigene Sache verkauft[658], wie das Eigentum erst nachträglich erworben haben (wobei wiederum offen bleibt, ob dies durch Erbfall oder Erwerbsgeschäft geschieht; falls durch Einzelrechtsnachfolge, aufgrund welcher *causa* etc.). Doch scheint es darauf schlicht nicht anzukommen; vielmehr sollen beide Möglichkeiten mitumfasst sein.

Auch muss der Schutz des Erwerbers nicht unbedingt mittels *exceptio* realisiert werden; was Paulus sagen will, ist ganz einfach nur, dass auch ein Pfandverkäufer seinem Vertragspartner die Sache später nicht mehr entziehen darf, egal auf welchen Rechtsgrund er sich stützen oder mit welchem Rechtsmittel er dies durchsetzen will. Er ist insofern gleich jedem anderen Verkäufer an sein Vorverhalten, das hier im Kaufvertrag besteht, gebunden; auch wenn ihn in diesem Sonderfall keine Eviktionshaftung trifft.

Es wird demnach nicht eine spezielle *exceptio* an die Eviktionshaftung geknüpft, sondern ein genereller Schutz des Erwerbers gegen einen widersprüchlich handelnden Veräußerer gewährt. So hat *Dernburg* in diesem Zusammenhang bereits festgestellt, dass der Gläubiger dem Käufer durch den Verkauf „seine volle persönliche Mitwirkung zur Verschaffung der Sache" verspricht, auch wenn ihn keine Eviktionshaftung trifft[659].

---

655 Ulp. 4 de omn. Trib., D. 5, 1, 73, 3.

656 *Pennitz*, Periculum (2000) 455. Im von *Pennitz* diskutierten Text D. 18, 6, 19, 1 behandelt Papinian in 3 resp. den Fall, dass ein Dritter nach Vertragsabschluss, aber vor der Kaufpreiszahlung die Erhebung der Eviktion ankündigt.

657 Siehe oben S. 123 ff.

658 Zur Folge eines *error in dominio* beim Selbstwiderspruch siehe unten S. 400 ff.

659 Der Auffassung *Dernburgs* (Pfandrecht II (1864) 182), dass die Sache jedenfalls übergeben worden sein müsse, nur allenfalls der Veräußerer irgendwie „den

Dieses Ergebnis passt inhaltlich zum allgemein gehaltenen Titel „*De empto et vendito*", den *Lenel* für das 6. Buch der Responsen des Paulus rekonstruiert, in welchen dieser Text der *inscriptio* nach einzuordnen ist[660].

Wie schon in den anderen Fällen der Entziehung des Kaufgegenstandes durch den Veräußerer, die in den Kapiteln 12, 13, 22 und 23 dieses Abschnitts besprochen worden sind, wird der Käufer geschützt, indem dem Verkäufer das widersprüchliche Verhalten untersagt wird.

1.27. D. 45, 1, 122 pr: Vereinbarungen zu Termin und Ort der Schuldtilgung

D. 45, 1, 122 pr (Scaevola libro vicensimo octavo digestorum)
Qui Romae mutuam pecuniam acceperat solvendam in longinqua provincia per menses tres eamque ibi dari stipulanti spopondisset, post paucos dies Romae testato creditori dixit paratum se esse Romae eam numerare detracta ea summa, quam creditori suo usurarum nomine dederat. quaesitum est, cum in integrum summam, qua stipulatione obligatus est, optulerit, an eo loco, in quo solvenda promissa est, sua die integra peti posset. respondit posse stipulatorem sua die ibi, ubi solvendam stipulatus est, petere.

D. 45, 1, 122 pr (Scaevola im 28. Buch seiner Digesten)
Jemand hatte in Rom ein Gelddarlehen empfangen, das nach drei Monaten in weit entfernter Provinz zurückzuzahlen ist und dem Stipulator stipuliert, es dort zu geben, und ihm nach wenigen Tagen in Rom vor Zeugen zugesagt, dass er bereit sei, ihm das Geld in Rom unter Abzug derjenigen Summe zu bezahlen, die er seinem Gläubiger aus dem Titel der Zinsen gegeben habe. Nachdem er die volle Summe angeboten hat, auf die er durch die Stipulation verpflichtet war, wurde gefragt, ob an dem Ort, an dem die Leistung versprochen wurde, und an seinem [unveränderten] Termin das Ganze gefordert werden könne. Er antwortete, dass der Versprechensempfänger an seinem Termin dort klagen könne, wo zu leisten stipuliert wurde.

In Rom wird ein Darlehen gewährt sowie eine Laufzeit von drei Monaten und ein weit entfernter Ort in der Provinz als Rückzahlungsort vereinbart[661]. Diese Vereinbarungen werden in Stipulationsform getroffen. Wenig später

---

Besitz der Kaufsache zurückerhalten" habe, ist aber nach den bisherigen Erkenntnissen nicht mehr zu folgen.

660 Vgl. *Lenel*, Pal I (1889) 1231 f. In diesem scheint es einen Abschnitt zur Gefahrtragung beim Verkauf von Pfändern gegeben zu haben, wie die Abfolge D. 20, 1, 30 – D. 20, 1, 17 – D. 20, 5, 10 zeigt.

661 Während *Knütel/Kupisch/Seiler/Behrends* (*Jungmeister*), CIC 4 (1832) 647 in der Übersetzung davon ausgeht, dass das Darlehen an diesem Ort auch aufgenommen wurde, meint *Samter*, Scaevolas Digesten und Responsen, SZ 27 (1906) 163, es sei dort nur zurückzuzahlen, aber in Rom aufgenommen worden.

treffen sich Gläubiger und Schuldner in Rom; in Anwesenheit von Zeugen bietet der Schuldner die sofortige Rückzahlung vor Ort (also in Rom) an, allerdings unter Abzug der bereits geleisteten Zinsen. Da dieses Angebot offenbar nicht angenommen wurde, scheint der Schuldner daraufhin ein zweites Angebot gemacht zu haben, nämlich die volle Summe (also ohne Abzug der Zinsen) sofort in Rom zu bezahlen. Dennoch kann der Gläubiger nach diesem Responsum am Fälligkeitstag am ursprünglich vereinbarten Ort die volle Summe fordern.

Die Digesten des Scaevola sind nach den Erkenntnissen *Sigels* praktischen Ursprungs. Die Fragmente folgen dem dreiteiligen Responsenschema, wobei die Teile *narratio*, *quaestio* und *responsum* sich auf die tatsächliche Situation der Anfrage zurückführen lassen[662].

Dass im Text „*in integrum summam offerre*" statt „*integram summmam offerre*" steht, kritisierte bereits *Samter*. Er versuchte diese Stelle jedoch nicht durch eine Interpolationsannahme[663] aufzuklären, sondern denkt sich den Hintergrund so: „Dem Anfragenden schwebt dunkel ein Kunstausdruck vor, der aber im vorliegenden Fall gar nicht am Platz ist; so entstehen verunglückte Wendungen, die etwa an den falschen Gebrauch der Fremdworte durch Halbgebildete heutzutage erinnern"[664]. In seiner Untersuchung vom Zusammenhang zwischen den Digesten und den Responsen Scaevolas ging *Samter* von der Prämisse aus, dass zwar in beiden Werken der Text ab „*respondit*" von Scaevola stamme; für den Teil davor gäben aber die Digesten mehr oder weniger wortwörtlich die *consultatio* wieder, während die Responsen die *consultatio* zwar als Vorlage verwendeten, aber doch von Scaevola selbst (oder einem seiner *studiosi*) verfasst worden seien[665]. Daher enthielten

---

662 *Sigel*, Rechtsgutachten (2007) 158 f fasst nach der Untersuchung einzelner Responsenfragmente den Werkcharakter der Digesten zusammen.

663 Die Lesart „*cum nec integram summam*" schlägt *Mommsen*, Digesta 2 (1870) 670 Fn 3 vor; „*cum non integram summam*" hingegen *Cohn*, Actio de eo quod certo loco (1877) 98.

664 *Samter*, Scaevolas Digesten und Responsen, SZ 27 (1906) 157.

665 *Samter*, Scaevolas Digesten und Responsen, SZ 27 (1906) 153 f. Für sein Endurteil hinsichtlich der Entstehung von Scavolas Digesten siehe ebd. 199 f. Eine Darstellung der Lehrmeinungen zum Verhältnis der *digestorum libri XL* und *responsorum libri VI* findet sich bei *Sigel*, Rechtsgutachten (2007) 14 ff (er berücksichtigt *Cuiaz*, Opera IV (1837) 445; *Conradi*, QC Scaevolae (1755); *Bluhme*, Ordnung, ZGR 4 (1820) 257 u. 325 Fn 47; *Zimmern*, Geschichte 1 (1826) 361; *Glück*, Pandekten 35 (1832) 371 f Fn 64; *Ferrini*, Fonti (1885) 81; *Mommsen*, Digesta, in: Juristische Schriften 2 (1905) 90 u. 94; *Pernice*, Miscellanea 1 (1870) 80 f; *Fitting*, Alter und Folge (1860) 27; *Jörs*, Cervidius, RE III (1899) 1989 f; *Karlowa*, RG I.2 (1885) 734; *Krüger*, Geschichte (1888) 196; *Kipp*, Geschichte^2 (1903) 118; *Wieacker*, RG II (2006) 105 f; *Hirschfeld*, Miscellen, Hermes 12 (1877) 142 f; *Schulz*, Überlieferungsgeschichte, in: Symbolae Lenel (1935) 143 ff

die Sachverhaltsschilderungen in den Digesten deutlich mehr Unnotwendiges bzw. Unpräzises, als das für die Responsen anzunehmen sei. Ebenfalls charakteristisch für die wörtliche Wiedergabe der Anfrage sei die Anführung von Beweismitteln, wie die in D. 45, 1, 122 pr erwähnten Zeugen.

Vor diesem Hintergrund muss durchaus nicht jedes Wort als für die Entscheidung unbedingt notwendig angesehen werden, wie es beim ansonsten knapp und präzise formulierenden Scaevola zu erwarten wäre. Das erste Anbot – die Zahlung unter Abzug der Zinsen – ist für die Entscheidung letztendlich irrelevant und dürfte auf die wörtliche Wiedergabe einer Anfrage zurückzuführen sein. Fraglich ist, ob die Stipulationsform deshalb gewählt wurde, weil das Darlehen entgeltlich sein sollte, was bei einem *mutuum* in Form eines Realvertrages nicht möglich wäre; dann wären die Zinsen von der Stipulation mitumfasst. Dem Wortlaut nach ist es jedoch denkbar, dass die Zinsen nicht in die Stipulation aufgenommen, sondern lediglich tatsächlich geleistet wurden (arg. *dederat*)[666].

Es zeigt sich, dass der Schuldner kein Recht darauf hat, einseitig zu entscheiden, seine Schuld zu einem anderen Zeitpunkt und an einem anderen Ort zu leisten. Dies gilt selbst dann, wenn er nicht später, sondern früher zurückzahlen will und die Zinsen dem Gläubiger zu überlassen bereit und der Gläubiger anwesend ist. Der von Ulpian in D. 13, 4, 7, 2 zitierte Marcellus etwa vergleicht die Zahlung am falschen Ort mit der Errichtung eines Gebäudes am falschen Ort: *quemadmodum si quis insulam alibi fecisset quam ubi promiserat*[667]. Es bedürfte einer einvernehmlichen Novation, um

---

und schlussendlich den auch hier besprochenen Beitrag von *Samter*, der *Fitting* in seiner Zweitauflage der „Alter der Schriften“ (1908) 64 f zum Umdenken bewog). Zur Anerkennung der These von *Schulz* siehe ebd. 16 (bei *Wieacker*, Textstufen (1960) 16 u. 285 Fn 37; *Nörr*, Cicero-Zitate, Ciceroniana 3 (1978) 111 u. 115 Fn 9; *von Lübtow*, Seedarlehen, in: FS Kaser (1976) 329 f; *Klami*, Entscheidung (1975) 4; *Horak*, Rez. Klami, SZ 94 (1977) 418 f; *Zülch*, Liber singularis (2001) 33) und Kritik an ihr (bei *Wenger*, Quellen (1953) 511 Fn 244; *Liebs*, Rez. Zülch, SZ 120 (2003) 243 u. 246 f; *ders.*, § 415.6 (Q. Cervidius Scaevola), HLA 4 (1997) 115 f. Anhand des konkreten Beispiels des *fideicommissum alimentorum* untersucht *Tamayo Errazquin*, Libertis Libertabusque (2007) die Digesten und Responsen Q. Cervidius Scaevolas.

666 Auch hier sind *Jungmeister* und *Samter* unterschiedlicher Auffassung: Während *Knütel/Kupisch/Seiler/Behrends* (*Jungmeister*), CIC 4 (1832) 647 davon ausgeht, dass die Zinsen bereits im Vorhinein ausbezahlt wurden, ist *Samter*, Scaevolas Digesten und Responsen, SZ 27 (1906) 163 Fn 1 im Anschluss an einen mündlichen Hinweis von *Mitteis* der Auffassung, es seien „die Zinsen in Form einer Kapitalszulage versprochen worden“. Die „verschwommene“ Formulierung sei wiederum auf die unjuristische Anfrage zurückzuführen.

667 Marcellus gewährt daher, wenn gegen den Willen des Gläubigers die Zahlung geleistet wird, nochmals die Klage auf die gesamte Summe. Ulpian will in einem

das Schuldversprechen abzuändern[668], und eine solche ist in D. 45, 1, 122 pr nicht vorgenommen worden; daher ist dem Schuldner ein widersprüchliches Verhalten (*ie* der einseitige Wechsel von Leistungszeit und -ort) nicht erlaubt.

Damit endet die Anführung von Belegstellen für ein Verbot widersprüchlichen Verhaltens und es folgt die Überschrift „*Contra*".

2. *Argumenta contra*

Auch hinsichtlich der *argumenta contra* folgt die Untersuchung den für die *argumenta pro* aufgestellten Grundsätzen: In der in den Brocardica *aurea* vorgefundenen Reihenfolge werden die dort genannten Allegationen in die moderne zitierweise übersetzt und unter schlagwortartiger Nennung des Themas als Kapitelüberschriften angeführt. Sodann wird der Text darauf hin untersucht, worin der Selbstwiderspruch liegt und aufgrund welcher Wertungsgesichtspunkte er in der jeweiligen Konstellation zugelassen wird.

Die Belegstellenreihe der *argumenta contra* wird mit einer Codex-Stelle eröffnet, die einen spezifischen Sonderfall behandelt:

2.1. C. 3, 29, 5: Benachteiligung von Pflichtteilsberechtigten I: Schenkung an den emanzipierten Haussohn

> *C. 3, 29, 5 (Impp Diocletianus et Maximianus AA. Cottabeo)*
> *Si totas facultates tuas per donationes vacuefecisti, quas in emancipatos filios contulisti, id, quod ad submovendas inofficiosi testamenti querellas non ingratis liberis relinqui necesse est, ex factis donationibus detractum, ut filii vel nepotes, qui postea ex quocumque legitimo matrimonio nati sunt, debitum bonorum subsidium consequantur, ad patrimonium tuum revertetur. D. II k. Mart. Maximo II et Aquilino conss. [a 286]*

---

solchen Fall nur noch das Ortsinteresse zugestehen. Ulp. 27 ad ed., D. 13, 4, 2, 7: *Idem Iulianus tractat, an is, qui Ephesi sibi aut Titio dari stipulatus est, si alibi Titio solvatur, nihilo minus possit intendere sibi dari oportere. et Iulianus scribit liberationem non contigisse atque ideo posse peti quod interest. Marcellus autem et alias tractat et apud Iulianum notat posse dici et si mihi alibi solvatur, liberationem contigisse, quamvis invitus accipere non cogar: plane si non contigit liberatio, dicendum ait superesse petitionem integrae summae, quemadmodum si quis insulam alibi fecisset quam ubi promiserat, in nihilum liberaretur. sed mihi videtur summae solutio distare a fabrica insulae et ideo quod interest solum petendum.* Vgl. zu diesem Text *Biondi*, Actio arbitraria, AUPA 1 (1911) 81 ff, *Amarelli*, locus solutionis (1984) 50 f. In D. 44, 4, 2, 4 wird die Stipulation hingegen lediglich nachträglich durch ein *pactum* über den Leistungszeitpunkt ergänzt. In diesem Fall steht lt Ulpian neben der *exceptio pacti* auch eine *exceptio doli* zu, sollte der Gläubier früher einklagen als vereinbart. Zum Text siehe oben S. 53.

668 *Torrent*, Usurae, in: Studi Nicosia VIII (2007) 271.

C. 3, 29, 5 (Die Kaiser Diokletian und Maximian an Cottabeus)
Wenn du dein gesamtes Vermögen durch Schenkungen aufgebraucht hast, die du deinen emanzipierten Söhnen gemacht hast, wird das, was zur Abwendung der *querela inofficiosi testamenti* den nicht undankbaren Kinder notwendig verbleiben muss, aus den gemachten Schenkungen entnommen, und, damit Kinder oder Enkel, die nachher aus irgendeiner legitimen Ehe geboren wurden, das Vermögen erhalten, wird der ihnen aus dem Nachlass geschuldete Pflichtteil zu deinem Vermögen zurückkehren. Gegeben den 28. Februar 286, unter dem zweiten Konsulat des Maximus und dem des Aquilinus.

Ein Erblasser hatte sein gesamtes Vermögen bereits zu Lebzeiten schenkungshalber auf seine emanzipierten[669] Söhne verteilt. Danach wurden weitere legitime Kinder bzw. Enkelkinder geboren, wobei diese möglicherweise aus einer anderen Ehe stammten. Um zu verhindern, dass diese „nicht undankbaren" Nachkommen[670] durch die zuvor gemachten Schenkungen benachteiligt werden bzw. dass sie nach dem Tod des Schenkers gegen die beschenkten Kinder klagsweise vorgehen (müssen), erbittet Cottabeus kaiserlichen Rat. Diokletian[671] entscheidet, dass die Schenkungen in Höhe der eine *querela inofficiosi testamenti* der nachgeborenen Pflichtteilsberechtigten ausschließenden Quote (dh in Höhe eines Viertels der Intestaterbquote: „querelausschließende Quart" nach dem Vorbild der „falzidischen Quart") als *pars debita* rückgängig gemacht werden können.

Ein Testament, das bestimmte dem Erblasser nahestehende Personen nicht (ausreichend) bedenkt, widerspricht der *pietas*[672] und berechtigt zur *querela*

669 Wären die Söhne nicht emanzipiert, würde sich die Frage der Zulässigkeit einer *querela inofficiosae donationis* überhaupt nicht stellen, da die Schenkungen im Vermögen des Erblassers verblieben wären; der *arbiter familiae erciscundae* müsste diesfalls dafür sorgen, dass alle „*quartam partem debitae ab intestato portionis*" erhalten. Siehe C. 3, 29, 2. Dazu *Vangerow*, Pandekten 2^7 (1867) 281.

670 Die *non ingrati liberi* werden mit den *filii et nepotes, qui postea … nati sunt* gleichzusetzen sein. So auch ausdrücklich *Krüger*, Unmäßige Schenkung, SZ 60 (1940) 81.

671 Zur Rolle Diokletians im Zusammenhang mit der Entwicklung der *querela* wegen pflichtteilsverkürzenden Schenkungen vgl. *Donatuti*, Querella, in: Studi Riccobono 3 (1934) 425 ff.

672 Zu den *officia pietatis* im Testamentsrecht siehe allg. *Querzoli*, Officia (2000). Zur Begründung für die Anfechtung wird regelmäßig der (vermutlich auf Rhetoren zurückgehende) Vorwurf erhoben, der Schenker müsse zum Zeitpunkt der testamentarischen Verfügung geistig beeinträchtigt gewesen sein („*color insaniae*"). Siehe für die Herkunft und die Gründe der Einführung zuletzt *Di Ottavio*, Querela I (2012) 1 ff.

inofficiosi testamenti. Diese in der Zentumviralgerichtsbarkeit[673] entwickelte Klage führt meist dazu, dass das ganze Testament entkräftet und die volle Intestaterbfolge hergestellt wird[674]. In Anlehnung[675] an dieses Rechtsinstitut wurde seit Alexander Severus[676] eine Anfechtungsklage auch bei Schenkungen gewährt (die sog. *querela inofficiosae donationis*[677]), wenn durch diese das Vermögen des Erblassers derart vermindert wurde, dass weniger als ein Viertel des Intestaterbteils – berechnet anhand des Vermögens im Schenkungszeitpunkt, dh unmittelbar vor der Schenkung – für die (übrigen[678]) Pflichtteilsberechtigten verbleibt; diese können sodann ihren vollen Intestaterbteil von den Beschenkten herausverlangen[679].

---

673 Die *centumviri* konnten sich über das *ius civile* hinwegsetzen und andere Personen (als von diesem vorgesehen) zu Erben machen. Siehe bspw. *Gagliardi*, Decemviri e Centumviri (2002) 271 f u. 514.

674 Sind im Testament jedoch zumindest ein oder mehrere Pflichtteilsberechtigte ausreichend bedacht, tritt wohl nur Teilreszission in Höhe der Intestaterbteile der Querelberechtigten ein. Für eine Interpolation der Fälle von Teilreszission (nur die Gesamtreszission sei klassisch) jedoch etwa zuletzt *Ribas-Alba*, Desheredación (1998) 284 ff. Von einer Juristenkontroverse geht ua. *Di Lella*, Querela (1972) 227 ff aus.

675 „*Ad instar*" (Diocl./Maxim., C. 3, 29, 4 u. 8); „*ad exemplum*" (Diocl./Maxim., C. 3, 29, 6); „*ad similitudidem*" (CTh. 2, 20, 1).

676 Überliefert bei Paul. 14 resp., D. 31, 87, 3 u. 4. Ausgangsfall dürfte die Erbeinsetzung eines Pflichtteilsberechtigten gewesen sein, der aufgrund von an andere Personen gemachten Schenkungen in Wahrheit nichts erhielt; später wurden auch die Intestaterben geschützt. Vgl. Pilipp., C. 3, 29, 1 (245) und Valer./Gallien., C. 3, 29, 3 (257). Für eine Übersicht der Quellen zur *querela inofficiosae donationis* siehe etwa *Tellegen-Couperus*, Querela, RIDA 26 (1979) 400 Fn 3 ff.

677 Es handelt sich dabei um eine persönliche Klage gegen den Beschenkten, keine dingliche etwa gegen den Besitzer der geschenkten Gegenstände. Siehe zum Thema *Murillo Villar*, Revocación (2007) 36 ff (konkret zum Text C. 3, 29, 5 vgl. 38); *Sanguinetti*, Portio legitima (1996) 15 ff (zum Text 18 ff).

678 Die überlieferten Quellen betreffen Geschenke an Kinder oder Enkel des Schenkers: *Tellegen-Couperus*, Querela, RIDA 26 (1979) 400 Fn 8. Vgl. aber Pilipp., C. 3, 29, 1: ... *factis donationibus sive in quosdam liberos sive in extraneos*.

679 Diese Interpretation stützt sich auf die Parallelität von *querela inofficiosae donationis* und *querela inofficiosae testamenti*, bei der nach dem Wegfall des pflichtwidrigen Testaments ebenfalls die Intestaterbfolge hergestellt wird. Als innere Begründung dafür, dass bei letzterer der Intestaterbteil und nicht nur die Quart erlangt wird, bringt *Hecht*, Symmachus (2006) 344 vor: „Für die erlittene Kränkung sollte dem Enterbten nicht nur der Pflichtteil, sondern der volle Intestaterbteil zuteil werden, zur Genugtuung", es gehe also um „Genugtuung für persönliche Kränkung" (ebd. 345), was auf die *querela inofficosae donationis* übertragen werden könnte. Jedoch ist zu bedenken, dass bei der *querela inofficiosi testamenti* das pflichtwidrige Testament als solches wegfällt und es schon aus diesem Grund zur Intestaterbfolge (und daher auch deren Quoten) kommt, während die *querela*

Im vorliegenden Text wird die Anfechtung jedoch nicht erst durch die „nicht undankbaren“ Nachkommen mit Hilfe der *querela* durchgeführt (was die Einordnung unter den Codex-Titel „*De inofficiosis donationis*“ nahelegen würde, denn auch im vorangehenden Titel „*De inofficiosis testametnis*“ wird die Anfechtung mittels *querela inofficiosi testamenti* durchgeführt, die schließlich Vorbild für die Ausbildung einer *querela inofficiosi donationis* war), sondern durch den Erblasser selbst, also noch zu dessen Lebzeiten[680]. Ihm wird vom Kaiser empfohlen, das jeweilige *debitum* seiner Kinder nach der Gesamthöhe der Schenkungen zu berechnen, von welcher diese wiederum abzuziehen sind.

Es wird in einem ersten Schritt demnach die Gesamthöhe der Schenkungen berechnet und damit der Gesamtwert des Vermögens (dieses hat er ja zur Gänze verteilt) vor der Schenkung als Grundlage herangezogen. In einem zweiten Schritt erfolgt die Berechnung der Intestaterbteile bzw. deren jeweiliges Viertel als *portio debita* der nichtbeschenkten (Enkel-)Kinder. Anschließend wird von der im ersten Schritt berechneten Gesamtsumme der Schenkungen

---

inoficiosae donationis ein etwaig vorhandenes Testament unberührt lässt. Für den Rückfall des gesamten Geschenkes in den Nachlass und daran anschließende Aufteilung nach den vorgesehenen Erbquoten (wohl gleichgültig, ob sodann Intestaterbfolge eintritt oder eine Aufteilung nach den in einem Testament festgelegten Quoten erfolgt): *Krüger*, Unmäßige Schenkung, SZ 60 (1940) 80 ff u. insbes. 87 ff; *Simonius*, Donatio mortis causa (1958) 58; *Bauer-Gerland*, Erbrecht (1955) 120 ff. Für die Rückgewährung der Intestatquote: *Zoz de Biasio*, Atti in frode ai legittimari (1978) 90 f (mit dem Argument ebd. 116, dass die Quart in C. 3, 29, 8 lediglich als *causa petendi* und nicht als *petitium* zu interpretieren sei. Damit könnte für diesen Text der bisher regelmäßig geäußerte Interpolations- oder Glossemverdacht entfallen); *Tellegen-Couperus*, Rez. Sanguinetti, SZ 116 (1999) 614; *dies.*, Querela, RIDA 26 (1979) 403 ff; *Wesener*, Actio ad supplendam legitimam, in: FS Kränzlein (1986) 151 f. Für die Gewährung lediglich der querelausschließenden Quote an die benachteiligten Pflichtteilsberechtigten: *Ribas-Alba*, Desheredación (1998) 289 f; *Kreuter*, RP (1993) 132 ff; *Quadrato*, Rez. Zoz di Biasio, Labeo 27 (1981) 374 ff; *Kaser*, PR I² (1971) 713; *Taubenschlag*, RP zur Zeit Diokletians, in: Opera Minora I (1959) 91. Dafür, dass die benachteiligten Pflichtteilsberechtigten mittels *querela inofficiosae donationis* zunächst unter Alexander Severus auf die Intestaterbquote klagen konnten, ab Diokletian jedoch nur noch der Ergänzungsanspruch auf die Quart gewährt wurde: *Voci*, DER II² (1963) 728 Fn 10; für die vollkomene Rückgewährung der gesamten Schenkung an den Nachlass zu Beginn der Entwicklung und ebenfalls für eine Beschränkung auf die Quart bereits ab Diokletian: *Cervenca*, Querella, NNDI 14 (1967) 669 f. Dass die Quote unmittelbar an die übergangenen Pflichtteilsberechtigten gelangt, ohne dass die übrige Aufteilung des Nachlasses – soweit ein solcher noch vorhanden ist – betroffen ist, wäre naheliegend, denn nur der Querelberechtigte muss eine Entschädigung erhalten, etwaige andere (Intestat- oder auch Testaments-)Erben bedürfen keiner Anpassung ihres Erbteils aus den Mitteln des Geschenkes.

680 AA *Pollack*, Schenkungswiderruf (1886) 45 f Fn 77.

die im zweiten Schritt ermittelte Gesamtsumme der „Pflichtteile" abgezogen. Die einzelnen Schenkungen werden nun anteilsmäßig gekürzt und in dieser Höhe fallen sie in das Vermögen des Erblassers zurück; der Rest kann bei den Begünstigten verbleiben.

Die *querela* ist eine Klage der übergangenen bzw. zu Unrecht enterbten Intestaterben – bzw. solchen, die durch eine Schenkung benachteiligt werden – und kann nicht vom Erblasser selbst zu dessen Lebzeiten erhoben werden[681]. *Vangerow* führte darüber hinaus aus, dass die *querela* sich auf eine gegenüber den übrigen Pflichtteilsberechtigten lieblos erscheinende und daher pflichtwidrige Schenkung bezieht; sind jedoch zum Zeitpunkt der Vornahme der Schenkung die benachteiligten Kinder noch nicht einmal geboren, so könne dieser Vorwurf dem Schenker nicht gemacht und die *querela* damit nicht erhoben werden[682]. Unternimmt der Schenker aber bis zu seinem Tod nichts, um einen Ausgleich gegenüber den nachgeborenen Pflichtteilsberechtigten herbeizuführen, müsste diesen die Querel dennoch offenstehen; die Untätigkeit in Bezug auf die übermäßigen Schenkungen würde sodann (nachträglich) die Pflichtwidrigkeit herbeiführen.

Will der Schenker selbst tätig werden, so steht ihm vermutlich die *restitutio in integrum ob improbabilem donationis enormitatem* aufgrund der *lex Cincia*[683] zur Verfügung, obwohl der Text C. 3, 29, 5 dieses Rechtsmittel nicht ausdrücklich erwähnt[684]. Die *lex Cincia* verbot unmäßige Schenkungen,

---

681 Hier ist aber kein bloßer Pflichtteilsergänzungsanspruch für den Fall einer tatsächlichen Erhebung der Querel durch die benachteiligten Pflichtteilsberechtigten ausgesprochen, sondern der Umfang des möglichen Schenkungswiderrufes durch den Schenker selbst festgelegt. Anders versteht die Stelle offenbar *Kaser*, PR I² (1971) 713 Fn 39 u. *ders.*, PR II² (1975) 521 Fn 60 und wohl auch *Samper*, Pars debita, SDHI 37 (1971) 77 f. *Vangerow* geht zwar grundsätzlich von einem bloßen Pflichtteilsergänzungsanspruch aus, weist jedoch ausdrücklich darauf hin, dass gerade C. 3, 29, 5 keine Stütze dieser These sein kann, „weil hier gar nicht von der quer. inoff. donat. die Rede ist". *Vangerow*, Pandekten 2⁷ (1867) 281.

682 *Vangerow*, Pandekten 2⁷ (1867) 280. Ihm schließt sich etwa *Archi*, Donazione, in: Studi Solazzi (1948) 746 an.

683 Siehe grundlegend dazu *Casavola*, Lex Cincia (1960). Vgl. für einen vergleichbaren Fall Diocl./Maxim., C. 3, 29, 4: Diokletian erteilt die Auskunft, dass die *querela inofficiosae donationis* nicht nötig ist, wenn die *in integrum restitutio* möglich wäre (was zu Lebzeiten des Schenkers der Fall ist). Dort hat ein Vater die Möglichkeit, noch zu Lebzeiten seines Sohnes, der sein Vermögen verschenkt hat, „*ex filii persona*" die *restitutio in integrum ob improbabilem donationis enormitatem* zu verlangen („*in removendis his quae perperam gesta sunt*").

684 Vgl. *Krüger*, Unmäßige Schenkung, SZ 60 (1940) 80 ff mwN. Aufgrund der Wortwahl („*reveretur*") geht *Tellegen-Couperus*, Querela, RIDA 26 (1979) 405 f davon aus, dass die beschenkten emanzipierten Söhne (oder deren Erben) die *portio debita* der nachgeborenen legitimen (Enkel-)Kinder freiwillig herausgeben;

vor allem die des gesamten Vermögens, bedrohte einen Verstoß aber weder mit Nichtigkeit noch mit einer sonstigen Strafe, sondern gewährte in einem solchen Fall ein freies Widerrufsrecht[685].

Die *restitutio* erfasste im vorliegenden Fall nicht die gesamte Schenkung, sondern es wird eine Minderung um den Betrag erreicht, der nun als nicht mehr angemessen erscheint – gemäß der Entscheidung Diokletians handelt es sich dabei um den Betrag, der zur Abwendung einer *querela inofficiosi testamenti* zugewendet werden müsste, also ein Viertel des Instestaterbteiles der Pflichtteilsberechtigten. Dieser kehrt nach erfolgreicher Wiedereinsetzung in das Vermögen des Schenkers zurück („*ad patrimonium tuum reveretur*") und kann nun den benachteiligten Pflichtteilsberechtigten in irgendeiner Form (unter Lebenden oder von Todes wegen) zugewendet werden, damit die Querel ausgeschlossen ist.

Insofern bliebe es dem Schenker selbst überlassen, ob er zu Lebzeiten seine nachgeborenen (Enkel-)Kinder dadurch versorgt, dass er ihnen durch die *restitutio in integrum ob improbabilem donationis enormitatem* zumindest ein Virtel des Intestaterbteils sichert und sie nicht mit einer Klagsführung nach seinem Tod belastet oder ob er nichts unternehmen möchte, ihnen gegenüber

---

überzeugt werden die Beschenkten durch das Argument, dass im Falle einer Querel die gesamte Schenkung an den Nachlass fällt und sie lediglich den Intestaterbteil bekämen, also gleich viel wie die Nachgeborenen. Geben sie jedoch ein Viertel der Intestaterbteile der nachgeborenen legitimen Erben an den Schenker zurück, wenden sie damit die Möglichkeit einer *querela inofficiosae testamenti* ab und bleiben privilegiert. Dass der Kaiser dem Anfragenden lediglich rät, die Begünstigten zur freiwilligen Rückgabe zu überreden, erscheint jedoch nicht überzeugend: Wäre dem Schenker eine solche Lösung möglich gewesen, hätte er wohl kaum um rechtliche Auskunft angesucht. Eine spezielle „*condictio ex lege*" vermutet *Vangerow*, Pandekten 2[7] (1867) 280; ähnlich überlegen auch *Archi* und *Zoz di Biasio* eine eigene Klage: *Archi*, Donazione, in: Studi Solazzi (1948) 745 f; *Zoz de Biasio*, Atti in frode ai legittimari (1978) 132. Zuletzt sah auch *Sanguinetti*, Portio legitima (1996) 19 ff die Lösung mittels „mezzo di natura singolare" als einzig vertretenswert an; die *Krüger*'sche These von der *institutio in integrum* sei (mit *Archi*) deshalb abzulehnen, da in der Diokletianischen Konstitution C. 3, 29, 4 (eine Mutter, deren Sohn sein gesamtes Vermögen verschenkt hat, kann nach dessen Tod als seine Erbin *ex persona defuncti* die *in integrum restitutio* verlangen) der Restitutionsgrund ein anderer sei: Es handle sich in diesem Fall nämlich um eine „normale" *restitutio in integrum propter aetatem*. Die Anwendbarkeit (auch) der *restitutio in integrum propter aetatem* in Diocl./Maxim., C. 3, 29, 4 würde die Anwendbarkeit der *restitutio in integrum ob improbabilem donationis enormitatem* in Diocl./Maxim., C. 3, 29, 5 mE jedoch nicht ausschließen.

685 Sie war insofern also eine *lex imperfecta*. Siehe *Pollack*, Schenkungswiderruf (1886) 18 ff. Er qualifiziert ebd. 22 ihre Bestimmungen als „freies willkürliches Widerrufsrecht des Schenkers auf Grund bloßer Reue".

damit zwar pflichtwidrig handelt und ihnen die Last und das Risiko der *querela inofficiosi donationis* aufläd, ihnen aber andererseits die Möglichkeit eröffnet, sich den vollen Intestaterbteil zu erstreiten.

Die Wiedereinsetzung enthält ihrem Wesen nach eine Art Selbstwiderspruch: Aufgrund gewisser Umstände kann eine einmal vorgenommene Rechtshandlung wieder „ungeschehen" gemacht werden. Es handelt sich dabei jedoch um eng begrenzte Ausnahmefälle, in welchen eine solche Vorgehensweise gerechtfertigt erscheint und daher zugelassen wird. Dass ausgerechnet dieser Text in den Brocardica *aurea* als Beleg für die Zulässigkeit von *venire contra factum proprium* ausgewählt wurde, könnte daran liegen, dass es hier der Handelnde selbst ist, der die *restitutio in integrum* verlangt und sich damit widerspricht und nicht – wie etwa in den Fällen der *querela* – die Erben, die sich benachteiligt fühlen und die Schenkung daher anfechten wollen.

So wird auch in der Glosse *Ad submovendas* (C. 3, 29, 5) ausgeführt: „*Not(a) contra factum suum in praeiudicium etiam alterius venire quem posse...*"[686]. Als Entscheidungshintergrund vermuten die Legisten somit, dass der Selbstwiderspruch deswegen zulässig ist, weil er nicht im eigenen, sondern im fremden Interesse erfolgt.

Ein vergleichbarer Hintergrund kann auch im folgenden Text zur Veräußerung von Kirchenvermögen angenommen werden:

2.2. C. 1, 2, 14, 3–4: Veräußerung von Kirchengütern

C. 1, 2, 14, 3–4 (Impp Leo et Anthemius AA. Armasius pp.)
§ 3 Sane, si haec nostrae perennitatis statuta audaci spiritu et mente sacrilega quisquam oeconomorum vel hominum temeranda crediderit, ipse quidem, qui protervo ausu ecclesiastica praedia donationis vel emptionis seu commutationis aut cuiuscumque contractus alterius nomine nisi eo quo nunc statuimus adquirere vel habere temptaverit, omnem huiusmodi fructum propriae temeritatis amittat: et pretia quidem et munera, quae eius rei gratia data fuerint oeconomo seu aliis quibuscumque personis, ecclesiae lucris et commodis adquirantur.
§ 4 Praedia autem et in his omnia constituta ab ipsis clericis et temporalibus oeconomis cum fructibus seu pensionibus et accessionibus totius medii temporis vindicentur, ut tamquam penitus a nullo empta vel vendita teneantur, quia ea, quae contra leges fiunt, pro infectis habenda sunt.
D. Constantinopoli Iordane et Severo conss. [a. 470]

686 Benützte Ausgabe: Lyon 1627, 671.

C. 1, 2, 14, 3–4 (Die Kaiser Leo und Anthemius an Armasius, Prätorianerpräfekt)
§ 3 In der Tat, wenn irgendeiner der Verwalter oder sonstigen Leute diese unsere ewigen Anordnungen aus dreister Gesinnung oder der Absicht eines Sakrilegs zu verletzen vorhat, soll derjenige, der mit unverschämtem Wagemut Grundstücke der Kirche aufgrund einer Schenkung oder eines Verkaufes oder eines Tausches oder irgendeines anderen Vertrages, wenn nicht so, wie wir nun festsetzen, zu erwerben oder anzueignen vorhat, selbst jede derartige Frucht seiner eigenen Verwegenheit verlieren: Und zwar werden der Preis und die *munera*, die aus Gründen der Gefälligkeit dem Verwalter oder den anderen geleistet wurden, dem Vermögen und den Nutzungen der Kirche erworben.
§ 4 Grundstücke aber und alles auf diese Gewidmete sollen von den Klerikern und Verwaltern der Temporalien mitsamt den Früchten oder Zinsen und Zubehör, die in der Zwischenzeit fällig geworden sind, vindiziert werden, da sie gänzlich als von niemandem gekauft oder verkauft angesehen werden, denn das, was gegen die Gesetze getan wird, wird als ungeschehen betrachtet.
Gegeben im Jahr 470 zu Konstaninopel unter dem Konsulat des Jordan und Severus.

Dieser Text wird in der *solutio* nochmals erwähnt, dort allerdings nur ab *Praedia*, somit der auch hier relevante § 4, in dem die Nichtigkeit und Rückforderbarkeit ausgesprochen wird. Es wird daher auch dieser Teil hier mitbesprochen. Darüber hinaus wird in den Brocardica *aurea* an dieser Stelle auf den in der lateinischen Übersetzung mit *Sicut* beginnenden Auszug aus Nov. 7, c. 12, der in die *authenticae*[687] aufgenommen wurde und weitere Ausführungen zum Verbot der Veräußerung von Kirchengütern enthält, verwiesen:

Sicut alienatio rerum ecclesiae interdicitur, ita prohibetur, ne qua sterilis ei detur possessio, aut alioquin onerosa, veluti fiscalium nomine vel onere.

Wie die Veräußerung von Sachen der Kirche untersagt ist, so ist es auch verboten, etwas, das unnütz ist, in ihren Besitz zu bringen, oder (etwas, das) überhaupt schädlich ist, wie zum Beispiel im Namen des Fiskus Belastetes.

Es ist dem Verwalter des Kirchvermögens nicht gestattet, Grundstücke aus demselben zu verkaufen, sie gegen etwas anderes einzutauschen oder sie zu verschenken. Tut er das dennoch, so ist das Geschäft nichtig und die Kirche kann sie, sollten sie bereits übergeben worden sein, samt den gezogenen Früchten herausverlangen[688]. Der Vertragspartner verliert hingegen seine

687 Die *authenticae* sind lateinische Zusammenfassungen von bzw. Auszüge aus den (griechischen) Novellen, die von den Glossatoren in den Codex-Text eingearbeitet wurden. *Lange*, RRMA 1 (1997) 74 ff mwN. Eine Beschreibung der Entstehung dieser *authenticae* und des Unterschiedes zu dem, was als *Authenticum* bekannt ist, bietet *Wallinga*, Authenticum und authenticae, TR 77 (2009) 43 ff.

688 Insofern kann man hier einen Vergleich zur Veräußerung von Mündelgrundstücken durch den Vormund ziehen: Diese ist aufgrund einer *oratio Severi* nichtig. Vgl. unten S. 193. Einen Vergleich zwischen den Beschränkungen der Verwal-

Gegenleistung: Er erhält den bereits hingegebenen Kaufpreis oder die eingetauschte Sache nicht zurück bzw. muss er die *munera*, die er aufgrund einer empfangenen Schenkung leistet, trotz Verlusts der geschenkten Sache der Kirche leisten.

Diese Regelung, welche Kaiser Leo (457–474) für Verkäufe und in Bezug auf die Hauptkirche in Konstantinopel erlassen hatte[689], weitete Justinian inhaltlich auf jede Veräußerung und geographisch auf das gesamte römische Reich aus[690].

Ebenso wie die gesetzwidrigen Veräußerungen sind dem Verwalter aber auch bestimmte Erwerbungen verboten; darunter fallen diejenigen, welche für die Kirche unnütz sind bzw. sie sogar schädigen. Beispielhaft werden solche Dinge erwähnt, deren Eigentum zur Steuerverpflichtung führt[691].

Den Zweck der kirchlichen Veräußerungsverbote sieht *Pöschl* in zwei Elementen: Einerseits sei der Grund ein „wirtschaftlich-realer", da die Kirche zur Wahrung ihrer Unabhängigkeit gesicherte Vermögensbestände brauche und andererseits ein „dogmatisch-dealer", da die Zweckwidmung zum kirchlichen Gebrauch den Gegenständen einen „spirituellen Charakter" verleihe[692]. Was die ebenfalls verbotenen belastenden Erwerbungen anbelangt, ist jedoch wohl nur das erste Element denkbarer Hintergrund.

Während die Fr. 19–26 im zweiten Titel des ersten Buches des Codex Iustinianus „einzelne Fragen der Verwaltung kirchlichen Eigentums behandeln, tritt in den Novellen vor allem die Frage nach der Veräußerung kirchlichen Eigentums in den Vordergrund", kategorisierte schon *Pfannmüller*[693].

---

tung von Kirchengut mit der von Mündelgut zieht schon *Schnitzer*, Verträge (1961) 17 u. 96. Siehe ebd. 17 auch für den Gedanken, dass es sich nicht nur um eine Beschränkung der Organe handelt, sondern um eine auch den Eigentümer treffende Beschränkung: diese resultiere daraus, dass „das kirchliche Vermögen nicht Selbstzweck ist, sondern nur Mittel zum Zweck". Eine Veräußerung sei auch dem Eigentümer nicht gestattet, „weil ihm ohne Eigentum die Erfüllung seines Zweckes ... unmöglich würde".

689 Auch Kaiser Anastasius hat darauf aufbauend ein Veräußerungsverbot erlassen, welches Justinian mit seinem Gesetz jedoch aufhob. Siehe *Pfannmüller*, Gesetzgebung (1902) 12 f.

690 Die konkreten Ausnahmen, die er von diesem Verbot statuiert, interessieren hier nicht weiter.

691 Unter *alienatio* werden im Kirchenrecht späterhin alle Rechtsgeschäfte zusammengefasst, durch die „das Kirchenvermögen belastet, in seiner Ausnützung beschränkt oder in seinem Bestand gefährdet wird". Siehe *Heinrichsmeier*, Veräusserungsverbot (1970) 22. Zum weiten Sachbegriff hinsichtlich der *bona ecclesiastica* siehe ebd. 24 ff sowie *Schnitzer*, Verträge (1961) 16.

692 *Pöschl*, Kirchengutsveräußerungen, AKKR 105 (1925) 6.

693 *Pfannmüller*, Gesetzgebung (1902) 4.

Gesetzlich verbotene Rechtgeschäfte sind nichtig. *Contractus* ist im Vulgarrecht zu einem „uferlosen Begriff“[694] geworden, der eine wahre „Inflation“ erfuhr, wie *Levy* nachgezeichnet hat; hier ist er wie *alienatio* gebraucht und seine Unwirksamkeit bedeutet das Ausbleiben des „dinglichen Überganges“[695].

Die Glosse erläutert an dieser Stelle[696] zum widersprüchlichen Verhalten:

Et tunc suo nomine factum proprium non impugnat, sed nominae ecclesiae.

Und dann bekämpft man nicht im eigenen Namen das frühere Verhalten, sondern im Namen der Kirche.

Als Grund für die Zulässigkeit sieht man demnach, dass der Selbstwiderspruch im fremden Namen bzw. Interesse geschieht: der Verwalter handelt für die Kirche.

Die *solutio* in den Brocardica *aurea* hingegen ordnet diesen Text den Fällen zu, in denen das Erstverhalten rechtswidrig und ein Zuwiderhandeln deshalb möglich ist. Hier verstößt das Verfügungsgeschäft über kirchliche Grundstücke gegen das in dieser Hinsicht statuierte Veräußerungsverbot. Somit ist diese Ersthandlung rechtswidrig und es kann in der Form dagegen vorgegangen werden, als eine Vindikation zugelassen wird.

Es gibt also in diesem Fall zwei Begründungsschienen dafür, warum der Selbstwiderspruch zulässig ist: Die Glosse stellt darauf ab, dass der Verwalter nicht im eigenen, sondern im Namen der Kirche gehandelt hat; Azo hingegen stellt auf die Rechtswidrigkeit des Erstverhaltens ab.

Das Motiv des Handelns im fremden Interesse wird auch in der folgenden Stelle aufgegriffen, obwohl auch hier ein „Vorverhalten“ vorliegen könnte, das – wenn schon nicht rechtswidrig – zumindest nicht rechtswirksam ist.

2.3. C. 7, 16, 1: Verkauf freigeborener Kinder

C. 7, 16, 1 (Imp Antoninus A. Saturninae)
Rem quidem illicitam et inhonestam admisisse confiteris, quia proponis filios ingenuos a te venumdatos. sed quia factum tuum filiis obesse non debet, adi competentem iudicem, si vis, ut causa agatur secundum ordinem iuris. PP. V id. Febr.

C. 7, 16, 1 (Kaiser Antoninus an Saturnina)
Du gestehst zwar, eine unerlaubte und unehrenhafte Tat begangen zu haben, weil du vorbringst, dass deine frei geborenen Kinder von dir verkauft worden sind. Aber weil dein Handeln deinen Kindern nicht schaden darf, gehe zum

694 *Levy*, Weströmisches Vulgarrecht (1956) 22.
695 *Levy*, Oströmisches Vulgarrecht, SZ 77 (1960) 5.
696 Marginalglosse „m“ zu „*idem*“ in Gl. *Oeconomis* (C. 1, 2, 14, 4). Benützte Ausgabe: Lyon 1627, 45.

zuständigen *iudex*, wenn du willst, dass die Sache der Ordnung des Rechts zugeführt wird. Promulgiert am 9. Februar.

Jemand hat seine Kinder verkauft und möchte sie nun offenbar wieder zurückholen. Das zentrale Problem dieser Stelle ist der Verkauf von freigeborenen Hauskindern[697] im Inland und seine Rechtsfolgen im klassischen römischen Recht.

Nachdem die vorliegende Codexstelle der einzige Quellenbeleg für den Kinderverkauf während der klassischen Periode darstellt, muss hilfweise auf die überlieferte Rechtslage davor und danach zurückgegriffen werden, um eine Theorie für die dazwischenliegende Zeit zu entwickeln.

Das Phänomen des Kinderverkaufs ist zahlreichen antiken Rechtskreisen bekannt[698]. Was vom altrömischen Recht überliefert ist, deutet darauf hin, dass ein eheliches Kind auf keine Weise in die *patria potestas* eines Dritten übertragen werden konnte[699].

Es konnte auch nach Einführung der *mancipatio* nur in seiner angestammten Familie Hauskind sein und daher auch nicht völlig aus der *patria potestas* entlassen werden[700]. Ein Verkauf war aber insofern möglich, als der Erwerber nun eine Vollgewalt über das Hauskind erwarb, während die *patria potestas* des *pater familias* des verkauften Kindes ruhte[701]. Die Rechtsstellung des veräußerten Kindes wird als *in mancipio esse*[702] bezeichnet. Selbst zu Zeiten, in

---

697 Die *lex Fabia* bekämpfte den wissentlichen Verkauf eines Freien als *crimen plagii*. Vgl. bspw. *Berger*, Plagio, BIDR 45 (1938) 267 ff; *Molé*, Plagio, AG 170–171 (1966) 116 ff; *Lambertini*, Plagium (1980) 9 ff; *Rainer*, Menschenhandel, in: Studi Labruna VII (2007) 4644 f; *Kroppenberg*, Plagium, in: Menschenraub (2008) 131 ff, sowie *Schipp*, Raub freier Menschen, ebd. 157 ff. Siehe außerdem *Harke*, Delikte am Sklaven, CRRS III.2 (2013) 21 f.

698 Vgl. nur die Literatur zum griechischen Osten, Syrien, Phönikien, Afrika, Gallien und Germanien sowie zu den babylonischen Rechtsquellen, angeführt bei *Steinwenter*, Kinderschenkungen, SZ Kan. Abt. 11 (1921) 188 f; sowie weitere Lit. bei *Sachers*, Potestas Patria, RE XXII (1953) 1096 u. 1100. *Westbrook*, Restrictions, in: FS Nicholas (1989) 207 ff verweist auf den temporären Verkauf von Familienmitgliedern in Exodus 21, 2 (für sechs Jahre) und die Bestimmung von § 117 Codex Hammurapi, dass in dem Fall, dass ein Schuldner seinen Sohn oder seine Frau verkauft, diese drei Jahre lang im Haus des Käufers arbeiten müssen, danach aber frei sein sollen.

699 Vgl. *J. G. Wolf*, In mancipio esse, in: FS Behrends (2009) 613 u. 617.

700 *Kaser*, PR I² (1971) 59 u. 69.

701 Vgl. *Kaser*, Altrömische Hausgewalt, SZ 67 (1950) 485 ff.

702 Vgl. *Schmidt*, Hauskind in mancipio (1879). *Pugliese*, Istituzioni² (1998) 246 geht von der Annahme aus, dass ursprünglich nur Sklaven *in mancipio* waren und erst im Laufe der Zeit eine Unterscheidung zwischen *mancipium* und Sklaverei entstand. *J. G. Wolf*, In mancipio esse, in: FS Behrends (2009) 611 hingegen meint, dass die *mancipatio* „in frühester, vielleicht schon präurbaner Zeit offenbar für

denen eine *adoptio*[703] von fremden Hauskindern in der Form möglich wurde, dass diese aus der Hausgewalt des leiblichen Vaters ausschieden, während sie unter die *patria potestas* des Annehmenden kamen, behielt man diese Sonderstellung des Hauskindes bei einer Veräußerung bei.

Die Vollherrschaft des Hausvaters wurde bereits in altrömischer Zeit im Bereich der Kinderverkäufe[704] durch sakrale Strafdrohungen beschränkt; diese wurden in der pontifikalen Praxis entwickelt und sind in den *leges regiae* überliefert[705].

Keine sakrale Strafdrohung, sondern eine privatrechtliche Folge bedeutete es, dass der Vater, der seinen Sohn dreimal verkauft hatte, nach einer bereits Mitte des fünften Jahrhunderts vor Christus in den Zwölf Tafeln statuierten Regel die Hausgewalt über diesen verlor[706]. Der Hintergrund dieser Rechsfolge wurde unterschiedlich rekonstruiert: Unterbindung eines Missbrauchs der *patria potestas*[707]; Eröffnung einer rechtsgeschäftlichen Möglichkeit, einen Haussohn aus der bislang als unauflösbar geltenden Vatersgewalt zu lösen[708]; Schutznorm zugunsten des Hauskindes, da dieses ansonsten nach

---

die Veräußerung von Hauskindern und Sklaven geschaffen" wurde; damit sind seiner Ansicht nach (entgegen *Pugliese*) auch die Hauskinder schon ursprünglich *in mancipio*. „Die Bezeichnung *res mancipi*" könnte „erst aufgekommen sein, als Hauskinder nicht mehr veräußert und Sklaven den Sachgütern zugerechnet wurden". Zeitlich setzt er diesen Moment mit dem Beginn des dritten Jh. fest.

703 IGz *adrogatio*, mit der ein gewaltfreier Mann an Sohnes statt angenommen wurde. Ihr Zweck war ausschließlich, einen Erben zu erlangen.

704 Einer der unter diese Tatbestände fallenden Sachverhalte ist etwa der Verkauf des Haussohnes, nachdem der Hausvater ihm bereits die Eheschließung gestattet hatte (die Sanktion dafür ist allerdings unbekannt. Vgl. Dion. Hal. ant. 2, 27, 1; Plut. Numa 17).

705 *Kaser*, PR I² (1971) 30 mwN in Fn 7; siehe allg. zu den *leges regiae* auch *Wieacker*, RG I (1988) 307 ff (mwN in Fn 110).

706 4. Tafel, 2b. Ein angebliches Gesetz des Romulus, welches ebenfalls festgelegt haben soll, dass der *pater familias* durch dreimaligen Verkauf des Sohnes die Gewalt über ihn verliert, ist bezeugt auch durch Dion. Hal. ant. 2, 27, 1 f. Vgl. *Kaser*, Patria potestas, SZ 58 (1938) 70. Siehe auch *ders.*, PR I² (1971) 62. Zur Bedeutung der Zahl Drei in den Zwölf Tafeln siehe *Lévy-Bruhl*, Si pater filium ter venum duit, in: NAD (1974) 80 ff.

707 *Sachers*, Potestas Patria, RE XXII.1 (1953) 1097 etwa spricht von der Eindämmung der „gewinnsüchtigen Veräußerung". Ähnlich auch *Karlowa*, RG II (1901) 83; *Siber*, RR II (1928) 32; *Kelly*, Threefold Mancipation, in: Daube Noster (1974) 183 f und *Lévy-Bruhl*, Vente de la fille, in: FS Lewald (1978) 96. Siehe auch *Watson*, XII Tables (1975) 118 f; sowie *Wieling*, Sklavenstatus, CRRS I (1999) 16.

708 Siehe *Kaser*, PR I² (1971) 70 u. *ders.*, Altrömische Hausgewalt, SZ 67 (1950) 479 ff.

der Freilassung durch den Erwerber keinen Schutz und Beistand einer *familia* mehr hatte[709]; usw.

Zu der Frage, wie es dazu kommen konnte, dass ein Haussohn mehrmals verkauft[710] wurde, gibt es ebenfalls verschiedene Erklärungsversuche: Teilweise wird vermutet, dass der Vater grundsätzlich das Recht hatte, sein Kind zurückzukaufen, sobald er sich dazu wirtschaftlich wieder in der Lage sah, oder dass er zumindest ein Vorkaufsrecht hatte, wenn der Erwerber das Kind weiterveräußern wollte[711]. Daneben ging man auch von einer regelmäßig vereinbarten „Veräußerung auf Zeit"[712] aus oder davon, dass der Verkauf immer nur bis zum nächsten *census* wirksam war[713]. Auch wurde vertreten, dass

---

709 *J. G. Wolf*, In mancipio esse, in: FS Behrends (2009) 618 f. Als Strafe hat man das bei der *adicatio*, die mit der *exheredatio* in enger Verbindung stand, hingegen intendiert. Dazu und auch zur griechischen (strafweisen) ἀποκήρυξις siehe etwa *Wurm*, Apokeryxis (1972) mit Rez. *Pieler*, Gnomon 48 (1976) 170 ff mwN.

710 Nach wohl hM geht es hier nicht (nur) um das bloße Verpflichtungsgeschäft, sondern auch um das Verfügungsgeschäft, mit welchem die Manzipiumsgewalt übertragen wurde, dh den „Manzipationskauf". AA etwa *Lopez Barja de Quiroga*, Sell a Son, SZ 123 (2006) 301, der meint, es gehe bei dem Verbot überhaupt nur darum, dass der Sohn dreimal zum Verkauf angeboten werde; sobald der Vater mit diesem Anbot erfolgreich gewesen sei, habe das auch die *patria potestas* sofort zum Erlöschen gebracht. War er erfolglos, so sei die *patria potestas* erst beim dritten (erfolglosen) Anbot erloschen. *Lopez Barja de Quiroga* räumt selbst ebd. ein: „There is no way of proving that this hypothesis is true." Überzeugend legt *Cristaldi*, Si pater, in: Scritti Corbino 2 (2016) 261 ff dar, dass „*venum duere*" weder die konkrete *causa* (*emptio venditio*, *locatio conductio* etc.) noch das konkrete Verfügungsgeschäft bezeichnet, sondern allgemein einen Wechsel der Zugehörigkeit gegen einen wirtschaftlichen Vorteil bedeutet (die jedoch im Fall des Hauskindes durch Manzipation verwirklicht wird). Siehe ebd. 247 ff für eine umfassende Darstellung der älteren Lit.

711 Vgl. *Flach*, Gesetze (1994) 130. *Flach* spricht von einem gesetzlich verbrieften Recht des Rückkaufes; eine Quelle dafür zitiert er nicht. Zum Verkauf unter Rücktrittsvorbehalt im altassyrischen Rechtskreis vgl. *Hengstl*, Rückkaufsvorbehalt, AVA 77 (1987) 98 ff. Vgl. weiters *Flach*, Zwölftafelgesetz (2004) 196.

712 Vgl. etwa *Sachers*, Potestas Patria, RE XXII.1 (1953) 1098.

713 Allerdings mussten Haussöhne wohl nicht persönlich vor dem *censor* erscheinen, da ihr *pater familias* die Angaben für sie machte. Vgl. *Kubitschek*, Census, RE III.2 (1914) 1914. *Jhering*, Geist II.1[7] (1926) 184 ff beruft sich dabei auf Gai. 1, 140: *Quin etiam invito quoque eo cuius in mancipio sunt, censu libertatem consequi possunt, excepto eo quem pater ea lege mancipio dedit, ut sibi remancipetur: nam quodam modo tunc pater potestatem propriam reservare sibi videtur eo ipso, quo mancipio recipit. ac ne is quidem dicitur invito eo cuius in mancipio est, censu libertatem consequi, quem pater ex noxali causa mancipio dedit, veluti quod furti eius nomine damnatus est et eum mancipio actori dedit: nam hunc actor pro pecunia habet.* AA *Steinwenter*, Mancipium, RE XIV.1 (1928) 1012 f. Zum selben Ergebnis wie *Jhering*, unter Heranziehung derselben Stelle (ohne Bezugnahme auf

(nur) bei einer Freilassung durch den Erwerber eine automatische Rückkehr in die *patria potestas* des Vaters erfolgte[714]. Wie es auch dazu kam, dass eine mehrfache Veräußerung vorgenommen wurde, die Anzahl solcher Verkäufe wurde jedenfalls auf drei begrenzt[715].

Die bei Gaius in Inst. 1, 132[716] angeführte Begründung dafür, dass bei Töchtern und Enkeln die einmalige Manzipation genügt, ist die, dass die Zwölftafeln eben nur vom „Sohn" sprechen; daher sei nur bei ihm der dreimalige Verkauf nötig und bei allen anderen freien Gewaltunterworfenen genüge im Umkehrschluss ein einziger Veräußerungsakt. Ein logischer Schluss wäre jedoch ebenso „gegenteilig" möglich gewesen: Weil nur Söhne durch dreimaligen Verkauf frei werden, können die übrigen infolge eines Verkaufs – oder auch wiederholter Verkäufe – überhaupt nicht frei werden.

Auch der Hintergrund dieser Interpretation durch Gaius ist unklar: Die Vermutungen reichen von der Annahme, dass es sich um eine von der ursprünglichen Intention der *decemviri* abweichende Interpretation des Begriffes durch spätere Juristengenerationen handle, weil aufgrund der immer stärkeren gesellschaftlichen Ablehnung von Kinderverkäufen der Zwölftafel-Satz so eng wie möglich ausgelegt wurde[717], über die Vorstellung, dass der Haussohn

---

Jhering, dafür aber mwN), kommt *Yaron*, Si pater filium ter venum duit, TR 36 (1968) 72. Nachdem *Kaser*, Altrömische Hausgewalt, SZ 67 (1950) 491 nachgewiesen hat, dass es sich bei Gai. 1, 140 nur um eine Bezugnahme auf die letzte Veräußerung handeln kann, sagt dieser Text aber nichts über den Grund dafür aus, wie es nach dem ersten bzw. zweiten Verkauf zur einem Rückfall des *filius* an den *pater familias* und die damit eröffnete Möglichkeit zur Wiederveräußerung kam. Vgl. zuletzt *Cristaldi*, Si pater, in: Scritti Corbino 2 (2016) 293 ff.

714 *J. G. Wolf*, In mancipio esse, in: FS Behrends (2009) 615 u. 617 f.

715 Bis zu dieser Einschränkung ist der Verkauf lt. *Fayer*, Familia 1 (1994) 222 uneingeschränkt oft möglich gewesen. Umgekehrt vertritt *J. G. Wolf*, In mancipio esse, in: FS Behrends (2009) 617 ff die Ansicht, dass zuvor nur ein einmaliger Verkauf denkbar war. Dass die Schutzmaßnahme der Rückkehr in den Familienverband nur nach den ersten beiden Verkäufen eingriff, sieht er ebd. 620 darin begründet, dass es „nicht abzusehen und sogar eher unwahrscheinlich" sei, dass der Vater das Hauskind ein zweites und ein drittes Mal verkaufte. *Birks*, 3 x 1 = 3, IURA 40 (1989) 62 deutet den Text der Zwölf Tafeln entgegen den übrigen Interpretationen so, dass es sich nicht um den dreimaligen Verkauf ein- und desselben Sohnes handelt, sondern dass ein Vater drei Söhne verkauft. Durch den Verkauf des dritten Sohnes werden die zuvor verkauften Söhne gewaltfrei. Das erscheint jedoch nicht sachgerecht und kann auch aus den Quellen nicht bestätigt werden.

716 Vgl. außerdem Epit. Gai. 1, 6, 5 und Ulp. Reg. 10, 1.

717 *Yaron*, Si pater filium ter venum duit, TR 36 (1968) 69. *Stoop*, Sins, RIDA 42 (1995) 331 ff meinte überhaupt, die überlieferte Interpretation weiche vollkommen vom wahren Inhalt der Zwölftafelnorm ab. *Venum dare* bezeichne nicht nur den Verkauf, sondern auch die Prostituierung und so sei die Bestimmung

für den *pater familias* besonders wertvoll war und er deshalb so lange wie möglich an die Hausgewalt gebunden bleiben sollte[718], bis hin zu der Argumentation mit dem rein Faktischen, dass es sich beim Kinderverkauf um die ursprünglichste Rechtsform der Verwertung von Arbeitskraft eines Kindes handle und es daher kaum zu Verkäufen von Töchtern und Enkeln gekommen sein werde, da die ersteren als Frauen körperlich zu schwach und zweitere noch zu jung waren, um als Arbeiter in Betracht zu kommen[719].

Auf einer späteren Entwicklungsstufe scheint der Verkauf von Kindern zum Geldgewinn in der Praxis verschwunden zu sein[720], da es für die klassische Periode nur den einen Beleg für einen Kinderverkauf gibt: unsere Ausgangsstelle aus dem Codex-Titel *De liberali causa*.

Dem Jahr nach ist das Reskript nicht exakt bestimmbar, doch da es von *Caracalla* stammt, der von 211 bis 217 n. Chr. römischer Kaiser war, muss dieser zeitliche Rahmen vorausgesetzt werden. *Mayer-Maly* bemerkte zu diesem Text: „Das Reskript wurde wohl anlässlich eines vom Vater einige Zeit nach dem Verkauf angestrengten Freiheitsprozesses erbeten, wobei die kaiserliche Kanzlei vor allem die Rechtsfrage geprüft haben dürfte, ob die Freiheitsbehauptung nicht wegen *venire contra factum proprium* zurückzuweisen sei“[721]. Ähnlich *Memmer*[722]: „Caracalla erklärt den (echten) Verkauf eines Hauskindes für sitten- und rechtswidrig. Dieses Reskript wurde vom Vater einige Zeit nach dem Verkauf des Kindes, wohl anläßlich eines Freiheitsprozesses, erbeten. Die kaiserliche Kanzlei dürfte geprüft haben, ob die Freiheitsbehauptung nicht wegen eines *venire contra factum proprium* zurückzuweisen sei“. Auch *Kaser* meinte, in diesem Text den Beleg dafür gefunden zu haben, dass es immer einen Rechtsbruch bedeutete, Kinder zum Zwecke der wirklichen Versklavung zu verkaufen[723].

---

von den Decemviri ursprünglich gemeint gewesen: ein Vater, der seinen Sohn drei Mal prostituiere, verliere seine *patria potestas* über ihn.

718 In eine ähnliche Richtung weist auch die Ansicht von *Schmidt*, Hauskind in mancipium (1879) 13: Nachdem der eigentliche Fortsetzer der *familia* in religiösem und bürgerlichem Sinne der Sohn ist, wird dessen Loslösung aus dem Vaterhaus möglichst erschwert.

719 *Steinwenter*, Mancipium, RE XIV.1 (1928) 1012.

720 Ebenso die Kinderverpfändungen, anders die *noxae deditio*. Vgl. *Yaron*, Si pater filium ter venum duit, TR 36 (1968) 69 f. *J. G. Wolf*, In mancipio esse, in: FS Behrends (2009) 612 weist darauf hin, dass das Hörigkeitsverhältnis des *in mancipio esse* im klassischen Recht „zu einem Schemen verblaßt“ sei, da Hauskinder nur noch *dicis gratia* (rituell bei *emancipatio* und *adoptio*) durch Manzipation veräußert worden seien.

721 *Mayer-Maly*, Notverkaufsrecht, SZ 75 (1958) 123.

722 *Memmer*, Ad servitutem aut ad lupanar, SZ 108 (1991) 43.

723 *Kaser*, Patria potestas, SZ 58 (1938) 81.

Es dürfte sich im vorliegenden Fall jedoch um eine Veräußerung durch die Mutter[724] handeln und sich daher die Frage nach der rechtlichen Deckung eines Kinderverkaufes durch die *patria potestas* gar nicht stellen.

Dafür, dass ein Statusprozess angestrebt wird, spricht einerseits der Codex-Titel *De liberali causa* und der Umstand, dass der *iudex competens* im Kognitionsprozess angerufen wird.

Dass uns für die klassische Periode keine Fälle von Kinderverkäufen überliefert sind, ist somit wahrscheinlich nicht darin begründet, dass dem *pater familias* zu dieser Zeit kein *ius vendendi* zustand, sondern schlicht darin, dass es in der entwickelten römischen Gesellschaft als moralisch so verwerflich angesehen wurde, seine Kinder zu verkaufen, dass es dazu nicht kam: Die Adressatin des Reskripts gesteht schließlich auch eine *res inhonesta*. Jedenfalls wurden solche Verkäufe offenbar nicht Gegenstand juristischer Überlegungen. In den Wirren der Nachklassik kommt es zu einem Wiederaufleben dieser Praxis, wie an späterer Stelle noch zu thematisieren sein wird[725].

Anhand des Textes C. 7, 16, 1 hat Baldus[726] sodann eine Dreiteilung der Ausnahmen vom Verbot des *venire contra factum proprium* vorgenommen:

---

724 Hier weichen die Lesarten der *inscriptio* voneinander ab. Vorliegend ist die Ausgabe *Mommsen/Krüger* zugrunde gelegt. Vgl. jedoch die Ausgabe *Kriegel*, Bd 2[14] (1872) 463: Hier wird zwar *Saturnino* im Haupttext der *inscriptio* genannt, allerdings mit der Fn, dass es auch Handschriften mit der Lesart „*Saturninae*" gibt. Die Basiliken verwenden zunächst die dritte Person und wechseln dann mitten in der Stelle auf die zweite Person. Die dritte Person wird zwar mit maskulinen Endungen wiedergegeben, allerdings kann sich das auf τίς („irgendjemand") beziehen, das wiederholt statt einer konkreten Person erwähnt wird und sowohl maskulin als auch feminin sein kann; es wird also abstrahiert. Vgl. Bas. 48, 20, 1: Πωλήσας τις τοὺς ἰδίους παῖδας μετὰ ταῦτα προςῆλθε δεόμενος ἀνατραπῆναι τὴν πρᾶσιν. Καὶ ἀντιγράφει πρὸς αὐτὸν ἡ διάταξις λέγουσα, ὅτι πρᾶγμα μὲν αἰσχρὸν ἐποίησας συνομολογῶν πεπρακέναι τοὺς σοὺς υἱούς˙ πλὴν πρόσελθε τῷ ἄρχοντι αἰτῶν τὰ περὶ τῆς τύχης αὐτῶν γυμνασθῆναι. „Jemand, der die eigenen Kinder verkauft hat, ging danach hin um zu bitten, dass dieser Verkauf aufgehoben werde. Und er reskribierte diesem die Anordnung, welche besagt, dass du eine schändliche Sache getan hast, indem du aufgrund einer Vereinbarung deine Söhne verkauft hast: Außerdem ging er zu dem Magistrat und bat darum, dass über das Schicksal entschieden wird."

Dass eine Mutter Verkäuferin war, erkennen auch schon *Humfrees*, Poverty and Roman Law, in: Poverty in the Roman World (2006) 190, *Fayer*, Famiglia 1 (1994) 233 und *Mitteis*, Reichsrecht und Volksrecht (1891) 157, keiner der Autoren geht jedoch näher auf diese Problematik ein. Eine genauere Untersuchung wird an dieser Stelle einer gesonderten Darstellung vorbehalten.

725 Siehe unten Kapitel 2.5 zu den nachklassischen Entwicklungen.

726 Comm. in Cod. (benützte Ausgabe: Venedig 1599) IV, 12.

Erstens Unwirksamkeit der ersten Handlung; zweitens Handeln *alieno nomine*; und drittens *favor libertatis*[727].

Das widersprüchliche Handeln liegt hier auf der Hand: Zuerst verkauft Saturnina ihre Kinder und dann will sie diese doch zurückhaben. Ihre erste Handlung, die Veräußerung der Kinder, war unwirksam; darüber hinaus handelt sie im Namen der Kinder, also *alieno nomine* (zumindest handelt sie in deren Interesse) und überdies entspricht das Ergebnis dem *favor libertatis*. Alle drei genannten Ausnahmen liegen daher kumuliert vor. Dass jedes Element für sich genommen bereits genügend Anlass zur Ausnahme bietet, ist aus diesem Text nicht erkennbar.

Offenbar steht für den Verfasser der Brocardica *aurea* aber das Handeln im fremden Interesse hier im Vordergrund, denn das war nicht nur in beiden vorangehenden Texten zentrales Thema, sondern ist auch Gegenstand des folgenden Selbstverweises.

2.4. Selbstverweis IV: Handeln im fremden Namen

Dieser Selbstverweis zieht zwei weitere *generalia* heran, welche ein zulässiges widersprüchliches Verhalten beinhalten sollen. Wie in den drei vorangehenden Stellen geht es auch hier um die Beurteilung von Verhaltensweisen, die im Hinblick auf einen Dritten gesetzt werden. Die beiden zitierten *generalia* stammen aus derselben Rubrik: Rubrica LVII *De se suisque rebus*. Bei der erstgenannten Stelle handelt es sich um den 15. Titel, in welchem ausgesprochen wird, dass man das, was man im fremden Interesse oder als Stellvertreter tut, gewissermaßen nicht selbst tut, sondern man dabei in die Rolle dieser andere Person schlüpft (*non sua sed mea vice fungitur*[728]). Während 20 Stellen zum Beweis für diese Aussage angeführt werden (D. 2, 4, 16; D. 1, 18, 2; D. 17, 1, 18; D. 23, 3, 5, 8; D. 2, 14, 21, 5; D. 50, 17, 7 u 8; C. 2, 46, 3; D. 2, 1, 16; D. 1, 7, 15, 1; D. 1, 21, 1, 1; D. 3, 2, 11, 4; D. 3, 4, 6 pr; D. 5, 2, 10, 1; D. 49, 4, 1, 15; D. 17, 2, 60 pr; D. 15, 1, 35; D. 36, 1, 61, 1; C. 5, 37, 26; D. 34, 9, 22; D. 5, 2, 30, 1), sprechen nur zwei Texte dagegen (D. 50, 7, 8; C. 2, 20, 1).

Es folgt die *solutio*, in welcher Azo Kritik an dem *generalium* übt: Es handle sich hier nicht um widersprechende Rubriken, sondern um übereinstimmende. Demgemäß müsse es als Grundsatz ohne Gegenausnahmen angesehen werden, dass jemand, der erlaubterweise für einen anderen handelt, keine Rechtswirkungen für sich selbst erzeugt. Ein großer Teil der Zitate bezieht sich auf Handeln des Vormundes für sein Mündel; insbesondere werden zwei Texte zitiert, nach denen der Vormund, der im Namen seines Mündels ein

727 Vgl. *Riezler*, Venire (1912) 45.
728 Ausgabe Neapel 1568, fol 131 r-132 v; CGIC IV (1967) 262 f.

Testament anficht, aus dem er selbst begünstigt wird, seine Rechte daraus nicht verliert, wenn er in dem für sein Mündel geführten Prozess unterliegt[729].

Besonders hebt Azo hervor, dass der Text D. 50, 7, 8 kein Gegenargument sei: Demnach befreit es einen Sohn, der *decurio* ist und für seinen Vater das Amt eines Legaten ausübt, nicht von der Pflicht, dieses Amt für sich selbst auszuüben. Der Vater aber kann die Befreiung für zwei Jahre geltend machen, weil es so angesehen wird, als hätte er das Amt durch seinen Sohn selbst ausgeübt. Dieser Text ist etwa im Druck Basel 1567 das einzige Gegenargument, Neapel 1568 nennt noch einen weiteren: C. 2, 20, 1. Dort bestellt ein Schuldner Pfänder und hat einen Bürgen. Dieser Bürge kauft schließlich bei Pfandverwertung vom Gläubiger die verpfändeten Gegenstände. Severus und Antoninus (Caracalla) entscheiden, dass der Bürge dem Schuldner die Pfandsachen herausgeben muss, wenn dieser die Zahlung samt Zinsen und den Wert der zwischenzeitlich gezogenen Früchte anbietet. Anderfalls habe der Schuldner gegen den Bürgen wegen dessen *dolus* eine *actio*; es dürfte sich dabei aber nicht um die in der Titelrubrik genannte *actio de dolo*, sondern vielmehr die *actio mandati* handeln. Auch dieser Text ist wohl nicht als Gegenargument gegen den aufgestellten Grundsatz zu werten, da der Bürge stets im eigenen Namen handelt (wenn auch primär im Interesse des Hauptschuldners).

Dass Azo hier kritisiert, dass ein nicht als Gegenargument zu wertender Text unter *contra* genannt wird, ist ein weiteres Indiz für den im Abschnitt zur Entwicklung der Brocardica geäußerten Verdacht, dass er diese lediglich kommentiert und seine *solutio* hinzufügt, nicht jedoch die Sätze selbst formuliert und auch nicht die Belegstellen ausgewählt hat.

Als zweites Zitat wurde der 18. Titel derselben Rubrik herangezogen: Man könne gleichsam als ein anderer und nicht als man selbst handeln[730]. Auch hier überwiegen die Argumente *pro* (C. 9, 24, 2; IJ. 2, 18, 4; D. 1, 7, 15, 1; C. 5, 37, 26; D. 2, 4, 16; D. 10, 4, 12, 2), allerdings gibt es auch immerhin fünf Argumente *contra* (D. 12, 6, 26, 8; D. 38, 2, 9; D. 17, 1, 45, 1; C. 2, 20, 1; D. 5, 2, 23, 2). Die *solutio* verweist auf den soeben besprochenen 15. Titel und kommt zum selben Ergebnis: Zwischen *pro* und *contra* bestehe in Wahrheit kein Gegensatz, weswegen der Obersatz allgemeine Gültigkeit besitze und keine Gegenargumente existierten. Der eine Satz bedingt auch gewissermaßen den anderen: Nur wenn man so für einen anderen handeln kann, dass man damit nicht für sich selbst handelt (Titel 18), kann man im fremden Namen handeln und dadurch Rechtswirkungen für einen anderen (und nicht für sich selbst) erzeugen (Titel 15).

---

729 D. 34, 9, 22; D. 5, 2, 30, 1.

730 Ausgabe Neapel 1568, fol 132r; CGIC IV (1967) 264.

Diese Rubriken sind für das Verbot widersprüchlichen Handelns deshalb relevant, weil man seinem Erstverhalten danach dann widersprechen kann, wenn dieses oder die spätere Verhaltensweise im fremden Namen erfolgt.

Für das klassische römische Recht muss hier freilich die Einränkung gemacht werden, dass eine direkte Stellvertretung unter Freien bekanntlich nicht dem Rechtsdenken dieser Zeit entspricht[731], doch gibt es auch hier anerkannte Ausnahmen. So wird hier im Zusammenhang mit dem Vormund etwa der Text IJ. 2, 18, 4 zitiert, nach welchem dieser für sein Mündel ein Vermächtnis entgegennehmen und später im eigenen Namen gegen das Testament die *querela inofficiosi testamenti* erheben kann; oder D. 2, 4, 16, wo er im Namen seines Mündels seine Freilasserin klagen kann, obwohl er es im eigenen Namen nicht könnte. Wären bei einander widersprechenden Verhaltensweisen beide Handlungen im eigenen Namen erfolgt, so wäre ihm später ein widersprechendes Verhalten verwehrt gewesen.

Eine besondere Form der Rechtswirkungen fremden Handelns behandeln die Texte, in denen sich Dritte einredeweise auf ein *pactum* berufen können, das sie gar nicht selbst abgeschlossen haben. In manchen Stellen geschieht dies mit einer *exceptio doli*, in anderen sogar mit einer *exceptio pacti*. Ob ein *pactum* Wirkung auch für und gegen Dritte haben kann, ist vor allem vom jeweiligen Wortlaut des *pactum* abhängig: Ein *pactum in personam*[732] beschränkt sich grundsätzlich auf die genannte Person und nützt nach Labeo[733] nicht einmal ihren Erben; ein *pactum in rem*[734] begünstigt hingegen alle, an deren Befreiung der Paktierende zugleich selbst interessiert ist.

Zu beachten sind in diesem Zusammenhang aber zwei Punkte: Es kann vorkommen, dass zwar eine Person genannt ist, diese Benennung aber nur *demonstrationis causa* geschieht und das *pactum* eigentlich *in rem* gewollt ist[735]; in einem Celsus-Text ist diesbezüglich sogar eine Beweislastumkehrung überliefert: Der Kläger muss hier nachweisen, dass durch das *pactum* nur der Schuldner persönlich befreit sein soll, dessen Erben aber haften sollen[736].

Durch das *pactum* muss aber zumindest auch der Paktierende selbst betroffen sein, da ein *pactum*, das Rechtswirkungen nur hinsichtlich eines Dritten herbeiführen soll, als echter Vertrag zugunsten oder zulasten Dritter nichtig ist.

---

731 Zur funktionalen Umsetzung seiner solchen „direkten" Stellvertretung durch die Gewährung von *actiones utiles* siehe aber insbes. *Finkenauer*, Stellvertretung, SZ 125 (2008) 440 ff. Zu den Wirkungen bei Prozessvertretung siehe unten Kapitel 2.15.

732 *„ne a reo petatur"*.

733 D. 2, 14, 25, 1.

734 *„ne a res petatur"*.

735 Bspw. bei Papinian in 1 resp., D. 2, 14, 40, 3 hinsichtlich der Erben, obwohl der Bruder genannt ist.

736 Cels. 1 dig., D. 22, 3, 9.

Ist man bei einem *pactum*, welches Wirkungen für Dritte hervorruft, auch selbst betroffen, so wird eine Zuwiderhandlung nicht gestattet sein. Ist bei einem solchen *pactum* nur der Dritte betroffen, so ist die Vereinbarung nichtig und Zuwiderhandeln ist allen Beteiligten gestattet. Ist aber eine direkte Stellvertretung aufgrund einer Sonderrechtsbeziehung wie der des Vormunds zum Mündel auch nach klassischem römischen Recht möglich, so kann der Vormund einer Handlung, die er im Namen des Mündels gesetzt hat, im eigenen Namen zuwiderhandeln, weil die Ersthandlung für ihn selbst keine Rechtswirkungen entfalten konnte, sondern nur für den von ihm Vertretenen.

Auch im nächsten Text kann sich jemand im Interesse Dritter mit seinem Vorverhalten in Widerspruch setzen: Das Thema der Kinderverkäufe wird wieder aufgegriffen.

2.5. C. 4, 43, 2: Nachklassische Entwicklungen bei Kinderverkäufen

C. 4, 43, 2 (Imp Constantinus A. provincialibus suis)
Si quis propter nimiam paupertatem egestatemque victus causa filium filiamve sanguinolentos vendiderit, venditione in hoc tantummodo casu valente emptor obtinendi eius servitii habeat facultatem. § 1 Liceat autem ipsi qui vendidit vel qui alienatus est aut cuilibet alii ad ingenuitatem propriam eum repetere, modo si aut pretium offerat quod potest valere, aut mancipium pro huiusmodi praestet. D. XV. k. Sept. Serdicae Constantino A. VIII et Constantino C. IIII conss. [a 329][737]

737 Vgl. Const., CTh. 5, 10, 1: *Secundum statuta priorum principum si quis a sanguine infantem quoquo modo legitime comparaverit vel nutriendum putaverit, obtinendi eius servitii habeat potestatem: ita ut, si quis post seriem annorum ad libertatem eum repetat vel servum defendat, eiusdem modi alium praestet aut pretium, quod potest valere, exsolvat. Qui enim pretium competens instrumento confecto dederit, ita debet firmiter possidere, ut et distrahendi pro suo debito causam liberam habeat: poenae subiciendis his, qui contra hanc legem venire temptaverint.* Trotz der Ähnlichkeiten der Texte C. 4, 43, 2 (Konstantin an *provincialibus suis*) und CTh. 5, 10, 1 (Konstantin an *Italis suis*) dürften zwei verschiedene Konstitutionen anzunehmen sein. Siehe *Mayer-Maly*, Notverkaufsrecht, SZ 75 (1958) 136 Fn 99; sowie *Memmer*, Ad servitutem aut ad lupanar, SZ 108 (1991) 56 Fn 124 u. 125. *Evans-Grubbs* schlägt vor, dass C. 4, 32, 2 und CTh. 5, 10, 1 Exzerpte aus einer gemeinsamen Vorlage sind; die Kompilatoren des Codex Theodosianus könnten dabei andere Teile des Originaltextes für das Exzerpt ausgewählt haben als die Kompilatoren des Codex Iustinianus. Eine weitere Erklärungsmöglichkeit wäre nach *Evans-Grubbs*, Munita coniuga (1987) 198, dass es sich um zwei leicht voneinander abweichende Versionen handelt, die in unterschiedliche Teile des Reiches geschickt wurden; die Version des Codex Theodosianus ist für Italien, die Version des Codex Iustinianus für die Provinzen gedacht. Der größte Unterschied zwischen den beiden Texten ist, dass CTh. 5, 10, 1 die Lage aus Sicht des Käufers betrachtet, während C. 4, 43, 2 an die Eltern gerichtet ist, die ihre Kinder verkauft haben. Eine genaue Analyse der

C. 4, 43, 2 (Kaiser Konstantin an seine Provinzialen)
Wenn jemand aufgrund von zu großer Armut und wegen Mangel an Nahrung den Sohn oder die Tochter als Neugeborenes verkauft, soll der Käufer, weil der Verkauf allein in diesem Fall wirksam ist, die Möglichkeit haben, dieses als Sklaven zu behalten. § 1 Es soll aber demjenigen selbst, der verkauft hat, oder dem, der veräußert wurde, oder jedem beliebigen anderen erlaubt sein, ihn zur eigenen Freigeborenheit zurückzuführen, indem er den Preis anbietet, den er wert sein kann, oder einen anderen Sklaven dieser Art leistet. Gezeichnet den 18. August 329 in Serdica.

Während zur Zeit des klassischen römischen Rechts Kinderverkäufe zwar rechtlich möglich waren, aber vermutlich faktisch so gut wie nie vorkamen[738], setzte im späteren dritten Jh. n. Chr. aufgrund wirtschaftlicher Notwendigkeit[739] ein Wiederaufleben dieser Praxis ein. Zwei Texte aus den Paulussentenzen[740] nennen die Gründe: Äußerste Not und Fehlen einer Unterhaltsmöglichkeit.

Diokletian ging rigoros gegen Kinderverkäufe vor[741] und überhaupt bildete sich die *patria potestas* samt dem damit verbundenen *ius vitae necisque* in der nachklassischen Entwicklung drastisch zurück, bis unter Valentinian I das Recht des Vaters über Leben und Tod der Kinder auch formell abgeschafft wurde[742].

Konstantin hielt zwar noch grundsätzlich am diokletianischen Veräußerungsverbot fest, versuchte aber durch bestimmte Ausnahmeregelungen die Rechtslage den Bedürfnissen der Praxis anzunähern, wobei auch der ausnahmsweise gestattete Verkauf mit einem Lösungsrecht verknüpft wurde[743].

Abweichungen zwischen den Texten bietet *Bonfante*, Ius vendendi, in: Scritti 1 (1916) 68.

738 Siehe oben Kapitel 2.3.

739 Va. aufgrund von Geldentwertung, Seuchen und Hungersnot. Vgl. *Rostovtzeff*, Gesellschaft und Wirtschaft 2 (1930) 177 ff.

740 PS 5, 1, 1 und Paul. 5 sent., D. 20, 3, 5. Vgl. *Mayer-Maly*, Notverkaufsrecht, SZ 75 (1958) 124 ff.

741 Vgl. zur Diskussion, ob er ihn als *crimen plagii* qualifizierte: *Mommsen*, Strafrecht (1899) 782 f; *Niedermeyer*, Crimen plagii, in: Studi Bonfante II (1930) 388; *Biondi*, DRC III (1954) 28.

742 Siehe C. 9, 15, 1 (= CTh. 9, 13, 1). *Kaser*, Patria potestas, SZ 58 (1938) 66 f u. *ders.*, RPR II^2 (1975) 202 ff.

743 Zum Kinderverkauf in den Konstitutionen Konstantins siehe etwa *Bonfante*, Ius vendendi, in: Scritti 1 (1916) 64 ff; *Sargenti*, Legislazione di Costantino (1938); *Mayer-Maly*, Notverkaufsrecht, SZ 75 (1958) 133 ff; *Dupont*, Constitutions de Constantin (1937); *dies*, La vente, RIDA 19 (1972) 275 ff (285 ff zum Kinderverkauf); *Simon*, Konstantinisches Kaiserrecht (1977) 35 ff; *Nardi*, Ius vendendi, Atti Napoli 89 (1978) 53 ff; *Bianchi Fossati Vanzetti*, Vendita ed esposizione degli infanti, SDHI 49 (1983) 179 ff (zu Konstantin insbes. 187 ff); *Nardi*, Ius vendendi, in: Scritti Guarino V (1984) 2287 ff; *Evans-Grubbs*, Munita

Hinter diesen Bestrebungen dürfte die Eindämmung von Kindesaussetzungen und -tötungen stehen[744]. Neugeborene (*sanguinolenti*) konnten nun verkauft werden, nicht aber ältere Kinder; das Neugeborene wiederum durfte nur wegen drückender Armut oder fehlender Unterhaltsmöglichkeit veräußert werden. Darüber hinaus wurde es jedermann[745] gestattet, das Kind gegen Preiserstattung oder Hingabe eines Ersatzsklaven auszulösen[746]. Das Kind ist beim Erwerber nun Sklave, nicht mehr bloß ein Freier, der sich *in mancipio* befindet[747]. Seine Freigeborenheit erfährt eine Art Schwebezustand und kann im Falle der Auslösung wieder aufleben.

Wie bereits mehrfach festgestellt werden konnte, ist die übliche Vertragsbindung bei Kaufverträgen für das mittelalterliche Verständnis ebenfalls ein Ausdruck des Grundsatzes, dass Zuwiderhandeln gegen eigenes Vorverhalten nicht gestattet sein soll. Dieser Text gewährt nun eine Zuwiderhandlung gegen einen solchen Kaufvertrag: Obwohl im Text ausdrücklich die Wirksamkeit des Vertrages und der darauf basierenden Verfügung ausgesprochen wird, kann – wie jeder andere – auch der Verkäufer selbst das freigeborene Kind beim Erwerber auslösen.

Der Grund dafür liegt in einem besonderen Ausnahmetatbestand: Offenbar konnten aufgrund der praktischen Notwendigkeit solche Verkäufe nicht mehr gänzlich unterbunden werden. So ließ man diese enge Ausnahme vom allgemeinen Verbot offen, schränkte sie aber durch eine Gegenausnahme wieder ein. Hierin liegt eine der Abweichungen von den allgemeinen Abgrenzungskriterien, die in der *solutio* aufgestellt werden; dass solche bestehen, räumt Azo an deren Ende auch selbst ein. Diese Ausnahmen zugunsten der Kinder

---

coniuga (1987) 187 ff; *Memmer*, Ad servitutem aut ad lupanar, SZ 108 (1991) 48 ff; *Lorenzi*, Infantem (2003); *Kaser/Knütel*, RP[20] (2014) 353 (§ 60 Rn 7). Für die Entstehung des Lösungsrechts unter volksrechtlichem Einfluss siehe *Felgenträger*, Lösungsrecht (1933) 93 f; dagegen *Schönbauer*, Abwehrkampf, SZ 62 (1942) 319 ff; unentschlossen etwa *Mayer-Maly*, Notverkaufsrecht, SZ 75 (1958) 137 f und *Memmer*, Ad servitutem aut ad lupanar, SZ 108 (1991) 54; *Wieling*, Sklavenstatus, CRRS I (1999) 17; *Lorenzi*, Infantem (2003); *Herrmann-Otto*, Sklavenkinder, RIDA 51 (2004) 173 ff.

744 Vgl. *Memmer*, Ad servitutem aut ad lupanar, SZ 108 (1991) 55 Fn 122.

745 Hier wird häufig eine justinianische Interpolation angenommen und vermutet, dass bei Konstantin nur dem Vater ein Lösungsrecht zustand. Siehe idS *Memmer*, Ad servitutem aut ad lupanar, SZ 108 (1991) 58 Fn 132 mwN.

746 Vgl. dazu Fr. Vat. 33 u. 34 sowie deren Widerspruch zueinander, auf den auch *Lorenzi*, Infantem (2003) 19 ff hinweist.

747 *Wieling*, Sklavenstatus, CRRS I (1999) 17. *Herrmann-Otto*, Sklavenkinder, RIDA 51 (2004) 174 begründet diesen Umstand damit, dass die Kinder erst dann unter die *potestas* ihres Vaters fallen, sobald dieser sie nach der Geburt vom Boden aufgehoben hat; tut er das nicht, erkennt er sie nicht an und sie können in die Sklaverei verkauft werden.

werden unter dem dort anzutreffenden Begriff „*favor liberorum*" zusammengefasst, wobei auch eine besondere Form des ebenfalls genannten „*favor libertatis*" zutreffend wäre. Aufgrund der Abfolge der Zitate ist anzunehmen, dass das Handeln im Interesse eines Dritten – hier der verkauften Kinder – ein wesentlicher Aspekt war, den Text für diesen Zusammenhang auszuwählen.

Der nächste Text beschäftigt sich auf den ersten Blick mit anderen Themen, doch auch hier kann jemand widersprüchlich handeln, der nicht im Eigeninteresse agiert:

2.6. C. 9, 2, 4: Abwesenheitsurteil

C. 9, 2, 4 (Imp Gordianus A. Archelao)
Si accusatoribus absentibus et non per contumaciam adesse iudicio cessantibus ex una postulatione aditus praeses provinciae non causa cognita sententiam dixit, qua eum de quo querimoniam detulisti liberandum existimavit, criminatione etiam nunc perseverante, quae contumacia vel cessatione accusatorum non interveniente auferri non potuit, causa intentati criminis apud eundem vel successorem eius more iudiciorum tractabitur. PP. non. Mart. Gordiano a. II et Pompeiano conss. [a 241]

C. 9, 2, 4 (Kaiser Gordian an Archelaus)
Wenn der *praeses provinciae* in Abwesenheit der Kläger, die es auch nicht wegen Ungehorsamkeit versäumten, vor Gericht anwesend zu sein, infolge einer einzigen *postulatio* ohne in der Sache zu verhandeln ein Urteil sprach, wodurch er den, über den du Beschwerde eingebracht hast, freizusprechen befunden hat, bleibt das Strafverfahren anhängig, weil es nicht aufgehoben werden konnte, wenn der Kläger nicht des Ungehorsams oder der Versäumnis schuldig ist und es wird wegen des behaupteten Verbrechens vor demselben oder dessen Nachfolger nach Gerichtssitte verhandelt werden. Promulgiert am 7. März 241 unter dem zweiten Konsulat Gordians und dem des Pompejan.

Es ergeht ein Abwesenheitsurteil: Der Beklagte wird freigesprochen, weil die Kläger nicht bei Gericht erscheinen. Es kann vor demselben Magistrat (oder auch vor dessen Nachfolger) weiterverhandelt werden, wenn die *postulatio* nur einmalig erfolgt ist und die Kläger die Verhandlung nicht aus Ungehorsamkeit versäumt haben.

Unter *postulatio* ist im gegebenen Zusammenhang generell jeder Antrag an den Magistrat zu verstehen[748]; hier ist es aber wohl weniger ein einmaliger Antrag des Beklagten, als vielmehr der bloß einmalig erlassene Auftrag des *praeses provinciae* an die Kläger zum Erscheinen vor Gericht[749]. Obwohl

748 *Mommsen*, Strafrecht (1899) 382.

749 Anders versteht diese Stelle wohl *Otto/Schilling/Sintenis* (*Sintenis*), CIC 6 (1832) 305 f, der die *postulatio* offenbar auf den Beklagten bezieht: „Wenn der Provincialpräsident auf geschehenes einmaliges Ansuchen in Abwesenheit der Ankläger

es üblicherweise einer dreimaligen Einberufung bedurfte[750] und die Kläger auch nicht aufgrund von vorwerfbarem Ungehorsam nicht erschienen sind[751], wurde der Prozess durch den *praeses provinciae* eingeleitet, der hier das zuständige Gerichtsorgan ist[752].

Während in der Kognition ein „Freispruch" mittels Entlassung des Beklagten als bloße Einstellung des Verfahrens erfolgte, ist ein Freispruch im Akkusationsprozess an sich endgültig[753]. Offenbar erscheint die Urteilsfällung in einer Verhandlung, die nach nur einmaliger Ladung und ohne vorwerfbaren Ungehorsam ohne die Kläger durchgeführt wurde, aber als derart gravierender Verfahrensfehler, dass das Urteil nicht rechtskräftig wird.

Das Verfahren kann weitergeführt werden[754], wozu es wohl nicht einmal einer förmlichen Wiederaufnahme bedarf[755] (arg. „*criminatione etiam nunc perseverante*[756]"). *Falchi* ordnet C. 9, 2, 4 den Ausnahmefällen hinsichtlich

---

…" Dass besonders von *una* (*postulatione*) gesprochen wird, muss einen Sinn haben: Der Beklagte aber muss seine Ansuchen im Prozess generell nicht mehrfach stellen, lediglich die gerichtliche Ladung muss dreimal geschehen. Einmal ist daher zu wenig.

750 Das gilt auch für den Beklagten. Die Ladung hat durch Edikt zu erfolgen. Vgl. nur D. 5, 1, 68 ff; außerdem D. 42, 1, 53, 1; D. 48, 1, 10; C. 10, 11, 8, 7 und C. 9, 1, 3 (zur Form).

751 Bei Nichterscheinen (*tergiversatio* als Abstehen von der Anklage, ohne dass der zuständige Magistrat dem zugestimmt und das Verfahren niedergeschlagen hätte) drohte dem Ankläger Infamie; das sah das *SC Turpillianum* (61 n. Chr.; mit einem Vorläufer aus der Zeit des Claudius) für die Verfahren vor den republikanischen Quästionen vor, was späterhin in seinem Anwendungsbereich erweitert wurde (Macer in D. 48, 16, 15, 1). Andere Strafen konnten zwar verhängt werden, aber nicht aus dem *SC Turpillianum.* Nach Ulp. in D. 48, 19, 5, 1 sind in der Provinz noch härtere Strafen zu verhängen. Vgl. dazu *Nogrady*, Strafrecht (2006) 121 ff.

752 Zur umfassenden richterlichen Kompetenz des *praeses provinciae* vgl. etwa *Mitteis*, Reichsrecht und Volksrecht (1891) 167 ff sowie *Pieler*, Gerichtsbarkeit, RAC X (1977) 380 ff u. 429 ff.

753 Vgl. etwa D. 48, 2, 7, 2, wo laut Ulpian (unter Berufung auf ein Reskript des Antoninus Pius an einen gewissen Salvius Valens) bei Freispruch nicht nochmalige Anklage zugelassen werden darf: *Isdem criminibus, quibus quis liberatus est, non debet praeses pati eundem accusari …* Siehe auch *Mommsen*, Strafrecht (1899) 450 f und *Falchi*, Diritto penale 3 (1937) 64.

754 *Mommsen*, Strafrecht (1899) 398 Fn 1 meinte zu diesem Text: „Wenn der Kläger ohne seine Schuld den Termin nicht eingehalten hat, so ist eine derartige Freisprechung nichtig …" Der Wiederaufnahme einer solchen Klage durch eine andere Person stehe kein Hindernis im Wege. Warum dies eine andere Person sein muss, wird von ihm nicht erklärt und erscheint auch nicht erklärbar.

755 Siehe auch *Wacke*, Audiatur et altera pars, in: FS Waldstein (1993) 379 f.

756 *Heumann/Seckl*, Art. Perseverare, Handbuch[11] (1971) 425: „beharren, verbleiben, fortfahren". Vgl. für die Wendung „*in crimine usque ad sententiam*

der Unabänderlichkeit der Urteile zu, die zu den „sentenze da valere per legge come nulle ipso iure“[757] zählten, und bereits Bartolus fasste zusammen: *Absolutoria lata accusatoribus non per contumaciam, est ipso iure nulla*[758].

Es kommt also zur formlosen Fortsetzung des Verfahrens, wobei das *ipso iure* nichtige Urteil als nicht gefällt zu betrachten ist und der ursprünglich zuständige Gerichtsmagistrat – oder auch dessen Nachfolger, sollte er in der Zwischenzeit gewechselt haben – die Schuldfrage weiter erörtern kann.

Der Kläger im Akkusationsverfahren übernimmt diese Rolle als Vertreter der Gemeinde[759] grundsätzlich freiwillig und wird daraufhin magistratisch bestellt[760]. Generell muss aus mehreren Anklägern einer ausgewählt werden[761]; hier gibt es jedoch offenbar mehrere Ankläger (*accusatoribus*), was schon die Glossatoren stutzig machte: *Erant ergo plures, et crimen unum … Sic ergo plures accusant unum* … etc. Sie lösten das Problem dahingehend, dass angenommen wird, dass zwar *de facto* mehrere den Täter beschuldigten, aber der verfahrenseinleitende Antrag durch einen Vertreter erfolgt ist, den sie aus ihrer Mitte ausgewählt haben[762]. Bei der späteren Verhandlung sind alle nicht anwesend. Ihre Abwesenheit beruht jedoch nicht auf einer *contumacia*; gemeint ist damit der Ungehorsam gegen die Ladung[763] des Gerichtes, welcher zum Prozessverlust führen würde[764].

---

perservare“: D. 48, 2, 7, 1. Dort soll der Kläger bis zum Endurteil auf seinem Vorwurf „beharren“.

757 *Falchi*, Diritto penale 3 (1937) 64. Andere bei ihm ebd. genannte Ausnahmen sind etwa die *restitutio in integrum* zugunsten Minderjähriger oder Korruptionsfälle.

758 Bzw. etwas ausführlicher Baldus: *Non tenet sententia absolutoria lata pro praesente contra absentem non citatum legitime: Et ea non abstante, tanquam nulla ipso iure, proceditur in causa per iudicem, qui pronunciavit, vel eius successorem.* Benützte Ausgabe: Lyon 1627, 2310.

759 „Personales Gemeindemandat“: *Mommsen*, Strafrecht (1899) 453.

760 Bis auf wenige Ausnahmefälle muss der Ankläger durch das angeklagte Delikt nicht persönlich verletzt sein. Vgl. grundlegend *Mommsen*, Strafrecht (1899) 365 ff.

761 Vgl. Ulp. 2 de off. cons., D. 48, 2, 16: *Si plures existant, qui eum in publicis iudiciis accusare volunt, iudex eligere debet eum qui accuset, causa scilicet cognita aestimatis accusatorum personis vel de dignitate, vel ex eo quod interest, vel aetate vel moribus vel alia iusta de causa.*

762 Gl. *Si accusatoribus* (C. 9, 2, 4): … *De pluribus fuisset electus unus* …

763 Vgl. Herm. 1 iur. epit., D. 42, 1, 53, 1: *Contumax est, qui tribus edictis propositis vel uno pro tribus, quod vulgo peremptorium appellatur. litteris evocatus praesentiam sui facere contemned.*

764 Herm 1 iur. epit., D. 42, 1, 53 pr: *Contumacia eorum, qui ius dicenti non obtemperant, litis damno coercetur.* Vgl. auch Cic. Verr. l. 2, 40, 99: *ne tu ex reis eximerere, si ego ad diem non adfuissem.* Und Acsonius in pro Cornel. 59 *cum* …

In D. 42, 1, 53, 2 wird von Hermogenian im Hinblick auf den Zivilprozess erläutert, wann es kein Ungehorsam ist, der Ladung nicht Folge zu leisten: Bei Krankheit und Abwesenheit in wichtigeren Geschäften[765]. Dass ein Urteil ungültig ist, welches gesprochen wird, nachdem sich „eine der Parteien" aufgrund eines Fieberanfallles entfernen musste (ihr also keine *contumacia* vorzuwerfen ist), entscheidet auch Julian im 5. Buch seiner Digesten, wobei er ausführt, dass die Krankheit (hier das Fieber) ein solches Ausmaß erreichen muss, dass sie als „schwere Krankheit" (*morbus sonticus*) einzustufen ist[766].

Während zu Beginn des Textes C. 9, 2, 4 zunächst davon gesprochen wird, dass das Urteil ergeht, obwohl die Akkusatoren ohne vorwerfbare *contumacia* abwesend sind, wird im späteren Verlauf darauf hingewiesen, dass die Klage fortbesteht, die „*contumacia vel cessatione accusatorum non interveniente auferri non potuit*". Die Klage konnte also durch ein Verhalten des Klägers, das in einem Ungehorsam hinsichtlich der Ladung bzw. in Untätigkeit in Form des Fernbleibens vom festgesetzten Termin[767] besteht, nicht aufgehoben werden. Möglicherweise ist darin ein Hinweis zu sehen, dass selbst dann, wenn dem Kläger Ungehorsam vorzuwerfen ist bzw. er nicht erscheint, nicht sofort ein Urteil ergehen kann, sondern das nötige Verfahren einzuhalten ist, nach welchem er durch Edikte dreifach geladen werden muss.

Der Widerspruch wird im Verhalten des *praeses provinciae* zu suchen sein. Er spricht zunächst frei und verhandelt dann doch über die Schuldfrage. Dass die Bindung des *iudex* an eigene Vorentscheidungen bzw. die seines Amtsvorgängers als Ausdruck des Verbots widersprüchlichen Handelns aufgefasst wurde, geht schon aus der Aufnahme des Selbstzitats aus Rubrik 20, Titel 13: „*Suum vel decessoris sui factum iudex mutare potest*" in die *argumenta pro* hervor[768]. In der dortigen *solutio* entscheidet Azo schließlich, dass der *iudex* gegen das eigene Verhalten oder auch das seines Amtsvorgängers vorgehen kann, wenn das erste *factum* (hier das Urteil) *ipso iure* unwirksam ist. Dafür wäre C. 9, 2, 4 ein Beispiel.

Der *iudex* agiert nicht im eigenen Interesse. Ebenso nicht der *adsertor in libertatem* des nächsten Falles:

---

citati accusatores non adessent, exemptum nomen est de reis Cornelii. Zu den Folgen der *contumacia* im römischen Strafprozess vgl. auch *Falchi*, Diritto penale 3 (1937) 26 ff.

765 Herm. 1 iur. epit., D. 42, 1, 53, 2. In diesen Fällen kann keine Verurteilung in der Sache selbst erfolgen, da das als Strafe für den Ungehorsam zu qualifizieren wäre (arg. „*poena contumacis*"). Vgl. auch *Kaser/Hackl*, ZP[2] (1996) 477 f mwN zum Versäumnisverfahren in Fn 53.

766 Iul. 5 dig., D. 42, 1, 60.

767 *Heumann/Seckel*, Art. Cessare, Handbuch[11] (1971) 97: 4) „in einem Termin ausbleiben, nicht erscheinen". Vgl. etwa D. 49, 14, 2, 4.

768 Siehe oben Kapitel 1.6.

2.7. C. 8, 44, 25: Eviktion durch Statusprozess

C. 8, 44, 25 (Impp Diocletianus et Maximianus AA. et CC. Saturninae)
Si tibi liberam Saturninus condicionem eius ignorans distraxit ac nunc eam defendit in libertatem, hac libera pronuntiata venditorem vel ex stipulatione duplae, quantum in hanc deductum est, vel empti actione quanti tua interest convenire potes. S. id. Febr. CC. conss. [a 294]

C. 8, 44, 25 (Die Kaiser Diokletian und Maximian an Saturnina)
Wenn dir Saturninus eine Freie veräußert hat, deren Status nicht kennend, und er nun diese zur Freiheit verteidigt, wodurch diese als Freie ausgerufen wird, kannst du den Verkäufer entweder aus der *stipulatio duplae* auf so viel, wie in dieser angeführt ist, oder mit der *actio empti* auf so viel, wie dein Interesse ausmacht, belangen. Gezeichnet den 13. Februar 294 unter dem Konsulat der Kaiser.

Saturninus verkauft der Saturnina eine Freie als Sklavin. Offenbar ist dem Verkäufer kein *dolus malus* vorzuwerfen, denn er wusste über den *status libertatis* nicht Bescheid. Nachdem er aber erkannt hat, dass die Betroffene nicht Sklavin, sondern Freie ist, tritt er im Statusprozess als ihr Verteidiger auf. Der Prozess endet mit der Feststellung des *status libertatis*. Das *habere licere* der Käuferin Saturnina am Kaufgegenstand ist damit nicht mehr gegeben und es greifen die Regeln der Rechtsmangelgewährleistung.

In diesem Text, der unter den Codex-Titel *De evictionibus* eingeordnet ist, wird durch die Diskussion der *stipulatio duplae* und der *actio empti* darauf hingewiesen, dass nicht nur eine Vindikation im engeren Sinne, sondern auch ein Statusprozess zur Eviktion führen kann. Diokletian entscheidet, dass der Verkäufer dafür einstehen muss. Der Käuferin steht das Wahlrecht zu: Entweder sie klagt mittels *actio empti* auf das positive Vertragsinteresse oder sie wählt die Klage aus der *stipulatio duplae* und erlangt damit den doppelten Kaufpreis[769].

Die *actio empti* hat hier ausdrücklich nicht nur die einfache Kaufpreiserstattung, sondern das Interesse zum Ziel[770]. Ursprünglich dürfte diese Klage (die wohl nicht immer schon in allen Eviktionsfällen erhoben werden konnte)

769 Zum Wahlrecht des Käufers im Eviktionsfall siehe auch oben S. 167. Gegen die herrschende Lehre der elektiven Konkurrenz bringt *Ankum* vor, dass es sich in den überlieferten Fällen (neben C. 8, 44, 25 auch bei Ulp. in D. 21, 2, 17, Paul. D. 21, 2, 18 und Pomp. D. 21, 2, 27) immer um eine durch *dolus* des Verkäufers bewirkte Eviktion handle. Siehe dazu den Tagungsbericht ‚vendita e trasferimento' von *Marino* in SZ 108 (1991) 695. Wie *Nörr*, Eviktionshaftung, SZ 121 (2005) 154 dargelegt hat, ist die *actio empti* „niemals voll in das ‚System' der Eviktionshaftung integriert" worden. Bei *dolus* des Verkäufers kämen sowohl die *actio ex stipulatu* als auch die *actio empti* und daneben die subsidiäre *actio de dolo* in Betracht. Siehe ebd. 161 ff zur Trennung von Nichtangriffsklausel und Eviktionsklausel (unter Anführung *Rabels* und *Rupprechts*).

770 Vgl. *Kaser*, Actio empti, SZ 54 (1934) 164.

bis zum frühklassischen Recht noch nicht auf den Ersatz des Interesses gerichtet gewesen sein, sondern vielmehr im Anschluss an die *actio auctoritatis* bzw. die Klage infolge *stipulatio duplae* auf den Kaufpreis[771], der derart gefordert werden konnte (freilich nur der einfache, während die übliche *stipulatio* das *duplum* umfasste, worauf sich auch die *actio auctoritatis* richtete). Neben unserem Text gewähren aber nicht nur einige weitere Konstitutionen[772] den Ersatz des Interesses, sondern auch Paulus[773], Papinian[774], African[775] und bereits Julian[776].

An einer freien Person kann kein Eigentum begründet werden. Wäre die Eigentumsverschaffung Ziel der *emptio venditio*, so wäre dieses Beispiel ein Paradefall von rechtlicher Unmöglichkeit und damit Nichtigkeit des Vertrages. Nachdem aber der Verkäufer in diesem Rahmen nur den ungestörten Besitz, nicht aber die Verschaffung der *proprietas* schuldet, liegt solange kein Klagsgrund vor, als der ungestörte Besitz gegeben ist[777]. Die umstrittene Frage, was bei wissentlichem Verkauf einer freien Person zu gelten hat, kann an dieser Stelle außer Betracht bleiben, da aus dem Sachverhalt ausdrücklich hervorgeht, dass dies hier nicht der Fall ist[778]. Der Vertrag ist somit gültig; der Verkäufer haftet dem Käufer zwar nicht für den Rechtsmangel an sich, wohl aber für den Bestand des *habere licere*. „Tatbestandswirkung“ hat laut *Ernst* die Eviktion als Ereignis, weil dadurch das *habere licere* entzogen und damit die Nichterfüllung dessen herbeigeführt werde, „was der Käufer aufgrund der *emptio venditio* als eines auf die *res* und ihre Verschaffung bezogenen Rechtsaktes verlangen kann“[779]. Voraussetzung für die Klage ist somit zunächst einmal die *traditio* der *res vendita*, denn erst ab diesem Moment kann es zur Eviktion

---

771 Zur deren Vorbildwirkung vgl. nur *Kaser*, PR I² (1971) 555 mwN in Fn 13.

772 C. 8, 44, 21, 2; C. 8, 44, 29; C. 7, 45, 8, 1.

773 D. 19, 1, 43; D. 21, 2, 70; beide aus 5 quaest.

774 Fr. Vat. 17.

775 D. 19, 1, 30, 1.

776 D. 21, 2, 8; allerdings anders D. 19, 1, 11, 18.

777 Siehe nur *Evans-Jones/MacCormack*, Res extra commercium, SZ 112 (1995) 334 ff; *Flume*, Rechtsakt (1990) 113 ff; *Arp*, Anfängliche Unmöglichkeit (1988) 103; *Peters*, Unmöglichkeit beim Kauf, in: FS Kaser (1976) 292 ff; *Stein*, Fault (1958) 63.

778 Vgl. Licin. Ruf. 8 reg., D. 18, 1, 70: *Liberi hominis emptionem contrahi posse plerique existimaverunt, si modo inter ignorantes id fiat. Quod idem placet etiam, si venditor sciat, emptor autem ignoret. quod si emptor sciens liberum esse emerit, nulla emptio contrahitur*. Siehe zum Problem auch etwa *Söllner*, Irrtümlich als Sklaven gehaltene, CRRS IX (2000) 79 sowie *Apathy*, Emptio suae rei, in: FS Mayer-Maly (2002) 15 u. 17 f und *Peters*, Unmöglichkeit beim Kauf, in: FS Kaser (1976) 292 f.

779 *Ernst*, Rechtsmangelhaftung (1995) 90 (siehe auch ebd. 8); anders *Kaser* in PR I² (1971) 553 f.

kommen und erst dann stellt sich auch die Frage nach deren Rechtsfolgen[780]. Diese ist hier offenbar erfolgt.

Grund für die Auswahl des Textes und die Einordnung unter die *argumenta contra* dürfte sein, dass es demjenigen, der die Betroffene zunächst als Sklavin verkauft und übergeben hat, nun ermöglicht wird, im Statusprozess ihre Freiheit zu bezeugen und sie damit dem Erwerber wieder zu entziehen.

Bereits im Legisaktionenprozess bedurfte es eines solchen *adsertor in libertatem*, der das „... *liberum esse ex iure Quiritium*" behauptete und damit der Behauptung „*meum esse ex iure Quiritium*" des (vermeintlichen) Eigentümers entgegentrat[781]. Diese Rechtsfigur wird im Wesentlichen bis Justinian beibehalten[782]. Notwendig ist der *adsertor* vor allem deshalb, weil in dem Falle, in dem die Freiheit nicht besteht, ein Sklave als Partei auftreten würde, obwohl er nicht prozessfähig ist[783]. Außerdem kann niemand zugleich Subjekt und Objekt der Vindikation sein[784]. In klassischer Zeit existieren für den Statusprozess zwei Gerichtsbarkeiten nebeneinander: Einerseits die *vindicatio in libertatem* im klassischen Formularprozess[785]; daneben aber sehr bald auch die Möglichkeit eines Kognitionsprozesses; und spätestens seit Anfang des 3. Jh. ein Verfahren vor dem eigens für solche Fragen zuständigen *praetor de liberalibus causis*[786].

Das Verfahren wird in Gang gesetzt, indem die Betroffene öffentlich durch *proclamare ad libertatem* Prozesshilfe erbittet[787]. In unserem Fall erklärt sich der ehemalige vermeintliche Eigentümer bereit, diese zu übernehmen (*eam defendit in libertatem*).

Aufgrund der Abschaffung des *adsertor* durch Justinian wurde dieser planmäßig aus den Quellen getilgt. Auch etwa in D. 3, 3, 54 pr (Paul. 50 ad ed.) wurde der *adsertor* vermutlich durch den *defensor* ersetzt. Aus dieser Stelle kann auch abgeleitet werden, wer als *adsertor* auftreten kann: Alle außer Frauen, Soldaten, im Staatsdienst Abwesende, dauerhaft Erkrankte und Personen, die gerade ein Amt angetreten haben oder gegen deren Willen kein Urteil ergehen darf - somit also gesunde, postulationsfähige Männer, die keine

780 *Pennitz*, Periculum (2000) 443 mwN in Fn 1.
781 *Kaser/Hackl,* ZP² (1996) 102.
782 *Indra*, Status quaestio (2011) 124.
783 Es ist ja gerade fraglich, ob er diesbezüglich rechtlich als Person oder als Sache zu behandeln ist. Vgl. *Indra*, Status quaestio (2011) 128. Ebenso bereits *Franciosi*, Processo di libertà (1961) 147 f.
784 *Kaser*, Rez. Franciosi, SZ 79 (1962) 397.
785 *Kaser/Hackl,* ZP² (1996) 463.
786 *Kaser/Hackl,* ZP² (1996) 457; vgl. auch *Franciosi*, Processo di libertà (1961) 127 ff sowie die Rez. dazu von *Kaser* in: SZ 79 (1962) 397 Fn 26.
787 *Kaser*, Rez. Franciosi, SZ 79 (1962) 397.

Amtsträger sind[788]. Ein gewisses Vorrecht könnte möglicherweise zugunsten einer Person, die sich für den *pater familias* des Betroffenen hält, bestanden haben[789].

Für die Prozessübernahme brauchte der *adsertor* keine besondere Ermächtigung, obwohl das Urteil direkt für die „Vertretene" wirkte, da im Falle des Unterliegens die Vollstreckung durch ihre Inbesitznahme erfolgt wäre[790]. Wohl auch deswegen nennen *Kaser/Hackl* ihn eine „Rechtsfigur eigener Art"[791].

Der Verkäufer setzt sich durch das Auftreten als *adsertor in libertatem* mit seinem eigenen Vorverhalten in Widerspruch, denn ursprünglich verkaufte er die Betroffene als Sklavin und nun tritt er dennoch im Prozess gegen seine Käuferin und deren Eigentumsbehauptung auf. Dieser Selbstwiderspruch soll erlaubt sein.

Die Haftung des Verkäufers/*adsertor* beschränkt sich auf die verschuldensunabhängige Rechtsmangelhaftung und bezieht sich nicht auf einen *dolus*[792], den man ihm aufgrund der Widersprüchlichkeit seines Verhaltens vorwerfen könnte.

Da es bspw. einem Pfandgläubiger, der aus anderem Rechtsgrund das Eigentum an der Pfandsache erlangt und diese seinem Käufer wieder abnehmen möchte, nicht gestattet ist, selbst die Eviktion herbeizuführen[793], scheint der *favor libertatis* hier der Grund dafür zu sein, sich über das Verbot des *venire contra factum proprium* hinwegsetzen zu können. Wieder ist es ein Sondertatbestand, der eine solche Vorgehensweise im Interesse eines Dritten rechtfertigt. Ohne *favor libertatis* müsste der Verkäufer an seine vertragliche Zusage gebunden gewesen sein. Darüber hinaus erfolgt die zweite Handlung nicht im Eigen-, sondern im Fremdinteresse.

---

788 Paul. 50 ad ed., D. 3, 3, 54 pr: *Neque femina neque miles neque qui rei publicae causa afuturus est aut morbo perpetuo tenetur aut magistratum initurus est aut invitus iudicium pati non potest, idoneus defensor intellegitur.*

789 *Indra*, Status quaestio (2011) 146 ff spricht von einem „Prozessobjekt, das nicht *sui iuris* war, sondern noch unter der *patria potestas* stand" (unter juristischer Erläuterung des Verginia-Prozesses). Im Ergebnis entscheidet sich die Autorin gegen ein solches Vorrecht. Insofern ist hier zumindest vorsichtig zu formulieren, da ja noch nicht feststeht, ob der oder die Betroffene nicht Sklave des die Eigentumsbehauptung aufstellenden Prozessgegners ist.

790 *Indra*, Status quaestio (2011) 125. Vgl. ebd. den Nachweis, dass Justinian das Handeln *pro libertate* als Handeln im fremden Namen begriff.

791 *Kaser/Hackl*, ZP² (1996) 218. AA. *Buckland*, Slavery (1908) 655, der den *adsertor* neben den *cognitor* und den *procurator* stellt, siehe *Indra*, Status quaestio (2011) 125.

792 Zur *dolus*-Haftung des *venditor sciens*, die sich ebenfalls von der Haftung für das *habere licere* unterscheidet, vgl. *Ernst*, Rechtsmangelhaftung (1995) 16 ff.

793 Siehe oben S. 152 ff.

2.8. C. 4, 65, 3: Außerordentliche Kündigungsgründe bei Miete

C. 4, 65, 3 (Imp Antoninus A. Flavio Callimorpho)
Diaetae, quam te conductam habere dicis, si pensionem domino insulae solvis, invitum te expelli non oportet, nisi propriis usibus dominus esse necessariam eam probaverit aut corrigere domum maluerit aut tu male in re locata versatus es. PP. VIII. id. Ian. Messala et Sabino conss. [a 214][794]

C. 4, 65, 3 (Kaiser Antoninus an Flavius Callimorphus)
Dich des Wohnraumes, den du in Bestand genommen zu haben behauptest, gegen deinen Willen zu verweisen, ist nicht erlaubt, wenn du den Zins an den Eigentümer des Zinshauses leistest, wenn nicht der Eigentümer bewiesen haben wird, dass er es zum eigenen Gebrauch benötigt oder er das Haus lieber ausbessern will oder du die in Bestand gegebene Sache schlecht behandelt hast. Promulgiert am 6. Jänner 214 unter dem Konsulat von Messala und Sabinus.

Hier liegt der Selbstwiderspruch zwar im Eigentinteresse und es kann auch nicht von *favor libertatis* gesprochen werden, doch wird der Selbstwiderspruch aufgrund anderer besonderer Umstände erlaubt.

Ein Eigentümer gibt sein Haus in Bestand und will dann aufgrund von Eigenbedarf oder wegen Reparaturbedürftigkeit des Bestandobjekts bzw. schlechter Behandlung desselben durch den Bestandnehmer diesen wieder vertreiben. Eine solche Vorgehensweise wird ihm gestattet. Außerdem ist aus dem Text zu schließen, dass er ihn auch vertreiben kann, wenn der Zins nicht oder zumindest nicht vollständig bezahlt wird.

Dieser Text ist jedoch vielmehr eine Einschränkung des vermutlich zunächst bestehenden jederzeitigen Vertreibungsrechts des Bestandgebers[795]: Das Expellationsrecht ist eine Form der Selbsthilfe, die bis zur Ausbildung

---

794 Es bestehen für diesen Text einige abweichende Lesarten. Statt „*Diaetae*“ lesen wir in dem Text, welcher der Glosse zugrunde gelegt wurde, „*Aede*“, also „Haus“. Da „*Diaetae*“ mit „Wohnraum“ übersetzt werden kann, gibt es inhaltlich jedoch keine wesentliche Abweichung. Anstelle von „*insulae solvis invitum*“ und „*versatus*“ am Schluss heißt es dort aber „*insolidum solvisti invitam*“ und „*versata*“. Hier ändern sich also Zeit und Geschlecht: Anstatt von Präsens steht Perfekt, anstelle von Maskulin steht hier ein Feminin. Die Abweichung im Geschlecht hat ihren Grund in der Umwandlung des Namens „Flavius Callimorphus“ in „Callimorphia“. *Dominus insulae* wurde zum *domino in solidum* und *esse necessariam eam* zu *eam necessariam esse*; darüber hinaus kam es zu einer Änderung von *solvis* zu *solvisti*. Für einen Vergleich zwischen den Versionen in den Basiliken und der Summa Perusiana siehe *Battaglini*, Risoluzione, in: Studi Betti IV (1962) 524. Allerdings legt er seinen weiteren Überlegungen äußerst weitreichende Interpolationsannahmen zugrunde.

795 Dass es sich um eine Verbesserung der Situation des Mieters handeln dürfte, stellte auch schon *Jhering*, Besitzwille (1889) 445 unter Berufung auf den Basiliken-Text (Siehe Bas. 20, 1, 65: Ὡραῖον νόμιμον λέγει ἡ διάταξις) fest.

des Kognitionsprozesses grundsätzlich neben der gerichtlichen Rechtsverfolgung möglich war. Erst ab diesem Zeitpunkt wurde die Hilfe des Staates zur Rechtsdurchsetzung nicht bloß zur Verfügung gestellt, sondern war zwingend in Anspruch zu nehmen[796].

Speziell das im fünften Buch *de cognitionibus* bei Callistratus überlieferte *decretum Divi Marci*[797] drängte das Selbsthilferecht zurück und sanktionierte einen Verstoß mit dem Verlust der Forderung. Nicht anwendbar war das Dekret aber wohl auf die Abnahme eines geschuldeten Geldbetrages, welche nach *Wesener* offenbar generell gestattet war[798]. *Wendt* nahm darüber hinaus an, dass das Dekret auch in solchen Fällen nicht anwendbar war, in denen der Eigentümer bzw. Besitzer seinem Detentor die Sache eigenmächtig abnimmt[799]. *Wesener* unterstreicht hier jedoch, dass keine solche *vis* angewendet werden durfte, welche unter die julischen Gewaltgesetze fallen würde.

Auch das Vertreibungsrecht des *locator* fällt nach *Wesener* unter die eigenmächtige Forderungseintreibung[800]. Der *locator* ist Eigenbesitzer; er vertreibt seinen Detentor, den *conductor*, der die Sache bloß innehat[801]. Abgesehen von der faktischen Vertreibung konnte der *locator* daher auch Besitzinterdikte erwirken[802]. Die *actio locati* wäre freilich kein geeignetes Hilfsmittel, denn der *conductor* könnte sich zurecht auf den bestehenden Vertrag berufen. Es kann also festgestellt werden, dass die Juristen danach unterschieden, ob der Vermieter als Vertragspartner oder als Besitzer auftrat[803].

---

796 *Wesener*, Selbsthilfe, in: FS Steinwenter (1958) 103.

797 In den Digesten ist dieses Fragment doppelt überliefert: D. 4, 2, 13 und D. 48, 7, 7. Zu den Abweichungen siehe *Wesener*, Selbsthilfe, in: FS Steinwenter (1958) 103 ff.

798 Unter Berufung auf D. 42, 8, 24 (Scaevola). Siehe *Wesener*, Selbsthilfe, in: FS Steinwenter (1958) 110.

799 *Wendt*, Faustrecht (1883) 176 ff, insbes. 179.

800 *Wesener*, Selbsthilfe, in: FS Steinwenter (1958) 114: „Das Vertreibungsrecht des *locator* fällt unter den Oberbegriff der eigenmächtigen Forderungseintreibung. Ebenso wie der Hinterleger und Verleiher berechtigt sind, dem Schuldner die geschuldete Sache nach Ablauf der Vertragsdauer wieder abzunehmen, so darf auch der *locator* nach Ende der Vertragsdauer – ist keine solche vereinbart, jederzeit – die vermietete oder verpachtete Sache wieder an sich nehmen."

801 Vgl. auch *Behrends*, Selbstbehauptung, SZ 119 (2002) 74 Fn 64. Zur Weiterentwicklung des Besitzrechtes va hinsichtlich des mittelbaren Besitzes vgl. *Bömer*, Besitzmittlung (2009) 86; zur Rezeption *Sondel*, Elemente, Ius Commune 20 (1993) 52.

802 Für die *rei vindictio* ist wohl keine Passivlegitimation des *conductor* anzunehmen, da diese grundsätzlich den Besitz voraussetzt. Zur Diskussion, ob der Vermieter dem Mieter die Sache mittels *rei vindicatio* entziehen kann, vgl. auch *Genius*, Bestandsschutz (1972) 24 f.

803 *Genius*, Bestandsschutz (1972) 24.

Da die *locatio conductio* im römischen Recht nicht durch eine „ordentliche Kündigung" beendet wurde[804], endete sie entweder durch bloßen Zeitablauf[805] oder durch faktische Maßnahmen, welche mit *expellere* oder *repellere* bezeichnet werden, wenn sie vom *locator* vorgenommen werden, bzw. mit *relinquere, migrare, discedere* oder *deserere*, wenn sie vom *conductor* ausgehen[806]. Diese faktischen Maßnahmen konnten grundsätzlich wohl jederzeit ergriffen werden[807]. Sollte ein befristete Vertrag vorzeitig aufgelöst werden, was dem heutigen Verständnis nach als „außerordentliche Kündigung" bezeichnet werden kann, bedurfte es eines besonderen Grundes[808]; erfolgte die Vertreibung jedoch bei vereinbarter Vertragsdauer vor deren Ablauf ohne rechtfertigenden Grund, so musste der Bestandgeber in Kauf nehmen, Schadenersatz leisten zu müssen[809]. Die Entscheidung lag bei ihm.

Die besonderen Gründe, welche zur vorzeitigen Vertragsauflösung berechtigen, werden in C. 4, 65, 3 aufgezählt: Nichtzahlung des Zinses, Eigenbedarf des Vermieters, Reparaturbedürftigkeit des Mietobjektes oder schlechte Behandlung des Mietobjektes durch den Mieter[810]. Diesem Text kann vielleicht eine gewisse „Verbesserungstendenz" zugunsten des Bestandnehmers zugeschrieben werden; allerdings geht die Interpretation *Jherings* wohl zu weit, der davon ausging, dass der Mieter sich in allen nicht durch die hier angeführten Gründe gerechtfertigten Vertreibungsfällen mit der *actio conducti* habe zur Wehr setzen können. *Genius* wandte sich gegen diese Ansicht und relativierte wohl zurecht in dem Sinne, dass vielmehr bloß Schadenersatzansprüche des

804 *Kaser*, PR I² (1971) 568.

805 Die Ansicht *Behn*s, dass die Miete von städtischem Wohnraum grundsätzlich immer unbefristet war und daher jederzeit einseitig beendigt werden konnte, kann mittlerweile als widerlegt bezeichnet werden. Vgl. *Behn*, Interpretation, AcP 68 (1885) 65 f; *Genius*, Bestandsschutz (1972) 23 Fn 26 mwN.

806 *Wesener*, Selbsthilfe, in: FS Steinwenter (1958) 113.

807 Auch deshalb kann es zur Frage nach dem Verhältnis der Miete zum *precarium* kommen: Vgl. *Degenkolb*, Platzrecht (1867) 150 ff. Für die jederzeitige Aufhebungsmöglichkeit etwa *Kaser/Knütel*, RP²⁰ (2014) 262 (Rn 15); *Apathy*, Commodatum, in: FS Hausmaninger (2006) 23; *Hausmaninger/Selb*, RP⁹ (2001) 249; *Frier*, Landlords and Tenants (1980) 70 ff; *Genius*, Bestandsschutz (1972) 25; *Kaser*, PR I² (1971) 568; *Mayer-Maly*, Locatio conductio (1956) 215 ff. AA (*Klingenberg* in) *Apathy/Klingenberg/Pennitz*, RR⁶ (2016) 174. *Möller*, Mieter, AcP 197 (1997) 549 f überträgt die Voraussetzung, dass zumindest einer der Kündigungsgründe vorliegen muss, auch auf unbefristete Verträge.

808 *Mayer-Maly*, Locatio conductio (1956) 215.

809 *Genius*, Bestandsschutz (1972) 25.

810 Für die Fälle des Eigenbedarfs und der Reparaturbedürftigkeit bezeichnet *Mayer-Maly*, Locatio conductio (1956) 216 das Vertreibungsrecht als „echte Beweislastregel".

Mieters, der sich gegen die Vertreibung ansonsten allerdings nicht wehren konnte, die Folge gewesen sein dürften[811].

Einige Besonderheiten sind bzgl. der einzelnen Vertreibungsgründe feststellbar:

Nichtzahlung des Zinses
C. 4, 65, 3 belegt, dass es zur Zeit Caracallas offenbar noch als rechtmäßig betrachtet wurde, den *conductor* bei Mietzinssäumigkeit sofort zu vertreiben, während sich in der Spätklassik die Regel vom *biennium continuum* entwickelte, welches eine Fristerstreckung bewirkte[812].

Reparaturbedürftigkeit des Mietobjektes
Den Fall der Reparaturbedürftigkeit nennt schon Servius Sulpicius als Vertreibungsgrund[813]. Dieser Vertreibungsgrund ist aber auch in der Hinsicht ein Sonderfall, als der *locator* notwendige Reparaturen aus seiner Vertragspflicht gegenüber dem *conductor* durchführen muss, um das Bestandobjekt in nutzbarem Zustand zu erhalten[814].

Eigenbedarf des Vermieters
Die Glosse führt aus, dass ein Eigenbedarf überraschend sein müsse und nicht schon bei Vertragsabschluss vorhersehbar gewesen sein dürfe; als Beispiele des Eigenbedarfs nennt sie den Einsturz des Hauses, welches der *locator* bewohnt, aber auch die Eheschließung des Vermieters[815].

Schlechte Behandlung des Mietobjektes durch den Mieter
Als Beispiel für eine Pflichtverletzung wurde unter anderem der Fall diskutiert, dass der *conductor meretrices* im Bestandsobjekt unterbringt[816].

811 *Genius*, Bestandsschutz (1972) 25. Siehe ebd. 49 f für eine Auseinandersetzung mit der Summe des Placentinus, vor dessen Fehlinterpretation der Autor warnt, sowie zur „missverständlichen Formuierung“ der Gl. *Versata es* (C. 4, 65, 3) ebd. 50 mit Fn 36. Zu einem Bedeutungswandel sei es erst bei Azo gekommen: ebd. 51.

812 D. 19, 2, 54, 1; vgl. dazu *Mayer-Maly*, Biennium, SZ Kan. Abt. 72 (1955) 412 ff, insbes. 413.

813 D. 19, 2, 30 pr u. D. 19, 2, 35 pr.

814 Vgl. etwa *Harke*, Locatio conductio (2005) 21.

815 Gl. *Necessarium* (C. 4, 65, 3): *intellige quando post locationem ex inopinato supervenit necessitas: ut quia alias domus, quam habitabat, corruit: vel uxorem duxit. Secus autem si tempore contractus hoc providere potuit* .... Weitere Fälle überlegt im Anschluss an ältere Literatur *Battaglini*, Risoluzione, in: Studi Betti IV (1962) 538 f.

816 *Costa*, Locazione (1966) 102 Fn 4 mwN.

Frier ergänzt noch den Fall der Unbrauchbarkeit des vermieteten Hauses aufgrund von *vis maior* als außerordentlichen Kündigungsgrund[817], doch hat *Paulus* diese Vermutung zurecht mit dem Argument zurückgewiesen, dass es dabei vielmehr um die Frage geht, ob den *locator* eine Ersatzpflicht trifft, als darum, ob ihm ein Vertreibungsrecht zusteht[818].

Selbst wenn die Vertreibung vor Ablauf der vereinbarten Vertragsdauer ohne einen dieser außergewöhnlichen Kündigungsgründe erfolgte, hatte der vertriebene *conductor* jedoch kein Recht darauf, das Bestandsobjekt neuerlich übergeben zu erhalten; er konnte lediglich Schadenersatz aus dem Vertrag verlangen[819], denn das Urteil konnte nur auf eine Geldleistung lauten[820]. Sollte die Vertreibung jedoch im ersten Vertragsjahr erfolgen, wäre möglicherweise sogar dieser Anspruch hinfällig[821].

Damit wird dem *locator* eine Zuwiderhandlung gegen die vertragliche Vereinbarung, dem *conductor* ein Bestandsobjekt zu überlassen, gewährt, was die Einordnung des Textes durch Azo an dieser Stelle erklärt. Es sind die spezifischen Sonderinteressen des Eigentümers, der seine Sache nicht dauerhaft

---

817 *Frier*, Landlords and Tenants (1980) 78.

818 *Paulus*, Rez. Frier, SZ 100 (1983) 665.

819 C. 4, 65, 15; *Mayer-Maly*, Locatio conductio (1956) 216. Vgl. zu dem Erklärungsversuch, der „durch ungerechtfertigte Beendigung ausgelöste Schadensersatz" sei, „wie man plausibel vermuten" dürfe, „genuin vorklassisch-sabinianische Vertragslehre", während „die institutionelle Strenge des klassischen Systems" dazu führe, „dass mit den Vertragsklagen lediglich auf Erfüllung der Hauptleistungspflichten geklagt" werden könne: *Müller-Kabisch*, Kündigung (2011) 109. Er vertritt denn auch ebd. 160 die Ansicht, es sei nach der klassischen Lehre nicht die faktische Vertreibung, sondern der dahinterstehende Wille, der den Vertrag durch Kündigung zur Auflösung bringe. Er beschränkt sich im Wesentlichen darauf, keinen Gegenbeweis erkennen zu wollen. Ebd. 161 u. 164. Als Argument führt er an, dass die *relocatio tacita* stillschweigend zur Verlängerung des Vertrages führt, daher müsse „der *actus contrarius* im Umkehrschluss ein ausdrücklicher Widerspruch sein. Der Wille ... muss daher auf die Beendigung des Vertragsverhältnisses gerichtet sein und bedarf grundsätzlich einer verkörperten Erklärung ... Der so geforderte Widerspruch ... stellt damit kaum etwas anderes als eine Kündigung dar ..." Ebd. 172. Die Überzeugungskraft eines solchen Umkehrschlusses sei an dieser Stelle dahingestellt. Auch *Müller-Kabischs* Doktormutter *Möller* spricht von Versuchen des römischen Rechts, „Miet- und Pachtverhältnisse zu verdinglichen. Sie stehen in der Tradition der *veteres* und sind in der Kaiserzeit von der Rechtsschule der Sabinianer wieder aufgegriffen worden." Diese könnten nämlich „schuldrechtlichen Besitz" rechtfertigen. Die klassische Lehre hingegen spräche dem Pächter „nicht nur *detentio*, sondern eine *causa possessionis*" zu. *Möller*, Mieter, AcP 197 (1997) 544 f u. 546. Zu *Müller-Kabisch*, Kündigung (2011) siehe auch die Rez. von *Meissel* in: SZ 131 (2014) 473 ff.

820 *Kaser/Hackl*, ZP² (1996) 315 f.

821 So der aus den Basiliken (Bas. 20, 1, 95) rekonstruierte Text C. 4, 65, 15.

übertragen wollte – ansonsten hätte er etwa den Verkauf und ein darauf beruhendes Verfügungsgeschäft gewählt –, sondern nur vorübergehend die Nutzungen gegen Zinszahlung überließ. Diese Interessenlage hat die Juristen und Kaiser bewogen, eine einseitige Auflösung zu ermöglichen. Streng genommen jedoch ist ausgerechnet der hier ausgewählte Text bereits eine Einschränkung des freien Widerrufsrechts und damit der Möglichkeit des Selbstwiderspruchs, da bis zu diesem Zeitpunkt der Bestandgeber seinen Mieter oder Pächter vermutlich jederzeit vertreiben konnte. Es werden aber explizit die Fälle genannt, die als Sonderfälle eine solche Befugnis zum *venire contra factum proprium* enthalten.

Als nächstes wird ein Thema aufgegriffen, welches schon einmal vorgekommen ist, jedoch zwischenzeitlich keine Erwähnung mehr gefunden hat: Es folgt ein Text zum kirchlichen Vermögensrecht.

2.9. C. 12, q. 1, c. 17–18: Bildung von Kirchenvermögen und nachträglicher Eigentumserwerb durch Geistliche

[822][C. XVII.][823]
Item Augustinus. [tractatu LXII. in Iohannem][824].
Habebat Dominus[825] *loculos, a*[826] *fidelibus oblata conseruans, et suorum necessitatibus, et aliis indigentibus tribuebat: Tunc primum ecclesiasticae pecuniae forma est instituta, ut*[827] *intelligeremus quod percepit*[828]*, non esse cogitandum*[829] *de crastino, non ad hoc fuisse perceptum*[830]*, ut nihil pecuniae seruetur a sanctis, sed ne Deo propter*[831] *ista seruiatur, et propter inopiae timorem iustitia deseratur.*

---

822 Der nachstehende Text folgt der Ausgabe *Friedbergs* (dort 683). Die Abweichungen des *Friedberg*'schen Gratiantextes gegenüber der Textausgabe des Vortrages bei *Willems* (1990) bzw. der Predigt bei *Lambot* (1950) sind in den Fußnoten erwähnt. Wegen der Lesarten der verschiedenen Handschriften und der Textänderungen Friedbergs gegenüber der Editio Romana wird generell auf den Anmerkungsapparat *Friedbergs* verwiesen und nur an besonders relevanter Stelle eigens eine solche hervorgehoben.

823 *Editio Romana*: *De eodem* „Über dasselbe". Bezugnehmend auf den vorhergehenden c: „*Quare praedia fidelium hodie ab ecclesiae non alienentur*" (Weshalb christliche Grundstücke heute von der Kirche nicht veräußert werden).

824 Friedberg, Fn 275: no. 5. Ed. Maur.; Anselm von Lucca V, 32.; Polycarpus III, 24, 8.

825 Augustin: „*ergo et Dom*".

826 Augustin: „*et a*".

827 Augustin: „*ubi*".

828 Augustin: „*praecepit*".

829 Augustin erg: „*esse*".

830 Augustin: „*praeceptum*".

831 Augustin: „*pro*".

II. Pars. Gratian. His omnibus claret, quod clericis nullo modo licet habere quid proprium; quod si habuerint, non clerici erunt, non tamen clericatus eis tollendus est.
Unde Augustinus ait in eodem serm[832].

C. XVIII. Clericatus non tollitur eis, qui volunt habere aliquid proprium.
[833]*Certe ego sum qui statueram*[834] *nullum ordinare clericum, nisi qui mecum uellet*[835] *manere*[836]*, ut si uellet a proposito discedere,*[837] *recte illi tollerem clericatum*[838]*. Ecce in conspectu Dei et uestro*[839] *muto consilium.*[840] *Quod*[841] *uolunt aliquid habere*[842] *proprium, quibus non sufficit Deus et ecclesia eius, maneant ubi uolunt et ubi possunt, non eis aufero clericatum,*[843] *nolo habere ypocritas*[844]*. Malum esse*[845] *quis nesciat? Malum est cadere a propositum*[846]*.*

832 Sermo 360, 6 (*de moribus clericorum*).
833 Beginn bei Augustin: „*Sane etiam hoc nouerit caritas uestra dixisse me fratribus meis, qui mecum manent, ut quicumque habet aliquid, aut uendat et eroget, aut donet aut commune illud faciat: ecclesia habeat, per quam nos deus pascit. Et dedi dilationem usque Epiphaniam, propter eos qui uel cum fratribus suis non diuiserunt, et dimiserunt quod habent apud fratres suos, uel nondum de re sua aliquid egerunt, quia exspectabatur aetas legitima. Faciant inde quod uolunt: dum tamen sint pauperes mecum, simul exspectemus misericordiam dei. Si autem nolunt, qui forte nolunt:*".
834 Augustin erg: „, *sicut nostis,*".
835 Agustin: „*uelit*".
836 Augustin: „:".
837 Augustin: „*descissere a proposito*".
838 Augustin erg: „, *quia desereret sanctae societatis promissum coeptumquae consortium;*".
839 Augustin erg: „,".
840 Augustin: „:".
841 Augustin: „*qui*".
842 Augustin erg: „*aliquid*".
843 Augustin: „.".
844 Augustin: „*hypocritas*".
845 Augustin: „*est,*".
846 Augustin: „*proposito;*".

Et post pauca[847]*: § 1. Si non*[848] *seruat sanctitatem foris*[849]*, dimidius cecidit:*[850] *si intus habuerit simultationem, totus cecidit. Nolo, ut*[851] *habeat necessitatem simultandi. Scio, quomodo homines amant*[852] *clericatum.*[853] *Nemini eum tollo nolenti mecum communiter uiuere*[854].

[C. 17.][855]
Ebenfalls Augustinus. [im 62. Vortrag zu Johannes]
Auch der Herr hatte eine Kassa, bewahrte die Geschenke der Gläubigen auf und widmete sie den Notwendigkeiten der Seinen und anderen Bedürftigen: Da wurde erstmals Kirchenvermögen geformt, woraus wir erkennen sollen, dass das Gebot, nicht das Morgen zu bedenken, nicht deshalb erlassen wurde, damit von den Heiligen kein Geld aufbewahrt werde, sondern damit Gott nicht wegen diesem gedient wird und man nicht wegen Furcht vor Armut das Gerechte verließe.
2. Teil. Gratian. Aus alledem wird deutlich, dass es den Klerikern in keiner Weise erlaubt ist, etwas im Eigentum zu haben; wenn sie nämlich etwas (im Eigentum)

---

847 Fehlt bei Augustin. Erg. stattdessen: „*sed peius est simulare propositum. Ecce dico: cadit qui societatem communis uitae iam susceptam, quae laudatur in apostolorum Actibus, deserit: a uoto suo cadit, a professione sancta cadit. Obseruet iudicem, sed deum, non me. Ego ei non aufero clericatum. Quantum sit periculum, ante oculos eius posui: faciat quod uult. Noui enim quia si aliquem hoc facientem degradare uoluero, non ei deerunt patroni, non ei deerunt suffragatores, et hic apud episcopos, qui dicant: Qui mali fecit? Non tecum potest tolerare istam uitam: extra episcopum uult manere, de proprio uiuere, ideone perderet clericatum? Ego scio quantum mali sit profiteri sanctum aliquid, nec implere.* Vouete, *inquit,* et reddite domino deo uestro, *et:* Melius est non uouere, quam uouere et non reddere. *Virgo est: si numquam fuit in monasterio, et uirgo sacra est, nubere illi non licet. Esse in monasterio non compellitur; si autem coepit esse in monasterio, et deseruit, et tamen uirgo est, dimidia ruit. Sic et clericus duas professus est, et sanctitatem, et clericatum: interim sanctitatem – nam clericatum per populum suum deus imposuit ceruicibus ipsius: magis onus est quam honor, sed* quis sapiens et intellegit haec? – *ergo professus est sanctitatem: professus est communiter uiuendi societatem, professus est* quam bonum et quam iocundum, habitare fratres in unum. *Si ab hoc proposito ceciderit, et extra manens clericus fuerit, dimidius et ipse cecidit. Quid ad me?Non eum iudico.*“

848 Augustin: „*foris*“.

849 Fehlt bei Augustin.

850 Augustin: „*;*“.

851 Fehlt bei Augustin.

852 Augustin: „*ament*“.

853 Augustin: „*:*“.

854 Augustin erg: „*Qui hoc non uult, habeat libertatem: sed uideat utrum habere possit felicitatis aeternitatem*“.

855 Bei der Übersetzung von c. 17 wurde die Übertragung von *Hoffmann*, Aurelius Augustinus, in: Kirchenväter I.19 (1914) 40 f (828 f) vergleichsweise herangezogen und in einigen Formulierungen übernommen.

haben, werden sie keine Kleriker sein, doch darf ihnen der Klerikerstatus nicht genommen werden.

Daher sagt Augustinus in derselben Rede:

C. 18. Der Klerikerstatus wird jenen nicht genommen, die irgendetwas im Eigentum haben wollen.

[856]Natürlich bin ich es, der festgelegt hatte, keinen Kleriker zu weihen, außer wenn er mit mir leben wollte, sodass ich jenem zurecht den Klerikerstatus absprechen würde, wenn er von dieser Vorschrift abweichen wollte[857]. Siehe, im Angesicht Gottes und in Eurem (Angesicht) ändere ich meinen Entschluss. Wenn diejenigen, welchen Gott und seine Kirche nicht ausreichen, irgendetwas im Eigentum haben wollen, dann sollen sie leben wo sie wollen und wo sie können, ich aber nehme ihnen den Klerikerstatus nicht, denn ich will keine Heuchler (bei mir) haben. Wer wüsste nicht, dass es schlecht ist? Schlecht ist es, abzufallen von dem, was vorgeschrieben ist. Und nach einigem anderen[858]: § 1. Wenn

---

856 Beginn Augustinus: „Zur Genüge weiß Eure Heiligkeit, dass ich meinen Brüdern, die mit mir leben, gesagt habe, dass wer auch immer irgendetwas hat, jenes entweder verkaufen soll oder ausgeben oder verschenken oder zu einem Gemeingut machen: Die Kirche soll es haben, durch die uns Gott Nahrung spendet (wörtl.: weiden lässt). Und ich gab ihm Aufschub bis Epiphania (bis zum 6. Jänner), wegen derer, welche entweder mit ihren Brüdern nicht teilten, und unter ihren Brüdern verteilten, was sie hatten, oder über ihre Sachen noch keine Verfügung getroffen hatten, weil noch das gesetzmäßige Alter dafür abzuwarten war. Sie sollen daher machen, was sie wollen: Solange sie nur arm sind mit mir, wollen wir die Barmherzigkeit Gottes erwarten. Wenn sie aber nicht wollen, wollen sie es (= Leben in Gemeinschaft?) vielleicht nicht."

857 Erg. Augustinus: „weil er ja die versprochene und schon begonnene Gemeinschaft der frommen Gemeinde verlässt."

858 Augustinus: „Aber schlimmer ist es, die Vorschrift(seinhaltung) vorzuspiegeln. Siehe, ich sage: Es fällt, wer die bereits eingegangene Gemeinschaft des gemeinsamen Lebens verlässt, die gepriesen wird in der Apostelgeschichte: Er fällt ab von seinem Gelübde, er fällt ab von seinem heiligen Mönchsgelübde. Er möge den Richter beachten, Gott, nicht mich. Ich nehme ihm den Klerikerstatus nicht weg. Ich stellte ihm vor Augen, wie groß die Gefahr ist: er aber soll tun, was er will. Denn ich weiß ja, wenn ich irgendjemanden, der dies tut, des Amtes entheben wollte, dass es ihm nicht an Beschützern, nicht an Anhängern fehlen wird, und auch hier bei den Bischöfen, die sagen würden: Was hat er Schlechtes getan? Er kann dieses Leben mit dir nicht ertragen; er will außerhalb des Bischofssitzes leben, will von seinem Eigentum leben, und soll daher den Klerikerstatus verlieren? Ich aber weiß, wieviel Übles es bedeutet, ein heiliges Versprechen zu geben und es nicht zu erfüllen. ‚Gelobt', sagt er, ‚und erfüllt das Gelübde eurem Gott', und: ‚Es ist besser, nicht zu schwören, als zu schwören und das Geschworene nicht zu erfüllen.' Nehmt zum Beispiel die Jungfrau (wörtlich: das ist die Jungfrau): Wenn sie niemals im Kloster war und eine heilige Jungfrau ist, dann ist es ihr nicht erlaubt, zu heiraten. Im Kloster zu bleiben wird sie nicht gezwungen; wenn sie aber begonnen hat, im Kloster zu leben und dann das Kloster verlässt, so ist

> einer nach außen hin die Heiligkeit nicht bewahrt, so ist er zur Hälfte (bereits) abgefallen: Wer sich aber im Inneren verstellt, der ist als Ganzer abgefallen. Ich will nicht, dass er die Notwendigkeit hat, sich zu verstellen. Ich weiß, wie die Menschen den Klerikerstatus lieben. Ich nehme ihn niemandem weg, der nicht mit mir zusammen leben will[859].

Dieser zweite aus dem *Decretum Gratiani* zitierte Text beschäftigt sich mit derselben *causa* wie die unter *pro* behandelte Stelle zum Besitz; es geht in dieser *causa* allgemein um die Frage, ob Geistliche etwas testamentarisch hinterlassen können[860]. Hier steht aber nicht die zweite *quaestio* im Zentrum der Aufmerksamkeit, ob die übertragenen Kirchengüter bei den Begünstigten verbleiben können, sondern die vorgelagerte erste Frage, ob Geistliche überhaupt Eigentum haben können. Auch diese *quaestio* ist in mehrere Teile untergliedert und dieser 17. Kanon als letzter unter *pars I* eingeordnet. Gratian formulierte dafür den Titel: „*Clericos nichil possidere multis auctoritatibus iubetur*" („Dass Geistliche nichts besitzen, wird von vielen Autoritäten befohlen"). Die hier zitierte Entscheidung des Augustinus[861] besagt jedoch: Man soll zwar kein Vermögen anhäufen und nur um dessentwillen Gott dienen, aber nach dem Vorbild Jesu, der als erster Kirchenvermögen bildete, gewisse Mittel verwalten und für Bedürftige einsetzen.

Auch der hier besprochene c. 17 findet sich bereits in der vorgratianischen Sammlung des Anselm von Lucca. Er ordnete den Text in sein fünftes Buch ein, wo er das 29. Kapitel zum Thema „*Qualiter ecclesiastica pecunia sit servanda*" („Wie kirchliches Geld bewahrt wird") bildet[862]. Ebenfalls aufgenommen wurde die Stelle in Polycarpus III, 24, 8. Das dritte Buch beschäftigt sich auch mit dem Kirchenbesitz, im 24. Titel im Besonderen aber mit liturgisch-kultischen Fragen („*De ritibus ecclesiasticis*"), wo diese Frage nur nebenbei behandelt wird.

---

sie, auch wenn sie (weiterhin) Jungfrau bleibt, zur Hälfte verloren. So hat auch der Kleriker zwei Dinge versprochen: Die Frömmigkeit und die Geistlichkeit. Unterdessen die Frömmigkeit – den Klerikat nämlich legte Gott durch sein Volk in den Nacken desselben: es ist mehr Last als Ehre, aber ‚wer ist so klug und erkennt das'? – daher hat er die Frömmigkeit versprochen: Er hat versprochen, gemeinsam in Gemeinschaft zu leben, er hat versprochen, ‚wie gut und wie fröhlich, dass die Brüder gemeinsam zusammen leben.' Wenn er von diesem Versprechen abgefallen ist, und ein Kleriker sein wird, der außerhalb lebt, so ist er zur Hälfte bereits gefallen. Was aber geht das mich an? Ich richte nicht über ihn."

859 Erg. Augustinus: „Wer das nicht will, der soll die Freiheit haben: Aber man wird sehen, ob er so die Glückseligkeit der Ewigkeit erlangen kann."

860 Zu *casus* 12 und der ersten *quaestio* siehe schon oben Kapitel 1.1.

861 Siehe zu Leben und Werk des Augustinus die von seinem Zeitgenossen Possidius verfasste *vita*: *Geerings*, Possidius – Vita Augustini (2005).

862 *Thaner*, Anselm (1965) 242: Lib. V, cap. 29.

Das Fragment entstammt den Vorträgen über das Evangelium des hl. Johannes, konkret dem 62. Vortrag, in welchem sich Augustinus Joh. 13, 26–31 widmet. Zunächst geht es um die Interpretation der Stelle, in welcher geschildert wird, wie der Satan in Judas fuhr, nachdem dieser von Jesus beim letzten Abendmahl Brot empfing. Jesus befahl ihm: „Was du tust, das tue bald!" und einige bei Tisch dachten, dass er damit meinte, Judas, der die Kasse hatte, solle etwas für das Fest kaufen oder den Armen etwas geben. Unmittelbar darauf folgen die Ausführungen unseres Textabschnittes. Augustinus weist in einem Exkurs darauf hin, dass auch Jesus selbst eine Kasse hatte und dass das Gebot aus dem Matthäus-Evangelium, dass man sich nicht um das Morgen sorgen und kein Vermögen anhäufen soll[863], nur deshalb erlassen wurde, damit man sich Gott nicht wegen des Geldes zuwende. Am Ende der Überlegungen bringt er noch ein konkretes Beispiel (Witwenfürsorge[864]) und widmet sich dann wieder der eigentlich für ihn im Vordergrund stehenden Erzählung, in welcher Judas nun den Raum verlässt, um Jesus zu verraten.

Bei Augustinus finden sich einige zentrale Stellen zur Frage der Berechtigung von Privateigentum und es lässt sich durchaus eine bejahende Tendenz erkennen: Er geht davon aus, dass die Ausübung von Rechten an Sachen die „gleichnishafte Nachahmung der göttlichen Regierung"[865] sei. Die Zuordnung von Sachen an Personen erfolge nach den Gesetzen, die Gott den Menschen durch deren Könige und Kaiser gegeben habe und gegen welche man sich nicht auflehnen solle[866].

In c. 18 zeigt sich jedoch, wie sich diese Haltung gegenüber dem Privateigentum ändert, sobald das Privatrechtsubjekt ein Kleriker ist: Diesem schreibt er grundsätzlich ein Leben in (Güter-)Gemeinschaft vor[867].

---

863 Matthäus, Kapitel 6, Vers 19–34 (nach Vers 19 sollen auf der Erde keine Schätze gesammelt werden, worauf mehrere Erläuterungen folgen und schließlich in Vers 34 das Gebot formuliert wird, sich nicht um das Morgen zu sorgen).

864 Augustinus nimmt hier Bezug auf 1. Timotheus, 5, 16.

865 *Leitmaier*, Privateigentum (1954) 366.

866 Zur konkreten Stelle siehe auch *Weigand*, Naturrechtslehre (1967) 309 f. Vgl. zur Haltung von Augustinus zum Privateigentum allgemein *Folgado*, San Augustín (2003).

867 Noch heute schreibt die Augustinerregel den Verzicht auf persönlichen Besitz vor; vgl. etwa die „Regula et Constitutiones Canonicorum regularium Sti. Augustini" Congregationis Austriacae necnon Ordo Domesticus Canoniae Claustroneoburgensis iussu Gebhardi Koberger Abbatis generalis editae. Claustroneoburgi A. D. 1961. Typis „Floridus" Vindobonae (http://www.stift-klosterneuburg.at/glaube/unser-orden/augustinusregel-latein/): ... *non dicatis aliquid proprium, sed sint vobis omnia communia, et distribuatur unicuique vestrum a praeposito vestro victus et tegumentum, non aequaliter omnibus, quia non aequaliter valetis omnes, sed potius unicuique sicut opus fuerit. Sic enim legitis in Actibus Apostolorum, quia erant eis omnia communia et distribuebatur unicuique, sicut cuique opus*

Tatsächlich relevant für unseren Zusammenhang ist daher wohl nicht der erste, eigentlich zitierte Text, sondern vielmehr Gratians anschließender Titel zu *Pars II*, der die folgenden, dem grundsätzlichen Verbot von Klerikereigentum widersprechenden Stellen erklärt: Ein Kleriker darf zwar bei seiner Ordination kein Eigentum haben (andernfalls erhielte er keine Weihe), aber falls er später solches erwerbe, könne man ihm den Klerikerstatus deshalb nicht aberkennen, wovon auch der folgende c. 18 handelt. Der Kleriker widerspricht seinem Versprechen, kein Eigentum haben zu wollen und fortan in Gütergemeinschaft zu leben: Dieser Widerspruch wird gestattet, da eine solche Situation für Augustinus erträglicher ist als der Fall, in dem jemand Eigentum haben will und sich nach außen hin verstellt, indem er darauf verzichtet.

Diese Entscheidung steht im Spannungsverhältnis zu der unter *pro* behandelten *Decretum*-Stelle, da dem Kleriker der Selbstwiderspruch hier möglich ist; auch wenn er sich prinzipiell zum kirchlichen Gebot bekennt, kann er sich doch etwas aneignen[868].

Auch Augustinus widerspricht sich gewissermaßen selbst; er spricht aus, dass kein Kleriker Eigentum haben dürfe. Dies gelte unbedingt für den Zeitpunkt der Weihe. Konsequentermaßen müsste man daher dem Kleriker, der später nach der Weihe Eigentum erwirbt, den Klerikerstatus wieder aberkennen: Hier aber sagt Augustinus selbst, dass er diesbezüglich seinen Entschluss, dass kein Kleriker Eigentum haben dürfe, abändere: *muto consilium*.

Nach diesem Exkurs zur Sonderstellung Geistlicher kehrt die Argumentation wieder zum *Codex Iustinianus* zurück; es wird ein Problemkreis angeschnitten, der sich teilweise mit der ersten unter *contra* genannten Stelle deckt.

2.10. C. 8, 55, 8: Benachteiligung von Pflichtteilsberechtigten II: Schenkung des Patrons an den *libertus*

C. 8, 55, 8 (Impp Constantius et Constans ad Orfitum pu.)[869]
Si umquam libertis patronus filios non habens bona omnia vel partem aliquam facultatum fuerit donatione largitus et postea susceperit liberos, totum quidquid largitus fuerit revertatur in eiusdem donatoris arbitrio ac dicione mansurum. D. V. k. April. Arbitione et Lolliano conss. [a. 355]

---

erat. Qui aliquid habebant in saeculo, quando ingressi sunt monasterium, libenter illud velint esse commune. Qui autem non habebant, non ea quaerant in monasterio, quae nec foris habere potuerunt, sed tamen eorum infirmitati, quod opus est, tribuatur, etiamsi paupertas eorum, quando foris erant, nec ipsa necessaria poterat invenire. Tantum non ideo se putent esse felices, quia invenerunt victum et tegumentum, quale foris invenire non poterant.

868 *Pöschl*, Kirchengutsveräußerungen, AKKR 105 (1925) 15 Fn 2.

869 Vgl. CTh. 8, 13, 3.

C. 8, 55, 8 (Die Kaiser Constantius und Constans an Orphitus, Stadtprätor.) Wenn ein Freilasser, der keine Kinder hat, seinen Freigelassenen sein gesamtes oder irgendeinen Teil seines Vermögens schenkungshalber gewährt hat und er später Kinder bekommt, soll alles das, was er gewährt hat, zurückkehren, um in des Schenkers Willens- und Verfügungsgewalt zu bleiben. Gegeben den 28. März 355 unter dem Konsulat des Arbitio und des Lollianus.

Ein Freilasser hat keine Kinder und wendet sein Vermögen seinen Freigelassenen zu. Sollte er daraufhin Kinder bekommen, so kann er die Schenkung widerrufen.

Auch in C. 3, 29, 5 war einem Vater die Möglichkeit eröffnet worden, zugunsten nachgeborener Kinder Schenkungen zu widerrufen (dort allerdings nur teilweise, da auch die Beschenkten seine Kinder waren und als soche Anspruch auf einen Teil des Nachlasses hatten[870]). Unabhängig von einem Anspruch naher Angehöriger war der Widerruf einer Schenkung des *patronus* an seinen *libertus* aber wohl das erste bekannte Widerrufsrecht bei gültiger Schenkung. Ein solcher Widerruf durfte grundsätzlich nur vorgenommen werden, wenn der *libertus* sich undankbar verhielt[871]; die Beurteilung dessen wurde zunächst aber dem Patron selbst überlassen[872]. Da es damit im freien Ermessen des Freilassers stand, die Schenkung jederzeit wieder zurückzunehmen, kann man sagen, sie war für ihn insofern nicht verbindlich.

Pollack vermutet den Ausgang dieser Möglichkeit im Klientelrecht: Da die *clientes* ursprünglich wie *filii familias* oder auch Sklaven alles in das Vermögen des Patrons erwarben, konnte dieser ihnen jederzeit alles entziehen, was er ihnen zugewendet bzw. belassen hatte. Die Übertragung dieses Gedankens auf die *liberti* bedurfte jedoch der Schaffung eines eigenen Rechtsinstituts, da diese grundsätzlich für sich selbst erwarben. Es wurde daher das Widerrufsrecht eingeführt[873], welches jedoch nur dem Freilasser selbst (höchstpersönlich) zustand, nicht aber etwa dessen Erben.

Neben dem Widerruf wegen Undankbarkeit berechtigt für den Fall der Schenkung an Freigelassene auch noch der besondere Fall der nachgeborenen Kinder zum Widerruf. Nach Accursius und der an ihn anschließenden Literatur soll deren bloße Existenz und nicht erst eine Willensänderung des Patrons unmittelbar *ipso iure* zur Nichtigkeit der Schenkung und damit zur *rei vindicatio* führen. Damit trete auch sofort die Vererblichkeit des Anspruches

---

870 Siehe oben S. 220 ff.

871 *Kaser*, RP II² (1975) 399.

872 Später wurde diese jedoch gesetzlich eingeschränkt. Vgl. *Pollack*, Schenkungswiderruf (1886) 40 f u. insbes. 44.

873 *Pollack*, Schenkungswiderruf (1886) 41 Fn 69.

auf Rückforderung ein[874]. Gegen diese Lehre wandte sich *Pollack*. Er bezog die angesprochene Entscheidung vielmehr auf die bereits besprochene Verkürzung der Pflichtteile wegen übermäßiger Schenkungen[875]. Der Zusammenhang mit dem Widerruf einer übermäßigen Schenkung erscheint vor allem auch vor dem Hintergrund plausibel, dass eigens erwähnt wird, dass vom Vermögen *omnia vel parte* verschenkt wird.

Allerdings war *Pollack* der Ansicht, dass auch in C. 3, 29, 5 nicht von einem Widerruf des Schenkers die Rede ist, sondern die Entscheidung sich dort „nur auf die künftige *querela inofficiosae donationis* der Pflichtteilsberechtigten, nicht aber auf eine singuläre Anwendung derselben für den Schenker beziehe". Als Grund dafür nannte er ua. den dort gebrauchten Ausdruck „*patrimonium*", welcher nur das vom Vater hinterlassenen Vermögen bezeichne und den „Umstand, daß bei Lebzeiten des Schenkers davon noch gar nicht die Rede sein kann, ob er gesetzliche Erben und welche er haben wird, ob also eine Pflichttheilsverletzung durch die Schenkung erfolgt und eventuell wie hoch dieselbe ist ..."[876]. In diesem Punkt ist ihm jedoch nicht zu folgen: Vielmehr muss im Fall von C. 3, 29, 5 der Schenker von den an seine emanzipierten Söhne gemachten Schenkungen mittels *restitutio in integrum ob improbabilem donationis enormitatem* so viel zurückfordern, wie es dem Pflichtteil der nachgeborenen (Enkel-)Kinder entspräche, und diesen die ihnen zustehende Quote zuwenden, widrigenfalls ihm ein Verstoß gegen die *pietas* vorzuwerfen wäre, der den benachteiligten Pflichtteilsberechtigten zur *querela inofficiosae donationis* berechtigen würde.

In C. 8, 55, 8 wird davon abweichend festgelegt, dass vom Schenker *totum* zurückverlangt werden kann, also die gesamte Schenkung, während in C. 3, 29, 5 zu Lebzeiten des Schenkers lediglich ein Viertel des Intestaterbteiles als *pars debita* in dessen Vermögen zurückfällt. Azo erklärt diese Unterscheidung damit, dass es sich in C. 8, 55, 8 um einen beschenkten Freigelassenen handelt, der einen Sonderfall darstelle[877]; die Glosse bevorzugt hingegen eine Unterscheidung danach, dass in C. 3, 29, 5 andere Kinder beschenkt werden, während es sich in C. 8, 55, 8 um einen *extraneus* handelt, der begünstigt wird[878].

---

874 Siehe Gl. *Revertatur* (C. 8, 56, 8): *Ipso (revertatur, verbum intelligitur ipso iure) iure: Et sic vindicabit, vel condicet possessiones rerum. ACCURS.* Vgl. *Pollack*, Schenkungswiderruf (1886) 45 Fn 76 mwN.

875 Siehe oben Kapitel 2.1.

876 *Pollack*, Schenkungswiderruf (1886) 45 f Fn 77.

877 Siehe zu den zwei unterschiedlichen Interpretationslinien Azos (in seiner *Summa* bzw. *Lectura*): *Gordon*, C. 8, 55, 8, in: Studi Volterra IV (1971) 414 mit Fn 5 u. 6. Für die Ansichten der folgenden Juristengenerationen siehe ebd. 415 ff.

878 Gl. *Quidquid* (C. 8, 55, 8): *Vel verius ibi quando aliis filiis donaverat, quibus non totum debet auferri: hic cum extraneo. Nam idem dicam, si cuilibet extraneo*

Möglicherweise handelt es sich hierbei um eine Weiterentwicklung im Anschluss an die Konstitution Diokletians: Es wird dem Schenker nun freigestellt, alles zurückzufordern, um es seinen Nachkommen zukommen zu lassen, und nicht nur den Pflichtteil, rückbezogen auf den Schenkungszeitpunkt. Denkbar ist auch, dass ein solcher gänzlicher Widerruf nur dann möglich war, wenn der Schenker zum Zeitpunkt der Schenkung noch überhaupt keine Nachkommen hatte[879]. Sollte er nämlich schon Kinder gehabt haben, so hat er zum Ausdruck gebracht, dass er den Beschenkten auch vor seinen nächsten Verwandten bevorzugen wollte (egal wie viele vorhanden sind). Kommen in dem Fall noch Pflichtteilsberechtigte nach, so muss die Schenkung nur auf das notwendige Maß reduziert werden, sodass diese nicht benachteiligt werden. Möglicherweise ist in dem Fall, in dem es zunächst überhaupt keine Nachkommen gab, auch an einen Wegfall der Geschäftsgrundlage gedacht, da die veränderten Voraussetzungen ein Festhalten am Vertrag unzumutbar machen: Üblicherweise wird es der Wunsch desjenigen sein, der nicht mehr damit gerechnet hatte, selbst Kinder zu haben und deshalb sein Vermögen auf andere ihm nahestehende Personen verteilt hat, in dem Fall, in dem er überraschend doch noch Kinder haben sollte, diese vor allen anderen zu begünstigen. Es wird jedoch ein ausdrücklicher Widerruf stattfinden müssen, allein die Geburt kann das Geschäft nicht hinfällig machen.

Hinsichtlich des Endergebnisses ist *Pollack* daher nun wieder zuzustimmen: Durch C. 8, 56, 8 wird neben dem gänzlichen Widerruf aus Undankbarkeit ein ebensolcher wegen später geborener Pflichtteilsberechtigter eingeführt (sofern es zuvor überhaupt keine Pflichtteilsberechtigten gab)[880]. Auch dieser Fall betrifft jedoch offenbar zunächst nur den Fall der Schenkung des Patrons an seinen *libertus*, eine spätere Ausdehnung dieses Grundsatzes ist zwar naheliegend, aber nicht belegt.

Gedanklich auseinanderzuhalten ist ein solches Widerrufsrecht vom Widerrufsrecht aufgrund der *lex Cincia*: Während im Fall der *restitutio in integrum* gemäß der *lex Cincia* wegen übermäßiger Schenkung grundsätzlich keine zusätzlichen Voraussetzungen erfüllt sein müssen und diese somit nur von der freien Willkür des Schenkers abhängt, ist die Widerrufsmöglichkeit eine Schenkung an den *libertus* nur bei Undank bzw. späteren Nachkommen möglich.

---

donaverit: cum non est verisimile alienas successiones suis anteponere. Benützte Ausgabe: Lyon 1627, 2294.

879 Sodass es sich um einen Fall des Wegfalls der Geschäftsgrundlage gehandelt haben könnte. Zur später sog. „*clausula rebus sic stantibus*" vgl. *Mokrejs*, Clausula rebus sic stantibus (Diss. Wien 2011).

880 *Pollack*, Schenkungswiderruf (1886) 47.

Die willkürliche Rückforderung nach der *lex Cincia* könnte darin begründet sein, dass ein *contra legem* Begünstigter eben damit rechnen musste, dass ihm die Zuwendung wieder entzogen werden konnte. Da es aber auf den Willen des Schenkers ankommt, endet die Möglichkeit eines Widerrufs mit dessen Tod (möglicherweise wird hier auch mit einer fingierten *donatio mortis causa* operiert[881]).

Demgegenüber hat das Widerrufsrecht des Patrons seine Wurzel im besonderen Verhältnis zu seinem *libertus*: Da dieses der Klientel nachempfunden ist, bestand zunächst eine freie Entziehungsmöglichkeit, die dadurch eingeschränkt wurde, dass sie später nur noch bei Undank zugelassen wurde. Wohl beeinflusst von der Entscheidung Diokletians im Bereich der *lex Cincia* führte jedoch C. 8, 56, 8 bei den Schenkungen des Patrons an den *libertus* diese zweite Möglichkeit ein und erweiterte damit die Widerrufsmöglichkeit wieder.

Der Selbstwiderspruch wird auch hier aufgrund einer Sonderregelung gestattet: Außerhalb von deren Anwendungsbereich kann eine gültige Schenkung grundsätzlich nicht widerrufen werden.

An sich ist mit der vollzogenen Schenkung das Eigentum auf den Begünstigten übergegangen; dieses soll nun „zurückkehren". Ob dies tatsächlich in dem Sinne zu verstehen ist, dass das Eigentum zurückfällt oder ob nicht vielmehr eine *in integrum restitutio* oder eine schuldrechtliche Klage auf Rückgewährung gewährt wird, kann aus diesem Text nicht eindeutig beantwortet werden.

Der Freilasser darf sich mit seinem eigenen Vorverhalten – der Schenkung – in diesem konkreten Fall in Widerspruch setzen, was wohl wieder mit den Interessen eines Dritten, hier seiner pflichtteilsberechtigten Kinder, zusammenhängen dürfte. Möglicherweise hängt diese Entscheidung auch mit dem in der *solutio* erwähnten „*favor liberorum*" zusammen.

Auch der nächste Text beschäftigt sich mit Freigelassenen und stellt die Frage, inwiefern sich solche der Einforderung von *operae libertorum* durch ihren Freilasser widersetzen können, wenn sie es zuvor dessen Ermessen anheim gestellt hatten, wieviele er fordern möchte.

2.11. D. 38, 1, 30 pr: Umfang der Verpflichtung zur Leistung von *operae* durch Freigelassene

D. 38, 1, 30 pr (Celsus libro duodecimus digestorum)
Si libertus ita iuraverit dare se, quot operas patronus arbitratus sit, non aliter ratum fore arbitrium patroni, quam si aequum arbitratus sit. et fere ea mens est personam arbitrio substituentium, ut, quia sperent eum recte arbitraturum, id faciant, non quia vel immodice obligari velint.

881 So für die Ehegattenschenkung *Pollack*, Schenkungswiderruf (1886) 31 ff. Umgekehrt kann daher keine Gültigkeit angenommen werden, wenn der Beschenkte stirbt.

D. 38, 1, 30 pr (Celsus im 12. Buch seiner Digesten)
Wenn der Freigelassene derartig geschworen hat, zu geben, wieviel als *operae* vom Freilasser willkürlich festgesetzt wird, wird die willkürliche Festsetzung des Freilassers nicht anders Rechtsgültigkeit haben, als wenn recht und billig festgesetzt wird. Denn gewöhnlich ist es Absicht derer, die ihre Person einem freien Ermessen unterwerfen, dass sie das tun, weil sie hoffen, dass er gerecht festsetzen wird, nicht aber, weil sie sich übermäßig verpflichten wollen.

Ein Freigelassener verpflichtet sich mittels Eid zur Leistung von *operae*, wobei deren Umfang noch nicht festgesetzt, sondern dem freien Ermessen des Freilassers überantwortet wird. Celsus entscheidet, dass er dennoch nur im Rahmen eines gerechten Ausmaßes verpflichtet wird. Insofern kann der Freigelassene in Widerspruch zu seiner Zusage, so viele *operae* zu leisten, wie es dem Freilasser beliebt, bei übermäßiger Einforderung die Leistung verweigern.

Üblicherweise ließ sich der Freilasser *operae libertorum*, die aus Anlass der Freilassung als Gegenleistung für dieses *grande beneficium*[882] besonders versprochen wurden, schon vor der Freilassung mittels Eid vom Sklaven versprechen, der dadurch religiös verpflichtet war, den Eid nach der Freilassung zu wiederholen bzw. die Leistung von *operae* dem Freilasser nach der Freilassung zu stipulieren. Rechtlich verbindlich wurde die Vereinbarung jedoch erst, wenn nach der Freilassung der Eid oder die Stipulation tatsächlich erfolgte, denn solange der spätere Freigelassene Sklave war, konnte er sich nicht rechtswirksam verpflichten[883].

Wieacker charakterisierte das eidliche Versprechen vor Freilassung als „Geschäftsgrundlage der Freilassung, die ohne vorherige Gegenleistung gewissermaßen auf Kredit erfolgte“[884]. Verweigerte der Freigelassene die Wiederholung seines Versprechens nach der Freilassung und wurde die Vereinbarung

882 Ulp. 42 ad ed., D. 38, 2, 1 *Hoc edictum a praetore propositum est honoris, quem liberti patronis habere debent, moderandi gratia. namque ut Servius scribit, antea soliti fuerunt a libertis durissimas res exigere, scilicet ad remunerandum tam grande beneficium, quod in libertos confertur, cum ex servitute ad civitatem Romanam perducuntur.*

883 Der Eid musste sich auf die Freilassung beziehen und *libertatis causa* erfolgen: Ulp. 28 ad Sab., D. 38, 1, 7 pr: *Ut iurisiurandi obligatio contrahatur, libertum esse oportet qui iuret et libertatis causa iurare.* Bei der Begründung mittels abstrakter Stipulation dürfte keine Bezugnahme auf die Freilassung erforderlich gewesen sein, es musste allerdings der Patron derjenige sein, der in der Stipulation als Gläubiger genannt wird, und zwar auch dann, wenn der Freigelassene einem Sklaven seines ehemaligen Herrn stipuliert: Vgl. Pomp. 15 ad Sab., D. 38, 1, 10: *Servus patroni a liberto male ita stipulatur: "operas mihi dare spondes?" itaque patrono dari stipulandum est.*

884 Es handelt sich hierbei um eine mündliche Wortmeldung von *Wieacker* nach einem Vortrag von *Waldstein* in Göttingen. Wiedergegeben in: *Waldstein*, Operae (1986) 111. Von einer „Gegenleistungspflicht für die unentgeltliche Zuwendung

hinsichtlich der *operae* daher nicht rechtswirksam getroffen, fiele die Geschäftsgrundlage der Freilassung weg. In diesem Zusammenhang ist das Edikt des Prätors Drusus von 115 v. Chr. einschlägig: Freigelassenen, die den vor der Freilassung abgegebenen Eid nach der Freilassung nicht wiederholten, wurde kein Rechtsschutz gewährt[885]; ihnen wurde eine *vindicatio in libertatem* versagt[886].

Darüber hinaus ist ein weiteres Edikt einschlägig: Das Edikt *de onerandae libertatis causa impositis*[887], welches möglicherweise von Quintus Mucius Scaevola stammt[888], der 98 v. Chr. Prätor war. Es wird festgelegt, dass die Forderung auf *operae* die einzige zu Lebzeiten des *libertus* einklagbare *remuneratio* für die Freilassung sein kann[889].

---

der Freiheit" spricht etwa *Behrends*, Handwerk (1981) 187; auch *ders.*, Prinzipat (1980) 58 ff.

885 *Waldstein*, Operae (1986) 109 ff.

886 Dieses Ergebnis wurde aus Cic. ad Att. 7, 2, 8 abgeleitet: *vetus illud Drusi, ut ferunt, praetoris in eo qui eadem liber non iuraret.*

887 Vgl. vor allem Ulp. 76 ad ed., D. 44, 5, 1: *§ 5 Quae onerandae libertatis causa stipulatus sum, a liberto exigere non possum. onerandae autem libertatis causa facta bellissime ita definiuntur, quae ita imponuntur, ut, si patronum libertus offenderit, petantur ab eo semperque sit metu exactionis ei subiectus, propter quem metum quodvis sustineat patrono praecipiente.§ 6 In summa si in continenti impositum quid sit liberto, quod ἐπαιωρούμενον libertatem, dicendum est exceptioni locum facere. sed si post intervallum, habet quidem dubitationem, quia nemo eum cogebat hoc promittere: sed idem erit probandum et hic, tamen causa cognita, si liquido appareat libertum metu solo vel nimia patrono reverentia ita se subiecisse, ut vel poenali quadam stipulatione se subiceret. § 7 Si libertatis causa societatem libertus cum patrono coierit et patronus cum liberto pro socio agat, an haec exceptio sit necessaria? et puto ipso iure tutum esse libertum adversus exactionem patroni.*

888 *Waldstein*, Operae (1986) 156. AA *Kaser*, PR I² (1971) 300.

889 Es kam vor, dass bei einer testamentarischen Freilassung die Leistung von *operae* als Bedingung der Freiheit genannt wurde. Zwar blieb der Betroffene bis zur Erfüllung dieser Bedingung Sklave, jedoch hatte er die spezielle Stellung eines *statuliber.* Vgl. *Waldstein*, Operae (1986) 113 ff. Hier verhält es sich umgekehrt zu dem bisher besprochenen Modell: Während bei der Freilassung unter Lebenden der Sklave sofort die Freiheit erhält und ihm die Gegenleistung in Gestalt der *operae* gewissermaßen kreditiert wird, bleibt der testamentarisch Freigelassene *statuliber* Sklave, bis er die erforderlichen Dienste abgeleistet hat. Vgl. nur Marcell. 16 dig., D 40, 7, 24. Die längste für die Stellung als *statuliber* bezeugte Zeit ist sieben Jahre: D. 40, 7, 39, 3. Diese Dienste sind streng genommen keine *operae libertorum*, sondern *operae servorum.* Wieder anders war die Lage, wenn der Erblasser im Testament eine unbedingte Freilassung festlegte und im Zusammenhang damit lediglich vorsah, dass dem Erben dafür *operae* versprochen werden müssen; in diesem Fall wird der Sklave frei und kann nicht zur Abgabe des Versprechens von *operae* an den Erben gezwungen werden. Vgl. etwa Pap. 9 resp., D. 38, 1, 42 unter Berufung auf das *ius publicum.* Diese

Im Text D. 38, 1, 1 findet sich eine knappe Definition der *operae* von Paulus[890]: *Operae sunt diurnum officium.* „Dienste sind eine tägliche Pflicht". Das zentrale Merkmal ist demnach, dass Arbeitsleistungen jeweils in Tageseinheiten versprochen werden. Eine solche Arbeitseinheit umfasste einen ganzen Tag und war auch nicht nach Stunden teilbar[891].

Mit Ausnahme des hier zu besprechenden Textes D. 38, 1, 30 pr wurden die Arbeitstage immer in einer von vornherein bestimmten Anzahl versprochen (sofern die Anzahl der *operae* überhaupt Thema einer Stelle ist). Die überlieferten Zahlen bewegen sich zwischen einem Tag[892] und eintausend Tagen[893], üblich waren etwa zehn oder einhundert.

Rechtsfolge wurde durch ein Reskript Hadrians bestimmt: Vgl. Ulp. 28 ad Sab., D. 38, 1, 7, 4 und Pap. 9 resp., D. 38, 1, 42. Über dessen *ratio* herrscht jedoch weitgehend Unklarheit. Eine weitere Sonderregelung geht aus einer Konstitution Mark Aurels hervor: War jemand vertraglich dazu verpflichtet, einen Sklaven freizulassen, und kam er seiner Verpflichtung nicht nach, so erwarb der Sklave die Freiheit *ipso iure*. Zwar wurde der zur Freilassung Verpflichtete dennoch als Patron qualifiziert, jedoch waren seine Patronatsrechte unter anderem auch in der Hinsicht beschränkt, als er dem Freigelassenen keine *operae* auferlegen konnte. Tat er es dennoch, so war dies rechtlich wirkungslos. Vgl. etwa D. 38, 1, 13 pr (Ulp. 38 ad ed.).

890 Vgl. für die Diskussion über die Echtheit: *Liebs*, Variae lectiones, in: St. Volterra V (1971) 83; *Guarino*, Insidiari, SDHI 5 (1939) 468 ff; *Martini*, Definizioni (1966) 291 Anm. 408; *Schulz*, Geschichte (1961) 280.

891 Vgl. Iul. 22 dig., D. 45, 1, 54, 1; Pomp. 6 ad Sab., D. 38, 1, 3, 1; Ulp. 38 ad ed., D. 38, 1, 15, 1. Möglicherweise ist der Sinn dieser Bestimmung, dass *operae* als *res certa* einklagbar sind. Vgl. *Kaufmann*, Miete (1964) 335 u. *Mayer-Maly*, Rez. Kaufmann, ZRG 82 (1965) 415. *Waldstein*, Operae (1986) 169 nimmt aufgrund Pomp. 6 ad Sab., D. 38, 1, 3, 1 (*Nec pars operae per horas solvi potest, quia id est officii diurni. itaque nec ei liberto, qui sex horis dumtaxat antemeridianis praesto fuisset, liberatio eius diei contingit.*) an, dass ein ganzer Tag wiederum 12 Stunden umfasste. Daraus, dass „die sechs Stunden am Vormittag" nicht ausreichen, den Schluss zu ziehen, das Doppelte und somit zwölf Stunden machten einen ganzen Tag aus und stellten das Tagwerk dar, erscheint jedoch reichlich willkürlich.

892 Vgl. das Problem der Teilbarkeit von nur einem Tagwerk bei der Freilassung durch zwei Miteigentümer: Iul. 22 dig., D. 45, 1, 54, 1: *Operarum stipulatio similis est his stipulationibus, in quibus genera comprehenduntur: et ideo divisio eius stipulationis non in partes operarum, sed in numerum cedit. quod si unam operam servus communis stipulatus fuerit, necesse est utrique dominorum partem operae tantam, quantam in servo habuerit, petere. solutio autem eius obligationis expeditissima est, si aestimationem operae malit libertus offerre aut si consentiant patroni, ut is communiter operae edantur.*

893 Ulp. 38 ad ed., D. 38, 1, 15, 1.

Unser Text ist ein Sonderfall, denn hier konnte der Patron die Anzahl der *operae* einseitig festlegen, wenn auch nach der Entscheidung des Celsus[894]

894 *Pescani*, Operae libertorum (1967) 36 f vermutete jedoch, dass das fragliche Fragment gar nicht die Ansicht von Celsus wiedergibt, sondern vielmehr die von Labeo, der bei Celsus häufig zitiert wird, bzw. möglicherweise auch die Meinung eines anderen älteren Juristen. Es sei der Rechtszustand der späten Republik oder spätestens des frühen Prinzipats, nicht jedoch der des zweiten Jh. n. Chr., der hier dargestellt werde. *Pescani* leitet aus der Stelle ferner ab, dass es möglich wäre, dass generell ein Schiedsrichter den Umfang der zu leistenden *operae* festlegt, wenn der *libertus* dem Patron keine konkrete Anzahl an *operae* verspricht oder es in dieser Hinsicht zu keiner Einigung kommt. Dieses Ergebnis hängt mit seiner Ansicht hinsichtlich des Wortes *arbitrio* in der Textpassage *et fere ea mens est personam arbitrio substituentium* zusammen: Er geht davon aus, dass ein Abschreibfehler vorliegt. Ursprünglich stand hier seiner Ansicht nach *arbitri domino*. Das würde nach *Pescani* bedeuten, dass der *libertus* nicht seine Person dem Ermessen unterwirft, sondern dass der *libertus* den Patron statt eines Schiedsrichters einsetzt. Er versteht „*substituentium*" also nicht im Sinne von „unterwerfen", sondern von „austauschen". Die Hoffnung des *libertus*, der also den Schiedsrichter gegen den Patron austauscht, sei die, dass der Patron sich bei der Festlegung der konkreten Anzahl an *operae* ohnehin an den Rahmen der *aequitas* halten müsse.
Albertario, L'arbitrium boni viri, in: Studi 3 (1936) 296 f hingegen hält diese Entscheidung deshalb für interpoliert, weil das Versprechen zahlenmäßig unbegrenzter *operae* in klassischer Zeit generell unwirksam gewesen sei. Er geht davon aus, dass eine solche Vereinbarung erst in nachklassischer Zeit als wirksam angesehen wurde und der zweite Teil daher vollkommen von den Kompilatoren stamme, der erste Teil sei immerhin von ihnen verändert worden.
Diese Unterstellung ist mit *Lavaggi,* Liberti, in: Studi de Francisci 2 (1956) 83 zurückzuweisen. Er zieht aus dem Text den Schluss, dass zur Zeit des Celsus eine *iurata promissio liberti* mit dieser Formulierung eine gültige Verpflichtung erzeugte, wenn der Patron *aequum arbitratus sit.* Nicht jede Forderung von *operae* sei *ad libitum* erlaubt, sondern nur die, die inhaltlich innerhalb der Grenzen des Richtigen und Normalen liege. Den letzten Teil hält allerdings auch er mit *Bonfante* für interpoliert (er liest statt *personam arbitrio substituentium* vielmehr *patronum arbitrum statuentium.* Der Satz würde dann lauten: „Und wahrscheinlich ist dies die Absicht derer, die den Patron als Schiedsrichter einsetzen, dass sie hoffen, dass er das Ermessen *recte* ausüben wird, usw.").
Harke, Argumenta Iuventiana (1999) 76 Fn 298 bezeichnet auch die Verdächtigung, dass es sich hier um ein nicht kenntlich gemachtes Labeo-Zitat handle, als willkürlich und weist zurecht darauf hin, dass die in direkter Rede gehaltene Begründung jedenfalls von Celsus stamme; auch wenn der Infinitiv *fore* darauf hindeuten könnte, dass im ersten Teil der Stelle die Entscheidung eines anderen Juristen von Celsus bloß referiert werde.
Warum in der Florentina bei „*non aliter ratum fore arbitrium patroni*" ein „t" eingefügt und *arbitrium* so zu „*a't'rbitrium*" korrigiert wurde, ist nicht ganz verständlich und dürfte auf einem Versehen beruhen; ansonsten geben die Handschriften keinen Hinweis auf andere Lesarten.

nur im Rahmen der Billigkeit, was mit dem Verpflichtungswillen begründet wird.

Celsus legt den Eid des *libertus* aus, spricht von der Voraussetzung des *recte arbitraturum*[895] und knüpft die Wirksamkeit des *arbitrium patroni*[896] an das Kriterium der *aequitas*[897]. Die Interpretation reicht über den Wortlaut der Willenserklärung hinaus und bezieht sich auf den subjektiven Parteiwillen desjenigen, der sich verpflichtet hat[898].

Zu einer Obligation, die als *immodice*, dh „unmäßig" oder auch „übermäßig"[899], zu qualifizieren wäre, wollte der *libertus* sich nicht verpflichten und ist es daher auch nicht.

Bei der Verwendung des Begriffes *aequitas* dürfte in diesem Zusammenhang die Bedeutung „dem natürlichen Rechtsgefühl entsprechend, recht, billig" im Vordergrund stehen[900]. Wie *Kleiter* ausführt, ist die Heranziehung des Kriteriums der *aequitas* gleichsam eine Berufung auf die ausgleichende Gerechtigkeit[901]. Zwischen den Parteien soll ein gerechter Ausgleich der Leistungen herbeigeführt werden: In unserem Fall sollen Freilassung und *operae* einander in gerechtem Wertverhältnis gegenüberstehen.

Die Festsetzung hatte *recte*, also „richtig, recht" im Sinne von *boni viri arbitratu*[902], zu erfolgen.

Nach der Formulierung der Quelle sind unterschiedliche Deutungsvarianten hinsichtlich des Zeitpunktes der Festsetzung denkbar:

1. Der Patron ruft über einen gewissen Zeitraum immer ein Tagwerk nach dem anderen ab, bis das Maß der *aequitas* voll ist, und kann künftig keine *operae*

---

895 Vgl. für den Bereich der *societas* etwa Paul. 4 quaest., D. 17, 2, 77 bzw. für die *locatio conductio* Paul. 39 ad ed., D. 19, 2, 24.

896 Vgl. Zum *arbitrium* des Patrons auch *De Robertis*, Lavoro (1946) 68 ff.

897 Vgl. dazu auch *Waldstein*, Operae (1986) 245 Fn 34.

898 So auch *Harke*, Argumenta Iuventiana (1999) 76 Fn 301 und S. 122.

899 Vgl. im Gegensatz dazu den Begriff *modicus*: *Klingenberg*, Modicum-Kriterium, SZ 126 (2009) 187 ff.

900 Siehe *Heumann/Seckel*, Art. Aequus, Handlexikon[11] (1971) 22. Vgl. *Fuhrmann*, Summum ius, in: Studi in Volterra II (1971) 71, Fn 43: „*aequitas* ist bei den Juristen stets, bei Cicero und anderen oft, Synonym von *iustitia*." Zur Rolle der *aequitas* als Leitstern der prätorischen Rechtsbildung: *von Lübtow*, Prätor, in: Studi Biscardi IV (1983) 359 ff. Ausführlich zur *aequitas* etwa *Pringsheim*, Aequitas und bona fides, in: Schriften 1 (1961) 154 ff; *ders.*, Bonum et aequum, SZ 52 (1932) 78 ff; *ders.*, Ius aequum und ius strictum, SZ 42 (1921) 634 ff. Für neuere Beiträge zum Thema *aequitas* siehe ua. *Santucci* (Hrsg.), Aequitas (2006), sowie *Garofalo* (Hrsg.), Bona fede oggettiva (2003).

901 *Kleiter*, Entscheidungskorrekturen (2010) 31.

902 *Heumann/Seckel*, Art. Recte, Handlexikon[11] (1971) 495.

mehr verlangen. So sieht es wohl etwa *Lavaggi*[903]. Er geht davon aus, dass die Vereinbarung den Zweck hat, dass der Freilasser *operae* verlangen kann, sooft es ihm gefällt, solange die *aequitas* beachtet wird. Sie habe jedenfalls nicht nur die Funktion, den Zeitpunkt der Festlegung des Quantums hinauszuschieben[904]. Somit spricht er sich dafür aus, dass nach und nach immer ein Tagwerk gefordert wird und irgendwann einfach Schluss ist[905].

2. Ebenso denkbar ist aber, dass es um eine einmalige Festlegung geht, die nur eben nicht durch den *libertus* im Eid ausgesprochen wird, sondern durch den Patron direkt nach dem Schwur oder auch zu einem späteren Zeitpunkt erfolgt. Diese Interpretation kann wiederum zwei Folgen haben:
   a. Es gilt „alles oder nichts“, das heißt, entweder es werden alle angeordneten *operae* geschuldet, weil das Maß der *aequitas* bei der Festlegung beachtet wurde, oder aus dieser Anordnung resultiert überhaupt keine Verpflichtung, weil der Patron bei der Festlegung übermäßig viel verlangt und daher seine Anordnung der *aequitas* widerspricht. Etwaige geleistete *operae* sind dann ab der ersten Leistung bereits Fälle der Leistung einer Nichtschuld. Ob der Patron eine weitere Chance bekommt, ein gerechtes Maß festzusetzen, oder ob er dann sein Recht auf Festsetzung verwirkt hat, geht aus dem Text ebenfalls nicht hervor.
   Im Zusammenhang der Digesten folgt auf unseren Text ein Fragment, welches sich mit der Frage beschäftigt, was geschieht, wenn *operae* geleistet wurden, obwohl diese nicht wirksam auferlegt worden waren – und zwar dort wohl insgesamt nicht wirksam auferlegt wurden, also nicht über einen wirksam auferlegten Teil hinaus etwas geleistet wurde. Dieser Zusammenhang könnte darauf hindeuten, dass es im davor

---

903 Wie *Lavaggi* bereits bemerkt hat, ist diese Stelle bei *Cosentini* nicht berücksichtigt. *Lavaggi*, Liberti, in: Studi de Francisci 2 (1956) 82 Fn 1; *Cosentini*, Liberti 1 (1948).

904 *Lavaggi*, Liberti, in: Studi de Francisci 2 (1956) 82 f: „La formula è idonea ad assicurare quest'ampia libertà di azione e non è da pensare che, soprattuto al suo primo apparire, essa abbia potuto avere la mera modesta funzione di spostare nel tempo, ad un momento successivo alla manumissione, la determinazione del *quantum*. Al tempo di Celso una *iurata promissio liberti* espressa in quei termini è valida se il patrono *aequum arbitratus sit*. Non ogni richiesta *ad libitum* di opera è consentita, ma unicamente quella che è contenuta nei confini del giusto e del normale."

905 Es sei in vielen Fällen absurd, die Menge von vornherein zu fixieren. *Lavaggi*, Liberti, in: Studi de Francisci 2 (1956) 84: „E alla natura d'altronde di talune possibili prestazioni del liberto ripugna la prefissione di qualsiasi limite anche solo di quantità: al liberto tocca viaggiare per conto del patron, sbrigarne gli affari, abitare con lui (D. 38, 1, 38, 1), custodirne la casa (D. 38, 1, 50), copiargli i libri, fargli di conto (D. 38, 1, 7, 5), curarlo se medico (D. 38, 1, 27), dar spettacolo se mimo: e tutte queste sono opere di cui è assurdo precisare in anticipo l'entità."

stehenden Fragment darum geht, dass eine Verpflichtung zu *operae* nicht bestand, weil der Patron sich bei seiner Ermessensausübung nicht an den Rahmen der *aequitas* gehalten hat und sich nun daran anschließend die Frage stellt, was zu geschehen hat, falls dennoch (teilweise) geleistet wurde[906].

Harke versteht den Text so, dass der Eid als Vertrag[907] nur dann Rechtswirkungen zeitigt und zu einer *obligatio* führt, wenn der Patron das Ermessen in billiger Weise ausübt[908]. Diese Voraussetzung wurde stillschweigend zur Bedingung erhoben. Somit scheint er die „alles oder nichts"-Variante zu favorisieren, und zwar in der Form, dass kein nachträgliches, erneutes Festsetzen möglich ist, sondern der ganze Vertrag schlicht hinfällig ist. Es müsste dann aber auch in diesem Fall möglich sein, einen neuen Vertrag abzuschließen und wieder eine Festsetzungsbefugnis zu vereinbaren.

b. Eine weitere Möglichkeit wäre, dass bei einer zu hohen Anzahl an festgelegten *operae* die Schuld im Sinne einer geltungserhaltenden Reduktion automatisch auf das gerechte Maß reduziert wird. Dieses ist aber geschuldet. Davon geht etwa die Glosse aus: Eine ungerechte Schätzung, wohl eine einmalige, wird auf das Maß reduziert, welches ein *vir bonus* festgelegt hätte: *si aeque arbitror, illas praestat: Si iniuste, reducetur ad atrbitrium boni viri*[909]. Zugrundegelegt ist der Glosse derselbe Wortlaut, wie ihn *Mommsen/Krüger* wiedergibt, nur die Satzzeichen weichen ab[910]. Für die einmalige Festsetzung und gegen ein sukzessives Abrufen spricht wohl auch, dass bei der Klage auf *operae* mittels *actio operarum* ein *certum* verlangt wird: Im Gegensatz zu einem Werk im Rahmen der

906 Palingenetisch folgt nach *Lenels* Rekonstruktion ein Text zu der Frage, ab welchem Zeitpunkt Leistungen generell einklagbar sind (D. 50, 17, 186). Dort wird auf das Kriterium abgestellt, wann eine Sache nach ihrer Natur gefordert werden kann. Dieser Kontext hilft aber hier wohl nicht weiter.

907 *Harke*, Argumenta Iuventiana (1999) 76 Fn 299.

908 *Harke*, Argumenta Iuventiana (1999) 76.

909 Benützte Ausgabe: Lyon 1627, 1993.

910 Die Übersetzung in den Basiliken ist weitgehend wörtlich, nur ein Akzent wurde etwas anders gelegt: Im lateinischen Text der Digesten ist davon die Rede, dass die Festsetzung des Patrons ungültig ist, wenn er sich nicht an den Rahmen der *aequitas* hält: *non aliter ratum fore arbitrium patroni*; im griechischen Text der Basiliken ist der Freigelassene nicht verpflichtet, wenn die Schätzung nicht rechtmäßig ist. Bas. 49, 3, 29: Ἐὰν ἀπελεύθερος ὀμόσῃ δοῦναι ὑπηρεσίας ὅσας ὁ πάτρων δοκιμάσοι, οὐκ ἐνέχεται, εἰ μὴ τὸ δίκαιον σχοίη ἡ δοκιμασία· ὡς ἐπὶ τὸ πλεῖστον γὰρ τοιαύτῃ διαθέσει τῇ ἑτέρων δοκιμασίᾳ ἐπιτρέπομεν ὡς πιστεύοντες ὀρθῶς αὐτοὺς δοκιμάζειν. In den Digesten ist der Blick auf den Patron und seine Festsetzung gerichtet, in den Basiliken auf den Freigelassenen und seine Verpflichtung. Für unsere Frage dürfte sich dadurch aber keine andere Deutung ergeben.

locatio conductio operis, dessen Erbringung als *facere* qualifiziert wurde, verwendeten die römischen Juristen für die *operae* grundsätzlich das Verbum *dare*[911].

Die Formel der *actio operarum* dürfte nach dem Vorbild der *condictio certae rei* ohne *demonstratio* gebildet worden sein, den Verpflichtungsgrund nicht genannt und somit gelautet haben:

Si paret Numerium Negidium Aulo Agerio operas decem dare oportere, quanti ea res est, tantam pecuniam, iudex, Numerium Negidium Aulo Agerio condemnato, si non paret, absolvito.[912]

Wenn es sich erweist, dass der Beklagte dem Kläger zehn *operae* schuldet, so soll der *iudex* den Beklagten dem Kläger zur Zahlung des Geldbetrages verurteilen, den die Sache wert ist, wenn es sich nicht erweist, soll er ihn freisprechen.

Es muss also wohl einmal eine konkrete Anzahl, das geschuldete *certum*, festgelegt werden. Damit erscheint *Lavaggis* Annahme der sukzessiven Festlegung von jeweils einem Tagwerk eher nicht plausibel und die einmalige Festlegung wahrscheinlicher. Ob die Folge einer nicht rechtmäßig erfolgten Festsetzung zur Verwirkung des Anspruchs auf *operae* führt oder ob dann automatisch das gerechte Maß geschuldet ist oder ob erneut eine Anzahl festgelegt werden muss (oder überhaupt kann), die dann wiederum der *aequitas* entsprechen muss, um gültig zu sein, bleibt weiterhin offen[913].

---

911 Oder Verben mit ähnlicher Bedeutung. Vgl. *Waldstein*, Operae (1986) 292. *Lenel* stellt in seiner Rekonstruktion des *edictum perpetuum* zur *actio operarum* fest, dass es sich um eine *civilis actio* handelte, welche nicht durch das Edikt des Rutilius Rufus eingeführt wurde, sondern bloß von ihm bestehen gelassen wurde. Der Prätor Rutilius Rufus spielte deshalb eine große Rolle im Zusammenhang mit dem Schutz Freigelassener, weil er 118 v. Chr. diverse Schutzrechte zugunsten der Freigelassenen festlegte, nachdem die Freilasser ihren Freigelassenen überzogen schwere Dienste aufgebürdet hatten. *Kaser* äußerte die Vermutung, dass *operae* bereits im Legisaktionenverfahren einklagbar waren. Dieser Umstand wird oft als Grund dafür angesehen, dass die *operae* als *certum* aufgefasst wurden. *Waldstein* führt diese beiden Aussagen zusammen und geht davon aus, dass Rutilius für den Anspruch auf *operae*, der bislang im Legisaktionenverfahren durchsetzbar war, eine Formel in das Edikt aufnahm und damit eine Klage für das Formularverfahren schuf. *Lenel*, EP^3 (1956) 338 f; *Kaser*, Ius, SZ 101 (1984) 23; *Waldstein*, Operae (1986) 350.

912 *Waldstein*, Operae (1986) 352; *Lenel*, EP^3 (1927) 240 u. 340; *Mantovani*, Formule (1992) 44.

913 Nicht sehr überzeugend erscheint die Argumentation von *Schiller*, Restraint, in: Mnemosyna Pappulias (1934) 237, der aus der Beobachtung, dass in den Quellen die Formulierungen „*operas centum dare spondes?*“, „*operas mille daturum se iuraverit*“ und „*iuraverit dare se, quot operas patronus arbitratus sit*“,

Leistet der Freigelassene über das gerechte Ausmaß hinausgehend *operae*, so stellt sich die Frage nach deren Rückforderbarkeit. In den Digesten folgt auf D. 38, 1, 30 ein Text zur Leistung nicht geschuldeter *operae*:

D. 38, 1, 31 (Modestinus libro primo regularum)
Operis non impositis manumissus, etiamsi ex sua voluntate aliquo tempore praestiterit, compelli ad praestandas, quas non promisit, non potest.

D. 38, 1, 31 (Modestin im ersten Buch seiner Rechtsregeln)
Wer ohne Auferlegung von *operae* freigelassen worden ist, kann auch dann nicht gezwungen werden zu leisten, was er nicht versprochen hat, wenn er solche auch aufgrund seines freien Willensentschlusses einige Zeit geleistet hat.

Aus der bloßen Leistung folgt also keine stillschweigend begründete Verpflichtung. In Zusammenschau der beiden Texte ist es nun wahrscheinlich, dass sich auch hinsichtlich des Textes D. 38, 1, 30 pr die Frage stellt, was zu geschehen hat, wenn festgestellt wird, dass *operae* hier insgesamt nicht geschuldet waren, weil bei der Festsetzung das gerechte Maß überschritten wurde bzw. wenn eine geltungserhaltende Reduktion erfolgt und der *libertus operae* über das tatsächlich geschuldete Maß hinaus geleistet hat: Er wird die ohne rechtlicher Verpflichtung bereits geleisteten *operae* „zurückfordern“ bzw. Geldersatz dafür verlangen wollen. Es ist daher zu überlegen, durch welche Mechanismen das möglich sein könnte.

Sollten *operae* wissentlich als Nichtschuld geleistet werden, so kann eine Kondizierbarkeit wohl ausgeschlossen werden. Zu diskutieren wäre allerdings eine *condictio indebiti* bei irrtümlicher Leistung einer Nichtschuld, wenn der Freigelassene also nicht wusste, dass er *operae* in Wahrheit überhaupt nicht schuldete. Dazu der folgende Text:

D. 12, 6, 26, 12 (Ulpianus libro vicensimo sexto ad edictum)
Libertus cum se putaret operas patrono debere, solvit: condicere eum non posse, quamvis putans se obligatum solvit, Iulianus libro decimo digestorum scripsit: natura enim operas patrono libertus debet. sed et si non operae patrono sunt solutae, sed, cum officium ab eo desideraretur, cum patrono decidit pecunia et solvit, repetere non potest. sed si operas patrono exhibuit non officiales, sed fabriles, veluti pictorias vel alias, dum putat se debere, videndum an possit condicere. et Celsus libro sexto digestorum putat eam esse causam operarum, ut non sint eaedem neque eiusdem hominis neque eidem exhibentur: nam plerumque robur hominis, aetas temporis opportunitasque naturalis mutat causam operarum, et ideo nec volens quis reddere potest. sed hae, inquit, operae recipiunt aestimationem: et interdum licet aliud praestemus, inquit, aliud condicimus:

vorzufinden sind, lediglich schließt, dass etwa der Freigelassene eines Arztes, der selbst auch Mediziner ist, am besten einfach lang genug abwarten soll, bis sein Patron das Interesse an ihm verliert, weil er zwischenzeitlich so viel von seiner medizinischen Ausbildung vergessen haben dürfte.

ut puta fundum indebitum dedi et fructus condico: vel hominem indebitum, et hunc sine fraude modico distraxisti, nempe hoc solum refundere debes, quod ex pretio habes: vel meis sumptibus pretiosiorem hominem feci, nonne aestimari haec debent? sic et in proposito, ait, posse condici, quanti operas essem conducturus. sed si delegatus sit a patrono officiales operas, apud Marcellum libro vicensimo digestorum quaeritur. et dicit Marcellus non teneri eum, nisi forte in artificio sint (hae enim iubente patrono et alii edendae sunt): sed si solverit officiales delegatus, non potest condicere neque ei cui solvit creditori, cui alterius contemplatione solutum est quique suum recipit, neque patrono, quia natura ei debentur.

D. 12, 6, 26, 12 (Ulpian im 26. Buch zum Edikt)
Ein Freigelassener hat *operae* geleistet, als er glaubte, sie seinem Freilasser zu schulden: Er kann nicht kondizieren, obwohl er in dem Glauben, verpflichtet zu sein, geleistet hat, hat Julian im zehnten Buch seiner Digesten geschrieben: Von Natur aus schuldet nämlich der Freigelassene dem Freilasser *operae*. Aber auch wenn dem Freilasser nicht *operae* geleistet worden sind, sondern er, als das *officium* von ihm verlangt wurde, mit dem Freilasser einen Geldbetrag vereinbart und diesen geleistet hat, kann er nicht zurückverlangen. Aber wenn er dem Patron nicht *operae officiales* geleistet hat, sondern *operae fabriles*, wie Malerarbeiten oder anderes, weil er glaubt, sie zu schulden, ist zu sehen, ob er kondizieren kann. Und Celsus meint im sechsten Buch seiner Digesten, das sei das Wesen der *operae*, dass sie nicht dieselben sind und weder desselben Menschen noch demselben gewährt: Denn oft ändern die Kraft eines Menschen, sein Alter und die naturgegebene günstige Lage das Wesen der *operae*, sodass man sie selbst auch beim besten Willen nicht zurückgeben kann. Aber diese *operae*, sagt er, lassen eine Schätzung zu: Und manchmal können wir das eine leisten, sagt er, und das andere kondizieren: Wenn ich zum Beispiel ein nicht geschuldetes Grundstück gebe und die Früchte kondiziere: oder einen nicht geschuldeten Sklaven, und du hast ihn gutgläubig zu einem geringen Preis veräußert, dann nämlich musst du nur das refundieren, was du vom Kaufpreis noch hast: Oder wenn ich durch meine Aufwendungen den Wert des Sklaven erhöht habe, müssen diese nicht geschätzt werden? Und so kann auch in dem Vorliegenden, sagt er, kondiziert werden, wieviel ich für die Dienste im Rahmen einer *locatio conductio* erhalten hätte. Aber wenn von einem Freilasser *operae officiales* delegiert werden, wurde bei Marcellus im zwanzigsten Buch seiner Digesten gefragt. Und Marcellus sagt, es verpflichte ihn nicht, wenn sie nicht zufällig in einem Handwerk bestehen (diese nämlich sind auf Befehl des Freilassers auch einem anderen zu gewähren): Aber wenn er delegierte *officiales* leistet, kann er nicht kondizieren, weder vom Gläubiger, dem er im Hinblick auf einen anderen geleistet hat und der das ihm Zustehende erhält, noch vom Freilasser, da sie diesem von Natur aus geschuldet werden.

Ulpian skizziert als Ausgangsfall[914]: Es kommt zur irrtümlichen Leistung nichtgeschuldeter *operae*.

---

914 *Libertus cum se putaret operas patrono debere, solvit.*

Der zweite Satz ist in indirekter Rede verfasst und gibt die Rechtsansicht Julians wieder[915]. Dieser spricht sich hier gegen die Kondizierbarkeit von *operae* aus[916].

Es folgt wieder direkte Rede[917], weswegen es wahrscheinlich ist, dass es sich im nächsten Satz nicht mehr um die Rechtsansicht Julians handelt[918], sondern vielmehr um eine Interpretation Ulpians. Die Zeichensetzung wäre dann zwar etwas irreführend, aber da diese nicht Ulpian selbst zugeschrieben werden kann, ist sie als Argument nicht stichhaltig. Der *libertus* schuldet die *operae* laut diesem Textabschnitt „von Natur aus". Dieser Satz führte in der Vergangenheit zu umfangreichen Interpolationsannahmen[919], die aber mittlerweile von *Pringsheim* und anderen bekämpft wurden[920]. Ist die Begründung hier Ulpians Beitrag in seinem Ediktskommentar, so handelt es sich bei der Qualifikation der *operae* als Naturalobligation nicht unbedingt um die Rechtsansicht Julians.

Mit dem hier erwähnten *officium* ist ein Begriff gewählt worden, der gerade die Gegensätzlichkeit zur rechtlichen Erzwingbarkeit ausdrückt[921]. Die Klärung des Begriffs würde für sich genommen genügend Stoff für eine eigene Monographie bieten, wie schon *Waldstein* festgestellt hat[922]. Im gegebenen Zusammenhang genügt jedoch die Feststellung, dass hier damit darauf verwiesen werden dürfte, dass vermeintlich geschuldete *operae officiales* mit einer Geldleistung abgegolten wurden, denn bei Paulus werden *operae* als *diurnum officium* definiert. Auch *Hausmaninger* übersetzt *officium* hier mit „Ehrendienste", also mit dem Begriff, der in der Übersetzung sonst für *operae officiales* verwendet wird[923].

Verschiedentlich kam es zu Bestrebungen, statt der *operae* Geldleistungen von den *liberti* zu verlangen[924]. Dem wirkte die *lex Aelia Sentia* (4 n. Chr.)

915 *Condicere eum non posse, quamvis putans se obligatum solvit, Iulianus libro decimo digestorum scripsit.*

916 *Quamvis putans se obligatum solvit* wurde beispielsweise von *Schwarz*, Condictio (1952) 78 als Glossem beurteilt, weil schon im ersten Satz ausgesprochen wurde, dass die Leistung eine irrtümliche war. Eine Wiederholung zur Verdeutlichung, was das Besondere an der Entscheidung ist, erscheint mir aber nicht völlig ausgeschlossen.

917 *Natura enim operas patrono libertus debet.*

918 *Waldstein* nimmt hingegen an, dass auch die Begründung von Julian stammt: Vgl. *Waldstein*, Operae (1986) 365 f.

919 Vgl. etwa *Schwarz*, Condictio (1952) 78 mwN.

920 Vgl. dazu *Waldstein*, Operae (1986) 364 mwN.

921 Vgl. *Kaser*, Patronatsgewalt, SZ 58 (1938) 116 ff.

922 *Waldstein*, Operae (1986) 265.

923 *Behrends/Knütel/Kupisch/Seiler* (*Hausmaninger*), CIC 3 (1999) 118.

924 *Sed et si non operae patrono sunt solutae, sed, cum officium ab eo desideraretur, cum patrono decidit pecunia et solvit, repetere non potest.*

entgegen. Zwar konnte der *libertus* dem Patron freiwillig den Geldwert statt der *operae* leisten, jedoch konnte er nicht wirksam dazu verpflichtet werden[925]. Die freiwillig geleistete Geldsumme, mit welcher eine Verpflichtung zu *operae* abgegolten wurde, konnte jedenfalls dann nicht zurückgefordert werden, wenn tatsächlich eine Verpflichtung zur Leistung von *operae* bestand. Selbst wenn der *libertus* in Wahrheit schon zur Leistung von *operae* nicht verpflichtet war, konnte er seine Geldleistung offenbar dennoch nicht kondizieren, zumindest dann nicht, wenn er sich damit irrtümlicherweise von nicht geschuldeten *operae officiales* freikaufen wollte[926].

Übte der Freigelassene ein Handwerk oder eine bestimmte Kunst aus, so hatte er seinem Patron grundsätzlich *operae* dieses Handwerks oder dieser Kunst zu leisten[927], sogenannte *operae fabriles* und *operae, quae in artificio sint*. Das galt aber nur insoweit, als die Dienste in diesem Rahmen weder mit Lebensgefahr, noch mit Schande verbunden waren[928].

---

925 Eine Rückforderung der aufgrund einer ungültig auferlegten Verpflichtung zu Geldzahlungen statt *operae* geleisteten Summe war an sich möglich; freiwillig geleistete Geldbeträge konnten jedoch nicht als Nichtschuld zurückgefordert werden. Eine Ausnahme bestand auch für den mittellosen *patronus*: Er hatte die Möglichkeit, eine solche Geldleistung *extra ordinem* einzuklagen. Dieses Ergebnis wurde damit begründet, dass der Freigelassene in einem solchen Fall ohnehin zur Unterhaltsleistung verpflichtet war. Umgekehrt musste der *libertus* auch bei Erbringung der *operae* grundsätzlich selbst für seine eigene Verpflegung und Kleidung sorgen. Nur wenn er dazu nicht in der Lage war, musste der Patron einspringen bzw. ihm genügend Zeit lassen, selbst die Mittel zu beschaffen. Tat dieser wiederum beides nicht, so verlor er nach der *lex Aelia Sentia* die *libertatis causa imposita* und damit sowohl den Anspruch auf *operae* als auch sein Erbrecht nach dem *libertus*. Vgl. *Waldstein*, Operae (1986) 173 f u. 287.

926 „*Sed si operas patrono exhibuit non officiales, sed fabriles, veluti pictorias vel alias, dum putat se debere, videndum an possit condicere.*" *Waldstein*, Operae (1986) 366 führt aus, „dass die Verneinung der *condictio* nicht mit der prinzipiellen Unkondizierbarkeit der *operae* selbst begründet wird". Ansonsten hätte Julian diese naheliegendste Begründung herangezogen. Der Text setze somit klar voraus, dass *operae* an sich kondizierbar seien.

927 *Waldstein*, Operae (1986) 83.

928 Call. 3 ed. monit., D. 38, 1, 38 pr: *Hae demum impositae operae intelleguntur, quae sine turpitudine praestari possunt et sine periculo vitae. nec enim si meretrix manumissa fuerit, easdem operas patrono praestare debet, quamvis adhuc corpore quaestum faciat: nec harenarius manumissus tales operas, quia istae sine periculo vitae praestari non possunt.* § 1 *Si tamen libertus artificium exerceat, eius quoque operas patrono praestare debebit, etsi post manumissionem id didicerit. quod si artificium exercere desierit, tales operas edere debebit, quae non contra dignitatem eius fuerint, veluti ut cum patrono moretur, peregre proficiscatur, negotium eius exerceat.*

War aber mit dem vom Freigelassenen ausgeübten Handwerk bzw. seiner Kunst Lebensgefahr oder Schande verbunden, so schuldete der *libertus* in diesem Rahmen keine *operae*. Beherrschte der *libertus* kein Handwerk und keine Kunst oder konnten ihm in diesem Rahmen *operae* nicht auferlegt werden, konnte er zu Diensten unterschiedlicher Art herangezogen werden, die nur nicht unter seiner Würde sein durften. Als Beispiele werden in diesem Zusammenhang genannt, dass der *libertus* sich bei seinem Patron aufhalten musste oder dass er für ihn eine Reise unternahm oder seine Geschäfte führte[929]. Diese Art von Diensten wird generell unter dem Begriff *operae officiales* zusammengefasst.

Der Inhalt der Verpflichtung zu *operae* hängt somit von der Situation des *libertus* ab[930] und konnte sich auch nachträglich wieder ändern, falls der *libertus* ein Handwerk oder eine Kunst später neu erlernte oder umgekehrt nun nicht mehr ausübte[931].

Innerhalb der *operae* werden somit generell zwei Kategorien unterschieden: *Operae fabriles*, die im Rahmen eines vom Freigelassenen ausgeübten Handwerks oder seiner Kunst geleistet wurden, und *operae officiales*, die außerhalb eines Handwerks oder einer Kunst des Freigelassenen geschuldet waren. Für die Einordnung in eine der genannten Kategorien ist nicht der Inhalt des Versprechens, sondern die berufliche Qualifikation des *libertus* entscheidend[932]. Da sich diese nach der Freilassung ändern konnte, konnte sich auch die Qualifikation der zu leistenden *operae* nachträglich ändern[933].

---

929 D. 38, 1, 38, 1. Beispielsweise wurde das Wohnen beim Patron zu den *operae* dieser Kategorie gezählt und ihm in der Literatur eine besondere, vorrangige Bedeutung beigemessen. Vgl. *Lambert*, Operae (1934) 14 f; *Fabre*, Libertus (1981) 131. *Waldstein*, Operae (1986) 85 sieht darin hingegen eher eine dem *libertus* gewährte Gunst.

930 Vgl. etwa Nerat. 1 resp., D. 38, 1, 50 pr: *Operarum editionem pendere ex existimatione edentis: nam dignitati facultatibus consuetudini artificio eius convenientes edendas.* Außerdem Paul. 40 ad ed., D. 38, 1, 16, 1: *Tales patrono operae dantur, quales ex aetate dignitate valetudine necessitate proposito ceterisque eius generis in utraque persona aestimari debent.*

931 Vgl. etwa D. 31, 1, 38, 1. Jedenfalls musste dem Freigelassenen während des Tagwerks Zeit zur Körperpflege eingeräumt werden (D. 38, 1, 22, 2) sowie ihm Mittagsruhe zugebilligt und überhaupt auf seine Gesundheit und Ehrgefühl Rücksicht genommen werden (D. 38, 1, 26 pr). *Levis coercitio* war aber vermutlich zulässig. Vgl. *Waldstein*, Operae (1986) 269 ff und 274.

932 *Mitteis*, Operae, SZ 23 (1902) 143 ff unterscheidet danach, ob die Dienstleistungen dem Patron als solchem geleistet werden; dann seien sie nämlich immer *operae officiales* und nie *operae farbiles*.

933 Vgl. Call. 3 ad monit., D. 38, 1, 38, 1.

Der in D. 12, 6, 26, 12 folgende Satz ist wieder in indirekter Rede verfasst und ein Celsus-Zitat[934]. Hier wird generell das Wesen der *operae* diskutiert, wohl im Hinblick darauf, inwiefern *operae* überhaupt „zurückverlangt" werden können, da eine Rückgabe *in natura* unmöglich erscheint.

Weiter geht es wieder in direkter Rede[935], was vermutlich wieder darauf hindeutet, dass Ulpian hier seine eigene Ansicht mitteilt. Es wird die Argumentation hinsichtlich des Wesens der *operae* fortgeführt, diesmal ausdrücklich im Zusammenhang mit einer möglichen Rückgewährung der Dienste[936].

Der folgende Satz ist wieder eindeutig ein Celsus-Zitat[937]: *Operae* haben einen Schätzwert[938]. Dieser Umstand wiederum ermöglicht das Einklagen als *certum* bzw. in weiterer Folge eine Verurteilung auf eine bestimmte Summe: *quanti ea res est*.

Auch der nächste Satz ist ein Zitat, bezogen auf Celsus[939]: Es könne hier etwas anderes kondiziert werden, als geleistet wurde.

Die folgenden Beispiele könnte dann wieder Ulpian beigetragen haben; die erste Person ist auf den Freilasser zu beziehen[940]. Diese Passage gab Anlass zu einer heftigen Diskussion, was generell mit einer *condictio* gefordert werden kann. Offenbar wird die *condictio indebiti* hier auf die vorhandene Bereicherung im Zeitpunkt der Geltendmachung des Anspruchs gerichtet, während

---

934 *Et Celsus libro sexto digestorum putat eam esse causam operarum, ut non sint eaedem neque eiusdem hominis neque eidem exhibentur.*

935 *Nam plerumque robur hominis, aetas temporis opportunitasque naturalis mutat causam operarum, et ideo nec volens quis reddere potest.*

936 Diese sind nach ihrer Leistung nicht mehr *in rerum natura*. Vgl. *Kaser*, PR I² (1971) 594, Fn 13. Marcian 3 regul., D. 19, 5, 25: *Si operas fabriles quis servi vice mutua dedisset, ut totidem reciperet, posse eum praescriptis verbis agere, sicuti si paenulas dedisset, ut tunicas acciperet: nec esse hoc contrarium, quod, si per errorem operae indebitae datae sunt, ipsae repeti non possunt. Nam aliud dando, ut aliud reddatur, obligari iure gentium possumus: quod autem indebitum datur, aut ipsum repeti debet aut tantundem ex eodem genere, quorum neutro modo operae repeti possunt.*

937 *Sed hae, inquit, operae recipiunt aestimationem.*

938 Die *operae* eines Sklaven können laut Ulp. 55 ad ed., D. 7, 7, 6 pr von dessen *dominus* zurückgefordert werden. Nur die *aestimatio* ist beim *servus artifex* eine andere als bei *mediastini*, einklagen kann er jedoch beide. Dass *operae officiales* nicht zurückgefordert werden können liegt also nicht daran, dass sie nicht geschätzt werden können, sondern daran, dass der Freigelassene sie seinem Patron als Naturalobligation schuldet.

939 *Et interdum licet aliud praestemus, inquit, aliud condicimus.*

940 *Ut puta fundum indebitum dedi et fructus condico: vel hominem indebitum, et hunc sine fraude modico distraxisti, nempe hoc solum refundere debes, quod ex pretio habes: vel meis sumptibus pretiosiorem hominem feci, nonne aestimari haec debent?*

ansonsten davon auszugehen ist, dass das nach klassischem Recht vom Bereicherten im Zeitpunkt der Bereicherung empfangene *certum* herausgegeben werden muss. Aufgrund der von dieser Regel abweichenden Beurteilung in D. 12, 6, 26, 12 ging man davon aus, dass die Kompilatoren den Text verändert hätten[941]. Ist die Zuordnung zu Ulpian aufgrund der direkten Rede aber zutreffend, so wäre die Verortung in der Spätklassik vielleicht eine Erklärung für diese Entscheidung, die bislang einerseits Celsus unterstellt wurde und andererseits für interpoliert (weil vom klassischen Recht abweichend) erklärt wurde.

Es folgt wieder die Ansicht von Celsus[942]; es könne das kondiziert werden, was derartige Dienste aus einem Dienstvertrag an Entlohnung erfordern würden.

Hier wird wohl die Frage diskutiert, welche Summe bei irrtümlich geleisteten, nichtgeschuldeten *operae fabriles* kondiziert werden kann: Der Patron muss dem Freigelassenen die Summe bezahlen, die er (also der Freilasser) für eine solche Leistung im Rahmen einer *locatio conductio* hätte zahlen müssen.

Das folgende Zitat stammt jedoch von Marcellus[943]: Der *libertus* sei nicht dazu verpflichtet, die *operae* an einen Dritten zu leisten, wenn der Patron ihn dazu auffordert.

Die Erörterung entfernt sich an dieser Stelle etwas von der eingangs gestellten Frage und bespricht die Möglichkeit des Patrons, den Freigelassenen wirksam anzuweisen, die *operae* einem Dritten zu leisten und damit gleichzeitig die Möglichkeit des *libertus*, schuldbefreiend an diesen Dritten zu leisten. Auch hier wird nach dem Inhalt der Verpflichtung differenziert: *operae officiales* können grundsätzlich nur dem Patron geleistet werden, ausgenommen sind jedoch solche, die *in artificio sint*, die also nicht im Rahmen eines vom *libertus* ausgeübten Handwerks geschuldet sind, somit keine *operae fabriles* darstellen, aber im Rahmen einer Kunst geleistet werden, die der *libertus* beherrscht.

Der letzte Satz stammt dann vermutlich wieder von Ulpian selbst[944] und zieht aus den Ausführungen von Marcellus hinsichtlich der anweisungsgemäßen Leistung von *operae* an Dritte Schlüsse für die Frage der Kondizierbarkeit: *operae officiales* könne er nicht kondizieren, wenn er sie auf Anweisung des Patrons einem Dritten geleistet habe.

---

941 Vgl. nur *v. Lübtow*, Rez. Niederländer, Iura 5 (1954) 266 mwN.

942 *Sic et in proposito, ait, posse condici, quanti operas essem conducturus.*

943 *Sed si denegatus sit a patrono officiales operas, apud Marcellum libro vicensimo digestorum quaeritur. et dicit Marcellus non teneri eum, nisi forte in artificio sint (hae enim iubente patrono et alii edendae sunt).*

944 *Sed si solverit officiales delegatus, non potest condicere neque ei cui solvit creditori, cui alterius contemplatione solutum est quique suum recipit, neque patrono, quia natura ei debentur.*

Nachdem *operae officiales* nur dem Patron schuldbefreiend geleistet werden können und eine wirksame Anweisung unmöglich ist, ist eine dennoch erfolgte Leistung eine Nichtschuld, deren Kondizierbarkeit insbesondere bei irrtümlicher Leistung zur Diskussion steht. Es ist wohl Ulpian, der hier entscheidet, dass der *libertus* weder vom Dritten noch von seinem Patron kondizieren kann. Vom Dritten nicht, weil ihm im Hinblick auf eine tatsächlich bestehende Schuld geleistet wurde, und vom Patron nicht, weil ihm *operae officiales* als Naturalobligation zustehen. Das Argument der Naturalobligation wird hier wieder in einem Abschnitt erwähnt, der in direkter Rede verfasst wurde. Es ist daher anzunehmen, dass nicht die Hochklassiker Julian und Marcellus diese Qualifikation eingeführt haben, sondern erst der Spätklassiker Ulpian.

Zusammengefasst stellt sich folgendes Bild dar: Wurden *operae* irrtümlich geleistet, obwohl sie überhaupt nicht geschuldet waren, so führte das nicht zu einer Verbindlichkeit, zukünftig weitere nicht geschuldete *operae* zu leisten[945]. Bereits geleistete *operae fabriles* waren kondizierbar[946]; gefordert werden konnte der Betrag, den der Patron für die betreffende Leistung im Rahmen einer *locatio conductio* hätte bezahlen müssen[947]. Eine Rückforderung von *operae officiales* war demgegenüber nicht möglich, da sie als *naturalis obligatio* qualifiziert wurden[948] und als solche zwar nicht einklagbar, wohl aber erfüllbar waren. Die letztgenannte Begründung könnte erst Ulpian entwickelt haben; wie sich die Unmöglichkeit einer Kondiktion nach der Ansicht der Hochklassiker erklärt, bleibt dann offen. Möglicherweise haben sie in einigen konkreten Fällen die *condictio* versagt, was Ulpian mit dem Argument der Naturalobligation verallgemeinert. Allerdings zeigt sich auch in zahlreichen anderen Zusammenhängen, dass *operae fabriles* eher wirtschaftlich betrachtet und als Vermögenswert angesehen werden, während *operae officiales* stärker von der persönlichen Beziehung zwischen Patron und Freigelassenem geprägt waren[949].

---

945 Modest. 1 reg., D. 38, 1, 31.

946 Ulp. 26 ad ed., D. 12, 6, 26, 12.

947 *Waldstein*, Operae (1986) 370.

948 D. 12, 6, 26, 12. Ausgenommen von dieser Regel ist aber der Fall, dass der Patron zuvor ausdrücklich auf *operae* verzichtet hatte: Marcian. 3 reg., D. 12, 6, 40, 2: *Si pactus fuerit patronus cum liberto, ne operae ab eo petantur, quidquid postea solutum fuerit a liberto, repeti potest.* In diesem Fall hat „der Patron durch den Verzicht auf *operae* in Gestalt des *pactum de non petendo* die Kondizierbarkeit selbst ausgelöst." *Waldstein*, Operae (1986) 367.

949 Das zeigt sich einerseits in der Möglichkeit der *locatio operarum*, andererseits auch hinsichtlich der Vererblichkeit: *Operae fabriles* gingen wie andere schuldrechtliche Ansprüche auf die Erben über; *operae officiales* hingegen nur in dem Fall, dass die Kinder des Patrons zu dessen direkten Erben werden, ansonsten erlischt die Verpflichtung. Außerdem können *operae officiales* nicht im Auftrag

Soviel zur Möglichkeit des Freigelassenen, *operae* zurückzufordern, die er ohne gültiger Verpflichtung geleistet hat. Sollte es in Fällen wie dem Ausgangstext bei über das gerechte Maß hinausgehend festgesetzten *operae* aber zu einer geltungserhaltenden Reduktion kommen, stellt sich die Frage, wie der Patron die tatsächlich geschuldeten *operae* erlangen könnte.

Sind *operae* geschuldet und ist der Tag, an dem sie geleistet hätten werden sollen, ohne Erbringung der Leistung verstrichen, so konnte das Tagwerk dieses Tages nun einerseits nicht mehr geleistet und andererseits sein Wert nunmehr eingeklagt werden[950].

Palingenetisch steht der folgende Text bei Celsus in dessen 12. Buch der Digesten im direkten Anschluss an D. 38, 1, 30 pr:

> *D. 50, 17, 186 (Celsus libro duodecimus digestorum)*
> *Nihil peti potest ante id tempus, quo per rerum naturam persolvi possit: et cum solvendi tempus obligationi additur, nisi eo praeterito peti non potest.*
>
> D. 50, 17, 186 (Celsus im 12. Buch seiner Digesten)
> Nichts kann kann vor der Zeit gerichtlich gefordert werden, zu welcher es nach der Natur der Sache geleistet werden kann: und wenn der Verbindlichkeit eine Leistungszeit hinzugefügt wird, kann man nicht vor ihrem Ablauf gerichtlich fordern.

Auf den ersten Blick hat dieser Text nichts mit *operae* zu tun, doch verweist bereits *Lenel* auf den Zusammenhang mit D. 38, 1, 13, 2:

> *D. 38, 1, 13, 2 (Ulpianus libro trigensimo octavo ad edictum)*
> *Iudicium de operis tunc locum habet, cum operae praeterierint. praeterire autem non possunt, antequam incipiant cedere, et incipiunt, posteaquam fuerint indictae.*
>
> D. 38, 1, 13, 2 (Ulpian im 38. Buch zum Edikt)
> Die Klage wegen der *operae* hat dann Platz, wenn die *operae* abgelaufen sind. Sie können aber nicht ablaufen, bevor sie beginnen fällig zu sein, und sie sind fällig, nachdem sie auferlegt worden sind.

Kombiniert man die Aussagen der beiden Texte, stellt sich folgendes Bild dar: *Operae* werden erst fällig, wenn der Patron sie mittels *indictio* abruft[951]. Erst

---

des Patrons (durch novierende Stipulation) schuldbefreiend einem Dritten geleistet werden, *operae fabriles* hingegen schon; *operae*, die in einem *artificium* bestehen, und *operae*, die zwar nicht *operae fabriles* sind, aber dennoch *quasi* in einer Geldleistung bestehen, folgen den Regeln der *operae fabriles*. Vgl. D. 38, 1, 22, 1. Dazu: *Waldstein*, Operae (1986) 319 ff.

950 *Waldstein*, Operae (1986) 353.

951 *Operae* mussten dem Freigelassenen angesagt bzw. jeweils konkret von ihm gefordert werden (*indicere*, *indictio*). In der älteren Lehre ging man davon aus, dass dieser Grundsatz nur für *operae officiales* galt, während *operae fabriles*

wenn sie aufgrund der *indictio* fällig geworden sind, können sie ihrer Natur nach geleistet werden. Erst wenn der Zeitraum, in welchem sie aufgrund der Anordnung des Patrons geleistet werden können, verstrichen ist, können sie eingeklagt werden[952].

Obwohl der Freigelassene dem Wortlaut nach unbegrenzt viele Tagwerke verspricht, kann er sich weigern, über das gerechte Maß hinaus solche zu leisten. Nur innerhalb der Grenzen der *aequitas* kann der Freilasser *operae* einklagen, sobald diese fällig geworden sind. Das ist grundsätzlich erst mit Ablauf des jeweiligen Arbeitstages der Fall.

Hat der Freigelassene bereits nicht geschuldete *operae* erbracht, so kann er gegebenenfalls die *condictio indebiti* anstellen, sofern es sich um *operae fabriles* handelt. *Operae officialis* hingegen sind als erfüllte Naturalobligationen nicht rückforderbar.

Der Selbstwiderspruch ist hier aber kein echter, da das Ergebnis über eine Auslegung der Willenserklärung nach dem hypothetischen Parteieninteresse erfolgt und somit kein Widerspruch ieS unterstellt werden kann: Was schon von der ursprünglichen Erklärung als nicht mitumfasst gilt, das muss man sich auch nicht entgegenhalten lassen. Nur dem bloßen Wortlaut nach liegt *venire contra factum proprium* vor.

Nach der Behandlung dieses Freigelassene betreffenden Themas wird nun ein Fall besprochen, in welchem ebenfalls bestimmte untertänige Gruppen angesprochen werden.

2.12. C. 11, 48, 7: Verbot des Verkaufs eines *originarius* oder *rusticus censitusque servus* ohne zugehörigem Grundstück

C. 11, 48, 7 (Imppp Valentinianus, Valens et Gratianus AAA. ad Maximum pp.) Quemadmodum originarios absque terra, ita rusticos censitosque servos vendi omnifariam non licet. § 1 Neque vero commento fraudis id usurpet legis illusio, quod in originariis saepe actitatum est, ut parva portione terrae emptori tradita omnis integri fundi cultura adimatur. § 2 Sed cum soliditas fundorum vel certa

---

sofort mit dem Versprechen geschuldet wurden (dieses Ergebnis wird etwa von D. 38, 1, 24 nahegelegt) – wenn auch zum jeweiligen Fälligkeitstag –, jedoch haben *Mitteis*, Operae, SZ 23 (1902) 147 f und *Waldstein*, Operae (1986) 227 ff nachgewiesen, dass in diesem Punkt kein Unterschied zwischen den beiden Kategorien von *operae* besteht.

952 Die Abgrenzung von *obsequium* und *operae* ist wohl die ausschlaggebende Komponente für die Entscheidung zwischen *actio societatis* und *actio operarum*, um als Patron gegen den *libertus*, der seine Pflichten nicht erfüllt, vorzugehen. Da die Diskussion dieser Frage an dieser Stelle zu weit gehen würde, sei lediglich auf folgende Beiträge verwiesen: *Lambert*, Operae (1934) 71 f; *Waldstein*, Operae (1986) 66 u. 69. Siehe bei beiden Autoren auch eine eingehende Besprechung der vergleichbaren griechischen Rechtsinstitute der παραμονή und der θεραπεία.

portio ad unumquemque perveniat, tanti quoque servi et originarii transeant, quanti apud superiores dominos et possessores vel in soliditate vel in parte manserunt: et emptor pretium quod dederit amissum existimet, nihilo minus venditori ad repetendos servos cum agnatione eorum vindicatione concessa. § 3 Et si aliqua denique ex causa dissimulaverit legis usurpare beneficium atque iste sub hac taciturnitate decesserit, et heredibus eius et contra heredes emptoris vindicationem damus longi temporis praescriptione submota: mala fide namque possessorem esse nullus ambiget, qui aliquid contra legum interdicta mercatur.

C. 11, 48, 7 (Die Kaiser Valentinian, Valens und Gratian an Maximus, Prätorianerpräfekt)
Wie *originarii* ohne Erde so dürfen auch bäuerliche und zinsbare Sklaven nicht allseitig verkauft werden. § 1 Und nicht mit dem Einfall des Betruges kann ein Verspötter der Gesetze beanspruchen, was oft hinsichtlich der *originiarii* verhandelt wurde, dass dem Käufer ein kleiner Teil der Erde übertragen und dadurch die Kultivierung des gesamten Grundstücks entzogen werde. § 2 Aber wenn das gesamte Grundstück oder ein bestimmter Teil an jemanden gelangt, sollen auch so viele Sklaven und *originarii* übertragen werden, wie bei den vorhergehenden Eigentümern und Besitzern entweder hinsichtlich des gesamten oder des Teiles gewesen sind: Und der Käufer verliert den Preis, den er gegeben hat. Nichtsdestoweniger ist dem Verkäufer zur Rückforderung der Sklaven samt deren Nachkommen die Vindikation zu gestatten. § 3 Und wenn einer schließlich, weil er die Wohltat des Gesetzes übersieht, keinen Gebrauch davon macht, und dieser unter solchem Stillschweigen verstirbt, dann wird seinen Erben und gegen die Erben die Vindikation unter Wegfall der schädlichen *longi temporis praescriptio* gegeben: Denn es wird niemand anzweifeln, dass der Besitzer wahrhaft schlechtgläubig ist, der etwas gegen das Verbot des Gesetzes erhandelt. 13. Juli 371[953].

Nach der Bestimmung im *principium* dieses Textes aus der zweiten Hälfte des 4. Jh. n. Chr. darf derjenige nicht ohne zugehöriges Grundstück verkauft werden, der unter eine der angeführten Gruppen fällt: Jemand, der *originarius rusticus censitusque servus* ist, ist an Grund und Boden gebunden.

In den folgenden Paragraphen des Fragments werden die Rechtsfolgen eines Verstoßes gegen diese Regelung besprochen: Widersprechende Vereinbarungen bzw. Umgehungsgeschäfte sind nichtig. Der Verkäufer hat daher die *rei vindicatio*, der Käufer verliert jedoch gleichzeitig den von ihm bereits entrichteten Kaufpreis. Darin ist eine pönale Funktion zu sehen, um solche Vorgehensweisen zu unterbinden. Die *possessio* kann bei *mala fides* nicht zur Ersitzung führen und hinzu kommt die aktive wie passive Vererblichkeit[954] sowie Unverjährbarkeit der Ansprüche.

953 Die Datierung geht zurück auf *Seeck*, Regesten (1964) 240. Vgl. auch etwa *Rosafio*, Colonato (2002) 188; *Giliberti*, Servi della terra (1999) 88 u. 134; *Eibach*, Kolonat (1977) 52; 136 u. 208.

954 Vgl. dazu *Rosafio*, Colonato (2002) 189.

Wie *Kaser* dargestellt hat, entstehen in der nachklassischen Rechtsentwicklung neue „Verhältnisse einer Untertänigkeit, die in mehreren Abstufungen eine sklavenähnliche Unterordnung ... mit sich bringen". Vor allem die *coloni* sind „an die Scholle gebundene kleine Landpächter", welche „im wirtschaftlichen und sozialen Leben dieser Zeit ... eine bedeutsamere Rolle spielen als die Sklaven"[955]. Es handelt sich um ein neues Institut unfreier Arbeitsorganisation, welches als „ein wesentliches Charakteristikum des ‚Spätantiken Zwangsstaates'" angesehen wird und wodurch die kündbare *locatio conductio* ersetzt worden sei[956]. Es ist den *coloni* einerseits untersagt, das Land, zu dem sie gehören, zu verlassen, und andererseits ist es – gewissermaßen als Gegenstück dazu – auch den Eigentümern des Grundstücks verboten, sie von diesem Land zu trennen; somit konnte weder durch den *colonus* noch durch den Grundherren eine Trennung bewirkt werden[957].

Einen nicht unbeträchtlichen Anteil an der Ausbildung dieser Bindung hatte vor allem im Osten das Steuersystem, da die *coloni* regelmäßig als *capitatio humana* gemeinsam mit dem Boden, der *iugatio terrae*, in die Steuerlisten eingetragen wurden („*adscriptii*")[958]. Im Westen spielte das Steuersystem diese Rolle nicht in diesem Ausmaße, aber es wurde eine Bindung insbsondere durch die „machtmäßige Abhängigkeit von den Grundherren" bewirkt, da diese ihre

---

955 *Kaser*, PR II² (1975) 142. Einen Abriss über die Entstehungsgeschichte siehe ebd. 143 ff. Einen ausführlichen Überblick über die ältere Literatur zum Kolonat bietet in ihrem Vorwort *Mirković*, Colonate (1997) 17 ff. Die Autorin gibt ausführliche Zusammenfassungen von *Savigny*, Kolonat³, in: Schriften 2 (1850) – ebd. 4 f; *Fustel de Coulanges*, Colonat, in: Recherches (1885) – ebd. 5 ff; *Carrié*, Colonat, in: Opus 1 (1982) 352 ff – ebd. 8; *Rostovtzeff*, Kolonat, in: Archiv für Papyrusforschung, Beiheft 1 (1910) – ebd. 8 f; *Saumagne*, Colonat, in: Cahiers de Tunis (1962) 115 ff – ebd. 9 f; *Ganshof*, Colon, in: Antiquité Classique 14 (1945) 261 ff – ebd. 10; *Jones*, Colonate, in: Past and Present 13 (1957) 1 ff – ebd. 10 ff; *Goffart*, Caput and Colonate (1974) – ebd. 11; *Eibach*, Kolonat (1977) – ebd. 12. Darüber hinaus weitere Literaturnachweise in den Fußnoten. *Schipp*, Kolonat (2009) arbeitet das Thema „aus der Perspektive des Althistorikers" (so der Autor selbst im Vorwort, ebd. IX) auf. Für weitere Lit. siehe *Sirks*, Colonate, SZ 110 (1993) 331 ff Fn 1 sowie *ders.*, Colonate, in: Journal of Roman Studies 98 (2008) 122 Fn 8.

956 *Panitschek*, Kolonat, SZ 107 (1990) 137. Zu den Krisen und sonstigen Gründen, welche zur Ausbildung dieses Instituts geführt haben, siehe ebd. 138 ff (Arbeitskräftemangel infolge des Endes der Eroberungen durch Augustus und damit auch Mangel an Sklaven; Epedemien; Barbareneinfälle und Kämpfe zwischen Thronprätendenten; die Steuerreform Diokletians; zunehmende soziale Mobilität).

957 *Savigny*, Kolonat³, in: Schriften 2 (1850) 15.

958 *Kaser*, PR II² (1975) 144 f. Vgl. zu den ägyptischen ὁμόλογοι: *Mirkovic*, Colonate (1997) 27 ff.

coloni am Verlassen des Grundes hindern konnten und ihnen flüchtige *coloni* auszuliefern waren[959].

Die ursprünglich als Konsensualvertrag ausgestaltete und damit privatrechtlich vereinbarte Pacht im Rahmen der *locatio conductio* erfährt in der Spät- und Nachklassik eine tiefgreifende Umgestaltung[960]. *Eibach* spricht von einer „von den Notwendigkeiten der steuerlichen Erfassung überdeckten und dann mehr und mehr ausgehöhlten freien vertraglichen Bindung zwischen Pächter und Grundherr“[961]. Die Formen der Begründung des Kolonats werden sodann nach *Savignys* Erkenntnissen in drei Kategorien eingeteilt: Geburt, Verjährung und Unterwerfung durch Vertrag[962]. Als Gegenleistung für den Genuss des Grundstückes hatten die *coloni* einen jährlichen, grundsätzlich aus Ernteerträgnissen bestehenden *canon* zu leisten[963]. An sich hatten sie die Rechtsstellung von Freien, jedoch war diese in so vielerlei Hinsicht beschränkt, dass faktisch eine sklavenähnliche Situation vorlag[964].

Die in C. 11, 48, 7 gebrauchte Bezeichnung „*originarius*" ist im Hinblick auf die „*origo*" als Herkunftsort in steuerpolitischer Hinsicht zu verstehen, *ie* der Ort, wo der Betreffende seine Steuern zu entrichten hat (in späterer Zeit verstärkt sich der Zusammenhang mit der Zugehörigkeit zu einer sozialen Gruppe)[965]. Das *ius originarium* ist nach *Saumagne* – neben dem bereits angesprochenen *ius census* – die zweite Grundlage des Kolonats in der Spätantike, wobei er eine eigene Form von Sklaventum annimmt, indem er dem Boden an sich eine *potestas* über den *colonus* zuschreibt[966]. Dieses *ius originarium* begründe zudem „ein Eingriffsrecht des Pachtherrn als *patronus* und *dominus* gegenüber den Kolonen als Pächter, nicht als Sklaven; dh, es erstreckt sich im Wesentlichen darauf, die Bodenbindung zu gewährleisten"[967]. Der Text C. 11, 48, 7 ist der älteste bekannte Nachweis eines *originarius* (*colonus*), der analog zur früheren Gesetzgebung untrennbar mit dem Grundstück verbunden

---

959 *Kaser*, PR II² (1975) 145 f.

960 Vgl. zur Entwicklung des Kolonats insbes. *Giliberti*, Servi della Terra (1999) 1 ff; zur Wissenschaftsgeschichte beginnend mit Cuiaz ebd. 6 ff. Ebd. 21 ff auch allgemein über die Geschichte der Landpacht bzw. ebd. 47 ff über die Gründe der Entstehung der Stellung des *colonus* gewissermaßen „zwischen *libertus* und *servus*“. Siehe allg. auch *Johne/Köhn/Weber*, Kolonen (1983).

961 *Eibach*, Kolonat (1977) 56.

962 *Savigny*, Kolonat³, in: Schriften 2 (1850) 5.

963 C. 11, 48, 5. *Savigny*, Kolonat³, in: Schriften 2 (1850) 22 ff.

964 *Kaser*, PR II² (1975) 146 f; *Savigny*, Kolonat³, in: Schriften 2 (1850) 11 ff.

965 Vgl. ausführlich zu diesem Begriff *Nörr*, Origo, RE, Suppl. X (1965) 433 ff. Zur Bindung der *coloni* an die *terra* ebd. 466. Weiters *ders.*, Origio, TR 31 (1963) 525 ff.

966 „*Potestas dominica*“: *Saumagne*, Colonat, in: Les Cahiers de Tunis (1962) 133 ff.

967 *Eibach*, Kolonat (1977) 57.

bleiben soll. *Originarius* und *colonus* sind hier insofern synonym zu verstehen[968], als es sich bei Ersterem um einen spezifischen Terminus handelt, „den die Gesetzgebung primär für die Tätigkeit des bodengebundenen Pächters verwendet. Zusätzlich zu seiner Bodenbindung ist dieser noch durch persönliche Abhängigkeit in steuerlicher Hinsicht an den Grundherrn gebunden". Der Begriff ist zudem örtlich und zeitlich relativ beschränkt in seiner Anwendung: Im Wesentlichen ist er der westlichen Kanzlei vom letzten Drittel des 4. Jh. bis in die zweite Hälfte des 5. Jh. zuzuordnen[969].

Sodann wird in C. 11, 48, 7 der „*rusticus*" angeführt. Damit dürfte aber – entgegen der Übersetzung von *Sintenis*[970] – nicht eine eigene Kategorie von an den Boden gebundenen Bauern eingeführt werden; vielmehr ist anzunehmen, dass *rusticus* ein Adjektiv zu *servus* ist, was der enge Anschluss an das wohl unstreitig als Adjektiv gebrauchte *censitus* nahelegt[971]. In § 2 des Fragments wird darüber hinaus generell nur noch von *servi et originarii* gesprochen. Es werden in Wahrheit also nicht drei, sondern nur zwei Gruppen unterschieden: Einserseits die *originarii* und andererseits die Landarbeiter-Sklaven[972]. Die *servi censiti* sind wiederum synonym zu *censibus adscripti* zu verstehen, dh, es handelt sich um in den Censuslisten erfasste Sklaven, für welche der Grundherr direkt steuerlich verantwortlich ist[973].

Nach der Kategorisierung in C. 11, 48, 7 ist somit die steuerliche Veranlagung für die Zugehörigkeit einer Person bzw. eines Sklaven zu einem bestimmten Grundstück ausschlaggebend und nicht etwa dessen personenrechtliche Stellung. *Eibach* vermutet als Hintergrund, dass dem Staat Transaktionen von Grundstücken ohne gleichzeitige Übertragung der genannten Personen, für welche eine direkte Steuerverantwortlichkeit besteht, im Hinblick auf die Gefahr der Steuerhinterziehungen zu risikoreich waren, nachdem die Steuerleistung für *censibus adscripti* nicht gesondert ausgewiesen wurde[974].

Im Zusammenhang mit der Veräußerbarkeit von Grundstücken, mit denen bestimmte Personen untrennbar verbunden sind[975], steht auch C. 11, 48, 2,

---

968 *Rosafio*, Colonato (2002) 188; *Eibach*, Kolonat (1977) 208 f.

969 *Eibach*, Kolonat (1977) 216 f.

970 „Ebensowenig Hörige ohne den Grund und Boden verkauft werden dürfen, ist es gestattet, Bauern und zinsbare Sklaven zu verkaufen." Übersetzung von *Otto/Schilling/Sintenis* (*Sintenis*), CIC 6 (1832) 579.

971 So auch *Eibach*, Kolonat (1977) 208 Fn 499.

972 So (allerdings ohne ausdrückliche Begründung) auch etwa *Rosafio*, Colonato (2002) 188 sowie *Giliberti*, Servi della terra (1999) 134.

973 *Eibach*, Kolonat (1977) 135 ff.

974 *Eibach*, Kolonat (1977) 137.

975 Zur geschichtlichen Entwicklung dieser Zugehörigkeit findet sich eine umfassende Darstellung bei *Giliberti*, Servi della terra (1999) 77 ff.

der von *coloni* spricht. Dabei handelt es sich wohl um das erwähnte Vorbild, dem auch C. 11, 48, 7 folgt:

> *C. 11, 48, 2 (Imp Constantinus A. ad Dulcitium, consularem Aemiliae)*[976]
> *Si quis praedium vendere voluerit vel donare, retinere sibi transferendos ad alia loca colonos privata pactione non possit. § 1 Qui enim colonos utiles credunt, aut cum praediis eos tenere debent aut profuturos aliis derelinquere, si ipsi sibi praedium prodesse desperant. D. III k. Mai. Mediolani Constantio A. VIIII et Iuliano C. II conss. [a. 357]*

> C. 11, 48, 2 (Kaiser Konstantin an Dulcitius, Konsul von Emilia)
> Wenn jemand ein Grundstück verkaufen oder schenken will, kann er sich nicht durch privates *pactum coloni* zurückbehalten, um sie an einen anderen Ort zu versetzen. § 1 Wer nämlich *coloni* für nützlich hält, muss sie entweder mit den Grundstücken behalten oder sie zum Nutzen anderer aufgeben, wenn er die Hoffnung aufgibt, dass ihm das Grundstück nützlich sein kann. Gegeben den 29. April 357 in Mailand unter dem neunten Konsulat Konstantins und dem zweiten Konsulat Julians.

In diesem 14 Jahre vor unserer Ausgangsstelle ergangenen Erlass wird nicht die Steuer als Grund genannt, sondern vielmehr das Gewicht auf das Interesse der Grundstückseigentümer gelegt. Da es im Interesse des jeweiligen Eigentümers liegen müsse, dass die *coloni* das Grundstück bewirtschaften, müssten diese dort auch verbleiben. Entscheidungsfreiheit besteht nur in dem Maße, als man sich gegen einen Verkauf entscheiden und das Grundstück samt *coloni* behalten kann. Entscheidet man sich hingegen für die Veräußerung, so müssen die *coloni* mitveräußert werden[977]. Tatsächlich steht hinter dieser Regelung jedoch weniger das Interesse des einzelnen Grundstückseigentümers als vielmehr das öffentliche Interesse an der Bewirtschaftung des Grund und Bodens und nicht zuletzt auch an der Steuerleistung[978]. Dass es auch für den Einzelnen nützlich ist, mag in den meisten Fällen zutreffen, die Aussage an sich dürfte jedoch vielmehr zur Überzeugung der Adressaten dienen[979].

---

976 = CTh. 13, 10, 3.

977 Diese Argumentation könnte auf einer (behaupteten) Parallele zur Gebundenheit von Prädialservituten an Grundstücke beruhen; auch dort wird die Nützlichkeit für das herrschende Grundstück verlangt und einem Veräußerer keine Möglichkeit gewährt, die Servitut für sich zu behalten, wenn er das betreffende Grundstück einem anderen überträgt.

978 *Savigny*, Kolonat^3, in: Schriften 2 (1850) 19: „polizeiliche Sorge für die Landeskultur“ und „Steuerinteresse“. Diese waren untergeordnet, wenn es um die Rekrutierung für das Heer ging, weswegen hier eine Trennung vom Boden durchaus möglich und auch erwünscht war. Siehe ebd. 21.

979 Vgl. zu der Aufforderung, sich in den Vertragspartner hineinzuversetzen, wenn es um die Verbindlichkeit von Verträgen geht, oben Kapitel 1.15.

Der Selbstwiderspruch liegt im Fall der Stelle C. 11, 48, 7 darin, dass ein Grundstück zunächst veräußert wird, dann jedoch jederzeit wieder zurückgefordert werden kann. Der Text ist eine Belegstelle für den Fall, in dem ein Erstverhalten rechtswidrig ist und somit dagegen verstoßen werden darf; das ist die allgemeine Feststellung der *solutio*, die hier ein praktisches Anwendungsbeispiel findet. Auch die Glosse erklärt: „*In fraudem legum facta punitur*"[980].

Der Käufer muss sich über das Grundstück und etwaige daran gebundene *originarii* bzw. *rusticus censitusque servus* informieren, denn ihn trifft das Risiko, den Kaufpreis zu verlieren, sollten solche vorhanden sein, aber nicht mitübertragen werden. Da es als *mala fides* gewertet wird, diese an das Grundstück Gebundenen rechtswidrigerweise vom Grund zu trennen, steht einer Vindikation auch die *longi temporis praescriptio* nicht entgegen.

Im nächsten Text geht es um die obligationsgemäße Leistung eines Sklaven, doch ist das Zitat bzgl. seiner Überlieferung problematisch, nachdem nur der Druck Basel 1567 darauf verweist[981]. Um die Frage zu beantworten, ob die Wahrscheinlichkeit dafür spricht, dass es in den Brocarda *aurea* hier angeführt wurde, in der Überlieferung jedoch teilweise weggefallen ist, oder ob es

980 Ausgabe Lyon 1627, 173.

981 Problematisch ist, dass in keiner der erhaltenen Handschriften die *lex* dieser Stelle so zitiert ist und das Zitat auch im Druck Neapel 1568 nicht in der Form aufscheint. Es existiert jedoch kein Fragment im passenden Titel, welches mit dem ansonsten vorgeschagenen *Calum(p/niat)* beginnt; nicht nur im passenden D. 46, 3 (*de solutionibus et liberationibus*) nicht, sondern auch im ähnlich anlautenden Titel D. 24, 3 (*soluto matrimonio dos quemadmodum petatur*) nicht, wie auch weder in den Codex-Titeln C. 8, 42 (*de solutionibus et liberationibus*) noch C. 11, 40 (*de solutionibus et liberationibus debitorum civitatis*) oder C. 5, 18 (*soluto matrimonio dos quemadmodum petatur*). Die einzigen Texte, die im *Corpus Iuris Civilis* mit *Calum* beginnen, sind in den Digesten einmal D. 3, 2, 4, 4, wo es aber der Paragraph und nicht die *lex* ist, der so beginnt, und wo der zweite Titel im dritten Buch *De his qui notantur infamia* lautet und somit nichts mit *De solutionibus* gemeinsam hat. Weiters gibt es einen solchen Beginn in D. 48, 16, 1, 1 u. 2 sowie D. 48, 16, 6, 4. Wieder sind es nur Paragraphen und darüber hinaus lautet der Titel 16 im 48. Buch *Ad senatus consultum Turpillianum et de abolitionibus criminum.* Im schon an sich nicht zitierten Codex beginnen C. 9, 46, 1 und 4 mit *Calum.* Hier wären es zumindest Fragmente und nicht nur Unterparagraphen, der Titel lautet aber *De calumniatoribus.* In den Institutionen gibt es überhaupt keinen Treffer. Ein erlaubtes widersprüchliches Verhalten ist außerdem inhaltlich in keinem der erwähnten Texte festzustellen. Das Zitat aus Basel 1567 ist hingegen auflösbar: Mit *stipulatus* beginnt zwar im passenden Titel darüber hinaus an späterer Stelle noch D. 46, 3, 34, 2, allerdings handelt es sich dabei um einen Paragraphen und nicht um eine *lex.* Die *lex* beginnt mit dem im Zitat nirgends anklingenden *Qui hominem* .... Damit kann die *lex* als D. 46, 3, 9 identifiziert werden, mit *in fin* wird auf den letzten Teil der *lex*, also § 1, verwiesen.

umgekehrt wahrscheinlicher ist, dass es sich um ein Fehlzitat im Druck Basel 1567 handelt, soll eine Analyse des Textes vorgenommen werden:

2.13. D. 46, 3, 9, 1: Teilleistung

D. 46, 3, 9, 1 (Ulpianus libro vicensimo quarto ad Sabinum)
Qui decem debet, partem solvendo in parte obligationis liberatur et reliqua quinque sola in obligatione remanent: item qui Stichum debet, parte Stichi data in reliquam partem tenetur. qui autem hominem debet, partem Stichi dando nihilo minus hominem debere non desinit: denique homo adhuc ab eo peti potest. sed si debitor reliquam partem Stichi solverit vel per actorem steterit, quo minus accipiat, liberatur.

D. 46, 3, 9, 1 (Ulpian im 24. Buch seines Kommentars zu Sabinus)
Derjenige, welcher zehn schuldet, wird dadurch, dass er die Hälfte zahlt, rücksichtlich der Hälfte der Verbindlichkeit befreit und bloß die übrigen fünf bleiben Gegenstand der Verbindlichkeit. Desgleichen ist der, welcher den Stichus schuldet, nachdem er einen Anteil am Stichus übertragen hat, auf den übrigen Anteil gehalten. Wer aber (irgend)einen Sklaven schuldet, hört dadurch, dass er Stichus teilweise überträgt, nichtsdestoweniger nicht auf, einen Sklaven zu schulden, somit kann ein Sklave noch von ihm gefordert werden. Aber wenn der Schuldner den übrigen Anteil am Stichus geleistet haben wird, oder es am Kläger gelegen sein wird, dass er ihn nicht annimmt, so wird der Schuldner befreit.

Es geht um die Frage, wann eine Teilleistung zumindest zum Teil schuldbefreiend wirkt: Bei Geld etwa befreit die Teilzahlung eben in dieser Höhe von der Schuld und (nur) das Übrige kann eingeklagt werden.

Die unterschiedliche Behandlung von Spezies- und Gattungsschuld wird sodann anhand des Beispiels eines Sklaven dargestellt: Wird ein Anteil am als Speziesschuld geschuldete Sklaven Stichus geleistet, so kann (nur) noch der andere Anteil gefordert werden. Ist aber etwa ein Sklave als Gattungsschuld geschuldet, so befreit die Teilleistung nicht einmal anteilig; es wird weiterhin die ungeteilte Übertragung eines Sklaven geschuldet. Wird der Restanteil am Sklaven geleistet, so befreit dieses Anbot den leistungsbereiten Schuldner aber auch dann, wenn der Gläubiger sich entscheidet, nicht anzunehmen (er gerät damit in Gläubigerverzug).

Der dritte Titel des 46. Buchs der Digesten behandelt unterschiedliche Probleme im Zusammenhang mit Leistungen und dadurch bewirkter Schuldbefreiung („*De solutionibus et liberationibus*“). In den ersten acht Fragmenten werden Fälle diskutiert, in welchen ein Schuldner einem Gläubiger aus mehreren Rechtsgründen etwas schuldet; es stellt sich die Frage, auf welche der zwischen den Beteiligten bestehenden Schuldverhältnisse eine Leistung anzurechnen ist, wenn dies nicht ausdrücklich bestimmt wurde. Mit unserem Fragment beginnt nun ein neues Thema: Im *principium* wird zunächst der Fall besprochen, dass jemand sich stipulationsweise versprechen ließ, dass etwas ihm selbst oder dem Sklaven Stichus zu leisten sei. An den Eigentümer des Stichus könne diesfalls nicht schuldbefreiend geleistet werden. Nun schließt sich die hier interessierende Erörterung der Teilleistung an. Das Folgefragment (Paul. 4 ad Sab., D. 46, 3, 10) schließt thematisch wieder an das *principium* von D. 46, 3, 9 an: Wenn jemand sich stipulationsweise versprechen ließ, dass etwas ihm selbst oder dem Titius zu leisten sei, könne letzterem zwar schuldbefreiend gezahlt werden, er könne aber weder fordern noch könne er novieren noch durch *acceptilatio* die Schuld erlassen. Eine ähnliche Fragestellung wird im darauf folgenden 11. Fragment behandelt, wenn ein Mündel als *solutionis causa adiectus* in eine Stipulation aufgenommen wird und an dieses dann tatsächlich geleistet wird; sodann wird die Zahlung an einen Prokurator besprochen bzw. an einen Nichtprokurator und das Erfordernis einer Genehmigung durch den Geschäftsherrn etc.

Zum Kernbereich unserer Fragestellung zählt dann wieder das 29. Fragment, in dem abermals Ulpian (diesmal mit einer Stelle aus seinem 28. Buch *ad edictum*) zu Wort kommt: Ein *servus communis*[982], der im Miteigentum zweier *domini* steht, lässt sich stipulationsweise Stichus und Pamphilus versprechen. Es stellt sich die Frage, was an seine beiden Herren zu leisten ist: Je ein Sklave oder je die Hälfte jedes der beiden Sklaven? Ulpian entscheidet im zweitgenannten Sinne (*alteri Stichus, alteri Pamphilus solvi non potest, sed dimidiae singulorum partes debentur*). So sei es auch, wenn jemand verspreche, dass er an zwei Begünstigte den Stichus bzw. den Pamphilus leisten werde und selbst dann, wenn einem *servus communis* zehn Sklaven versprochen werden; „zehn Sklaven“ sei nämlich ein ebenso zweideutiger Ausdruck wie „zehn Denare“, weil man sich beides auf zwei Arten denken könne (*ambigua vox est decem homines, quemadmodum decem denarii: atque utriusque rei dimidium duobus modis intellegi potest*). Seien hingegen bloß „Münzen“ und „Öl“ bzw. „Getreide“ und ähnliches, das in einer gemeinsamen Art enthalten ist (*quae communi specie continentur*), vereinbart, so werde offenbar beabsichtigt, dass die Verbindlichkeit der Zahl nach geteilt werde. Das sei nämlich für beide Parteien vorteilhafter (*commodius promissori stipulatoribusque est*).

Bevor aus diesem Text Schlussfolgerungen im Hinblick auf die Ausgangsstelle gezogen werden, seien noch zwei weitere Fragmente aus einem anderen Titel kurz vorgestellt: Die Fragmente 2 und 54 aus dem ersten Titel des 45. Buches („*De verborum obligationibus*“). Während Julian (22 dig.) in D. 45, 1, 54, 1 darlegt, dass zwischen der Stipulation von *species*-Sachen und der Stipulation von *genus*-Sachen bzgl. der Teilbarkeit einer Schuld zu differenzieren sei, bespricht Paulus (12 ad Sab.) in D. 45, 1, 2, 1 denselben Fall, der bei Ulpian

982 Zum *servus communis* siehe zuletzt *Wagner-Reitinger*, Servus communis (Diss. Graz 2013). Die hier in Frage stehende Stelle behandelt sie allerdings nicht.

(24 ad Sab.) in D. 46, 3, 9, 1 thematisiert wurde; der Text soll daher näher analysiert und die Ergebnisse verglichen werden:

D. 45, 1, 2 (Paulus libro duodecimus ad Sabinum)
Stipulationum quaedam in dando, quaedam in faciendo consistunt. § 1 Et harum omnium quaedam partium praestationem recipiunt, veluti cum decem dari stipulamur: quaedam non recipiunt, ut in his, quae natura divisionem non admittunt, veluti cum viam iter actum stipulamur: quaedam partis quidem dationem natura recipiunt, sed nisi tota dantur, stipulationi satis non fit, veluti cum hominem generaliter stipulor aut lancem aut quodlibet vas: nam si Stichi pars soluta sit, nondum in ulla parte stipulationis liberatio nata est, sed aut statim repeti potest aut in pendenti est, donec alius detur. eiusdem condicionis est haec stipulatio: "Stichum aut Pamphilum dari?"

D. 45, 1, 2 (Paulus im 12. Buch zu Sabinus)
Einige Stipulationen bestehen in einem Geben, andere in einem Tun. § 1 Und von allen diesen lassen einige eine teilweise Erfüllung zu, zum Beispiel wenn wir uns stipulieren lassen, dass uns zehn gegeben werden: andere lassen das aber nicht zu, wie diejenigen, welche ihrer Natur nach eine Teilung nicht zulassen, zum Beispiel wenn wir uns eine *via*, einen *iter* oder einen *actus* stipulieren lassen: Einige lassen zwar ihrer Natur nach ein teilweises Geben zu, aber wenn nicht das Ganze gegeben wird, so wird der Stipulation nicht Genüge getan, zum Beispiel wenn ich mir einen Sklaven im Allgemeinen habe versprechen lassen oder eine Schale, oder irgendein Gefäß: Denn wenn Stichus teilweise gegeben wurde, so ist dadurch doch für keine Seite der Stipulation Befreiung eingetreten, sondern es kann entweder sofort wieder gefordert werden oder es bleibt so lange in der Schwebe, bis ein anderer gegeben wird. Von derselben Beschaffenheit ist die Stipulation: „Wird Stichus oder Pamphilus gegeben?“

Es kann nun also zusammenfassend gesagt werden: Für die Frage der teilweisen Erfüllung ist zunächst die Frage der Teilbarkeit des geschuldeten Gegenstandes an sich ausschlaggebend, was von dessen „Natur“ abhängt: Ist es – wie etwa bei einer Anzahl geschuldeter Münzen, aber auch etwa Getreide oder Öl (D. 46, 3, 29) – offenkundig, dass aus Sicht der Parteien die Teilbarkeit gegeben ist, so befreit die Teilleistung anteilig (D. 46, 3, 9, 1 am Anfang). Prädialservituten wie *via*, *iter* und *actus* sind hingegen nicht teilbar[983] und können daher auch nicht teilweise geleistet werden (D. 45, 1, 2, 1). Auch einen Sklaven kann man nicht naturalteilen.

Ist der „Natur“ nach eine teilweise Leistung denkbar, so hängt es vom Verpflichtungsgeschäft ab, ob die konkrete Schuld teilbar ist (D. 45, 1, 2, 1): Sind etwa „zehn Sklaven“ zwei Gläubigern je zur Hälfte geschuldet, so kann das bedeuten, dass an jeden der beiden fünf Sklaven (zur Gänze) zu leisten sind, oder

983 Siehe dazu bereits oben S. 131.

dass jedem der beiden je die Hälfte des Eigentums an jedem der zehn Sklaven zu übertragen ist. Im Zweifel scheint letzteres gegolten zu haben (D. 46, 3, 29).

Nicht übersehen werden darf beim Vergleich der Texte D. 45, 1, 2 und D. 46, 3, 9, 1, dass der lediglich teilweise übertragene „Stichus" bei Paulus in D. 45, 1, 2 geleistet wird, um eine Schuld mit dem Inhalt „ein Sklave im Allgemeinen" zu erfüllen, dh eine Genusschuld, während „Stichus" bei Ulpian in D. 46, 3, 9, 1 zur Erfüllung einer Speziesschuld übergeben wurde. Dementsprechend wird bei Paulus die Lösung vertreten, dass keine (teilweise) Befreiung eingetreten ist, und die Situation mit dem Fall gleichzusetzen sein, dass entweder Stichus oder Pamphilus geschuldet wird (und Stichus nur teilweise übergeben wurde): Erst wenn ein anderer Sklave (im Beispiel der Wahlschuld: Pamphilus) geleistet werde, trete Befreiung ein. Dies könne der Gläubiger sofort bewirken, indem er nochmals „einen Sklaven" (bzw. „Stichus oder Pamphius") fordert, oder es kommt eben bis zur Leistung zu der erwähnten „Schwebe". Diese werde beendet, wenn entweder der Restanteil am Stichus oder ein anderer Sklave vollständig geleistet werde.

Bei Ulpian hingegen kommt es im Beispiel von „Stichus" nicht zur „Schwebe", da die Leistung eines anderen Sklaven nicht schuldbefreiend wirken kann, sondern nur die noch nicht übertragene anteilige Berechtigung am Stichus selbst; im Beispiel eines „Sklaven im Allgemeinen" entscheidet Ulpian ebenso wie Paulus: Es tritt keine Erfüllung ein, auch nicht anteilig. Der Gläubiger kann erneut fordern.

Dass ein abermaliges Fordern einer bereits übergebenen Sache als Widerspruch betrachtet wurde (der in diesen Fällen allerdings zulässig sein soll), zeigt sich auch bei den vergleichsweise herangezogenen *argumenta contra* aus den Brocardica *initium*: Dort wird als Beispiel, in welchem widersprüchliches Verhalten zulässig sein soll, ein Text zitiert[984], in welchem ebenfalls ein Gläubiger, dem bereits geleistet wurde, nochmals klagen kann, weil noch etwas vom Recht fehlt (*„aliquid iuri rei deest"*). Dass also D. 46, 3, 9, 1 in den Brocardica *aurea* als Belegstelle zu *„contra"* herangezogen wurde, ist vor diesem Hintergrund nicht unwahrscheinlich.

Das Thema der Teilleistung wird jedoch im nächsten Text nicht fortgesetzt. Die Frage des Gerichtsstandes steht nun wieder im Vordergrund, die bereits unter den *argumenta pro* besprochen worden ist[985]. Es wird die Verbindlichkeit einer Gerichtsstandsvereinbarung diskutiert:

---

984 D. 46, 3, 27: Siehe unten S. 418 ff.

985 Siehe oben S. 58 ff u. S. 82 ff.

2.14. D. 2, 1, 18: Gerichtsstandsvereinbarung

> *D. 2, 1, 18*[986] *(Africanus libro septimo quaestionum)*
> *Si convenerit, ut alius praetor, quam cuius iurisdictio esset, ius diceret et priusquam adiretur mutata voluntas fuerit, procul dubio nemo compelletur eiusmodi conventioni stare.*

> D. 2, 1, 18 (African im 7. Buch der Quaestionen)
> Wenn man verabredet, dass ein anderer Prätor, als der, dessen Gerichtsbarkeit besteht, Recht sprechen soll, und bevor er angegangen wird, einer die Meinung ändert, besteht kein Zweifel, dass niemand gezwungen wird, bei einer solchen Vereinbarung zu bleiben.

Es wird eine Gerichtsstandsvereinbarung getroffen und vor Prozesseinleitung einseitig widerrufen. Man wird daraufhin nicht gezwungen, sich an dem vereinbarten Gerichtsstand auf den Prozess einzulassen.

Wie bereits an anderer Stelle ausgeführt[987], war die Zuständigkeit allgemein am Wohnsitz des Beklagten orientiert. Es war jedoch möglich, dass die Parteien sich einvernehmlich einem nicht zuständigen Gericht unterwarfen, sofern nur die eingesetzte Person richterliche Gewalt hatte[988]. Dabei handelte es sich wohl um eine formlose Übereinkunft[989], die bis zur Einleitung des Prozesses frei widerruflich war.

Diese in gemeinrechtlicher Diktion „Prorogationsverträge" genannten Vereinbarungen liegen gewissermaßen im Grenzbereich zwischen materiellem Privat- und Prozessrecht[990].

Ihr ältester Nachweis wird bei Cato[991] vermutet, der den römischen Gutsbesitzern empfiehlt, die Klausel einer Gerichtsstandsvereinbarung in das

---

986 Zwar lautet der erste Titel im 2. Buch der Digesten nur „*De iurisdictione*", während die Allegation noch weiter fortfährt und auf einen Titel wie den 13. im 3. Buch des Codex („*De iurisdictione omnium iudicum*") hindeutet. Dennoch sprechen gewichtigere Gründe für D. 2, 1, 18: Zum einen werden die Digesten zitiert und zum anderen findet sich im ersten Titel des zweiten Buches ein Fragment (das 18.), welches mit den gesuchten Anfangsworten (zumindest gibt der Druck Neapel 1568 *Convenerit* an) beginnt und auch inhaltlich passt, da widersprüchliches Verhalten hier zugelassen wird. Auf C. 3, 13 trifft dies nicht zu.

987 Siehe oben S. 57.

988 So C. 3, 13, 1 pr (Caracalla, 214 n. Chr. – zur falschen Inskription und einer Korrektur derselben siehe *Ziegler*, Kompetenzvereinbarungen, in: FS Kaser (1976) 566 Fn 61) sowie C. 3, 13, 3 (Diocl. et Maxim., 293).

989 *Pugliese*, Processo II.1 (1963) 171.

990 *Ziegler*, Kompetenzvereinbarungen, in: FS Kaser (1976) 557 (insbes. zur Terminologie: Fn 1).

991 Agr. 149.

Formular für den Verkauf (in Wahrheit: die Verpachtung) einer Winterweide aufzunehmen, um im Streitfall in Rom verhandeln zu können[992].

Nach dem Anstieg der Anzahl der Munizipien wurden Streitwertgrenzen eingezogen, unter welchen das Munizipalgericht ausschließlich zuständig war, bzw. konnten umgekehrt infamierende Klagen generell nur in Rom eingereicht und nur bis zu einem bestimmten Streitwert die Zuständigkeit eines Munizipalgerichts vereinbart werden[993].

Neben einem Wechsel zwischen stadtrömischen und munizipalen Gerichtsorganen gab es aber offenbar auch Vereinbarungen, die darauf abzielten, sich innerhalb von Rom an einen anderen als den allgemein dafür zuständigen Prätor zu wenden. So wird etwa in Ulp. 3 ad ed., D. 5, 1, 2, 1 die *lex Iulia iudiciorum*[994] zitiert, nach welcher durch *convenire* bzw. *privatum consentire* der Parteien die Zuständigkeit des *praetor peregrinus* anstatt des *praetor urbanus* begründet werden konnte[995]. Auch in unserem Afrikan-Text D. 2, 1, 18 ist es eine „*conventio*", welche die Zuständigkeit verändert: *Si convenerit ... conventioni stare.* Die Parteien können ihre Meinung aber einseitig ändern und die Zustimmung widerrufen, bis der Prätor, dessen Zuständigkeit vereinbart wurde, mit der Sache befasst wird[996].

---

992 Siehe die Schlussklausel des Kapitels 149 über den Verkauf der Winterweide: „*Si quid de iis rebus controversiae erit, Romae iudicium fiat*". Siehe zu den Kompetenzvereinbarungen allg. *Ziegler*, Kompetenzvereinbarungen, in: FS Kaser (1976) 558 ff mwN sowie einschlägig zum Zusammenhang bei Cato *von Lübtow*, Catos leges venditioni et locationi dictae, in: Symbolae Taubenschlag III (1957) 310.

993 *Simshäuser*, Iuridici (1973) 186 ff bzw. 198 ff; *Ziegler*, Kompetenzvereinbarungen, in: FS Kaser (1976) 559 f.

994 „*Quo minus inter privatos conveniat*". Mittels der *lex Iulia iudiciorum privatorum* reformierte Augustus 17 v. Chr. das Gerichts- und Verfahrensrecht. Dass die Prorogation zwischen den beiden stadtrömischen Gerichtsmagistraten der Ausgangsfall gewesen ist, erscheint *Ziegler*, Kompetenzvereinbarungen, in: FS Kaser (1976) 562 fraglich, da die Munizipalgerichtsbarkeit erheblich älter sein dürfte als der *praetor peregrinus*. Für einem Überblick zu den *leges Iuliae* siehe *Kaser/Hackl*, ZP² (1996) 161 f.

995 Ulp. 3 ad ed., D. 5, 1, 2, 1: *Convenire autem utrum inter privatos sufficit an vero etiam ipsius praetoris consensus necessarius est? lex Iulia iudiciorum ait "quo minus inter privatos conveniat": sufficit ergo privatorum consensus. proinde si privati consentiant, praetor autem ignoret consentire et putet suam iurisdictionem, an legi satisfactum sit, videndum est: et puto posse defendi eius esse iurisdictionem.* Es ist nicht überliefert, ob auch der *praetor fideicommissarius, de liberalibus causis, tutelarii, hastarii* etc. hier mit umfasst ist. *Girard*, Leges Iuliae, SZ 34 (1913) 335 Fn 1 nimmt an, dass zwar diejenigen, die über zivilrechtliche Fragen zu entscheiden hatten, umfasst waren, nicht aber diejenigen im strafrechtlichen Bereich. Ihm folgt *Pugliese*, Processo II.1 (1993) 163.

996 *Girard*, Leges Iuliae, SZ 34 (1913) 335 Fn 1 nimmt an, dass damit auf die *litis contestatio* Bezug genommen wird. Diese Ansicht wurde darauffolgend jedoch

Diese Entscheidung in D. 2, 1, 18 setzte bereits *Pugliese* in Beziehung zum unter den *argumenta pro* behandelten Text C. 2, 3, 29[997]. Dort ist der schriftliche Verzicht auf ein den Beklagten begünstigendes *privilegium fori* endgültig bindend. Nach *Pugliese* ist hierin eine Änderung des Rechtszustandes in der Hinsicht zu sehen, als Gerichtsstandsvereinbarungen nach justinianischem Recht generell nicht mehr widerruflich sein sollten. Diese Ansicht wird jedoch nicht näher begründet.

In C. 2, 3, 29 liegt die Sache grundsätzlich anders als in D. 2, 1, 18: Es wird kein unzuständiges Gericht durch bloßes *consentire* zum zuständigen gemacht, sondern einseitig in einer schriftlichen Urkunde auf ein Recht verzichtet. Ein Soldat, Staatsbeamter oder Priester verzichtet auf sein ihm zustehendes Vorrecht, einen besonderen Gerichtsstand in Anspruch zu nehmen, der ihm neben dem allgemeinen zustehen würde. Justinian begründet seine Entscheidung nicht nur mit der *regula*, dass jeder auf für ihn begünstigende Regeln verzichten könne, sondern auch mit dem Argument, dass *pacta* schon nach dem Edikt des Prätors generell verbindliche Kraft hätten und daher der Erklärende sich an sein Wort zu halten und das Vertrauen seines Vertragspartners nicht zu enttäuschen habe. Während nun also in C. 2, 3, 29 nur auf das Vorrecht des besonderen Gerichtsstandes verzichtet wird und der allgemeine Gerichtsstand bestehen bleibt, soll in D. 2, 1, 18 der allgemeine Gerichtsstand durch eine Parteienvereinbarung abbedungen werden. Was allerdings übereinstimmt, ist der Umstand, dass in beiden Fällen ein *pactum* vereinbart wurde, und nimmt man Justinian beim Wort, so müsste das auch für den hier vorliegenden Fall verbindlich sein[998].

Wie ließe sich dann die mangelnde Bindungswirkung der Vereinbarung für den an dieser Stelle zu besprechenden Text D. 2, 1, 18 begründen? Die Erklärung muss in deren Rechtsnatur gesucht werden. Mehrere Vorschläge wurden in diesem Zusammenhang in der Literatur bereits vorgebracht: *Pugliese* (gefolgt von *Kaser/Hackl*) spricht von einer formlosen (privaten) Vereinbarung[999],

---

durchwegs abgelehnt und als maßgeblicher Zeitpunkt das „Angehen des Magistrats" (*Kaser/Hackl*, ZP² (1996) 246 Fn 42) bzw. „adito il magistrato" – Anrufung des Magistrats (*Pugliese*, Processo II.1 (1993) 170) oder das „Erscheinen vor dem Prätor" (*Ziegler*, Kompetenzvereinbarungen, in: FS Kaser (1976) 565 Fn 56) angenommen.

997 Siehe oben Kapitel 1.2.

998 *Ziegler*, Kompetenzvereinbarungen, in: FS Kaser (1976) 573 ff diskutiert den stark verkürzten und „exhellenisierten" Basiliken-Text samt Scholien und zeigt auf, dass „jedenfalls für die byzantinischen Juristen nach Justinian C. 2, 3, 29 nicht für Kompetenzvereinbarungen schlechthin galt". Er tritt eher „für eine restriktive als für eine extensive Auslegung von C. 2, 3, 29" ein. Diese Konstitution bezeichnet er denn auch als „missglückt".

999 *Pugliese*, Processo II.1 (1993) 160 ff; *Kaser/Hackl*, ZP² (1996) 246 Fn 42.

J. G. Wolf sieht in dem Vorgang hingegen einen einvernehmlichen Unterwerfungsakt[1000] und *Kaden* setzt sowohl die Vereinbarung zwischen den Parteien als auch die Unterwerfung unter den (an sich nicht zuständigen) Magistrat voraus[1001]. Im Besonderen unter Berufung auf D. 2, 1, 18 kommt auch *Ziegler* zu dem Schluss, dass der Ansicht *Puglieses* zu folgen sei: Es handle sich um eine „private Parteienvereinbarung mit grundsätzlich prozessualer Wirkung, die im Zivilrecht nur Rechtsfolgen hat, wenn ein besonderes ziviles Haftungsgeschäft hinzutritt"[1002].

Die Gründe für eine solche „Doppelnatur" der Gerichtsstandsvereinbarung erscheinen überzeugend: Aus prozessrechtlicher Sicht bedarf es des Einverständnisses der Parteien, um durch die Unterwerfung unter ein unzuständiges Gericht dessen Zuständigkeit begründen zu können (damit auch ein gültiges Urteil erlangt werden kann). Besteht dieses Einverständnis im Zeitpunkt der Anhängigmachung nicht (mehr), so zieht dies die Unzuständigkeit samt der üblichen Folgen nach sich (va Nichtigkeit eines etwa dennoch gefällten Urteiles[1003]).

Abgesehen von dieser „Außenwirkung" ist aber auch das Verhältnis zwischen den Parteien intern zu beurteilen: Die als *pactum* zu wertende Vereinbarung ist selbständig nicht gerichtlich durchsetzbar, daher kann das Gegenüber auch nicht zur Einlassung gezwungen werden. Da es so nie zu einem Prozess kommen kann, in welchem eine auf dieses *pactum* abstellende *exceptio* sinnvoll erscheint, verbleibt für die *exceptio pacti* in dem konkreten Zusammenhang kein Raum. Ein eventueller *dolus* könnte späterhin mit der allgemein als subsidiär anzusehenden *actio de dolo* geltend gemacht werden, sollten dem Kläger aus der Weigerung des Beklagten, sich am vereinbarten Ort auf den Streit einzulassen, Schäden erwachsen und keine andere Rechtsgrundlage für deren Ersatz in Frage kommen.

Ansonsten ist im Rahmen des Grundstreites nun am allgemeinen Gerichtsstand eine Geltendmachung der entstandenen Aufwendungen wohl möglich. Im Falle des eingangs erwähnten Formulars bei Cato würde das bedeuten: Der Pächter kann zwar nicht zur Einlassung in Rom gezwungen werden, weder vom unzuständigen Gericht (Außenverhältnis) noch von seinem Vertragspartner aus dem *pactum* (Innenverhältnis), entstehen aber durch seine Weigerung, sich am vereinbarten Ort einzulassen, dem Grundeigentümer Kosten (die zumindest in der Anreise bestehen dürften), so können diese aus dem Pachtvertrag am allgemeinen Gerichtsstand des Beklagten geltend demacht werden.

1000 *J. G. Wolf*, Error (1961) 15 ff.

1001 *Kaden*, Vertragsabschluss, in: FS Koschaker I (1939) 340: „Es bedarf also einer Vereinbarung, auf Grund deren sie sich der Jurisdiktion eines an sich unzuständigen Prätors unterwerfen."

1002 *Ziegler*, Kompetenzvereinbarungen, in: FS Kaser (1976) 571.

1003 Siehe nur *Kaser/Hackl*, ZP² (1996) 245 Fn 29 mwN.

Die Ersthandlung ist der Abschluss der formlosen Übereinkunft. Das Zuwiderhandeln kann nun in unterschiedlichen dagegen widersprechenden Verhaltensweisen liegen: Als Beklagter die Weigerung, sich am vereinbarten Gerichtsstand auf den Streit einzulassen; als Kläger eine Klagseinbringung am allgemeinen Gerichtsstand; oder auch die allgemeine Erklärung einer Partei, sich fortan nicht an die Abmachung halten zu wollen. Dieser Selbstwiderspruch ist möglich.

2.15. D. 3, 3, 8, 3: Einlassungszwang bei Prozessvertretung

D. 3, 3, 8, 3 (Ulpianus libro octavo ad edictum)
"Procuratorem ad litem suscipiendam datum, pro quo consentiente dominus iudicatum solvi exposuit", praetor ait, "iudicium accipere cogam". verum ex causa non debebit compelli. ut puta inimicitiae capitales intervenerunt inter ipsum procuratorem et dominum: scribit Iulianus debere in procuratorem denegari actionem. item si dignitas accesserit procuratori: vel rei publicae causa afuturus sit:

D. 3, 3, 8, 3 (Ulpian im 8. Buch zum Edikt)
Der Prätor sagte: „Ich werden den zur Einlassung *in litem* bestellten Prokurator, mit dessen Zustimmung der *dominus* Sicherheit für die Erfüllung des Urteils geleistet hat, zwingen, das *iudicium* anzunehmen." Wahrhaft darf er bei Vorliegen eines anerkannten Grundes nicht gezwungen werden. Wenn nämlich Todfeindschaft gerade zwischen *procurator* und *dominus* entstanden ist, schreibt Julian, dass die Klage gegen den *procurator* verweigert werden muss. Ebenso, wenn der *procurator* einen ehrenwerten Rang erreicht oder wegen öffentlicher Angelegenheiten abwesend ist.

Auch dieser Text behandelt prozessrechtliche Fragestellungen und einen möglichen Einlassungszwang: Jemand lässt sich als *procurator* in einem für ihn fremden Prozess bestellen und stimmt der Sicherheitsleistung durch den *dominus* zu. Er darf sich grundsätzlich nun nicht mehr (im Widerspruch dazu) weigern, sich auf den Prozess einzulassen. Allerdings werden Ausnahmen von diesem Grundsatz statuiert: Es besteht kein Einlassungszwang bei Vorliegen eines triftigen Grundes, wie zwischenzeitlich entstandene Todfeindschaft zwischen *procurator* und *dominus*, Erlangung eines besonderen Ranges durch den *procurator* bzw. dessen Abwesenheit aufgrund von Staatsgeschäften[1004]. In solchen Sonderfällen ist ein *venire contra factum proprium* erlaubt.

1004 Es fällt auf, dass etwa die Krankeit des Prokurators bzw. eine für ihn notwendige Reise zunächst mit *aut … aut* verbunden werden (Fr. 9, Gai. 3 ad ed. prov.); vergleichbar wird die Beschäftigung mit einer unvorhergesehenen Erbschaft und „eine andere *iusta causa*" mit *vel … vel* verbunden; dann jedoch folgt „*hoc amplius*" und es wird die Anwesenheit des *dominus* erwähnt (Fr. 10, Ulp 8 ad ed), der selbst zur Einlassung gezwungen werden kann (Fr. 11, Paul. 8 ad ed.). Hier

Die Texte D. 3, 3, 8, 3 bis inkl. D. 3, 3, 13 sind offenbar zusammengehörig, denn es werden in der Folge weitere Ausnahmen und Gegenausnahmen eingeführt, die sich ebenfalls auf denselben Ediktswortlaut beziehen:

D. 3, 3, 9 (Gaius libro tertio ad edictum provinciale)
Aut si valetudinem aut si necessariam peregrinationem alleget:
D. 3, 3, 10 (Ulpianus libro octavo ad edictum)
Vel hereditas superveniens eum occupet: vel ex alia iusta causa. hoc amplius et si habeat praesentem dominum, non debere compelli procuratorem,
D. 3, 3, 11 (Paulus libro octavo ad edictum)
si tamen dominus cogi possit.
D. 3, 3, 12 (Gaius libro tertio ad edictum provinciale)
Sed etiam ex his causis dicitur aliquando cogendum procuratorem iudicium accipere: veluti si dominus praesens non sit et actor adfirmet tractu temporis futurum ut res pereat.
D. 3, 3, 13 (Ulpianus libro octavo ad edictum)
Sed haec neque passim admittenda sunt neque destricte deneganda, sed a praetore causa cognita temperanda.

D. 3, 3, 9 (Gaius im 3. Buch zum Provinzialedikt)
Oder wenn er eine Krankheit oder eine notwendige Reise vorbringt.
D. 3, 3, 10 (Ulpian im 8. Buch zum Edikt)
Oder wenn eine unvorhergesehene Erbschaft ihn beschäftigt. Oder aus einer anderen *iusta causa*. Wenn auch der *dominus* anwesend ist, darf der *procurator* noch weniger gezwungen werden,
D. 3, 3, 11 (Paulus im 8. Buch zum Edikt)
wenn doch der *dominus* gezwungen werden kann.

---

stellt sich die Frage, ob damit ein weiterer Ausnahmetatbestand eingeführt wird, oder ob es sich um eine bloße Verstärkung handelt; Gaius berichtet in Fr. 12, dass der Prozessvertreter auch dann manchmal gezwungen wird, sich auf den Prozess einzulassen, wenn etwa der Geschäftsherr nicht anwesend ist und dem Kläger durch zeitliche Verzögerung ein Anspruchsverlust droht. Somit erscheint es durchaus plausibel, dass umgekehrt die Anwesenheit des Geschäftsherrn bloß einen der genannten Umstände, wie Todfeindschaft, besonderes Amt des Vertreters etc., insofern verstärkt, als in einem solchen Fall dann die Ausnahme umso mehr gegen einen Einlassungszwang sprechen muss. Bei Abwesenheit werden die Ausnahmen wieder insofern abgeschwächt, als trotz Vorliegens von Krankheit, Notwendigkeit einer Reise, der Beschäftigung mit einer unvorhergesehenen Erbschaft oder einer sonstigen „*iusta causa*“ der Geschäftsführer sich einlassen muss, wenn ansonsten dem Kläger ein Nachteil entstehen könnte, der das Interesse des Geschäftsführers überwiegt. Die Entscheidung ist sodann Ergebnis einer Interessenabwägung: Das Vorliegen eines der genannten Ausnahmetatbestände führt nach Fr. 13 (Ulp. 8 ed.) nicht automatisch zum Ausschluss eines Einlassungszwanges, sondern ist vom Prätor bloß im Vorverfahren bei der Feststellung, ob Einlassungszwang besteht oder nicht, zu berücksichtigen; der Prätor hat den Einlassungszwang nach einer Voruntersuchung gemäß der Billigkeit auszuüben.

D. 3, 3, 12 (Gaius im 3. Buch zum Provinzialedikt)
Aber auch aus diesen Gründen wird gesagt, dass der *procurator* manchmal gezwungen werden muss, das *iudicium* anzunehmen: Wenn zum Beispiel der *dominus* nicht anwesend ist und der Kläger versichert, dass die zeitliche Verzögerung dazu führen werde, dass er die Sache verliert.
D. 3, 3, 13 (Ulpian im 8. Buch zum Edikt)
Doch dies ist weder überall zuzulassen noch streng zu verweigern, sondern vom Prätor nach Untersuchung der Sache maßvoll zu bestimmen.

Es stellt sich somit grundsätzlich die Frage, ob jemand gezwungen werden kann, sich auf einen für ihn fremden Prozess einzulassen, dh die Frage nach der Möglichkeit, durch den Prätor in einem Formularprozess[1005] zur Einlassung gezwungen zu werden; hiervon ist jedoch nicht die Frage nach dem Innenverhältnis betroffen[1006].

Es handelt sich zwar um „Prozessführung in fremdem Namen" („*alieno nomine agere*"), jedoch wird der Prozess„vertreter" selbst zur Prozesspartei und führt den Rechtsstreit als Kläger oder Beklagter vom Anfang bis zum Urteil durch. Der „Vertretene" ist hingegen nicht Partei des Verfahrens[1007], auch wenn er in der *intentio* angeführt wird; in der *condemnatio* wird sodann nur der Vertreter genannt. Er wird verurteilt bzw. ihm wird der Gegner zur Zahlung verpflichtet.

Zu berücksichtigen ist bei der Frage nach dem Einlassungszwang auch die Tilgung des Kognitors aus den Digestentexten; die Einordnung in eine der beiden Vertreterkategorien kann für die Frage des Einlassungszwanges jedoch eine Rolle spielen. Neben einigen jüngeren Erwähnungen in den Fragmenta Vaticana[1008] und im Codex Theodosianus[1009] finden sich nähere Hinweise für die klassische Zeit vor allem im 4. Buch der Gaius-Institutionen: Ein Kognitor

---

1005 Im älteren Legisaktionenprozess ist dies schon deshalb nicht denkbar, da dort eine Stellvertretung *in iure* unmöglich und somit ein Einlassungszwang undenkbar ist. *Eisele*, Cognitur und Procuratur (1881) 23 ff vertritt die Ansicht, dass *in iudicio* eine Vertretung durch einen bevollmächtigten Kognitor möglich sei, doch da in diesem Verfahrensstadium die Einlassung bereits vollzogen ist, kann dieser Aspekt im Zusammenhang mit einem Einlassungszwang bei Prozessführung im fremden Namen außer Betracht bleiben.

1006 In den älteren Texten ist die *actio negotiorum gestorum* die übliche Klage, erst im Laufe der Entwicklung wird im Fall der Prozessvertretung teilweise von einem Mandat ausgegangen. Zur Zeit Justinians ist schließlich das Mandat einschlägig. Vgl. *Kaser*, Stellvertretung, SZ 91 (1974) 187 f; *Arangio-Ruiz*, Mandato (1949) 8 ff u. 77 ff; *Watson*, Mandate (1961) 36 ff. Ausgenommen sind die Fälle der *societas*.

1007 *Kaser*, Stellvertretung, Romanitas 9 (1970) 341; *Kaser/Hackl*, ZP² (1996) 209 f.

1008 Fr. Vat. 317–341.

1009 CTh. 2, 12.

wird nach Gai. 4, 83 im Prozess vor dem Gegner durch bestimmte Worte bestellt (*certis verbis in litem coram adversario*), egal ob der Kognitor bei der Bestellung anwesend ist oder nicht[1010], wobei er aber bei einer Bestellung in Abwesenheit das Amt anerkennen und übernehmen muss[1011]. Zum Prokurator hingegen wird man nach dem Folgefragment formlos (*nullis certis verbis*) und unabhängig von An- oder Abwesenheit bzw. Kenntnis des Gegners eingesetzt[1012]. Es genügt hier somit zunächst eine interne Abrede zwischen Vertreter und Vertretenem[1013] bzw. kann jemand auch von sich aus als Prokurator tätig werden, wobei man sein Vorgehen dann nach den Regeln über die Geschäftsführung ohne Auftrag zu beurteilen haben wird[1014]. Er muss sodann auch

---

1010 Vgl. *Leist*, Cognitor, RE IV (1901) 222 ff. Dass diese Bestellung durch bestimmte Worten – *certis (et quasi sollemnis) verbis* – neben den tradierten lateinischen Formeln auch in griechischer Sprache erfolgen konnte, wird etwa in Fr. Vat. 319 von Paulus überliefert: *etiam graecis verbis cognitorem dari posse inter omnes constat.* Siehe dazu *Wacke*, Gallisch, SZ 110 (1993) 54.

1011 Gai. 4, 83: ... *Nec interest, praesens an absens cognitor detur. sed si absens datus fuerit, si cognoverit et susceperit officium cognitoris.*

1012 Gai. 4, 84: ... *ex solo mandato et absente et ignorante adversario* ... Vgl. auch die *interpretatio* zu CTh. 2, 12, 7: *Procurator est, cui per mandatum causa committitur. Cognitor est, cui sine mandato causam suam agendam praesens praesente iudice litigator iniungit* ... und Isid. Diff. 1, 123: *inter curatorem et procuratorem: cognitor non nisi praesens a praesente praesenti datur, procurator autem et absens constituitur adversus absentem.* Zu den Fehlern in den beiden letztgenannten Quellen infolge „Hyperkorrektheit" bei der Einprägung des Unterscheidungskriteriums *praesentia* und *absentia* siehe *Bürge*, Occupantis melior, SZ 106 (1989) 282 f. Weitere Quellen dazu ebd. 284 f.

1013 Vgl. dazu auch etwa *Morelli*, Geschäftsführung (1935) 26 ff; *Arangio-Ruiz*, Mandato (1949) 41 u. 55 f; *Mecke*, Procurator (1963) 115 f; *Gehrich*, Kognitur und Prokuratur (1963) 49 ff.

1014 Ein Prokurator war ursprünglich allgemeiner Geschäftsführer aller Geschäfte für einen Abwesenden; die Abwesenheit des Geschäftsherrn ist überhaupt der praktische Ausgangspunkt der Prokuratur (vgl. *Eisele*, Cognitur und Procuratur (1881) 61 f. Daraus erklärt sich auch, warum das Innenverhältnis zunächst überwiegend als *negotiorum gestio* gesehen wurde). Wollte man trotz Anwesenheit einen Prozess nicht selbst führen, musste man förmlich einen Kognitor bestellen (diese Definition ist auch bei *Festus*, Significatione (1839) 57 (43) belegt). *Behrends*, Die Prokuratur, SZ 88 (1971) 244 f Fn 120 vertritt die Ansicht, dass es sich hierbei ursprünglich bloß um eine Erweiterung des Zwölftafelprivilegs handelt, das Betagten und Kranken die Möglichkeit eröffnete, vom Ladenden ein Gespann zu verlangen (XII Tab. 1, 3). Durch die Schaffung eines Kogniturprivilegs für Alte und Kranke, das sowohl dem Beklagten als auch dem Kläger zusteht, mussten diese nun nicht mehr selbst erscheinen. *Eisele*, Cognitur und Procuratur (1881) 20 ff sieht den Zusammenhang wohl etwas anders wenn er ausführt, dass Kranke und Schwache nach dem Zwölftafelsatz ein Gespann vom Ladenden verlangen und persönlich *in iure* erscheinen mussten, während sie sich für das *iudicium* eines Kognitors

förmlich versprechen, dass der *dominus* die Sache genehmigen werde[1015]. Eine Sicherheitsleistung wird vom Prokurator generell verlangt, denn zu Beginn des Prozesses ist auch bei Vorliegen einer internen Abrede mit dem Vertretenen oft noch unklar, ob ein wirksames Mandat vorliegt; dieses ist sodann vor dem *iudex* zu beweisen[1016].

Bei Vertretung durch einen Kognitor hat der Gegner demgegenüber volle Sicherheit: Der Kognitor wird schließlich dem Prozessgegner gegenüber bevollmächtigt, wobei diese Vollmacht nur durch *actus contrarius* wieder entzogen werden kann; es bedürfte also wiederum einer *verbis sollemnibus* abzugebenden Erklärung gegenüber dem Prozessgegner[1017].

Stellt man die beiden im Falle eines Prokurators möglichen *cautiones* und ihre Klauseln gegenüber, so zeigt sich, dass für den Kognitor nur eine der beiden denkbar ist.

Die *cautio* des Prokurators auf Klägerseite ist die *cautio ratam rem habiturum.* Sie enthält drei Klauseln: das Versprechen, dass der Vertretene in dieser Sache nicht nochmals klagen wird; das Versprechen, dass der Vertretene die Prozessführung genehmigen wird; sowie das Versprechen, dass keine Form von *dolus malus* besteht.

Die *cautio* des Prokurators auf Beklagtenseite ist die *cautio iudicatum solvi.* Auch diese enthält drei Klauseln: die Übernahme der Haftung durch den Prokurator, dass die Urteilsschuld erfüllt wird; das Versprechen der ordnungsgemäßen Defension; und wieder das Versprechen, dass keine Form von *dolus malus* vorliegt.

Nur diese zweitgenannte *cautio*, die *cautio iudicatum solvi*, ist bei Vertretung durch einen Kognitor denkbar; allerdings muss sie hier vom Vertretenen geleistet werden: Durch die *cautio* wird der Vertretene dazu verpflichtet, die

---

bedienen konnten. Hier wird der Eindruck erweckt, dass es sich nicht um eine Entwicklung des einen aus dem anderen handelt, sondern um ein Nebeneinander in unterschiedlichen Verfahrensstadien. Der Termin für das Verfahren *apud iudicem* ist im Krankheitsfall nur dann zu verlegen, wenn die Krankheit plötzlich und unvorhergesehen eintritt (*morbus sonticus*); besteht die Krankheit schon vorher, so ist (nachdem zB schon für das Verfahren *in iure* ein Gespann vom Gegner gefordert wurde) für eine Vertretung *in iudicium* durch einen Kognitor Sorge zu tragen. Erst in der späten Hochklassik ist ein im Prozess auftretender *procurator praesentis* nachweisbar.

1015 Gai. 4, 84: *Quin etiam sunt, qui putant eum quoque procuratorem videri, cui non sit mandatum, si modo bona fide accedat ad negotium et caveat ratam rem dominum habiturum.*

1016 Gai. 4, 84: *Qui saepe mandatum initio litis in obscuro est et postea apud iudicem ostenditur.*

1017 *Eisele*, Cognitur und Procuratur (1881) 53.

Urteilsschuld aus dem vom Kognitor geführten Prozess zu erfüllen[1018]. Der Unterschied zwischen Prokurator und Kognitor hinsichtlich der Notwendigkeit, Sicherheit zu leisten, erklärt sich aus den Urteilswirkungen: Beim Prokurator müssen zumindest bis in die letzte Zeit der Hochklassik hinein[1019] die Wirkungen erst in einem eigenen Akt auf den eigentlich Betroffenen übergeleitet werden. Bei Vertretung durch einen Kognitor wirkt das Urteil insofern direkt für und gegen den Vertretenen, als ihm bzw. gegen ihn die *actio iudicati* zusteht, ohne dass es eines gesonderten Übertragungsaktes bedürfte[1020]: Der Kognitor ist lediglich zur Prozessführung eingesetzt, das Exekutionsverfahren ist davon getrennt zu betrachten. Auch wenn der Kognitor in der *condemnatio* genannt wird, gibt der Prätor die *actio iudicati* für und gegen den Vertretenen.

Ab dem Stadium der Rechtsentwicklung, in dem ein Prokurator durch Einzelmandat eines Anwesenden einsetzbar wird, wird der Kognitor als Rechtsfigur entbehrlich[1021]. Wird der Prokurator nämlich vom Vertretenen dem Gegner gegenüber legitimiert, so steht er dem Kognitor weitgehend gleich[1022]. So erklärt sich die Tilgung des Kognitors durch die Kompilatoren; ein Vertreter im Prozess wird in der justinianischen Fassung einheitlich als *procurator* bezeichnet[1023]. In einigen Fällen ist natürlich auch im Originaltext tatsächlich der Prokurator gemeint, doch an vielen Stellen sind zwar Sachverhalt und Juristenentscheidung beibehalten worden, aber der Kognitor wurde kurzerhand durch einen Prokurator ersetzt. Kommt nun ein Kognitor vor, so ist damit in justinianischer Zeit generell der Richter gemeint[1024].

Im Speziellen beim Prokurator in D. 3, 3, 8, 3 ff dürfte es sich um eine Interpolation handeln. Erkennbar ist dieser Umstand daran, dass der Vertretene –

1018 Gai. 4, 101.

1019 *Kupisch*, Ad Atticum 16, 15, 2, SZ 96 (1979) 45 ff; Gai. 4, 98.

1020 Siehe oben Fn 1014. Dies gilt zumindest auf Klägerseite. Auf Beklagtenseite müssen hingegen auch bei Vertretung durch einen Kognitor die Wirkungen erst übertragen werden, daher muss in dieser Konstellation auch bei einem Kognitor Sicherheit geleistet werden. Vgl. *Hausmaninger/Selb*, RP^9 (2001) 381. Siehe Ulp. 1 disp., D. 3, 3, 28, 1 und dazu *Finkenauer*, Stellvertretung, SZ 125 (2008) 452 ff. Vgl. auch *Keller*, Litis Contestation (1827) 326 Fn 5.

1021 *Klinck*, Prokurator, SZ 124 (2007) 49 f. Der *procurator praesentis* wird dem Kognitor *causa cognita* gleichgestellt; nun kann auch der durch einen Prokurator vertretene *dominus* selbst die *actio iudicati* anstellen und unmekehrt mit dieser belangt werden. Vgl. *Keller*, Litis Contestation (1827) 326, Fn 5.

1022 *Kaser/Hackl*, ZP^2 (1996) 560; Pap. 2 resp., Fr. Vat. 331: *Quoniam praesentis procuratorem pro cognitore placuit haberi, domino causa cognita dabitur et in eum iudicati actio.*

1023 Zur Verschmelzung der beiden Vertretertypen zum einheitlichen *procurator* in der späteren Rechtsentwicklung siehe *Pieler*, Gerichtsbarkeit, RAC X (1977) 406 f.

1024 *Kaser/Hackl*, ZP^2 (1996) 560, Fn 18.

wie bereits erwähnt – nur für einen Kognitor, nicht aber für einen Prokurator Sicherheit leisten müsste. Hier lautet der Text aber: „*Procuratorem ... pro quo dominus iudicatum solvi exposuit*". Es wird also nicht vom Vertreter Sicherheit geleistet, was aber, wie wir aus den Gaius-Institutionen wissen, beim Prokurator der Fall sein müsste. Sowohl der Ediktswortlaut als auch die Ausführungen zum Einlassungszwang beziehen sich somit in dieser Stelle wohl auf einen Kognitor und nicht auf einen Prokurator[1025].

Zumindest nicht völlig auszuschließen ist aber, dass hier der jüngere Typ des *procurator praesentis* gemeint ist, der (wie bereits ausgeführt) dem Kognitor weitgehend gleichgestellt wurde. Grundsätzlich musste zwar der Prokurator selbst Sicherheit leisten, was sich aber vor allem daraus erklärt, dass der „*procurator verus*" für einen Abwesenden alle Geschäfte führt. Der abwesende Vertretene kann schon allein aufgrund seiner Abwesenheit nicht selbst Sicherheit leisten. Ist er aber anwesend und bestellt er einen *procurator praesentis*[1026], so spricht an sich nichts dagegen, dass der anwesende Vertretene selbst Sicherheit leistet.

Es erscheint aber wahrscheinlicher, dass zur Zeit der Endredaktion des Edikts die Trennung zwischen Kognitor und Prokurator noch relativ streng eingehalten wurde, somit im Edikt tatsächlich der Kognitor genannt wurde – wie auch Lenel im *edictum perpetuum* rekonstruiert[1027]. Alle diesbezüglichen Kommentare von Julian, Gaius, Ulpian und Paulus dürften sich daher auf den Kognitor beziehen, auch wenn zumindest zur Zeit Ulpians und Paulus die Unterscheidung nicht mehr derart strikt gesehen wurde und durchaus denkbar wäre, dass diese hier auch den *procurator praesentis* wie einen Kognitor behandeln würden. Es fällt außerdem auf, dass die fraglichen Texte von Ulpian und Paulus jeweils aus deren 8. Buch *ad edictum* stammen. Die Texte *ad edictum* aber, die sich wohl tatsächlich mit dem Prokurator beschäftigen, stammen jeweils aus dem 9. Buch.

Soll nun ermittelt werden, ob auch ein *procurator verus* im Sinne eines Geschäftsführers, der alle Geschäfte eines Abwesenden führt, zur Einlassung

---

1025 Allgemein dazu: *Keller*, Litis Contestation (1827) 323 ff; *Honoré*, Editing, SZ 90 (1973) 262 ff; *Serrao*, Procurator (1947) 46 f; *Eisele*, Cognitur und Procuratur (1881) 44 ff.

1026 Es wird späterhin sogar angenommen, dass auch er wie ein Kognitor Klagekonsumption bewirkt.

1027 *Lenel*, EP³ (1927) 86 ff. Vgl. auch *ders.*, Pal II (1889) 450 f. *Rodger*, Procurator Restitutus, in: FS J. G. Wolf (2000) 207 ff ist ebenfalls der Ansicht, dass die Fragmente 8–31 pr vom Kognitor handeln, obwohl er hinsichtlich der Fr. 2 u. 4 teilweise eine von *Lenel* abweichende Ansicht vertritt.

gezwungen werden kann, oder ob es auch in diesem Punkt eine Ungleichbehandlung von Prokurator und Kognitor gibt, gilt es also weiter nachzuforschen[1028].

Ebenfalls im 3. Titel des 3. Buches, aber an späterer Stelle findet sich zu diesem Thema ein Text von Ulpian aus dessen 9. Buch *ad edictum*: Fragment 35. In § 3 wird zunächst die Frage aufgeworfen, wann eine Verteidigung des Geschäftsherrn vorliegt. Die Antwort lautet: Grundsätzlich bedeutet „Verteidigung", dass man das tut, was der Geschäftherr tun würde, und das ist einerseits, Sicherheit zu leisten und andererseits, sich auf den Prozess einzulassen[1029]. Nachdem hier die Sicherheitsleistung vom Vertreter erbracht wird und nicht vom Vertretenen, ist davon auszugehen, dass ein Prokurator gemeint ist und kein Kognitor.

In diesem Zusammenhang wird bei Julian (ebenfalls in D. 3, 3, 35, 3 zitiert) diskutiert, ob der Prokurator, nachdem er bereits Sicherheit geleistet hat, zur Einlassung auf den Prozess gezwungen werden kann, oder ob es nicht vielmehr ausreicht, dass das Sicherheitsversprechen wegen unterlassener Verteidigung verfällt[1030]. Julian meint hierzu, dass er zur Annahme des *iudicium* gezwungen werden müsse, wenn er nicht nach Voruntersuchung auch die Klagserhebung abgelehnt hat oder aus einer anderen *iusta causa* davon befreit ist[1031].

Paulus fügt im selben Titel unter § 6 des 43. Fragments eine Begründung an[1032]: Derjenige, dem die Sicherheit geleistet wurde, soll nicht getäuscht werden. Auch wenn jemand grundsätzlich nicht zur Verteidigung gezwungen werden könnte, kann er es daher dann schon, wenn er Sicherheit geleistet hat.

Die Sicherheitsleistung wiederum ist notwendiges Element der Prozessführungsbefugnis eines Prokurators[1033] und auch Voraussetzung für den Einlassungszwang.

Zumindest hinsichtlich der Verknüpfung von Einlassungszwang und Sicherheitsleistung kann man eine Parallele zum Kognitor sehen, denn auch er

---

1028 Pap. 2 resp., Fr. Vat. 330: *Papinianus respondit, si procurator absentis aliquam actionem absentis nomine inferre uelit, cogendum eum aduersus omnes absentem defendere.*

1029 *Defendere autem est id facere quod dominus in litem faceret, et cavere idonee ... praeterquam in satisdando. praeter satisdationem procurator ita defendere videtur, si iudicium accipiat.*

1030 *An compellatur, an vero sufficiat ob rem non defensam stipulationem committi.*

1031 *compellendum accipere iudicium: nisi et agendum causa cognita recusaverit vel ex iusta causa remotus fuerit.*

1032 *Qui non cogitur defendere absentem, tamen si iudicatum solvi satisdedit defendendi absentis gratia, cogendum procuratorem iudicium accipere, ne decipiatur is qui satis accepit: nam eos, qui non coguntur rem defendere, post satisdationem cogi.*

1033 Gai. 4, 101: ... *quia nemo alienae rei sine satisdatione defensor idoneus intellegitur.*

wird laut Edikt nur dann zur Einlassung gezwungen, wenn der Geschäftsherr für ihn mit seiner Zustimmung die Sicherheit geleistet hat[1034]. Es wird die Rechtsansicht Labeos referiert (ebenfalls in D. 3, 3, 43, 6), nach welcher der Prätor die Entscheidung nach einer Voruntersuchung maßvoll handhaben soll[1035]. Der Prätor hat demnach auch hier eine Interessenabwägung vorzunehmen[1036].

Insgesamt entsteht der Eindruck, dass beim Prokurator weniger gravierende Gründe ausreichen, als beim Kognitor gefordert werden: Beim Kognitor entschuldigt „Feindschaft" (*inimicitiae*), beim Kognitor „Todfeindschaft" (*inimicitiae capitales*); beim Prokurator genügt die schlichte Abwesenheit (*absentia*), der Kognitor muss eine Krankheit oder unaufschiebbare Reise als Grund für die Abwesenheit vorbringen (*si valetudinem aut si necessariam peregrinationem alleget*). „*Alia iusta causa*" ist allerdings wortgleich formuliert. Aufgelöste Schwägerschaft kommt beim Prokurator als Ausnahmetatbestand noch hinzu; hier ist wohl an den Fall gedacht, in dem jemand als Geschäftsführer mit oder ohne Auftrag für einen mit ihm verschwägerten *dominus* auftritt. Wird dann die Schwägerschaft aufgelöst, so kann der Geschäftsführer nicht zur Einlassung auf den Prozess seines Ex-Schwagers gezwungen werden. Während der Kläger für einen Einlassungszwang beim Prokurator offenbar zu beweisen hat, dass eine Verzögerung für ihn Nachteile bringen würde[1037], genügt beim Kognitor die Glaubhaftmachung durch den Kläger, dass die zeitliche Verzögerung dazu führen werde, dass er die Sache verliert (*actor adfirmet tractu temporis futurum ut res pereat*). Damit verstärkt sich der Eindruck, dass der Kognitor eher zur Einlassung zu zwingen ist als der Prokurator.

1034 Der Unterschied liegt freilich darin, dass der Prokurator die Sicherheit selbst leistet, beim Kognitor die Sicherheitsleistung „mit seiner Zustimmung" aber durch den Geschäftsherrn erfolgt, sowie in dem Umstand, dass die Sicherheitsleistung beim Kognitor nicht Voraussetzung seiner Legitimation zur Prozessführung ist: diese entsteht bereits im Zeitpunkt seiner förmlichen Einsetzung gegenüber dem Prozessgegner. Der Kognitor ist nach außen hin bevollmächtigt, nicht aber der Prokurator, was auch der Grund dafür ist, dass der Prokurator erst nach Sicherheitsleistung als Prozessvertreter gilt.

1035 *Labeo causa cognita temperandum, et si captio actoris sit propter temporis tractum.*

1036 Die dafür maßgeblichen Kriterien sind Nachteile des Klägers bei zeitlicher Verzögerung, Auflösung einer Schwägerschaft und Entstehung von Feindschaft bzw. eine Inbesitznahme des Vermögens des Abwesenden, längere Abwesenheit des Prozessvertreters oder eine andere „*iusta causa*": *iudicium eum accipere cogendum: quod si aut adfinitas dirempta sit aut inimicitiae intercesserint aut bona absentis possideri coeperint. Vel si longinquo sit afuturus vel alia iusta causa intervenerit non cogendum.*

1037 *Si captio actoris sit propter temporis tractum.*

Im Zusammenhang mit dem Einlassungszwang eines Prozessvertreters ist darüber hinaus ein Sabinus-Zitat bei Paulus in D. 3, 3, 45 pr interessant:

D. 3, 3, 45 pr (Paulus libro nono ad edictum)
... Sabinus autem nullas praetoris partes esse ad compellendum defendere, sed ex stipulatu ob rem non defensam agi posse: at si iustas causas habeat, cur iudicium accipere nolit, fideiussores non teneri, quia vir bonus arbitraturus non fuerit, ut qui iustam excusationem adferret, defendere cogeretur. sed et si satis non dedit, sed repromittenti ei creditum est, idem statuendum est.

D. 3, 3, 45 pr (Paulus im 9. Buch zum Edikt)
... Sabinus aber [meint], es sei nicht Aufgabe des Prätors, zur Verteidigung zu zwingen, aber es könne aus der Stipulation wegen nichtverteidigter Sache geklagt werden: Und wenn er rechtlich anerkannte Gründe hat, warum er den Prozess nicht annehmen will, sind die Bürgen nicht verpflichtet, weil ein *vir bonus* nicht erwägen wird, wenn jemand eine gerechte Entschuldigung anführt, zur Verteidigung zu zwingen. Aber auch wenn er keine Sicherheit gegeben hat, aber seinem Versprechen geglaubt wurde, ist dasselbe festzustellen.

Sabinus ist hier der Ansicht, dass ein Prozessvertreter niemals zur Einlassung zu zwingen ist. Gibt es einen rechtlich anerkannten Grund dafür, dass er sich nicht einlässt, könne man ihn ohnehin nicht zwingen. Hat er keinen rechtlich anerkannten Grund für die Weigerung sich einzulassen, dann verfällt als Ersatz für seine Einlassung eben die Sicherheit, die er geleistet hat.

Auf diese Konstellation nimmt auch ein Julian-Text Bezug:

D. 3, 3, 76 (Iulianus libro quinto ad Minicium)
Titius cum absentem defenderet, satisdedit et prius quam iudicium acciperet desiit reus solvendo esse: quam ob causam defensor recusabat iudicium in se reddi oportere. quaero, an id ei concedi oporteat. Iulianus respondit: defensor cum satisdedit, domini loco habendus est. nec multum ei praestaturus est praetor, si eum non coegerit iudicium accipere, cum ad fideiussores eius iri possit et hi quidquid praestiterint a defensore consecuturi sint.

D. 3, 3, 76 (Julian im 5. Buch zu Minicius)
Als Titius einen Abwesenden verteidigte, hat er Sicherheit geleistet, und bevor er sich auf den Prozess einließ, hat der Beklagte die Zahlungsfähigkeit verloren: Aus diesem Grunde lehnte es der Verteidiger ab, dass der Prozess gegen ihn bewirkt werden darf. Ich frage, ob ihm das zugestanden werden muss. Julian hat geantwortet: Sobald der Verteidiger Sicherheit geleistet hat, ist er wie der *dominus* zu behandeln. Und ihm würde der Prätor nicht viel helfen, wenn er ihn nicht zur Einlassung auf den Prozess zwingt, weil seine Bürgen angegangen werden können und sie das, was auch immer sie geleistet haben, vom Verteidiger erreichen werden.

Hier ist tatsächlich ein Prokurator und kein Kognitor gemeint: Ihm (dem Prozessvertreter) bringt es nichts, wenn er nicht gezwungen wird, sich auf den Prozess einzulassen, denn dann verfällt die von ihm bestellte Sicherheitsleistung; also ist er wohl zu zwingen, meint Julian. Hier wird das Verfahren gewissermaßen aus Praktikabilitätsgründen abgekürzt: Anstatt den Einlassungszwang zu verneinen, die Sicherheitsleistung verfallen zu lassen und einen zweiten Prozess durchzuführen, in dem die Bürgen Ersatz verlangen, wird der Prokurator hier gleich zur Einlassung gezwungen. Dem Kognitor würde es demgegenüber sehr wohl etwas nützen, nicht zur Einlassung gezwungen zu werden. Er hat keine Sicherheit geleistet, sondern der Geschäftsherr, und so hat der Kognitor keinen Nachteil daraus, wenn diese Sicherheit verfällt.

Die bei Paulus überlieferte Rechtsansicht des Sabinus könnte uns Einblick in die vor Julian herrschende Lehre gewähren. Möglicherweise beginnt der Einlassungszwang des Prokurators überhaupt erst mit Julian, während der Kognitor schon früher zur Einlassung gezwungen werden konnte.

Der Prätor kann somit jemanden, der einen fremden Prozess führt, grundsätzlich nur dann zur Einlassung auf diesen Prozess zwingen, wenn bereits Sicherheit bestellt wurde.

Ist das geschehen, so ist zu unterscheiden: Kam die Sicherheit vom Geschäftsherrn, vertritt ihn vermutlich ein Kognitor, der mittels Spruchformel in Gegenwart des Gegners bestellt wurde. Er ist aufgrund des prätorischen Edikts zur Einlassung zu zwingen, wenn er mit der Sicherheitsbestellung einverstanden war und kein triftiger Gegengrund vorliegt, der in einer Interessenabwägung zu seinen Gunsten ausschlägt[1038]. Hat der Geschäftsführer die Sicherheit bestellt, handelt es sich wohl um einen Prokurator, der entweder mittels bloßen Auftrages (intern und ohne Mitwirkung des Prozessgegners) bestellt wurde oder als Geschäftsführer ohne Auftrag handelt. Er wird aufgrund der von ihm bestellten *cautio* zur Einlassung gezwungen, denn er verspricht hier die ordentliche Defension. Auch der Prokurator ist aber in der Lage, den Einlassungszwang abzuwehren, wenn ein rechtlich anerkannter Grund vorliegt; hier kann schon ein weniger gravierender Grund ausreichen, als das beim Kognitor der Fall wäre[1039].

Julian hat den Einlassungszwang des Kognitors in dieser Form in das *edictum perpetuum* aufgenommen; gleichzeitig kommentiert er selbst aber diese Bestimmung einschränkend. Die Texte D. 3, 3, 8, 3 und D. 3, 3, 10 ordnet *Lenel* in seiner Palingenesie dem 3. Buch der Digesten des Julian zu und wählt als Überschrift: „*De cognitore ad litem suscipiendam dato*“[1040]. Was den *verus procurator* anbelangt, so scheint bis Julian die Ansicht herrschend gewesen zu sein, dass dieser nicht zur Einlassung gezwungen wird, sondern einfach die von ihm geleistete *cautio* verfällt, wenn er sich nicht einlässt. Julian spricht sich demgegenüber dafür aus, dass auch hier Einlassungszwang besteht, und scheint sich mit dieser Ansicht durchgesetzt zu haben.

1038 Der *actor* wird dem *cognitor* gleichgestellt.
1039 *Tutor* und *curator* werden dem *procurator* gleichgestellt.
1040 *Lenel*, Pal I (1889) 322.

Stimmt ein Prozessvertreter seiner Bestellung zu – sei es, weil er sich als Kognitor mit der Sicherheitsleistung durch den *dominus* einverstanden erklärt oder weil er als Prokurator selbst eine solche bestellt –, so ist es ein Selbstwiderspruch, wenn er daraufhin die Einlassung verweigert. Die Fälle, in denen er zur Einlassung gezwungen wird, sind Fälle, in denen *venire contra factum proprium* nicht gestattet wird. Die Ausnahmen aber führen zu erlaubtem widersprüchlichen Verhalten: Es handelt sich um auf die Interessen der Beteiligten abstellende Sonderfälle, die als Abweichungen von einer generellen Regel zu betrachten sind.

2.16. D. 6, 1, 25: Nachträgliche Richtigstellung durch den *liti se offerens*

D. 6, 1, 25 (Ulpianus libro septuagesimo ad edictum)
Is qui se optulit rei defensioni sine causa, cum non possideret nec dolo fecisset, quo minus possideret: si actor ignoret, non est absolvendus, ut Marcellus ait: quae sententia vera est. sed hoc post litem contestatam: ceterum ante iudicium acceptum non decipit actorem qui se negat possidere, cum vere non possideret: nec videtur se liti optulisse qui discessit.

D. 6, 1, 25 (Ulpian im 70. Buch zum Edikt)
Jemand hat sich grundlos als Verteidiger einer Sache angeboten, während er nicht besaß und es ohne Arglist herbeigeführt hatte, dass er nicht besaß. Wenn der Kläger das nicht wusste, ist er nicht freizusprechen, wie Marcellus sagt: Diese Ansicht ist zutreffend. Aber das [gilt] nach der Prozessbegründung: Denn wer vor Annahme des Prozesses den Besitz verneint, betrügt den Kläger nicht, wenn er wirklich nicht besaß: Jemand, der dem Prozess ausgewichen ist, kann nicht als jemand gesehen werden, der sich [als Beklagter] angeboten hat.

Auch dieses Zitat führt zu einem Text, der ein prozessrechtliches Thema zum Inhalt hat: Der Nichtbesitzer, der den Besitz nicht arglistig verloren hat, lässt sich *sine causa* auf einen Prozess um die Sache ein und ist auf den Sachwert zu verurteilen, wenn er sich nach erfolgter Prozessbegründung auf seinen Nichtbesitz berufen möchte (ausgenommen den Fall, dass der Kläger wusste, dass der Beklagte nicht Besitzer ist). Das gilt aber nicht für den Fall, in dem er noch vor *litis contestatio* den Besitz abstreitet.

Lenel rekonstruiert für das 70. Buch *ad edictum* bei Ulpian den Titel „*De interdictis*“ und ordnet dieses Fragment dem *interdictum quem fundum* zu[1041]. Es handelt sich dort um den mittleren von drei Texten: Er folgt D. 50, 17, 156 pr nach und steht vor D. 5, 1, 21. Der Text ist somit von seiner formalen Stellung im Werk des Ulpian ursprünglich nicht im Zusammenhang mit der

1041 *Lenel*, Pal II (1889) 822.

rei vindicatio, sondern vielmehr mit dem diese vorbereitenden restitutorischen *interdictum quem fundum* gestanden.

Voraussetzung für die petitorische Klage ist bekanntlich, dass der Beklagte das Grundstück besitzt[1042] bzw. den Besitz arglistig aufgegeben hat[1043]. Verweigert er dennoch die Herausgabe, so kann er ohne Prüfung des Anspruches auf die Summe verurteilt werden, auf die er infolge eines Unterliegens bei der Vindikation verurteilt worden wäre[1044].

In D. 6, 1, 25 werden von Ulpian dazu zwei Varianten besprochen. In der ersten referiert er die Rechtsansicht des Marcellus: Hat sich jemand freiwillig (dh ohne durch das *interdictum quem fundum* dazu gezwungen worden zu sein) auf eine dingliche Klage um ein Grundstück eingelassen, obwohl er nicht dessen Besitzer war, ist ihm Arglist vorzuwerfen[1045]. Die Bemerkung, er habe den Besitz auch nicht arglistig verloren, bezieht sich wohl auf die neben dem Besitz bestehende Möglichkeit der Passivlegitimation bei doloser Besitzaufgabe. Obwohl der Beklagte hier weder Besitz hat noch diesen dolos aufgegeben hat (sondern eben schlicht nicht besitzt), kann er in diesem Fall verurteilt werden[1046]. Die Arglist ist aber nur dann als solche vorwerfbar, wenn der Kläger tatsächlich getäuscht wurde, weil er nichts davon wusste, dass der Beklagte nicht passivlegitimiert war[1047]. Dieser ist aufgrund der Fiktion *dolus*

1042 Interdiktenbesitzer bzw. diejenigen, die *tenent et habent restituendi facultatem*. Siehe näher *Kaser*, Besitz und Verschulden, SZ 98 (1981) 93 ff.

1043 Das *interdictum quem fundum* enthielt vermutlich den Formelbestandteil: „... *quem possides doloue malo fecisti quo minus possideres* ...“, so *Lenel*, EP³ (1927) 475 mit Fn 8, wo er seine Ansicht aus der Vorauflage korrigiert.

1044 *Kaser*, Besitz und Verschulden, SZ 98 (1981) 89.

1045 Das Motiv wird meist die Unterstützung eines Dritten sein, der während des Prozesses aufgrund von Zeitablauf ein Recht an der Sache erwerben kann; bspw. Eigentum infolge einer *usucapio* oder Lastenfreiheit des Eigentums durch *non usus* beim *usus fructus*. Vgl. *Kaser*, Besitz und Verschulden, SZ 98 (1981) 140. Dabei kann die Einlassung sowohl unter ausdrücklicher Behauptung des Besitzes als auch stillschweigend vorgenommen werden. Siehe *Pennitz*, Enteignungsfall (1991) 290.

1046 Für eine Verurteilung desjenigen, *qui se liti obtulit*, im Rahmen der *rei vindicatio* erst unter Justinian etwa *Honsell/Mayer-Maly/Selb*, RR⁴ (1987) 537. Zum Thema siehe etwa auch *Siber*, Passivlegitimation (1907) 11 ff; *Lenel*, Rei vindicatio, Grünhut'sche Zeitschrift 37 (1910) 18 ff; *Maria*, Possession du défendeur, in: FS Girard 2 (1913) 223 ff, insbes. 237 ff u. 245 f; *Marrone*, Legittimazione passiva (1970) 178 ff; *Schipani*, Responsibilità del convenuto (1971) 93 ff u. 111 ff; *Albanese*, Se offerre, AUPA 33 (1972) 337 ff, insbes. 392 ff; *Provera*, Indefensio, in: Studi Grosso 6 (1974) 218; *Wimmer*, Besitz und Haftung (1995) 39 ff; *Pennitz*, Enteignungsfall (1991) 287 ff. Für die zahlreichen Fundstellen bei *Kaser* und *Talamca* siehe unten S. 312 Fn 1058.

1047 *Pennitz*, Enteignungsfall (1991) 289 f (insbes. Fn 179 aE) vermutet infolgedessen auch die Bemessung der Verurteilungssumme im Falle der *hereditatis petitio*

pro possessione est im Rahmen der Vindikation[1048] zu verurteilen, obwohl er weder zur Zeit der *litis contestatio* noch im Urteilszeitpunkt Besitzer war. Die Fiktion muss sich nach der Lehre der Prokulianer[1049] zumindest auf einen der beiden Zeitpunkte bezogen haben (eher den der *litis contestatio*)[1050], nach den Sabinianern sogar auf beide[1051].

Wimmer hat für das Ende dieses Fragments darauf hingewiesen, dass „*qui discessit* nicht mit Bezug auf die Streitsache als *discedere re* (mithin dolose Besitzaufgabe) gemeint" sei, „sondern *discedere lite* (wer sich vom Prozess zurückzieht), es also nicht zur Litiskontestation kommen lässt"[1052]. Ulpian ergänzt demnach als zweite Variante, dass der Beklagte dann nicht zu verurteilen ist, wenn er noch vor *litis contestatio*[1053] bekanntgegeben hat, dass er doch nicht Besitzer der Sache ist, denn dann täuscht er nicht.

Der Text scheint demnach Probleme zu behandeln, die zwar möglicherweise von Fragen zum *interdictum quem fundum* ausgingen, jedoch in Form eines Exkurses[1054] relativ weit über dieses hinausreichten, was eine Einordnung in den Digesten unter den Titel *de rei vindicatione* auch ohne sinnverändernde Interpolationen ermöglichte.

Die Verurteilung des *liti se offerens* im Rahmen der Vindikation ist Resultat einer Rechtsfortbildung: Während in älterer Zeit im Anschluss etwa an Sabinus und Gaius[1055] auf andere Rechtsmittel verwiesen wurde (bspw. Klage aus der *cautio iudicatum solvi*, die eine *clausula doli* enthielt, oder auch *actio*

---

nach dem Interesse, nicht getäuscht worden zu sein, anstatt nach dem Wert der *hereditas*.

1048 *Lenel*, Rei vindicatio, Grünhut'sche Zeitschrift 37 (1910) 19 denkt hier (allerdings wohl fälschlich – vgl. unten S. 313 Fn 1062) an die *actio ex stipulatu* aus der Kaution.

1049 *Restituere*-Prinzip auch bei Sachuntergang oder -verlust (nicht nur hinsichtlich der Früchte): Der Kläger ist in vollem Umfange so zu stellen, als wäre ihm die Sache im Zeitpunkt der *litis contestatio* herausgegeben worden. Vgl. Ulp. 16 ad ed., D. 6, 1, 15, 3 u. Paul. 20 ad ed., D. 5, 3, 40 pr.

1050 *Kaser*, Besitz und Verschulden, SZ 98 (1981) 108 f.

1051 Verurteilung bei Sachuntergang oder -verlust nach den allgemeinen Regeln des Schadenersatzrechtes (*resituere*-Prinzip nur hinsichtlich der Früchte): Der Beklagte hat nur für *dolus* bzw. *culpa* einzustehen, *casus* trifft den Kläger. Vgl. Ulp. 16 ad ed., D. 6, 1, 15, 3 u. Paul. 20 ad ed., D. 5, 3, 40 pr.

1052 *Wimmer*, Besitz und Haftung (1995) 42 Fn 204.

1053 Dem *litem contestari* aus Sicht des Klägers entspricht *iudicium accipere* aus Sicht des Beklagten. Die beiden Formulierungen im Text betreffen daher dieselbe Sache. Vgl. *Kaser*, Formproblem, SZ 84 (1967) 7 mit Fn 31.

1054 So vermutet auch von *Pennitz*, Enteignungsfall (1991) 292. Er nimmt als Ausgangpunkt für diesen Exkurs die Kommentierung des im Interdiktswortlaut enthaltenen „*restituas*" an.

1055 Vgl. Gai. 27 ad ed. prov., D. 4, 3, 39.

de dolo), begann mit Celsus von der *hereditatis petitio*[1056] ausgehend die Möglichkeit, den Beklagten unmittelbar aus einer *actio in rem* zu verurteilen, was wohl durch Marcellus schließlich auf alle dinglichen Klagen ausgeweitet wurde[1057]. Ulpian zitiert in diesem Zusammhang Celsus und Marcellus:

> *D. 5, 3, 13, 13 (Ulpianus libro quinto decimo ad edictum)*
> *Non solum autem ab eo peti hereditas potest, qui corpus hereditarium possidet, sed et si nihil. et videndum, si non possidens optulerit tamen se petitioni, an teneatur. et Celsus libro quarto digestorum scribit*[1058] *ex dolo eum teneri: dolo enim facere eum qui se offert petitioni. quam sententiam generaliter Marcellus apud Iulianum probat: omnem, qui se offert petitioni, quasi possidentem teneri.*

> D. 5, 3, 13, 13 (Ulpian im 15. Buch zum Edikt)
> Nicht nur gegen den aber kann die Erbschaftsklage erhoben werden, der einen Erbschaftsgegenstand besitzt, sondern auch wenn [er] nichts [besitzt]. Und es ist zu prüfen, wenn er sich nämlich nichts besitzend für die Klage anbietet, ob er haftet. Und Celus schrieb im vierten Buch seiner Digesten, dass er aus *dolus* haftet: dolos handelt nämlich, wer sich für eine Klage abietet. Diese Entscheidung bestätigt Marcellus grundsätzlich bei Julian: Jeder, der sich für eine Klage anbietet, haftet gleichsam als Besitzer.

Die hier referierte Rechtsansicht des Marcellus greift Ulpian in D. 6, 1, 25 erneut auf und ergänzt sie um eine weitere Komponente: Es steht dem zunächst arglistig Handelnden hier – nach *Kasers* Diktion – eine Art „tätige Reue" offen.

Spengler zieht daraus, dass die „triviale Aussage"[1059], nach welcher „dem nicht dolosen Nichtbesitzer das Abstreiten des Besitzes" vor der *litis contestatio*

1056 Zum dortigen Zusammenhang siehe etwa *Lohsse*, Ius adcrescendi (2008) 163 f (Fn 453). Weiterführendes zu diesem Problem im Zusammenhang der *hereditatis petitio* etwa bei *Müller-Ehlen*, Hereditatis petitio (1998) 316 ff.

1057 *Kaser*, Besitz und Verschulden, SZ 98 (1981) 140 ff.

1058 Cels. 4 dig., D. 5, 3, 45. Vgl. im Zusammenhang mit diesem Text die Kontroverse zwischen *Kaser* und *Talamanca*: *Kaser*, Besitz und Verschulden, SZ 51 (1931) 104 mit Fn 4; *ders.*, Passivlegitimation, SZ 72 (1955) 100 ff; *ders.*, Rez. Tamalanca, Labeo 3 (1957) 254 f; *ders.*, Restituere² (1968) 226 ff; *ders.*, Convenuto (Rez. Schipani), Labeo 18 (1972) 365; *ders.*, Besitz und Verschulden, SZ 98 (1981) 144. *Talamanca*, Legittimazione passiva (1956) 43 ff, insbes. 52; *ders.*, Oblatio liti, in: Essays Utrecht (1979) 167 ff; *ders.*, Legittimazione passiva, in: Studi Cagliari 43 (1964) 143 ff. Einen Überblick über den Meinungsstand der beiden Gelehrten bietet *Pennitz*, Enteignungsfall (1991) 289 f Fn 179.

1059 *Albanese*, Se offerre, AUPA 33 (1972) 396 u. 400 bezeichnet sie ebenfalls als „banalità". Auch er meint (und wendet sich damit gegen *Talamanca*), es gehe in diesem Abschnitt um denjenigen, der überhaupt nie dolos handelt und daher zu keinem Zeitpunkt *liti se offerre* vorliegt. Zu *Albaneses* Argumenten dafür, dass der Text sich nicht auf den „*liti se offerens*" sondern vielmehr den Erschaftsschuldner beziehe, sowie zur Entkräftung dieser Argumente, siehe auch *Rastätter*, Marcelli notae (1980) 247 f.

nicht schade, den Schluss, die Stelle sei mit *Kaser* als „bis zur Sinnlosigkeit verkürzt" zu betrachten und daher für weitere Schlüsse (jedenfalls hinsichtlich der von ihm näher betrachteten *interrogatio in iure*) unbrauchbar[1060]. *Kaser* sieht diesen Teil überdies (eher) als „ein schlechtes Glossem"[1061].

So hart muss aber das Urteil nicht ausfallen, wenn man Ulpians Ausführungen als Klarstellung hinsichtlich der Kenntnis des Klägers bezieht: Auch wenn dieser zunächst aufgrund des Verhaltens des Beklagten, gegebenenfalls auch durch dessen Auftreten vor dem Prätor[1062], davon ausgeht, dass er es mit dem Passivlegitimierten zu tun hat, ist dieser nicht als getäuscht zu betrachten, wenn der Beklagte ihm noch vor *litis contestatio* bekannt gibt, in Wahrheit nicht der Besitzer der Sache zu sein. Er kann nun nicht mehr im Rahmen der Vindikation verurteilt werden und hat ebensowenig ein *interdictum quem fundum* aufgrund der Indefension zu befürchten[1063]. Diese Beobachtung könnte der Auslöser für die Behandlung dieses Problems beim genannten Interdikt sein, welches das Sanktionsmittel gegen den *indefensus* bei der *rei vindicatio* darstellt[1064]. Gegen denjenigen, der sich weigert, sich auf die *rei vindicatio* einzulassen, kann damit schließlich erreicht werden, dass bei weiterer Weigerung das Grundstück zu restituieren eine Verurteilung auf den Streitwert erfolgt. Der Beklagte kann nun bei rechtzeitiger Aufklärung selbst dann nicht verurteilt werden, wenn der Prätor die Klage dennoch erteilt hat; denkbar ist etwa, dass der Beklagte nur den Kläger von seinem Nichtbesitz in Kenntnis setzt, jedoch keiner der beiden auch dem Prätor Meldung erstattet. Da hier

1060 *Spengler*, Interrogatio in iure (1994) 149.

1061 Vgl. *Kaser*, Rez. Schipani, Labeo 18 (1972) 364.

1062 *Tamalanca*, Legittimazione passiva (1956) 52 meint etwa, dass der Beklagte möglicherweise sogar bereits die *cautio iudicatum solvi* geleistet hat. So auch *Lenel*, Rei vindicatio, Grünhut'sche Zeitschrift 37 (1910) 19 f. Die Positionen der beiden Gelehrten unterscheiden sich aber wesentlich dadurch, dass *Lenel* die Ausführungen auf die *actio ex stipulatio* aus der Kaution, *Talamanca* hingegen auf die Vindikation selbst bezieht. Letzterem wird hier gefolgt: Der Zusammenhang mit D. 5, 3, 13, 13 (wo Marcellus sich auf *die actiones in rem* und nicht auf die *actio ex stipulatu ex clausula doli* bezieht) und der Hinweis auf eine vorangegangene Kontroverse aufgrund der Worte „*quae sententia vera est*", in welcher Ulpian sich ausdrücklich Marcellus anschließt, erscheint evident. Vgl. zu *Talamancas* Argumenten (auch gegen *Albanese*, der seinerseits *Lenel* folgt): *Talamanca*, Oblatio liti, in: Essays Utrecht (1979) 174 sowie *ders.*, Legittimazione passiva, in: Studi Cagliari 43 (1964) 150 f. Vgl. auch bestätigend *Pennitz*, Enteignungsfall (1991) 292 Fn 190.

1063 *Kaser*, Besitz und Verschulden, SZ 98 (1981) 144; *Tamalanca*, Legittimazione passiva (1956) 52; *ders.*, Legittimazione passiva, in: Studi Cagliari 43 (1964) 153.

1064 Vgl. *Talamanca*, Oblatio liti, in: Essays Utrecht (1979) 174.

keine Täuschung des Klägers (mehr) vorliegt, gibt es kein „Interesse, nicht getäuscht worden zu sein“[1065].

Der *liti se offerens* hat zunächst den Besitz bejaht, nimmt diese Behauptung jedoch nachträglich zurück, wobei ihm aber keine dolose Besitzaufgabe vorzuwerfen ist. *Dolus* ist ihm jedoch vorzuwerfen, wenn er sich grundlos als Passivlegitimierter ausgibt und den Kläger täuscht, indem er ihn davon abhält, den tatsächlich Passivlegitimierten weiter zu verfolgen.

Der Selbstwiderspruch liegt nun offenbar darin, dass er sich zunächst als Besitzer und daher als Passivlegitimierter ausgibt, sich später aber gerade darauf berufen möchte, eben nicht Besitzer zu sein, um der Verurteilung zu entgehen.

Kommt es zu dieser „Rücknahme“ des Behaupteten noch vor *litis contestatio*, bzw. kann der Kläger nicht als getäuscht betrachtet werden, weil er davon wusste, dass die Gegenpartei in Wahrheit nicht passivlegitimiert war, ist dieser Selbstwiderspruch ohne nachteilige Konsequenzen für den widersprüchlich Handelnden möglich[1066].

Es ergeben sich demnach zwei Varianten des erlaubten Selbstwiderspruchs: Einerseits ist die Richtigstellung vor *litis contestatio* ohne weiters möglich, da in diesem Stadium nicht von grundlosem Anbieten als Beklagter die Rede sein kann – das ist nur bei Mitwirkung an der Prozessbegründung denkbar. Andererseits ist es sogar noch nach *litis contestatio* möglich, sofern der Kläger wusste, dass der Beklagte in Wahrheit nicht passivlegitimiert war; dann ist ihm selbst *dolus* vorzuwerfen und er kann sich daher auf den *dolus* des Beklagten nicht berufen.

Ein ganz anderes Problem wird im nun folgenden Fragment behandelt und erst im übernächsten Text wird wieder ein Fall diskutiert, der in einem näheren inhaltlichen Zusammenhang mit D. 6, 1, 25 steht; auch dort erscheint (jedenfalls bis zur *litis contestatio*) eine Richtigstellung – dh eine „Rücknahme“ des bis dahin Behaupteten und damit eine Form von Selbstwiderspruch – möglich.

1065 Eine eigene Theorie dazu entwickelt *Pennitz*, Enteignungsfall (1991) 292 f, der den Inhalt eines nicht in die Digesten aufgenommenen, in Ulpians Ediktskommentar dem Text D. 6, 1, 25 vorangehenden Fragments mit dem Inhalt rekonstruieren will, dass dort „zwei Formen der Defension durch den Beklagten behandelt“ seien, „bei denen eine *causa* vorliegt, den Fall des bösgläubigen Besitzer und den Fall dessen, der *dolo fecisset quo minus possideret*.“ An die Besprechung dieser Formen mit *causa* sei die hier überlieferte Diskussion der Täuschung *sine causa* angeschlossen worden, die mit der „überspitzten“ Formulierung Ulpians ende, dass es kein Betrug ist, wenn jemand, der nicht besitzt, sagt, dass er nicht besitzt.

1066 Anders *Pennitz*, Enteignungsfall (1991) 293 Fn 197.

2.17. D. 8, 3, 20 pr: Verzicht auf eines von zwei Servitutsrechten

D. 8, 3, 20 pr (Pomponius libro trigensimo tertio ad Sabinum)
Si mihi eodem tempore concesseris et ire agere per tuum locum et uti frui eo ius esse, deinde ego tibi concessero ius mihi uti frui non esse: non aliter eo loco uteris frueris, quam ut ire agere mihi recte liceat. item si et ducere per tuum fundum aquam iure potuero et in eo tibi aedificare invito me ius non fuerit: si tibi concessero ius esse aedificare, nihilo minus hanc servitutem mihi praestare debebis, ne aliter aedifices, quam ut ductus aquae meus maneat, totiusque eius rei condicio talis esse debet, qualis esset, si una dumtaxat initio concessio facta esset.

D. 8, 3, 20 pr (Pomponius im 33. Buch zu Sabinus)
Wenn du mir zur gleichen Zeit das Recht eingeräumt hast, über dein Grundstück zu gehen und zu fahren und den Nießbrauch daran, ich dann dir eingeräumt habe, dass ich keinen Nießbrauch habe: dann kannst du den Nießbrauch an diesem Ort nicht anders ausüben, als mir Gehen und Fahren ordnungsgemäß möglich ist. Denn wenn ich auch das Recht habe, Wasser über dein Grundstück zu leiten, und du auf demselben ohne mein Einverständnis nicht bauen darfst: Wenn ich dir die Zustimmung erteile, dass du das Recht hast zu bauen, musst du nichtsdestoweniger meine bestehende Servitut beachten, nicht anders zu bauen, als dass meine Wasserleitung bestehen bleibt, und es muss für das alles die Sache in dem Zustand bleiben, wie es wäre, wenn anfangs nur eine einzige Bestellung erfolgt wäre.

Auch in diesem Text ist wie auch schon in D. 8, 3, 11[1067] nicht von *in iure cessio* oder *mancipatio* die Rede, obwohl es sich hier um dingliche Nutzungsrechte handelt, die durch einen derartigen Übertragungsakt eingeräumt werden müssten. Gleichwohl muss nicht von einer Interpolation auszugehen sein, sondern es kann dieser Umstand vielmehr auch damit begründet werden, dass der Bestellungsakt schlicht unerwähnt bleibt, da er für das vorliegende Rechtsproblem ohne Bedeutung ist.

Der Eigentümer eines dienenden Grundstücks räumt dem Eigentümer eines herrschenden Grundstücks gleichzeitig sowohl eine *servitus iter* und *actus* als auch einen *usufructus* ein. Später verzichtet der Berechtigte auf den *usufructus*. Obwohl hier ein Verzicht auf die umfassende Nutzung des Grundstücks geleistet wird, kann er sich weiterhin auf sein Recht auf Durchgang und Viehtrift berufen. Die Rustikalservitut bleibt nach dem Verzicht auf die Personalservitut weiter bestehen. Der Eigentümer des herrschenden Grundstücks kann daher in dieser Eigenschaft ein Recht für sich in Anspruch nehmen, das inhaltlich betrachtet auch ein Teil des höchstpersönlichen Rechts war, auf das er zuvor verzichtet hat.

Dieselbe Situation lässt sich auch im zweiten Sachverhaltsteil feststellen: Es wird das Recht eingeräumt, über ein Grundstück Wasser zu leiten, und das Recht, dass der Belastete ohne die Zustimmung des Berechtigten auf diesem

1067 Vgl. oben Kapitel 1.16.

Grundstück nicht bauen darf. In der Folge wird auf das Recht verzichtet, dass der Belastete nur mit Zustimmung des Berechtigten bauen darf. Trotzdem kann der Berechtigte gegen ein Bauvorhaben des Belasteten vorgehen, sofern durch den Bau das weiterhin bestehende Recht, Wasser über das Grundstück zu leiten, beeinträchtigt werden könnte. Wieder verzichtet der Berechtigte auf ein Recht, hier auf die städtische Servitut, und kann später dennoch zur Wahrung des anderen schon zuvor bestehenden Rechts, nämlich der ländlichen Servitut, trotz dieses Verzichts vorgehen[1068]. Dieses „widersprüchliche" Verhalten ist erlaubt, fällt also nicht unter *venire contra factum proprium nulli conceditur*.

Auch wenn zwei Rustikalservituten eingeräumt werden und in der Folge auf eine der beiden verzichtet wird, muss die andere weiterhin voll beachtet werden. Die Besonderheit von D. 8, 3, 20 pr dürfte in der Verschiedenheit der eingeräumten Servituten (Rustikal- und Personalservitut bzw. Rustikal- und Urbanalservitut) liegen[1069].

Tatsächlich handelt es sich jedoch um keinen echten Selbstwiderspruch, da auch hier (wie auch etwa bei dem Text zum „unbegrenzten" Versprechen, *operae* zu leisten) das Ergebnis durch eine Interpretation der Erklärung erreicht wird: Der Verzicht auf das umfassendere Recht wird so ausgelegt, dass er einen Verzicht auf das weniger umfassende Recht nicht mit umfasst: man kann sich daher auf dieses weniger umfassende Recht berufen, ohne sich mit seiner Verzichtserklärung in Widerspruch zu setzen.

Wie bereits angesprochen steht der folgende Text sodann wieder in näherer Verwandtschaft mit dem vorletzten, als mit dem letzten Zitat:

2.18. D. 9, 4, 26, 5: Die *interrogatio in iure an servus in potestate eius sit*

D. 9, 4, 26 (Paulus libro octavo decimo ad edictum)
Electio vero alterum ...
§ 5 Neque heredi neque in heredem, quod defunctus mentitus est, actio danda est, nec in ipsum quolibet tempore: nam liberum esse debet defendenti absentem servum huius edicti poenam evitare, id est ut sine noxae deditione conveniatur. et ideo si negaveris servum in tua potestate esse, postea fateri poteris, nisi si

1068 Vgl. *Rainer*, Bau- und nachbarrechtliche Bestimmungen (1987) 53.

1069 Vgl. Pomp. 33 ad Sab., D. 8, 2, 21: *Si domus tua aedificiis meis utramque servitutem deberet, ne altius tolleretur et ut stillicidium aedificiorum meorum recipere deberet, et tibi concessero ius esse invito me altius tollere aedificia tua, quod ad stillicidium meum attinet, sic statui debebit, ut, si altius sublatis aedificiis tuis stillicidia mea cadere in ea non possint, ea ratione altius tibi aedificare non liceat: si non impediantur stillicidia mea, liceat tibi altius tollere.* Dieser Text steht laut *Lenel*, Pal I (1889) 143 in *Pomponii ad Sabinum* direkt vor unserer Stelle.

iam lis adversus te contestata est: nam tunc audiri non debebis, ut Labeo ait: Octavenus ex causa etiam lite contestata tibi succurrendum, utique si aetas tua ea sit, ut ignosci tibi debeat.

D. 9, 4, 26, 5 (Paulus im 18. Buch zum Edikt)
Weder dem Erben noch gegen den Erben ist, wenn der Verstorbene gelogen hat, eine Klage zu gewähren, noch gegen jenen selbst zu irgendeiner Zeit: Denn es muss freistehen, einen abwesenden Sklaven zu verteidigen und sich der Strafe des Ediktes zu entziehen, das bedeutet, dass man ohne *noxae deditio* belangt wird. Und deshalb kannst du, wenn du abstreitest, dass der Sklave in deiner *potestas* steht, es danach zugeben, wenn nicht bereits der Rechtsstreit gegen dich begründet ist: Dann nämlich darfst du nicht angehört werden, wie Labeo sagt: Octaven meint, *ex causa* [*cognita*] ist dir auch bei begründetem Rechtsstreit beizustehen, besonders wenn du in einem Alter bist, in dem man nachsichtig mit dir sein muss.

Jemand behauptet wahrheitswidrig einen Sklaven nicht *in potestate* zu haben; damit möchte er vermeiden, für eine schädigende Handlung desselben in Anspruch genommen zu werden. Dann stirbt der Betreffende. Paulus entscheidet, dass aufgrund dieses Verhaltens weder für noch gegen den Erben eine Klage zu gewähren ist (und auch nicht gegen den Erblasser zu dessen Lebzeiten)[1070], wenn bis zur Prozessbegründung durch *litis contestatio* eine Richtigstellung erfolgt. Die Begründung für diese Entscheidung lautet, dass man die Möglichkeit haben müsse, durch Verteidigung eines abwesenden Sklaven eine Strafe von sich selbst abzuwenden; diese Strafe bestünde in einer *actio sine noxae deditione*. Dass die Möglichkeit bis zur Prozessbegründung durch *litis contestatio* bestehen müsse, meint Paulus im Anschluss an Labeo[1071]. Der spätklassische Jurist führt aber auch die bereits von Octaven eingeführte Ausnahme an, dass jemandem aufgrund seines Alters (wohl weil er *minor* ist) auch nach *litis contestatio* noch die Möglichkeit gegeben werden soll, haftungsbefreiend richtigzustellen.

Bei einer *interrogatio in iure* im Zusammenhang mit Noxalklagen wird der Beklagte vor dem Prätor förmlich befragt (welcher diese Befragung entweder

---

1070 *Spengler*, Interrogatio (1994) 126 geht davon aus, dass der Erklärende stets derjenige sei, der in Anspruch genommen wird und „nichts insoweit zu vererben hat". Es könne daher nur um die passive Unvererblichkeit gehen, nicht aber eine aktive, von welcher der Beginn des Textes spricht; es sei von einem Missverständnis durch eine in den Text geratene Randglosse auszugehen.

1071 Daher dürfte es sich um das „historisch früheste Zeugnis für die Existenz der bei Ulpian in D. 9, 4, 21, 2 überlieferte Ediktsklausel" handeln. Siehe auch dazu *Spengler*, Interrogatio in iure (1994) 126. Ebenso kann die Besitzbehauptung durch den *liti se offerens* in D. 6, 1, 25 bis zur *litis contestatio* richtiggestellt werden. Vgl. dazu oben S. 309.

selbst durchführt, oder vom Gläubiger durchführen lässt[1072]), ob er Eigentümer des Sklaven ist, bzw. ob er diesen tatsächlich in seiner Gewalt hat[1073].

Während *Demelius* die hauptsächliche Funktion dieser *interrogatio* in der Haftungsübernahme durch den Beklagten sieht, der diese Frage bejaht[1074], stellt *Medicus* die verlässliche Information des Klägers über die beabsichtigte Verteidigung des Beklagten in den Vordergrund[1075]. *Giménez-Candela* sieht die *interrogatio* überhaupt als absolut notwendige Voraussetzung für die Passivlegitimation bei der *actio noxalis*[1076].

Als zentrale Differenzierungskriterien hat *Spengler* die *praesentia* oder *absentia* des Sklaven, sowie die positive oder negative Antwort des Beklagten herausgearbeitet[1077].

Kam es zur Indefension – sei es, weil der *dominus* zwar *in iure* anwesend ist, die *defensio* aber unterlässt oder auch weil er abwesend ist – fand beim anwesenden Sklaven eine erlaubte *ductio* statt, wodurch der Sklave *in bonis* des Klägers gelangte und binnen Jahresfrist die Ersitzung des quiritischen Eigentums erfolgte. Eine nachträgliche Verteidigung durch den *dominus* war jedoch grundsätzlich weiterhin möglich[1078]. Die erlaubte *ductio* dürfte auch Folge einer Verneinung der Frage nach der *potestas* gewesen sein.

Problematisch hingegen war es, wenn der Sklave nicht anwesend und eine *ductio* daher von vornherein ausgeschlossen war: Die Situation, dass beide abwesend sind, also weder Sklave noch *dominus in iure* anwesend ist, kann hier außer Betracht bleiben[1079]. Es geht um das Problem, dass zwar der Noxalgegner anwesend ist, der Sklave jedoch nicht[1080]. Bejaht er in diesem Fall die Frage,

---

1072 Ulp. 22 ad ed., D. 11, 1, 9, 1.

1073 Zur möglichen Zweiteilung der *interrogatio* in eine *interrogatio de facto* (*an in potestate sit*) und einer etwaigen daneben bestehenden *interrogatio de iure* (*an eius sit*) vgl. *Lenel*, EP³ (1927) 160.

1074 *Demelius*, Confessio (1880) 310.

1075 *Medicus*, Interrogatio, in: Studi Volterra 1 (1971) 462.

1076 *Giménez-Candela*, Acción noxal (1981) 166: „... la *interrogatio* es absolutamente necesaria para fijar la legitimación pasiva del demandado en la *actio noxalis* ...“ So auch *Selb*, Rez. Giménez-Candela, SZ 100 (1983) 682. Zur Bedeutung der *interrogatio* bei Noxalklagen siehe auch *Wacke*, Sklavenbesitzer, in: FS Seidl (1975) 204.

1077 *Spengler*, Interrogatio (1994) 91.

1078 Sind beide anwesend, kann der Prozess auch ganz einfach weiterlaufen, sofern der *dominus* sich auf das *iudicium noxale* einlässt. Dann wird in der Sache verhandelt und im Falle der Verurteilung eine Summe mittels *litis aestimatio* festgelegt. Ob diese nun bezahlt oder der Sklave letztendlich ausgeliefert wird, ist Sache des Beklagten.

1079 Vgl. dazu etwa *Spengler*, Interrogatio (1994) 95 mwN.

1080 *Lenel*, EP³ (1927) 160 ff bezieht die *interrogatio in iure* überhaupt nur auf diesen Fall.

so kann der Beklagte zwischen *actio ad exhibendum* und *absentem defendere* wählen. Tut er nichts weiter, so trifft ihn dieselbe Rechtsfolge wie in dem Fall, dass er den anwesenden Sklaven nicht ausliefert[1081]. Verneint der Beklagte die Frage nach der *potestas* aber, so ist wegen der Abwesenheit des Sklaven eine *ductio* nicht möglich. Der Kläger kann daher nun zwischen dem *iusiurandum* und der *actio sine noxae deditione* gegen den Beklagten wählen[1082]. Letztere dürfte „eine abgewandelte zivile Noxalklage ohne *noxae deditio* und unter Einbeziehung der Voraussetzung des falschen Leugnens oder dolosen Aufgabe der *potestas*"[1083] oder eine *actio in factum* sein, deren *factum* die wahrheitswidrige negative Antwort auf die *interrogatio* über die *potestas* ist[1084].

Die *actio sine noxae deditione* wird in D. 9, 4, 26, 5 als *poena* bezeichnet. Das liegt wohl daran, dass die *noxae deditio* allgemein als Begünstigung gesehen wurde, da der Wert des Sklaven die Haftungsobergrenze darstellte[1085].

Überlegte der Beklagte es sich anders und wollte er nun doch eine Verurteilung im Rahmen einer *actio sine noxae deditione* nicht riskieren, wird er bestrebt gewesen sein, seine Antwort zu korrigieren[1086]. Als weiteren Grund, die Antwort zu berichtigen, sieht *Spengler* neben dem Erhalt der Möglichkeit einer *noxae deditio* auch „eine gewisse Angst vor dem Wahlrecht des Klägers zwischen *actio sine noxae deditione* und Eidesleistung"[1087].

Labeo gestattet es nun, die Antwort bis zur *litis contestatio* zu überdenken. Für den Beklagten hatte das den bereits genannten Vorteil, sich durch *noxae deditio* befreien zu können und für den Kläger die Abnahme der Beweislast und damit ein geringeres Prozessrisiko, vermutlich auch eine raschere Erledigung der Sache. Sobald aber bei *litis contestatio* eine Prozessformel erlassen wurde, hatte der *iudex* über die *actio sine noxae deditione* zu verhandeln und eine Abänderung war nicht mehr möglich.

1081 Paul. 18 ad ed., D. 9, 4, 22, 3: *Dominus, qui servum in sua potestate esse confitetur, aut exhibere eum debet aut absentem defendere: quod nisi faciat, punitur atque si praesentem non noxae dederit.* Für eine Exegese dazu vgl. ebenfalls *Spengler*, Interrogatio (1994) 99 f.

1082 Vgl. Ulp. 23 ad ed., D. 9, 4, 21, 3. Dazu *Harke*, Eid (2013) 133 ff.

1083 *Selb*, Rez. Giménez-Candela, SZ 100 (1983) 689.

1084 *Giménez-Candela*, Acción noxal (1981) 405.

1085 Vgl. etwa den Ausschluss der *noxae deditio* beim auftragsgemäß gekauften Sklaven, wenn der Auftraggeber von der diebischen Eigenschaft wusste: D. 17, 1, 26, 7; bzw. aufgrund des Utilitätsgedankens unabhängig von dessen Kenntnis in D. 47, 2, 62, 5. Dazu oben Kapitel 1.15.

1086 Vgl. für die *interrogatio in iure an heres sit* auch den problematischen Text Ulp. 22 ad ed., D. 11, 1, 11, 12. Für Erläuterungen zum Text siehe *Spengler*, Interrogatio (1994) 70 f.

1087 *Spengler*, Interrogatio (1994) 127.

Wenn Octavenus von „*ex causa*" spricht, meint er vermutlich *ex causa cognita*[1088] und bezieht sich damit nicht auf „bestimmte Umstände", aus welchen der Widerruf möglich sein soll (so aber die neuere Digestenübersetzung[1089]), sondern auf den Kognitionsprozess. Da es dort eine solche Zweiteilung des Verfahrens *in iure* und *apud iudicem* nicht mehr gibt, musste der Jurist entscheiden, ob er hier eine Rücknahme der verneinenden Antwort überhaupt noch zuließ. Er entschied sich für die Möglichkeit, die Antwort zu korrigieren, und meint, dass dies insbesondere dann zulässig sein soll, wenn der Beklagte „in einem Alter ist, in dem man nachsichtig mit ihm sein muss", er also wohl *minor* (*vigintiquinque annis*) ist. Der *iudex* wird im Kognitionsprozess nach Abwägung aller Umstände des Einzelfalles entschieden haben, ob er im konkreten Fall einen Widerruf noch zuließ.

Es konnte somit gegen das Erstverhalten, welches in der unrichtigen Verneinung der Frage bestand, durch eine nachträgliche Bejahung verstoßen werden. Dadurch wird freilich eine Haftung insofern nicht ausgeschlossen, als zumindest die *noxae deditio* nun durchgeführt werden musste.

Direkt im Anschluss an diesen Text, der damit endet, dass das Alter des Betroffenen eine besondere Rolle bei der Entscheidung spielt, ob ihm die Rücknahme der wahrheitswidrigen Verneinung der Frage erlaubt ist, setzt nun der Verfasser der Brocardica *aurea* einen Text, nach welchem im Rahmen einer *interrogatio* über das Alter Auskunft gegeben werden muss:

2.19. D. 11, 1, 11 pr: Die *interrogatio de aetate*

D. 11, 1, 11 pr (Ulpianus libro vicensimo secundo ad edictum)
De aetate quoque interdum interrogatus respondere debebit.

D. 11, 1, 11 pr (Ulpian im 22. Buch zum Edikt)
Auch über das Alter muss man zuweilen bei der förmlichen Befragung Antwort geben.

Hier wird also eine *interrogatio in iure* zur Erfragung des Alters eingesetzt. Diese wird laut Ulp. 22 ad ed., D. 11, 1, 9, 1[1090] entweder vom Prätor oder vom Kläger durchgeführt: *Interrogatum non solum a praetore accipere debemus,*

1088 Ebenso *Spengler*, Interrogatio (1994) 127. Anders offenbar *Sanfilippo*, Interrogatio, in: Scritti Jovene (1954) 677, der eine doppelte *restitutio in integrum* annimmt; zu D. 9, 4, 26 5 merkt er ebd. an: „Dal testo si ricava l'uso di una duplica rest. in integrum, prima contro la responsio e i suoi effetti, la seconda contro la litis contestatio ..."

1089 *Behrends/Knütel/Kupisch/Seiler* (*Apathy*), CIC 2 (1995) 789 f.

1090 Zu diesem Text siehe auch *Spengler*, Interrogatio (1994) 39 f.

sed et ab adversario. Wie schon *Medicus* festgestellt hat, ist es daher immer der Beklagte, der befragt wird, nie der Kläger[1091].

Spengler rekonstruiert für eine Befragung des Gegners über die Erbenstellung folgendes Formular:

> „*In iure apud C. Iulium praetorem As. As. interrogavit Nm. Nm. essetne L. Titio heres ex parte dimida. Ns. Ns. respondit se ab L. Titio heredem esse. Actum …*"[1092].

Diese Frage ist der vermutete Ausgangspunkt für die Schaffung der *interrogatio in iure* insgesamt, da es für den Kläger regelmäßig schwer beweisbar war, ob die Erbschaft durch seinen Gegner tatsächlich angetreten worden war[1093].

Sinn der *interrogatio in iure* ist es, dass der Befragte an seinem Wort festgehalten werden soll[1094], daher soll der Gläubiger durch die förmliche Befragung seines Gegners über dessen Verteidigungsposition informiert werden[1095]. Das bedeutet, dass dieser im Prozess keine *exceptio* mehr erheben kann, welche seiner Antwort widersprechen würde. Beispielsweise kann er, wenn er *in iure* angibt, Erbe *ex testamento* zu sein, im Prozess nicht einwenden, er sei Erbe *ab intestato*, weswegen er zu einer anderen Quote hafte.

Es geht also weniger um die Feststellung der „Wahrheit" als um eine Festlegung des Befragten auf seine Antwort, an die er gebunden wird[1096]. Sie erspart dem Kläger bei Bejahung den Beweis des derart Zugesagten, es wird also

1091 *Medicus*, Interrogatio, in: Studi Volterra 1 (1971) 455.

1092 *Spengler*, Interrogatio (1994) 45.

1093 Vgl. Ulp. 22 ad ed., D. 11, 1, 2 u. Paul. 17 ad ed., D. 11, 1, 3: (2) *Edictum de interrogationibus ideo praetor proposuit, quia sciebat difficile esse ei, qui heredem bonorumve possessorem convenit, probare aliquem esse heredem bonorumve possessorem*, (3) *Quia plerumque difficilis probatio aditae hereditatis est.*

1094 Ulp. 22 ad ed., D. 11, 1, 4 pr: *Voluit praetor adstringere eum qui convenitur ex sua in iudicio responsione, ut vel confitendo vel mentiendo sese oneret, simul etiam portionis, pro qua quisque heres extitit, ex interrogatione certioretur.* Siehe auch soeben oben Kapitel 1.18.

1095 Vgl. *Spengler*, Interrogatio (1994) 48. Die von *Demelius* vertretene Deutung, dass der Kläger nur über den Defensionswillen des Beklagten informiert werden solle, weist *Medicus*, Interrogatio, in: Studi Volterra 1 (1971) 453 mit dem Hinweis zurück, dass die überlieferten *interrogationes* „nach Rechtsverhältnissen (*an heres sit*, *an servus eius sit* oder Ähnliches) oder Tatsachen (*aetas*)" fragen. Hätte nur der Defensionswille abgeklärt werden sollen, wäre seiner Meinung nach eine andere Form gewählt worden, für die erbrechtliche *interrogatio* bspw. „*an defunctum defendere velit et quota ex parte*". Vielmehr solle „der Kläger schon vor der *litis contestatio* über die vom Beklagten beabsichtigte Verteidigung verlässlich informiert" werden (ebd. 459).

1096 *Medicus*, Interrogatio, in: Studi Volterra 1 (1971) 466.

sozusagen außer Streit gestellt[1097]. *Kaser/Hackl* sehen den Zweck der *interrogatio* überhaupt in der Vorwegnahme einer Prüfung der Passivlegitimation, die bereits *in iure* festgestellt und vom *iudex* somit nicht mehr geprüft wird[1098].

Der an dieser Stelle interessierende Text dürfte nach den Ergebnissen von *Demelius* und *Spengler* auch im Zusammenhang mit der Erbenbefragung stehen[1099]. *Demelius* geht davon aus, dass *defendere defunctum, actiones pacti* nur dann vorliege, „wenn den Nachlassgläubigern ein definitiv *ex hereditate* Haftender gegenübertritt". Um die *in integrum restitutio* einerseits gegen die Erbschaftsantretung, andererseits gegen die *pro herede gestio* und außerdem gegen die *responsio se heredem esse* zu vermeiden, habe der Prozessgegner die *interrogatio de aetate*. Behauptet der *minor* volljährig zu sein, so „verscherze" er sich den Anspruch auf Restitution[1100].

Die Glosse ist für diesen Fall der Meinung, dass der *minor* dann keine *restitutio* verlangen könne, wenn er *dolos* gehandelt habe[1101]. Das würde aber bedeuten, dass er es zumindest dann sehr wohl kann, wenn ihm kein *dolus* vorzuwerfen ist.

Spengler bespricht den Text zur Befragung über das Alter ebenfalls im Zusammenhang mit der Frage, ob auch hier eine „Bindung" an die Antwort besteht. Er hält eine solche für „nicht recht denkbar"[1102], womit er im Ergebnis

1097 Ulp. 22 ad ed., D. 11, 1, 11, 9: *Qui interrogatus responderit, sic tenetur quasi ex contractu obligatus pro quo pulsabitur, dum ab adversario interrogatur: sed et si a praetore fuerit interrogatus, nihil facit praetoris auctoritas, sed ipsius responsum sive mendacium.* Vgl. zu diesem Text und dem Rechtscharakter der Bindung an die Antwort: *Spengler*, Interrogatio (1994) 66 f.

1098 *Kaser/Hackl*, ZP² (1996) 252 f.

1099 *Spengler*, Interrogatio (1994) 54 folgt *Demelius*. AA sind *Sanfilippo*, Interrogatio, in: Scritti Jovene (1954) 648 Fn 40 u. 658 sowie im Anschluss an diesen auch *Medicus*, Interrogatio, in: Studi Volterra 1 (1971) 452 f mit Fn 54; beide allerdings, ohne auf die Bindungswirkung der Antwort auf die Frage nach dem Alter näher einzugehen. *Medicus* ist zwar auch der Ansicht, dass Ulpian im 22. Buch *ad edictum* die erbrechtliche *interrogatio* bespricht, meint aber, er habe hier seine Kommentierung zu diesem anderen Thema „untergebracht", da dieses im Edikt nicht behandelt sei. Jedenfalls sei der Schluss unzulässig, dass die Frage nach dem Alter nur bei der erbrechtlichen *interrogatio* gestellt werden durfte. *Kaser/Hackl*, ZP² (1996) 256 Fn 36 haben diese letztgenannte Ansicht übernommen. Vgl. auch *Lautner*, Interrogatio, in: FS Hanausek (1925) 88. *Berger*, Interrogatio, RE IX.2 (1916) 1726 folgt zwar grundsätzlich der Ansicht *Demelius*', verweist aber doch auf *Savigny*, der die Frage nach dem Alter auf alle Prozesse bezog, und stellt die Frage, ob „eine solche i. nicht bei allen Prozessen mit jungen Leuten, deren Alter unsicher erscheint, opportun" wäre. Siehe auch *Savigny*, System 7 (1848) 22.

1100 *Demelius*, Confessio (1880) 303.

1101 Gl. *Respondere* (D. 11, 1, 11 pr).

1102 *Spengler*, Interrogatio in iure (1994) 55.

derselben Ansicht ist, wie offenbar Pillius/Azo in den Brocardica *aurea*, die diesen Text schließlich als Gegenbeispiel zur allgemeinen Bindungswirkung des eigenen Vorverhaltens bringt.

Eine Parallele sieht *Spengler* hinsichtlich der Frage nach der Schwangerschaft in D. 25, 4, 1, 2; dort wird Bezug auf ein vom *praetor urbanus* Valerius Priscianus veranlasstes Reskript der *divi fratres* genommen. Eine Frau[1103] scheidet sich und behauptet, nicht schwanger zu sein. Damit sie ihrem Mann ein von ihm gezeugtes Kind nicht entziehen kann, wird sie daraufhin vor den Prätor geladen und es erfolgt eine *interrogatio an se putet praegnatem*. Bleibt sie bei ihrem Nein, veranlasst der Prätor gemäß dem Reskript eine Überprüfung dieser Aussage[1104]. Eine solche Überprüfung einer Antwort auf die *interrogatio in iure* ist eine beispiellose Ausnahme[1105].

Das Verfahren ist hier ein spezielles[1106], aber es kann als Gemeinsamkeit festgestellt werden, dass in beiden Fällen nach Tatsachen (Alter, Schwangerschaft) gefragt wird, während es in allen übrigen Fällen um Rechtsverhältnisse geht (zB *an heres sit* oder *an servus eius sit*)[1107]. Für die Frage nach der Schwangerschaft stellt denn auch *Kaser*[1108] und im Anschluss an ihn *Medicus*[1109] sowie *Spengler*[1110] fest, dass eine Bindung der Frau an ihre Antwort undenkbar sei.

Was die Stelle D. 11, 1, 11 pr zumindest nicht ausdrücklich klärt, ist der Umstand, ob der *minor* sich ohne Mitwirkung eines Tutors überhaupt wirksam verpflichten und ob dieser daher sein Recht auf *in integrum restitutio* für ihn noch geltend machen kann.

Der Fall der verneinenden Antwort auf die *interrogatio an se putet praegnatem* ist ein Sonderfall, dessen vergleichende Heranziehung mit dem Argument, dass es nur dort auch um eine Tatsache geht, insofern nicht ganz glücklich erscheint, als auch bei der *interrogatio an servus in potestate eius sit* nach einer Tatsache gefragt wird, nämlich ob der Beklagte den Sklaven tatsächlich in seiner Gewalt hat (nach dem Rechtsverhältnis wird mit der *interrogatio*

1103 Konkret handelt es sich um Domitia, die sich von Rutilius Severus scheidet. Vgl. *Spengler*, Interrogatio in iure (1994) 154 f.

1104 Die Frau muss in eine *domus honestissimae feminae* kommen und wird dort von *tres obstetrices probatae* untersucht. Diese Überprüfung ist überflüssig, sofern sie die Schwangerschaft zugibt. Vgl. zu diesem Text auch *Hackl*, Vaterschaftsfeststellung, SZ 90 (1973) 126 Fn 71 sowie *Memmer*, Obstetrix, in: FS Hausmaninger (2006) 209.

1105 *Medicus*, Interrogatio, in: Studi Volterra 1 (1971) 466.

1106 *Spengler*, Interrogatio (1994) 154: „Dieser Fall liegt in jeder Beziehung *extra ordinem*."

1107 *Medicus*, Interrogatio, in: Studi Volterra 1 (1971) 453.

1108 *Kaser/Hackl*, ZP² (1996) 256 Fn 33.

1109 *Medicus*, Interrogatio, in: Studi Volterra 1 (1971) 466.

1110 *Spengler*, Interrogatio (1994) 55.

an servus eius sit gefragt)[1111] und dort auch im Falle der Wahrheitswidrigkeit eine gewisse Bindung eintritt, da diesfalls eine *actio sine noxae deditione* gewährt wird. Wird die Schwangerschaft tatsächlich festgestellt, so kann die Frau das Kind jedenfalls nicht entziehen, doch dort ist die „Auslieferung“ des Kindes von der Befragten gerade nicht erwünscht, sodass eine solche wohl als schlimmere Strafe erschiene, als eine Geldbuße.

Dass die *interrogatio de aetate* keine Bindungswirkung entfaltet, ist nicht ausdrücklich belegt, vor dem Hintergrund des Minderjährigenschutzes jedoch wohl zu vermuten. Da im rechtsgeschäftlichen Bereich dem Gläubiger das Risiko aufgebürdet wird, sich über das Alter seines Vertragspartners ausreichend zu informieren, wird das auch hier der Fall sein. Die Befragung des *minor* allein ist dazu nicht ausreichend. Das Restitutionsrecht wird ihm somit erhalten bleiben bzw. wird er jedenfalls seine Antwort während des Prozesses in der Weise korrigieren können, wie Octaven es in D. 9, 4, 26, 5 bei Paulus ausspricht. Somit ist ihm aufgrund seines Alters widersprüchliches Verhalten ohne Sanktion möglich: So lautet jedenfalls die mittelalterliche Interpretation.

Die Belegstellen wenden sich nun einem neuen Thema zu:

2.20. D. 17, 1, 60, 4: Umfang der Verwalterbefugnisse

D. 17, 1, 60 (Scaevola libro primo responsorum)
Creditor mandatorem convenit...
§ 4 Lucius Titius fratris filio commisit rerum suarum administrationem ita: Σεΐῳ τέκνῳ χαίρειν. ἐγὼ μὲν κατὰ φύσιν εἶναι νομίζω τὸ ὑπὲρ πατρὸς καὶ τῶν τοῦ πατρὸς υἱῶν πραγματεύσεθαι δίχα τοῦ τινὰ ἐπιτροπικὸν αἰτεῖν. εἰ δὲ δεῖ καὶ τοιούτου τινός, ἐπιτρέπω σοι περὶ πάντων τῶν ἐμῶν ὡς θέλεις πραγματεύεσθαι, εἴτε πωλεῖν θέλεις εἴτε ὑποτίθεσθαι εἴτε ἀγοράζειν εἴτε ὁτιοῦν πράττειν, ὡς κυρίῳ ὄντι τῶν ἐμῶν· ἐμοῦ πάντα κύρια τὰ ὑπὸ σοῦ γινόμενα ἡγουμένου καὶ μηδὲν ἀντιλέγοντός σοι προς μηδεμίαν πρᾶξιν. *quaesitum est, si quid non administrandi animo, sed fraudulenter alienasset vel mandasset, an valeret. respondi eum, de quo quaereretur, plene quidem, sed quatenus res ex fide agenda esset, mandasse. item quaero, an, cum Seius magistratu functus debitor exstitisset, Lucius Titius eo nomine conveniri possit vel res eius obligatae essent propter verba epistulae supra scripta. respondi neque conveniri posse neque res obligatas esse.*

D. 17, 1, 60, 4 (Scaevola im 1. Buch seiner Responsen)
Lucius Titius hat dem Sohn seines Bruders die Verwaltung seiner Vermögensangelegenheiten derartig übertragen: „Der Sohn Seius sei gegrüßt. Ich denke zwar, dass es natürlich ist, dass jemand die Geschäfte für den Vater und die Söhne seines Vaters übernimmt, ohne dass nach einer Vollmacht gefragt wird. Wenn aber doch eine solche notwendig ist, gebe ich dir auf, über alles, was mir gehört, wie du willst zu verfügen, sei es, dass du verkaufen oder verpfänden oder kaufen

1111 Vgl. *Lenel*, EP³ (1927) 160 sowie oben Fn 1073.

> oder irgendetwas anderes tun möchtest, als Eigentümer dessen, was meines ist: Ich werde alles als wirksam anerkennen, was von dir abgeschlossen wird, und dem nicht widersprechen, was von dir getan wird". Es ist gefragt worden, ob es wirksam sei, wenn er etwas nicht in Geschäftsführungsabsicht, sondern betrügerisch veräußert oder in Auftrag gibt. Ich habe geantwortet, dass der, wegen dem angefragt wurde, zwar umfassend beauftragt hat, aber nur soweit die Angelegenheiten redlich geführt werden sollen. Ich frage ebenso, ob, wenn Seius während seiner Funktion als Beamter Schulden eingegangen ist, Lucius Titius aus diesem Titel geklagt werden kann, oder ob seine Sachen haften für die Worte des oben beschriebenen Briefes. Ich habe geantwortet, dass er weder geklagt werden kann, noch seine Sachen haften.

Scaevola berichtet von einem Responsum, welches er selbst erteilt hat. Es wird die Erklärung des Lucius Titius ausgelegt, welcher seinem Neffen Seius die Generalermächtigung zur Verwaltung seines Vermögens erteilt hatte. Nachdem die griechische *epistula* im Wortlaut wiedergegeben wurde (es scheint nur der Blankettname eingefügt worden zu sein[1112]), wird gefragt, ob die Ermächtigung, wie ein Eigentümer zu verfahren, mit der Zusage, alles zu genehmigen und nirgends zu widersprechen, auch betrügerische Geschäfte des Seius umfasst. Das nimmt Scaevola nicht an und gewährt daher keine Klage gegen Lucius Titius bzw. spricht er sich gegen die Wirksamkeit der Einräumung dinglicher Rechte an den Sachen des Geschäftsherrn (insbesondere wohl eines Pfandrechts) aus. Damit wird den betrügerischen Handlungen des Vertreters hinsichtlich des „Vertretenen" jede Rechtswirksamkeit abgesprochen.

Einerseits wird Seius zum *procurator omnium bonorum* ernannt[1113] und zur umfassenden Verwaltung des Vermögens des Lucius Titius berufen. Andererseits erhält er aber auch ausdrücklich ein Einzelmandat zum Abschluss von Kaufverträgen (Käufe wie Verkäufe sind davon umfasst) und zur Verpfändung[1114]. Diese Geschäfte mussten ausdrücklich erwähnt werden, da sie von einem Generalmandat ansonsten nicht umfasst gewesen wären[1115].

Der Mandatar kann sich im Rahmen dessen bewegen, *quod mandatum esset*[1116]. Der Abschluss von Geschäften in betrügerischer Absicht wäre von der Erklärung im Wortlaut zwar umfasst, ein dahingehender Wille des

---

1112 Vgl. *Talamanca*, Clienti, BIDR 42–43 (2000–2001) 547.

1113 Dass dieser Text auf den *procurator omnium bonorum* bezogen ist, meint auch *Kaser*, Stellvertretung und „notwendige Entgeltlichkeit", SZ 91 (1974) 199 mwN. Vgl. außerdem *Erdmann*, Procurator omnium bonorum, SZ 64 (1944) 372 f mit Fn 10.

1114 *Briguglio*, Procurator 1 (2007) 349 Fn 383. Zu den beiden „Grundtypen", *procurator omnium rerum* und Mandatsprokurator, siehe *Schäfer*, Spitzenmanagement (1998) 27 ff.

1115 Vgl. *Wieling*, Drittwirkung, in: Mandatum (1993) 239.

1116 *Randazzo*, Mandare (2005) 184.

Geschäftsherrn kann jedoch nicht unterstellt werden; darüber hinaus widerspräche eine solche Vorgehensweise dem Grundprinzip der *bona fides*[1117], welches das Mandatsrecht generell beherrscht[1118]. Außerdem kann Seius solche Schulden, die er aufgrund eines von ihm ausgeübten Gemeindeamtes eingegangen ist, ebenso wenig auf Lucius Titius überwälzen, wie er dessen Sachen wirksam für solche Zwecke verpfänden könnte.

Der *procurator omnium bonorum* als Vermögensverwalter aufgrund eines Generalauftrages dürfte laut *Kübler* eine aus dem griechischen Recht stammende Rechtsfigur sein[1119]. Mit der in D. 17, 1, 60, 4 überlieferten *epistula* scheint eine direkte Stellvertretung angestrebt gewesen zu sein (Seius soll als Eigentümer über das Vermögen verfügen: ὡς κυρίῳ ὄντι τῶν ἐμῶν[1120]), die jedoch nach römischem Recht nicht möglich gewesen sei, und so habe Scaevola die Vereinbarungen dem römischen Recht gemäß ausgelegt und insbesondere den das Mandatsrecht prägenden Maßstab der *bona fides* herangezogen[1121]. *Kübler* vermutete außerdem, dass Lucius Titius mit diesem Vorbringen vor einem griechischen Richter kein Glück gehabt hätte und er die Entscheidung seinem römischen Bürgerrecht und dem Umstand verdanke, dass Scaevola

---

1117 „*Fraus*" ist bei Cicero das Gegenstück zur *bona fides*, doch handelt es sich nicht schon deswegen nur um einen Begriff der Rhetorik; er wird auch von den Juristen häufig im Zusammenhang mit den *bonae fidei iudicia* als Bezeichnung einer Verletzung der *fides* herangezogen. Vgl. dazu *Krüger/Kaser*, Fraus, SZ 63 (1943) 171. Für die Annahme, dass die Geschäftsgepflogenheiten des Geschäftsherrn maßgeblich sind, vgl. *Schäfer*, Spitzenmanagement (1998) 63.

1118 Vgl. auch *Behrends*, Prokuratur, SZ 88 (1971) 276 f.

1119 *Kübler* zieht zur Erklärung unserer Stelle denn auch das griechische Recht und Papyri heran. Im Anschluss an *Mitteis* weist er darauf hin, dass ἐντολή der gewöhnliche Ausdruck für Bevollmächtigung sei und dem römischen Mandat entspräche. Allerdings käme in den Texten der Papyri wiederholt die Wendung ἐντέλλομαι καὶ ἐπιτρέπω vor, was auf eine Unterscheidung zwischen Außen- und Innenverhältnis hindeute. Während *Wenger* ἐντέλλομαι auf die Vollmacht und ἐπιτρέπω auf den Auftrag bezieht, vertritt *Kübler* eine umgekehrte Zuordnung, da der Auftrag der Bevollmächtigung in der Regel vorangehe. Des Weiteren zeige sich auch in unserer Stelle, dass eine solche Übersetzung sinnvoller sei: Während der Mandatar die Umgrenzung des Auftrages verlangt, verlangt die Umgrenzung der Vollmacht der Außenstehende, der mit τινὰ bezeichnet werde. Es sei daher ἐντέλλομαι auf den Auftrag und somit das Innenverhältnis und ἐπιτρέπω auf die Vollmacht und somit das Außenverhältnis zu beziehen. Siehe *Kübler*, Griechische Tatbestände, SZ 29 (1908) 218; *Mitteis*, RP I (1908) 230 Fn 89; *Wenger*, Stellvertretung (1906) 105. Für eine Übersetzung von ἐπιτροπικόν mit *procuratio*: *Solazzi*, Procurator bonorum, in: Scritti II (1957) 585 Fn 19.

1120 *Kübler*, Griechische Tatbestände, SZ 29 (1908) 221 f.

1121 Siehe idS auch *Sachers*, Haftung des Mandatars, SZ 59 (1939) 484 f.

dieses *responsum* erteilt hat. Damit sei die direkte Stellvertretung gewissermaßen in eine indirekte umgewandelt worden[1122].

Wieling stellte demgegenüber fest, dass „die Römer bei der Veräußerung mit *iussum* sehr wohl eine direkte Stellvertretung kannten“[1123]. Er formulierte außerdem als Grundsatz: „Das *iussum* gibt die Rechtsmacht nach außen, das Mandat begründet im Innenverhältnis die Pflicht, diese Rechtsmacht auftragsgemäß einzusetzen“[1124].

Der Grund dafür, dass der Mandatar überhaupt wirksam veräußern konnte, war damit nicht eine Drittwirkung des Mandats, welches als obligatorischer Vertrag grundsätzlich nur ein *vinculum iuris* zwischen den Vertragsparteien darstellen kann, sondern vielmehr ein im Mandat konkludent enthaltenes *iussum* als Verfügungsermächtigung. Bei Gewaltunterworfenen musste dieses *iussum* ausdrücklich erklärt werden, da ein Mandat nicht denkbar wäre. Wie weit das *iussum* reichte und welche Veräußerungen daher wirksam sein konnten, musste aus dem (ausdrücklichen oder konkludenten) Parteiwillen erschlossen werden[1125].

Wenn Seius in unserem Fall nun nicht eine Verwaltungsmaßnahme im Rahmen der Generalermächtigung getätigt, sondern im Hinblick auf seinen Spezialauftrag ein Geschäft vorgenommen hat, sind zwei Dinge getrennt zu beurteilen: Eine etwaige Klage aus Vertrag und die dinglichen Wirkungen der Verfügungen.

Da bei betrügerischer Absicht des Prokurators kein *iussum* für diesen Fall anzunehmen ist – dieses war für einen derartigen Fall sicher nicht beabsichtigt –, können keine dinglichen Rechte vom Auftraggeber auf den Geschäftspartner des Auftragnehmers übergehen.

Soll aus dem Vertrag mit dem *procurator* gegen den Geschäftsherrn vorgegangen werden, wäre wohl an eine *actio ad exemplum institoriae actionis* zu denken, sofern der Vertragspartner des Prokurators gerade wegen des Mandats zwischen diesem und dem Geschäftsherrn den Vertrag abgeschlossen hat. Die *epistula* hätte der *procurator* schließlich vorweisen können[1126]. Da aber hier von einer Überschreitung des Mandats auszugehen ist, wird das

---

1122 *Kübler*, Griechische Tatbestände, SZ 29 (1908) 222. Zur geographischen Zuordnung über die in den einzelnen Provinzen üblichen Klauseln siehe *Solazzi*, Procurator bonorum, Scritti 2 (1957) 586.

1123 *Wieling*, Drittwirkung, in: Mandatum (1993) 245.

1124 *Wieling*, Drittwirkung, in: Mandatum (1993) 237.

1125 *Wieling*, Drittwirkung, in: Mandatum (1993) 238.

1126 Die Mandatsurkunde ist als Bekanntgabe der Vertreterbefugnis ausreichend. Vgl. *Benke*, Ad exemplum institoriae, SZ 105 (1988) 619 unter Berufung etwa auf D. 3, 5, 30 pr. Da die Verwaltungstätigkeit des Prokurators prinzipiell keine Verpflichtungsgeschäfte gegenüber Dritten vorsieht, wird auch dafür das spezielle Mandat zu Kauf/Verkauf/Verpfändung ausschlaggebend sein. Bei Papinian findet

Vertrauen des mit dem Prokurator Kontrahierenden nicht geschützt – hier wird den Interessen des Geschäftsherrn der Vorrang eingeräumt. Der, der mit dem Prokurator einen Vertrag abgeschlossen hat, wird sich somit an diesen halten müssen.

Als Parallelstelle wird regelmäßig C. 2, 12, 10 genannt:

> *C. 2, 12, 10 (Imp Antoninus A. Castriciae)*
> *Si procurator ad unam speciem constitutus officium mandati egressus est, id quod gessit nullum domino praeiudicium facere potuit. quod si plenam potestatem agendi habuit, rem iudicatam rescindi non oportet, cum, si quid fraude vel dolo egit, convenire eum more iudiciorum non prohiberis. PP. III k. Mart. Albino et Maximo conss. [a. 227]*

> C. 2, 12, 10 (Kaiser Antoninus an Castricia)
> Wenn der für eine konkrete Angelegenheit eingesetzten Prokurator die Ermächtigung seines Mandats überschritten hat, kann das, was vorgenommen wurde, für den Geschäftsherrn keinen Nachteil herbeiführen. Wenn er die volle Befugnis der Geschäftsführung gehabt hat, darf die entschiedene Sache nicht wieder aufgehoben werden, weil, wenn er etwas betrügerisch oder arglistig getan hat, wirst du nicht davon abgehalten, ihn im gewohnten Prozess zu klagen. Promulgiert am 27. Februar 227 unter dem Konsulat des Albinus und des Maximus.

In diesem Reskript wird ausgesprochen, dass ein mittels Einzelmandat beauftragter Prozessvertreter das Klagerecht seines Geschäftsherrn nicht konsumiert, wenn der Auftrag durch die Klagserhebung überschritten wird. Umgekehrt muss der Geschäftsherr die Prozessführung eines mit *plenam potestatem* Beauftragten aber auch dann gegen sich gelten lassen, wenn sein Vertreter *fraude vel dolo* handelt, und kann sich nur intern regressieren.

Es dürfte sich dabei aber um eine Sonderregelung für die Prozessvertretung handeln, welche insofern anders zu beurteilen ist, als es nicht bloß um einen Vertragsabschluss geht, sondern ein gerichtliches Verfahren durch den beauftragten Vertreter geführt wird und dieses Verfahren durch Urteil endet. Es ist somit nicht das Vertrauen in einen Vertrag, sondern das Vertrauen in ein Urteil, welches beim Prozessgegner besteht und geschützt werden soll. Dieses scheint nach Ansicht der Juristen nun die Interessen des Geschäftsherrn zu überwiegen. Abgesehen von einer generellen Sonderstellung des Prozessvertreters könnte auch diskutiert werden, ob eine Parallele nicht vielmehr zu dem mittels Einzelmandat Beauftragten zu ziehen ist – schließlich findet die *fraudulenter* vorgenommene Veräußerung bzw. Beauftragung auch nicht im Rahmen des Generalmandats, sondern im Bereich der speziellen Ermächtigung zu Verkauf, Kauf oder Verpfändung statt.

---

sich die *actio ad exemplum institoriae actionis* insbes. beim Prokurator, dem die *praepositio* erteilt wurde, Darlehen aufzunehmen. Siehe *Benke* ebd. 609.

Die Stelle steht insofern im Zusammenhang mit selbstwidersprüchlichem Verhalten, als dem Geschäftsherrn in diesen Fällen erlaubt ist, von seiner Erklärung, alle Geschäfte des Beauftragten gegen sich gelten zu lassen, abzugehen[1127]. Auch hier wird das Ergebnis mittels Interpretation der Erklärung erreicht, was aber dazu führt, dass streng genommen kein Selbstwiderspruch vorliegt: Wie auch etwa im Fall der unbegrenzten Unterwerfung unter die Festsetzung des Umfanges von *operae* durch den Freilasser[1128] wird auch die unbegrenzte Unterwerfung unter die Geschäftsführung eines Verwalters nicht als tatsächlich unbeschränkt interpretiert, sondern nur als unbeschränkt innerhalb des Rahmens der *bona fides*.

Will der Geschäftsherr nun ein außerhalb dieser Grenze abgeschlossenes Rechtsgeschäft nicht gegen sich gelten lassen, so verstößt er zwar gegen den zuvor ausgesprochenen Wortlaut, nicht aber gegen seine ursprüngliche Willenserklärung, welche eine solche Verhaltensweise nicht mit umfasst hat.

2.21. D. 12, 4, 5 pr: *Condictio ex paenitentia*

D. 12, 4, 5 pr (Ulpianus libro secundo disputationum)
Si pecuniam ideo acceperis, ut Capuam eas, deinde parato tibi ad proficiscendum condicio temporis vel valetudinis impedimento fuerit, quo minus proficiscereris, an condici possit, videndum: et cum per te non steterit, potest dici repetitionem cessare: sed cum liceat paenitere ei qui dedit, procul dubio repetetur id quod datum est, nisi forte tua intersit non accepisse te ob hanc causam pecuniam. nam si ita se res habeat, ut, licet nondum profectus sis, ita tamen rem composueris, ut necesse habeas proficisci, vel sumptus, qui necessarii fuerunt ad profectionem, iam fecisti, ut manifestum sit te plus forte quam accepisti erogasse, condictio cessabit: sed si minus erogatum sit, condictio locum habebit, ita tamen, ut indemnitas tibi praestetur eius quod expendisti.

D. 12, 4, 5 pr (Ulpian im zweiten Buch der Disputationen)
Wenn du Geld dafür empfangen hast, dass du nach Capua gehst, dann aber, als du zur Abreise bereit warst, die Lage hinsichtlich des Wetters oder der Gesundheit ein Hindernis war, sodass du nicht abgereist bist, ist zu prüfen, ob man kondizieren kann: Und wenn es nicht an dir gelegen ist, kann man sagen, dass die Rückforderung entfällt: Aber weil es dem zu bereuen erlaubt ist, der etwas gegeben hat, wird ohne Zweifel das zurückgefordert werden, was gegeben worden ist, wenn es nicht eher dein Interesse ist, dass du das Geld nicht aufgrund dieses Rechtsgrundes empfangen hast. Denn wenn die Sache sich so darstellt, dass, obwohl du nicht abgereist bist, du die Sache aber so eingerichtet hast, dass es notwendig wäre abzureisen, oder du bereits Aufwendungen gemacht hast, die notwendig waren, um abzureisen, sodass offensichtlich ist, dass du vielleicht

1127 Zur Rolle des Textes in den Basiliken-Scholien (insbes. Stephanus) vgl. *de Jong*, Ἀνὴρ ἀγαθός, SZ 130 (2013) 353 ff.
1128 Siehe dazu oben S. 266 ff.

mehr ausgegeben als erhalten hast, wird die Rückforderung entfallen: Aber wenn weniger ausgegeben worden ist, wird die Kondiktion statthaft sein, doch derartig, dass du schadlos gehalten wirst für das, was du ausgegeben hast.

Im vorliegenden Fall wird die Vereinbarung getroffen, dass jemand gegen Bezahlung einer bestimmten Summe nach Capua reisen soll. Das Geld wird vorab ausgezahlt, die Reise kann jedoch aus jahreszeitlichen oder gesundheitlichen Gründen nicht angetreten werden. Es wird nach der Kondizierbarkeit des Geldes gefragt.

Es ist nicht ganz klar, wofür das Geld gegeben wurde: Bloß als Auslagenvorschuss oder als Honorar oder beides[1129].

Wäre es ein reiner Auslagenersatz, spräche nichts gegen ein unentgeltliches Mandat und es gäbe außerdem in diesem Fall kein Synallagma, welches die Vereinbarung zu einem Innominatkontrakt machen könnte, weswegen die *condictio* (*causa data causa non secuta*) zur Rückforderung des Hingegebenen überhaupt nicht infrage käme.

Wäre das Geld wiederum bloßes Honorar, wäre eine *locatio conductio* wahrscheinlich und es würde daher keine *condictio*, sondern gegebenenfalls eine Klage aus diesem Vertragsverhältnis gewährt werden. Es ist nicht ausgeschlossen, dass Schwierigkeiten bei der Zuordnung zu *locatio conductio operis* (Erfolg) oder *operarum* (Bemühen) ausschlaggebend dafür waren, dem Kläger das Risiko der falschen Einordnung durch den *iudex* ersparen zu wollen[1130]. Es spricht jedoch einiges dafür, dass eine Summe mit der Abrede übergeben wurde, dass der Empfänger aus diesen Mitteln unterschiedliche Kosten bestreiten soll: Einerseits für die Reise, andererseits möglicherweise auch für irgendetwas anderes, das er am Zielort für den Geldgeber erledigen sollte. Im Falle guten Wirtschaftens ist auch nicht auszuschließen, dass der Empfänger den Rest gewissermaßen als Entlohnung behalten hätte können[1131]. Es dürfte sich um eine Vereinbarung handeln, die Elemente mehrerer Vertragstypen aufweist.

Nachdem offenbar ein Synallagma besteht (*do ut facias*), kommt hier ein Innominatkontrakt in Betracht. Nach der Vorleistung hätte sodann die Möglichkeit bestanden haben können, die Gegenleistung mittels *actio praescriptis verbis* einzuklagen. Im Falle des Ausbleibens der Gegenleistung bleibt jedoch auch die Wahl, auf das Einklagen derselben zu verzichten und stattdessen die eigene Leistung zurückzufordern: Dafür zuständig wäre sodann die *condictio*

1129 *Haymann*, Textkritik, SZ 40 (1919) 166.

1130 Zur Beseitigung des Subsumtionsrisikos bei Zweifelhaftigkeit zwischen mehreren *bonae fidei iudicia* vgl. *Honsell/Mayer-Maly/Selb*, RR^4 (1987) 341 f.

1131 Damit wäre eine Vereinbarung gegeben, welche Gemeinsamkeiten mit dem Trödelvertrag aufweist, bei welchem der erfolgreiche Verkäufer nur einen zuvor fixierten Betrag an den Übergeber herausgeben muss, im Falle eines höheren Verkaufserlöses den Überschuss aber behalten kann.

causa data causa non secuta[1132]. In einigen wenigen Sonderfällen wird eine solche *condictio* auch „*condictio ex paenitentiam*" genannt[1133].

Das „Reurecht" ist eine in speziellen Sonderfällen zustehende Befugnis, von einem Vertrag einseitig und willkürlich zurückzutreten[1134]. Wie kommt es nun dazu, dass ein solches Recht in diesem Fall zustehen könnte? Diese Frage muss aus dem Inhalt der Vereinbarung beantwortet werden.

Zunächst scheint der typische Fall einer *condictio causa data causa non secuta* vorzuliegen: Geld wurde in das Eigentum des Empfängers übertragen (*datio*), daher kann es nicht mehr mittels *rei vindicatio* gefordert werden. Die Summe wurde im Hinblick auf eine Leistung tradiert, die nicht erfolgt, daher ist es rechtsgrundlos, wenn der Empfänger diese Summe dem Übergeber nicht zurückgewährt. Die *causa* reicht somit aus, um das Eigentum übergehen zu lassen, nicht aber, um das Geld behalten zu dürfen[1135].

Jansen erklärt diese Situation damit, dass jemand, der selbst nicht erfüllt, eben damit rechnen muss, das Empfangene zurückgewähren zu müssen[1136].

Zimmermann sieht diese Konstruktion darin begründet, dass die Person, die bereits geleistet und keine Gegenleistung erhalten hat, selbst nicht mittels *actio praescriptis verbis* geklagt werden kann und daher nicht an den Innominatkontrakt gebunden sei[1137]. Sie könne daher ein Reurecht ausüben und die Vorleistung zurückfordern.

Hingegen argumentiert *Liebs* mit Blick auf den Leistungsempfänger, dass dieser das Recht habe, seine Meinung zu ändern und selbst nicht zu leisten, sondern stattdessen zurückzugeben, was er bereits erlangt hat[1138]. Die logische

---

1132 Vgl. für die Wurzeln dieses (noch im geltenden Bereicherungsrecht eine zentrale Rolle spielenden) Rechtsinstituts im Familienrecht: *Behrends*, Causa data, in: FS Wacke (2001) 15 ff; zum deliktischen Ursprung der *condictio* überhaupt siehe *Hähnchen*, Causa condictionis (2003) 38 f. Zum Kondiktionenkonzept bei Ulpian vgl. *Saccoccio*, Certum (2002) 515 ff. Kritisch dazu *Sturm*, Rez. Saccoccio, SZ 124 (2007) 528.

1133 Diese Bezeichnung zog den Verdacht auf sich, unrömisch zu sein: *Kaser*, PR II^2 (1975) 423 Fn 16.

1134 *Felgenträger*, Lösungsrecht (1933) 27 mwN in Fn 1. Vgl. auch etwa *Kaser*, PR II^2 (1975) 448 Fn 72.

1135 Zum Prinzip der Gewährung einer *condictio* aufgrund des allgemeinen Prinzips der *aequitas*, wenn „ein Behaltensgrund des Beklagten (*causa retinendi*) fehlt", siehe *Hähnchen*, Causa condictionis (2003) 15 mit vielen weiteren Nachweisen in Fn 10.

1136 *Jansen*, Vermögensverschiebungen, SZ 120 (2003) 112.

1137 *Zimmermann*, LO^2 (1996) 844, Fn 68.

1138 Ähnlich auch *Ernst*, Datio ob rem, in: Usus antiquus (2005) 29 ff, nach welchem in der *datio ob rem* das Verkehrsrecht derart zum Ausdruck gebracht werde, dass hier ein Rechtsgeschäft, welches „nicht in einem simultanen Sich-wechselseitig-Verpflichten" besteht, vollzogen wird (Austauschvereinbarung).

Konsequenz sei, dass auch der Vorleistende nicht gebunden sei und daher bis zum Erhalt der Gegenleistung die Möglichkeit habe, die *condictio* anzustellen. Hier komme ein Rücktrittsrecht (*ius paenitentiae*) zum Ausdruck[1139]. Ob jedoch tatsächlich jede Form von Rücktrittsrecht als *paenitentia* bezeichnet werden kann und eine *condictio* in dieser Konstellation immer eine „*condictio ex paenitentia*“ ist, erscheint fraglich.

Die *condictio ex paenitentia* ist nach *Knütel* stark an auftragsrechtlichen Regeln orientiert, welche zu diesem Zwecke allerdings modifiziert worden seien[1140]. Sie werde deshalb „mandatsrechtlich interpretiert“, da das Geschäft einem Mandat nahekomme, welches aber deshalb nicht zustandegekommen sei, weil der Empfänger nicht gebunden sein solle oder in manchen Fällen auch nicht konnte (wie bei einem *mandatum sua gratia*). Das Reurecht sei dem Widerrufsrecht des Auftraggebers vergleichbar und die Rückgewährungspflicht nach den Regeln des Aufwandersatzes modifiziert[1141]. Es handle sich somit entgegen aller Interpolationsvermutungen durchaus um eine klassische Rechtseinrichtung.

Der Hauptanwendungsfall der *condictio ex paenitentia* ist die Hingabe einer Summe zu dem Zweck, dass ein Sklave gekauft und dann freigelassen wird[1142]; bzw. dass ein Sklave unter der Vereinbarung, dass dieser freizulassen ist, übereignet wird[1143]. Daher ist vermutet worden, dass das Reurecht der klassischen Zeit überhaupt nur bei der Freilassungsfiducia in Form der *actio fiduciae*[1144]

Als Beispiel nennt er ebd. 33 f den Innominatkontrakt. Zum *negotium* als Voraussetzung der *condictio* siehe *Hähnchen*, Causa condictionis (2003) 27 ff.

1139 *Liebs*, Condictio, in: Essays Honoré (1986) 172 f.

1140 *Knütel*, Nicht leichter, SZ 115 (1998) 51 f.

1141 *Kaser/Knütel*, RP[20] (2014) 288 (§ 48 Rn 16).

1142 Siehe D. 12, 4, 3, 2. Vgl. dazu ohne ausdrückliche Erwähnung des Reurechts, aber immerhin der Kondiktion: Pap. 2 quaest., D. 19, 5, 7; Ulp. 2 disp., D. 12, 4, 5, 2. Ein Grund für ein solches Geschäft könnte der Anspruch auf *operae* sein, die dem Erwerber dadurch zustanden. Diesen Anspruch wird er dem Veräußerer in irgendeiner Weise abgegolten haben. Siehe zu den *operae* oben Kapitel 2.11.

1143 D. 12, 4, 5, 1. Vgl. auch D. 17, 1, 27, 1.

1144 *Noordraven*, Fiduzia (1999) 81 spricht sich beispielsweise dafür aus, dass in D. 12, 4, 5, 1 die *actio propter paenitentiam* statt der eigentlich zuständigen *actio fiduciae* von den Kompilatoren eingefügt worden sei. Auch *Bertoldi*, Fiducia, in: Fides (2008) 84 Fn 227 nimmt eine solche Interpolation an: „*Si servum quis [tradiderit] <mancipaverit> alicui ita, ut ab eo intra certum tempus manumitteretur, si paenituerit eum qui [tradiderit] <mancipaverit> et super hoc eum certioraverit et fuerit manumissus post paenitentiam, attamen actio propter [paenitentiam] <fiduciae actionem> competit ei qui dedit. [plane si non manumiserit, constitution succedit facitque eum liberum, si nondum paenituerat eum qui in hoc dedit]*”

bestand[1145]. Diese Freilassungsabreden dürften nicht ganz selten vorgekommen sein bzw. haben sie möglicherweise auch aufgrund der persönlichen Bindungen zum Sklaven eine besondere Rolle gespielt. Eine Verordnung Marc Aurels (oder doch die daran anschließende *interpretatio*) hebt besonders hervor, dass in diesem Fall der Sklave nur dann die Freiheit erlangen sollte, wenn derjenige, der sich die Freilassung ausbedingt, es sich bis zur *manumissio* nicht anders überlegt[1146]. Für diesen Rücktritt bei der *fiducia* sei mit „*paenitere*" von den Kompilatoren möglicherweise „geradezu ein Kunstausdruck" geschaffen worden[1147]. Da Tribonian die *actio fiduciae* nicht habe stehen lassen können, habe er sie in eine *condictio* verwandelt[1148]; schließlich gehe es auch hier um eine Rückforderung von Gegebenem. Den Kompilator „prickelt"[1149] es nun nach dieser Theorie, seine neue Klage für den alten Anspruch möglichst oft anzubringen, weswegen ihr Gebiet über die *actio fiduciae* hinaus auf andere Fälle des Gebens zum Zweck der Freilassung eines Sklaven erweitert wurde und schließlich sogar auf den Fall in D. 12, 4, 5 pr, in dem nicht einmal mehr der äußere Anschein einer *fiducia* vorausgesetzt werde[1150]. In diesem Text sei daher der Teil ab *sed cum liceat paenitere* … als unklassisch zu streichen[1151], bzw. wurde sogar vertreten, in D. 12, 4, 5 pr bis einschließlich § 4 sei – außer dem ersten Satz im *principium* – kein Wort mehr Ulpian zuzurechnen[1152].

Gegen einen derart eingeengten Anwendungsbereich der *condictio paenitentiae* führt *Liebs* beispielhaft Marcell. 7 dig., D. 24, 1, 49[1153] ins Feld,

---

1145 So bereits *Gans*, Obligationenrecht (1819) 208 ff; *Haymann*, Freilassungspflicht (1905) 36 ff.

1146 Bei einem Verkauf des Sklaven unter der Vereinbarung, nach einer bestimmten Zeit freizulassen, ist laut D. 40, 8, 3 die Freiheit mit Ablauf der Frist auch dann anzunehmen, wenn keine Freilassung durch den Erwerber erfolgt; vorausgesetzt wird nur, dass der Veräußerer es sich nicht anders überlegt hat. Siehe D. 12, 4, 5, 1. Vgl. auch *Finkenauer*, Sklaverei (2010) 39 f mit Fn 177 ff und *Lotmar*, Freilassungsauflage, SZ 33 (1912) 360 ff.

1147 *Pernice*, Labeo 3 (1892) 134, insbes. Fn 2.

1148 Dass die *condictio ex paenitentia* immer interpoliert sein müsse, meint etwa *Schwarz*, Condictio (1952) 128.

1149 So die Formulierung bei *Gradenwitz*, Textcritisches, SZ 14 (1893) 124.

1150 Vgl. nur *Lenel*, Rez. Gradenwitz, SZ 9 (1888) 181 f; *Heck*, Fiducia, SZ 10 (1889) 120 f; *Gradenwitz*, Textcritisches, SZ 14 (1893) 123 f mwN; *Schwarz*, Condictio (1952) 128.

1151 So etwa *Lenel*, Pal II (1889) 390 Fn 2. Noch *Ernst*, Datio ob rem, in: Usus antiquus (2005) 55 nimmt für das *principium* von D. 12, 4, 5 eine Textveränderung an.

1152 *Manns*, Pönitenzrecht (1879) 80. Einschränkend dazu *Brinz*, Rez. Manns, KVGR 26.3.VI (1886) 210 ff, insbes. 212.

1153 *Sulpicius Marcello. mulier, quae ad communem filium volebat, qui in potestate patris erat, post mortem patris fundum pervenire, eum patri tradidit, uti post mortem restituatur filio. quaero, an donatio tibi videatur, ut nihil agatur, an*

da dieser Text weder mit einem Mandat noch mit der *fiducia* in Verbindung stehe[1154]. Es geht dort um eine Frau, die ein Grundstück ihrem Ehemann übereignet, um es dem gemeinsam Sohn, der unter der *potestas* seines Vaters steht, nach dem Tode des Vaters zukommen zu lassen. Es stellt sich die Frage nach der Nichtigkeit des Geschäfts aufgrund der verbotenen Ehegattenschenkung bzw., falls die Schenkung wirksam sei, nach der Möglichkeit der Frau, das Grundstück zurückzufordern, falls sie es sich anders überlegt (*si noluerit*). Damit scheint aber eher an die ausdrückliche Vereinbarung eines Widerrufs gedacht sein, denn es wird die Variante diskutiert: *si … id egit, ut vel revocare sibi liceret* – wenn sie es beabsichtigt hat, dass ihr erlaubt bleibt zu widerrufen.

Tatsächlich ist aber eine gewisse Parallele mit der freien Widerruflichkeit der *donatio mortis causa* zu sehen[1155] und dieser Vergleich ist vielleicht auch der treffendere. Für diesen Bereich war das Reurecht lange Zeit umstritten, ist aber nach *Rügers* Ergebnissen als klassisch anzunehmen[1156]. Allerdings ordnet er die *donatio mortis causa* gerade wegen des Reurechts und der dadurch entstehenden Nähe zum Legat den letztwilligen Verfügungen zu, was für die Fälle der Freilassungsabrede beim Sklavenkauf nicht angenommen werden kann.

Riechelmann hat in seiner Disseration zur *paenitentia* das dazu überlieferte Quellenmaterial in drei Kategorien eingeteilt: Die Quellen zu Rechtsgeschäften, die prozessrechtlichen Quellen und die strafrechtlichen Quellen. Für letztere stellt er ein Nichtaufscheinen der *paenitentia* fest und folgert daraus ihre prinzipielle Bedeutungslosigkeit für diesen Rechtsbereich[1157]. Prozesshandlungen und sonstige auf einen Prozess bezogene Handlungen folgen nach *Riechelmann* denselben Kriterien wie die rechtsgeschäftlichen. Es komme darauf an, ob ein Reurecht „dem jeweiligen Fall immanent" sei. Ansonsten müsse geprüft werden, ob die Ausübung eines Reurechts ein *venire contra factum proprium* darstelle und ob die andere Partei daraus einen Nachteil erleide[1158]. Sei dem jeweiligen Fall das Reurecht immanent und habe die andere Partei daraus keinen Nachteil, so

valeat quidem, sed mulieri potestas datur, si noluerit, eum repetere respondit: si color vel titulus, ut sic dixerim, donationi quaesitus est, nihil valebit traditio, idem si hoc exigit uxor, ut aliquid ex ea re interim commodi sentiret maritus: alioquin si solo eius ministerio usa est et id egit, ut vel revocare sibi liceret vel ut res cum omni emolumento per patrem postea ad filium transiret, cur non idem perinde sit ratum ac si cum extraneo tale negotium contraxisset, hoc est extraneo in hanc causam tradidisset?

1154 *Liebs*, Condictio in: Essays Honoré (1986) 173 Fn 65.

1155 Ulp. 21 ad ed., D. 39, 6, 30: *Qui mortis causa donavit, ipse ex paenitentia condictionem vel utilem actionem habet.* Zum Reurecht bei der *donatio mortis causa* siehe *Rüger*, Donatio mortis causa (2011) 222 ff.

1156 *Rüger*, Donatio mortis causa (2011) 242.

1157 *Riechelmann,* Paenitentia (2005) 148.

1158 *Riechelmann,* Paenitentia (2005) 136.

bestehe „die Möglichkeit eines willkürlichen Widerrufs". Die Annahme, dass ein Widerruf möglich ist, wenn keine Bindung an die widerrufene Handlung besteht, da dieser ein Reurecht immanent sei, ist jedoch ein Zirkelschluss. Es müsste also eher danach gefragt werden, ob es dem typischen Parteieninteresse entspricht, dass in einem konkreten Fall ein jederzeitiger Widerruf einer Partei gestattet sein soll.

Zieht man die Stellen zu Rate, in denen ein Reurecht als Widerrufsrecht einer rechtsgeschäftlichen Erklärung gewährt und dieses auch als „*paenitentia*" bezeichnet wird, so lässt sich Folgendes feststellen: In D. 12, 4, 5, 1 u. 2; in D. 17, 1, 27, 1 und in D. 12, 4, 3, 2 steht es jemandem bei einer Freilassungsabrede zu. In C. 6, 42, 27 wird der wirksame Widerruf eines Fideikommiss als *paenitentia* bezeichnet und in PS 3, 7, 2 sowie D. 39, 6, 30 wird eine *donatio mortis causa* aus *paenitentia* wirksam widerrufen. Diese letztgenannte Möglichkeit wird zumindest theoretisch auch in D. 24, 1, 32, 2 bis 5 und in D. 24, 1, 22 diskutiert. In D. 29, 2, 25, 14 wird die Ermächtigung, eine Erbschaft anzutreten, wegen *paenitentia* widerrufen und sowohl in D. 38, 17, 6, 1, in UE 22, 30 sowie in Gai. 2, 168 kann ein Erbe, der die Erbschaft bereits ausgeschlagen hatte, doch aufgrund von *paenitentia* innerhalb der Annahmefrist die Erbschaft noch antreten. Nach D. 34, 4, 4 kann ein einmal widerrufenes Vermächtnis oder Fideikommiss aufgrund von *paenitentia* wieder gültig werden, wenn der Widerruf zurückgenommen wird. In D. 24, 2, 7 kann eine an einen Boten übergebene Scheidungserklärung aufgrund von *paenitentia* außer Kraft treten. Es gibt noch andere Fälle, in welchen ein Widerrufsrecht zusteht, aber dieses wird dann nicht als *paenitentia* bezeichnet. Der Begriff *paenitentia* kommt in anderen Stellen und Zusammenhängen im rechtsgeschäftlichen Bereich zwar vor, dann aber immer mit der Entscheidung, dass ein solches Reurecht eben nicht zusteht[1159].

Auch wenn eine generelle Interpolation der *paenitentia* nicht anzunehmen ist, spricht doch einiges für die Annahme, dass das Reurecht und damit die *condictio ex paenitentia* auch in D. 12, 4, 5 pr im Zusammenhang mit dem Sonderfall des Freikaufes von Sklaven stand: Die Stelle erwähnt mit keinem Wort den Grund für diese Reise – warum sollte der Geldgeber ein Interesse

1159 Für den Zusammenhang mit dem Verbot des Selbstwiderspruches interessant ist hier bspw. Ulp. 4 disp., D. 50, 12, 3, 1: *Si quis quam ex pollicitatione tradiderat rem municipibus vindicare velit, repellendus est a petitione: aequissimum est enim huiusmodi voluntates in civitates collatas paenitentia non revocari. sed et si desierint municipes possidere, dicendum erit actionem eis concedendam.* Die freiwillige Schenkung an das *municipium* kann also nicht aufgrund von *paenitentia* widerrufen werden.

an ihr haben[1160]? Irgendetwas hätte der Empfänger des Geldes wohl in Capua für ihn erledigen sollen? An einem Ort, der nicht nur für seinen Sklavenmarkt bekannt, sondern auch für seine Gladiatorenschule berühmt ist, liegt der Kauf eines Sklaven nicht fern[1161]. Wie sich sogleich zeigen wird, spricht auch der palingenetische Zusammenhang für einen derartigen Zweck der Reise.

Wenn im Text vom Reurecht die Rede ist, so deutet das – zieht man die anderen Texte, in welchen die *condictio ex paenitentia* eine Rolle spielt, vergleichend heran[1162] – darauf hin, dass ein Sklave nicht nur gekauft, sondern anschließend auch freigelassen werden sollte, worum es sodann auch in den direkt anschließenden §§ 1 und 2 des Fragments bei Ulpian geht[1163].

1160 Die Reise als Selbstzweck nimmt offenbar etwa *Ernst*, Datio ob rem, in: Usus antiquus (2005) 38 an, da er sie als Lehrbuchbeispiel sieht. IdS wohl auch etwa *Liebs*, Bereicherungsanspruch, JZ 33 (1978) 698 mit Fn 32.

1161 Auch der berühmte Sklavenaufstand des Spartacus ging von Capua aus (73–71 v. Chr.); siehe nur Plutarch, Crassus, 8 ff; Livius, Periochae, 95, 2. Die Bedeutung Capuas als Umschlagplatz für Sklaven dürfte auch zur Zeit Ulpians noch gegeben gewesen sein, denn etwa in Ulp. 27 ad ed., D. 13, 4, 2, §§ 2–4 lässt sich jemand „Zehn in Ephesus oder einen Sklaven in Capua" stipulieren. Im Zusammenhang mit Freilassungen kommt Capua in mehreren Stellen vor; so soll ein Sklave bspw. nach Capua gehen, um frei zu werden (Pomp. 11 epist., D. 40, 4, 61, 1; Paul. 16 ad Plaut., D. 40, 7, 20, 5 u. Ulp. 27 ad Sab., D. 40, 7, 3, 3). Nach dem eben zitierten Ulpian-Text muss der Sklave aber ausdrücklich in Capua etwas leisten, damit er frei wird: *si Capuae dare iussum*. Auch sonst ist eine „Reise nach Capua" in den Digesten immer mit einer Leistung an diesem Ort verknüpft: Mit dem Bauen eines Mietshauses (Paul. 4 quaest., D. 13, 4, 10), der Leistung von Öl (Ulp. 20 ad ed., D. 45, 1, 30) oder von Geld (Pap. 27 quaest., D. 45, 2, 9, 2 sowie ders. ebd. in D. 46, 1, 49, 2 u. Jul. 53 dig., D. 46, 1, 16, 2).

1162 D. 12, 4, 3, §§ 2 u. 3 (siehe dazu unten S. 367); D. 12, 4, 5, §§ 1 (vgl. dazu, allerdings ohne ausdrückliche Erwähnung des Reurechts, D. 2, 4, 10 pr) u. 2 (vgl. auch D. 17, 1, 15 – näher dazu unten S. 341 f).

1163 D. 12, 4, 5, § 1 *Si servum quis tradiderit alicui ita, ut ab eo intra certum tempus manumitteretur, si paenituerit eum qui tradiderit et super hoc eum certioraverit et fuerit manumissus post paenitentiam, attamen actio propter paenitentiam competit ei qui dedit. plane si non manumiserit, constitutio succedit facitque eum liberum, si nondum paenituerat eum qui in hoc dedit.* § 2 *Item si quis dederit Titio decem, ut servum emat et manumittat, deinde paeniteat, si quidem nondum emptus est, paenitentia dabit condictionem, si hoc ei manifestum fecerit, ne si postea emat, damno adficietur: si vero iam sit emptus, paenitentia non facit iniuriam ei qui redemit, sed pro decem quae accepit ipsum servum quem emit restituet aut, si ante decessisse proponatur, nihil praestabit, si modo per eum factum non est. quod si fugit nec culpa eius contigit qui redemit, nihil praestabit: plane repromittere eum oportet, si in potestatem suam pervenerit, restitutum iri.* Für eine Übersicht der in Titel 12, 4 behandelten Sachgebiete siehe *Ernst*, Datio ob rem, in: Usus antiquus (2005) 36.

Palingenetisch ordnet *Lenel* der Untergruppe *de condictione* innerhalb des 2. Buchs von Ulpians Disputationen (nur) noch zwei weitere Texte zu[1164], die zwar keinen offenkundigen Zusammenhang mit unserer Stelle aufweisen, von denen der eine aber seinerseits in den Digesten wiederum im Umfeld eines Textes steht, bei dem es um den Freikauf von Sklaven geht: Dem D. 12, 4, 5 palingenetisch vorgelagerten Text D. 5, 1, 66, der selbst nur abstrakt eine Beweislastregel bei undeutlichen Formulierungen statuiert, folgt in den Digesten ein Text zur *redemptio suis nummis*. Auch bei dieser Figur handelt es sich schließlich um Fragen des (Selbst-)Freikaufes von Sklaven[1165]. Der nachfolgede Text D. 12, 6, 29 handelt von der Möglichkeit einer Rückforderung bei Veräußerung durch Mündel, Geisteskranke etc. Gerade für die Veräußerung durch Minderjährige ist etwa in D. 4, 4, 41 überliefert, dass ein besonderes Reurecht bestand, welches auch dort mit *paenitentia* bezeichnet wird[1166]. Es scheinen bei Ulpian an dieser Stelle die Sonderfälle der *paenitentia* besprochen zu werden: zunächst ausführlich der Hauptfall der Hingabe einer Summe Geldes für eine Freilassung eines Sklaven bzw. des Verkaufs unter Freilassungsabrede; danach folgt eine kurze Erwähnung anderer Fälle, in welchen ebenfalls ein Reurecht zusteht. Bezeichnet *paenitentia* also nur solche besonderen Fälle eines ausnahmsweisen Rücktrittsrechts, so spricht auch das dafür, dass hier in diesem Text die Rede von einem solchen außergewöhnlichen Fall ist.

Noordraven geht davon aus, dass es für die Übertragung einer Sache, die mit dem Auftrag an den Empfänger einhergeht, etwas Bestimmtes mit der Sache zu tun – hier: freizulassen – neben dem Mandat oder der *fiducia* keine andere Vertragsform gegeben habe[1167]. Da die Freilassungsfälle generell nicht im Rahmen eines Mandats vereinbart worden zu sein scheinen, bleibt für ihn nur noch die Einordnung unter die *fiducia*. Es ist dieser Erkenntnis insofern zuzustimmen, als es für eine solche Vereinbarung ansonsten keinen anerkannten Vertragstyp gibt. Ebenso lässt sich die *condictio* aber auch aus der atypischen Vereinbarung erklären, dass etwas gegeben wird (nämlich entweder eine Summe Geldes oder der Sklave selbst), unter der Erwartung einer Gegenleistung (die konkret in der Freilassung und wohl zusätzlich einer gewissen Entschädigung für die entgangenen *operae* bestehen dürfte[1168]). Der Empfänger konnte vermutlich einen Teil des Geldes behalten bzw. stehen ihm nach der Freilassung auch die erwähnten *operae* zu[1169].

1164 *Lenel*, Pal II (1889) 390 f.

1165 Vgl. allg. dazu *Heinemeyer*, Redemptio suis nummis (2013).

1166 Siehe dazu unten Kapitel 2.24.

1167 *Noordraven*, Fiduzia (1999) 67.

1168 Zur Vereinbarung von *operae* siehe oben Kapitel 1.11.

1169 Vgl. Ulpian, D. 40, 9, 30.

Nachdem nun aber die Reise nicht angetreten (und daher der Sklave auch nicht gekauft und freigelassen) wird, geht es nun um die Frage, wie lange bei einer solchen atypischen Vereinbarung kondiziert werden kann und wie viel.

Ob überhaupt noch erfüllt werden kann, geht aus dem Text nicht ausdrücklich hervor. *Ernst* hat dargelegt, dass die Bezeichnung *condictio* „*ex paenitentia*“ es nahelege, dass die Klage ihren Grund nicht in der endgültigen Zweckverfehlung habe[1170], sondern auch seiner Meinung nach vielmehr in dem (hier erlaubten) Sinneswandel des Geldgebers. Diese Deutung erscheint überzeugend.

Ernst hält es aber weiters vor allem deshalb nicht für ausschlaggebend, dass die Zweckverfehlung endgültig feststeht, da in diesem Fall die *condictio* jedenfalls ausscheiden müsste, „weil der Empfänger offenbar noch gewillt ist, die ihm vorgeschriebene Reise nach Capua, um die es geht, durchzuführen“[1171]. Sei wie üblich eine Frist zur Ausführung gesetzt worden, so könne eine *condictio* während dieser Zeitspanne keinesfalls erhoben werden. Im Zusammenhang mit den übrigen Texten zur *condictio ex penitentia* kommt er zu dem Schluss, dass im Ergebnis daher die *paenitentia* als Anlass für die *condictio* von „der speziellen Befugnis, die durch Erbringung einer Leistung angestoßene Freilassung eines Sklaven“ zu widerrufen, zu unterscheiden sei[1172].

Auch wenn wohl gedanklich zwischen Ausübung der *paenitentia* und der Erhebung einer *condictio* zu unterscheiden ist, treten diese Elemente jedoch als Einheit auf: Die einzigen Texte, die ausdrücklich von einer *condictio ex paenitentia* sprechen, stehen im Zusammenhang mit der Freilassungsabrede (D. 12, 4, 3, 2 u. 3 sowie D. 12, 4, 5, 1 u. 2). Somit lässt sich der Vorgang wie folgt erklären: Indem die *condictio* erhoben wird, wird das bei solchen Abreden zustehende Reurecht ausgeübt. Da bei der Freilassungsabrede ein generelles Reurecht zusteht, kann auch vor Ablauf einer etwaigen Frist widerrufen und somit jederzeit kondiziert werden. Somit ist es ebenso möglich, dass noch erfüllt werden und die Reise zu einem anderen Zeitpunkt angetreten werden könnte, wie auch das Gegenteil denkbar ist. Allein darauf kommt es nicht an: Nicht die Möglichkeit oder Unmöglichkeit der Erfüllung, sondern die jederzeit mögliche Ausübung des Reurechts führt zur *condictio*[1173]. *Jungwirth* hat anhand des Befundes der jederzeitigen Rücktrittsbefugnis bei den Freilassungsabreden festgestellt:

1170 *Ernst*, Datio ob rem, in: Usus antiquus (2005) 54.

1171 *Ernst*, Datio ob rem, in: Usus antiquus (2005) 41. Die Zweckerreichung sei nicht forderungsbegründend, sondern die Forderung werde vielmehr durch die *datio* begründet und durch die Herbeiführung der *causa* vernichtet (siehe ebd. 42).

1172 *Ernst*, Datio ob rem, in: Usus antiquus (2005) 54.

1173 Auch bei der Freilassung per Testament kann der Freilasser dieses jederzeit widerrufen oder auch die Bedingungen ändern. Einzig ausschlaggebend ist hier der Wille des Erblassers, der sich jedoch in einem *actus contrarius* manifestieren muss.

„Auch wenn es sich bei den Vereinbarungen um Austauschverhältnisse handelt, führt das Paenitenzrecht dazu, dass von – beiderseitig verbindlichem – Vertrag jedenfalls nicht gesprochen werden kann“[1174].

Die Lösung der an den Sachverhalt anknüpfenden Frage in D. 12, 4, 5 pr kann nach dem eben Ausgeführten wie folgt gegliedert werden:

Wenn es nicht am Empfänger lag, dass die Erfüllung unterblieben ist, gibt es grundsätzlich keine *condictio*. Das bedeutet aber auch, dass keine Zweifel bestehen, dass die *condictio* zusteht, wenn es doch an ihm liegt. Soweit die allgemeine Grundregel für Fälle, in denen kein Reurecht besteht.

In dem Sonderfall aber, in dem ein Reurecht besteht (erg: wie im Falle der Freilassungsabrede beim Sklavenkauf), ist eine *condictio* möglich. Hier ist also die Ausnahme von der Grundregel statuiert.

Dazu folgt eine Gegenausnahme: Dann wiederum kann nicht kondiziert werden, wenn „ein Interesse daran“ besteht, „das Geld nicht zu diesem Zweck empfangen zu haben“. Darunter fallen nach Ansicht des Juristen insbesondere zwei Fälle: Entweder die Angelegenheiten wurden schon so vorbereitet, dass alles zur Erfüllung bereit ist, oder es wurden schon Aufwendungen gemacht, die für die Erfüllung nötig waren und es wurde (das trifft auf beide Fallvarianten zu) mehr ausgegeben, als man erhalten hat. Es ist anzunehmen, dass diese Regel auch dann gilt, wenn exakt so viel ausgegeben wurde, wie man empfangen hat. Wurde in Vorbereitung der Erfüllung aber weniger aufgewendet, als man vom Geldgeber erhalten hat, ist die Kondiktion auf den restlichen Betrag immer noch möglich.

Diese Überlegungen Ulpians beziehen sich aber nur auf den Sonderfall, in dem ein Reurecht besteht, wie es beim hier wohl interessierenden Fall des Freikaufs der Fall ist. Hat die Vereinbarung einen anderen Zweck, bei dem kein Reurecht besteht, gelten diese Ausführungen nicht: Es kann bei einem Innominatkontrakt generell nur kondiziert werden, wenn ein Unterbleiben dem Empfänger zuzurechnen ist, ansonsten nicht. Und für diesen Fall treffen auch die Überlegungen von *Ernst* insofern zu, als während einer Frist wohl jedenfalls nicht kondiziert werden könnte. Es steht aber in diesem Grundfall eben gerade kein Reurecht zu, daher stellt sich die Frage nach einer gedanklichen Trennung von *condictio* und *paenitentia* überhaupt nicht.

Im konkreten Fall der Reise nach Capua, wenn der Grund für diese der ist, einen Sklaven freizukaufen, kann generell ein Reurecht ausgeübt und kondiziert werden, und zwar wohl offenbar auch dann, wenn das Unterbleiben der Reise nicht am Zahlungsempfänger liegt.

Diese Regel gilt so lange, wie der Empfänger im Hinblick auf die Reise noch nicht tätig geworden ist; hat er die Reise bereits vorbereitet und dadurch

---

1174 Ich beziehe mich auf ein mir freundlicherweise von der Autorin zur Verfügung gestelltes, unpubliziertes Manuskript.

Ausgaben gehabt, kann eine *condictio* nur noch auf den verbleibenden Betrag gerichtet sein, bzw. ist eine solche überhaupt nicht mehr möglich, wenn das Geld für diese Zwecke bereits vollständig ausgegeben wurde. So dürfte auch der Teil *nisi forte tua intersit non accepisse te ob hanc causam pecuniam* verständlich werden: Die eine Frage betrifft die Summe, welche als Preis für den Sklaven veranschlagt worden sein dürfte (der schließlich nicht gekauft wird und für den demnach keine Kosten angefallen sein konnten), und eine andere den Teil, der die Reisekosten abdecken sollte. Nur hinsichtlich dieses Betrages kann sich überhaupt die Frage stellen, ob der Empfänger etwas behalten darf: Wenn er zum Zwecke der Reisevorbereitung bereits etwas aufgewendet hat, muss er das nicht rückerstatten, wenn der Geldgeber sein Reurecht ausübt. Insofern wird sein Vertrauen auf die Vereinbarung geschützt[1175]. Hier greift somit wieder die bei Ulpian eingangs referierte Grundregel ein, da dieser Zweck nicht von der Freilassungsabrede umfasst ist und daher den allgemeinen Bestimmungen unterliegt.

Die Kondiktionen des römischen Rechts beziehen sich schließlich nicht nur auf den gegenwärtigen beim Bereicherten noch vorhandenen Vermögenswert, sondern auf den ursprünglich empfangenen[1176]. Der hier geschilderte Fall scheint somit eine Ausnahme von diesem „Prinzip" zu sein[1177]. Allgemein sind die Kondiktionen auf den Grundsatz zurückzuführen, dass es Treu und Glauben entspricht, dass aus fremdem Vermögen kein Vorteil gezogen werden darf[1178] (Ulp. D. 17, 1, 10, 3: *quia bonae fidei hoc congruit, ne de alieno lucrum sentiat*). Damit stimmt aber eine Beschränkung auf die Summe, die nach Abzug der für die Reise bereits getätigten Aufwendungen verbleibt, durchaus überein, denn nur in dieser Höhe erscheint der Empfänger auf Kosten des Gebers bereichert. Der Rest wurde zumindest *ex ante* im Interesse des Gebers aufgewendet, wenn auch letztendlich der angestrebte Erfolg (aufgrund von dessen Reurechtsausübung) ausbleibt.

1175 Diesen Zusammenhang meint wohl auch *Ernst*, Datio ob rem, in: Usus antiquus (2005) 54. Er geht allerdings von einer Verallgemeinerung über den Bereich der Freilassungen hinaus aus.

1176 Daher bezeichnet *Hähnchen*, Causa condictionis (2003) 22 den Begriff „Bereicherungsrecht" für das römische Recht als „mindestens unglücklich" und zieht den Begriff „Kondiktionenrecht" vor. Vgl. auch etwa *Kaser/Knütel*, RP[20] (2014) 285 (§ 48, Rn 2) u. 289 (§ 48 Rn 18).

1177 Weitere Ausnahmen sind etwa die Rückforderung einer nichtigen Ehegattenschenkung oder die Bereicherung des gutgläubigen Erbschaftsbesitzers. Um diese Fragen geht es denn auch im weiteren Verlauf des 4. Titels im 12. Buch der Digesten.

1178 *Kaser/Knütel*, RP[20] (2014) 285 (§ 48, Rn 3); *Hähnchen*, Causa condictionis (2003) 23 mwN in Fn 57; *Wollschläger*, Bereicherungsverbot, in: Symposion Wieacker (1985) 77 ff.

Riechelmann kommt zu dem Ergebnis, dass die „zum Ausdruck gebrachte Willensänderung in Bezug auf ein eigenes, rechtlich erhebliches Verhalten in den klassischen römischen Rechtsquellen dann zum Tragen kam, wenn das bereute eigene Verhalten entweder noch keine Rechtswirkungen oder die Beseitigung der Rechtswirkungen für andere Personen keinen rechtlichen Nachteil hatte“[1179]. Diese Beobachtung lässt sich an dieser konkreten Entscheidung bestätigen: Der Empfänger der Leistung soll durch die Ausübung des Reurechts keinen Nachteil erleiden. Ein solches Ergebnis passt auch zur Ersatzpflicht bei begonnenem Auftrag, nach dessen Regeln laut *Knütel* in Fällen der *paenitentia* kondiziert werden kann.

Exkurs: Ersatzpflicht bei widerrufenem Mandat

Da die Grundsätze des Mandatrechts hier möglicherweise zu übertragen sind, sollen diese – zumindest im Rahmen des Mandatswiderrufs – kurz betrachtet werden.

Im folgenden Text schildert der Spätklassiker Paulus den Fall, dass der Mandant *ego* zunächst einen Auftrag erteilt, diesen jedoch nachträglich widerruft. Der Mandatar *tu* führt den Auftrag aus, bevor er von diesem Widerruf Kenntnis erlangt.

D. 17, 1, 15 (Paulus libro secundo ad Sabinum)
Si mandassem tibi, ut fundum emeres, postea scripsissem, ne emeres, tu, antequam scias me vetuisse, emisses, mandati tibi obligatus ero, ne damno adficiatur is qui suscipit mandatum.

D. 17, 1, 15 (Paulus im zweiten Buch zu Sabinus)
Wenn ich dich beauftragt habe, dass du ein Grundstück kaufen sollst, dann später geschrieben habe, du sollst nicht kaufen, und du, bevor du wusstest, dass ich verboten habe, gekauft hast, werde ich dir aus dem Auftrag verpflichtet, damit nicht den der Schaden trifft, der einen Auftrag übernimmt.

Durch Annahme des Mandats hat sich *tu* verpflichtet, für *ego* ein Grundstück zu kaufen: *Tu* soll als indirekter Stellvertreter fungieren, indem er das Grundstück erwirbt und es *ego* in einem weiteren Akt überträgt. Als Konsensualvertrag war das Mandatum von der Willensübereinstimmung von Mandanten und Mandatar abhängig. Es kommt nicht nur durch die Willenseinigung zustande, sondern es kann auch durch den nachträglichen Wegfall des Konsenses aufgelöst werden. Solange *res integra* vorliegt (dh solange die Beendigung des Vertrages für die andere Partei zu keinem Schaden führt), können die Parteien den Vertrag einseitig durch Kündigung auflösen.

In unseren Fall käme es durch die Kündigung jedoch zu einem Schaden. Dieser besteht darin, dass *tu* die Kosten für den Erwerb des Grundstücks

---

1179 *Riechelmann*, Paenitentia (2005) 150.

nicht ersetzt bekäme. Allerdings entsteht dieser Schaden erst nach Wegfall des Konsenses und dem schriftlichen Ausspruch des Widerrufs durch den Mandanten. Es wird also zu einem Zeitpunkt widerrufen, in dem noch *res integra* vorliegt. Nach der Konsenstheorie wäre das Mandat damit beendet[1180].

Offenbar lässt Paulus den Mandanten aber aus dem Auftrag selbst haften: *mandati tibi obligatus ero*, also ist der Anspruch mit der *actio mandati contraria* durchzusetzen. Die *bona fides* lässt die Grundlage für die Vertrauenshaftung demnach bestehen[1181]. Sie ist auch in der Klagsformel der *actio mandati directa* bzw. *contraria* enthalten[1182].

Aufgrund der *bona fides* ist also – wenn eine besondere Schutzwürdigkeit vorliegt – auch nach dem Erlöschen des Mandats das zu leisten, was aus dem Mandat nach Treu und Glauben zu leisten wäre.

Dieses Ergebnis erinnert an die Möglichkeit einer Durchbrechung der Regel *impossibilium nulla est obligatio*[1183] zugunsten des Käufers bei der anfänglichen objektiven Unmöglichkeit der Leistung, wenn der Käufer auf das Zustandekommen des Vertrages vertraut hat und schutzwürdig erscheint. Auch ihm wird die Vertragsklage, die *actio empti*, gewährt, obwohl gar kein Vertrag besteht.

Bei Paulus wird der Mandatar in derselben Weise geschützt, wie in dem in den *Gaius*-Institutionen überlieferten Fall, dass das Mandat durch den Tod des Mandanten erlischt. Gaius schreibt:

> *Gai. 3, 160*
> *... sed utilitatis causa receptum est, ut si mortuo eo, qui mihi mandaverit, ignorans eum decessisse exsecutus fuero mandatum, posse me agere mandati actione; alioquin iusta et probabilis ignorantia damnum mihi [non] adferet.*

> Gai. 3, 160
> ... aber aus Nützlichkeitsgründen ist anerkannt worden, wenn der stirbt, der mich beauftragt hat, und ich in Unkenntnis seines Todes den Auftrag ausgeführt habe, dass ich mit der *actio mandati* klagen kann; Andernfalls würde mir die gerechtfertigte und entschuldbare Unkenntnis einen Nachteil bringen.

Die vorliegende Stelle zeigt, dass im römischen Recht die tatsächliche Kenntnisnahme ausschlaggebend dafür ist, ob der Mandatar Ersatz verlangen kann oder nicht: Will der Mandant keinesfalls aus dem Mandat haften, so

---

1180 *Behrends*, Bona fides, in: Institut und Prinzip II (2004) 822.
1181 *Behrends* aaO.
1182 *C. Aquilius iudex esto. Quod N. Negidius A. Agerio mandavit ut ..., qua de re agitur, quidquid ob eam rem N. Negidium A. Agerio dare facere oportet ex fide bona, eius C. Aquilius iudex N. Negidium A. Agerio condemnato; si non paret absolvito.* Siehe *Lenel*, EP³ (1927) 295 f.
1183 Cels. 8 dig., D. 50, 17, 185.

muss er dafür sorgen, dass sein Vertragspartner tatsächlich Kenntnis vom Widerruf erlangt und nicht im Vertrauen auf das Bestehen des Vertragsverhältnisses Ausgaben tätigt.

Dasselbe wird auch für die Fälle des Reurechts gelten: Beruft man sich auf den Widerruf, obwohl der Mandatar (bzw. derjenige, der beim Innominatkontrakt tätig wird) im Zeitpunkt seiner Disposition nichts von diesem Sinneswandel gewusst hat, so ist das nicht zulässig und es muss Ersatz geleistet werden.

Grundsätzlich richtet sich die *condictio* auf ein *certum*. Auch bei der nichtigen Ehegattenschenkung wird aber vermutet, dass eine *condictio incerti* gewährt wurde, da der Kläger den Betrag der noch vorhandenen Bereicherung regelmäßig nicht kennen dürfte[1184]. Analog dazu könnte diese Klage auch hier zugestanden sein.

Zusammenfassend liegen der Entscheidung Ulpians zwei getrennt zu betrachtende Themenkreise zugrunde: Der Grundfall der *condictio causa data causa non secuta* und der Sonderfall der *paenitentia*, der hier vermutlich auf eine Freilassungsabrede zurückgeht. Will der Geldgeber sein Reurecht ausüben, so muss danach unterschieden werden, welcher Teil der hingegebenen Summe die Freilassungsabrede betrifft und welcher die Reisekosten. Das Geld, welches für den Kauf des Sklaven und dessen Freilassung bestimmt war, kann jederzeit frei zurückgefordert werden; der Teil, der die Reise betrifft, folgt den allgemeinen Kondiktionsregeln bei Innominatkontrakten.

Der Sonderfall des Reurechts steht nur in besonderen Ausnahmefällen zu und ist als Abweichung von der Regel zu betrachten. Nur in diesen Fällen erscheint der Selbstwiderspruch aufgrund der zugunsten des widersprüchlich Handelnden ausschlagenden Interessenabwägung als gerechtfertigt.

Ein Widerruf liegt in einem etwas anders gelagerten Fall auch im folgenden Fragment vor:

2.22. D. 19, 2, 15, 5–4: *Remissio mercedis*

D. 19, 2, 15 (Ulpianus libro septuagesimo primo ad edictum)

§ 5 Cum quidam de fructuum exiguitate quereretur, non esse rationem eius habendam rescripto divi Antonini continetur. Item alio rescripto ita continetur: "Novam rem desideras, ut propter vetustatem vinearum remissio tibi detur."

§ 4 Papinianus libro quarto responsorum ait, si uno anno remissionem quis colono dederit ob sterilitatem, deinde sequentibus annis contigit uberitas, nihil obesse domino remissionem, sed integram pensionem etiam eius anni quo remisit exigendam. Hoc idem et in vectigalis damno respondit. sed et si verbo

1184 *Misera*, Schenkung unter Ehegatten (1974) 227; *Kaser/Knütel*, RP^{20} (2014) 289 (§ 48, Rn 20).

donationis dominus ob sterilitatem anni remiserit, idem erit dicendum, quasi non sit donatio, sed transactio. quid tamen, si novissimus erat annus sterilis, in quo ei remiserit? Verius dicetur et si superiores uberes fuerunt et scit locator, non debere eum ad computationem vocari.

D. 19, 2, 15 (Ulpian im 71. Buch zum Edikt)

§ 5 Wenn jemand sich wegen der geringen Menge an Ernte beklagt, soll darauf keine Rücksicht genommen werden, ist in einem Reskript des vergöttlichten Kaisers Antoninus enthalten. Ebenfalls ist es in einem anderen Reskript derartig enthalten: „Wenn du verlangst, dass dir wegen des Alters der Weinstöcke ein Nachlass gewährt werden soll, ist das etwas Unerhörtes."

§ 4 Papinian sagt im vierten Buch seiner Responsen: Wenn jemand dem Pächter für ein Jahr wegen Unfruchtbarkeit einen Nachlass gewährt und sich dann im folgenden Jahr große Fruchtbarkeit ereignet, schadet dem Eigentümer der Nachlass nicht, sondern er kann den vollen Zins auch für das Jahr verlangen, für das er ihn nachgelassen hat. Dasselbe hat er auch für einen Schaden beim *ager vectigalis* geantwortet. Aber auch wenn der Eigentümer unter dem Titel der Schenkung wegen Unfruchtbarkeit ein Jahr nachgelassen hat, ist dasselbe zu sagen, weil es gleichsam keine Schenkung war, sondern ein Vergleich. Was aber, wenn das unfruchtbare Jahr, in dem er nachgelassen hat, das letzte war? Es ist zutreffender zu sagen, dass, wenn die vorhergehenden sehr fruchtbar waren und der Verpächter das gewusst hat, er ihn nicht zur Ausgleichszahlung auffordern darf.

Thema in beiden Paragraphen ist der Anspruch auf Pachtzinsnachlass wegen zu geringer Ernte bzw. Unfruchtbarkeit und die möglich Rücknahme eines solchen Nachlasses bei anschließendem Überschuss.

Dass in den Brocardica die Reihenfolge der Paragraphen umgekehrt wurde, dürfte seinen Grund darin haben, dass man nur in § 4 einen erlaubten Selbstwiderspruch erblickt hat, dieser aber an eine in § 5 geschilderte Situation anschließt: Während in § 5 Fälle geschildert werden, in denen eine *remissio mercedis* gerade nicht zusteht, schildert § 4 den Fall, dass der *locator* dem *conductor* den Pachtzins freiwillig erlässt. Das kann er nur dann, wenn er nicht ohnehin dafür einzustehen hat, wie etwa in einem der in § 5 bezeichneten Fälle.

In § 5 referiert Ulpian zwei Reskripte; zunächst spricht er von einem Reskript des *divus Antoninus* und dann von „*alio rescripto*". Ob Antoninus Pius oder Caracalla der Urheber des zitierten Reskripts war, ist in der Literatur umstritten[1185]: Während sich etwa *Mayer-Maly*[1186], *du Plessis*[1187] und *Masi*[1188] für ersteren aussprechen, sind *Ankum*[1189] und *Gualandi*[1190] wie auch bspw. die spanische Übersetzung[1191] für zweiteren. *Harke* spricht nur vom „Kaiser" und enthält sich damit der Diskussion über eine Zuordnung[1192]. Möglich ist außerdem, dass die beiden erwähnten Reskripte von zwei verschiedenen Kaisern stammen, also *alio rescripto* sich nicht auf *divi Antonini* bezieht und damit noch ein weiterer Kaiser ins Spiel kommt[1193].

De Neeve interpretiert *Honorés* Ergebnisse dahingehend, dass er ihm unterstellt, das erste Reskript Antoninus Pius und das zweite Caracalla zuzuordnen[1194]. Tatsächlich aber kritisiert *Honoré Gualandi* zwar, weil dieser übersehen hatte, dass in C. 6, 2, 2 und D. 50, 7, 7 Severus und Antoninus zitiert werden und nicht nur Antoninus, es kann aber nicht die Rede davon sein, dass er selbst deshalb daraus folgert, „*divi Antonini*" in D. 19, 2, 15, 5 müsse sich auf Antoninus Pius beziehen. *Honoré* entscheidet sich vielmehr an dieser Stelle nicht, sondern deutet nur darauf hin, dass das zweite Reskript nicht vom erwähnten *divus Antoninus* stammen müsse. In seiner späteren Publikation zu Ulpian ordnet er „*divi Antonini*" in dieser Stelle Caracalla zu. Ulpian war Caracallas Sekretär *ad libellis* und hat diesen Text wohl zur Zeit von dessen Alleinherrschaft verfasst[1195]. Ein verstorbener Kaiser wird als Zeichen seiner Deifikation mit „*divus*" bezeichnet, was im Falle von Caracalla von einem Abschreiber teilweise nachträglich eingefügt worden sein dürfte[1196]. In Fragment 15 kommt noch an einer anderen Stelle ein Antoninus vor (in § 6, allerdings ohne *divus*), der anerkanntermaßen mit Caracalla zu indentifizieren ist.

1185 Die neuere Digestenübersetzung merkt an: „unsicher". *Knütel/Kupisch/Seiler/Behrends* (*Luig*) CIC 3 (1999) 565 Fn 3.

1186 *Mayer-Maly*, Locatio conductio (1956) 143 ohne weitere Begründung.

1187 *du Plessis*, Remissio (2003) 41.

1188 *Masi*, Remissione, in: Studi d'Amelio 1 (1978) 279 mit Fn 29 unter Hinweis darauf, dass Caracalla im folgenden Paragraphen desselben Fragments mit Antoninus Augustus angesprochen wird; zwei unterschiedliche Bezeichnungen für dieselbe Person hält er nicht für wahrscheinlich.

1189 *Ankum*, Remissio, RIDA 19 (1972) 231 Fn 23.

1190 *Gualandi*, Legislazione I (1963) 223.

1191 *D'Ors/Hernandez-Tejero/Fuentesca/García-Garrido/Burillo*, Digesto 1 (1968) 716 (§ 5 ist hier als § 6 bezeichnet) ohne Begründung.

1192 *Harke*, Locatio conductio (2005) 13.

1193 So auch *Honoré*, Emperors and Lawyers (1981) 100 Fn 622. Dort wird in aller Kürze zu D. 19, 15, 5 referiert: „Ulp 32 Sab [sic]: initial *novam rem desideras* cf. CJ 6.2.2, 4.2.1, D. 50.7.7 assigned by Gualandi to Ant. Op. Cit. 1 p 223 but really Sev. et Ant., *alio rescripto* sc. non necessarily *divi Antonini.*"

1194 *De Neeve*, Remissio, SZ 100 (1983) 309 Fn 40.

1195 *Honoré*, Ulpian² (2002) 163.

1196 *Honoré*, Ulpian² (2002) 165.

Handelt es sich in § 5 um eine nachträgliche Ergänzung des *divus* nach Caracallas Tod, so könnte auch an dieser Stelle ursprünglich wie in § 6 lediglich Antoninus gestanden sein, wobei eben dort keine nachträgliche Einfügung stattgefunden hat; ob bewusst, weil *divus* ohnehin bereits zuvor erwähnt wurde, oder versehentlich, weil man diese Stelle übersehen hatte, sei dahingestellt[1197].

Es ist somit davon auszugehen, dass das erste Reskript von Caracalla stammt und das zweite Reskript in § 5 möglicherweise ebenfalls von diesem erteilt worden ist, wobei für dieses aber nicht auszuschließen ist, dass es von einem anderen Kaiser, dann wohl einem vorhergehenden, stammt. Häufig werden bei Ulpian auch Entscheidungen von Septimius Severus zitiert, dessen Libellsekretär er ebenfalls gewesen war; durchaus denkbar wäre somit, dass das zweite Reskript von diesem oder von diesem mit seinem Sohn Caracalla gemeinsam erteilt wurde.

Im gesamten Fr. 15 geht es um Fragen der Gefahrtragung bei der *locatio conductio* und die Möglichkeit einer *remissio mercedis*. Der in § 2 zitierte Servius unterscheidet hierbei zwischen *vis cui resisti non potest*[1198] und *vitia ex ipsa re*[1199]. Der Nachteil aus ersterer trifft den Eigentümer, zweitere sind Risiken des Pächters[1200]. In § 3 wird ein Reskript zitiert, nach welchem etwa plötzlich ausbrechendes Feuer zu Lasten des Verpächters gerechnet wird.

Eine schlechte Ernte und das Alter der Weinstöcke sind laut den in § 5 zitierten Reskripten kein Grund für eine *remissio mercedis*. Die schlechte Ernte dürfte bei den *vitia ex ipsa re* eingeordnet worden sein und daher zu Lasten des Pächters gehen. Auch *Thomas* ist der Ansicht, dass diese Stelle den Grundsatz widerspiegelt, dass die jährliche *merces* auf Basis der erwarteten Erträge berechnet und daher ua auch das Alter der Weinstöcke bei der Kalkulation von vornherein berücksichtigt worden sind. Ist der Ertrag aus diesen dementsprechend gering, so kann sich der Pächter nicht beschweren[1201].

1197 *Mommsen*, Schriften 2 (1905) 167 stellt ebenfalls fest, dass diese Stelle gewissermaßen „allein steht und dass zwar „nach *divi* leicht *Pii* ausfallen konnte", es aber „auch möglich ist, dass Ulpian hier einmal aus Versehen eine zweideutige Bezeichnung gesetzt hat."

1198 Hierfür werden beispielhaft Überschwemmungen durch Flüsse oder der Einfall von Krähen, Staren oder Feinden genannt.

1199 Beispiele hierfür wären Wein, der zu Essig wird, oder der Befall der Saat mit Würmern oder Unkraut.

1200 Vgl. zu D. 19, 2, 15, 2 und der Unterscheidung zwischen *vis maior* und *ipsa res* insbes. *Capogrossi Colognesi*, Remissio (2005) 37 ff.

1201 *Thomas*, Remissio, in: Studi Donatuti 3 (1973) 1274. Siehe zu D. 19, 2, 15, 5 auch *Capogrossi Colognesi*, Remissio (2005) 84 f, der herausstreicht, dass es sich beim Alter der Weinstöcke um kein „Risiko" handelt, da die Folgen des Alterungsprozesses *ex ante* vorhersehbar waren.

Der von Ulpian in § 4 zitierte Papinian kommt zu dem Schluss, dass ein erlassener Pachtzins für ein „mageres" Jahr zurückgefordert werden könne, falls ein „fettes" folgte[1202]. Das gilt nach Ulpian auch dann, wenn der Erlass schenkungshalber erfolgt ist, da eine solche „Schenkung" vielmehr als Vergleich zu sehen sei. Andererseits könne die Rückforderung nicht stattfinden, wenn ein solcher Zinsnachlass wegen der schlechten Ernte im letzten Pachtjahr gewährt wurde, obwohl die vorhergehenden Jahre sehr gut waren. Das wiederum gilt nur dann, wenn der Verpächter wusste, dass diese Jahre besonders ertragreich waren[1203].

Mayer-Maly vertrat den Standpunkt, die Regeln der Gefahrtragung seien im Juristenrecht entwickelt worden, während die Bestimmungen über die *remissio mercedis* kaiserrechtlichen Ursprung hätten und nach anderen Kriterien zu bestimmen seien[1204]. Neben großer Zustimmung[1205] wurden jedoch auch zahlreiche Stimmen laut, die in der *remissio mercedis* sehr wohl eine Folge der Unterscheidung bei Ulpian/Servius sehen und sie damit ebenfalls dem Juristenrecht zuordnen[1206].

Harke kommt nach eingehender Beschäftigung mit der älteren Literatur zu dem Schluss, dass *vis* und *vitium* „unterschiedliche Formen einer zufäl-

---

1202 Vgl. auch C. 4, 65, 8.

1203 *Mayer-Maly*, Locatio conductio (1956) 144 vermutet eine Interpolation ab *sed et si quis*. *De Neeve*, Remissio, SZ 100 (1983) 321 ist hier vielmehr der Ansicht, dass ab *quid tamen* Ulpians Ansicht folgt. *Harke* scheint zunächst ebenfalls der Meinung zu sein, dass Ulpian seinen eigenen Standpunkt ab *quid tamen* darstellt, bespricht denselben Text einige Seiten später aber nochmals (auch wenn er das 25. Fragment zitiert, ist der Text des 15. abgedruckt) und meint dort offensichtlich, dass die Meinung Ulpians mit *sed et si quis* beginnt: Vgl. *Harke*, Locatio conductio (2005) 12 f im Gegensatz zu 32. *Capogrossi Colognesi*, Remissio (2005) 77 ff weist insbes. 83 auf das Element des Synallagmas hin. Siehe zum Text auch *du Plessis*, Remissio mercedis (2003) 36 ff.

1204 *Mayer-Maly*, Locatio conductio (1956) 142 ff unter der Annahme von weitgehenden Textveränderungen durch nachklassische Bearbeiter.

1205 Etwa *Kaser*, Periculum locatoris, SZ 74 (1957) 174; *Molnár*, Locatio-conductio, ANRW II.14 (1976) 674 ff; *Frier*, Remissio, BIDR 92/93 (1989–90) 269 f; *Ernst*, Periculum conductoris, in: FS Hermann Lange (1992) 83 ff sowie *ders.*, Nutzungsrisiko, SZ 105 (1988) 544 f u. 553 f; *Ankum*, Remissio, RIDA 19 (1972) 219 ff. Letzterer vermutet, dass die *remissio* von der kaiserlichen Kanzlei oder in der *cognitio extra ordinem* erteilt wird und den Zweck habe, dem Pächter bei Missernte sofort Abhilfe zu verschaffen, was im Formularprozess nicht möglich wäre. Siehe auch *ders.*, Verbotsgesetze, SZ 97 (1980) 308 f und *Chorus*, Handelen in strijd met de wet (1976) 149 ff.

1206 *Alzon*, Risques, Labeo 12 (1966) 313 ff; *Thomas*, Remissio, in: Studi Donatuti 3 (1973) 1272 ff; *Masi*, Remissione, in: Studi d'Amelio 1 (1978) 283; *Sizia*, Periculum locatoris, in: Studi d'Amelio 1 (1978) 360 und *de Neeve*, Remissio, SZ 100 (1983) 298 ff, insbes. 307 aE; *Harke*, Locatio conductio (2005) 34.

ligen Störung bei der Fruchtziehung beschreiben"[1207]. Entspringt das *vitium* dem Fruchtgenuss selbst, so gehört es gewissermaßen zu diesem und ist *nihil extra consuetudinem*. Handelt es sich hingegen um eine *vis*, die eine nur selten auftretende und von außen wirkende Gewalt darstelle, so sei sie *extra consuetudinem*[1208]. Beides betrifft die Fruchtziehung als Teil der vertraglichen Leistungspflicht des *locator*[1209], wobei nach der Gewöhnlichkeit des schädigenden Ereignisses zu differenzieren ist.

Kann die Beeinträchtigung des Fruchtgenusses auf eine gewöhnliche Ursache zurückgeführt werden, die erfahrungsgemäß häufiger eintritt, so ist sie eben vorhersehbarer Teil der Leistung. Außergewöhnliche Schadensereignisse sind demgegenüber nicht vorhersehbar und damit nicht als integraler Teil der Leistung anzusehen, weswegen sie zu einer Nicht- bzw. Schlechterfüllung führen, für welche der *locator* einzustehen hat. Es scheint wohl die mit der Gewöhnlichkeit des Schadensereignisses verbundene Vorhersehbarkeit ausschlaggebend zu sein, denn wenn im Zeitpunkt des Vertragsabschlusses bereits die Risiken und damit auch der ungefähre Umfang des letztendlichen Gewinnes aus der Fruchtziehung abschätzbar sind, können diese Umstände bei der Zinsberechnung berücksichtigt werden. Ob die Prognose im Rahmen der gewöhnlichen Risiken sich verwirklicht oder nicht, ist gewissermaßen aleatorisches Element; Schäden, die außerhalb der sich häufig realisierenden Risiken entstehen, konnten jedoch beim Vertragsabschluss nicht mitberücksichtigt werden.

Damit wird durch die Abfederung solcher Nachteile die subjektive Äquivalenz der Leistungen wiederhergestellt. Eine solche Abfederung wird in Form von Ausgleichszahlungen vorgenommen, die jedoch nicht tatsächlich stattfinden, sondern mittels Aufrechnung mit der Zinsforderung durchgeführt werden. Diese erscheint dann als Minderung des Zinses[1210].

Als „Vergleich" wird die Vorgehensweise des *locator* in § 4 wohl deshalb bezeichnet, weil dieser präventiv das Entgelt an den Ertrag anpassen und somit die subjektive Äquivalenz aus Sicht des *conductors* wiederherstellen wollte. Möglicherweise war er sich auch nicht ganz sicher, ob die *sterilitas*[1211]

1207 *Harke*, Locatio conductio (2005) 19. Zu einer Zusammenfassung der bisherigen Literatur siehe ebd. 14 ff.

1208 Nach dem „normalen" Risiko unterscheidet auch *Betti*, Gefahrtragung, SZ 82 (1965) 19.

1209 So *Harke*, Locatio conductio (2005) 21 f. Grund für diese Teilnahme am Nutzungsrisiko sei auch die *obligatio colendi* des *colonus*. Siehe ebd. 25 ff, insbes. 29 sowie zur beschränkten Anwendung des *ius societatis* 30 ff.

1210 Anders sieht etwa *Müller*, Gefahrtragung (2002) 35 in der Konstruktion der *remissio mercedis* bloß ein Schutzinstrument zugunsten des wirtschaftlich schwächeren Vertragspartners.

1211 Diese kann sich sowohl auf den Boden als auch auf die Früchte beziehen und daher unterschiedliche Gründe haben. Vgl. auch *Sizia*, Periculum locatoris, in:

nicht vielleicht doch auf *vis cui resisti non potest* zurückzuführen war[1212], und wollte ein Beweisverfahren sowie eine darauf möglicherweise folgende Verurteilung, nicht riskieren. Hat er daher den *conductor* mit dem freiwilligen Zinsnachlass ruhiggestellt und diesen als Schenkung bezeichnet, so kann unterstellt werden, dass er damit lediglich unterstreichen wollte, dass er einen solchen Nachlass in den Folgejahren nicht zu gewähren gedenkt, es sich daher vielmehr um einen Ausnahmefall handelt, der auf einem besonderem Entgegenkommen seitens des *locator* beruht.

Sind die Folgejahre aber ungewöhnlich ertragreich, so ist die subjektive Äquivalenz wiederum aus Sicht des *locators* gestört; er hat den Nachlass deshalb gewährt, weil er davon ausging, die übrigen Jahre würden nur den gewöhnlichen Ertrag bringen, für den das Entgelt angemessen berechnet wurde (oder möglicherweise sogar lediglich den schlechten Ertrag des Jahres, für welches er den Nachlass gewährt hatte). Kann der Ertrag aber den Misserfolg des Vorjahres ausgleichen, so wäre nun der *conductor* gegenüber der ursprünglichen Vereinbarung ungerechtfertigt bereichert, daher wird dem *locator* eine Nachforderung gestattet[1213]. Handelte es sich jedoch um das letzte Vertragsjahr, so ist die subjektive Äquivalenz nicht gestört, da der *locator* ja über alle Umstände des Falles Bescheid wusste. Gewährt er in einem solchen Fall einen Nachlass und bezeichnet er ihn noch dazu als Schenkung, so ist eine solche in der Tat anzunehmen und damit verbindlich.

Azo beschäftigt sich auch in seiner *Summa Codicis* im Zusammenhang mit C. 4, 65[1214] mit dem Problem der *sterilitas* und einer nachfolgenden *ubertas*, welche zur *compensatio* des Nachteils führt. Er kommt im Anschluss an seinen Lehrer Johannes Bassianus zu dem Ergebnis, dass die *sterilitas* (welche er auf den Fall bezieht, dass die Bauern für ein Pachtjahr „*tempus malum*" bescheinigen[1215]) im Fall der *ubertas* (die erst angenommen wird, sobald die Ernte

---

Studi d'Amelio 1 (1978) 346 ff (unter Heranziehung insbes. v. Plin. nat. 18, 69 u. 16, 47) u. 355 f.

1212 Zum Problem der Zuordnung der *sterilitas* zu *vis cui resisti non potest* oder *vitia ex ipsa re* etwa *Müller*, Gefahrtragung (2002) 49 f mwN.

1213 *Harke*, Locatio conductio (2005) 32 führt aus, dass eine *exceptio pacti* gegen den Anspruch des *locator* als *dolus* zu werten wäre. Dass aus dem vorhandenen Quellenmaterial generell auf eine Durchrechnung geschlossen werden kann, welche bestimmt, ob schlussendlich eine *remissio* zusteht, ist mE nicht ersichtlich.

1214 Siehe die Ausgabe in CGIC 2 (1966) 172.

1215 Die etwa von Roffredus und Odofredus vertretene Gegenposition erkennt nur den totalen Ernteausfall als *sterilitas* an. Erst seit Iacobus de Ravannis wird darunter eine Ernte von weniger als der Hälfte des normalen Ertrags angesehen. Vgl. *Harke*, Locatio conductio (2005) 41 ff.

in einem Jahr doppelt so viel wie gewöhnlich ausmacht)[1216] gewissermaßen nachträglich wegfällt und eine gewährte *remissio* zum *indebitum* macht[1217].

Die relevante Passage für unsere Fragestellung ist die, nach welcher eine Nachforderung stattfinden kann, obwohl zunächst ein Nachlass gewährt wurde. Hierin liegt ein Selbstwiderspruch, der im gegebenen Zusammenhang gestattet wird. Grund ist auch hier wieder eine einschränkende Interpretation der Willenserklärung.

2.23. D. 36, 1, 58: Rückfideikommiss

D. 36, 1, 58 (Papinianus libro septimo responsorum)
Filiam fratribus certis rebus acceptis hereditatem restituere pater voluit: ante restitutam hereditatem in possessionem hereditatis filiam quoque mitti placuit. cum autem interea filii res bonorum in solidum distraxissent, item alias pignori dedissent, hereditate postea restituta constitit ex eo facto ceterarum quoque portionum venditiones, item pignora confirmari.

D. 36, 1, 58 (Papinian im 7. Buch seiner Responsen)
Der Vater wollte, dass die Tochter den Brüdern die Erbschaft gegen Empfang bestimmter Gegenstände restituiert. Vor der Restitution der Erbschaft wurde auch die Tochter in deren Besitz eingewiesen. Weil aber inzwischen die Söhne zum Vermögen gehörige Sachen im Ganzen veräußert und andere zum Pfand gegeben hatten, wurde festgestellt, dass, nachdem nachher die Erbschaft herausgegeben worden war, durch diese Handlung die Verkäufe auch der übrigen Anteile so wie die Verpfändungen bestätigt wurden.

Ein Vater hat seine Tochter mit einem Fideikommiss zugunsten ihrer Brüder belastet. Bedingung für die Herausgabe der Erbschaft ist, dass sie bestimmte Gegenstände erhält. (Auch) sie wird in den Erbschaftsbesitz eingewiesen. Bevor es zur Restitution kommt, haben die Söhne Verfügungen über Nachlassgegenstände getroffen (Veräußerungen und Verpfändungen). Dann gibt die Tochter die Erbschaft heraus. Papinian entscheidet, dass dadurch eine Bestätigung der Verfügungen eintrete.

Der Text spricht vom Willen des Vaters (*pater voluit*), der ohne Einhaltung einer bestimmten Form zur Verpflichtung der Belasteten führt, die Erbschaft bzw. ihre Quote zu „restituieren". Durch die ihr zugewendeten Einzelgegenstände dürfte der Tochter zumindest ein Viertel ihres Erbteiles nach dem Vorbild der „falzidischen Quart" aus dem Nachlass zukommen; sie kann nun nicht mehr erfolgreich geklagt werden, da ihre Erbenstellung auf die Brüder

1216 Hieran knüpften die Erwägungen der Glossatoren, eine *laesio enormis* bei *locatio conductio* anzunehmen. Vgl. *Harke*, Locatio conductio (2005) 43.

1217 Zur Konzeption der *remissio mercedis* bei Azo siehe auch *Capogrossi Colognesi*, Remissio (2005) 108 ff u. *du Plessis*, Remissio (2003) 74 ff.

übergegangen ist (ihr steht im Klagsfall eine *exceptio* zu). Die an die Tochter im Gegenzug herauszugebenden Gegenstände können daher als Singular-Rückfideikommiss zugunsten der trebellianisch restituierenden Erbin betrachtet werden. Zunächst sieht es so aus, als sei die Tochter zur Alleinerbin eingesetzt und mit einem *fideicommissum universalis*[1218] belastet worden, weswegen sie die gesamte Erbschaft übernimmt und dann an ihre nicht zu Erben eingesetzten, aber fideikommissarisch begünstigten Brüder herausgibt; doch deutet die weitere Formulierung des Fragments darauf hin, dass sie (bloße) Miterbin war.

Schon Cuiaz verweist auf das *edictum divi Hadriani*[1219], welches im Zusammenhang mit der *lex Iulia vicesimaria* und der Testamentseröffnung gestanden und geregelt haben dürfte, wie die testamentarisch eingesetzten Erben die Verlassenschaft vor Testamentseröffnung verwalten konnten[1220]. Dass Justinian die Nennung dieses Ediktes hat streichen lassen, ist nicht ganz unwahrscheinlich, wenn man seine Äußerung in C. 6, 33, 3 bedenkt, auf die ebenfalls Cuiaz schon hinweist:

C. 6, 33, 3 pr (Imp Iustinianus A. Iuliano, praefecto praetorio)
Edicto divi Hadriani, quod sub occasione vicesimae hereditatum introductum est, cum multis ambagibus et difficultatibus et indiscretis narrationibus penitus quiescente, quia et vicesima hereditatis a nostra recessit re publica, antiquatis nihilo minus et aliis omnibus, quae circa repletionem vel interpretationem eiusdem edicti promulgata sunt, sancimus, ut, si quis ex asse vel ex parte competenti iudici testamentum ostenderit non cancellatum neque abolitum neque ex quacumque suae formae parte vitiatum, sed quod prima figura sine omni vituperatione appareat et depositionibus testium legitimi numeri vallatum sit, mittatur quidem in possessionem earum rerum, quae testatoris mortis tempore fuerunt, non autem legitimo modo ab alio detinentur, et eam cum testificatione publicarum personarum accipiat. D. XII k. April. Constantinopoli post consulatum Lampadii et Orestis vv. cc. [a. 531]

C. 6, 33, 3 pr (Kaiser Justinian an Julian, Prätorianerpräfekt)
Weil das Edikt des vergöttlichten Handrian, das bei Gelegenheit des Zwanzigsten [Teils] der Erbschaft eingeführt worden ist, mit vielen Ungenauigkeiten und Schwierigkeiten und rücksichtslosen Vorschriften gänzlich unwirksam geworden ist, wie auch der Zwanzigste [Teil] der Erbschaft in unserem Staat abgeschafft und nichtsdestoweniger alles andere, was über die Ergänzung oder Auslegung dieses Edikts bekannt gemacht worden ist, veraltet ist, deswegen verordnen wir, dass, wenn ein ganz oder teilweise eingesetzter Erbe dem zuständigen Richter ein Testament vorgelegt hat, das weder durchgestrichen noch aufgehoben noch in sonst irgendeinem Teil fehlerhaft ist, sondern in seiner gegenwärtigen Gestalt ohne

1218 Vgl. *Tondo*, Convalida (1959) 38 u. allg. *Longchamps de Bérier*, Fedecommesso (1997).
1219 *Cuiaz*, Opera 4 (Benützte Ausgabe: Lyon 1514, 1009 f).
1220 *Lenel*, EP³ (1927) 363.

jeden Fehler erscheint und mit den Ablegungen der gesetzlichen Anzahl von Zeugnissen bekräftigt ist, er in den Besitz desjenigen Vermögens gesetzt wird, das dem Testator zur Zeit seines Todes gehörte und welches nicht von einem anderen auf gesetzliche Weise besessen werden kann, und diesen Besitz soll er unter Bezeugung der öffentlichen Personen erhalten. Gegeben den 21. März 531 in Konstantinopel nach dem fünften Konsulat des Lampadius und des Orestes.

Ist dieses Edikt tatsächlich ursprünglich im Text D. 36, 1, 58 zitiert worden, so lässt das wiederum unterschiedliche Interpretationen zu:

Papinian könnte der Tochter als Alleinerbin die *missio ex edicto* zugestanden haben und den Brüdern als Begünstigte aus dem Fideikommiss diejenige *legatorum servandorum causa*[1221] (sofern es zur Zeit Papinians bereits eine auf das Fideikommiss anwendbare *cautio legatorum* gab)[1222]. Damit stünde auch ihr eine *missio* zu, aber eine andere als ihren Brüdern. Der Eindruck, dass die Formulierung eine Gleichstellung der Schwester mit den Brüdern vermuten lässt, könnte auch durch eine Kürzung des Textes hervorgerufen sein. Durch die Herausgabe treten die Brüder als Miterben an die Stelle der Schwester als ehemalige Alleinerbin (*heredis loco*). „*Ceterarum quoque portionum venditiones item pignora confirmari*" ist dann so zu verstehen, dass nun die Erbteile der Söhne erstmals belastet werden, die deshalb als *ceterae* bezeichnet werden, weil sie zunächst überhaupt nicht existieren (es gibt bis zur Restitution nur den einen „Erbteil", nämlich den der Alleinerbin)[1223].

Es könnte jedoch auch sein (und erscheint als wahrscheinlicher), dass die Tochter neben ihren Brüdern Miterbin ist[1224] und das Fideikommiss nur ihren Erbteil betrifft. Sie wäre daher auch eine Person, die zu der ediktalen *missio* berechtigt ist. Es würde somit eine Situation vorliegen, die mit *Wimmer* als „Präfideikommiss" unter das „uneigentliche Prälegat" einzuordnen wäre[1225]: Die Brüder werden als (Mit-)Erben zusätzlich mit einem Fideikommiss bedacht, nämlich (jeweils anteilig) mit der Erbquote ihrer Schwester, der auch in dieser Variante in Form der „bestimmten Gegenstände" über ein Rückfideikommiss zumindest der „Pflichtteil" zukommt. Hier würden die Brüder zwar auch hinsichtlich der Erbquote ihrer Schwester erst nachträglich zu Miterben, allerdings

---

1221 *Lenel*, EP³ (1927) 369 f.

1222 *Koschaker*, Convalida, Iura 4 (1953) 39; *Kaser*, PR I² (1971) 743 f u. 755; *ders.*, PR II² (1975) 560; *Kaser/Hackl*, ZP² (1996) 428 u. 432.

1223 So *Frezza*, Garanzie, in: Corso 2 (1963) 134.

1224 So auch *Tondo*, Convalida (1959) 37. Er weist darauf hin, dass *hereditas* auch eine bloße Quote bezeichnen könne; ihm folgt *Schanbacher*, Konvaleszenz (1987) 84 Fn 393. Auch die Glosse versteht den Text bereits in diesem Sinne. Siehe Gl. *Filiam fratribus* (D. 36, 1, 58): *Cum quibus erat instituta*. Gl. *Hereditatis* (D. 36, 1, 58): Scil. *Suae partis*.

1225 *Wimmer*, Prälegat (2004) 24 ff, insbes. Fn 122.

wäre wohl nicht ihr Erbteil, sondern nur der von der Schwester zusätzlich erworbene Teil „*ceterum*".

Mit der Frage nach der Konvaleszenz der Verfügungen durch die Brüder beschäftigt sich der zweite Teil der Stelle: Die Brüder haben über einzelne Sachen *in solidum* verfügt (*res bonorum*), und zwar vor der Herausgabe der Erbschaft durch ihre Schwester, aber nach erfolgter *missio*[1226]. Sie haben damit auch die Quote ihrer Schwester an den Sachen verkauft bzw. verpfändet und daher (jedenfalls hinsichtlich des Erbteiles der Schwester) als Nichtberechtigte gehandelt. Es wäre mithin bei nachträglichem Rechtserwerb eine indirekte Konvaleszenz zu erwarten[1227], die nur mittels *exceptio* (*doli* oder *rei venditae et traditae*) geltend gemacht werden kann. „*Venditiones*[1228] *confirmari*" deutet nach *Koschaker* aber auf eine unmittelbare Konvaleszenz hin, die *ipso iure* das Eigentum unmittelbar auf die Erwerber übergehen lässt; deswegen sei hier möglicherweise eine Rechtsmeinung Papinians überliefert, wie sie ansonsten kein anderer klassischer Jurist vertreten hat. Demgegenüber hat *Tondo* mit überzeugenden Argumenten dargelegt, dass mit dem Verb „*confirmari*" lediglich ein praktisches Resultat zum Ausdruck gebracht werde und daraus kein Rückschluss darauf gezogen werden könne, wie dieses realisiert werde[1229].

Was die zeitliche Abfolge anbelangt, so geht *Schanbacher* davon aus, dass zunächst die Brüder durch die *missio ex edictio Hadriani* in den Besitz der Erbschaft eingewiesen werden und über die Nachlassgegenstände durch Veräußerung und Verpfändung verfügen, danach aber auch die Schwester durch eine solche Einweisung den Besitz erlangt und dann gegen Empfang bestimmter Gegenstände restituieren soll. Die Brüder hätten nach dieser Deutung aber die Sachen zur Zeit der Verfügung tatsächlich *in bonis* gehabt (arg: *missio* „*in bonis*") und somit wohl eine Form von „bonitarischem" Eigentum an der Sache übertragen können. Dass sie es gegenüber der miterbenden Schwester nicht durften, wäre dann eine andere Frage. Wird nun nachträglich der Schwester

---

1226 *Koschaker*, Convalida, Iura 4 (1953) 41 geht davon aus, dass der Text derart stark gekürzt und verallgemeinert wurde, dass der originale Inhalt schlicht nicht mehr rekonstruierbar ist. Festgestellt könne nur werden, dass Papinian zwei getrennt zu betrachtende Probleme behandle: Die *missio ex edicto* (*Hadriani*) und die Konvaleszenz. Bereits *Tondo*, Convalida (1959) 39 Fn 7 aE hat jedoch aufgezeigt, dass es sich vielmehr um einen zusammenhängenden Diskurs handelt.

1227 Siehe dazu bereits oben S. 144 ff.

1228 Da das Eigentum mit keinem Wort erwähnt wird, ist nach *Wubbe*, Res aliena pignori data (1960) 101 nicht sicher (oder zumindest für die Entscheidung des Streites nicht entscheidend), dass der Vater Eigentümer der Sachen war.

1229 *Tondo*, Convalida (1959) 41 Fn 10. Mit „*pignora confirmari*" wird lt. *Schanbacher*, Konvaleszenz (1987) 13 das Zuständigwerden einer *actio Serviana utilis* bezeichnet. Für ihn handelt es sich hier um einen Fall der „Teilkonvaleszenz … durch Fortfall des Aktionsmangels". Siehe ebd. 174 Fn 953.

die Erbschaft *in bonis* mittiert, so ändert das nichts an der grundsätzlichen Situation: Die Brüder selbst können sich nun (auch vor der Restitution) nicht gegen den Gläubiger wehren; der Schwester wäre das allerdings schon möglich gewesen[1230]. Restituiert die Schwester die Erbschaft, so stellt sich die Frage, welche Auswirkungen die Restitution auf das Recht der Gläubiger an den Sachen hat. Offenbar hat sie bestätigende Wirkung, da die letzte Rückforderungsmöglichkeit (die der Schwester) nun entfällt[1231].

Was aber ist die Ersthandlung, was die (erlaubte) widersprechende Zweithandlung und wer handelt dementsprechend widersprüchlich? Generell sind die Konvaleszenzfälle eher Beispiele für ein Verbot widersprüchlichen Handelns, da der Erwerber durch ein widersprüchliches Verhalten seines Vormannes (der zunächst als Nichtberechtigter veräußert und nachträglich zum Rechtsinhaber wird) nicht Schaden nehmen soll. Würde es dem Verfasser der Brocardica *aurea* hier darum gehen, dass die Söhne als diejenigen, die die unwirksame Rechtseinräumung vorgenommen haben, ihren Vertragspartnern etwas streitig machen wollen, fände man den Text unter den „*argumenta pro*".

Im Text als *factum* bezeichnet wird die Restitution und diese führt zur Confirmation. Die Restitution wird durch die Schwester vorgenommen. Doch welches Verhalten der Tochter könnte ein von ihr vorgenommenes – und zulässiges – widersprüchliches Verhalten sein? Es käme lediglich der Antrag auf Besitzeinweisung als Ersthandlung in Frage, woraufhin sie die Gegenstände als Zweithandlung an ihre Brüder restituiert. Dass sie restituieren kann, darf und muss steht außer Frage. Als *factum* bezeichnet wäre dann das Zweitverhalten; es geht jedoch beim Verbot von *venire contra factum proprium* um ein Erstverhalten als *factum*, gegen welches nicht nachträglich vorgegangen werden darf. Es dürfte daher nicht das im Text ausdrücklich als solches bezeichnete *factum* sein, welches hier den Selbstwiderspruch betrifft.

Die Antwort auf unsere Frage könnte in einem Verständnis der Stelle zu finden sein, wie es die Glosse ihr zugrunde legt. Zu *mitti placuit* wird dargelegt, dass Brüder, nachdem sie der Schwester den Erbschaftsbesitz herausgegeben haben, ihr die Erbschaft wieder abnehmen können, indem sie sich auf ihre Restitutionspflicht aus dem Fideikommiss berufen. Darin liegt ein erlaubtes widersprüchliches Verhalten[1232]. Die widersprüchlich Handelnden wären daher die Brüder; der entscheidende Punkt für die Einordnung des Textes an dieser Stelle dürfte jedoch nicht in der Konvaleszenzproblematik und damit

---

1230 So auch *Wubbe*, Res aliena pignori data (1960) 100.

1231 Vgl. für einen vergleichbaren Fall, in welchem ebenfalls nur einer bestimmten Person ein Rückforderungsrecht zukommt, dieses jedoch nachträglich wegfällt (dort durch den Tod der Berechtigten), oben Kapitel 1.24.

1232 Vgl. Gl. *Mitti placuit* (D. 36, 1, 58).

dem Verhältnis der Brüder zu ihren Gläubigern liegen, sondern vielmehr im Verhältnis der Brüder zur Schwester.

Ein anderer Fall von *missio in bona* ist im folgenden Text Thema, hier kommt auch wieder ein Fall von *paenitentia*[1233] zur Sprache:

2.24. D. 42, 3, 5: Aufhebung der *missio in bona* durch nachträgliche *defensio*

D. 42, 3, 5 (Paulus libro quinquagensimo sexto ad edictum)
Quem paenitet bonis cessisse, potest defendendo se consequi, ne bona eius veneant.

D. 42, 3, 5 (Paulus im 56. Buch zum Edikt)
Wer es bereut, das Vermögen übertragen zu haben, kann durch Verteidigung erreichen, dass sein Vermögen nicht versteigert wird.

Dem Schuldner wird gestattet, durch nachträgliche Verteidigung eine Versteigerung des von ihm selbst übertragenen Vermögens zu verhindern. Es geht also um eine weitere Form der *missio in bona* – während der letzte Text (D. 36, 1, 58) eine solche im Zusammenhang mit der Erbschaft bespricht, handelt es sich hier um eine Vermögenseinweisung im Insolvenzfall.

Bei der *cessio bonorum*[1234] tritt ein Schuldner, der zahlungsunfähig ist, sein Vermögen an seine Gläubiger ab[1235]. Diese Abtretung erfolgt durch eine formlose Erklärung des Schuldners, aufgrund derer der zuständige Magistrat die *missio in bona* zugunsten der Gläubiger vornimmt. Durch seine Erklärung verliert der Schuldner die Verfügungsgewalt über sein Vermögen, allerdings erwerben die Gläubiger dadurch kein Recht daran, sondern nur die Befugnis, vom Prätor die *missio in bona* zu verlangen, aufgrund derer sie sodann die

---

1233 Siehe dazu schon oben S. 332 ff.

1234 Zur umstrittenen Frage, ob diese durch Augustus oder Cäsar eingeführt wurde, vgl. etwa *Behrends*, Zwölftafelprozess (1974) 175 mit Fn 310. Zur *lex Iulia iudicium privatorum* vgl. Gai. 3, 78; *Wlassak*, Cessio bonorum, RE III.2 (1899) 1995 f. Grundlegend zu *cessio bonorum*: *Guénoun*, Cessio bonorum (1920) und rezenter *Segura*, Cessio bonorum (2005) 3 ff zum römischen Recht.

1235 Gegen das in der älteren Literatur vor allem von *Wlassak*, Cessio bonorum, RE III.2 (1899) 1999 und *Woeß*, Personalexekution, SZ 43 (1923) 505 ff aber auch zumindest unentschlossen noch *Milella*, Casus, Labeo 33 (1987) 282 mwN in Fn 46 angenommene Verschuldenskriterium für die Zulässigkeit der *cessio bonorum* siehe *Behrends*, Zwölftafelprozess (1974) 176 mit Fn 319; *Pakter*, Cessio bonorum, Index 22 (1994) 328 ff; sowie *Kroppenberg*, Insolvenz (2001) 310 ff, insbes. 314 mit Fn 116. Im Ergebnis dürfte wohl nur dem betrügerischen Bankrotteur diese Möglichkeit nicht offengestanden sein, bei sonstigem Verschulden jedoch sehr wohl.

venditio bonorum erwirken können[1236]; daraufhin können sie das Vermögen in Bausch und Bogen verkaufen und sich vom Erwerber eine Quote ihrer Forderung gegen den Schuldner auszahlen lassen[1237].

Diese *missio* kann jedoch aufgehoben werden, wenn der Schuldner nachträglich die Defension aufnimmt[1238]. Diese Möglichkeit hat der Schuldner bis zum Verkauf seiner Güter; damit macht er die Abtretung einem, mehreren oder allen Gläubigern gegenüber rückgängig: Bei *litis contestatio* übernimmt er den Prozess über die angemeldeten Forderungen[1239].

Beleg für diese Form eines Reurechts bzw. dessen Ausübung ist – neben D. 42, 3, 5 aus dem Ediktskommentar des Paulus – auch D. 42, 3, 3 aus Ulpians Ediktskommentar, der mit unserem Text in der Literatur deshalb stets in einem Atemzug genannt wird:

> *D. 42, 3, 3 (Ulpian libro quinquagensimo octavo ad edictum)*
> *Is, qui bonis cessit, ante rerum venditionem utique bonis suis non caret: quare si paratus fuerit se defendere, bona eius non veneunt.*

> D. 42, 3, 3 (Ulpian im 58. Buch zum Edikt)
> Der, der sein Vermögen abgetreten hat, verliert vor dem Verkauf der Sachen sein Vermögen nicht: Deshalb wird sein Vermögen nicht versteigert, wenn er bereit war, es zu verteidigen.

Es besteht für einen *indefensus* generell die Möglichkeit, durch nachträgliche Übernahme der Defension der Vermögensvollstreckung jederzeit ein Ende zu machen[1240].

Die *cessio bonorum* kann als nachgeformtes Verfahren aufgefasst werden, das die Rechtsfolgen der Indefension nützt; hier bestehen hinsichtlich der Technik, eine bestimmte Rechtsfolge durch einen nachgeformten Prozess zu erreichen, durchaus Parallelen zur Konstruktion der *in iure cessio*: Während dort das Ziel der Vindikation durch stillschweigenden Defensionsverzicht erreicht wird, verfolgt man hier das Ziel des Haftungszugriffs auf das Vermögen durch ausdrücklichen Defensionsverzicht (durch Erklärung vor dem Magistrat).

1236 *Wlassak*, Cessio bonorum, RE III.2 (1899) 1997 f. Vgl. auch *Rotondi*, Bonorum venditio, in: XIV Centenario (1938) 118 Fn 79.

1237 *Woeß*, Personalexekution, SZ 43 (1923) 520.

1238 *Kaser/Hackl*, ZP² (1996) 406 mit Fn 11.

1239 *Wlassak*, Cessio bonorum, RE III.2 (1899) 1998.

1240 *Lenel*, EP³ (1927) 410. Siehe auch ebd. Fn 7, in welcher er seinen Meinungswechsel zur Erstauflage begründet, da er dort ein nicht begründetes *argumentum e contrario* aus D. 42, 3, 3 und 5 gezogen habe, welches dazu führte, dass er eine generelle Gleichstellung des *indefensus* mit dem *iudicatus* annahm. Diese Gleichstellung sieht er nur noch hinsichtlich der Zulässigkeit der Personalexekution gegen denjenigen, der *certae pecuniae iudicatus*, *confessus* oder *indefensus* ist, als gegeben.

Dieser ist jedoch keine *confessio*, sondern dient nur der Klarstellung der Obligation und somit allenfalls als Beweismittel[1241].

Gai. 3, 78[1242] nennt die *cessio bonorum* neben dem *iudicatum* als selbständigen Exekutionsgrund. Nach Abschluss der Vermögensvollstreckung unterscheidet sich die Stellung eines *indefensus* bei der *cessio bonorum* von der eines *iudicatus* nicht mehr. Vor Abschluss derselben konnte der *indefensus* bei der *cessio bonorum* diese aber durch „schlichte Defenionsübernahme gegenüber dem ja nur vorläufig anerkannten Anspruch" zurücknehmen[1243] und insofern widersprüchlich handeln.

Die Abtretungserklärung bezeichnet denn auch *Kaden* als ein „reines Defensivgeschäft ohne Übernahme einer besonderen Verbindlichkeit"[1244]. Bereut der Betreffende diesen Schritt, kann er insofern ein Reurecht (*paenitentia*) ausüben, als er ihn durch schlichte Aufnahme der Verteidigung gegenstandslos machen kann; dadurch wird der Prozess eingeleitet und er kann die Vermögensversteigerung (jedenfalls vorläufig) verhindern. Wird er in dem Verfahren jedoch verurteilt, kann er ihr im Ergebnis nicht entgehen bzw. hat er dann auch noch eine Personalexekution zu befürchten[1245]. Dieses Risiko einzugehen soll aber ihm selbst überlassen bleiben. Möglicherweise spielt auch hier der bereits bei der Untersuchung anderer Texte angesprochene Gedanke eine Rolle, dass man auf etwas, was zum eigenen Vorteil bestimmt wurde, auch verzichten kann[1246].

1241 *Behrends*, Zwölftafelprozess (1974) 176 Fn 318 (allerdings mit Interpolationsannahmen, die vorliegend nicht geteilt werden).

1242 *Bona autem veneunt aut vivorum aut mortuorum: vivorum, velut eorum, qui fraudationis causa latitant nec absentes defenduntur; item eorum, qui ex lege Iulia bonis cedunt; item iudicatorum post tempus, quod eis partim lege xii tabularum, partim edicto praetoris ad expediendam pecuniam tribuitur. mortuorum bona veneunt velut eorum, quibus certum est neque heredes neque bonorum possessores neque ullum alium iustum successorem existere.*

1243 *Behrends*, Zwölftafelprozess (1974) 176.

1244 *Kaden*, Rez. Püschel, SZ 45 (1925) 539.

1245 Die Personalhaft ist bei der *cessio bonorum* ausgeschlossen. Außerdem hat sie keine infamierende Wirkung, was dieses Rechtsinstitut für den Schuldner besonders attraktiv macht. Zum Nebeneinander von Personalexekution und *cessio bonorum* in der Praxis des römischen Rechts vgl. *Woeß*, Personalexekution, SZ 43 (1923) 485 ff und insbes. zum Druck auf den Schuldner durch Personalexekution, sein Vermögen zu übertragen, da der *addictus* durch die *ductio* die Verfügungsmacht nicht verliert und daher diese Übertragung durchführen kann, ebd. 503 u. 505.

1246 Vgl. dazu auch Jul. 45 dig., D. 4, 4, 41: ... *quia unicuique licet contemnere haec, quae pro se introducta sunt* ... (dazu unten Abschnitt VI, Kapitel 1.2) und für das justinianische Recht C. 2, 3, 29, 1: ... *regula est iuris antiqui omnes licentiam habere his quae pro se introducta sunt renuntiare* (dazu oben S. 56 mit Fn 69).

Ein ganz anderer Fall interessiert im nächsten Text, der sich allerdings immerhin auch mit einer Form des erlaubten Widerrufs beschäftigt:

2.25. D. 43, 26, 12 pr: *Precarium ad tempus*

D. 43, 26, 12 pr (Celsus libro vicensimo quinto digestorum)
Cum precario aliquid datur, si convenit, ut in kalendas Iulias precario possideat, numquid exceptione adiuvandus est, ne ante ei possessio auferatur? sed nulla vis est huius conventionis, ut rem alienam domino invito possidere liceat.

D. 43, 26, 12 pr (Celsus im 25. Buch seiner Digesten)
Wenn man zu dem Zeitpunkt, als etwas zum Prekarium gegeben wird, vereinbart, dass es bis zum ersten Juli als Prekarium besessen werden kann, wird dann mit einer Einrede geholfen, damit ihm nicht vorher der Besitz weggenommen werden kann? Aber diese Vereinbarung, dass jemand eine fremde Sache gegen den Willen des Eigentümers besitzen darf, ist ohne Kraft.

Die jederzeitige Widerruflichkeit ist Wesenselement des Prekariums. Dieser Text stellt insofern einen Sonderfall dar, als eine Frist vereinbart wurde. Verlangt der Eigentümer vor Ablauf dieser Frist die Sache zurück, so steht dem Prekaristen jedoch keine *exceptio* zu. Die Begründung des Juristen lautet, dass die Vereinbarung, Besitz gegen den Willen des Eigentümers zu gewähren, nichtig sei[1247].

Das Prekarium nimmt in vielerlei Hinsicht eine Sonderstellung ein: Es ist kein *contractus*, sondern wird als bloße Tatsache qualifiziert; es bietet dem Fremdbesitzer jedoch die außergewöhnliche Möglichkeit, sich durch ein Besitzinterdikt gegen Dritte zu wehren; es führt aber zu fehlerhaftem Besitz gegenüber dem *precario dans*; es ist unentgeltlich und grundsätzlich frei widerruflich[1248]. *Kaser* bezeichnet es daher als „lockeres Leiheverhältnis“[1249] bzw. als „wirkliches Leihverhältnis von eigener Art“[1250].

Die freie Widerruflichkeit ist wohl auch das Hauptargument, sich dieses Rechtsinstituts zu bedienen; andernfalls gäbe es schließlich auch noch das ebenfalls unentgeltliche *commodatum*. In einzelnen Fällen findet jedoch eine

---

1247 Eingehend beschäftigt hat sich mit diesem Text auch *Zamorani*, der ihn allerdings im Anschluss an *Albertario* für völlig von Interpolationen zersetzt hält. Siehe *Zamorani*, Precario habere (1969) 171 f Fn 17; *Steinwenter*, Precarium, RE XII.2 (1954) 1814 ff; *Albertario*, Possesso romano, BIDR 40 (1932) 32 Fn 2.

1248 *Kaser*, Precarium, SZ 89 (1972) 94. Vgl. *Steinwenter*, Precarium, RE XII.2 (1954) 1814 ff. Siehe auch *Harke*, Prekarium (2016) 16.

1249 *Kaser*, Precarium, SZ 89 (1972) 96.

1250 *Kaser*, Precarium, SZ 89 (1972) 111.

Verbindung mit anderen Verträgen statt, welche die freie Widerruflichkeit des Prekariums „ausschalten“ können soll[1251].

Der Text D. 43, 26, 12 pr ist einer von insgesamt vier, die von Celsus zum *precarium* erhalten sind; allesamt wurden sie aus dessen *libri digestorum* entnommen und zwei von ihnen unter dem Titel *de precario* in die Digesten eingeordnet. Einer von diesen beiden ist der an dieser Stelle zu besprechende, der andere, diesem in den Digesten unmittelbar vorangehende, steht im Zusammenhang mit der bittweisen Überlassung der Pfandsache (bzw. der im Rahmen einer *fiducia* übertragenen Sache)[1252] an den Schuldner:

> *D. 43, 26, 11 (Celsus libro septimo digestorum)*
> *Si debitor rem pigneratam precario rogaverit, soluta pecunia precarium solvitur: quippe id actum est, ut usque eo precarium teneret.*
>
> D. 43, 26, 11 (Celsus im siebenten Buch seiner Digesten)
> Wenn der Schuldner eine verpfändete Sache als Prekarium anfragt, löst sich das Prekarium mit Leistung des Geldes auf, weil es abgemacht ist, dass das Prekarium bis dahin aufrecht sein soll.

Auch in diesem Text findet sich eine Vereinbarung, welche auf die Dauer des Prekariums bezogen ist. Hier erlangt sie aber insofern Wirksamkeit, als der Zweck, der hinter dem Prekarium steht, mit der Schuldtilgung erlischt[1253]. Wie *Biavaschi* festgestellt hat, begegnet daher bei Celsus erstmals die Überlegung, ein Prekarium auf eine bestimmte Zeit zu vereinbaren[1254].

Einschlägig für das *precarium ad tempus* sind darüber hinaus etwa die aneinander anschließenden Texte von Pomponius (dessen Lehrer, neben Neratius Priscus, möglicherweise auch Celsus war)[1255] und dem Spätklassiker Ulpian im selben Titel:

> *D. 43, 26, 4, 4 (Ulpianus libro septuagensimo primo ad edictum)*
> *Item qui precario ad tempus rogavit, finito tempore, etiamsi ad hoc temporis non rogavit, tamen precario possidere videtur: intellegitur enim dominus, cum patitur eum qui precario rogaverit possidere, rursus precario concedere.*
>
> *D. 43, 26, 5 (Pomponius libro vicensimo nono ad Sabinum)*
> *Sed si manente adhuc precario tu in ulterius tempus rogasti, prorogatur precarium: nam nec mutatur causa possessionis et non constituitur eo modo precarium,*

1251 *Kaser*, Precarium, SZ 89 (1972) 111 f, insbes. 114 zur Verbindung mit einer *locatio conductio* bzw. *emptio venditio*. Vgl. *Harke*, Prekarium (2016) 37.

1252 Vgl. *Biavaschi*, Precarium (2006) 158.

1253 *Kaser*, Besitzpfand, SDHI 45 (1979) 43 Fn 155. Für die Frage nach dem „*id quod actum est*“ im Vertragsrecht erscheinen die Stellen zum *precarium* nicht bedeutsam: *Babusiaux*, Id quod actum est (2006) 223 Fn 1071.

1254 *Biavaschi*, Precarium (2006) 163.

1255 *Honoré*, Gaius (1962) 21 ff.

sed in longius tempus profertur. si vero praeterita die rogas, propius est, ut soluta iam causa precarii non redintegretur, sed nova constituatur.

D. 43, 26, 4, 4 (Ulpian im 71. Buch zum Edikt)
Ebenso wird, wer ein Prekarium auf Zeit angefragt hat, nach Ablauf der Zeit, wenn er auch für diese Zeit nicht gebeten hat, dennoch so betrachtet, als würde er das Prekarium besitzen: Es wird nämlich angenommen, dass der Eigentümer, der den, der das Prekarium angefragt hat, besitzen lässt, das Prekarium nochmals überlässt.

D. 43, 26, 5 (Pomponius im 29. Buch zu Sabinus)
Aber wenn du irgendwann während des Prekariums für weitere Zeit angefragt hast, wird das Prekarium verlängert: Denn die *causa possessionis* wird nicht verändert und es wird nicht auf diese Weise ein Prekarium begründet, aber für längere Zeit ausgedehnt. Wenn du aber nach der Frist fragst, ist es eher so, dass die bereits aufgelöste *causa precarii* nicht erneuert, sondern eine neue begründet wird.

Auch hier wurden bestimmte Fristen für eine bittweise Überlassung vereinbart; diese können einerseits verlängert und andererseits auch neu begründet werden. Freilich sagen die Texte nichts über die Frage aus, was bei einer tatsächlichen Rückforderung durch den *dominus* zu geschehen hätte[1256]; lediglich der Interdiktenschutz Dritten gegenüber wird weiterhin gewährt.

Die angesprochene und schlussendlich nicht zugestandene *exceptio* in D. 43, 26, 12 pr dürfte eine *exceptio pacti* sein, welche der Prekarist anstrengt, um sich auf die formlose Abrede zu berufen, die zwischen ihm und dem Kläger getroffen wurde[1257]. Auch denkbar wäre eine *exceptio doli* unter Berufung darauf, dass es *dolos* erscheint, zunächst eine gewisse Frist zuzusagen und dann vorzeitig zurückzufordern[1258]. Fraglich ist nun, warum diese *exceptio doli* bzw. *pacti* nicht zugelassen wird; der Grund dürfte in der Rechtsnatur des Prekariums als bloßer Tatsache zu suchen sein: Da dieses als Grundverhältnis schon keinen wie immer geartete Anspruch gegen den *precario dans* auf

1256 *Kaser*, Precarium, SZ 89 (1972) 116 sieht in diesen Texten allerdings einen Beleg für die bindende Kraft der Zeitabrede.

1257 Als *pactum* würde auch *Zamorani*, Precario habere (1969) 175 die Vereinbarung deuten. Die Frage nach der *exceptio pacti* wirft auch *d'Ors* auf: *d'Ors*, DPR[9] (2002) 461 Fn 2, freilich mit weitgehenden Interpolationsannahmen. Im Zusammenhang mit der *emptio venditio* bespricht auch *Mohino Manrique*, Pactos (2006) 65 f den Text. Vgl. zur rhetorischen Argumentation des Celsus: *Parra Martín*, Argumentación retórica (2005) 267. *Harke*, Argumenta Iuventiana (1999) 42 Fn 145 sieht bei Celsus in Fr. 12 jedoch vielmehr deduktive Entscheidungsbegründungen verwirklicht (aus dem zitierten Fr. 12 entnimmt er jedoch eine Stelle aus § 1, ohne dies im Zitat näher zu spezifizieren).

1258 Unentschieden zwischen diesen Einreden auch *Kaser*, Precarium, SZ 89 (1972) 114; zur Abgrenzung zwischen den beiden Einreden siehe oben S. 52 ff.

das Haben der Sache gewährt, kann auch eine Fristvereinbarung als *pactum adiectum* nicht helfen.

Anders ist die Lage, wenn das Prekarium an sich schon Nebenvereinbarung ist, etwa zu einer *locatio conductio*, denn hier kann der *precario dans* schon aus diesem der Bittleihe zugrundeliegenden Vertragsverhältnis verpflichtet sein, das Widerrufsrecht nicht auszuüben[1259].

Die Widersprüchlichkeit des Verhaltens liegt klar auf der Hand: Zunächst wird eine gewisse Zeitspanne zugesagt, die schlussendlich nicht eingehalten wird. Aufgrund der besonderen rechtlichen Beurteilung des Prekariums, dem als reine Gefälligkeit[1260] das Widerrufsrecht wesenshaft immanent ist, erscheint ein solches auch den dazu getroffenen Nebenabreden immanent. Somit ist ein Selbstwiderspruch mangels Bindungswirkung des Vorverhaltens hier erlaubt.

Die bereits mehrfach erwähnte „*paenitentia*" ist auch Grund für einen möglichen Widerruf im folgenden Fall:

2.26. D. 47, 12, 3, 10: *Paenitentia* des privilegiert Klagsbefugten bei der *actio de sepulchro violato*

> *D. 47, 12, 3, 10 (Ulpianus libro vicensimo quinto ad edictum praetoris)*
> *Si is cuius interest sepulchri violati agere nollet, potest paenitentia acta, antequam lis ab alio contestetur, dicere velle se agere et audietur.*
>
> D. 47, 12, 3, 10 (Ulpian im 25. Buch zum Provinzialedikt)
> Wenn der, der das Interesse hat, die *actio sepulchri violati* nicht einbringen will, kann er als Akt der Reue, bevor der Streit von jemand anderem begründet wird, sagen, er möchte selbst klagen und wird gehört werden.

Riechelmann teilt diesen kurzen Text in fünf zeitliche Ebenen ein: „Nach (1. Ebene) erklärter Reue (*actus esset* = er/sie/es wäre getan worden = Plusquamperfekt), (3. Ebene) kann der, der (2. Ebene) nicht würde klagen wollen (= Imperfekt), (3. Ebene) sagen, dass er klagen will, und er (4. Ebene) wird gehört werden, bevor (5. Ebene) der Streit von einem anderen befestigt werden wird"[1261].

Diese Gliederung ist nicht unbedingt als falsch zu verwerfen, erscheint aber doch etwas komplizierter als nötig. Wenn ein zeitliches Ablaufschema entwickelt werden soll, so ist eine Einteilung in zwei, maximal drei Abschnitte völlig ausreichend: Die erste Schicht wäre die Entscheidung des vorrangig Berechtigten, nicht klagen zu wollen; die letzte ist das Ausüben des Reurechts mittels

---

1259 *Kaser*, Precarium, SZ 89 (1972) 108 u. S. 111 f, zur Verbindung mit einer *locatio conductio* bzw. *emptio venditio* siehe ebd. insbes. S. 114.

1260 Vgl. dazu auch *Lydorf*, Leihe und Prekarium, SZ 129 (2012) 598 u. 600.

1261 *Riechelmann*, Paenitentia (2005) 118.

Klagserhebung durch den, *cuius interest*; dazwischen kann eventuell eine mittlere zeitliche Ebene hinsichtlich des Tätigwerdens eines Dritten, welches jedoch noch nicht bis zur *litis contestatio* gediehen ist, angenommen werden.

Der Text ist insofern bemerkenswert, als ein Problem der (subsidiären) allgemeinen Aktivlegitimation zur *actio de sepulchro violato*[1262] als Popularklage[1263] nur hier angesprochen wird. Diese privatrechtliche Klage zum Schutz der mit einem Leichnam belegten Grabstätte (die bei einer Bestattung durch den privaten Eigentümer als *res religiosae* aus dem Privatrechtsverkehr ausscheidet) führt im Falle einer Verurteilung zur Auferlegung einer Geldbuße[1264] und Infamie[1265]. *Casavola* sieht in der *actio de sepulchro violato* überhaupt den Prototyp der Popularklage, da nur bei ihr im Ediktstext[1266] ausdrücklich erwähnt sei, dass die Verurteilung zugunsten des Klägers (und nicht etwa des Staates oder der Gemeinde[1267]) erfolge[1268]. Dieses Kriterium – wie auch die Regel, dass unter mehreren Berechtigten derjenige auszuwählen ist, der das größte Interesse an der Sache hat – sei bei den übrigen Popularklagen in der Folge als Selbstverständlichkeit weggelassen worden. Die römischen Popularklagen seien aber nicht im modernen Sinne „popular", sondern deutlich komplexer und variabler zu verstehen[1269]. So sei im Fall der *actio de sepulchro*

1262 *Kaser*, PR I² (1971) 378 ff.

1263 Vgl. Ulp. 25 ad ed. praet., D. 47, 12, 3, 12: *Haec actio popularis est.*

1264 Macer 2 publ. iudic., D. 47, 12, 9: *De sepulchro violato actio quoque pecuniaria datur.*

1265 Ulp. 2 ad ed. praet., D. 47, 12, 1: *Sepulchri violati actio infamiam irrogat.*

1266 Ulp. 25 ad ed praet., D. 47, 12, 3 pr: *Praetor ait: "cuius dolo malo sepulchrum violatum esse dicetur, in eum in factum iudicium dabo, ut ei, ad quem pertineat, quanti ob eam rem aequum videbitur, condemnetur. si nemo erit, ad quem pertineat, sive agere nolet: quicumque agere volet, ei centum aureorum actionem dabo. si plures agere volent, cuius iustissima causa esse videbitur, ei agendi potestatem faciam. si quis in sepulchro dolo malo habitaverit aedificiumve aliud, quamque sepulchri causa factum sit, habuerit: in eum, si quis eo nomine agere volet, ducentorum aureorum iudicium dabo."* Vgl. auch *Lenel*, EP³ (1927) 228 f, der aufgrund der Formel *in bonum et aequum* eine *condemnatio* mit dem Inhalt „*quanti ob eam rem aequum iudici uidebitur Nm Nm Ao Ao condemnari*" vermutet. *Kaser*, Actiones populares, Labeo 4 (1958) 342 dagegen geht von zwei Formeln aus: Einer zugunsten der nächsten Interessenten auf *quantum ob eam rem aequum videbitur* und einer zugunsten jedermanns auf eine feste Geldbuße.

1267 Daraus schließt *Casavola*, Azioni popolari (1958) 97 ff, dass die *actiones populares* ausschließlich Individualinteressen schützten und nicht von öffentlichem Interesse waren. Ihm folgt *Kaser*, Actiones populares, Labeo 4 (1958) 341 u. 345. Dagegen *Jahr*, Rez. Casavola, SZ 77 (1960) 478.

1268 *Casavola*, Azioni popolari (1958) 55 f. Für einen Überblick zur älteren Literatur zu den Popularklagen siehe im Übrigen *ders.*, Azioni popolari, Labeo 1 (1955) 131 ff.

1269 Vgl. auch *Jahr*, Rez. Casavola, SZ 77 (1960) 472 ff.

violato zunächst nur der unmittelbar Betroffene legitimiert und nur etwa bei dessen Abwesenheit oder Verzicht irgendein anderer[1270].

Ein „Interesse" im Rechtssinn liegt üblicherweise in dem „Unterschied der gegenwärtigen und einer hypothetischen Vermögenslage", dh in der „Summe dessen, was der durch ein schädigendes Ereignis Verletzte mehr haben würde, wenn die Verletzung nicht geschehen wäre"[1271]. Im Zusammenhang mit der *actio de sepulchro violato*[1272] hat „*interesse*" nach den Erkenntnissen von *Medicus* jedoch „einen anderen Sinn als gewöhnlich". Er meint, dass sich „allenfalls an das heutige Schmerzengeld" denken lässt, da „die Formel bis zur Berücksichtigung immaterieller Momente gesteigert" sei[1273]. Anhand dieses Beispiels ließe sich besonders gut demonstrieren, dass „*interesse* selbst für den Spätklassiker Ulpian noch keine feststehende technische Bedeutung"[1274] gehabt habe.

Aufgrund der Formulierung „*audietur*" am Ende des Textes behandelt *Riechelmann* ihn unter dem Gesichtspunkt der Gewährung des „rechtlichen Gehörs". Im Anschluss an *Wacke*, der dieser Wendung zuschreibt, sie besage, dass die Partei mit ihrem Vorbringen nicht nur „gehört" wird, sondern sogar „durchdringen" soll[1275], stellt er fest, dass es einerseits keinen *terminus technicus* für das Gehörprinzip im römischen Recht gebe und andererseits in den Fällen, in denen es dennoch als verwirklicht angesehen werden könne, keine Drittbeteiligung vorliege[1276]. Am Ende seiner Exegese kommt *Riechelmann* zu dem Schluss: „Die *paenitentia acta* in D. 47, 12, 3, 10 bezeichnet den Widerruf des privilegiert Klageberechtigten seines zuvor dem Prätor auf Anfrage

1270 Frauen und *pupilli* waren darüber hinaus nur beschränkt klageberechtigt, was sich nach *Jahr*, Rez. Casavola, SZ 77 (1960) 479 daraus ergibt, dass „die Klagelegitimation nur dem auch öffentlich vollberechtigten Bürger" zugesprochen wurde. Zur Erklärung dieses Phänomens aus der individuellen Autonomie des einzelnen Menschen, die dadurch gewahrt sei, dass der Vormund als Vertreter der Familieninteressen seine *actoritas* erteilt, siehe *Casavola*, Azioni popolari (1958) 102 ff.

1271 *Heumann/Seckel*, Art. Interesse, Handlexikon[11] (1971) 280.

1272 Insbes. hinsichtlich der §§ 8 u. 9 des hier besprochenen Fragments: § 8 *Qui de sepulchri violati actione iudicant, aestimabunt, quatenus intersit, scilicet ex iniuria quae facta est, item ex lucro eius qui violavit, vel ex damno quod contigit, vel ex temeritate eius qui fecit: numquam tamen minoris debent condemnare, quam solent extraneo agente.* § 9 *Si ad plures ius sepulchri pertineat, utrum omnibus damus actionem an ei qui occupavit? Labeo omnibus dandam dicit recte, quia in id, quod uniuscuiusque interest, agitur.*

1273 Siehe auch Pap. 8 quaest., D. 47, 12, 10, nach welchem auch ein Noterbe, der sich mit dem Nachlass nicht befasst hat, privilegierter Kläger der *actio de sepulchro violato* ist.

1274 *Medicus*, Id quod interest (1962) 279 f.

1275 *Wacke*, Audiatur et altera pars, in: FS Waldstein (1993) 377.

1276 *Riechelmann*, Paenitentia (2005) 117.

kundgetanen Entschlusses, nicht klagen zu wollen, und erfolgt in Form eines Antrags auf Erteilung einer *actio*"[1277].

Die von *Riechelmann* vermutete Anfrage lässt sich eigentlich nur in Form einer *interrogatio in iure* denken, die jedoch an sich das Verhältnis zwischen Kläger und Beklagten als Prozessbeteiligten klarstellen soll und nicht Befragung eines Dritten ist[1278]. Es bliebe nur noch eine Form der Zeugeneinvernahme, die hier als Instrument der Feststellung von Tatsachen, die zur Klärung der materiellen Rechtslage nötig sind, ebenfalls als nicht passend erscheint.

Vielmehr ist im konkreten Fall eine (nicht verpflichtende) bloße Information über die Grabverletzung bzw. Verfahrenseinleitung durch einen Dritten wahrscheinlich, aufgrund derer der Privilegierte die Wahl treffen kann, ob er sein Vorrecht geltend machen will oder nicht[1279]. Hätte er sich dafür entschieden, hätte er unmittelbar Klage erhoben und wohl nicht zuerst ausdrücklich die Annahme erklärt. Da er sich dagegen entschieden hat, ist Schweigen während einer bestimmten Frist (sodass es als später bereute „Entscheidung" gelten kann) ebenso denkbar wie eine formlose ablehnende Erklärung. Hätte der Prätor einem schlechter berechtigten Kläger die *actio* erteilt, so wäre das Klagerecht auch für den Privilegierten konsumiert gewesen[1280]. Da es dazu aber nun noch nicht gekommen ist und der Privilegierte doch noch aktiv wird, kommt infolge seines Klageantrages mit ihm und nicht mit dem schlechter Berechtigten die *litis contestatio* zustande.

Der Widerspruch liegt in der Betätigung der *paenitentia*, mit der das *agere nollet* „zurückgenommen" wird – sei es, dass eine oder beide Erklärungen ausdrücklich erfolgen, oder auch dass eine oder beide konkludent aus den sonstigen Umständen zu schließen ist bzw. sind. Dieser Selbstwiderspruch

---

1277 *Riechelmann*, Paenitentia (2005) 119.

1278 Siehe zur *interrogatio in iure* und auch zur Bindungswirkung der darauf gegebenen Antwort oben S. 317 f.

1279 So formuliert *Wacke*: „Die Pflicht zur Gewährung rechtlichen Gehörs bedeutet nicht, jeden von der Entscheidung Betroffenen stets zuvor anzuhören. Ihm muss nur die Gelegenheit zur Stellungnahme gegeben werden." *Wacke*, Audiatur et altera pars, in: FS Waldstein (1993) 378. Die Gelegenheit zur Stellungnahme aber besteht auch bei bloßer Information, dazu bedarf es keiner förmlichen Befragung.

1280 Vgl. Iul. 10 dig., D. 47, 12, 6: *Sepulchri violati actio in primis datur ei, ad quem res pertinet. quo cessante si alius egerit, quamvis rei publicae causa afuerit dominus, non debebit ex integro adversus eum, qui litis aestimationem sustulerit, dari. nec potest videri deterior fieri condicio eius, qui rei publicae causa afuit, cum haec actio non ad rem familiarem eiusdem, magis ad ultionem pertineat.* Ist daher die *litis contestatio* bereits zustandegekommen, so steht der Strafzweck offenbar über dem Zweck der Erlangung der Buße durch den an sich Privilegierten. *Kaser*, Actiones populares, Labeo 4 (1958) 343.

wird von den Juristen zugelassen, was wiederum auf eine besondere Interessenlage und eine Ausnahmeregelung zurückzuführen ist.

Somit ist das Ende der Reihe von Belegstellen erreicht und es folgt die *solutio*, die aufzeigen soll, wie es möglich ist, dass die beiden einander widersprechenden Prinzipien – man darf nicht widersprüchlich handeln und man darf doch widersprüchlich handeln – durch Differenzierungskriterien in Einklang miteinander gebracht werden können.

3. *Solutio*

Zunächst differenziert Azo nach dem Kriterium der Rechtmäßigkeit des Erstverhaltens. Ist es „*legitime*", so ist man an sich daran gebunden, was im besprochenen Codex-Text zur Verbindlichkeit von Verträgen[1281] und dem Digestentext zum Pfandverkauf[1282] zum Ausdruck komme; ist es hingegen nicht rechtmäßig, so kann man (oder soll man sogar) dagegen handeln[1283].

Cacciavillanus erwähnt hierzu (unter Hinweis auf den Text zum Kinderverkauf[1284]) den Sonderfall, dass man im fremden Interesse sehr wohl widersprüchlich handeln kann, im eigenen sei das aber nicht möglich. Im Zusammenhang mit dem „*favor liberorum*" erwähnt Azo selbst diesen Text an späterer Stelle. Hier dürfte es sich zumindest in Bezug auf die Codex-Stelle

1281 C. 4, 10, 5. Siehe oben Kapitel 1.8.

1282 D. 20, 5, 10. Siehe oben Kapitel 1.26.

1283 Wenn *Wieling*, Rez. Dette, AcP 187 (1987) 97 den mittelalterlichen Juristen den Vorwurf macht, sie böten keine „tragfähige Grundlage der Distinktion", tut er ihnen insofern Unrecht, als er selbst diese Unterscheidung als „leicht ausfindig zu machende" anführt, wenn er meint: „Das factum proprium, zu dem man sich nicht in Widerspruch setzen darf, muß eine ganz bestimmte Bedeutung haben. Eine rechtwidrige Handlung kommt von vornherein nicht in Betracht, denn dazu darf ich mich jederzeit in Widerspruch setzen: Ich darf aufhören, rechtswidrig zu handeln. Auch ob ich meinen Rasen sprenge oder nicht, ob ich mein Auto wasche oder nicht, an Demonstrationen teilnehme oder nicht, kann kein Problem des venire contra factum proprium werden. Ein contravenire ist überhaupt nur möglich bei einem factum proprium, welches objektiv den Eindruck hervorruft, ich werde mich gegenüber einer bestimmten Person in bestimmter Weise verhalten. Ein solches factum pflegt man heute Willenserklärung oder Rechtsgeschäft zu nennen. Nun liegt es in der menschlichen Natur, eine Regel gemäß ihrem Wortlaut auch auf Fälle anzuwenden, für die sie nicht gemacht war und nicht paßt. So wird unsere Regel etwa auch angewandt, um die Gebundenheit an einen Vertrag zu erklären, ein erstaunlicher Salto juristischen Denkens. Wer sich vertraglich verpflichtet, haftet nicht etwa, weil er sich eben verpflichtet hat, sondern weil das Nichtleisten ein venire contra factum proprium wäre! Man sieht, wie leicht der Grundsatz von Treu und Glauben die gesamte Rechtsordnung ersetzen kann."

1284 C. 7, 16, 1. Siehe oben Kapitel 2.3.

um ein Missverständnis handeln, denn wie dargelegt geht es dort nicht um eine Widerruflichkeit des Kinderverkaufs als solchen, sondern wohl vielmehr um das Problem, dass der Mutter keine *patria potestas* und somit kein *ius vendendi* zukommt. Auch sie kann aber im Interesse der Kinder widersprüchlich handeln.

Als Beispiel für rechtmäßiges Handeln nennt Azo sodann die anerkannten Vertragstypen (*contractus nominatis*). Im Gegensatz dazu seien die Innominatkontrakte schwächer, da diesen ein Reurecht immanent sei. Zur Untermauerung dieser Aussage nennt er den Text zur unterbliebenen Reise nach Capua[1285] sowie einen weiteren dieses Problem aufgreifenden Text, der im Zusammenhang mit der Freilassung bzw. Nichtfreilassung von Sklaven steht:

3.1. Exkurs: Neues Argument D. 12, 4, 3, 1 zur Kondiktion bei Geldleistung zu dem Zweck, (nicht) freizulassen

D. 12, 4, 3, 1 (Ulpianus libro vicensimo sexto ad edictum)
Idem erit et si tibi dedero, ne Stichum manumittas: nam secundum distinctionem supra scriptam aut admittenda erit repetitio aut inhibenda.

D. 12, 4, 3, 1 (Ulpian im 26. Buch zum Edikt)
Dasselbe wird es auch sein, wenn ich dir etwas gegeben haben werde, weil du Stichus nicht freilassen sollst: Weil nach der oben beschriebenen Unterscheidung die Rückforderung entweder zuzulassen oder zu unterbinden ist

Bevor in den folgenden Paragraphen die Frage des Reurechts für den Fall besprochen wird, dass Geld dafür gegeben wurde, einen Sklaven freizulassen[1286], ist im hier zitierten § 1[1287] vielmehr fraglich, ob ein Widerruf und damit verbunden eine Rückforderung auch möglich ist, wenn Geld dafür gegeben wird, dass ein Sklave nicht freigelassen wird.

Der Text nimmt Bezug auf das im *principium* erwähnte Kriterium des Zwecks, für den das Geld gegeben wird[1288]: Dort wird es dafür gegeben, damit jemand nicht vor Gericht geht. Derjenige, der das Geld annimmt, weigert sich in der Folge jedoch, Sicherheit dafür zu leisten, dass er auch tatsächlich nicht vor Gericht zieht. Für die Rückforderung wird unterschieden, ob der Zweck „nur" der war, dass der andere nicht vor Gericht zieht, oder

1285 D. 12, 4, 5 pr. Siehe oben Kapitel 2.21.
1286 Vgl. auch oben Kapitel 2.21.
1287 So durchgehend in den Handschriften und Drucken.
1288 Ulp. 26 ad ed., D. 12, 4, 3 pr: *Dedi tibi pecuniam, ne ad iudicem iretur: quasi decidi. an possim condicere, si mihi non caveatur ad iudicem non iri? et est verum multum interesse, utrum ob hoc solum dedi, ne eatur, an ut et mihi repromittatur non iri: si ob hoc, ut et repromittatur, condici poterit, si non repromittatur: si ut ne eatur, condictio cessat quamdiu non itur.*

ob auch die Sicherheitsleistung mittels Stipulation Zweck der Geldleistung war. Im ersten Fall kann so lange nicht kondiziert werden, wie der andere nicht vor Gericht zieht, im zweiten Fall unmittelbar bei Verweigerung der Sicherheitsleistung.

Für die Geldleistung zu dem Zweck, dass ein Sklave nicht freigelassen werde, gilt nun nach § 1 „dasselbe“; wenn also nur das Nichtfreilassen Zweck der Leistung ist, kann so lange nicht kondiziert werden, wie nicht freigelassen wird; wenn vom Zweck aber eine Sicherheitsleistung für das Nichtfreilassen mitumfasst ist, kann sofort bei Weigerung der Leistung derselben kondiziert werden.

Ein Reurecht, welches nach dem Text der *solutio* durch das Zitat belegt werden soll, kann aber erst in den folgenden Paragraphen nachgewiesen werden:

D. 12, 4, 3 (Ulpianus libro vicensimo sexto ad edictum)
§ 2 *Sed si tibi dedero, ut Stichum manumittas: si non facis, possum condicere, aut si me paeniteat, condicere possum.*
§ 3 *Quid si ita dedi, ut intra certum tempus manumittas? si nondum tempus praeteriit, inhibenda erit repetitio, nisi paeniteat: quod si praeteriit, condici poterit. sed si Stichus decesserit, an repeti quod datum est possit? Proculus ait, si post id temporis decesserit, quo manumitti potuit, repetitionem esse, si minus, cessare.*

D. 12, 4, 3 (Ulpian im 26. Buch zum Edikt)
§ 2 Wenn ich dir jedoch etwas geben werde, damit du Stichus freilässt: Wenn du es nicht tust, kann ich kondizieren, aber auch wenn es mich reut, kann ich kondizieren.
§ 3 Was, wenn ich dir etwas gebe, damit du innerhalb einer bestimmten Zeit freilässt? Wenn die Zeit noch nicht vergangen ist, wird die Rückforderung verboten sein, wenn es [mich] nicht reut: Wenn sie vergangen ist, kann man kondizieren. Aber wenn Stichus verstorben ist, kann man dann zurückfordern, was gegeben worden ist? Proculus sagt, wenn er nach dieser Zeit verstorben ist, in der man freilassen konnte, besteht eine Rückforderungsmöglichkeit, wenn nicht, fällt sie weg.

Hier wird das bereits oben zur *condictio ex paenitentia*[1289] dargestellte Reurecht beim Sklavenfreikauf besprochen. Dieses steht laut § 2 grundsätzlich uneingeschränkt zu. Hinzu kommen in § 3 die Diskussion, welche Auswirkungen die Vereinbarung einer Frist auf das freie Widerrufsrecht haben kann, und die Frage, ob die Ausübung desselben bei Unmöglichwerden der Freilassung wegen Tod des Sklaven immer noch zulässig ist. Für die Zeit während der Frist wird entschieden, dass eine Kondiktion grundsätzlich nicht zustehen würde, aber da im Fall der Vereinbarung der Freilassung ein besonderes Reurecht zusteht, kann in diesem Sonderfall zurückgefordert werden. Nach Ablauf der Frist steht die Kondiktion ohnehin zu, ohne dass das Reurecht notwendig wäre. Nach der referierten Ansicht von Proculus

1289 Vgl. oben Kapitel 2.21.

kann nur bei Tod des Sklaven nach Ablauf der Frist etwas zurückgefordert werden, nicht aber wenn er bereits davor stirbt.

Offenbar kommen hier zwei Regime als Grundlage für eine Rückforderung in Betracht, bei denen es zu Überschneidungen kommt[1290]: Die allgemein zuständige *condictio ob causam datorum* und das spezielle Reurecht mit einer darauf gestützten *condictio* (*ex paenitentia*) beim Sklavenfreikauf. Während erstere nicht zusteht, bevor die vereinbarte Frist abgelaufen ist, greift zweitere auch in einem solchen Fall. Umgekehrt erlischt die Möglichkeit der *paenitentia* mit dem Tod des Sklaven, während die allgemeine *condictio* immer noch geltend gemacht werden kann, wenn die Frist ohne Erfüllung der Vereinbarung abgelaufen ist. Da bei Unmöglichwerden innerhalb der vereinbarten Frist die allgemeine *condictio* jedoch nicht zusteht und das Reurecht mit dem Tod des Sklaven untergeht, kann bei Tod innerhalb der Frist keine der beiden Rechtsgrundlagen für eine Rückforderung herangezogen werden.

Insbesondere wird auch die bereits besprochene Stelle zum Widerrufsrecht beim Prekarium[1291] zitiert, wo ebenfalls auch bei Vereinbarung einer Frist ein jederzeitiger freier Widerruf gewährt wird. Dort ist es nach dem Text der *solutio* als weitere Besonderheit zu werten, dass es für die freie Widerruflichkeit keines besonderen Reurechtes bedarf.

In weiterer Folge werden in der *solutio* Ausnahmefälle zur eingangs aufgestellten Regel, dass bei den anerkannten Vertragstypen nicht zuwidergehandelt werden darf, diskutiert. Als solche seien insbesondere die Fälle des *favor libertatis* und des *favor liberorum* zu sehen.

Als Beispiel für die Ausnahme des *favor libertatis* wird nun der Fall angeführt, in welchem der Veräußerer als *adsertor in libertatem* der von ihm selbst verkauften Sklavin auftritt[1292]. Hier kann das Verhalten tatsächlich als Selbstwiderspruch gewertet und der Grund für dessen Zulassung im Sonderrechtsbereich des *favor libertatis* gesehen werden. Das Beispiel jedoch, wonach der Verkauf eigener Kinder durch Saturnina, die nie eine *patria potestas* und daher in keinem Fall Verfügungsgewalt hatte[1293], als widerruflich dargestellt wird, kann einen „*favor liberorum*" nur in der Hinsicht belegen, als die Mutter gegen ihre nicht rechtswirksame Verfügung vorgehen kann.

Im nächsten Schritt überlegt Azo, wie die Situation bei einem *nudum pactum* gelagert ist. Es sei hier zu unterscheiden, warum die Vereinbarung nicht klagbar ist: Ist das Geschäft seinem Inhalt nach verboten, oder wurde nur die

1290 Von Überschneidungen spricht allgemein auch *Riechelmann*, Paenitentia (2005) 43, der diesen Gedanken für den konkreten Fall jedoch nicht weiterentwickelt. Für eine Darstellung der älteren Literatur zu diesem Text siehe ebd. 40 ff.

1291 D. 43, 26, 12 pr. Siehe oben Kapitel 2.25.

1292 C. 8, 44, 25. Siehe oben Kapitel 2.7.

1293 C. 7, 16, 1. Siehe oben Kapitel 2.3 sowie die *adiectio* von Cacciavillanus.

vorgeschriebene Form nicht eingehalten? Bei der verbotenen Vereinbarung kann (und soll) dagegengehandelt werden.

Als Beispiel einer verbotenen Vereinbarung dient ihm der Fall des Verkaufs eines *originarius* oder *rusticus censitusque servus* ohne zugehöriges Grundstück[1294] und die verbotswidrige Veräußerung von Kirchengütern[1295].

Die nicht rechtsgültig emanzipierte Haustochter[1296] ist hingegen ein Beispiel dafür, dass bloß die vorgeschriebene Form nicht eingehalten wurde, der Inhalt aber nicht gegen ein Verbot verstößt; auch bei der Einräumung einer Servitut am Grundstück im Miteigentum[1297] wurden „nur" nicht alle Konsenserklärungen eingeholt. In beiden Fällen kann gegen das Vorverhalten nicht vorgegangen werden. Darüber hinaus werden zwei weitere Fälle angeführt, die bislang nicht zur Sprache gekommen sind:

3.2. Exkurs: Neues Argument D. 8, 4, 13 pr zur Umdeutung einer unwirksamen Servitut

D. 8, 4, 13 pr (Ulpianus libro sexto opinionum)
Venditor fundi Geroniani fundo Botriano, quem retinebat, legem dederat, ne contra eum piscatio thynnaria exerceatur. quamvis mari, quod natura omnibus patet, servitus imponi privata lege non potest, quia tamen bona fides contractus legem servari venditionis exposcit, personae possidentium aut in ius eorum succedentium per stipulationis vel venditionis legem obligantur.

D. 8, 4, 13 pr (Ulpianus im sechsten Buch der Opinionen)
Der Verkäufer des Geronianischen Grundstücks hat für das Botrianische, das er zurückbehalten hat, angeordnet, dass ihm gegenüber kein Thunfischfang ausgeübt wird. Obwohl dem Meer, das von Natur aus allen offen steht, eine private Bestimmung keine Servitut auferlegen kann, wird dennoch aufgrund der *bona fides* die Vertragsbestimmung des Verkaufs eingehalten werden müssen und sie verlangt, dass die Person des Besitzers oder seines Rechtsnachfolgers durch die in einer Stipulation oder beim Verkauf festgesetzte Vertragsbestimmung verpflichtet wird.

Zunächst ist zu berücksichtigen, dass dieses Fragment den Opinionen Ulpians entstammt, deren Echtheit, wie bereits angesprochen[1298], wiederholt

---

1294 C. 11, 47, 7. Siehe oben Kapitel 2.12.

1295 Vgl. dazu auch C. 1, 2, 14, 3 oben in Kapitel 2.2. Hier ist nur der dort ebenfalls mitbesprochene § 4 zitiert, in dem die Nichtigkeit und Rückforderbarkeit ausgesprochen wird.

1296 D. 1, 7, 25 pr. Siehe oben Kapitel 1.14.

1297 D. 8, 3, 11. Siehe oben Kapitel 1.16. Vgl. auch den Einschub nach diesem Zitat in der Auflistung oben.

1298 Vgl. oben Kapitel 1.14. Zu der Überlegung *Kasers*, dass die eigentlich erst später anerkannte Servitutsbestellung durch *vendere* in diesem Text „einen klassischen Ansatzpunkt" habe, siehe *Kaser*, Privatrechtsakt, in: FS Wieacker (1978) 100.

angezweifelt wurde. Inhaltlich geht es um den Verkauf eines von zwei benachbarten, dem Verkäufer gehörenden Grundstücken am Meeresufer. Während er den *fundus Geronianus* veräußert, behält er sich den *fundus Botrianus*[1299]. Es wird jedoch eine Nebenbestimmung getroffen, die sich auf ein Unterlassen des Thunfischfangs bezieht. Obwohl dadurch keine Servitut begründet werden konnte, da das Meer eine *res extra commercium* ist[1300], ist aufgrund der vertraglichen *bona fides* ein Zuwiderhandeln (auch den Rechtsnachfolgern) verboten.

Bevor näher auf die Rechtsnatur der Unterlassungspflicht eingegangen werden kann, ist in einem kurzen Abriss die Kontroverse darzustellen, auf welches Grundstück sich diese Nebenbestimmung bezieht. Die Klausel lautet: *Venditor fundi Geroniani fundo Botriano, quem retinebat, legem dederat, ne contra eum piscatio thynnaria exerceatur.* Die ältere hA bezieht diese Vereinbarung auf den verkauften *fundus Geronianus*[1301]. In Verbindung mit der Vermutung, es handle sich um eine Konkurrenzverbotsklausel[1302], wurde

---

Die Problematik der Autorenschaft hinsichtlich der Opinionen spricht er zwar an, meint jedoch entgegen *Provera*, Servitù prediali, in: Studi Volterra 2 (1971) 44 ff, dass auch im nachklassischen Recht kein Anhaltspunkt für die Anerkennung von Stipulationen zugunsten und zulasten Dritter bestehe. Zudem traut er einem Nachklassiker eine solche Erfindungskraft nicht zu und rechnet mit einer großteils beibehaltenen klassischen Vorlage. Siehe ebd. 102 Fn 83.

1299 Die Bezeichnung *fundus Botrianus* könnte auf den Namen der afrikanischen *civitas* „Botria“ zurückgehen. Siehe dazu *Wieling*, Rez. Bormann, SZ germ. Abt. 123 (2006) 838. *Franciosi*, Piscatio tinnaria, RIDA 49 (2002) 102 geht hingegen von Sizilien aus.

1300 *Kaser*, Privatrechtsakt, in: FS Wieacker (1978) 99 Fn 64 betont, dass der Akzent hier auf *privata* liege und weist frühere Interpolationsvermutungen zurück.

1301 *Wieling*, Rez. Bormann, SZ germ. Abt. 123 (2006) 837 führt dazu aus: „Diese Ansicht hat die tatsächliche und die grammatische Wahrscheinlichkeit für sich; die tatsächliche, weil der, der eines von zwei Grundstücken veräußert, regelmäßig das veräußerte zu Gunsten des zurückbehaltenen belastet, was freilich nicht zwingend so sein muß. Sie hat die grammatische Wahrscheinlichkeit für sich wegen des *ne contra eum*, das sich wohl auf das botrianische Grundstück bezieht; denn *is* meint wie das deutsche „dieser“ – im Gegensatz zu *ille*, jener – das nächstliegende Substantiv.“ In jüngerer Zeit wurde das auch wieder vertreten bei *Franciosi*, Piscatio tinnaria, RIDA 49 (2002) 101.

1302 So *Wacke*, Konkurrenzverbotsklauseln, SZ 99 (1982) 213: „Ich stelle mir den Fall so vor, daß der Verkäufer seinen vom verkauften *fundus Geronianus* aus geübten Fischereibetrieb veräußerte und sich vielleicht auf dem benachbarten *fundus Botrianus* zur Ruhe setzte (ähnlich einem Altentheils- oder Übergabevertrag).“ Ebenso auch *Bormann*, Wettbewerbsbeschränkungen (2003) 21 ff: Es dürfe kein Thunfischfang betrieben werden *contra eum*, seiner Meinung nach iSv „von diesem aus“ oder mit „längs desselben“. *Wieling*, Rez. Bormann, SZ germ. Abt. 123 (2006) 838 bevorzugt hingegen eine Übersetzung mit „gegen das Grundstück“,

jedoch in jüngerer Zeit wiederholt die Ansicht vertreten, sie beziehe sich vielmehr auf den zurückbehaltenen *fundus Botrianus*, sodass diese (im Anschluss insbesondere an *Kaser* und *Wacke*) als die heute nunmehr hA bezeichnet werden kann[1303].

Es dürfte sich mangels einer *mancipatio* oder *in iure cessio* um Provinzgrundstücke gehandelt haben, wofür auch die Bezeichnung der Eigentümer als *possidentes* spricht[1304]. Die Formulierung *stipulationis vel venditionis* bot Anlass zu Vermutungen über die – für Provinzialgrundstücke mögliche – Servitutsbegründung mittels *pactio et stipulatio*. Die Umdeutung der *venditio* in ein *pactum*[1305] ist an sich ein durchaus denkbarer Schritt, doch hat *Wieling* zurecht darauf hingewiesen, dass hier nicht „*et*“, sondern „*vel*“ steht[1306].

Unabhängig von etwaigen Formmängeln bei der Servitutsbestellung ist diese jedenfalls wegen des Gegenstands nichtig, den sie betrifft, denn an einer *res extra commercium* wie dem Meer kann kein dingliches Recht durch private Vereinbarung begründet werden[1307]. Der Belastete versucht nun offenbar, sich auf die Unwirksamkeit der Klausel zu berufen und wird von dem Juristen mit der Begründung abgewiesen, dass die *bona fides* gebiete, sich an die getroffene Vereinbarung zu halten.

Damit wird ein dingliches Recht in eine Obligation umgedeutet (*obligantur*), die jedoch nach Ansicht der hL wiederum dingliche Wirkungen beibehält: Es sind nicht nur die *personae possidentium* an diese Vereinbarung gebunden, sondern auch diejenigen, welche *in ius eorum succedentium*; damit seien nicht die Erben, sondern auch Einzelrechtsnachfolger gemeint.

Kaser versucht für diese unbefriedigende Situation, in der ein dingliches Recht schließlich gerade nicht entstanden ist, die Vereinbarung aber dennoch eine solche Wirkung erzeugt, die Lösung über ein Surrogat zu entwickeln, indem er mehrere ineinandergreifende Stipulationen vorschlägt:

---

iSv „den Interessen seines Eigentümers zuwider“, der von dort aus bereits vor der Veräußerung des *fundus Geronianus* Thunfischfang betrieben hat. Zu seinen Argumenten siehe soeben Fn 1301.

1303 *Kaser*, Privatrechtsakt, in: FS Wieacker (1978) 99; *Wacke*, Konkurrenzverbotsklauseln, SZ 99 (1982) 212 f. *Wieling*, Rez. Bormann, in: SZ germ. Abt. 123 (2006) 838 kritisiert, dass die beiden Gelehrten auf diese Frage und die zuvor herrschende Lehre überhaupt nicht eingegangen seien.

1304 Außerdem weisen die Opinionen insgesamt einen Schwerpunkt hinsichtlich von Rechtsproblemen in der Provinz auf. Siehe dazu oben Fn 275.

1305 So etwa *Kaser*, Privatrechtsakt, in: FS Wieacker (1978) 100.

1306 *Wieling*, Rez. Bormann, in: SZ germ. Abt. 123 (2006) 838.

1307 Da es hier um das Meer geht, das nicht belastet werden kann, ist auch die umstrittene Frage nach der Möglichkeit einer Servitutsbestellung an Provinzialgrundstücken hier nicht entscheidend. Vgl. dazu insbes. *Provera*, Servitù prediali, in: Studi Volterra 2 (1971) 15 ff mwN.

In der ersten Stipulation wird die Einhaltung der Vereinbarung durch den Promittenten und dessen Erben vereinbart. In einer zweiten Stipulation wird zusätzlich versprochen, im Falle einer Veräußerung mit dem neuen Erwerber zu vereinbaren, dass dieser dieselben Stipulationen mit dem Stipulanten abschließt bzw. selbst mit einem Rechtsnachfolger des Stipulanten dieselben Stipulationen abzuschließen. Um der Haftung aus der ersten Stipulation zu entgehen, muss der Promittent im Falle der Veräußerung somit die zweite Stipulation erfüllen. Gleichzeitig wird sich der Erwerber vom Veräußerer zusichern lassen, dass er in dem Fall, dass sein (Einzel-)Rechtsnachfolger die Stipulationsversprechen abgibt, er selbst befreit wird bzw. er auch dem ursprünglichen Stipulanten gegenüber befreit wird, sofern er gemäß der zweiten Stipulation einem Erwerber des „herrschenden" Grundstücks dieselben Versprechen gibt.

Kaser selbst gibt freilich zu, dass dieser komplizierte Umweg versagt, sobald eine Seite die Verurteilung aus der Stipulation auf eine Geldsumme in Kauf nimmt oder das Grundstück mittels *longi temporis praescriptio* erworben wird[1308]. Nachdem er sich von dieser Lösung selbst wieder distanziert, sieht er es durch diesen Text als „mit aller wünschenswerten Deutlichkeit" als erwiesen an, dass „die am Provinzialgrundstück bestellte Servitut auf den Käufer übergeht". Zur Durchsetzung derselben nimmt er eine prätorische *actio in rem* an[1309].

Es wird im Text aber ausdrücklich darauf verwiesen, dass die Verpflichtung eine persönliche ist. Auch die gesamte Erläuterung zielt darauf ab. Die zwangloseste und schlüssigste Erklärung scheint daher darin zu liegen, dass durch diese Vereinbarung, die entweder mittels Stipulation oder auch formlos im Zuge des Kaufvertrages getroffen wurde (arg. „*stipulationis vel venditionis*"), gewissermaßen ein Dauerschuldverhältnis geschaffen wird, aufgrund dessen zwar persönlich, aber nicht höchstpersönlich dauernde Unterlassung geschuldet ist. Diese Verpflichtung geht auf die Erben über. Die im Text angesprochenen Rechtsnachfolger wären dann doch nur die Erben, die als solche auch in den Besitz des Provinzialgrundstücks eintreten (freilich unscharf formuliert). Der Anspruch wäre demnach mittels Klage aus dem abgeschlossenen Vertrag durchsetzbar bzw. passiv mittels *exceptio doli vel pacti*[1310].

Die Einordnung unter den Titel „*Communia praediorum tam urbanorum quam rusticorum*" steht dem nicht entgegen; hier wird eine vertragsrechtliche Lösung für den Fall angeboten, dass das dingliche Recht nicht wirksam entstehen konnte.

1308 *Kaser*, Privatrechtsakt, in: FS Wieacker (1978) 101 Fn 82.
1309 *Kaser*, Privatrechtsakt, in: FS Wieacker (1978) 102.
1310 Zur Abgrenzung siehe oben S. 52 ff.

Damit passt der Text auch gut in die bei Azo angeführte Reihe der Belegstellen für die Bindung an das eigene Vorverhalten für den Fall, dass bloß Formvorschriften nicht beachtet wurden.

Ein letzter Text wird zu dem Thema noch erwähnt:

3.3. Exkurs: Neues Argument IJ 2, 23, 12 zum formlosen Fideikommiss

IJ. 2, 23, 12
Et quia prima fideicommissorum cunabula a fide heredum pendent et tam nomen quam substantiam acceperunt et ideo divus Augustus ad necessitatem iuris ea detraxit: nuper et nos eundem principem superare contendentes ex facto quod Tribonianus vir excelsus quaestor sacri palatii suggessit, constitutionem fecimus, per quam disposuimus: si testator fidei heredis sui commisit, ut vel hereditatem vel speciale fideicommissum restituat, et neque ex scriptura neque ex quinque testium numero, qui in fideicommissis legitimus esse noscitur, res possit manifestari, sed vel pauciores quam quinque vel nemo penitus testis intervenerit, tunc sive pater heredis sive alius quicumque sit, qui fidem elegit heredis et ab eo aliquid restitui voluerit, si heres perfidia tentus adimplere fidem recusat negando rem ita esse subsecutam, si fideicommissarius iusiurandum ei detulerit, cum prius ipse de calumnia iuraverit, necesse eum habere vel iusiurandum subire, quod nihil tale a testatore audivit, vel recusantem ad fideicommissi vel universitatis vel specialis solutionem coartari, ne depereat ultima voluntas testatoris fidei heredis commissa. eadem observari censuimus et si a legatario vel fideicommissario aliquid similiter relictum sit. quod si is, a quo relictum dicitur, confiteatur quidem aliquid a se relictum esse, sed ad legis suptilitatem decurrat, omnimodo cogendus est solvere.

IJ. 2, 23, 12
Und weil die Fideikommisse seit den ersten Anfängen von der *fides* der Erben abhängen und sie so den Namen wie auch den Inhalt erhalten haben, hat sie der vergöttlichte Augustus mit Rechtszwang ausgestattet: Jüngst aber haben Wir in dem Bemühen, diesen Kaiser zu übertreffen, aufgrund des Handelns, welches Tribonian, der vorzügliche Mann und *quaestor sacri palatii*, geraten hat, eine Anordnung erlassen, durch die wir verfügt haben: Wenn ein Testator der *fides* seines Erben anvertraut hat, dass er entweder die Erbschaft oder spezielle Fideikommisse herausgeben soll, und das weder schriftlich noch durch fünf Zeugen, die bei Fideikommissen rechtlich erforderlich sind, bestätigt wird und man die Angelegenheit deutlich machen kann, aber entweder weniger als fünf oder überhaupt niemand als Zeuge beteiligt war, dann entweder der Vater der Erben oder irgendein anderer es war, der auf die *fides* der Erben vertraut hat und von ihnen wollte, dass sie etwas herausgeben, wenn die Erben es in böser Absicht ablehnen, das Anvertraute zu erfüllen und verneinen, dass die Sache sich so verhalte und in der Folge, wenn der Fideikommissar ihm das *iusiurandum* zugeschoben und als erster selbst geschworen hat, nicht aus Schikane zu klagen, ist es notwendig, dass er entweder das *iusiurandum* auf sich nimmt, dass er nichts Derartiges

> vom Testator gehört hat, oder dass er, wenn er sich weigert, zur Leistung des Fideikommisses entweder der Gesamtsache oder der Speziessache zu zwingen ist. Damit nicht der letzte Wille des Testators enttäuscht wird, der der *fides* der Erben vertraut hat. Dasselbe zu beobachten haben wir auch bestimmt, wenn einem Legatar oder einem Fideikommissar etwas ähnlich hinterlassen worden ist. Denn wenn von dem, von dem gesagt wird, dass ihm hinterlassen wurde, zugegeben wird, dass ihm zwar etwas hinterlassen wurde, er aber zur Strenge des Rechts Zuflucht nimmt, ist er jedenfalls zu zwingen, zu leisten.

Hier wird zunächst die Geschichte des Rechtsinstituts des Fideikommisses beschrieben[1311]. Zu Beginn der Ausführungen werden die Anfänge desselben als unverbindlicher Vertrauenstatbestand erläutert: Man spreche deshalb von Fideikommiss, weil ursprünglich nicht das Recht, sondern das bloße Anstandsgefühl zur Erfüllung „verpflichtete". Nach einer ersten Verrechtlichung durch Augustus[1312] führte die große Beliebtheit dieser Rechtseinrichtung sowie die ständige Gerichtsbarkeit zur Einführung eines eigenen *„praetor fideicommissarius"*[1313] und zu weiteren Bestimmungen über die konkrete Ausgestaltung der Fideikommisse durch Reskripte späterer Kaiser bzw. *senatusconsulta*. Als Abschluss dieser Rechtsentwicklung fügt nun Justinian in IJ. 2, 23, 12 seinen eigenen Beitrag hinzu und bestimmt für den Fall, in

1311 Vgl. zum Fideikommiss auch D. 36, 1, 58. Kapitel 2.23 behandelt bei den *Argumenta contra* den Sonderfall des Rückfideikommiss.

1312 Im 25. Titel desselben Buches wird die Geschichte (im Zusammenhang mit der Verrechtlichung der Kodizille) erzählt, dass die Fideikommisse auf Lucius Lentulus zurückgehen: Als dieser in Africa im Sterben lag, bat er in den von ihm verfassten (und zuvor durch Testament bestätigten) *codicilli* (= Schreibtäfelchen) den Augustus mittels Fideikommiss darum, „etwas Bestimmtes zu tun". Da Augustus dieser Bitte Folge leistete, seien alle seinem Vorbild gefolgt. Vgl. dazu *Longchamps de Bérier*, Fedecommesso (1997) 40 ff; *Fanizza*, Augusto (2004) 30 ff (dazu Rez. *Lučić* in SZ 124 (2007) 468 f). Zur Rolle des Trebatius Testa, der Augustus in dieser Frage beraten haben soll, siehe etwa *Patricio*, Labeo, SZ 117 (2000) 441.

1313 Vgl. zu den Spekulationen über die Herkunft dieses Fragments aus einem nicht in der Veroneser Handschrift enthaltenen Teil der gaianischen Institutionen oder den *Res cottidianae* bzw. den beiden Büchern *De fideicomissis* desselben: *Ferrini*, Istituzioni, BIDR 13 (1901) 165; *Maschi*, Tutela, in: Studi Volterra 4 (1971) 685 ff (siehe insbes. 689: „Io penso che, ... si debba ritenere che il testo delle Istituzioni giustinianee fu tratto, ad opera dei Compilatori, da un manoscritto delle Istituzioni di Gaio più integro del ms. Ver., nel quale era conservata la descrizione dell'origine del fedecommesso come istituto giuridicamente protetto, che manca del ms. di Verona"); *Quadrato*, Institutiones (1979) 54 ff; *Giodice-Sabbatelli*, Fedecommessi (1993) 33 ff. Zum *praetor fideicommissarius* vgl. rezenter *dies.*, Fideicommissorum persecutio (2001) 83 f.

welchem Formvorschriften nicht eingehalten wurden[1314], das Folgende: Sollte ein Erbe (oder Vermächtnisnehmer) sich weigern, den Gegenstand, dessen Herausgabe der Erblasser als Fideikommiss auferlegen wollte, dem Begünstigten auszufolgen, so kann er dazu gezwungen werden. Falls er zunächst die Existenz eines Fideikommisses überhaupt leugnete, kann er geklagt und ihm im Prozess ein Eid zugeschoben werden. Weigert er sich in der Folge diesen zu leisten, wird er wieder mittels Urteil zur Herausgabe gezwungen[1315].

Im vorliegenden Zusammenhang vor allem relevant ist der letzte Teil der Entscheidung: Leugnete der Beschwerte zwar nicht, dass ihm das Fideikommiss auferlegt wurde, verweigert er aber unter Berufung auf die Außerachtlassung der Formvorschriften die Herausgabe, so wird er dazu dennoch gezwungen. Die Formvorschriften haben laut Justinians (in C. 6, 42, 32[1316] überlieferter) Entscheidung vor allem Beweisfunktion und können daher durch den Eid im Prozess ersetzt werden. So erklärt sich auch die Entscheidung am Ende von IJ. 2, 23, 12: Es bedarf der Zeugen und der bestimmten Form zum Beweis des letzten Willens des Erblassers, dass ein bestimmter Gegenstand an eine konkrete Person herausgegeben werden soll, nicht mehr, sofern der Belastete zugibt, dass ein dahingehender Wille vom Erblasser zum Ausdruck gebracht worden war. Es handelt sich also nicht um eine materielle Gültigkeitsvoraussetzung.

Es folgt nun in der *solutio* die Besprechnung einer neuen Kategorie von Fällen: Wo kein *pactum* besteht, aber jemand etwas getan hat, das er auf etwas anderes beziehen wollte, und er davon abgehen will, ist das widersprüchliche

---

1314 Diese werden in IJ. 2, 23, 2 angesprochen. Siehe auch Gai. 2, 248 ff, insbes. 249. Vgl. für einen Überblick etwa *Desanti*, Sostituzione fedecommissaria (1999) 6 ff.

1315 Vgl. zum *iusiurandum* oben Kapitel 1.4.

1316 Iust., C. 6, 42, 32: *Quaestionem ex facto emergentem resecantes et voluntati defunctorum prospicientes sancimus, si sine scriptura et praesentia testium fideicommisso derelicto fideicommissarius elegerit iuramentum heredis vel forsitan legatarii vel fideicommissarii, quotiens ab eo relictum est fideicommissum, sive universitatis sive speciale, necesse habere heredem vel legatarium vel fideicommissarium prius iureiurando de calumnia praestito vel sacramentum subire et omni inquietudine sese relaxare vel, si recusandum existimaverit sacramentum aut certam quantitatem manifestare fideicommissario derelictam noluerit, si forsitan maiorem fideicommissarius expetat, omnimodo exactioni fideicommissi subiacere et eum ad satisfactionem compelli, cum ipse sibi iudex et testis invenitur, cuius religio et fides a fideicommissario electa est, nullis testibus nullisque aliis adventiciis probationibus requisitis, sed sive quinque sint testes vel minores vel nemo, causam per illius sacramentum vel dandum vel recusandum suam habere tam firmitatem quam exactionem, sive pater sit, qui fideicommissum dederit, sive extraneus, ut aequitatis ratio communiter in omnes procedat.*

Handeln nicht gestattet. Auch die beiden dazu genannten Stellen sind neu in dem Sinne, als sie zuvor in der Auflistung nicht vorgekommen sind:

3.4. Exkurs: Neues Argument D. 18, 3, 6 pr zur *lex commissoria*

D. 18, 3, 6 pr (Scaevola libro secundo responsorum)
De lege commissoria interrogatus ita respondit, si per emptorem factum sit, quo minus legi pareretur, et ea lege uti venditor velit, fundos inemptos fore et id, quod arrae vel alio nomine datum esset, apud venditorem remansurum.

D. 18, 3, 6 pr (Scaevola im zweiten Buch seiner Responsen)
Als er zur *lex commissoria* befragt wurde, hat er so geantwortet: Wenn es vom Käufer bewerkstelligt worden ist, dass die Vertragsbestimmung nicht eingehalten worden ist und der Verkäufer von dieser Vertragsbestimmung Gebrauch machen möchte, gelten die Grundstücke als nicht gekauft und das, was als *arra* oder aus anderem Titel gegeben worden ist, bleibt beim Verkäufer.

Im ersten zitierten Text, D. 18, 3, 6 pr, wurde ein Kaufvertrag über Grundstücke unter Vereinbarung einer *lex commissoria* abgeschlossen. Der Käufer hält die vereinbarten Vertragsbestimmungen nicht ein, zahlt also nicht rechtzeitig den Kaufpreis, und der Verkäufer macht von seinem Rücktrittsrecht[1317] aus der *lex commissoria* Gebrauch. Damit fällt der Kaufvertrag als *causa* weg und es besteht kein vertraglicher Anspruch auf Übergabe der Grundstücke mehr. Das Angeld „bleibt beim Verkäufer“ (*apud venditorem remansurum*).

Insbesondere Scaevola hat nach *Wieackers* Erkenntnissen seinen Entscheidungen zur *lex commissoria* Sachverhalte aus dem hellenistischen Osten des römischen Reiches zugrundegelegt, in welchen der Kauf üblicherweise unter der Vereinbarung einer *arrha*[1318] abgeschlossen wurde; inhaltlich entscheidet er jedoch nach römischem Recht[1319].

Einen Sachverhalt aus dem Osten hat *Wieacker* auch für den hier zu besprechenden Text angenommen, was aber von *Peters* mit dem Argument abgelehnt wurde, dass der Eingangssatz ausdrücklich besagt: „*De lege commissoria interrogatus*“ und eine Interpolation iS einer Änderung des Sinngehalts des Fragments nicht zu vermuten sei[1320].

Der Vereinbarung gemäß kann der Verkäufer das Geld behalten, auch wenn es als „Angeld“ zu dem Zweck hingegeben wurde, als Teil des Kauf-

1317 Unter den Überbegriff des „Rücktrittsvorbehaltes“ fallen neben der *lex commissoria* insbes. auch die *in diem addictio* und das *pactum displicentiae*. Rückkaufsvorbehalt und Vorkaufsrecht kommen seltener vor. Vgl. grundlegend dazu *Peters*, Rücktrittsvorbehalte (1973).

1318 Vgl. dazu bereits oben Kapitel 1.15.

1319 *Wieacker*, Lex commissoria (1932) 80.

1320 *Peters*, Rücktrittsvorbehalte (1973) 66.

preises angerechnet zu werden[1321]. Der Käufer „geht zuerst von der Vereinbarung ab“, da er nicht rechtzeitig zahlt. Er kann nun nicht das hingegebene Angeld unter Hinweis darauf, dass er es als Teil des Kaufpreises gegeben hat und der Kaufvertrag hinfällig geworden ist, zurückfordern. Er ist an seine Abmachung aus der *lex commissoria* gebunden und somit an die Hingabe der Anzahlung.

Etwas anderes gelte aber, wenn die *lex* (auch iS einer Juristenentscheidung) das widersprüchliche Handeln ausdrücklich erlaubt:

3.5. Exkurs: Neues Argument D. 37, 6, 8 zur Meinungsänderung des *emancipatus* bei Stellung der *cautio* für die *bonorum possessio*

D. 37, 6, 8 (Papinianus libro tertio quaestionum)
Nonnumquam praetor variantem non repellit et consilium mutantis non aspernatur. unde quidam filium emancipatum, qui de bonis conferendis cavere fratribus noluit, audiendum postea putaverunt, si vellet oblata cautione beneficium bonorum possessionis exercere. tametsi responderi potest videri eum possessionem repudiasse, qui formam possessionis conservare noluit: sed benignior est diversa sententia, maxime cum de bonis parentis inter fratres disputetur. quem tamen facilius admittendum existimo, si intra tempus delatae possessionis cautionem offerat: nam post annum, quam delata esset bonorum possessio, voluntariam moram cautionis admittere difficilius est.

D. 37, 6, 8 (Papinian im dritten Buch seiner Quaestionen)
Manchmal weist der Prätor den Unentschlossenen nicht zurück und tadelt den nicht, der seine Entscheidung ändert. Daher waren einige der Meinung, dass der emanzipierte Sohn, der für das Einwerfen des Vermögens [in die Erbmasse zur gemeinschaftlichen Teilung][1322] den Brüdern nicht Sicherheit leisten wollte, danach gehört werden soll, wenn er gegen eine angebotene *cautio* das Vorrecht der *bonorum possessio* ausüben wollte. Obgleich man antworten kann, dass er so zu sehen sei, als habe er die *possessio* abgelehnt, weil er die Form der *possessio* nicht einhalten wollte, ist aber die entgegengesetzte Ansicht billiger, vor allem, weil über das Vermögen des Vaters zwischen den Brüdern gestritten wird. Doch dass er zugelassen wird, halte ich für leichter, wenn er innerhalb der Zeit für die übertragene *possessio* die *cautio* anbietet: Denn nach dem Jahr, in dem die *bonorum possessio* übertragen wurde, ist es schwieriger, den freiwilligen Verzug der *cautio* zu gestatten.

1321 Vgl. aber *Knütel*, Contrarius consensus (1968) 36 ff für die Bedeutung, die der Unterscheidung zwischen *arra* und Anzahlung für die Rückforderung im Falle einer einvernehmlichen Auflösung des Vertrages zukommt.

1322 *Heumann/Seckel*, Art. Conferre, Handlexikon[11] (1971) 91: 2) „… in die Erbmasse zur gemeinschaftlichen Teilung einwerfen.“

Der Text beginnt mit dem einleitenden Satz, dass der Prätor manchmal einen Antragsteller zulässt, der seine Meinung geändert hat.

In der Folge wird ein konkretes Beispiel dazu besprochen: Ein aus der Hausgewalt entlassener Sohn des Erblassers hat sich zunächst entschieden, seinen gewaltunterworfenen Brüdern (die Miterben sind) keine *cautio de bonis conferendis* für die Ausgleichzahlungen zu leisten, die für den Antritt seines Erbteils notwendig wären[1323]. Dann überlegt er es sich anders, wobei es nun auf den Zeitpunkt ankommt, zu dem er seine Meinung ändert.

Dass die Leistung einer *cautio* notwendig ist, erklärt sich daraus, dass die Brüder als *sui heredes* erst mit Tod des Erblassers vermögensfähig wurden und daher ihr gesamter bisheriger Erwerb als Vermögen ihres *pater familias* in die Erbmasse fällt, was beim bereits früher gewaltfreien *emancipatus* nicht der Fall ist, da dieser auch bisher schon für sich selbst erwarb. Diese Schieflage muss durch die *collatio bonorum* ausgeglichen werden. Der Ausgleich wird durchgeführt, indem das gesamte Aktivvermögen des *emancipatus* auf ihn selbst und die *sui heredes* nach der jeweiligen Erbquoten verteilt wird. Dafür, dass er das auch tatsächlich tun wird, muss er Sicherheit leisten[1324].

Da der *emancipatus* mit der Verweigerung der Sicherheitsleistung die notwendige „Form" für den Erwerb der *bonorum possessio* nicht beachten wollte, könnte ihm unterstellt werden, dass er damit endgültig auf die *possessio* und somit zugunsten der übrigen Miterben auf seinen Erbteil verzichtet hat[1325]. Das wäre aus seiner Sicht etwa in dem Fall eine vernünftige Vorgehensweise, wenn er seit seiner Emanzipation ein so großes Vermögen erworben hat, dass die Ausgleichszahlungen die Höhe der Erbschaft übersteigen würden. Papinian denkt über diese Auslegungsmöglichkeit der die *cautio* verweigernden Erklärung zwar nach und scheint sie auch nicht kategorisch abzulehnen, entscheidet sich letztendlich jedoch dafür, dass „die entgegengesetzte Ansicht" (diese *diversa sententia* haben wohl die zuvor erwähnten *quidam* schon früher vertreten) *benignior* sei: Ändert der Erbe seine Meinung und stellt er nun doch eine *cautio*, so soll er mit diesem Ansinnen gehört werden[1326]; er deutet das Verhalten als „freiwilligen Verzug".

Bei einer Meinungsänderung während der Bedenkzeit sei diese Entscheidung *facilius*, nach Ablauf derselben *difficilius*[1327]. Außerdem spricht nach

---

1323 Grundlegend dazu *Voci*, DER I² (1967) 756 ff, insbes. 762 ff.

1324 Eine solche erfolgte regelmäßig durch Stipulaion mit Bürgenstellung. Vgl. *Kaser*, PR I² (1971) 731 f mwN.

1325 Vgl. dazu etwa Ulp. 7 ad Sab., D. 29, 2, 13 pr; D. 38, 9, 1, 6. Sein Erbteil würde durch Anwachsung den anderen Erbteilen zugeschlagen werden (*adcrescere*).

1326 Zu *audietur esse* siehe auch oben Kapitel 2.26.

1327 Zur *facilius-difficilius* Antithese bei Papinian vgl. *Tondo*, Convalida (1959) 16 Fn 2 (gegen *Siber*) u. insbes. 21 f; *Bürge*, Retentio (1979) 127; *Wubbe*, Benignius redivivus, in: Symbolae David 1 (1968) 261 Fn 4.

der Ansicht Papinians auch der Streit unter den Brüdern für die hier vorgeschlagene Lösung[1328]. Die Entscheidung dürfte somit auf den Einzelfall bezogen und – gemäß der einleitenden Worte hinsichtlich des Verhaltens des Prätors – nach einer Interessenabwägung jeweils aufgrund der konkreten Umstände zu treffen sein.

Es geht aus dem Text nicht hervor, was den Sinneswandel beim *emancipatus* hervorgerufen hat: Bspw. könnte ein Vermögensverlust zwischen Weigerung und Meinungsänderung eingetreten sein, oder es könnte sich inzwischen herausgestellt haben, dass die Erbmasse doch größer ist als vermutet. Bei einer Entscheidungsfindung aufgrund von *benignitas* könnte auch ein solcher Hintergrund eine Rolle spielen.

Dass die Miterben nicht benachteiligt sind, erklärt *Wubbe* damit, dass die *sui heredes* auch dann, wenn der *emancipatus* sofort die *bonorum possessio* beantragt und die *cautio* für die *collatio* geleistet hätte, nicht mehr erlangt hätten[1329]. Doch sollte es tatsächlich ein zwischenzeitlich eingetretener Vermögensverlust gewesen sein, der den *emancipatus* zum Umdenken veranlasst hat, ist das nur bedingt zutreffend: Ist von seinem Vermögen jetzt nichts mehr übrig, was er verteilen könnte, und sind daher die Quoten der Miterben nun kleiner, weil die in Aussicht gestellte Anwachsung nicht stattfindet und sie die Erbschaft mit dem *emancipatus* teilen müssen, so entsteht ihnen in dieser Hinsicht sehr wohl ein Nachteil.

Kleiter ist der Ansicht, dass mit dieser willensorientierten Auslegung nicht der Erblasserwille, sondern vielmehr der Willen einer anderen Person, nämlich der des Erben, Berücksichtigung finden sollte[1330]. Stellt man aber doch auf den Willen des Erblassers ab, ließe sich die Entscheidung auch aus seinem Willen erklären, alle seine Söhne gleichermaßen begünstigt und damit versorgt zu wissen. Auch die Entscheidung, nicht tätig zu werden und keine testamentarische Verfügung zu treffen, die einen (bzw. alle anderen im Verhältnis zum *emancipatus*) bevorzugt hätte, ist eine Entscheidung. Somit könnte es am Ende doch auch der Wille des Erblassers sein, der in Papinians Auslegung die Hauptrolle spielt.

Der palingenetische Zusammenhang lässt aber auch noch eine weitere Deutung zu, die mit der Auslegung einer Erklärung nach dem Willen eines der Beteiligten in keinem Zusammenhang steht. Nach *Lenel* stand das Fragment

---

1328 Vgl. zur Relevanz des Streits und der damit verbundenen sozialen Bedeutung der gerechtesten Lösung: *Palma*, Benignior interpretatio (1997) 109.

1329 *Wubbe*, Benignius redivivus, in: Symbolae David 1 (1968) 261 Fn 4. Ihm folgt *Kleiter*, Entscheidungskorrekturen (2010) 63 unter dem Hinweis: „Wie gewonnen, so zerronnen".

1330 Vgl. *Kleiter*, Entscheidungskorrekturen (2010) 60 u. 62 ff.

in Papinians Quaestionen ursprünglich unter dem Titel „*De minoribus XXV annis*". Dort setzt er es in direkten Anschluss an D. 50, 17, 75[1331]. Dieser Text spricht von der *regula* „*Nemo potest mutare consilium suum in alterius iniuriam*"; im Anschluss daran fügt Papinian somit zu Beginn des Fragments D. 37, 6, 8 als Ausnahme hinzu: „*Nonnumquam praetor variantem non repellit et consilium mutantis non aspernatur*".

Noch einen weiteren Punkt erhellt die Palingenesie: Vor D. 50, 17, 75 steht das Fragment D. 4, 4, 30[1332], welches einige interessante Details enthält: Schlägt ein *filius emancipatus* die *possessio bonorum contra tabulas* zunächst aus und verlangt er später deshalb die *restitutio in integrum*[1333], so wird eine spätere Klage, die er als Volljähriger im Hinblick auf ein im Testament eingeräumtes Vermächtnis erhebt, als Verzicht auf die *in integrum restitutio* gewertet[1334].

Unter der Annahme einer solchen Abfolge wäre eine Deutung nach dem Gesamtzusammenhang etwa wie folgt vorstellbar: Ein emanzipierter *minor vigintiquinque annis* ist – gemeinsam mit seinen Brüdern – Miterbe. Die Brüder konnten älter gewesen sein als er und im Zuge des offenbar entstandenen Streites auf ihn eingewirkt haben. Die Stelle sagt nichts Näheres darüber aus. Ist nun nach außen hin nur ersichtlich, dass er die *cautio* nicht geleistet hat, könnte das – gleich der Klagserhebung des zuvor besprochenen Falles – als konkludenter Verzicht auf die *bonorum possessio* gewertet werden. Zunächst ist daher auch hier an die Grundregel aus D. 50, 17, 75 zu denken, dass man zum Nachteil eines anderen seine Meinung nicht ändern darf. Beim emanzipierten *minor* erscheint diese Lösung aber nicht als *benignus* und darum wird es ihm gestattet, es sich ohne einen Nachweis besonderer Gründe innerhalb der Frist anders zu überlegen. Ihn mit seinem Begehren zuzulassen ist somit *facilius*. Ist die Frist jedoch bereits abgelaufen, so müssten für ein Begehren auf *in integrum restitutio* die dazu nötigen Beweise beigebracht werden (etwa

---

1331 *Lenel*, Pal I (1889) 818. Den speziellen Zusammenhang dieses Textes mit dem Verbot des Selbstwiderspruches bespricht auch *Gutiérrez-Masson*, Actos propios, in: Buona fede oggettiva 2 (2003) 273 ff.

1332 *Lenel*, Pal I (1889) 817 f. Siehe Pap. 3 quaest., D. 4, 4, 30: *Si filius emancipatus contra tabulas non accepta possessione, post inchoatam restitutionis quaestionem, legatum ex testamento patris maior viginti quinque annis petisset, liti renuntiare videtur, cum et si bonorum possessionis tempus largiretur, electo iudicio defuncti repudiatum beneficium praetoris existimaretur.*

1333 Vgl. zur *restitutio in integrum* zugunsten des Minors oben S. 98.

1334 Auf D. 37, 6, 8 wiederum folgt palingenetisch D. 28, 6, 12, wo es um den Sohn geht, der zunächst Erbe des Vaters und aufgrund eines Mündeltestaments auch Erbe seines Bruders geworden ist und daraufhin nur das zweite annehmen, das erste aber ausschlagen will. Das soll ihm gewährt werden, da Kinder möglichst von der Last der Erbschaft befreit werden sollten. *Lenel*, Pal I (1889) 818.

das Einwirken der Brüder auf den *minor*) und die Entscheidung wäre insofern vergleichsweise *difficilius*[1335].

Wenn Azo am Ende resümmiert, dass dies nun das *generale* insgesamt ausmache, aber Abänderungen und Gegensätzliches Platz hätten, so ist der letzte Halbsatz nicht als Zugeständnis einer Unsicherheit zu interpretieren[1336]. Damit soll lediglich darauf hingewiesen werden, dass es von dieser allgemeinen Grundsatzunterscheidung, dass man gegen rechtmäßiges bzw. rechtswirksames Erstverhalten nicht vorgehen darf, auch speziell begründete Ausnahmen gibt, von denen etwa der *favor libertatis* in der *solutio* erwähnt wird.

4. Zusammenfassung zu den Brocardica *aurea*: *pro, contra* und *solutio*

Zur einfacheren Übersicht seien nun also die einzelnen Argumente für und wider den Grundsatz „*venire contra factum proprium nulli conceditur*" zusammengefasst dargestellt.

4.1. Die in den Brocardica *aurea* genannten Fälle *pro*

Der erste Text aus dem *Decretum Gratiani* verbietet das Zuwiderhandeln eines Bischofs gegen das Versprechen, sich nichts anzueignen. Das Erstverhalten dürfte hier nach kanonischem Recht *legitime* vorgenommen worden sein und wurde daher als bindend angesehen (C. 12, q. 2, c. 18).

Der urkundliche Verzicht auf die *praescriptio fori* wegen eines aufgrund des Soldatenstandes, gesellschaftlichen Ranges oder priesterlichen Privilegs zustehenden besonderen Gerichtsstandes bindet den Erklärenden, da man auf Begünstigendes verzichten kann; die Erklärung wird als *pactum* gewertet und muss vom *iudex* berücksichtigt werden, wenn er sich nicht selbst einer Haftung aussetzen will (C. 2, 3, 29 pr).

Wird in einer Urkunde der Rechtsgrund genannt, aus dem eine Summe erhalten wurde, kann sich der Aussteller grundsätzlich nicht mehr auf die Ungültigkeit der genannten *causa* berufen (C. 4, 30, 13).

Wird im Prozess ein Eid zugeschoben, kann er zwar wieder zurückgenommen werden, ein neuerliches Zurückkommen auf dieses Beweismittel ist dann

---

1335 *Gutiérrez-Masson*, Actos propios, in: Buona fede oggettiva 2 (2003) 286 hingegen geht von einer justinianischen Interpolation des Textes aus und beruft sich auf *Schulz*, Geschichte (1961) 296 f, der die in die Digesten aufgenommene Ausgabe der *quaestiones* einem nachklassischen Bearbeiter zuschreibt, der stark von den Rhetorikern beeinflusst gewesen sei.

1336 So aber *Liebs*, Rechtssätze, JZ 36 (1981) 161 und – wohl im Anschluss an diesen – *Mader*, Venire, in: FS Fenyves (2013) 260.

jedoch nicht mehr möglich. Der Grund dürfte wieder die Verzichtswirkung sein, die schon bei der *praescriptio fori* zur Bindung an das Erstverhalten geführt hat, weil der Verzicht auf etwas Begünstigendes möglich und als im Prozess zu berücksichtigendes *pactum* zu werten ist (C. 4, 1, 11).

Prozessbeendende Vereinbarungen (wie ein Vergleich) sind als verbindliches Erstverhalten zu werten, zu dem man sich nicht in Widerspruch setzen darf, indem man nochmals eine Klage über denselben Gegenstand einbringt.

Rechtskräftige Urteile sind ein bindendes Erstverhalten für ein entscheidendes richterliches Organ, welches dieses grundsätzlich nicht mehr abändern kann.

Ein im Hinblick auf einen Kaufvertrag geleisteter Kaufpreis kann grundsätzlich nicht mehr zurückverlangt werden. Der Vertrag bzw. die vertragsgemäße Leistung sind rechtsgültig erfolgt und damit ein verbindliches Erstverhalten.

Generell kann man von rechtsgültig abgeschlossenen Verträgen nicht mehr einseitig abgehen (C. 4, 10, 5).

Erscheint jemand zur Zeugenaussage vor einem Richter und beleidigt diesen im Zuge dessen, so kann der Zeuge ein ihm ansonsten zustehendes *privilegium fori* nicht geltend machen, um sich dem Verfahren vor diesem Richter zu entziehen (C. 4, 20, 14).

Lässt man sich auf ein Verfahren ein und wird verurteilt, so kann man sich nicht mehr auf begünstigende Umstände berufen, die in einem Vorverfahren hätten geklärt werden müssen (wie etwa eine behauptete *patria potestas* des Beklagten über den Kläger; C. 8, 8, 1).

Wird einem Minderjährigen ein Grundstück geschenkt, so kann ihm dieses weder mit seiner Zustimmung wieder entzogen werden, um es auf einen anderen zu übertragen, noch kann ein Vormund eine solche Verfügung gültig genehmigen bzw. selbst vornehmen; die empfangene Schenkung ist hier als Erstverhalten besonders rechtlich geschützt (C. 2, 29, 2 pr).

Auch der Fiskus ist an seine Kaufverträge gebunden und so kann er eine Sache auch dann nicht von seinem Käufer zurückverlangen und damit als Verkäufer den Eviktionsfall selbst herbeiführen, wenn er als verwertender Pfandgläubiger nicht für Eviktion haftet (C. 8, 45, 1). Überhaupt kann ein Pfandgläubiger, der das Pfand verwertet, die Kaufsache bei seinem Vertragspartner nicht mehr herausverlangen, selbst wenn er ein aus anderem Grund daran bestehendes Recht geltend machen will (D. 20, 5, 10).

Wenn ein Fiskalbeamter eine Sache verkauft, so kann diese auch kein anderer Beamter des Fiskus, selbst wenn dieser einem anderen örtlichen Amt zugehörig ist, zurückverlangen (C. 10, 5, 1 u. 2).

Hat ein Vater seine Tochter nicht rechtsgültig emanzipiert, lebt und testiert sie aber wie eine Gewaltfreie, so kann sich der Vater nach dem Tod seiner Tochter in keiner Weise auf die mangelnde Entlassung aus der *patria potestas* berufen, da für die Emanzipation nur die Form nicht eingehalten wurde (D. 1, 7, 25 pr). Dasselbe gilt auch in dem Fall, in welchem das dingliche Servitutsrecht nicht entstehen konnte, obwohl die Beteiligten alle aus ihrer Sicht nötigen und möglichen Schritte gesetzt haben; sie müssen sich an diese Vereinbarung halten (D. 8, 4, 13 pr; 2. neues Argument in der *solutio*). Auch an ein formloses Fideikommiss ist der Erbe gebunden, sofern er nur vom dahingehenden Willen des Erblassers Kenntnis hat (IJ. 2, 23, 12; 3. neues Argument in der *solutio*).

Kaufverträge sind generell verbindlich. Auch wenn man als Verkäufer dem Käufer anbietet, den bereits vorgeleisteten Kaufpreis zurückzugeben, ist eine einseitige Auflösung des Vertrages nicht möglich (C. 4, 44, 7). Umgekehrt kann der Käufer bei einem Kaufvertrag, der unter Vereinbarung einer *lex commissoria* geschlossen wurde, das hingegebene Angeld nicht mit dem Argument zurückfordern, dass er selbst nicht vertragsgemäß geleistet hat, der Verkäufer deswegen erlaubterweise vom Vertrag zurückgetreten ist und er daher den anteilig geleisteten Kaufpreis herausgeben müsse (D. 18, 3, 6 pr; 4. neues Argument in der *solutio*).

Räumt ein Miteigentümer eine Servitut ein, so kann er seinem Vertragspartner die Ausübung derselben nicht untersagen, obwohl die Servitut mangels Mitwirkung der übrigen Miteigentümer nicht wirksam entstanden ist (D. 8, 3, 11).

Überträgt der Prokonsul die Gerichtsbarkeit wirksam an *legati*, so ist eine Entziehung derselben nur nach Befragung des Kaisers erlaubt (D. 1, 16, 6, 1).

Wird ein schlecht geführtes Geschäft nachträglich genehmigt, so kann daraufhin die schlechte Ausführung nicht mehr als Klagsgrund für Schadenersatz herangezogen werden (D. 3, 5, 8).

Im Konvaleszenzfall kann der ehemals nicht, nunmehr aber schon berechtigte Veräußerer durch eine Einrede zurückgewiesen werden, wenn er die Sache vom Erwerber gerichtlich herausverlangt (D. 6, 1, 72; D. 21, 3, 1 pr; D. 21, 2, 17). Das gilt auch für den Fall, dass ein Grundstück entgegen der *lex Iulia de fundo dotali* veräußert wird und danach der Verbotszweck wegfällt, weil die Ehefrau verstirbt und der Ehemann die *dos* endgültig behalten kann (D. 23, 5, 17). Ist ein Pfand Gegenstand der Konvaleszenz, so steht eine *actio utilis* zu (D. 13, 7, 41).

Will jemand einem Nießbraucher eines Sklaven etwas zukommen lassen und lässt er sich im Hinblick darauf stipulieren, dass dem Sklaven, an dem der Nießbrauch besteht, etwas geleistet werden kann, wenn es nicht an den Versprechensempfänger selbst geleistet wird, so kann der Versprechensempfänger sich nicht nachträglich umentscheiden und die Empfangsberechtigung des *solutionis causa adiectus* widerrufen oder auch einen Erwerb des *dominus* des Sklaven nachträglich bestimmen (D. 7, 1, 25 pr).

Erteilt jemand den Auftrag, einen Sklaven zu kaufen, von dessen Diebstahlsneigung er weiß, ohne das dem Beauftragten mitzuteilen, so haftet er dem *mandatar* für Schäden infolge eines Diebstahls durch diesen Sklaven und kann sich nicht durch *noxae deditio* von seiner Haftung befreien (D. 17, 1, 26, 7).

Wird hinsichtlich der Schuldtilgung ein bestimmter Ort und ein bestimmter Zeitpunkt der Leistung in Stipulationsform vereinbart, so kann der Schuldner nicht einseitig festsetzen, zu einem anderen (wenn auch früheren) Zeitpunkt an einem anderen Ort zu leisten (D. 45, 1, 122 pr).

4.2. Die in den Brocardica *aurea* genannten Fälle *contra*

Hat ein Erblasser sein Vermögen bereits zu Lebzeiten auf seine emanzipierten Kinder verteilt und werden später weitere Kinder geboren, so kann er die Schenkung in Höhe der Pflichtteile der nachgeborenen Kinder zum Schenkungszeitpunkt berechnen und diesbezüglich eine in *integrum restitutio* verlangen. Dieser Selbstwiderspruch erfolgt nicht im eigenen, sondern im fremden Interesse und ist somit zulässig (C. 3, 29, 5).

Werden Gegenstände aus dem Kirchenvermögen verbotswidrigerweise veräußert, so können diese aufrund von Nichtigkeit des Geschäfts zurückverlangt werden. Darüber hinaus erfolgt das Zweitverhalten im Interesse der Kirche und damit nicht im eigenen (C. 1, 2, 14, 4).

Verkauft eine Mutter ihre freigeborenen Kinder, so ist eine im Hinblick darauf vorgenommene Verfügung nichtig und der Käufer muss die Kinder wieder an die Mutter herausgeben. Dieses Ergebnis beruht auf der Unwirksamkeit der Ersthandlung, dem Handeln im fremden Interesse und dem *favor libertatis* (C. 7, 16, 1).

Wird eine Erst- oder die widersprechende Zweithandlung nicht im eigenen, sondern fremden Interesse gesetzt, so ist die Zuwiderhandlung erlaubt.

Wird ein freigeborenes Kind verkauft, kann jeder es beim Erwerber auslösen. Das entspricht dem fremden Interesse, dem *favor liberorum* und auch dem *favor libertatis* (C. 4, 43, 2).

Ergeht ein freisprechendes Urteil in Abwesenheit der Kläger, so kann das Verfahren formlos fortgeführt werden. Hier besteht keine Bindung des *iudex* an die eigene Vorentscheidung, was im Fall von C. 9, 2, 4 seinen Grund in der Unwirksamkeit des Urteils haben dürfte.

Wer einen Sklaven verkauft, kann dennoch in einem späteren Freiheitsprozess als sein *adsertor in libertatem* auftreten, was dem *favor libertatis* entspricht (C. 8, 44, 25).

Dem *locator* steht (zumindest in bestimmten Fällen) ein Expellationsrecht zu, weswegen er seinen Vertragspartner vom Bestandsobjekt vertreiben kann. Hier liegt ein eigens geregelter Sondertatbestand aufgrund der spezifischen Interessenlage vor (C. 4, 65, 3).

Obwohl Kleriker kein Eigentum haben dürfen und sie nicht geweiht werden, falls sie nicht auf solches verzichten wollen, wird ihnen der Klerikerstatus nicht aberkannt, falls sie später doch Eigentum erwerben. Auch hier kann man sagen, es handle sich um eine Sonderregelung (C. 12, q. 1, c. 18).

Verspricht ein Freigelassener eine unbeschränkte Zahl an *operae*, so kann er sich doch weigern mehr zu leisten, als ein gerechter Freilasser festsetzen würde (D. 38, 1, 30 pr). Zu mehr ist er nicht verpflichtet, daher kann er sich einer solchen Forderung widersetzen.

Ein Grundstück, das ohne die zugehörigen Schollengebundenen veräußert wird, kann jederzeit zurückverlangt werden, da das Erstverhalten rechtswidrig ist (C. 11, 48, 7).

Wurde formlos vereinbart, dass man sich im Streitfall einem für den Prozess an sich nicht zuständigen Gericht unterwirft, so sind die Parteien nicht an diese Vereinbarung gebunden, daher kann dem auch zuwidergehandelt werden (D. 2, 1, 18).

Ein Prozessvertreter kann die Einlassung auf den Prozess verweigern, obwohl er zunächst mit seiner Bestellung einverstanden war, wenn einer der Ausnahmetatbestände vorliegt (D. 3, 3, 8, 3 ff).

Behauptet jemand im Zusammenhang mit einem Rechtsstreit um eine Sache, Besitzer derselben zu sein, obwohl er es (unverschuldet) nicht mehr ist, so kann er diese Behauptung bis zur *litis contestatio* sanktionslos zurücknehmen bzw. ist eine Richtigstellung auch nach *litis contestatio* noch möglich, wenn der Kläger von der fehlenden Passivlegitimation des Beklagten wusste (D. 6, 1, 25).

Werden zwei Servitutsrechte eingeräumt, wobei das umfassendere der beiden das beschränktere mitumfasst, so bedeutet der Verzicht auf die umfassendere Servitut nicht zugleich auch einen Verzicht auf das weniger umfassende Recht (D. 8, 3, 20 pr).

Ein *minor* kann seine Auskunft im Rahmen einer *interrogatio in iure* nachträglich wieder zurücknehmen, was seinen Grund wohl im Minderjährigenschutz hat. Der Idee des Minderjährigenschutzes dürfe es auch entspringen, dass ein *minor*, der mit seinen Brüdern zum Miterben wird und aufgrund der Weigerung, eine *cautio* zu leisten, konkludent auf die *bonorum possessio* verzichtet hat, es sich ohne Angabe besonderer Umstände anders überlegen und die *cautio* doch leisten sowie die *bonorum possessio* später doch noch verlangen kann (D. 37, 6, 8; 5; neues Argument in der *solutio*).

Überträgt ein Geschäftsherr jemandem die Führung aller seiner Geschäfte, so muss er dennoch solche Geschäfte nicht gegen sich gelten lassen, die entgegen der *bona fides* abgeschlossen wurden (D. 17, 1, 60, 4).

Gibt jemand einem anderen Geld zum Freikauf eines Sklaven, so kann er diese Summe jederzeit frei zurückfordern (nicht aber die etwa für eine Reise nach Capua vorgesehene Summe). Dieses Recht der *paenitentia* steht aufgrund einer Sonderregelung für diesen konkreten Fall zu (D. 12, 4, 5 pr u. in der *solutio* zusätzlich D. 12, 4, 3, 1 als 1. neues Argument).

Wird bei einer *locatio conductio* vom *locator* freiwillig ein Zinsnachlass aufgrund von Ernteeinbußen gewährt, so kann er, wenn besonders fruchtbare Jahre folgen, diesen nachgelassenen Betrag vom *conductor* wieder zurückfordern, damit die subjektive Äquivalenz der Leistungen wieder hergestellt wird (D. 19, 2, 15, 4).

Brüder, die ihrer Schwester den Erbschaftsbesitz herausgegeben haben, dürfen diesen von ihr wieder zurückfordern, wenn sie sich auf eine Restitutionspflicht aus einem Fideikommiss berufen können (D. 36, 1, 58).

Ein Schuldner kann im Falle der *missio in bona* die Versteigerung seines Vermögens durch nachträgliche Aufnahme der Verteidigung abwenden, da er auf eine ihn begünstigende Regelung verzichten kann (D. 42, 3, 5).

Wird bei der Überlassung eines Prekariums eine bestimmte Frist vereinbart, kann die Sache dennoch entgegen dieser Fristvereinbarung jederzeit zurückgefordert werden; die Fristvereinbarung ist nicht rechtsverbindlich (D. 43, 26, 12 pr).

Ein zur *actio de sepulchro violato* privilegiert Klagsbefugter kann, auch wenn er zunächst nicht klagen will, nachträglich noch sein Vorrecht geltend machen, solange der Prozess nicht mit einem Dritten bis zur *litis contestatio* gediehen ist (D. 47, 12, 3, 10).

4.3. Die in den Brocardica *aurea* formulierten Abgrenzungskriterien

Die grundsätzliche Frage, die man sich zu stellen hat, lautet: Wurde das Erstverhalten rechtmäßig/rechtswirksam (*legitime*) gesetzt oder nicht?

Ist diese Frage zu bejahen, ist der Selbstwiderspruch generell verboten[1337], wenn nicht ein eigens geregelter Ausnahmetatbestand vorliegt. Ein solcher könnte bspw. in den Wiederaufnahmegründen im Prozessrecht gesehen werden, welche die Aufhebung eines an sich bereits rechtskräftigen Urteiles erlauben. Insbesondere fallen unter die Kategorie des rechtswirksamen Erstverhaltens die anerkannten Vertragstypen, bei denen aber etwa der *favor libertatis* den Grund für eine Ausnahme darstellen kann.

War das Erstverhalten jedoch nicht „legitim“, kommt es auf die nächste Differenzierungsebene an: War es deshalb nicht rechtswirksam, weil es gegen ein materiellrechtliches Verbot verstößt, also rechtswidrig im engeren Sinne ist, oder deshalb, weil es nicht alle formellen Wirsamkeitserfordernisse erfüllt und ihm daher bloß die Durchsetzbarkeit fehlt?

Ist die erste Variante zutreffend und eine Handlung deshalb nicht rechtmäßg, weil durch sie ein Verstoß gegen materielles Recht begangen wird, so kann

---

1337 Vgl. dazu etwa die Formulierung des katalanischen Zivilgesetzgebers (Art 111–8): „Niemand kann ein Recht oder eine rechtliche Gestaltungsmöglichkeit geltend machen, die zu einer vorherigen Verhaltensweise im Widerspruch steht, wenn diese einen unzweideutigen Sinn hatte, aus dem sich Rechtsfolgen ergeben, die mit der aktuellen Geltendmachung des Anspruchs unvereinbar sind.“ Übers: *Eckl*, Treu und Glauben (2007) 275.

gegenteilig gehandelt werden. Zu denken ist hier etwa an tätige Reue, nicht aber die Berufung auf eigenes Unrecht (*nemo auditur turpitudinem suam allegans*), was wohl wiederum als begründete Ausnahme von der Regel zu sehen ist.

Sind nur die formellen Wirksamkeitserfordernisse nicht voll erfüllt – dabei kann es sich um Formvorschriften handeln oder auch (wie bei der Verfügung über Sachen im Miteigentum) um die fehlende Mitwirkung anderer Personen –, so ist wiederum von einer grundsätzlichen Bindung auszugehen[1338]. Diese besteht nur dann nicht, wenn eine besondere Ausnahmeregelung davon befreit.

Diese Kriterien versucht später Baldus in seinem Kommentar zu C. 7, 16, 1 umzuformulieren. Grundsätzlich sei immer von einer Bindung an das eigene Vorverhalten auszugehen. Die Ausnahmen ließen sich in drei Gruppen einteilen: 1. Unwirksamkeit der ersten Handlung (vgl. die *solutio* bei Azo: ... *legitime factum sit, an non*) 2. Handeln in fremdem Namen (vgl. die *adiectio* von *Cacciavillanus*: ... *sed tamquam cuilibet alii*) und 3. *favor libertatis* (vgl. wieder die *solutio* von Azo: ... *Sed in contractibus nominatis quandoqe licet venire contra, si favor libertatis vel liberorum interveniat*). Damit stellt er aber nur in anderer Form dar, was bereits Azo festgestellt hat.

Es fällt dabei auf, dass weder Azo noch Baldus den Umstand, ob die Gegenpartei auf das Erstverhalten vertraut hat oder nicht, als Kriterium heranzieht. Auch wenn insbesondere in den justinianischen Texten dieser Punkt wiederholt hervorgehoben wurde, scheint das für die Entscheidung für oder gegen die Zulässigkeit des Selbstwiderspruchs lediglich ein zusätzliches Argument, nicht jedoch wesenshaftes Element des Grundsatz an sich zu sein[1339]. Das erstaunt insbesondere deshalb, da im modernrechtlichen Diskurs das Vertrauensschutzelement als stärkstes Argument für die Geltung des Verbots von *venire contra factum proprium* herangezogen wird. Die mittelalterlichen Juristen, welche das Prinzip aus den Quellen des römischen Rechts abstrahiert haben, legten den Fokus jedoch nicht auf das Vertrauen eines Dritten, sondern vielmehr darauf, dass die handelnde Person sich durch das Setzen eines rechtserheblichen Aktes selbst bindet. Kommt es zu einem Selbstwiderspruch, so kann das Gegenüber sich (sofern ihm nicht selbst *dolus* vorzuwerfen ist) darauf berufen, dass eine Selbstbindung besteht.

1338 *Wieacker*, Rechtstheoretische Präzisierung, in: Schriften II (1983) 210 merkt an, dass „die Unzulässigkeit der Berufung auf gewisse Formmängel“ neben der Verwirkung ein typischer Anwendungsfall des Verbots widersprüchlichen Verhaltens sei.

1339 Ganz anders die Literatur zum geltenden Recht, insbes. in Deutschland: Siehe nur *Singer*, Verbot widersprüchlichen Verhaltens (1993) 6 (mwN aus der dt Judikatur) 43 u. 77 ff wie auch 255 zum „Vertrauen auf zukünftiges Verhalten“ u. in der Zusammenfassung 353 ff. Vgl. außerdem allg. *Canaris*, Vertrauenshaftung (1971).

Ebenso wird nicht explizit ausgesprochen, dass einem Dritten ein Schaden aus dem Selbstwiderspruch entstehen muss; das wird zwar häufig der Fall sein, ist jedoch offenbar kein Charakteristikum.

Somit kann festgestellt werden, dass das moderne Verständnis, wonach das Verbot von *venire contra factum proprium* untersagt, anderen, die im Vertrauen auf ein zurechenbares Erstverhalten Dispositionen getroffen haben, durch widersprüchliches Verhalten einen Schaden zuzufügen, nicht gänzlich mit der mittelalterlichen Auffassung bei Ausformulierung des Prinzips übereinstimmt. Diese stellt nämlich nicht auf den Dritten, dessen etwaiges Vertrauen oder Schäden ab, sondern vielmehr auf den widersprüchlich Handelnden selbst und die rechtliche Qualität seiner Ersthandlung.

VI. Zusätzliche *argumenta* in den Brocardica *dolum* sowie *initium*

Die Texte, die in den vergleichbar formulierten, wenn auch anders strukturierten und wohl nicht „in gerader Linie“ mit *aurea* verwandten Brocardica *dolum* und *initium* zusätzlich erwähnt werden, bieten einen guten Rahmen, um die von Azo eingeführten Kriterien an Texten zu erproben, die er für seine Induktionsbasis nicht herangezogen hat, die aber dennoch eine Rolle für die mittelalterliche Diskussion um die Zulässigkeit des Selbstwiderspruchs gespielt haben.

1. *Argumenta pro*

1.1. D. 14, 6, 7, 2: Konvaleszenz bei *dos*-Bestellung (*dolum*)

> *D. 14, 6, 7, 2 (Ulpianus libro vicesimo nono ad edictum)*
> *Sed et si filius familias patre suo relegato vel longo tempore absente dotem pro filia promiserit et rem patris pignori dederit, senatus consultum cessabit. patris tamen res non tenebitur: plane si patri heres exstiterit filius et pignus persequatur, exceptione doli summovebitur.*
>
> D. 14, 6, 7, 2 (Ulpian im 29. Buch zum Edikt)
> Aber auch wenn ein *filius familias*, dessen Vater verbannt oder für lange Zeit abwesend ist, für eine *filia* eine *dos* versprochen und eine Sache des Vaters zum Pfand gegeben hat, wird das *senatus consultum* keine Anwendung finden. Die Sache des Vaters wird aber nicht haften: Wenn der *filius* jedoch Erbe des Vaters geworden sein wird und das Pfand gerichtlich verfolgt, wird er mittels *exceptio doli* abgewehrt.

Die Brocardica *dolum* ziehen neben einigen bereits erwähnten Texten auch den folgenden Fall heran, um für ein Verbot von *venire contra factum proprium* zu argumentieren: Ein Haussohn verspricht während der Abwesenheit[1] des *pater familias* für eine *filia* die *dos* und gibt Sachen des Vaters zum Pfand. „Das“ *senatus consultum* findet keine Anwendung und die Sache des Vaters haftet nicht; sollte der *filius familias* jedoch Erbe des Vaters werden und die

1 Die *relegatio* zieht im Gegensatz zur schwereren Form der Verbannung, der *deportatio*, nicht die daraus resultierenden Folgen für die *patria potestas* nach sich: Der Betroffene behält das Bürgerrecht und auch sein Vermögen. Siehe *Kleinfellner*, Relegatio, RE 2.I.A.1 (1914) 564 f. Dem stellt Ulpian hier die bloße *longo tempore absentia* gleich; es soll offenbar darauf hingewiesen werden, dass der Vater nicht erreichbar, seine Rechtsstellung aber nicht beschränkt ist.

Sache zurückverlangen, so wird er mit diesem Begehren mittels *exceptio doli* zurückgewiesen.

Der Senatsbeschluss, von dem hier die Rede ist, ist das *senatus consultum Macedonianum*[2], denn einerseits ist der vorliegende Text in den Digesten unter den 6. Titel im 14. Buch: „Über das *senatus consultum Macedonianum*" eingeordnet, andererseits ist er von *Lenel* auch palingenetisch im 29. Buch von Ulpians Ediktskommentar unter die Texte zum *senatus consultum Macedonianum* eingereiht[3].

Ulpian spricht sich im vorliegenden Fall somit ausdrücklich gegen die Anwendbarkeit des *SC Macedonianum* aus; wie kam es nun aber überhaupt zu der Frage, ob dieses Senatskonsult, welches Gelddarlehen an Haussöhne verbot, im Fall der *dos*-Bestellung anwendbar sein könnte[4]?

---

2 Es handelt sich um das einzige überlieferte Senatskonsult, welches nach der Person benannt wird, deren kriminelles Verhalten Anlass zur fraglichen Regelung gegeben hat; siehe *Daube*, Macedo, SZ 65 (1947) 301; *Zimmermann*, LO² (1996) 177. *Wacke* weist außerdem darauf hin, dass es ein seltener, aber nicht der einzige Fall ist, dass ein *SC* nicht nach dem Antragsteller benannt ist. *Wacke*, Darlehnsgewährung, SZ 112 (1995) 241. Siehe auch *Longo*, SC Macedonianum (2012).

3 *Lenel*, Pal II (1889) 608. Das *SC Macedonianum* stammt aus der Zeit Vespasians (vgl. Sueton, De vita Cesarum, Divus Vespasianus, 11; *Kaser*, PR I² (1971) 532; außerdem *Lucrezi*, SC Macedonianum (1992) 25 ff u. dazu Rez. *Litewski* in SZ 111 (1994) 564 f) oder Claudius' (vgl. Tacitus, Annales 11, 13, 2; *Daube*, Macedo, SZ 65 (1947) 309 f; *Wacke*, Darlehnsgewährung, SZ 112 (1995) 240 f Fn 1). Als Sanktion eines Verstoßes gegen das Verbot, Gelddarlehen (vgl. Ulp. 29 ad ed., D. 14, 6, 7, 3) an Haussöhne zu vergeben, sah das *SC Macedonianum* vor, dass das Darlehen nicht zurückgezahlt werden musste, auch nicht nach dem Tod des Vaters: Die Gerichtsmagistrate sollen die Klage des Darlehensgebers denegieren bzw. zumindest dem beklagten Haussohn eine *exceptio senatus consulti Macedoniani* gewähren, damit der *iudex* die Fakten feststellen kann. Hintergrund der Bestimmung war vermutlich ein konkreter Anlassfall, in dem ein Haussohn namens Macedo seinen *pater familias* getötet hatte, um aus den Mitteln der Erbschaft eingegangenen Rückzahlungsverpflichtungen nachkommen zu können. Vgl. IJ. 4, 7, 7 und die Paraphrase von *Theophilus* desselben Textes (ed. *Lokin/Meijering/Stolte/van der Wal* mit englischer Übersetzung von *Murison* (2010) 862 f). AA *Beseler*, Beiträge IV (1920) 130 ff, gefolgt von *Schulz*, CRL (1954) 511 f. Verteidigung der Echtheit: *Daube*, Macedo, SZ 65 (1947) 261 ff; gefolgt von *Zimmermann*, LO² (1996) 177 ff (siehe auch ebd. Fn 144). Zum Wortlaut des Edikts vgl. Ulp. 29 ad ed., D. 14, 6, 1 pr.

4 *Bürge*, Retentio (1979) 134 geht davon aus, dass „Der Hinweis auf das SC Macedonianum indiziert ..., dass der Darleiher von der Eigenschaft als Haussohn wusste." Es gehe immer nur um skrupellose Geschäftspraktiken, was die Ausnahmen bestätigten. Die Erheblichkeit des Wissens sei daher der Grund dafür, dass das Eingreifen des *SC* geklärt werden müsse.

Filia ist hier wohl die Tochter des Haussohnes und somit die Enkeltochter des *pater familias*[5], wobei allerdings manche davon ausgehen, dass es sich vielmehr um die Tochter des *pater familias* und somit vielmehr die (ev Halb-) Schwester des Haussohnes handelte[6]. Für die hier zu diskutierenden Fragen ist der Unterschied nicht entscheidend.

Stagl erklärt den Sachverhalt folgendermaßen: „Nimmt also der Haussohn ein Darlehen auf, um seiner Tochter eine Mitgift zu bestellen, so findet das *senatus consultum* dann keine Anwendung, wenn der *pater familias* nicht zu erreichen ist. Der Grund für diese Ausnahme ist ganz offensichtlich der *favor dotis*"[7]. Er geht somit davon aus, dass eine weitere, nicht namentlich genannte Person beteiligt ist: Ein unbekannter Darlehensgeber gewährt dem Haussohn ein *mutuum*, damit dieser wiederum mit dem daraus Erlangten dem Ehemann seiner Tochter eine *dos* durch tatsächliche Sachhingabe (*dotis datio*) bestellen kann[8]. An sich ist die Darlehensvergabe an Haussöhne aufgrund des *SC Macedonianum* verboten, in diesem Sonderfall aber aufgrund des *favor dotis* erlaubt. Diese Ausnahme sei zwar nicht vom Wortlaut des *SC Macedonianum* umfasst, aber im Juristenrecht entwickelt worden.

Es könnte jedoch auch noch einen anderen Grund haben, warum Ulpian hier auf das *SC Macedonianum* zu sprechen kommt: Die Ähnlichkeit zwischen *dotis dictio* und der Gewährung eines *mutuum*; beide sind mittels *condictio* klagbar. Eine *dos* konnte nicht nur mittels *datio*, sondern auch durch Stipulation bestellt werden. Hier hat der *filius familias … dotem pro filia promiserit*.

---

5 In diesem Sinne etwa *Stagl*, Favor dotis (2009) 193; *Schanbacher*, Konvalesenz (1987) 155 Fn 829; *Lucrezi*, SC Macedonianum (1992) 265 u. *Wacke*, Darlehnsgewährung, SZ 112 (1995) 282 Fn 129.

6 *Bürge*, Retentio (1979) 134. Unentschieden etwa *Wubbe*, Res aliena pignori data (1960) 170.

7 *Stagl*, Favor dotis (2009) 193. Im Klappentext bietet *Stagl* auch eine Definition, was er unter *favor dotis* versteht: „Privilegierung der Mitgift bedeutet, dass die klassischen Juristen Brüche mit dem herkömmlichen Recht in Kauf nehmen, um das Zustandekommen, die Erhaltung und die Rückgewähr von Mitgiften nach Möglichkeit sicherzustellen. Ihren Ursprung hat diese Tendenz in der augusteischen Ehegesetzgebung. Dieser sozialpolitischen Herkunft entsprechend ist das Produkt des favor dotis nicht mehr als echtes Privatrecht anzusehen, sondern als Sozialrecht im privatrechtlichen Gewand. Die Juristen versuchten die systemsprengende Dynamik solcher politisch geprägter Sonderrechte durch die Kategorie des ius singulare zu bewältigen und einzuhegen."
Ebenfalls für eine Darlehensaufnahme bei einem Dritten, aber mit anderer Begründung für die Nichtanwendung des *SC Macedonianum*: *Bürge*, Retentio (1979) 134. Seiner Ansicht nach liegt der Grund für die Nichtanwendung im Vorliegen einer sittlichen Verpflichtung, hier für die *dos*-Bestellung.

8 *Bürge*, Retentio (1979) 134 f.

Durch die *promissio* wurde somit eine *dotis dictio* geleistet, aus welcher dem Ehemann nun eine *condictio* gegen den Haussohn erwuchs[9].

Ein anderer Text aus demselben Titel (ebenfalls aus Ulp. 26 ad ed.), bespricht losgelöst von einem konkreten Fallgeschehen abstrakt die Frage, welche Fälle vom *SC Macedonianum* erfasst sind und welche nicht:

> *D. 14, 6, 3, 3 (Ulpianus libro vicensimo nono ad edictum)*
> *Is autem solus senatus consultum offendit, qui mutuam pecuniam filio familias dedit, non qui alias contraxit, puta vendidit locavit vel alio modo contraxit: nam pecuniae datio perniciosa parentibus eorum visa est. Et ideo etsi in creditum abii filio familias vel ex causa emptionis vel ex alio contractu, in quo pecuniam non numeravi, etsi stipulatus sim: licet coeperit esse mutua pecunia, tamen quia pecuniae numeratio non concurrit, cessat senatus consultum. quod ita demum erit dicendum, si non fraus senatus consulto sit cogitata, ut qui credere non potuit magis ei venderet, ut ille rei pretium haberet in mutui vicem.*

> D. 14, 6, 3, 3 (Ulpian im 29. Buch zum Edikt)
> Es verstößt aber nur der gegen das *senatus consultum*, der einem Haussohn Geld als Darlehen gegeben hat, nicht aber, wer anderes vertraglich vereinbart hat, zum Beispiel eine (*emptio-*)*venditio*, eine *locatio*(*-conductio*) oder auf eine andere Weise einen Vertrag abgeschlossen hat: Denn die Hingabe von Geld hat sich als gefährlich für die Väter erwiesen. Und daher, wenn ich also für einen Haussohn kreditweise verzichtet habe, entweder aus dem Rechtsgrund des Kaufes oder aus anderem Vertrag, bei dem ich kein Geld gezahlt habe, auch wenn ich es mir als Stipulation habe versprechen lassen: Obgleich es beginnt, dargeliehenes Geld zu sein, findet das *senatus consultum* keine Anwendung, weil nämlich eine Auszahlung des Geldes nicht stattgefunden hat. Was sich derart aber nur sagen lässt, wenn keine Umgehung des *senatus consultum* beabsichtigt war, damit der, der nicht kreditieren konnte, ihm stattdessen verkauft hat, damit er den Preis der Sache statt des Darlehens haben könnte.

Es fallen demnach nur diejenigen Geldschulden unter das *SC Macedonianum*, die als Darlehen durch reale Hingabe der Summe begründet wurden, nicht aber solche aus *emptio venditio*, *locatio conductio* oder anderen Verträgen. In unserem Fall könnte es sich um ein konkretes Beispiel handeln: Nicht weil der *favor dotis* hier zum Tragen kommt, sondern weil es sich nicht um ein *mutuum* handelt, ist das *SC Macedonianum*, obwohl mittels *condictio* geklagt werden

---

9 *Schanbacher*, Konvaleszenz (1987) 158: „Das SC soll also keine Anwendung auf das Mitgiftversprechen und die Pfandbestellung finden. Der Ehemann kann den *filius* ungehindert mit der *condictio* ... belangen." Ähnlich *Wacke*, Darlehnsgewährung, SZ 112 (1995) 282 f: „Verspricht der Sohn die Mitgift dem Bräutigam nur ohne Barauszahlung, dann nahm er den Kredit praktisch direkt vom Versprechensempfänger auf. Das Macedonianum entfällt dann (außer dem Gesichtspunkt des *in rem patris versum*) noch aus dem weiteren Grund, daß Verrechnungsdarlehen vom Verbot nicht umfasst werden."

kann, nicht anwendbar. Die Stipulation macht die Verbindlichkeit zwar einem „Darlehen gleich“, aber dennoch findet das *SC Macedonianum* keine Anwendung, weil eben kein Darlehen vorliegt[10]. Es findet keine Zuzählung der Darlehensvaluta statt. Darüber hinaus ist bei der *dos*-Bestellung eine Verschwendung nicht zu befürchten: Der Grund dafür, dass nur das Gelddarlehen, nicht aber Darlehen anderer vertretbarer Sachen unter das Verbot fallen, liegt in der Verschwendungsgefahr[11]. Sowohl in *Stagls* Sachverhaltsrekonstruktion als auch nach dem hier vorgeschlagenen Verständnis, wäre dieser Unstand für sich genommen bereits eine plausible Erklärung dafür, warum das *senatus consultum* nicht zur Anwendung gebracht wird, ohne dass man dazu auf den *favor dotis* zurückgreifen müsste.

Hinzu kommt die Bereicherung des Vaters, die im Rückforderungsanspruch besteht. Ein Paulus-Text schildert ausdrücklich den Fall einer Darlehensaufnahme durch einen Haussohn zur *dos*-Bestellung für seine Schwester; er bringt aber das *SC Macedonianum* überhaupt nicht zur Sprache:

> *D. 14, 6, 17 (Paulus libro secundo sententiarum)*
> *Filius familias si in id acceperit mutuam pecuniam, ut eam pro sorore sua in dotem daret, pater eius de in rem verso actione tenebitur: ipsi enim mortua in matrimonio puella repetitio dotis datur.*
>
> D. 14, 6, 17 (Paulus im zweiten Buch der Sentenzen)[12]
> Wenn ein Haussohn dafür Geld als Darlehen empfangen hat, damit er es für seine Schwester als *dos* bestellt, wird sein Vater mit einer *actio de in rem verso* belangt werden können: Denn dieser kann, wenn das Mädchen in der Ehe gestorben ist, zurückverlangen, was zur *dos* gegeben wurde.

Ist das *SC Macedonianum* anwendbar, so wird nicht nur der Haussohn selbst gegen die Klage aus dem *mutuum* geschützt, sondern auch dessen Vater; er kann auch etwa bei Vorliegen eines Pekuliums nicht adjektizisch belangt

---

10 Vgl. auch Sev./Ant., C. 4, 28, 3: *Si filius familias aliquid mercatus pretium stipulanti venditori cum usurarum accessione spondeat, non esse locum senatus consulto, quo fenerare filiis familias prohibitum est, nemini dubium est: origo enim potius obligationis quam titulus actionis considerandus est.*

11 Siehe nur *Wacke*, Darlehnsgewährung, SZ 112 (1995) 252 ff.

12 Freilich kann diese Entscheidung nachklassisches Gedankengut wiedergeben, denn die Paulussentenzen stammen wohl nicht vom (spät-)klassischen Juristen Paulus selbst, sondern wurden von einem nachklassischen Bearbeiter zusammengestellt; teilweise handelt es sich aber vermutlich um Auszüge aus den Werken des Paulus, wenn auch nicht ausschließlich. Zwischen dem 3. und 5. Jh. dürften mehrfache Überarbeitungen stattgefunden haben. Siehe zu diesem Werk etwa *Levy*, Paulus, SZ 50 (1930) 272 ff sowie zuletzt eingehend *Liebs*, Africa² (2005) 41 ff.

werden[13]. Anders ist der Fall jedoch gelagert, wenn der Haussohn mit Wissen des Vaters Handel treibt bzw. als dessen Geschäftsleiter agiert[14] und ebenso, wenn der *pater familias* den Auftrag zur Aufnahme eines Darlehens gibt oder er eine solche nachträglich genehmigt[15]. Abgesehen von diesen Fällen schützt den Vater das *SC Macedonianum* dann nicht, wenn eine Bereicherung eintritt, wie der eben zitierte Text aus den Paulussentenzen zeigt[16]. Darauf stützt offenbar der Jurist seine Rechtsauffassung: Da der Vater durch die Bestellung der *dos* bereichert ist, die durch die Darlehensaufnahme erst ermöglicht wurde, kann vom Darlehensgeber gegen ihn klagsweise vorgegangen werden; die Bereicherung liegt im Rückgabeanspruch des *pater familias* für den Fall des Todes seiner Tochter während aufrechter Ehe[17]. Möglich ist auch, dass die Diskussion um die Anwendbarkeit des *SC Macedonianum* einer Kürzung zum Opfer gefallen und schließlich nur das Ergebnis in den Digestentext aufgenommen worden ist.

Auch im Fall von D. 14, 6, 7, 2 konnte somit der Ehemann vermutlich die *condictio* aus der *dotis dictio* gegen den gewaltunterworfenen Vater/Bruder seiner Ehefrau sowie mit dem Zusatz *de in rem verso* auch gegen dessen *pater familias* anstellen.

---

13 Vgl. Philipp., C. 4, 28, 6 pr: *Si filius tuus in potestate tua agens contra senatus consultum Macedonianum mutuam sumpsit pecuniam, actio de peculio adversus te eo nomine efficaciter dirigi nequaquam potest.* (a. 245)

14 Ulp. 29 ad ed., D. 14, 6, 7, 11: *Interdum tametsi senatus consulto locus sit, tamen in alium datur actio, ut puta filius familias institor mutuam pecuniam accepit: scribit enim Iulianus libro duodecimo ipsum quidem institorem exceptione senatus consulti usurum, si conveniatur, sed institoriam actionem adversus eum qui praeposuit competere. quamquam, inquit, si ipse pater eum praeposuisset merci suae vel peculiarem exercere passus esset, cessaret senatus consultum, quoniam patris voluntate contractum videretur: nam si scit eum negotiari, etiam hoc permisisse videtur, si non nominatim prohibuit merces accipere.*

15 Vgl. Sev./Ant., C. 4, 28, 4: *Si permittente patre filio familias pecuniam mutuam dedisti, senatus consulti potestas non intervenit, et ideo persecutio pignoris quod in bonis patris fuit non denegabitur, praesertim cum eidem filius heres extiterit, modo si nullus alius iure conventionis ratione temporis et ordinis potior apparuerit.* (a 201)

16 Vgl. auch Ulp. 29 ad ed., D. 14, 6, 7, 12: *Proinde si acceperit pecuniam et in rem patris vertit, cessat senatus consultum: patri enim, non sibi accepit. Sed et si ab initio non sic accepit, verum postea in rem patris vertit, cessare senatus consultum libro duodecimo digestorum Iulianus ait intellegendumque ab initio sic accepisse, ut in rem verteret. non tamen vertisse videbitur, si mutuam pecuniam acceptam patri in proprium debitum solvit et ideo, si pater ignoravit, adhuc senatus consulto locus erit.*

17 Zur Rückforderung der *dos profecticia* durch den *pater familias* siehe Abschnitt V *Argumenta pro*, Kapitel 2.24 (Die verbotswidrige Veräußerung des Dotalgrundstücks durch den Ehemann).

Ein weiterer Problemkreis widmet sich der Frage, wie ein Pfandrecht zu behandeln ist, welches die tatsächliche Erfüllung der *dotis dictio* absichern soll: Folgt man der von *Stagl* und *Bürge* favorisierten Deutung des Textes, wäre dieses wohl nicht dem Ehemann, sondern dem nicht ausdrücklich erwähnten Darlehensgeber eingeräumt worden; der Ehemann hätte keine offene Forderung. Nach der hier vorgeschlagenen Interpretation ist es jedoch der Ehemann, dem von seinem Schwiegervater (oder auch seinem Schwager, sollte der Bruder seiner Frau die *dos* bestellt haben), der selbst jedoch *filius familias* ist, ein Pfand zur Sicherung der Forderung aus der Stipulation eingeräumt worden ist.

Das Pfandrecht kommt nicht wirksam zustande, da die dingliche Berechtigung des Pfandbestellers fehlt: Auch wenn eine zu besichernde Forderung besteht (aus der Stipulation der *dotis dictio*) und der Haussohn mit dem Ehemann seiner Tochter/Schwester die Verpfändung vereinbart hat, ist der Haussohn nicht dinglich berechtigt: Er selbst ist nicht Eigentümer und wurde vom Eigentümer, seinem *pater familias*, nicht zur Verfügung ermächtigt.

Die Übergabe (*datio*) zum Zwecke der Verpfändung (*conventio*) begründet jedoch einen gültigen Pfandrealvertrag[18]. Dass die Übergabe der Pfandsache stattgefunden hat, lässt sich aus dem Umstand erschließen, dass der Vater den Gegenstand vom Gläubiger fordert – der Gegenstand muss sich also beim Gläubiger befinden. Die daraus resultierende *actio pigneraticia in personam directa* auf Rückstellung der Pfandsache nach Schuldtilgung kommt laut *Schanbacher*[19] und *Siber*[20] dem *pater familias* zu, doch wird das nur dann der Fall sein, wenn dieser dem Vertrag nachträglich zustimmt, denn nur dann könnte auch gegen ihn klagsweise vorgegangen werden. Dass er aus dem Pfandrealvertrag ohne eine solche Zustimmung zwar nicht automatisch passiv, wohl aber aktiv legitimiert sein soll, ist wenig wahrscheinlich; Ulpian bringt diesen Punkt im vorliegenden Fall nicht zur Sprache. Die *actio pigneraticia in personam directa* wird für den *pater familias* jedoch aus dem Grund nicht besonders interessant sein, weil diese erst dann erfolgreich angestellt werden

18 Haussöhne können klagbare Verpflichtungen eingehen, wenn auch die Vollstreckung in das nicht vorhandene Vermögen scheitern muss. Vgl. Gai. 3 ad ed. prov., D. 44, 7, 39: *Filius familias ex omnibus causis tamquam pater familias obligatur et ob id agi cum eo tamquam cum patre familias potest.* Hierin unterscheidet sich seine Stellung von der einer gewaltunterworfenen Ehefrau, einer Haustochter und auch den Sklaven, denn diese können nicht Beklagte in einem Prozess sein. Gegen die Gültigkeit auch des Pfandrealvertrages mit dem Haussohn, aufgrund des Wissens der Parteien, dass es sich um eine fremde Sache handelt: *Bürge*, Retentio (1979) 132 ff. Er zieht für diesen Fall eine Parallele zu dem wissentlichen Kontrahieren mit einem *falsus procurator*, dem wissentlichen Kauf eines Freien und dem wissentlichen Einlassen auf eine ungültige *acceptilatio*.

19 *Schanbacher*, Konvaleszenz (1987) 158.

20 *Siber*, Passivlegitimation (1907) 125.

kann, wenn die besicherte Forderung erloschen ist, dh nach Schuldtilgung. Er würde daher wohl eher mittels *rei vindicatio* vorgehen und wäre damit erfolgreich, denn seine Sache konnte nicht wirksam mit einem dinglichen Pfandrecht belastet werden und ihm steht auch keine *exceptio* entgegen: Er hat nichts vereinbart (*pacti*) und ihm ist keine Arglist vorzuwerfen (*doli*), wenn er seine Sache, die er niemals verpfänden wollte, zurückfordert.

Durch die Erbschaft wird sodann der nun nicht mehr gewaltunterworfene Sohn Eigentümer der Pfandsache. Da er grundsätzlich die Person des Erblassers fortsetzt und dessen Rechte und Pflichten unverändert übernimmt, wird er versuchen, sich auf das lastenfreie Eigentum zu berufen und die Sache herauszuverlangen; da jedoch mit dem Zusammenfall der Person des Eigentümers und der Person des Verfügenden in einer Person der ursprüngliche Mangel geheilt wird, kommt es zur Konvaleszenz[21] und der Gläubiger kann sich auf das Pfandrecht berufen. Die *rei vindicatio* des *pater familias* geht zwar auf seinen Erben und nunmehrigen Eigentümer der Pfandsache über, stellt dieser sie nun aber an, wird er damit nicht erfolgreich sein, weil ihm (der ja selbst verfügt hatte) eine *exceptio* entgegengehalten werden kann, die der Klage des Vaters nicht entgegengestanden wäre (indirekte Konvaleszenz)[22]. Auch wenn man im Allgemeinen annimmt, dass nur bei ursprünglicher Gültigkeit des Pfandrechts eine *exceptio pigneraticia* möglich war[23], wäre an sich auch denkbar, dass zu einer zur *exceptio pigneraticia* analogen Einrede gegriffen wird, wie ja auch aktiv eine zur Pfandklage analoge Klage[24] gegeben werden konnte. Möglicherweise ist das aus dem Grund nicht der Fall, weil sich der Pfandgläubiger nicht auf das

---

21 Vgl. zur Konvaleszenz bereits oben. S. 217 f.

22 *Bürge*, Retentio (1979) 135 erklärt die *rei vindicatio* „aus der Nichtigkeit des Pfandvertrages wegen beiderseitigen Wissens um die Fremdheit der Pfandsache". Da die Sachverschiebung aber aufgrund einer „rechtlich gebilligten Wertverschiebung" erfolgt sei, soll der Sohn nicht „die Sachverschiebung allein rückgängig machen wollen, ohne auch die zugehörige Wertverschiebung anzubieten".

23 *Schanbacher*, Konvaleszenz (1987) 163 mwN in Fn 885.

24 Vgl. Paul. 3 quaest., D. 13, 7, 41: *Rem alienam pignori dedisti, deinde dominus rei eius esse coepisti: datur utilis actio pigneraticia creditori ...*

konvaleszierte Pfandverhältnis beruft, sondern auf ein doloses Verhalten des Pfandbestellers[25]; dieses ist im widersprüchlichen Verhalten zu sehen[26].

Dass mit „*persecutio pignoris*"[27] nicht die *actio pigneraticia in personam directa* aus dem Pfandrealvertrag gemeint ist, ergibt sich einerseits daraus, dass eine solche aufgrund der Klagsformel jedenfalls abgewiesen werden müsste, solange die zu besichernde Forderung noch nicht befriedigt wurde[28], und andererseits aus ihrem Charakter als *bonae fidei iudicium*: Eine *exceptio doli*[29] wäre hier nicht möglich, aber auch nicht notwendig, da der *iudex*

---

25 Für die bloße Ausübung eines Retentionsrechtes: *Koschaker*, Convalida, Iura IV (1953) 69: „Wäre das Pfandrecht nicht konvalidiert, hätte der Pfandgläubiger sich nicht gegen seine Vindikation zur Wehr setzen können. Als Konsequenz davon steht eine *exceptio pigneratae* nicht zu und eine *exceptio doli* ist zur bloßen Ausübung des Retentionsrechts zuständig." *Schanbacher* vertritt allerdings die Ansicht, dass „die Verteidigung des Pfandrechts gegen den Verpfänder/Eigentümer überhaupt mit einer exceptio doli erfolgte" und dass die *exceptiones pigneraticiae* nur gegen Dritte erhoben werden können. *Schanbacher*, Konvaleszenz (1987) 163 f.

26 AA *Schanbacher*: Grundsätzlich werde das Pfandrecht gegen den Pfandbesteller mittels *exceptio doli* verteidigt. Nur gegen Dritte kommt die *exceptio pigneraticia* zum Einsatz. Vgl. *Schanbacher*, Konvaleszenz (1987) 164: „Das Auftreten von *exceptiones pigneraticiae* erst in spätklassischer Zeit und gerade dort, wo eine *exceptio doli* nicht half, deutet auf eine vorrangige Anwendung der *exceptio doli* hin, mögen auch die *exceptiones in factum* im allgemeinen älter sein als die *exceptio doli*, und mag diese grds. lediglich Aushilfsfunktion gehabt haben." Vgl. auch ebd. 165 Fn 901: „Dass gleichwohl keine *exceptio pigneraticia utilis* ..., sondern eine *exceptio doli* den passiven Schutz des Pfandnehmers besorgt, bestärkt die Annahme, dass man zum Schutze des Pfandnehmers gegenüber der Vindikation des Verpfänders überhaupt keine besondere *exceptio in factum* konzipiert hatte, sondern sich insoweit der *exceptio doli* bediente." Für eine Interpolation (*exceptio doli* anstelle der *exceptio pigneraticia*): *Beseler*, Miscellanea, SZ 45 (1925) 245; *Volterra*, Pegno (1930) 72; *Romano*, Pegno dei frutti (1931) 96; *Carcaterra*, Pegno delle cose future, in: Annali Bari 3 (1940) 131 ff. Für die Annahme, dass ein zweitrangiger Pfandgläubiger den nunmehr aufgrund der Konvaleszenz erstrangigen klagt und mit der *exceptio* abgewiesen werden soll: *Tondo*, Convalida (1959) 67 ff. Nach *Bürge*, Retentio (1979) 135 ist die Sachverschiebung, die aufgrund einer Wertverschiebung vorgenommen wurde, die rechtlich gebilligt war, maßgeblich für die Rückabwicklung. Ein Rückgängigmachenwollen der Sachverschiebung allein, ohne die Wertverschiebung ausgleichen zu wollen, wäre ein *venire contra factum proprium* des Sohnes.

27 *Koschaker*, Convalida, Iura IV (1953) 69 f sieht im Terminus *pignus persequi* allerdings eine Bezeichnung, welche zur *actio hypothecaria* führe, nicht zur *rei vindicatio*. Er schlägt eine Emendation des Testes vor: „*plane si patri heres existiterit filius et <creditor> pignus persequatur*" (S. 70), nimmt einen Fehler des Kopisten an und beruft sich zur Stützung dieser Annahme auf den Text der Basiliken.

28 *Siber*, Passivlegitimation (1907) 125.

29 Vgl. Abschnitt V *Argumenta pro*, Vgl. Kapitel 2.22.

aufgrund der Klagsformel ohnehin alle Umstände des Falles mit Rücksicht auf die *bona fides* zu prüfen hätte.

Die Frage nach dem Verhältnis von *rei vindicatio* und *actio pigneraticia in personam directa* wurde von *Schanbacher* dahingehend beantwortet, dass es dem Verpfänder wohl freistand, mit welcher Klage er vorgehen wollte; kumulieren konnte er die Klagen freilich nicht[30]. Nachdem die Klagen sich auf unterschiedliche Rechtsgründe stützen, jedoch beide sachverfolgend sind, ist dieses Ergebnis überzeugend.

Der Verstoß gegen das eigene Erstverhalten ist aus denselben Gründen verboten, wie bei den bereits besprochenen Konvaleszenzfällen: Auch, wenn das dingliche Recht nicht gültig entstehen konnte, ist doch der, der einen Übertragunsakt setzt, an diesen gebunden. Es handelt sich hier um einen Fall der Kategorie, in dem das Erstverhalten nicht *legitime* war, aber nur weil es formalen Wirksamkeitserfordernissen nicht genügt hatte, was hier an der mangelnden Mitwirkung einer weiteren Person – des Eigentümers – lag.

1.2. D. 4, 4, 41: *Paenitentia* bei bewilligter *in integrum restitutio* (*dolum*)

D. 4, 4, 41 (Iulianus libro quadragensimo quinto digestorum)
Si iudex circumvento in venditione adulescenti iussit fundum restitui eumque pretium emptori reddere, et hic nolit uti hac in integrum restitutione paenitentia acta, exceptionem utilem adversus petentem pretium quasi ex causa iudicati adulescens habere poterit, quia unicuique licet contemnere haec, quae pro se introducta sunt. nec queri poterit venditor, si restitutus fuerit in eam causam, in qua se ipse constituit et quam mutare non potuisset, si minor auxilium praetoris non implorasset.

D. 4, 4, 41 (Julian im 45. Buch seiner Digesten)
Wenn der *iudex* dem beim Verkauf hintergangenen *adulescens* das Grundstück zurückzugeben befiehlt und dass dieser den Kaufpreis dem Käufer zurückgebe, und dieser wegen der ihm zustehenden *paenitentia* nicht Gebrauch von der *restitutio in integrum* machen will, wird der *adulescens* gegen die Klage auf den Kaufpreis eine *exceptio utilis* gleichsam aus dem Rechtsgrund der entschiedenen Sache erheben können, weil jeder das zurückweisen kann, was für ihn eingeführt wurde. Und der Käufer[31] kann sich nicht beschweren, wenn er in die Lage

30 *Schanbacher*, Konvaleszenz (1987) 162. Für einen Vorrang der *actio pigneraticia* aber *Siber*, Passivlegitimation (1907) 124 f; *Koschaker*, Convalida, Iura 4 (1953) 69 f; *Tondo*, Convalida (1959) 67 ff. Für den Vorrang der *rei vindicatio*: *Wubbe*, Res aliena pignori data (1960) 161 ff. Weitere Nachweise bei *Schanbacher*, Konvaleszenz (1987) 159 Fn 857.

31 Vgl. *Behrends/Knütel/Kupisch/Seiler* (*Kupisch*), CIC 2 (1995) 404 Fn 1 und *Otto/Schilling/Sintenis* (*Otto*), CIC 1 (1830) 480 Fn 114 (unter Berufung auf Cuiaz und Accursius). Näheres sogleich unten S. 399.

zurückversetzt wird, in die er sich selbst gebracht hat und die er nicht hätte verändern können, wenn der *minor* die Hilfe des Prätors nicht erbeten hätte.

Ein weiterer Fall von *paenitentia* wird in den Brocardica *dolum* herangezogen: Dem *minor* ist die *in integrum restitutio*[32] bewilligt worden, da er beim Grundstücksverkauf übervorteilt worden ist und der *iudex* das entsprechende *iussum de restituendo* bereits erteilt hatte. Der *minor* entscheidet sich in weiterer Folge jedoch, dass er doch lieber den Kaufpreis behalten und auf die Restitution verzichten möchte. Umgekehrt möchte nun aber der Käufer die Rückabwicklung erzwingen und klagt daher mit einer *actio quasi ex causa iudicati*[33]. Julian entscheidet, dass dem *minor* eine *exceptio utilis* zu gewähren ist, da er auf sein Vorrecht der Rückabwicklung wegen Übervorteilung auch verzichten könne[34]. Dem Kläger seinerseits entstehe daraus kein Nachteil, da er selbst keinen Rechtsbehelf zur Rückabwicklung gehabt hätte, wenn der Minderjährige von vornherein nicht geklagt hätte.

Zur Begründung dafür, dass im Text hier „*venditor*" statt „*emptor*" steht, wurden unterschiedliche Erklärungsmodelle entwickelt: Während *Kaser* (wie viele andere vor ihm) einen Schreibfehler vermutet[35], bringt *Kupisch* die originelle Lösung auf, die Restitution werde analog einem Kauf gedeutet. Er leitet diese Vermutung daraus ab, dass die Bezeichnung der judizialen Restitution als „*alienatio*" bei Ulpian in D. 27, 9, 3, 3 vorkommt, sowie aus der Aussage des Pomponius in D. 40, 7, 29, 1, nach welcher der Ausdruck „*emptio*" im Sprachgebrauch der Zwölf Tafeln jede *alienatio* bezeichnet hat[36].

Es wurden auch Spekulationen angestellt, warum hier der Sinneswandel auf beiden Seiten eintritt, also offenbar keiner der beiden das Grundstück mehr haben will und beide stattdessen den offenbar zunächst zu niedrig bemessenen

---

32 Vgl. zur *in integrum restitutio* bereits oben S. 97 f. Welche der beiden Restitutionsformen (prätorische oder judiziale) hier genehmigt wurde, ist zwar strittig (va ob hier *praetor* durch *iudex* ersetzt wurde), doch sind die Argumente für die Sentenz eines *iudex* überzeugender (arg: *quasi ex causa iudicati*). Siehe zur Kontroverse die Nachweise bei *Riechelmann*, Paenitentia (2005) 15 f.

33 *Kaser*, In integrum restitutio, SZ 94 (1977) 162. Er deutet diese Klage ebd. 162 f als „*actio utilis*, nämlich *ad exemplum iudicati* ..., die sich auf das *iussum de restituendo* stützt ..., genauer: auf die ihm vorangehende, dem Arbiträtverfahren wesentliche *pronutatio secundum actorem*, die gleichfalls *iudicatum* heißt, und mit der der Judex des Erstprozesses die Restitutionsgrundlage bejaht. Mit der *pronutatio* verbindet sich das *iussum de restituendo* über die zu erbringenden Leistungen. Hier bricht jedoch unser Verfahren ab; zu einem Endurteil kommt es nicht mehr."

34 Vgl. Just. C. 2, 3, 29, 1: ... *cum alia regula est iuris antiqui omnes licentiam habere his quae pro se introducta sunt renuntiare*. Dazu Abschnitt V Kapitel 1.2.

35 *Kaser*, In integrum restitutio, SZ 94 (1977) 162 Fn 230.

36 *Kupisch*, In integrum restitutio (1974) 119.

Kaufpreis (ansonsten hätte der *minor* nicht wegen Übervorteilung anfechten können) vorziehen; etwa wurde vermutet, dass inzwischen eine Verschlechterung des Grundstücks zB wegen eines Brandes oä eingetreten sein könnte[37]. *Kaser* nimmt an, dass die Notwendigkeit einer Hinterfragung der Motivation des *minor* der Grund dafür ist, dass dem Käufer des Grundstücks zunächst eine Klage gewährt und dem *minor* dagegen eine *exceptio* eingeräumt und nicht etwa die Klage von vornherein denegiert wurde: Der *iudex* sollte die Beweise dahingehend prüfen, ob dem Sinneswandel des *minor* eine freie Entscheidung zugrunde liegt oder ob er erneut vom Kläger getäuscht wurde (der Schutzzweck der *restitutio in integrum* daher weiterhin erfüllt werden kann)[38].

An sich war dem *minor* so, wie ihm die Geltendmachung der in *integrum restitutio* zur freien Entscheidung offenstand, auch die Rücknahme derselben bis zum Zeitpunkt der Restitution generell möglich[39]. Diese freie Widerrufsmöglichkeit wird im Text als *paenitentia* bezeichnet[40].

Der Einordnung in *dolum* unter die *argumenta pro* dürfte nicht der Gedanke des Reurechts, sondern die Gebundenheit des Vertragspartners, der den *minor* übervorteilt hatte, zugrunde liegen, denn in der Geltendmachung des Reurechts liegt vielmehr ein erlaubter Selbstwiderspruch.

Der Vertragspartner des *minor* ist hingegen an sein früheres Verhalten gebunden und kann sich nicht auf ein Rechtsmittel berufen, das dem Schutz des *minor* dient. Sein Anliegen ist nicht vom Schutzzweck der *restitutio in integrum* umfasst. Das Erstverhalten ist als rechtswirksam einzustufen und für diesen Fall gibt es keinen besonderen Ausnahmetatbestand, der es gestatten würde, sich davon wieder zu lösen; daher besteht eine Bindung daran.

1.3. D. 17, 1, 49: *Error in dominio* (*dolum* und *initium*)

D. 17, 1, 49 (Marcellus libro sexto digestorum)
Servum Titii emi ab alio bona fide et possideo: mandatu meo eum Titius vendidit, cum ignoraret suum esse, vel contra ego vendidi illius mandatu, cum forte is, cui heres exstiterit, eum emisset: de iure evictionis et de mandatu quaesitum est. Et puto Titium, quamvis quasi procurator vendidisset, obstrictum emptori neque, si rem tradidisset, vindicationem ei concedendam, et idcirco mandati eum non teneri, sed contra mandati agere posse, si quid eius interfuisset, quia forte venditurus non fuerit. contra mandator, si rem ab eo vindicare velit, exceptione

37 *Riechelmann*, Paenitentia (2005) 14 f.

38 *Kaser*, In integrum restitutio, SZ 94 (1977) 163 Fn 234.

39 Zur Frage, ob es hier zu einem Endurteil kommt oder nicht, vgl. *Kaser*, In integrum restitutio, SZ 94 (1977) 163 f mit Besprechung der Ansicht *Nicosias* in Fn 235. Vgl. zum Text auch *Nicosia*, Exceptio utilis, SZ 75 (1958) 265 ff mwN.

40 Siehe dazu bereits oben S. 332 ff.

doli summovetur et adversus venditorem testatoris sui habet ex empto iure hereditario actionem.

D. 17, 1, 49 (Marcellus im 6. Buch seiner Digesten)
Ich habe einen Sklaven des Titius von einem anderen in gutem Glauben gekauft und besitze ihn: In meinem Auftrag hat Titius ihn verkauft, ohne zu wissen, dass er ihm gehört, oder ich habe ihn umgekehrt in seinem Auftrag verkauft, weil er zufällig jemandes Erbe geworden war, der ihn gekauft[41] hatte: Es ist nach dem Recht der Eviktion und nach dem Mandat gefragt worden. Und ich denke, dass Titius, wenn er auch gleichsam als Prokurator verkauft haben sollte, dem Käufer verpflichtet ist und ihm nicht die Vindikation zuzugestehen ist, wenn er die Sache tradiert haben sollte, und darum ist er aus dem Auftrag nicht verpflichtet, aber er kann mit der *actio mandati contraria* klagen, wenn etwas in seinem Interesse gewesen sein sollte[42], weil er vielleicht nicht verkauft hätte. Umgekehrt wird der Auftraggeber[43], wenn er von ihm[44] vindizieren will, mittels *exceptio doli* abgewehrt und er hat gegen den Verkäufer die Klage seines Testators aus dem Kauf aufgrund des Erbrechts.

D. 17, 1, 49 wird sowohl in den Brocardica *dolum* als auch in den Brocardica *initium* zitiert; in den Brocardica *aurea* kam der Text hingegen nicht vor. Es werden zwei Sachverhalte besprochen: Der Hochklassiker Marcellus[45] legt hier im 6. Buch seiner Digesten seinen Ausführen folgende Konstellation als Grundsachverhalt zugrunde: Titius ist Eigentümer, ohne es zu wissen. *Ego* ist Besitzer, der einen dem Titius gehörenden Sklaven von einem nichtberechtigten Dritten gutgläubig erworben hat. In Fall 1 verkauft nun der unwissende Eigentümer Titius den Sklaven aufgrund eines Mandats des gutgläubigen Besitzers *ego*. In Fall 2 verkauft umgekehrt der gutgläubige Besitzer *ego* den Sklaven aufgrund eines Mandats des Titius, der aber auch in dieser Variante nicht weiß, dass er selbst Eigentümer des Sklaven ist.

Zu Fall 1: Der unwissende Eigentümer Titius verkauft also als Mandatar des vermeintlichen Eigentümers *ego*. Der Mandatar Titius, der *quasi* als *procurator* handelt, ist nun aus dem Vertrag persönlich zur Verschaffung des ungestörten Besitzes an der Sache verpflichtet. *Schulz* meint, nicht

41 *Knütel/Kupisch/Seiler/Behrends* (*Knütel*), CIC 3 (1999) 392 ergänzt „von einem nichtberechtigten Dritten" gekauft; *Otto/Schilling/Sintenis* (*Treitschke*), CIC 2 (1831) 300 ergänzt „von mir" gekauft.

42 Dh ihm ein Schaden – das Interesse – ersetzt werden soll.

43 = Titius.

44 = dem Käufer.

45 Er verfasste seine Werke in der zweiten Hälfte des zweiten Jh. und damit zur Zeit der Hochblüte der klassischen römischen Jurisprudenz; außerdem gehörte er dem Konsilium Antoninus' Pius' (138–161) und Mark Aurels (161–180) an und hatte daher als ständiger Berater des Kaisers im kaiserlichen Staatsrat großen Einfluss auf die Rechtspolitik.

„obwohl"[46] er wie ein *procurator* handelt, sondern überhaupt gerade deswegen[47]. An seine Verpflichtungserklärung bleibt Titius daher auch dann gebunden, wenn sich herausstellt, dass die Sache gar nicht dem Mandanten *ego*, sondern ihm selbst gehört; er muss die Sache herausgeben. Er überträgt zwar kein Eigentum – so die herrschende Lehre[48] unter Heranziehung von Vergleichstexten, die sogleich noch näher besprochen werden sollen –, aber wenn er die *rei vindicatio* erhebt, kann der Käufer ihm erfolgreich eine *exceptio rei venditae et traditae* entgegenhalten.

Dass es sich bei der Sache um einen Sklaven, also eine *res mancipi* handelt, die bloß tradiert wird, ist hier nicht der springende Punkt[49]; auch wenn die *traditio* nicht ausreicht, um ziviles Eigentum zu verschaffen, und auch noch nicht dazu führt, dass das zivile Eigentum des bisherigen Eigentümers erlischt, so scheint das im hier konkret fraglichen Fall nicht das Problem zu sein. Dass es sich um einen Sklaven handelt, wird auch nur zu Beginn der Stelle erwähnt, später spricht Marcellus nur noch von der Sache – etwa „*si rem tradidisset*" oder „*si rem ab eo vindicare velit*". Ginge es ihm um die Eigenschaft der Sache als Sklave (und damit *res mancipi*), so hätte er dies wohl mit seiner Formulierung stärker herausgestrichen.

Daraus kann geschlossen werden, dass der Irrtum über die rechtliche Zuständigkeit des Objekts – der sogenannte *error in dominio*[50] – zwar beim Traditionsgeschäft den Eigentumsübergang hindert, jedoch beim Kausalgeschäft für dessen Wirksamkeit unbeachtlich ist. Der Irrtum beeinträchtigt somit allein die dingliche Wirkung der Tradition, nicht aber auch die obligatorische des Kaufvertrages. Dieses Ergebnis wird schon von *Riezler*[51] und *Schulz*[52] kopfschüttelnd hingenommen, rationale Gründe sind ihnen nicht ersichtlich. Neben *Beseler*[53] vertrat vor allem *Schulz* vehement die These, dass der vorliegende Text von den Kompilatoren stark umgearbeitet worden sein müsse. Er begründet dies damit, dass das Ergebnis, wie es hier von Marcellus

46 So die Übersetzung von *Behrends/Knütel/Kupisch/Seiler* (*Knütel*), CIC 3 (1999) 392.

47 *Schulz*, Concursus causarum, SZ 38 (1917) 139. So auch die Übersetzung von *Otto/Schilling/Sintenis* (*Treitschke*), CIC 2 (1831) 300.

48 *Riezler*, Venire (1912) 23 f; *Schulz,* Concursus Causarum, SZ 38 (1917) 140; *Burdese*, Error in dominio, in: Archives de droit privé, XVI, (1953) 43. Anders *Ehrhard*, Rez. Arnó, SZ 51 (1931) 473, der schlicht feststellt: „... dass der Vertreter sein Eigentum verliert, weil er im Namen seines Auftraggebers verkauft und übergeben hat, ist deutlich."

49 Siehe schon *Krüger*, Exceptio doli 1 (1892) 56.

50 *Harke,* Error in dominio, SZ 121 (2005) 129 ff.

51 *Riezler*, Venire (1912) 23 f.

52 *Schulz,* Concursus Causarum, SZ 38 (1917) 140.

53 *Beseler,* Miscellanea, SZ 45 (1925) 246 f.

überliefert ist, schon in klassischer Zeit nicht unumstritten gewesen sei und die Kompilatoren versuchten, hier ein einheitliches Bild zu schaffen. Julian erkläre den Irrtum über das Eigentum für unerheblich und auch African erkenne eine Veräußerung in einer vergleichbaren Konstellation schließlich als gültig an[54].

Julian entscheidet in D. 40, 2, 4, 1[55] einerseits den Fall, dass jemand seinen eigenen Sklaven in dem Glauben freilässt, es sei ein fremder Sklave; andererseits aber auch den Fall, dass der Sklave glaubt, dass derjenige, der ihn freilässt, gar nicht sein *dominus* sei, und schlussendlich den Fall, dass beide sich irren. Nach Julians Ansicht erlangt der Sklave trotz des Irrtums in allen drei Fällen die Freiheit. Er begründet dieses Ergebnis mit den Worten *plus enim in re est, quam in existimatione*[56].

Diese Lehre Julians behauptete sich aber offenbar nicht[57], denn Ulpian und Paulus waren anderer Ansicht. Ulpian entscheidet etwa, dass ein *procurator* oder *tutor pupilli*, der seine eigene Sache in der Meinung, sie wäre Eigentum des Vertretenen, manzipiert, das Eigentum daran nicht verliert: *Si procurator meus vel tutor pupilli rem suam quasi meam vel pupilli alii tradiderint, non recessit ab eis dominium et nulla est alienatio, quia nemo errans rem suam amittit*[58]. Der Grund dafür, dass das Eigentum nicht verloren geht und zugleich das entscheidende Tatbestandsmerkmal, ist hier offenbar der Irrtum.

Burdese sieht es durch den letzten Teil („*nemo errans rem suam amittit*") als erwiesen, dass die Wirksamkeit der *traditio* nicht nur vom Willen des Veräußerers abhängt, sondern ebenso sehr von seiner Kenntnis, in wessen Rechtslage durch die *traditio* wirklich eingegriffen wird[59]. Bei Paulus erfahren wir, dass laut Pomponius das Eigentum nicht übergeht, wenn jemand seine eigene Sache kauft und in Unwissenheit dessen dieselbe weiterveräußert. Der Grund: Es sei nicht gewollt, dass das gar nicht bekannte, schon ursprünglich bestehende tatsächliche, sondern nur das vermeintlich neu erworbene Eigentum übergeht[60].

---

54 Africanus 8 quaest., D. 12, 1, 41.

55 Iulianus 42 dig., D. 40, 2, 4, 1.

56 Der *favor libertatis* ist somit nicht entscheidungsbegründend.

57 Wohl aber in dem Fall, dass jemand glaubt, vom Nichteigentümer zu kaufen, die Sache in Wahrheit aber vom Eigentümer übertragen erhält. Vgl. Dazu auch Paul. lib. sing. de iur. et fact. ign., D. 22, 6, 9, 4: *Qui ignoravit dominum esse rei venditorem, plus in re est, quam in existimatione mentis: et ideo, tametsi existimet se non a domino emere, tamen, si a domino ei tradatur, dominus efficitur.*

58 Ulp. 7 disp., D. 41, 1, 35.

59 *Burdese,* Error in dominio, Archives de droit privé XVI (1953) 43.

60 Paul. 5 ad Sab., D. 18, 1, 15, 2: *Si rem meam mihi ignoranti vendideris et iussu meo alii tradideris, non putat pomponius dominium meum transire, quoniam non hoc mihi propositum fuit, sed quasi tuum dominium ad eum transire: et ideo etiam si donaturus mihi rem meam iussu meo alii tradas, idem dicendum erit.*

So unverständlich ist die Entscheidung des Marcellus demnach nicht, wenn man die *traditio* im Anschluss daran nicht als einen rein tatsächlichen Akt, sondern als ein vom Willen zum Eigentumstransfer getragenes Rechtsgeschäft betrachtet[61]. Folgt man dieser Ansicht, so lässt sich Marcellus' Ansicht wie folgt begründen: Im Zeitpunkt des Kaufvertragsabschlusses gibt es einen persönlichen Verpflichtungswillen, daher kommt das Kausalgeschäft gültig zustande. Im Zeitpunkt der Übergabe gibt es jedoch keinen Übereignungswillen im Hinblick auf eine eigene, sondern nur bezüglich einer fremden Sache. Daher ist ein solcher Wille zum Eigentumstransfer in Hinblick auf diese eigene Sache nicht gegeben und daran scheitert die Eigentumsübertragung. Ob das obligatorische Kausalgeschäft aufgrund des Irrtums nachträglich in Frage gestellt werden kann, ist von der Frage der aktuellen sachenrechtlichen Zuordnung getrennt zu betrachten.

Da es Titius ist, dessen Rechtsposition undurchsetzbar geworden ist, haftet er dem Auftraggeber *ego* nicht auf Herausgabe des Kaufpreises, sondern kann stattdessen umgekehrt aus dem Mandat die *actio mandati contraria* erheben und damit vom Mandanten Ersatz des mit der Ausführung des Auftrags verbundenen Schadens begehren, der darin besteht, dass er den eigenen Sklaven nicht behalten kann[62].

Fall 2: Im zweiten Teil des Sachverhalts ist es laut Marcellus „*contra*“: Der gutgläubige *ego*, der sich für den Eigentümer hält, veräußert die Sache im Auftrag des unwissenden wahren Eigentümers. *Ego* kann kein Eigentum übertragen, da er ja in Wahrheit selbst nicht Eigentümer ist und auch vom wahren Eigentümer Titius keine Verfügungsbefugnis im Hinblick auf dessen Eigentum bekommen hat: Titius beauftragt *ego*, eine Sache aus dem (vermeintlichen) Eigentum des *ego* zu veräußern. Somit gilt schlicht die Regel *nemo plus iuris transferre potest, quam ipse habet.*

Obwohl nun Titius sein Eigentum behält, kann er es gegen den Käufer nicht durchsetzen. Dies könnte man damit begründen, dass er ja wollte, dass der Käufer die Sache bekommt. Verlangt er sie nun heraus, so erscheint diese Vorgangsweise *dolos*, da er sich mit seinem bereits geäußerten früheren Willen in Widerspruch setzt. Das verstößt gegen das Verbot des *venire contra factum proprium*, weswegen der Käufer sich erfolgreich mit einer *exceptio doli* wehren kann.

---

61 Auch wenn diese Auslegung dem Lehrsatz des Gaius widerspricht, wonach die *traditio* einer *res nec mancipi* durch ihren Eigentümer im Zusammenspiel mit einer *causa* ohne weiteres den Wechsel der Rechtszuständigkeit bewirkt. Beispielsweise *Voci* und *Burdese* gehen davon aus, dass dieser Satz unrichtig bzw. zumindest nicht repräsentativ für die klassische Jurisprudenz ist. Vgl. *Voci*, Aquisto (1952) 105 ff; *Burdese,* Error in dominio, Archives de droit privé XVI (1953) 23 ff.

62 *Harke,* Error in dominio, SZ 121 (2005) 139 f.

Dieses Ergebnis ist auch aus einem Text bekannt, in dem es für nicht möglich erklärt wird, eine Sache mit der *rei vindicatio* herauszuverlangen, wenn der Beauftragte sie im eigenen Namen verschenkt, anstatt auftragsgemäß im fremden, und zwar genauer in dem des Eigentümers[63]; Javolen kommt dort zum selben Ergebnis wie Marcellus in unserer Ausgangsstelle. Er sagt einerseits: *quantum ad iuris suptilitatem accipientis facta non est* – sie (= die geschenkte Sache), ist nach der Strenge des Rechts nicht Eigentum des Empfängers geworden (Begr.: denn für diese Situation gab es keine Verfügungsbefugnis); andererseits sagt er aber auch: *sed benignius est, si agam contra eum qui rem accepit, exceptione doli mali me summoveri* – aber es ist billiger, dass ich mittels *exceptio doli* abgewiesen werde, wenn ich gegen den klage, der die Sache empfangen hat (Begr.: denn ich wollte schließlich, dass er die Sache bekommt, und kann es mir jetzt nicht mehr anders überlegen).

Titius kann in dieser Variante schlussendlich jedoch von demjenigen Ersatz verlangen, der dem Erblasser den Sklaven verkauft hat: Aufgrund der Gesamtrechtsnachfolge geht die *actio empti* aus dem Kaufvertrag zwischen dem Erblasser und dem Dritten auf ihn über, und diese steht zu, weil kein ungestörter Besitz verschafft wurde und somit ein Rechtsmangel vorliegt. In diesem Zusammenhang ist es ausschlaggebend, dass Titius nicht sein Eigentumsrecht vom Erblasser ableitet, da dieser nie Eigentümer geworden ist – Eigentümer war und ist Titius selbst aus einem anderen Grunde.

In beiden Varianten kann derjenige, der einen anderen begünstigen wollte, diesem die Sache nicht mehr abnehmen, obwohl ihm materiell betrachtet das Eigentumsrecht immer noch zusteht. Entscheidungsgund ist der im Selbstwiderspruch liegende *dolus*. Das Erstverhalten ist hier zwar nicht „*legitime*", aber nur deshalb nicht, weil eine weitere Person hätte mitwirken müssen; der Veräußernde selbst hat, soweit es an ihm liegt, alles unternommen, um den Anschein einer rechtswirksamen Übertragung des Rechts zu erzeugen, und ging schließlich auch selbst zunächst von der Wirsamkeit seines Übertragungsaktes aus. Er muss sich daher an den halten, der durch den Vorgang auf seine Kosten unrechtmäßig bereichert erscheint, und das ist nicht sein Vertragspartner aus dem Kaufvertrag, der schließlich den vereinbarten Preis bezahlt hat. Sein Vertrauen ist zwar nicht ausdrücklich entscheidungsrelevant, doch erscheint er im Rahmen einer Gesamtabwägung nach dem Gesichtspunkt der *bona fides* als schützenswert.

63 Iav. 6 epist., D. 39, 5, 25: *Si tibi dederim rem, ut Titio meo nomine donares, et tu tuo nomine eam ei dederis, an factam eius putes? respondit, si rem tibi dederim, ut Titio meo nomine donares eamque tu tuo nomine ei dederis, quantum ad iuris suptilitatem accipientis facta non est et tu furti obligares: sed benignius est, si agam contra eum qui rem accepit, exceptione doli mali me summoveri.*

1.4. D. 13, 6, 17, 3: Fortsetzungspflichten (*initium*)

D. 13, 6, 17, 3 (Paulus libro vicensimo nono ad edictum)
Sicut autem voluntatis et officii magis quam necessitatis est commodare, ita modum commodati finemque praescribere eius est qui beneficium tribuit. cum autem id fecit, id est postquam commodavit, tunc finem praescribere et retro agere atque intempestive usum commodatae rei auferre non officium tantum impedit, sed et suscepta obligatio inter dandum accipiendumque. geritur enim negotium invicem et ideo invicem propositae sunt actiones, ut appareat, quod principio beneficii ac nudae voluntatis fuerat, converti in mutuas praestationes actionesque civiles. ut accidit in eo, qui absentis negotia gerere inchoavit: neque enim impune peritura deseret: suscepisset enim fortassis alius, si is non coepisset: voluntatis est enim suscipere mandatum, necessitatis consummare. igitur si pugillares mihi commodasti, ut debitor mihi caveret, non recte facies importune repetendo: nam si negasses, vel emissem vel testes adhibuissem. idemque est, si ad fulciendam insulam tigna commodasti, deinde protraxisti aut etiam sciens vitiosa commodaveris: adiuvari quippe nos, non decipi beneficio oportet. ex quibus causis etiam contrarium iudicium utile esse dicendum est.

D. 13, 6, 17, 3 (Paulus im 29. Buch zum Edikt)
So wie es aber auch mehr eine Angelegenheit der Freiwilligkeit und der Gefälligkeit als der Notwendigkeit ist zu verleihen, so ist auch das Festsetzen der Art und des Endes der Leihe Angelegenheit dessen, der die Wohltat erweist. Wenn er das aber getan hat, das ist, wenn er verliehen hat, dann verbietet nicht nur die Gefälligkeit, sondern auch die übernommene Verpflichtung zwischen dem Gebenden und dem Nehmenden, ein Ende festzusetzen und es rückgängig zu machen und zur Unzeit den Gebrauch der verliehenen Sache zu entziehen. Es wird nämlich ein gegenseitiges Geschäft vorgenommen und deshalb sind gegenseitig Klagen verheißen worden, damit zutage tritt, dass das, was anfangs Angelegenheit der Wohltat und der bloßen Freiwilligkeit war, zu wechselseitig zugestandenen zivilen Klagen umgewandelt wird. So geschieht es dem, der Geschäfte eines Abwesenden zu führen begonnen hat: Denn ungestraft wird er die [Geschäfte], die scheitern werden, nämlich nicht verlassen: Ein anderer hätte sie vielleicht übernommen, wenn er [sie] nicht übernommen hätte: Es ist nämlich Angelegenheit der Freiwilligkeit, einen Auftrag zu übernehmen, [ihn] zu vollenden [ist jedoch] Notwendigkeit. Demnach, wenn du mir Schreibtafeln geliehen hast, damit mir ein Schuldner [darauf] Sicherheit leistet, wirst du nicht rechtmäßig handeln, wenn du sie zur Unzeit zurückforderst. Denn wenn du sie mir [von vornherein] verweigert hättest, hätte ich entweder eine gekauft oder Zeugen hinzugezogen. Es ist auch dasselbe, wenn du mir einen Balken zu Abstützung eines Hauses geborgt hast und sie dann herausziehst oder wissentlich fehlerhafte geliehen haben solltest: Denn um uns zu helfen, nicht [aber uns] zu betrügen bedarf es der Wohltat. Aus diesen Gründen ist schließlich zu sagen, dass die Konträrklage nützlich ist.

Die Brocardica *initium* nennen noch einen weiteren Fall: Paulus diskutiert die Erfordernisse einer *actio contraria* für die Geschäftsführung ohne Auftrag (*negotiorum gestio*), die Geschäftsführung mit Auftrag (*mandatum*) und die unentgeltliche Überlassung von Sachen (*commodatum*). Auch diese an sich nicht erzwingbaren, freiwilligen Freundschaftsdienste ziehen im Falle der einmal erfolgten Übernahme Verpflichtungen nach sich, die insbesondere darin bestehen, dass die Geschäftsführung nicht einfach abgebrochen werden und eine leihweise hingegebene Sache nicht zur Unzeit zurückgefordert werden kann; als Beispiel für letzteres nennt er die Leihe einer Schreibtafel zur Aufsetzung eines Chirographums[64]. Wird durch ein solches Verhalten der Begünstigte geschädigt, kann er mit der Konträrklage Ersatz fordern[65].

Wie *Nörr* unter vergleichender Heranziehung von Senecas Schrift *de beneficiis* herausgestellt hat, arbeitet Paulus hier mit philosophischen Konzepten[66]. Es geht um die Verrechtlichung freundschaftlicher Pflichten: Das *officium* wird zur *obligatio*[67].

Mayer-Maly hat als Unterschied hervorgehoben, dass es bei der Leihe auf der einen Seite „mehr Sache des Willens und des *officium* als der Notwendigkeit" ist, etwas zu verborgen; auf der anderen Seite ist es aber zwar „Sache des Wollens", einen Auftrag zu übernehmen, „ihn auszuführen aber ist eine Notwendigkeit". Insbesondere ist es wohl als wesensmäßiger Unterschied zu sehen, dass man bei Rückforderung eines verborgten Gegenstandes zur Unzeit aktiv etwas tut, das den anderen schädigt, bei der unterlassenen Geschäftsführung (mit oder ohne Auftrag) ist es aber die Passivität, die zum Vorwurf gemacht wird.

Beim *commodatum* wird dem Verleiher also nicht gestattet, die Sache zur Unzeit zurückzuverlangen[68]. Komplizierter ist jedoch die Frage, wann ein

---

64 Vgl. auch Ulp. 28 ed., D. 13, 6, 5, 8: … *denique ait, si tibi codicem commodavero et in eo chirographum debitorem tuum cavere feceris egoque hoc interlevero, si quidem ad hoc tibi commodavero, ut caveretur tibi in eo, teneri me tibi contrario iudicio* …

65 Dies wird aus der Unzulässigkeit einer vorzeitigen Rückforderung jedenfalls implizit geschlossen werden können. Vgl. zur Leihe *Schwarz*, Konträrklagen, SZ 71 (1954) 129 f; dass die Konträrklage *etiam* gegeben wird lässt ihn darauf schließen, dass vorher „an *denegatio actionis* gedacht ist". Der Fall der wissentlichen Verleihung einer mangelhaften Sache kann hier außer Betracht bleiben.

66 *Nörr*, Fides, in: Mandatum (1993) 34. Die Basiliken haben diese Terminologie nicht rezepiert. Vgl. *ders.*, Ethik, in: FS Waldstein (1993) 270 Fn 11. Laut *Mayer-Maly*, Obligamur necessitate, SZ 83 (1966) 52 ist es ein aus D. 13, 6, 17, 3 und D. 4, 4, 24, 4 hervorgehender paulinischer Gedanke, dass „die *necessitas* erst die Situation dessen, der sich schon verpflichtet hat, kennzeichne".

67 Zur Verrechtlichungsthese siehe auch *Rundel*, Mandatum (2005) 187 ff. Kritisch zur Sichtweise *Rundels*: *Babusiaux*, Rez. Rundel, SZ 125 (2008) 842 f. Vgl. auch *Klami*, Teneor mandati (1979) 79 f.

68 Die Konträrklage betrifft den Fall der Verleihung wissentlich mangelhafter Sachen (zB Balken), die aber an dieser Stelle nicht näher zu diskutieren sind, da hier kein widersprüchliches Verhalten vorliegt.

Geschäftsführer seine Pflichten verletzt und der Geschäftsherr daher wegen der Unterlassung die *actio contraria* hat: Der Mandatar hat sich zumindest vertraglich verpflichtet, sodass ihm eine Vertragsverletzung vorgeworfen werden kann, auch wenn zu diskutieren ist, wann diese eintritt. Noch schwieriger abzustecken ist hingegen die Haftung des *negotiorum gestor* für unterlassene Geschäftsführung – wodurch entsteht seine Verpflichtung?

Das Mandat erlischt generell, wenn das Geschäft noch nicht begonnen wurde, die Ausführung zwar noch möglich ist, aber einer der beiden Teile zurücktritt[69] oder stirbt. Eine Haftung für gänzliches Unterlassen ist überhaupt nur dann denkbar, wenn ein Mandat vereinbart wurde, während der Geschäftsführer ohne Auftrag wenigstens begonnen haben muss, die Geschäfte zu führen; davor kann es mangels vertraglicher Verpflichtung zu keiner Haftung kommen. Solange *res integra* vorliegt, dh sich in der Rechtssphäre des Geschäftsherrn noch nichts durch einen Eingriff des Geschäftsführers verändert hat[70], kann der *negotiorum gestor* daher ohne Weiteres eine Ausführung unterlassen. Zu beachten ist allerdings, dass nicht nur der tatsächliche Beginn des konkreten Geschäfts *res integra* beseitigen kann, sondern dass auch etwa beispielsweise die Ankündigung, das Geschäft führen zu wollen, dies herbeiführen kann.

Nach einem Teil der Lehre kann ein Auftragnehmer nur vor Beginn der Ausführung das Mandat aufkündigen (hierbei lassen manche Autoren seinen freien Willensentschluss genügen[71]); von anderen wird das Vorhandensein einer *iusta causa* gefordert[72]. Überwiegend wird jedoch ein Kündigungsrecht unabhängig vom Stadium der Ausführung anerkannt, sodass also auch noch nach Beginn der Ausführung gekündigt werden kann; dann aber wiederum beschränkt durch das Erfordernis einer *iusta causa*[73]. Nach *Igimi* soll die Kündigung eines Auftrags überhaupt generell (nur dann) möglich sein, wenn das Recht des Auftraggebers, das Geschäft selbst oder durch einen Dritten auszuführen, nicht beeinträchtigt wird[74].

---

69 Doch besteht hier eine Haftung fort, etwa bei Rücktritt zur Unzeit. Vgl. nur *Kaser*, PR I² (1971) 578.

70 *Integer* („unbeeinträchtigt“) bezeichnet die noch nicht berührte und unversehrte Lage. Unter *res integra* versteht man demnach die Situation, wie sie ohne Berührung der Rechtssphäre des Geschäftsherrn durch den Geschäftsführer bestanden hätte. Siehe dazu ua *Igimi*, Renuntiatio, in: Mandatum (1993) 146 ff.

71 zB *Hausmaninger/Selb*, RP⁹ (2001) 310.

72 Etwa *Buckland*, Textbook² (1932) 517 Anm 6, 7 u. 9; *Lee*, Elements⁴ (1956) 335.

73 So etwa *Kipp*, RR (1920) 266; *Biondi*, Istituzioni (1956) 513; *Cornil,* Droit Romain (1921) 349; *Igimi*, Renuntiatio, in: Mandatum (1993) 141. In späterer Zeit, als die Unentgeltlichkeit als begriffsnotwendiges Wesensmerkmal des Auftrages aufgegeben wurde, durfte der Auftrag grundsätzlich nur noch aus wichtigem Grund widerrufen werden. Vgl. *Kaser*, PR II² (1975) 416.

74 *Igimi*, Renuntiatio, in: Mandatum (1993) 146.

Wurde mit der Ausführung einer *negotiorum gestio* bereits begonnen, so kann eine Parallele zum Auftrag insofern gezogen werden, als man auch hier eine *iusta causa* für den Rücktritt verlangt. Wird ohne Vorliegen einer *iusta causa* die Ausführung unterbrochen, würde es wiederum zur Haftung kommen; zumindest dann, wenn dies für den Geschäftsherrn „zur Unzeit" erfolgen würde.

Der *gestor* verstößt daher gegen die *bona fides*, wenn er ein begonnenes, mögliches Geschäft ohne rechtfertigende *iusta causa* für ein Unterlassen nicht zu Ende führt[75]. Wird ein einzelnes *negotium* zur Ausführung übernommen, so kann von Haftung wegen Unterlassung aber grundsätzlich nicht die Rede sein, wenn unabhängig davon andere Geschäfte für denselben Geschäftsherrn unterlassen werden. Ob ein *negotiorum gestor* weitere Geschäfte führen muss, hängt von den Beziehungen des ersten Geschäftes zu anderen Geschäften ab. Nur wenn diese sich als so eng darstellen, dass von einer Einheit gesprochen werden muss, besteht eine Verpflichtung, auch diese auszuführen. Es entsteht in dem Fall eine „Handlungspflicht aus vorangegangenem Tun"[76].

Ebenso wie das Mandat, das als persönliches Vertrauensverhältnis beim Tod des Geschäftsherrn erlischt, müssen in einem solchen Fall auch bei der *negotiorum gestio* keine neuen Geschäfte begonnen, bereits angefangene aber zu Ende geführt werden[77].

---

75 Siehe auch *Seiler*, Negotiorum gestio (1968) 14.

76 Vgl. dazu das Beispiel von *Beseler*, Studien, SZ 54 (1934) 21: „Ein Kätner, der für sich allein sein Anwesen bewohnt und bewirtschaftet, liegt in einer trockenen Sommerszeit fieberkrank und delirierend im Bette. Nachbar A begießt die Blumen des Kranken, aber nicht auch das Gemüse. Nachbar B sieht ihn gießen und ruft ihm zu „ich wollte auch gerade gießen kommen, aber nun ists ja nicht nötig". A hört und schweigt. Er hätte zurückrufen müssen „ich begieße nur die Blumen". Das Gemüse verdorrt. Der neg gestor ist verpflichtet, böse Nebenwirkungen seiner gestio abzuwenden. Das Nichtgießen des B und das Verdorren des Gemüses haben das von B wahrgenommene Blumengießen des A zur Ursache." Hier werden zwei Geschäfte als Einheit betrachtet, weswegen die Übernahme des einen (gießen der Blumen) auch die Verpflichtung zur Übernahme des weiteren (gießen des Gemüses) nach sich zieht. Unselbständige Rechtsgeschäfte kommen als „*connexa*" in die *negotiorum gestorum actio*, ohne dass sie mit einer eigenen *actio* geltend gemacht werden könnten. Ausschlaggebend ist der Kreis der geführten Geschäfte: „die Geschäfteführung ist nur ein Quantitatives der Führung von einzelnen Geschäften, was sich in dieser Häufung als Qualitatives darstellt." So *Peters*, Aktionen, SZ 32 (1911) 269.

77 Vgl. zu den Fortführungspflichten bei Tod des Geschäftsherrn etwa Paul. 9 ad ed., D. 3, 5, 20, 2: *Si vivo Titio negotia eius administrare coepi, intermittere mortuo eo non debeo: nova tamen inchoare necesse mihi non est, vetera explicare ac conservare necessarium est …*

Der Umfang der Verpflichtung richtet sich grundsätzlich jeweils danach, was den Gewohnheiten des *dominus negotii* entspricht[78]; verschiedentlich wird aber auch das hypothetische Urteil eines *vir diligens* als ausschlaggebend für den Umfang der unterlassenen, aber geforderten Geschäfte gesehen[79]. Eine Möglichkeit ist auch der Vergleich zwischen den Pflichten eines Tutors und eines Protutors[80]: Der Tutor haftet bei Unterlassen nämlich für „*omnia quae non fecit*", während der Protutor nur „*si alius gesturus fuit*", dh wenn ein anderer im Begriff war, das Geschäft zu übernehmen, aber durch die Existenz des Protutors abgehalten wurde[81]. Daraus könnte der Schluss abgeleitet werden, dass auch ein Geschäftsführer mit Auftrag, wenn er haftet, dann für alles einstehen muss, was er nicht getan hat, während der Geschäftsführer ohne Auftrag ganz allgemein nur dann für Unterlassen haftet, wenn er kausal dafür war, dass auch kein anderer das Geschäft übernommen hat[82].

Ist die Ausführung unmöglich, so kann der Mandatar das Geschäft kündigen. Oft weiß er überhaupt erst nach Beginn der Ausführung, ob er das Geschäft zum Abschluss bringen kann. Das schließt *Igimi* daraus, dass Gaius bei dem für die Benachrichtigung maßgeblichen Zeitpunkt nicht auf den der tatsächlichen Unmöglichkeit der Ausführung, sondern auf die Kenntnis des Mandatars von dieser Unmöglichkeit abstellt. Daher soll die Kündigung des Auftragnehmers auch noch nach Beginn des Tätigwerdens möglich sein, sie ist aber dem Auftraggeber baldmöglichst nach dem Eintritt des Hindernisses zu melden[83].

Diese Schlussfolgerungen kann man auch auf die Geschäftsführung ohne Auftrag übertragen: Natürlich kann der Geschäftsführer ein Geschäft nicht zu Ende bringen, wenn das unmöglich ist. Er darf jedoch, wenn er einmal damit begonnen hat, nicht einfach die Ausführung unterlassen, sondern muss dem Geschäftsherrn dies umgehend mitteilen, falls zumindest das möglich ist. Kann der Geschäftsherr nicht verständigt werden, so entfällt auch die Haftung dafür.

Die Unterlassungshaftung kann generell nicht strenger behandelt werden, als das positive schuldhafte Verursachen[84]. Dass für *dolus* gehaftet wird, er-

---

78 D. 3, 5, 10; D. 15, 3, 3, 4; D. 22, 1, 13, 1; D. 13, 7, 11, 7 u. 12.

79 *Seiler*, Negotiorum gestio (1968) 15.

80 Dh einer Person, die – ohne Tutor oder Curator zu sein – *animo tutoris* die Güter des Mündels verwaltet.

81 *Peters*, Aktionen, SZ 32 (1911) 262. Siehe D. 27, 3, 1 pr.

82 So auch das zweite Beispiel von *Beseler*, Studien, SZ 54 (1934) 21: „A hat dem zum Gießen des Gartens [erg.: des kranken Nachbarn] erbötigen B „lass nur, ich gieße" gesagt und dann haben beide nicht gegossen. Hier liegt wohl in der Rede des A eine verpflichtende Übernahme der vollständiges Gießen umfassenden neg gestio für den Kranken."

83 *Igimi*, Renuntiatio, in: Mandatum (1993) 142.

84 Fügt ein Geschäftsführer ohne Auftrag dem Geschäftsherren im Zuge der Ausführung einen Schaden zu, so haftet er ihm grundsätzlich für *dolus* und *culpa*; in

gibt sich schon aus dem Beurteilungsmaßstab der *bona fides*. Gerechtfertigt kann die darüber hinausgehende *culpa*-Haftung jedenfalls in den Fällen, in denen der Schaden ohne das Ersteingreifen des *negotiorum gestors* nicht entstanden wäre, mit dem Ingerenzprinzip werden: Wer durch sein Eingreifen in einer fremden Rechtssphäre eine Gefahrenquelle schafft, hat auch besondere Sorgfaltspflichten[85]. In solchen Fällen greift die Haftung auch dann, wenn ansonsten kein Dritter das Geschäft übernommen hätte. In den Fällen aber, in denen der Schaden jedenfalls eingetreten wäre, erscheint eine Differenzierung gerechtfertigt; ein Eingreifen wäre diesfalls als Notgeschäftsführung aufzufassen und eine Haftung damit nur für *dolus* anzunehmen.

Haftet nun der Geschäftsführer, so stellt sich die Frage, was er zu ersetzen hat; insbesondere dann, wenn ein Dritter die Geschäftsführung im Vertrauen auf die Tätigkeit des Geschäftsführers unterlassen hat, wird der Geschädigte so zu stellen sein, als wäre das Geschäft ordnungsgemäß ausgeführt worden.

Widersprüchliches Verhalten wird in diesem Text in zweierlei Hinsicht untersagt: Einerseits das aktive bei der Leihe, indem eine Rückforderung zur Unzeit verboten wird, und andererseits das passive bei unterlassenem Zuendeführen eines übernommenen Geschäftes. Bei Leihe und Mandat ist der Grund für das Verbot der durch Auslegung ermittelte Umfang der vertraglichen Verpflichtung, bei Geschäftsführung ohne Auftrag der ebenfalls durch Auslegung ermittelte Umfang der durch einseitige Einmengung in fremde Angelegenheiten übernommenen Sorfaltspflichten. Das Erstverhalten ist hier somit eines, das als „*legitime*" bezeichnet werden kann, und daher aufgrund der rechtswirksam übernommenen Verpflichtung verbindlich.

1.5. C. 2, 8, 1: Der *advocatus fisci* als Prozessbeistand gegen den Fiskus (*initium*)

C. 2, 8, 1 (Imp Antoninus A. Claudio)
Cum te fisci causam agitasse proponas, quamvis te salarium percepisse neges, tamen placitis adquiesce. eos enim, qui causam fisci egissent, prohibitum est adversus fiscum patrocinium praestare. PP. XIII. k. Ian. Antonino A. IIII et Balbino conss. [a 213]

C. 2, 8, 1 (Kaiser Antoninus an Claudius)
Weil du angibst, dass du einen Prozess des Fiskus geführt hast, wenn du auch verneinst, eine Entlohnung erhalten zu haben, musst du dennoch der Verfügung gehorchen. Denjenigen nämlich, die Prozesse des Fiskus führen, ist es verboten,

---

Fällen der Notgeschäftsführung nur für *dolus*. Zu einer Haftungserweiterung für *casus* kann es ausnahmsweise bei willkürlicher Einmengung in die Geschäfte des *dominus negotii* kommen.

85 *Meissel*, GoA (1993) 162 f.

gegen den Fiskus Verteidigung vor Gericht zu leisten. Promulgiert am 20. Dezember 213 unter dem 4. Konsulat des Antoninus und dem des Balbinus.

Die Brocardica *initium* sprechen noch einen Fall zum Prozessrecht an: Wer einmal *advocatus fisci* war, darf nicht in einem späteren Prozess gegen den Fiskus auftreten. Dieses Verbot geht (zumindest schlüssig) auch noch aus einem anderen Text hervor:

> *D. 3, 1, 10 (Paulus libro singulari regularum)*
> *Hi qui fisci causas agunt suam vel filiorum et parentium suorum vel pupillorum quorum tutelas gerunt causam et adversus fiscum agere non prohibentur. decuriones quoque contra patriam suam causas agere prohibentur, praeter superiores personas.*

> D. 3, 1, 10 (Paulus in seiner Einzelschrift über Rechtsregeln[86])
> Denen, die Prozesse des Fiskus führen, wird nicht verboten, einen eigenen Prozess oder einen seiner Kinder und Eltern oder einen der Mündel, deren Vormundschaften sie führen, auch gegen den Fiskus zu führen. Auch die *decuriones*[87] werden abgehalten, gegen ihre Vaterstadt Prozesse zu führen, außer für die oben genannten Personen.

Die beiden Texte zusammengefasst stellen also die folgende Rechtslage dar: Grundsätzlich darf jemand, der als *advocatus fisci* fungiert hat, niemanden in einem Rechtsstreit gegen den Fiskus[88] vertreten. Ausgenommen von dieser Regel sind nur eigene Ansprüche sowie solche von Verwandten in gerader Linie und die eigener Mündel.

Die Schaffung der Einrichtung eines *advocatus fisci* geht angeblich auf Kaiser Hadrian zurück[89]. Seine Funktion war der älteren Lehre gemäß die Prozessvertretung der Staatskasse[90]. Die jüngere Lehre vertritt jedoch überwiegend die Ansicht, dass es sich lediglich um einen einfachen Verteidiger der Interessen des Fiskus handelt, also einen bloßen Rechtsbeistand[91]. In

86 Im Gegensatz zum ulpianischen *liber singularis regularum* dürfte der paulinische authentisch sein. Vgl. *Avenarius*, Der pseudo-ulpianische liber singularis regularum (2005) 147 Fn 43 mwN.

87 Mitglieder des Stadtrats in den italischen Städten außerhalb Roms.

88 Vgl. zum Fiskus oben Fn 255 u. zu seiner Rechtsstellung bzw. Rechtspersönlichkeit S. 107.

89 Vgl. bereits Aelius Spartianus, Scriptores Historiae Augustae, Hadrian 20, 6: „*Fisci advocatum primus instituit.*" Späterhin wurde er auch als *patronus fisci* bezeichnet. Siehe nur *Hirschfeld*, Die kaiserlichen Verwaltungsbeamten (1905) 51.

90 Siehe nur *Kubitschek*, Advocatus fisci, RE I (1894) 438 f; *Mitteis*, RP I (1908) 364 f.

91 Siehe etwa *Provera*, Vindicatio caducorum (1964) 120 ff; *Kaser*, Rez. Provera, Iura 16 (1965) 175; *Raggi*, Restitutio in integrum (1965); *Cerami*, In integrum restitutio, AUPA 39 (1987) 29.

der späteren Rechtsentwicklung dürfte er auch die Rolle des entscheidenden Organs übernommen haben, sodass er nicht nur Prozessvertreter, sondern auch ein richterliches Organ war[92].

Es wurde offenbar als widersprüchliches Verhalten aufgefasst, wenn man den Fiskus zunächst verteidigte, dann jedoch gegen denselben auftrat. Nur in besonders berücksichtigenswerten Fällen hielt man eine solche Vorgehensweise für zulässig. Das Erstverhalten ist die Übernahme der Verteidigung von Angelegenheiten des Fiskus, mit der wohl auch ein gewisser Einblick in die Geschäfte desselben einhergehen; damit dieser Informationsvorsprung nicht zugunsten anderer gegen den Fiskus eingesetzt werden kann, darf der *advocatus fisci* eine solche Prozessvertretung nicht übernehmen. Diese Verpflichtung wird – wie auch gewisse Loyalitätspflichten – von der Vereinbarung der Prozessvertretung für den Fiskus jedenfalls stillschweigend umfasst gewesen sein, weswegen auch hier die Bindung auf einer vertraglichen Vereinbarung beruht, die (ergänzend) ausgelegt wird. Während nun als hypothetisches Vertragsinteresse angenommen wird, dass grundsätzlich solche Treuepflichten bestehen, werden umgekehrt wiederum Situationen ausgenommen, in denen das Interesse des *advocatus* die Interessen des Fiskus überwiegt: Das ist die Verteidigung in eigener Sache, wovon auch Angelegenheiten der Familienangehörigen in gerader Line wie auch die der eigenen Mündel erfasst werden. In solchen Ausnahmefällen ist aufgrund der besonderen Interessenlage ein Zuwiderhandeln erlaubt.

1.6. C. 1, 40, 11: Aufsicht über die *procuratores* in der Provinz (*initium*)

C. 1, 40, 11 (Impp Honorius et Theodosius AA. Theodoro)
Moderatores provinciarum curam gerere iubemus, ne quid potentium procuratores perperam inliciteque committant. PP. d. VI k. Dec. Ravennae Basso et Philippo conss. [a 408]

C. 1, 40, 11 (Die Kaiser Honorius und Theodosius an Theodorus)
Wir ordnen an, dass die Statthalter der Provinzen dafür Sorge tragen, dass die Prokuratoren der Mächtigen nichts Anmaßendes und Unerlaubtes begehen. Gegeben den 25. November 408 in Ravenna, unter dem Konsulat des Bassus und des Philippus.

Ein weiterer Codextext wird nun in den Brocardica *initium* genannt, wobei jedoch erst die Zusammenschau mit den Folgezitaten erhellt, was dieser Fall mit *venire contra factum proprium* zu tun hat: Es wird den Moderatoren aufgetragen, Prokuratoren zu beaufsichtigen. Die Einordnung ergibt an dieser Stelle nur dann einen Sinn, wenn der Text im Zusammenhang mit den beiden nachfolgenden Stellen gesehen wird:

92 *Lambrini*, Advocatus fisci, SDHI 59 (1993) 327.

1.7. C. 3, 26, 9: Bestrafung von Vergehen der *actores* und *procuratores* in der Provinz (*initium*)

C. 3, 26, 9 (Impp Valentinianus et Valens AA. ad Philippum vicarium)
Universi fiduciam gerant, ut, cum quis eorum ab actore rerum privatarum nostrarum sive a procuratore fuerit vexatus iniuriis, super eius contumeliis vel depraedationibus deferre querimoniam sinceritati tuae vel rectori provinciae non dubitet et ad publicae sententiam vindictae sine aliqua trepidatione convolare. quae res cum fuerit certis probationibus declarata, sancimus et edicimus, ut, si in provincialem hanc audaciam quisquam moliri fuerit ausus, publice vivus concremetur. D. III non Iul. Heracliae Valentiniano et Valente AA. conss. [a 365]

C. 3, 26, 9 (Die Kaiser Valentinian und Valens an Philippus, Vikar)
Alle sollen darauf vertrauen, dass, wenn jemand von einem, der unsere privaten Geschäfte führt, oder vom Prokurator aufgrund von *iniuria* verletzt worden wäre, er nicht zögert, wegen seiner Beschwerde über Beleidigungen oder Beraubungen zu deiner Rechtschaffenheit oder der des Vorstehers der Provinz zu schreiten und ohne Zaghaftigkeit ein öffentliches Urteil zur Bestrafung zu fordern. Wenn so etwas also mit konkreten Beweisen dargelegt werden wird, ordnen wir an und erlassen das Edikt, dass, wenn einer sich erdreistet haben wird, eine solche Frechheit gegen einen Provinzialen zu begehen, er öffentlich lebendig verbrannt werden soll. Gegeben den 5. Juli 365 in Heraclea unter dem Konsulat von Valentinan und Valens.

Die Kaiser fordern in dieser Stelle generell dazu auf, Vergehen der Provinzialbeamten zur Anzeige zu bringen. Als Bestrafung für geschehene *contumelia* bzw. *iniuria* wird das öffentliche Verbrennen bei lebendigem Leib angedroht. Auch hier kommt kein widersprüchliches Verhalten vor, somit muss weitergelesen werden:

1.8. D. 1, 18, 6, 9: Straferlass (*initium*)

D. 1, 18, 6, 9 (Ulpianus libro primo opinionum)
Praeses provinciae si multam quam irrogavit ex praesentibus facultatibus eorum, quibus eam dixit, redigi non posse deprehenderit: necessitate solutionis moderetur repraehensa exactorum illicita avaritia. remissa propter inopiam multa a provincias regentibus exigi non debet.

D. 1, 18, 6, 9 (Ulpian im ersten Buch der Opinionen[93])
Wenn der Provinzstatthalter erkennt, dass die Geldstrafe, die er verhängt hat, aus dem vorhandenen Vermögen derer, denen er sie auferlegt hat, nicht entrichtet werden kann: Dann ist die Notwendigkeit der Leistung abzumildern und die unrechtmäßige Geldgier der Eintreiber zu tadeln. Bei Erlass der Geldstrafe wegen Armut durch die Vorsteher der Provinz darf sie nicht mehr eingetrieben werden.

93 Zur Frage nach der Klassizität der Opinionen siehe oben S. 109 ff.

Erst in diesem Text wird widersprüchlich gehandelt. Im gegebenen Zusammenhang kommt es zur Frage nach der Aufsicht über und Bestrafung von Provinzialbeamten und der Frage einer Bindungswirkung von Begnadigungen, wobei die Begnadigung im letzten Text (D. 1, 18, 6, 9) durch einen *praeses provinciae* erfolgt und es sich um eine bloße Geldstrafe handelt, die erlassen wurde, während im Text zuvor (C. 3, 26, 9) als Strafe das Verbrennen bei lebendigem Leibe angedroht wird und im ersten Text (C. 1, 40, 11) die *moderatores provinciarum* zur Aufsicht berufen werden, um Fehlverhalten der Provinzialbeamten zu unterbinden. Der Vergleich hinkt daher etwas, aber anders lässt sich die Heranziehung der beiden anderen Texte nicht erklären.

Hier soll ganz offensichtlich das Verbot von widersprüchlichem Verhalten so verstanden werden, dass ein Straferlass endgültig ist und nicht doch noch die Zahlung nachträglich eingefordert werden kann. Die Begnadigung ist als rechtswirksames Erstverhalten zu verstehen, gegen das nicht nochmals vorgegangen werden kann, sofern es keine konkrete Sonderbestimmung gibt, die ein Zuwiderhandeln ausdrücklich erlaubt.

2. *Argumenta contra*

Da alle *Argumenta contra* aus den Brocardica *dolum* auch in den Brocardica *aurea* angeführt werden, sind nur noch vier zusätzlich genannte Texte aus den Brocardica *initium* zu besprechen.

2.1. C. 7, 16, 36: Abreden mit Sklaven

C. 7, 16, 36 (Impp Diocletianus et Maximianus AA. et CC. Theodorae)
Post certi temporis ministerium ancillae liberam eam esse cum ea paciscendo conventionis obtemperandi legi domina nullam habet necessitatem utque hoc verum est, ita e contrario si filios suos constituta cum his libera in ministerium tibi tradere promisisse probetur, parere placitis non compellitur. [a 294]

C. 7, 16, 36 (Die Kaiser Diokletian und Maximian an Theodora)
Eine Eigentümerin, die mit einer Sklavin vereinbart, dass diese nach bestimmter Zeit der Dienerschaft frei sein soll, hat keine Notwendigkeit, dieser Vertragsbestimmung Folge zu leisten und, wie dieses zutreffend ist, so auch umgekehrt, dass sie[94], wenn sie mit ihren Söhnen zugleich freigeworden ist und versprochen hätte, sie dir in die Dienerschaft zu übertragen, nicht gezwungen wird, sich an die Vereinbarung zu halten. 294.

Zwischen einer Sklavin und ihrer Eigentümerin wird ein *pactum* abgeschlossen, dass letztere erstere nach bestimmter Zeit freilässt. Da die Sklavin mangels Rechtspersönlichkeit nicht Vertragspartei werden konnte, kann die

94 = die Sklavin.

Freilassungsabrede mit ihrer Eigentümerin jene aber nicht binden. Wird allerdings tatsächlich freigelassen, so ist umgekehrt die ehemalige Sklavin aus der Vereinbarung, ihre Söhne der bisherigen Herrin *in ministerium* zu geben, ebenfalls nicht gebunden, da sie im Zeitpunkt der Abrede noch keine Rechtspersönlichkeit hatte[95].

Hier zeigt sich, was im Zusammenhang mit den *operae* bereits festgestellt wurde: Ein Versprechen, das die Sklavin vor ihrer Freilassung gibt, wird nicht mit der Freilassung „geheilt"; alle Vereinbarungen müssen neu abgeschlossen werden. Aus diesem Grunde ließ man Freizulassende vor der Freilassung den Eid ablegen, nach der Freilassung (erneut) *operae* zu versprechen[96].

Der erlaubte Selbstwiderspruch liegt im Nichterfüllen der getroffenen Abrede, was hier sanktionslos möglich ist, da die Vereinbarung keine Rechtswirkungen entfalten konnte. Das Erstverhalten ist nicht *legitime* erfolgt und es greift auch keiner der Ausnahmetatbestände ein. Die Vereinbarung mit einer Sklavin, die keine Rechtspersönlichkeit hat, ist rechtsunwirksam und hat auch nicht die Folgen, die ein Geschäft hat, das nur wegen Außerachtlassens der Formvorschriften als bloßes *pactum* gewertet wird.

2.2. C. 4, 66, 2, 1: Entziehung der Emphyteuse

C. 4, 66, 2, 1[97] *(Imp Iustinianus A. Demostheni pp.)*
Sin autem nihil super hoc capitulo fuerit pactum, sed per totum triennium neque pecunias solverit neque apochas domino tributorum reddiderit, volenti ei licere eum a praediis emphyteuticariis repellere: nulla ei adlegatione nomine meliorationis vel eorum quae emponemata dicuntur vel poenae opponenda, sed omnimodo eo, si dominus voluerit, repellendo neque praetendente, quod non est super hac causa inquietatus, cum neminem oportet conventionem vel admonitionem expectare, sed ultro sese offerre et debitum spontanea voluntate persolvere, secundum quod et anteriore lege nostri numinis generaliter cautum est. D. XV k. Oct. Chalcedone Decio vc. cons. [a. 529]

---

95 *Mitteis*, Reichsrecht und Volksrecht (1891) 394 f bespricht diesen Text im Zusammenhang mit der „unrömischen" Erscheinung, Kinder freigelassener Sklavinnen als Sklaven zu reklamieren, was im provinzialen Recht im Falle eines Vorbehaltes wahrscheinlich möglich war. Er meint, dass dieses nach Griechenland gerichtete Reskript zunächst betont, dass „eine einfache *pactio* zwischen dem Herrn und der Sklavin nicht genügt; die Fortsetzung von *utque hoc verum est* an behandelt den Rechtsfall von der entgegengesetzten Voraussetzung aus, dass – was offenbar aus den Acten nicht ersichtlich war – die Freilassungsform noch neben der *pactio* erfüllt worden wäre."

96 Siehe dazu oben Kapitel 2.11.

97 Hier dürfte das Zitat nicht Fragment 1 und 2 bezeichen, sondern vielmehr fr 2 § 1, da nur hier widersprüchliches Verhalten zugelassen wird; der übrige Text ist daher nur in den folgenden Fußnoten abgedruckt.

C. 4, 66, 2, 1 (Kaiser Justinian an Demosthenes, Prätorianerpräfekt)
Wenn aber nichts über dieses Kapitel vereinbart wurde, man jedoch für ganze drei Jahre weder Geld geleistet noch dem Eigentümer eine Quittung über die Steuer ausgehändigt hätte, steht es ihm frei, denjenigen vom Erbpachtgrundstück zu vertreiben, wenn er will: Diesem steht keine Rechtfertigung im Namen der Verbesserung oder dessen, was als ἐμπονήματα[98] bezeichnet wird, oder der Strafe entgegen, sondern er ist jedenfalls zu vertreiben, wenn der Eigentümer es will, und es ist nicht vorzuschützen, dass er nicht aus diesem Grund gemahnt worden sei, weil es niemandem erlaubt ist, die Inanspruchnahme oder Mahnung abzuwarten, sondern man es von sich aus anbieten soll, die Schuld aus freiem Willen zu begleichen, gemäß dem, was auch in einem früheren Gesetz unserer Majestät allgemein angeordnet ist. Gegeben den 17. September 529 in Calcedon unter dem Konsulat des Decius.

Auch hier sehen die Brocardica *initium* einen Fall, in welchem widersprüchliches Verhalten erlaubt ist. Die Emphytheuse, welche hier als Rechtsverhältnis zugrundeliegt, wurde erst in der Spätklassik als eigenes Rechtsinstitut ausgebildet, welches die dauerhafte Überlassung eines Grundstücks gegen regelmäßige Zinszahlung vorsieht[99].

C. 4, 66, 2 setzt sich (unter anderem) mit regelmäßigen Zinszahlungen und der Frage der Folgen von deren Ausbleiben auseinander. Das *principium*[100] bespricht die Möglichkeit, in dieser Hinsicht besondere Bestimmungen zu treffen und § 1 setzt mit dem Fall fort, dass solche Bestimmungen gerade nicht getroffen wurden. Ebenso wird festgesetzt, dass der Erbpächter nachweisen muss, dass er die öffentlichen Abgaben entrichtet hat; tut er das nicht bzw. belegt er es nicht durch Quittungen, so kann er vom Grundstück vertrieben werden, was auch für den Fall des Zahlungsrückstandes gilt.

Wird nun keine Klausel mit Bestimmungen über den Zahlungszeitpunkt bzw. -rückstand in den Vertrag aufgenommen, so gilt allgemein eine Frist von drei Jahren[101]. Zahlt der Erbpächter nicht bis zum Ablauf dieser Frist, so kann der Eigentümer ihn ohne vorherige Mahnung vom Grund vertreiben

98 = Verbesserungen.

99 *Kaser*, PR II² (1975) 308 ff; *Theisen*, Emphyteuse (2003), Kapitel 1 (Pachtrechte in der Spätantike)13 ff.

100 *In emphyteuticariis contractibus sancimus, si quidem aliae pactiones in emphyteuticis instrumentis fuerint conscriptae, easdem et in aliis omnibus capitulis observari et de reiectione eius, qui emphyteusin suscepit, si solitam pensionem vel publicarum functionum apochas non praestiterit.*

101 Nach § 2 des Fragments gilt das jedoch nicht, wenn der Emphyteut die Bescheinigung abgibt, dass er zahlungsbereit ist: *Ne autem ex hac causa dominis facultas oriatur emphyteutas suos repellere et reditum minime velle suscipere, ut ex huiusmodi machinatione triennio elapso suo iure is qui emphyteusin suscepit cadat, licentiam ei concedimus attestatione praemissa pecunias offere hisque obsignatis et secundum legem depositis minime deiectionis timere periculum.*

und es wird auch keine Möglichkeit mehr zugestanden, diese Rechtsfolge abzuwenden.

Das erlaubte widersprüchliche Handeln wird hier darin zu sehen sein, dass der Eigentümer denjenigen, dem er im Hinblick auf ein auf Dauerhaftigkeit angelegtes Rechtsgeschäft sein Grundstück übergibt, schlussendlich doch wieder vertreibt. In diesem Fall ist ihm das straflos möglich, weil der Vertragspartner gegen seine vertragliche Verpflichtung verstoßen hat. Die Möglichkeit des Eigentümers, gegen seine Zusage zu verstoßen, ist durch den Vertragsbruch der Gegenseite begründet.

2.3. D. 46, 3, 27: *Aliquid iuri rei deest*

> *D. 46, 3, 27 (Ulpianus libro vicensimo octavo ad edictum)*
> *Etiam circa stipulationem et ex testamento actionem, si res tradita fuerit quae debebatur, quamdiu aliquid iuri rei deest, adhuc tamen ipsa res petenda est: ut puta possum fundum petere, licet mihi traditus sit, si ius quoddam cautionis supererit.*

> D. 46, 3, 27 (Ulpian im 28. Buch zum Edikt)
> Wenn eine Sache übergeben worden ist, die geschuldet wurde, kann auch bei einer Stipulation und der Klage aus einem Testament so lange, wie irgendetwas vom Recht an der Sache fehlt, doch immer noch die Sache selbst gefordert werden: Wie ich zum Beispiel ein Grundstück fordern kann, mag es mir auch übertragen worden sein, wenn ein Recht, für welches Sicherheit zu leisten ist, noch übrig sein wird.

Der Gläubiger, dem eine Sache ins Eigentum übertragen wird, hat darüber hinaus auch noch einen Anspruch auf gewisse andere Vorteile hinsichtlich der Sache[102]. Diese Vorteile müssen laut dem letzten Satz dieses Fragments in einem Recht bestehen, für das man eine *cautio* verlangen kann bzw. für das im konkreten Fall auch tatsächlich eine solche geleistet wurde. Dieses Recht stellt sich *Schloßmann* als Forderung aus dem Stipulationsversprechen eines Dritten vor, welches als Zubehör zur geschuldeten Sache angesehen wird (zB eine *cautio damni infecti* bei Grundstücksveräußerung) und daher mitübertragen werden muss, was durch besondere Abtretung zu geschehen habe[103]. Obwohl das *dare oportere* iSd Sachhingabe bereits erfolgt ist, wird die Schuld als fortbestehend angesehen, wenn die anderen Ansprüche noch

---

102 Anders verstehen etwa *Eisele*, Beiträge, SZ 11 (1890) 15 und rezenter auch *Ankum*, Solutionis causa adiectus, in: Studi Nicosia 1 (2007) 158 den Text: Sie vermuten, dass zunächst eine bloße *traditio* durchgeführt wurde und daher nun die Manzipation gefordert wird.

103 *Schloßmann*, Eviktionshaftung, SZ 29 (1908) 329. Was aber auf diese Weise nicht gefordert werden kann, ist die Abgabe einer Eviktionsstipulation. Siehe zu den Gründen auch *Ernst*, Rechtsmängelhaftung (1995) 98.

nicht übertragen worden sind. Die Leistung wird als nicht teilbar angesehen und daher wird die *condictio* aus der Stipulation bzw. die *actio ex testamento* aus dem Damnationslegat gewährt, um weiterhin Erfüllung zu verlangen[104]; eine Verurteilung würde wie immer auf eine Geldleisung gehen. Hier geht es also nicht um die Geltendmachung eines Rechtsmangels, sondern um (teilweise) Nichterfüllung.

Vergleichbar ist auch etwa D. 30, 84, 4; Julian bespricht dort den Fall eines Vermächtnisnehmers, dem vom Erben ein Grundstück ohne die dazu gehörigen Servituten geleistet wurde. Geklagt wird auch in diesem Fall auf *„rem dare oportere ex testamento"*[105].

> *D. 30, 84, 4 (Iulianus libro trigesimo tertio digestorum)*
> *Aedes, quibus heredis aedes serviebant, legatae sunt traditae legatario non imposita servitute. dixi posse legatarium ex testamento agere, quia non plenum legatum accepisset ...*

> D. 30, 84, 4 (Julian im 33. Buch seiner Digesten)
> Ein Haus, dem ein Haus des Erben diente, wurde vermacht und dem Legatar ohne die Begründung der Dienstbarkeit übertragen. Ich habe gesagt, der Legatar könne aus dem Testament klagen, weil er nicht das volle Legat empfangen habe ...

Solange also ein zum Eigentum an einer Sache gehörendes weiteres Recht, wie hier die Servitut, nicht übertragen wurde, gilt das *dare oportere* als noch nicht erfüllt, weswegen weiterhin auf die Leistung der geschuldeten Sache geklagt werden kann.

Der Verfasser der Brocardica *initium* sieht es damit offenbar als widersprüchliches Handeln an, wenn die Leistung einer Sache gefordert wird, die tatsächlich bereits übergeben wurde. Da das Recht nicht vollständig übertragen wurde, ist die bloße Entgegennahme der Sache kein legitimer Akt in dem Sinne, dass er die Rechtsfolgen der (vollständigen) Erfüllung nach sich zieht, und so kann dagegen vorgegangen und so geklagt werden, als sei noch nicht übergeben und entgegengenommen worden.

2.4. D. 18, 1, 14: Beiderseitiger Irrtum

> *D. 18, 1, 14 Ulpianus libro vicesimo octavo ad Sabinum)*
> *Quid tamen dicemus, si in materia et qualitate ambo errarent? Ut puta si et ego me vendere aurum putarem et tu emere, cum aes esset? ut puta coheredes viriolam, quae aurea dicebatur, pretio exquisito uni heredi vendidissent eaque inventa esset magna ex parte aenea? venditionem esse constat ideo, quia auri aliquid habuit. Nam si inauratum aliquid sit, licet ego aureum putem, valet venditio: si autem aes pro auro veneat, non valet.*

---

104 *Schloßmann*, Dare, SZ 29 (1908) 306 f.

105 Siehe zu diesem Text etwa *Schulz*, Concursus causarum, SZ 38 (1917) 170 ff.

D. 18, 1, 14 Ulpian im 28. Buch zu Sabinus)
Was aber sollen wir sagen, wenn sie sich beide über Material und Qualität geirrt haben? Wie zum Beispiel, wenn ich glaubte Gold zu verkaufen und du [glaubtest Gold] zu kaufen, während es Kupfer war? Wenn zum Beispiel Miterben einen Armreif, den man für golden hielt, einem Erben um einen ansehnlichen Preis verkauft haben sollten, und man entdeckt, dass er größtenteils aus Kupfer war? Dass der Verkauf wirksam sei, steht fest, weil er etwas Gold enthielt. Denn wenn etwas vergoldet ist, ist der Verkauf gültig, auch wenn ich es für golden hielt: Wenn aber Kupfer als Gold verkauft wird, ist das nicht gültig.

Der letzte neue Text zu *contra* in den Brocardica *initium* beschäftigt sich mit folgendem Problem: Es wird ein Kaufvertrag über einen Gegenstand abgeschlossen, über dessen Eigenschaften sich beide Vertragsparteien irren. Ob der Verkauf trotz des gemeinsamen Irrtums gültig ist, richtet sich danach, ob zumindest teilweise die Vorstellung der Parteien zutrifft oder die Eigenschaften, von denen beide Seiten ausgehen, überhaupt nicht vorhanden sind. Diskutiert wird die Frage anhand von Kupfer, das als Gold verkauft wird, wobei entscheidend ist, ob der Gegenstand überhaupt kein Gold enthielt oder nur wenig.

Als drittes von drei zusammengehörigen Fragmenten im 28. Buch von Ulpians Sabinuskommentar bildet dieser Text einen Teil dessen, was von *Schermaier* als „Kernstück der uns überlieferten Irrtumslehre“[106] bezeichnet wird. Während die erste Stelle in dieser Abfolge, D. 18, 1, 9[107], mit der allgemeinen Feststellung beginnt, dass der Konsens der Vertragsparteien für das Zustandekommen eines Kaufvertrages notwendige Voraussetzung ist, und sich in der Folge sodann mit dem *error in corpore* (pr.), der *falsa demonstratio* (§ 1) und dem *error in substantia* bzw. *in materia* (§ 2) beschäftigt, behandelt das zweite

106 *Schermaier*, Materia (1992) 112.

107 Ulp. 28 ad Sab., D. 18, 1, 9: *In venditionibus et emptionibus consensum debere intercedere palam est: ceterum sive in ipsa emptione dissentient sive in pretio sive in quo alio, emptio imperfecta est. Si igitur ego me fundum emere putarem Cornelianum, tu mihi te vendere Sempronianum putasti, quia in corpore dissensimus, emptio nulla est. idem est, si ego me Stichum, tu Pamphilum absentem vendere putasti: nam cum in corpore dissentiatur, apparet nullam esse emptionem. § 1 Plane si in nomine dissentiamus, verum de corpore constet, nulla dubitatio est, quin valeat emptio et venditio: nihil enim facit error nominis, cum de corpore constat. § 2 Inde quaeritur, si in ipso corpore non erratur, sed in substantia error sit, ut puta si acetum pro vino veneat, aes pro auro vel plumbum pro argento vel quid aliud argento simile, an emptio et venditio sit. Marcellus scribsit libro sexto digestorum emptionem esse et venditionem, quia in corpus consensum est, etsi in materia sit erratum. ego in vino quidem consentio, quia eadem prope οὐσία est, si modo vinum acuit: ceterum si vinum non acuit, sed ab initio acetum fuit, ut embamma, aliud pro alio venisse videtur. in ceteris autem nullam esse venditionem puto, quotiens in materia erratur.*

Fragment, D. 18, 1, 11[108], ausschließlich den *error in materia*, welcher neben dem *error in qualitate* auch den Gegenstand der Überlegungen im hier hauptsächlich interessierenden Text D. 18, 1, 14 bildet[109]. Was diese Stelle von den vorgehenden unterscheidet, ist insbesondere auch, dass beide Vertragsparteien einem Irrtum unterliegen und nicht nur eine.

Ergebnis des Textes ist, dass beim zweiseitigen *error in materia* der Kaufvertrag nicht gültig zustande kommt, beim *error in qualitate* hingegen schon. Unterscheidungskriterium ist, ob es sich um einen völlig anderen Stoff handelt, als von den Vertragsparteien angenommen, oder vielmehr lediglich um minderwertiges Material wie eine Legierung.

Es ist eine alte Streitfrage, ob der Grund für diese Entscheidung im ersten Satz des ersten Fragments in diesem Komplex zu suchen ist, wo auf die Notwendigkeit des Konsenses hingewiesen wird[110], oder die mangelnde objektive Bestimmbarkeit des zu Leistenden ausschlaggebend für die Nichtigkeit ist[111]. Die jüngste wissenschaftliche Kontroverse zu diesem vielbehandelten Thema wird zwischen *Schermaier* und *Harke* ausgetragen.

Schermaier kommt in seiner Dissertation insbesondere aufgrund der Strukturierung der Themen in den drei Texten zu dem Ergebnis, dass *errare* „immer die falsche Vorstellung einer Partei über den Kaufgegenstand" meine, weswegen „für Ulpian auch die Fälle des gemeinsamen Irrtums Dissensfälle" seien[112].

Auch *Harkes* Habilitationsschrift widmet sich diesem Thema. Mit *qualitas* sei nur eine Eigenschaft der Sache, nicht aber eine Vorstellung von der Sache

---

108 Ulp. 28 ad Sab., D. 18, 1, 11: *Alioquin quid dicemus, si caecus emptor fuit vel si in materia erratur vel in minus perito discernendarum materiarum? In corpus eos consensisse dicemus? et quemadmodum consensit, qui non vidit? § 1 Quod si ego me virginem emere putarem, cum esset iam mulier, emptio valebit: in sexu enim non est erratum. Ceterum si ego mulierem venderem, tu puerum emere existimasti, quia in sexu error est, nulla emptio, nulla venditio est.*

109 In dieser Unterscheidung sieht *Schermaier*, Materia (1992) 153 f eine auf Plotin bzw. das platonisch-aristotelisches Verständnis zurückgehende Kategorisierung. Für Kritik daran siehe etwa *Harke*, Error (2005) 49. Er wirft *Schermaier* vor: „Isoliert betrachtet, hat diese jedoch keinen philosophischen Gehalt. Sie gewinnt ihn erst durch eine an Philosophenthemen ausgerichtete Interpretation."

110 „Dissenstheorie": va *Flume*, Eigenschaftsirrtum (1948); *ders.*, Irrtum, in: FS Schulz 1 (1951); *ders.*, Rez. Wolf, TR 30 (1962) 363 ff; *Wunner*, Contractus (1964).

111 „Identifikationstheorie": va *J. G. Wolf*, Error (1961); *Ziletti*, Errore (1961). Die Terminologie stammt von *Wieacker*, Irrtum, in: Mélanges Meylan 1 (1963) 392 f. Einen Ausgleich zu schaffen versucht *Mayer-Maly*, Konsensstörung, in: Mélanges Meylan 1 (1963) 241 ff. Vgl. eine ausführliche Diskussion der älteren Literatur bei *Schermaier*, Materia (1992) 123 ff.

112 *Schermaier*, Materia (1992) 130. Auch die Habilitationsschrift *Schermaiers* beschäftigt sich mit dem Irrtum, allerdings mit der Entwiklung von den Glossatoren bis zum BGB: *Schermaier*, Irrtum (2000).

im Allgemeinen verbunden[113] und dafür wiederum sei Ulpians Gattungsbegriff entscheidend[114]. *Error* benenne „das Auseinanderfallen von Parteivorstellung und objektivem Inhalt des Vertrages“, während *consensus* „nicht Geltungsgrund, sondern Abschlussmodalität“ sei, dh die bloß äußere Absprache der Parteien, nicht deren innere Vorstellungen[115]. Aussage der Texte ist – und hierin liegt ein neuer Ansatz – nach seiner Deutung nach vor allem: „Auch beim doppelseitigen Irrtum folgt die Lösung den Regeln für den einseitigen Irrtum“. Völlig irrelevant für die Nichtigkeit oder Gültigkeit sei, ob der Vertragspartner die Fehlvorstellung teile, vielmehr sei die „Übereinstimmung von Geschäftsinhalt und Vorstellung der Partei, die sich auf ihren Irrtum beruft“, allein entscheidend[116]. Will eine der beiden irrenden Vertragsparteien am Kaufvertrag festhalten, so kann sie sich trotz ihrer „eigenen Fehlvorstellung auf den objektiven Inhalt des Vertrages berufen“ und der, der das nicht will, muss nachweisen, „sich in einem beachtlichen Irrtum befunden zu haben“[117].

In seiner Rezension zu *Harke* entgegnete *Schermaier* diesem Standpunkt, dass die Quellen der These klar widersprächen[118]; *error* sei vielmehr als Sachverhaltsirrtum und nicht als Irrtum über den Geschäftsinhalt zu verstehen. Damit seien auch *Harkes* Interpolationsvermutungen, die für dessen Theorie des „objektiven Vertragsinhaltes“ aufgestellt werden müssten, überflüssig[119].

Die Kontroverse wird an diesem Punkt nicht zu einem auflösenden Abschluss gebracht werden können. Für die Aufnahme in die Brocardica *initium* dürfe der ausschlaggebende Grund sein, dass zunächst die Zustimmung zu einem Kaufvertrag erklärt wird, dieser Vertrag dann jedoch aufgrund des (beiderseitigen) Irrtums zu keiner Bindung führt. Ein dieser nicht legitimen Handlung, nämlich der nicht klagbaren Vereinbarung widersprechendes Zweitverhalten ist beiden Seiten gestattet.

3. Einordnung der zusätzlichen *argumenta* der Brocardica *dolum* und *initium* in die Kategorien der *solutio* in den Brocardica *aurea*

Auch die Texte der übrigen Sammlungen lassen sich in die Kategorien der *solutio* Azos weitgehend einordnen: Im Fall der Konvaleszenz der *dos*-Bestellung

---

113 *Harke*, Error (2005) 74.
114 *Harke*, Error (2005) 70 f.
115 *Harke*, Error (2005) 78. Vgl. dazu auch ebd. 351: „Der Vertrag wirkt und gilt schon aufgrund der Absprache, die jede Partei unabhängig von ihrer Vorstellung für sich in Anspruch nehmen kann.“
116 *Harke*, Error (2005) 73.
117 *Harke*, Error (2005) 79.
118 So die *conclusio*: *Schermaier*, Rez. Harke, SZ 125 (2008) 835.
119 *Schermaier*, Rez. Harke, SZ 125 (2008) 832.

durch den selbst noch gewaltunterworfenen Vater (oder Bruder), der Erbe des *pater familias* wird, ist das Erstverhalten insofern bindend, als der Handelnde alles tut, was aus seiner Sicht nötig war, um die Wirksamkeit herbeizuführen (D. 14, 6, 7, 2). Der Vertragspartner eines *minor*, der die *in integrum restitutio* geltend macht und dann doch darauf verzichtet, kann die Rückabwicklung nicht erzwingen, da ihm dieser Ausnahmetatbestand nicht zugute kommt: Er ist an sein rechtswirksames Erstverhalten gebunden (D. 4, 4, 41). Der *error in dominio* berechtigt nicht dazu, eine Veräußerung rückabzuwickeln; der Veräußernde hat, soweit es an ihm liegt, alles unternommen, um das Recht übergehen zu lassen und muss das auch dann gegen sich gelten lassen, wenn er bemerkt, dass er sein eigenes Recht dadurch undurchsetzbar gemacht hat, was ihm zunächst nicht bewusst war (D. 17, 1, 49). Wenn man einen Gegenstand zur Leihe überlässt, kann man ihn nicht ohne weiteres wieder entziehen und ebenso kann eine Geschäftsführung mit und ohne Auftrag nicht einfach abgebrochen werden; die Übernahme einer Verpflichtung aufgrund von Vertrag oder tatsächlichem Eingriff in die fremde Rechtssphäre ist bindend (D. 13, 6, 17, 3). Wer einmal als *advocatus fisci* auftritt, darf nicht als Verteidiger gegen diesen auftreten; das wird aus der Übernahme der Vertretung des *fiscus* geschlossen werden können, der durch den Wissensvorsprung seines (ehemaligen) Vertreters keinen Nachteil erleiden soll (C. 2, 8, 1), und aus der Annahme gewisser Loyalitätspflichten. Wird ein Straferlass gewährt, so ist der Begnadigungsakt rechtswirksam und damit bindend (D. 1, 18, 6, 9).

Abreden mit Sklaven sind nicht rechtswirksam, weil dem Sklaven keine Rechtspersönlichkeit zukommt (C. 7, 16, 36). Man muss sich daher auch nicht daran halten und ebenso muss der Sklave nach der Freilassung sie nicht gegen sich gelten lassen. Ein zur Erbpacht überlassenes Grundstück kann wieder entzogen werden, wenn der Vertragspartner gegen seine vertragliche Verpflichtung verstoßen hat (C. 4, 66, 2). Wurde eine geschuldete Sache übergeben, kann man dennoch die Klage auf *dare oportere* erheben, wenn ein zum Eigentum gehörendes Recht an dieser Sache noch nicht übertragen worden ist (D. 46, 3, 27). Liegt ein beiderseitiger Irrtum hinsichtlich des Kaufgegenstandes vor, so ist der Vertrag nicht bindend und beide Parteien können Rückabwicklung begehren (D. 18, 1, 14).

Auch andere, hier nicht erwähnte Texte können unter diesem Gesichtspunkt betrachtet und deren Entscheidung in diesem Sinne kategorisiert werden. Für die Ableitung des allgemeinen Satzes war es jedoch nicht notwendig, noch mehr Fälle anzuführen; die von den Glossatoren an dieser Stelle bedachten Fälle erscheinen als Induktionsbasis ausreichend.

VII. Ergebnisse

1. Im einleitenden Kapitel wird festgestellt, dass Rechtsprinzipien im jeweiligen historischen und gesellschaftlichen Kontext zu beurteilen sind. Im römischen Recht ist die *regula* grundsätzlich lediglich beschreibend; allerdings gibt es auch hier die normative *regula iuris civilis*, wie sie etwa in zwingenden Formvorschriften bestehen kann. Die mittelalterlichen Juristen bilden allgemeine Prinzipien in erster Linie zur Durchdringung des *Corpus Iuris Civilis* aus. In der naturrechtlichen Konzeption entscheidet die Gerechtigkeit eines Prinzips über dessen Zugehörigkeit zu einer Rechtsordnung; nach rechtspositivistischer Sicht ist hingegen die ausdrückliche oder implizite Normierung ausschlaggebend. Konkrete Einzelnormen in geltenden Rechtsordnungen sind generell von allgemeinen Prinzipien beherrscht, die zur Interpretation des Gesetzestextes, aber auch zur Analogie bei Gesetzeslücken herangezogen werden können und dem Gesetzgeber eine Orientierungshilfe für die Erlassung neuer Einzelregelungen bieten. Das „sprichwörtliche" Rechtsprinzip zeichnet sich durch eine einprägsame Formulierung aus, welche oftmals zulasten der Vollständigkeit geht; auch ein nicht ausgesprochener Sinn ist jedoch Inhalt eines solchen Prinzips. Die Feststellung dieses Inhalts ist wiederum Gegenstand juristischer Auslegung.
2. Die Brocardica, deren Name unbestimmter Herkunft ist, sind Produkt der Renaissance der Wissenschaften im 12. Jahrhundert und Sammlungen allgemeiner Rechtsprinzipien. Die mittelalterlichen Juristen gewannen abstrakte Sätze aus den kasuistischen Rechtstexten des *Corpus Iuris Civilis*; diese Sätze wurden als Gegensatzpaare formuliert und einander, jeweils mit Belegstellen versehen, gegenübergestellt. In einer distinguierenden *solutio* entwickelte man sodann abstrakte Abgrenzungskriterien, welche den Inhalt des Rechtsprinzips näher konkretisieren und die jeweils widersprechenden Ausnahmen in die Prinzipien integrieren.
   Es handelt sich somit grundsätzlich nur um die Zusammenfassung der einzelnen Anwendungsformen eines Grundsatzes; Ausnahmen bestehen zahlreiche. Der Wert besteht nun insbesondere darin, dass zusammenhängende Elemente lokalisiert und Fallgruppen gebildet werden. Durch die Tendenz der Verallgemeinerung erfolgt eine systematische Erfassung des gesamten Rechtsstoffes; die wirklich originelle Schöpfung der Autoren der Brocardica besteht daher insbesondere in den *solutiones*.
   Zunächst wurden *generalia* vereinzelt in Glossen formuliert. Als erster Verfasser einer reinen Brocardica-Sammlung gilt Pillius de Medicina; sein *libellus disputatorius* dürfte in einer Erstauflage um 1175 entstanden

sein. Bald darauf entstand die Sammlung *dolum* eines anonymen Autors in England. Auch Otto Papiensis dürfte seine *generalia* nicht viel später verfasst haben, aber doch wohl vor der Zweitauflage des *libellus disputatorius* um 1195. Diese von Pillius de Medicina selbst angefertigte Überarbeitung enthielt erstmals *solutiones* zu den einander widersprechenden Prinzipien. Davon inspiriert fertigte Azo um 1200 auch *solutiones* zu den *generalia* des Otto Papiensis an. Erst sein Schüler Cacciavillanus fügte diese *solutiones* des Azo jedoch in die Sammlung von *generalia* des Otto ein; so verschmolz er die Werke dieser beiden Autoren und notierte an einigen Stellen auch eigene Zusätze. Diese Fassung hat in einigen Druckausgaben die Jahrhunderte überdauert und das Rechtsdenken der europäischen Juristen über Generationen hinweg entscheidend geprägt. Rechtsanwender beriefen sich bei der Heranziehung der Prinzipien auf die Autorität des Rechtsgelehrten, der sie verfasst hat; ihm wurde die Kenntnis aller zugrundeliegenden Einzelentscheidungen unterstellt und auf sein Urteil vertraut. Insofern kann eine Parallele zu den heutigen Gesetzeskommentaren gezogen werden, an denen sich die Praxis bei der Anwendung von Normen orientiert. Die Lehrmeinung eines Rechtsgelehrten ist jedoch nicht mehr in dem Maße verbindlich, wie dies in vorkodifikatorischen Zeiten der Fall war; es bedarf einer oder mehrerer Gesetzesbestimmungen, die als Positivierung des jeweiligen Prinzips zumindest interpretiert werden kann oder können. Werden in einer Rechtsordnung Normen aufgefunden, die als Interpretationsgrundlage für das jeweilige Prinzip infrage kommen, so hat es dieselbe Verbindlichkeit wie jede andere durch Gesetzesinterpretation gewonnene Erkenntnis auch.

3.a. Das Verbot widersprüchlichen Handelns spiegelt sich nach mittelalterlichem Verständnis in allen Bestimmungen wider, die eine vertragliche Bindung normieren: So wird etwa C. 4, 10, 5 in den Brocardica *aurea* als Belegstelle herangezogen, wo der einseitige Rücktritt von einem Vertrag missbilligt wird; oder C. 10, 5, 1 u. 2, wo ausgesprochen wird, dass der Fiskus an Kaufverträge gebunden ist; darüber hinaus der Text C. 4, 44, 7, der allgemein den einseitigen Rücktritt vom perfekten Kaufvertrag untersagt.

D. 18, 3, 6 pr bestimmt außerdem, dass bei eigener, nicht vertragsgemäßer Leistung das (bei einem unter Vereinbarung einer *lex commissoria* abgeschlossenen Kaufvertrag) übergebene Angeld nicht zurückgefordert werden kann, wenn der Verkäufer von seinem Rücktrittsrecht gebraucht macht.

Weitere Fälle aus dem Vertragsrecht sind der Widerruf der Empfangsberechtigung eines *solutionis causa adiectus*, welcher nicht gestattet wird (D. 7, 1, 25 pr); die mangelnde Möglichkeit der *noxae deditio* bei Auftrag zum Kauf eines diebischen Sklaven, von dessen Diebstahlsneigung der

Auftraggeber Kenntnis hatte (D. 17, 1, 26, 7); sowie die nachträgliche einseitige Änderung des vereinbarten Schuldtilgungsortes und -zeitpunktes (D. 45, 1, 122 pr). *Initium* zieht außerdem einen Text zu den Fortsetzungspflichten des Leihgebers (er darf nicht zur Unzeit zurückfordern) und des Geschäftsführers mit und ohne Auftrag (ein begonnenes Geschäft muss zu Ende geführt werden) heran (D. 13, 6, 17, 3). Zum Quasikontraktlichen Bereich zählt etwa die in *aurea* erwähnte Entscheidung, dass nach erfolgter *ratihabitio* einer schlechten Geschäftsführung nicht mehr wegen der schlechten Ausführung geklagt werden kann (D. 3, 5, 8).

3.b. Dass das geltende (österreichische) Recht nicht mehr zwischen *contractus nominati, contractus innominati* sowie *pacta* unterscheidet und für eine generelle Verbindlichkeit eintritt, sobald dem objektiven Erklärungswert der ernsthafte Bindungswille entnommen werden kann, zeigt, dass das Verbot von *venire contra factum proprium* im vertragsrechtlichen Bereich verstärkt Anerkennung gefunden hat. Bei einer Bindung an das eigene Vorverhalten, das in einem Vertragsabschluss besteht, kann die jeweils näheste Norm zu diesem Vertragstyp herangezogen werden, bzw. wenn für den konkreten Fall kein normierter Vertragstyp besteht, kann mittels Gesetzesanalogie vorgegangen werden. Gibt es auch keinen ähnlichen Typ, dessen Regelungen im Zuge der Gesetzesanalogie herangezogen werden können, so ist es wiederum denkbar, auf eine Rechtsanalogie zurückzugreifen. Ist auch das nicht möglich, so kann immerhin über einen Rückgriff auf die „natürlichen Rechtsgrundsätze“ nachgedacht werden.

4.a. Wie die Zusammenstellung der Texte in den Brocardica zeigt, ist jedoch das Vertragsrecht nicht das einzige Rechtsgebiet, in welchem man das Verbot des Selbstwiderspruches verortet hat; es ist vielmehr ein universelles Prinzip, welches auch Wirksamkeit im Verfahrensrecht oder im öffentlichen Recht beanspruchen kann.

4.b. Im prozessrechtlichen Bereich zeigt sich die Bindung an das Vorverhalten für die Parteien etwa bei der Beantragung von Beweismitteln (siehe C. 4, 1, 11 zum Eid, der nicht nochmals zugeschoben werden kann, wenn er einmal zurückgenommen wird), dem Verzicht auf einen privilegierten Gerichtsstand (C. 2, 3, 29 pr), dem Abschluss prozessbeendender Vereinbarungen bzw. hinsichtlich des rechtsprechenden Organs in dessen Bindung an die eigenen Vorentscheidungen, sofern diese rechtskräftig sind (die Brocardica *aurea* setzen hier einen Selbstverweis auf die Stelle innerhalb des Werkes, an der diese Frage in einer eigenen Rubrik behandelt wird). Lässt man sich auf ein Verfahren ein, so ist eine nachträgliche Berufung auf begünstigende Umstände, die in einem Vorverfahren hätten geklärt werden müssen, nicht mehr möglich (C. 8, 8, 1); darüber hinaus kann man sich bei einer Richterbeleidigung im Zuge einer Zeugenaussage im deshalb durchgeführten Verfahren nicht auf ein *privilegium fori* berufen (C. 4, 20, 14). Die Brocardica *dolum* erwähnen als weiteres Argument für das Verbot des Selbstwiderspruchs den Fall, dass ein *minor* die *restitutio in integrum* erwirkt und dann doch darauf verzichtet; sein Vertragspartner kann sich auf die genehmigte Rückabwicklung nicht berufen und ist an den Verkauf gebunden, da der Schutzzweck des Rechtsmittels nur die Übervorteilung des *minor* umfasst.

4.c. Auch im öffentlichen Recht wird widersprüchliches Verhalten missbilligt: Überträgt der Prokonsul seine Gerichtsbarkeit auf *legati*, so darf er sie ihnen nur mit Einverständnis des Kaisers wieder entziehen (D. 1, 16, 6, 1). *Initium* nennt darüber hinaus auch C. 2, 8, 1 zum Verbot, gegen den Fiskus aufzutreten, nachdem man diesen zuvor als *advocatus fisci* vertreten hatte. Drei weitere Texte behandeln Fehlverhalten von Prokuratoren in der Provinz und deren Sanktionierung bzw. den Straferlass, der nicht widerrufen werden kann (C. 1, 40, 11; C. 3, 26, 9; D. 1, 18, 6, 9).

4.d. Einen besonderen Schwerpunkt privatrechtlicher Problemfälle bilden die Stellen zur Konvaleszenz: Dass der nichtberechtigte Veräußerer oder Verpfänder einer Sache, der nachträglich die Berechtigung daran erwirbt, die von ihm selbst veräußerte oder verpfändete Sache nicht zurückverlangen kann, ist Thema in den von den Brocardica *aurea* genannten Texten D. 6, 1, 72; D. 21, 3, 1 pr; D. 21, 2, 17; D. 13, 7, 41; D. 23, 5, 17. Die Brocardica *dolum* nennen zu diesem Thema darüber hinaus noch D. 14, 6, 7, 2.

4.e. Die Außerachtlassung von Formvorschriften befreit nicht von der Bindungswirkung (etwa den Vater, der die Tochter nicht rechtswirksam emanzipiert hat: D. 1, 7, 25 pr; oder bei formlosem Fideikommiss, dessen Inhalt dem Erben bekannt ist: IJ. 2, 23, 12; bzw. bei der Einräumung einer Servitut an einer *res extra commercium*: D. 8, 4, 13 pr) ebenso nicht die unterlassene Mitwirkung Dritter (wie beim Grundstück im Miteigentum, an welchem ein Miteigentümer eine Servitut einräumt: D. 8, 3, 11). Die Brocardica *dolum* und *initium* erwähnen darüber hinaus beide den Fall des *error in dominio*: Derjenige, der einen anderen begünstigen wollte, kann diesem die zugewendete Sache nicht mehr entziehen, auch wenn das Eigentum nicht übergegangen ist (D. 17, 1, 49).

4.f. Sonderregelungen schützen etwa den beschenkten Minderjährigen, dem das geschenkte Grundstück vom Schenker wieder entzogen werden soll (C. 2, 29, 2 pr).

4.g. Schlussendlich ist auffällig, dass drei Texte zum kirchlichen Vermögensrecht Eingang in die Sammlung *aurea* gefunden haben: Unter den *argumenta pro* findet sich ein Text, in welchem einem Bischof die Zuwiderhandlung gegen das nach kanonischem Recht wirksame Versprechen, sich nichts anzueignen, untersagt wird (C. 12, q. 2, c. 18).

5.a. Unter *contra* werden zu diesem Thema zwei weitere Texte angeführt: Die verbotswidrige Veräußerung von Kirchenvermögen ist nichtig und daher nicht verbindlich (C. 1, 2, 14, 4). Obwohl Eigentum nach kanonischem Recht dazu führt, dass man nicht geweiht werden dürfte, führt der nachträgliche Erwerb nicht zur Aberkennung des Klerikerstatus (C. 12, q. 1, c. 18).

5.b. Die Brocardica *aurea* lassen einen Selbstwiderspruch insbesondere aufgrund von *favor libertatis*, zugunsten der Kinder und allgemein bei Handeln im Namen bzw. im Interesse Dritter zu: C. 7, 16, 1 und C. 4, 43, 2 ermöglichen die Rückholung verkaufter Kinder; ein Schenker kann zugunsten seiner nachgeborenen Pflichtteilsberechtigten die *in integrum restitutio* verlangen (C. 3, 29, 5); man kann als Verkäufer eines Sklaven in einem Freiheitsprozess dennoch die Funktion als dessen *adsertor in libertatem* übernehmen (C. 8, 44, 25).

5.c. Aufgrund der *bona fides* werden unbegrenzte Versprechen so interpretiert, dass nur ein gerechtes Maß geschuldet wird: So D. 38, 1, 30 pr zum Versprechen von *operae* und D. 17, 1, 60, 4 zum Generalmandat. Ebenso kann der *locator* bei freiwilligem Zinsnachlass wegen Ernteeinbußen in einem besonders fruchtbaren Folgejahr den nachgelassenen Betrag zurückfordern (D. 19, 2, 15, 4). Dieses Ergebnis wird ebenso durch Vertragsauslegung erzielt wie beim Verzicht auf eine von zwei Servituten: Der Eigentümer des herrschenden Grundstücks hat solche Handlungen zu unterlassen, die dem verbleibenden Recht zuwiderlaufen, obwohl diese von dem Recht umfasst waren, auf welches verzichtet worden war (D. 8, 3, 20 pr). Die Brocardica *initium* nennen noch den Fall, dass beim beiderseitigen Irrtum beide Parteien Rückabwicklung begehren können (D. 18, 1, 14); außerdem eine Stelle, die eine Klage auf die gesamte geschuldete Leistung erlaubt, obwohl die Sache bereits übergeben wurde, sofern ein zum Eigentum gehörendes Recht noch nicht übertragen worden war (D. 46, 3, 27), und einen Text, wonach bei Vertragsverstoß ein zur Emphytheuse überlassenes Grundstück unter Umständen wieder entzogen werden kann (C. 4, 66, 2).

5.d. Auch im Prozess können einige Ersthandlungen zurückgenommen werden: So die unverschuldete wahrheitswidrige Besitzbehauptung (bis zur *litis contestatio* bzw. auch noch nach *litis contestatio*, sofern dem Kläger *dolus* vorzuwerfen ist: D. 6, 1, 25) oder die Entscheidung, als privilegiert Klagsbefugter bei der *actio de sepulchro violato* nicht zu klagen (bis zur *litis contestatio* mit einem Dritten: D. 47, 12, 3, 10). Im Falle eines Abwesenheitsurteiles kann das Verfahren formlos fortgeführt werden (C. 9, 2, 4). Der Rücktritt von einer Prozessvertretung ist in besonderen Fällen (D. 3, 3, 8, 3 ff) gestattet und eine formlose Prorogationsvereinbarung nicht verbindlich (D. 2, 1, 18).

5.e. Auf Vorteilhaftes kann man grundsätzlich verzichten, daher kann ein Schuldner bei der *missio in bona* die Vermögensversteigerung durch nachträgliche Aufnahme der Verteidigung abwenden (D. 42, 3, 5).

5.f. Gegen verbotswidrige Ersthandlungen kann generell verstoßen werden, wie gegen die Veräußerung eines Grundstücks ohne die zugehörigen Schollengebundenen (C. 11, 48, 7). Nicht rechtswirksam, obwohl nicht verboten im engeren Sinn, ist die Vereinbarung einer Frist beim Prekarium (D. 43, 26, 12 pr). Weil dem Sklaven keine Rechtspersönlichkeit zukommt, sind Abreden mit diesem nicht rechtswirksam und es kann dagegen verstoßen werden (diesen Fall nennen die Brocardica *initium*: C. 7, 16, 36).

5.g. Ein besonderes Widerrufsrecht steht dem *locator* zu (C. 4, 65, 3) und auch demjenigen, der einem anderen Geld gibt, damit dieser einen Sklaven freikauft (D. 12, 4, 5 pr; in der *solutio* wird außerdem D. 12, 4, 3, 1 zu diesem Thema erwähnt).

5.h. Auch im Rahmen des Minderjährigenschutzes kann Selbstwiderspruch aufgrund der besonderen Schutzwürdigkeit erlaubt sein (D. 37, 6, 8 in der *solutio* von *aurea*).

5.i. Ein weiterer eigens geregelter Ausnahmetatbestand ist die Herausforderung des Nachlassbesitzes von der Schwester durch deren Brüder, die ihr diesen zunächst überlassen haben, sich aber auf eine Restitutionspflicht aus Fideikommiss berufen können (D. 36, 1, 58).

6. Die Grundunterscheidung ist die zwischen rechtswirksamen und nicht rechtswirksamen Ersthandlungen. Zweitere sind grundsätzlich nicht verbindlich, erstere generell verbindlich. Bei den rechtswirksamen Ersthandlungen kann ein Selbstwiderspruch aber dann erlaubt sein, wenn ein eigens geregelter Ausnahmetatbestand vorliegt. Umgekehrt muss bei den nicht rechtswirksamen Ersthandlungen der Grund für die Unwirksamkeit festgestellt werden: Bei Verstoß gegen ein materiellrechtliches Verbot kann gegen dieses Erstverhalten gehandelt werden; sind jedoch lediglich Formvorschriften nicht erfüllt oder fehlt die Mitwirkung einer anderen Person, so ist man an sein Vorverhalten gebunden. Auch hier kann bei Vorliegen einer besonderen Ausnahmeregelung die Selbstbindung entfallen. Nicht als Unterscheidungskriterien erwähnt werden in den Brocardica das Vertrauen, welches durch die Ersthandlung bei einem Dritten hervorgerufen wird, oder ein ihm entstehender Schaden.

7. Die Darstellungsweise der Brocardica, die Fälle aus allen Rechtsbereichen heranziehen, stellt eine Art Gesamtinterpretation des *Corpus Iuris Civilis* dar, die für zukünftige Fälle die Grundlage einer Rechtsanalogie bilden könnte. Auch wenn nicht alle in den Brocardica ausgebildeten Prinzipien im heutigen Recht unmittelbar als solche zur Anwendung gebracht werden können, so haben sie doch jedenfalls den Wert, Denkanstöße

für die Interpretation zu sein: Kann etwa das Verbot widersprüchlichen Verhaltens mittels Gesamtinterpretation aus einer (geltenden) Rechtsordnung abgeleitet werden oder kann es als „natürlicher Rechtsgrundsatz" beurteilt werden, so erlaubt auch dies, das sprichtwörtliche Rechtsprinzip als generelles Argument vorzubringen. Es handelt sich um die verknappte Zusammenfassung des Grundgedankens hinter vielen Einzelnormen, die als „Leitmotiv" zur Lückenfüllung herangezogen werden kann. Dabei ist auf die hinter dem Satz stehenden Wertungen Bedacht zu nehmen; von Bedeutung ist hier die Beobachtung *F. Bydlinskis*, dass konkrete Einzelregeln von Prinzipien bestimmt werden, wobei nicht nur einzelnes, eigenständiges Prinzip in Frage kommt, sondern auch eine Prinzipienkombination möglich ist, die ihrerseits aus einander verstärkenden oder auch einschränkenden Prinzipien besteht[1].

8. Das Verbot des Selbstwiderspruches ist selbst eine Kombination aus mehreren Prinzipien: So ist das Prinzip, dass ein gültiger Rechtsakt denjenigen bindet, der ihn setzt, als verstärkendes Prinzip zu sehen, während das Prinzip des Minderjährigenschutzes in gewissen Situationen ein einschränkendes Prinzip darstellen kann. Auch der *favor libertatis* und das Prinzip, dass auf Begünstigendes verzichtet werden kann, sind einschränkende Prinzipien, hingegen wirken das Prinzip, dass Konvaleszenz nicht zur Rückforderung berechtigt, und auch das Vertrauensschutzprinzip verstärkend.
9. Im Verbot von *venire contra factum proprium* zeigt sich das Zusammenspiel teils auch widersprüchlicher Argumente, die durch Unterprinzipien und Einzelwertungen konkretisiert werden. Das Zusammenspiel solcher Argumente ist nach *Canaris* das Charakteristikum für das System allgemeiner Prinzipien, aus denen bei Fehlen normativer Regelungen deduziert werden kann[2].
10. Wie *Wacke* dargelegt hat, wäre es ein erster Schritt für die europäische Rechtsangleichung, würde „jede Nation wenigstens lehrbuchmäßig herausstellen ..., welche sprichwörtlichen Rechtsprinzipien von ihr rezipiert und welche andererseits nicht übernommen wurden"[3]. Gerade für das als Gegenstand in dieser Arbeit gewählten Prinzip dürfte in den europäischen Nationalrechten eine breite gemeinsame Basis bestehen, die nur darauf wartet, in künftigen Untersuchungen aufgegriffen und dargestellt zu werden, wobei eine bloße Fallbesprechung höchstgerichtlicher Entscheidungen nicht ausreichend sein wird, sondern der jeweilige Normenbestand aufgearbeitet werden muss.

---

1 *F. Bydlinski*, System (1996) 23.
2 *Canaris*, Systemdenken (1969) 16 f.
3 *Wacke*, Rechtsprinzipien, OIR 5 (1999) 211.

VIII. Verzeichnisse

1. Literaturverzeichnis

a. Quellenausgaben und Übersetzungen

Francesco BINDONO, Brocardica Aurea, Venedig 1566.

Okko BEHRENDS/Rolf KNÜTEL/Berthold KUPISCH/Hans H. SEILER, Corpus Iuris Civilis, Text und Übersetzung II, Digesten: Bücher 1–10, Heidelberg 1995.

Okko BEHRENDS/Rolf KNÜTEL/Berthold KUPISCH/Hans H. SEILER, Corpus Iuris Civilis, Text und Übersetzung III, Digesten: Bücher 11–20, Heidelberg 1999.

Johannes BOIUS, Brocardica Aurea, Neapel 1567.

Raymond DAVIS, The Book of Pontiffs (Liber Pontificalis). The ancient biographies of the first ninety Roman bishops to AD 715, 3. Aufl. Liverpool 2010.

Johann F. DIEDEMANN, Ernst F. Pfotenhauer. Doctrina processus cum germanici tum saxonici regii, Leipzig 1826.

Alvaro D'ORS PEREZ-PEIX/Francisco J. HERNANDEZ TEJERO/Margarita FUENTESCA DEGENEFFE/Manuel J. GARCIA GARRÍDO/Francisco BURILLO MOZOTA, El Digesto de Justiniano, Pamplona 1968–1975.

Dieter FLACH, Die Gesetze der frühen römischen Republik, Darmstadt 1994.

–, Das Zwölftafelgesetz, Darmstadt 2004.

Emil FRIEDBERG, Corpus Iuris Canonici, Pars prior, Decretum Magistri Gratiani, 2. Aufl. Leipzig 1879, NDr. Graz 1959.

Ildefonso L. GARCIA DEL CORRAL, Cuerpo del derecho civil romano, Barcelona 1990.

Wilhelm GEERINGS, Augustinus Opera – Werke, Possidius – Vita Augustini, Paderborn 2005.

Iacobus GOTHOFREDUS, In titulum Pandectarum de diversis regulis iuris antiqui, commentaries, Genua 1653.

Wilfried HARTMANN, Die Konzilien der karolingischen Teilreiche 843–859, Hannover 1984.

Gustav E. HEIMBACH, Basilicorum libri IX, Leipzig 1833–1843.

Caspar HERVAGIUS, Brocardica sive generalia iuris, Basel 1567.

Alfred T. HOFFMANN, Des heiligen Kirchenvaters Aurelius Augustinus Vorträge über das Evangelium des Hl Johannes, III. Band: Vorträge 55–124, in: Bibliothek der Kirchenväter, Band I.19, München 1914.

Henri HULOT/Jean-Francois BERTHELOT/Pascal-Alexandre TISSOT/Alphonse BÈRENGER/Antoine-Gregoire DAUBANTON, Corps de droit civil Romain, Metz 1803–1811, NDr. Aalen 1979.

Rolf KNÜTEL/Berthold KUPISCH/Sebastian LOHSSE/Thomas RÜFNER, Corpus Iuris Civilis, Text und Übersetzung I, Institutionen, 4. Aufl. Heidelberg 2013.

Rolf KNÜTEL/Berthold KUPISCH/ Thomas RÜFNER/Hans H. SEILER, Corpus Iuris Civilis, Text und Übersetzung V, Digesten: Bücher 28–34, Heidelberg 2012.

Rolf KNÜTEL/Berthold KUPISCH/Hans H. SEILER/Okko BEHRENDS, Corpus Iuris Civilis, Text und Übersetzung IV, Digesten: Bücher 21–27, Heidelberg 2005.

Karl A. KRIEGEL, Corpus juris civilis, Leipzig 1853–1887.

Cyrille LAMBOT, Sancti Avrelii Avgustini sermones selecto dvodeviginti, (Stromata patristica et mediaevalia I), Brüssel 1950.

Otto LENEL, Das Edictum Perpetuum. Ein Versuch zu seiner Wiederherstellung, 3. Aufl. Leipzig 1927, NDr. Aalen 1956.

–, Palingenesia iuris civilis, Leipzig 1889, NDr. Graz 1960.

Wallace M. LINDSAY, Sexti Pompei Festi De verborum significatu quae supersunt cum Pauli epitome, Hildesheim 1913, NDr. Olms 1965.

Ulrich MANTHE, Gaius Institutionen, Darmstadt 2004.

Dario MANTOVANI, Le formule del processo privato romano. Per la didattica delle Istituzioni di diritto romano, 2. Aufl. Mailand 1999.

Jürgen MEYER-NELTHROPP, Libellus Pylei. Disputatorius liber primus, Hamburg 1958.

Theodor MOMMSEN/Paul KRÜGER, Corpus Iuris Civilis, Editio stereotypa, Berlin 1911–1997.

Carl E. OTTO/Bruno SCHILLING/Friedrich F. SINTENIS, Das Corpus Iuris Civilis in's Deutsche übersetzt von einem Vereine Rechtsgelehrter, Leipzig 1831–1839.

Herman J. SCHELTEMA/Nicolaas VAN DER WAAL, Basilicorum Libri LX, Series A: Textus, Groningen 1955–1988.

Herman J. SCHELTEMA/Douwe HOLWERDA, Basilicorum Libri LX, Series B: Scholia, Groningen 1953–1985.

Walter SELB/Hubert KAUFHOLD, Das syrisch-römische Rechtsbuch, Wien 2002.

Samuel P. SCOTT, The Code of Justinian, Cincinnati 1932.

Antonio SERRA, A Short Treatise on the Causes that Can Make Kingdoms Abound in Gold and Silver even in the Absence of Mines, Text *Sophus A.*

REINERT und Übersetzung ins Englische von *Jonathan HUNT*, London-New York 2011.

Thomas SPECHT, Des heiligen Kirchenvaters Aurelius Augustinus Vorträge über das Evangelium des Hl Johannes (Vorträge 55–124), in: *O. BARDENHEWER/Th. SCHERMANN/K. WEYMAN* (Hrsg.), Bibliothek der Kirchenväter Band I.19, Kempten-München 1914.

Theodor von SICKEL, Liber diurnus Romanorum pontificum, Wien 1889, NDr. Aalen 1966.

Friedrich THANER, Anselm II. Bischof von Lucca. Collectio Canonum. Una cum Collectione Minore, Innsbruck 1905–15, NDr. Aalen 1965.

Andreas THIEL, Epistolae Romanorum pontificium genuinae et quae ad eos scriptae sunt, Braunsberg 1868, NDr. Hildesheim 2004.

Alan WATSON, The Digest of Justinian, Philadelphia 1985.

Radobus WILLEMS, Sancti Avrelii Avgustini in Iohannis Evangelivm Tractatvs CXXIV, Turnholti 1990.

b. Lexika und Nachschlagewerke

Robert-Henri BAUTIER/Charlotte BRETSCHER-GISINGER/Gloria AVELLA-Widhalm/Liselotte LUTZ, Lexikon des Mittelalters, München 1980–1999 (auch als online-Ausgabe: http://www.regesta-imperii.de/startseite.html).

Johann F. BÖHMER (Begr.), Regesta Imperii, Wien-Köln-Weimar 1908–2013.

Hubert CANCIK/Helmut SCHNEIDER/Mandfred LANDFESTER, Der Neue Pauly. Enzyklopädie der Antike, Stuttgart 1937–2003 (auch als Online-Ausgabe: http://referenceworks.brillonline.com/browse/der-neue-pauly).

Wilhelm GEMOLL/Karl VRETSKA, Griechisch-deutsches Schul- und Handwörterbuch, 10. Aufl. München 2006.

Peter G. W. GLARE, Oxford Latin Dictionary, 2. Aufl. Oxford 2012.

Charles G. HERBERMANN, The catholic encyclopedia – an international work of reference on the constitution, doctrine, discipline, and history of the catholic church, New York 1907–1912 (auch als online-Ausgabe: http://www.newadvent.org/cathen/).

Hermann G. HEUMANN/Emil SECKEL, Handwörterbuch zu den Quellen des römischen Rechts, 11. Aufl. Jena 1907, NDr. Graz 1971.

Theodor KLAUSER/Ernst DASSMANN/Christian J. KREMER/Franz J. DÖLGER/Georg SCHÖLLGEN, Reallexikon für Antike und Christentum. Sachwörterbuch zur Auseinandersetzung des Christentums mit der antiken Welt, Stuttgart 1950–2013.

Gerhard MÜLLER/Horst BALZ/Gerhard KRAUSE, Theologische Realenzyklopädie, Berlin 1976–2004.

August PAULY/Georg WISSOWA/Wilhelm KROLL, Paulys Realenzyclopädie der classischen Altertumswissenschaft, Stuttgart 1893–1980.

Hildegard TEMPORINI/Wolfgang HAASE, Aufstieg und Niedergang der römischen Welt, Berlin 1972–1998.

Gerd UEDING, Historisches Wörterbuch der Rhetorik, Tübingen 1992–2015.

c. Lehr- und Handbücher

Peter APATHY/Georg KLINGENBERG/Martin PENNITZ, Einführung in das römische Recht, 6. Aufl. Köln-Weimar-Wien 2016.

Nikolaus BENKE/Franz-Stefan MEISSEL, Übungsbuch zum römischen Sachenrecht, 10. Aufl. Wien 2012.

Biondo BIONDI, Istituzioni di Diritto Romano, Mailand 1956.

Karl G. BRUNS/Alfred PERNICE/Otto LENEL, Geschichte und Quellen des römischen Rechts, München/Leipzig 1915.

William W. BUCKLAND, A Textbook of Roman Law, 3. Aufl. Cambridge 2007.

Helmut COING (Hrsg.), Handbuch der Quellen und Literatur der neueren europäischen Privatrechtsgeschichte, Band I: Mittelalter (1100–1500). Die gelehrten Rechte und die Gesetzgebung, München 1973.

Georges CORNIL, Droit Romain, Brüssel 1921.

Philipp CHARWATH, Römisches Recht. Ein Lesebuch, Berlin 2011.

Javier D'ORS, Derecho Privado Romano, 10. Aufl. Pamplona 2004.

Giuseppino F. FALCHI, Diritto penale Romano, Band 3: Procedura, Padova 1937.

Hans E. FEINE, Kirchliche Rechtsgeschichte, 5. Aufl. Köln-Wien 1972.

Christian F. GLÜCK, Versuch einer ausführlichen Erläuterung der Pandecten nach Hellfeld ein Commentar für meine Zuhörer, Erlangen 1790; Verbesserungen und Zusätze 1798 (erster Band) und 1791 (zweiter Band).

Herbert HAUSMANINGER/Walter SELB, Römisches Privatrecht, 9. Aufl. Wien 2001.

Maximilian HERBERGER/Dieter SIMON, Wissenschaftstheorie für Juristen, Frankfurt am Main 1980.

Heinrich HONSELL/Theo MAYER-MALY/Walter SELB, Römisches Recht, 4. Aufl. des von *Paul JÖRS/Wolfgang KUNKEL/Leopold WENGER* begründeten Werkes, Berlin-Heidelberg-New York 1987.

Rudolph v. JHERING, Der Geist des römischen Rechts auf den verschiedenen Stufen seiner Entwicklung, Basel 1852–1865.

Max KASER, Das Römische Privatrecht, Erster Abschnitt: Das altrömische, das vorklassische und das klassische Recht, 2. Aufl. München 1971.

–, Das Römische Privatrecht, Zweiter Abschnitt: Die nachklassischen Entwicklungen, 2. Aufl. München 1975.

–/*Karl HACKL*, Das römische Zivilprozessrecht, 2. Aufl. München 1996.

Rudolf von JHERING, Geist des römischen Rechts auf den verschiedenen Stufen seiner Entwicklung, Leipzig 1852–1865.

Theodor KIPP, Das römische Recht, Berlin 1930.

Wolfgang KUNKEL, Römische Rechtsgeschichte, 10. Aufl. Köln-Graz 1983.

Hermann LANGE, Römisches Recht im Mittelalter, Band 1: Die Glossatoren, München 1997.

–/*Maximiliane KRIECHMAUM*, Römisches Recht im Mittelalter, Band 2: Die Kommentatoren, München 2007.

Robert W. LEE, The Elements of Roman Law, 4. Aufl. London 1956.

Ludwig MITTEIS, Reichsrecht und Volksrecht in den östlichen Provinzen des römischen Kaiserreichs, Leipzig 1891, NDr. Hildesheim 1963.

–, Römisches Privatrecht bis auf die Zeit Diokletians, Leipzig 1908–1935.

Theodor MOMMSEN, Staatsrecht, 3. Aufl. Leipzig 1952–1963, NDr. Graz 1969.

–, Strafrecht, Leipzig 1899, NDr. Aalen 1990.

Willibald M. PLÖCHL, Geschichte des Kirchenrechts, Band 1: Das Recht des ersten christlichen Jahrtausends. Von der Urkirche bis zum großen Schisma, 2. Aufl. Wien 1960.

–, Geschichte des Kirchenrechts, Band 2: Das Kirchenrecht der abendländischen Christenheit. 1055 bis 1517, 2. Aufl. Wien 1962.

Giovanni PUGLIESE, Istituzioni di diritto romano, 3. Aufl. Turin 1994.

Adolf F. A. RUDORFF, Grundriss zu Vorlesungen über den gemeinen und preussischen Civilprozess, Berlin 1837.

Friedrich C. von SAVIGNY, Geschichte des römischen Rechts im Mittelalter, 2. Aufl. Heidelberg 1834–1851, NDr. Bad Homburg 1961.

–, System des heutigen römischen Rechts, Aalen 1840–1849.

Egon SCHNEIDER, Logik für Juristen, 2. Aufl. München 1972.

Fritz SCHULZ, Classical Roman Law, Oxford 1951, NDr. Oxford 1954.

Karl A. von VANGEROW, Lehrbuch der Pandekten, 7. Aufl. Marburg 1863–1869, NDr. Goldbach bei Aschaffenburg 1997.

Bernhard WINDSCHEID, Lehrbuch des Pandektenrechts, 9. Aufl. (2. Aufl. der Neubearbeitung von *Theodor KIPP*) Frankfurt am Main 1906.

Reinhard ZIMMERMANN, The Law of Obligations, 2. Aufl. Oxford 1996.

d. Monographien und Aufsätze

Willem M. d'ABLAING, Zur Bibliothek der Glossatoren, SZ 9 (1888), S. 13 ff.

Bernardo ALBANESE, Rei vindicatio se offerre e actio de dolo, in: AUPA 33 (1972), S. 337 ff (= Scritti Giuridici, Band 2, Palermo 1991, S. 1031 ff).

Gregor ALBERS, Zwischen Formstrenge und Inhaltsfreieheit – Stipulation und Privatautonomie bei Friedrich Carl von Savigny, in: *Francisco J. A. SANTOS/Christian BALDUS/Helge DEDEK* (Hrsg.), Vertragstypen in Europa. Historische Entwicklung und europäische Perspektiven, München 2011, S. 153 ff.

Emilio ALBERTARIO, L'arbitrium boni viri del debitore nella determinazione della prestazione, in: Studi di diritto romano, Band 3, Mailand 1936, S. 283 ff.

–, La donna adottante (Esegesi della c. 5 C. de adopt. VIII, 47 [48]), in: Mnemosyna Pappulias, Athen 1934, S. 17 ff.

–, Il possesso romano, BIDR 40 (1932), S. 5 ff.

Michael ALPERS, Das nachrepublikanische Finanzsystem. Fiscus und Fisci in der frühen Kaiserzeit, Berlin-New York 1995.

Claude ALZON, Les risques dans la „locatio-conductio", Labeo 12 (1966), S. 311 ff.

Francesco AMARELLI, Locus solutionis. Contributo alla teoria del luogo dell'adempimento in diritto romano, Mailand 1984.

Luigi AMIRANTE, Il giuramento prestato prima della litis contestatio nelle legis actiones e nelle formulae, Neapel 1954.

–, Dubbi e riflessioni in tema di „iusiurandum in iudicio", in: Studi in onore di Emilio Betti, Band 3, Mailand 1962, S. 15 ff.

Hans ANKUM, Zur oratio Severi de praediis pupillorum von 195 nach Chr., in: *Peter MACH/ Matúš NEMEC/Matej PEKARIK* (Hrsg.), Ius Romanum Schola Sapientiae: Pocta Petrovi Blahovi k 70. Narodeninám, Trnava 2009, S. 1 ff.

–, Quelques problèmes sur le solutionis causa adiectus, in: Studi per Giovanni Nicosia, Band 1, Neapel 2007, S. 139 ff.

–, Eviktion von Dotalsachen im klassischen römischen Recht, BIDR 39 (1997, publ. 2003), S. 49 ff.

–, La responsabilité du vendeur pour éviction dans de la sous-aliénation en droit romain classique, in: Essays Spruit (2002), S. 229 ff.

–, Verbotsgesetze und Ius Publicum (zugl. Rez. Chorus, Handelen in strijd met de wet. De verboden rechtshandeling bij de Romeinse juristen an de glossatoren met einige verbindingslijnen naar het Nederlandse recht), SZ 97 (1980), S. 288 ff.

–, Remissio mercedis, RIDA 19 (1972), S. 219 ff.

–, „Interdictum fraudatorium“ et „restitutio in integrum ob fraudem“, in: *Antonio GUARIN/Luigi LABRUNA* (Hrsg.), Synteleia Vincenzo Arangio-Ruiz, Band II, Neapel 1964, S. 779 ff.

–, De Geschiedenis der „actio Pauliana”, Zwolle 1962.

Hans ANKUM/Marjolijn van GESSEL-DE ROO/Eric POOL, In bonis, 3 Teile: SZ 104 (1987), S. 238 ff; SZ 105 (1988), S. 334 ff; SZ 107 (1990), S. 155 ff.

Peter APATHY, Commodatum und furtum, in: Festschrift für Herbert Hausmaninger, Wien 2006, S. 15 ff.

–, Emptio suae rei – § 878 ABGB, in: Festschrift füt Theo Mayer-Maly, Köln ua 2002, S. 11 ff.

–, Animus Novandi. Das Willensmoment beim römischen Schulderneuerungsvertrag, Wien-New York 1975.

Vincenzo ARANGIO-RUIZ, Il mandato in diritto romano, Neapel 1949.

–, Rariora, Rom 1946.

Gian G. ARCHI, „Condictio liberationis“ e „restitutio in integrum“ nella donazione, in: Studi in onore di Sirio Solazzi, Neapel 1948, S. 740 ff.

–, Il trasferimento della proprietà nella compravendita romana, Padova 1934.

Franz ARNOLD, Die Rechtslehre des Magisters Gratian, Studi Gratiana 1 (1953), S. 451 ff.

Thorsten ARP, Anfängliche Unmöglichkeit. Zum Verständnis von § 306 BGB, Paderbron ua 1988.

Francesco ASTONE, Venire contra factum proprium, Neapel 2006.

–, Impugnativa di bilancio e divieto di venire contra factum proprium, in: Giustizia civile 2001, Band I, S. 2439 ff.

Martin AVENARIUS, Der pseudo-ulpianische liber singularis regularum, Göttingen 2005.

Ulrike BABUSIAUX, Papinians Quaestiones. Zur rhetorischen Methode eines spätklassischen Juristen, München 2011.

–, Id quod actum est, München 2006.

–, Rez. Rundel, Mandatum zwischen utilitas und amicitia, SZ 125 (2008), S. 840 ff.

Johann J. BACHOFEN, Das Veräußerungsverbot des fundus dotalis, in: Ausgewählte Lehren des römischen Civilrechts, Bonn 1848, S. 89 ff.

–, Das römische Pfandrecht, Band 1, Basel 1847.

Marcella BALESTRI FUMAGALLI, Lex Iunia de manumissionibus, Mailand 1985.

Herbert BANNERT, Homer, 8. Aufl. Hamburg 2005.

Peter BARNETT, Res iudicata, estoppel, and foreign judgments: the preclusive effects of foreign judgments in private international law, Oxford 2001.

Milan BARTOŠEK, La responsabilità del creditore e la liberazione del debitore nella vendita pignoratizia secondo il diritto romano, BIDR 51/52 (1948), S. 238 ff.

Mario BATTAGLINI, La risoluzione del contratto di locazione, in: Studi in onore di Emilio Betti, Band IV, Mailand 1962, S. 521 ff.

Friederike BAUER-GERLAND, Das Erbrecht der Lex Romana Burgundionum, Berlin 1995.

Wolfgang BAUMANN, Das Schuldanerkenntnis, Berlin 1992.

Gottfreid BAUMGÄRTEL, Treu und Glauben, gute Sitten und Schikaneverbot im Erkenntnisverfahren, in: ZZP 69 (1956), S. 89 ff.

August von BECHMANN, Das römische Dotalrecht, Band II, Erlangen 1867.

Christian D. BECK, Allgemeines Repertorium der neusten in- und ausländischen Literatur für 1832, 1. Band, Leipzig 1832.

Richard BEHN, Zur Interpretation der l. 13 § 11 i. f. D. locati 19, 2, in: AcP 68 (1885), S. 52 ff.

Okko BEHRENDS, Institut und Prinzip. Siedlungsgeschichtliche Grundlagen, 2 Bände, Göttingen 2004.

–, Selbstbehauptung und Gewaltverbot, SZ 119 (2002), S. 44 ff.

–, Die condictio causa data causa non secuta. Ihr familienrechtlicher Tatbestand im klassischen Bereicherungssystem und ihre Entwicklung zur Kondiktion wegen Zweckverfehlung unter vorklassischem Einfluß, in: *Hans-Georg KNOTHE/Jürgen KOHLER* (Hrsg.), Status Familiae. Festschrift für Andreas Wacke zum 65. Geburtstag, München 2001, S. 15 ff (= Institut und Prinzip II (2004), S. 879 ff).

–, Die Trichotomie „actio, petitio, persecutio". Ihre Bedeutung für das Verhältnis zwischen philosophischer Bedeutung und klassischer Jurisprudenz und deren Theorie des prozessabwendenden Vergleichs, in: *Jost HAUSMANN/Thomas KRAUSE* (Hrsg.), Zur Erhaltung guter Ordnung. Beiträge zur Geschichte von Recht und Justiz. Festschrift für Wolfgang Sellert, Köln 2000, S. 11 ff.

–, Die bona fides im mandatum. Die vorklassischen Grundlagen des klassischen Konsensualvertrags Auftrag, in: *Martin SCHERMAIER/Zóltan VEGH*

(Hrsg.), Ars boni et aequi. Festschrift für Wolfgang Waldstein zum 65. Geburtstag, Stuttgart 1993, S. 33 ff (= Institut und Prinzip II (2004), S. 806 ff).

–, Der Zwölftafelprozess, Göttingen 1974.

–, Die Prokuratur des klassischen römischen Zivilrechts, SZ 88 (1971), S. 215 ff.

–, Die Rechtsformen des römischen Handwerks, in: *Herbert JANKUHN* ua (Hrsg.), Das Handwerk in vor- und frühgeschichtlicher Zeit, Band 1 Göttingen 1981, S. 141 ff (= Institut und Prinzip II (2004), S. 654 ff).

–, Prinzipat und Sklavenrecht, in: *Ulrich IMMENGA* (Hrsg.), Rechtswissenschaft und Rechtsentwicklung, Göttingen 1980, S. 53 ff (= Institut und Prinzip I (2004), S. 417 ff).

Dietrich BEHRENS, D 50, 17, 1, SZ 75 (1958), S. 353 ff.

Reinhold BEISER, Das Rechtsstaatsprinzip im Spannungsfeld von öffentlichem und bürgerlichem Recht. Das Verbot eines „venire contra factum proprium“, RdW 2016/102, 137.

–, Das Steuerparadoxon, SWK 2006, S. 687.

Annalisa BELLONI, Azzone e il diritto canonico, SZ Kan. Abt. 83 (1997), S. 249 ff.

Hans-Peter BENÖHR, Zur Berechnung der Restitutionsfristen für einen maior viginti quinque annis (Digesten-Titel 4.6), in: *Cosimo CASCIONE/ Carla MASI DORIA* (Hrsg.), Fides Humanitas Ius. Studii in onore di Luigi Labruna, Band 1, Neapel 2007, S. 387 ff.

–, Rechtstechnik und Rechtsprinzipien im römischen Recht: Die Kommentierung des Edikts über die in integrum restitutio Volljähriger, in: *Pascal PICHONNAZ* (Hrsg.), Spuren des römischen Rechts. Festschrift für Bruno Huwiler zum 65. Geburtstag, Bern 2007, S. 39 ff;

–, „Sachproblem“ – „Rechtsregeln“ – „rechtspolitische Perspektive: Die Tatbestände der in integrum restitutio für und gegen Volljährige (Dig.-Tit. 4, 6), in: *Richard GAMAUF* (Hrsg.), Festschrift für Herbert Hausmaninger zum 70. Geburtstag, Wien 2006, S. 41 ff.

–, Besitzerwerb durch Gewaltunterworfene, Berlin 1972.

–, Das sogenannte Synallagma in den Konsensualkontrakten des klassischen römischen Rechts, Hamburg 1965.

Nikolaus BENKE, Zu Papinians actio ad exemplum institoriae actionis, SZ 105 (1988), S. 592 ff.

Robert L. BENSON/Giles CONSTABLE (Hrsg.), Renaissance and Renewal in the Twelfth Century, Oxford 1982.

Adolf BERGER, Interrogatio, in: Paulys Realenzyclopädie, Band IX.2 (1916), S. 1720 ff.

–, Streifzüge durch das römische Sklavenrecht. I: Frag. Vat. § 71b und D. 7, 1, 21. Beitrag zur Lehre vom Erbschafts- und Vermächtniserwerb des servus fructuarius; II: Schenkungserwerb des Servus fructuarius, Philologus 73 (1916), S. 61 ff u. 91 ff.

–, Note critiche ed esegetiche in tema di plagio, in: BIDR 45 (1938), S. 267 ff.

Federica BERTOLDI, La fiducia cum amico, in: *Leo PEPPE* (Hrsg.), Fides, fiducia, fidelitas. Studi di storia del diritto e di demantica storica, Mailand 2008, S. 47 ff.

Cesare BERTOLINI, La ratifica degli atti giuridici nel diritto privato romano, Band 1, Rom 1889.

–, Il giuramento nel diritto privato romano, Turin 1886, NDr. Rom 1967.

Gerhard BESELER, Romanistische Studien, SZ 54 (1934), S. 1 ff.

–, Miscellanea, SZ 45 (1925), S. 188 ff.

–, Beiträge zur Kritik der römischen Rechtsquellen IV, Tübingen 1920.

Emilio BETTI, Der Grundsatz von Treu und Glauben in rechtsgeschichtlicher und -vergleichender Betrachtung, in: *Roland LÖHLEIN/Erwin SEIDL* (Hrsg.), Studien zum kausalen Rechtsdenken. Eine Festgabe zum 80. Geburtstag von Müller-Erzbach, München-Pasing 1954, S. 7 ff.

–, Esercitazioni romanistiche su casi pratici, Band 1, Padova 1930.

–, Zum Problem der Gefahrtragung bei zweiseitig verpflichtenden Verträgen, SZ 82 (1965), S. 1 ff.

Paola BIANCHI, Il principio di imparzialità del giudice: dal Codice Teodosiano all'opera di Isidoro di Siviglia, in: Ravenna Capitale. Uno Sguardo ad occidente. Romani e Goti – Isidori di Siviglia, Bologna 2012, S. 181 ff.

Maria BIANCHI FOSSATI VANZETTI, Vendita ed esposizione degli infanti da Costantino a Giustiniano, in: SDHI 49 (1983), S. 179 ff.

Paola BIAVASCHI, Ricerche sul precarium, Mailand 2006.

Biondo BIONDI, Sulla dottrina romana dell' „actio arbitraria", in: AUPA 1 (1911), S. 19 ff.

–, Il giuramento decisorio nel processo civile romano, Palermo 1913.

–, Judicia Bonae Fidei, Palermo 1920.

–, Il diritto romano cristiano, Band 3, Mailand 1954.

–, Contratto e stipulatio, Mailand 1953.

Peter B. H. BIRKS, 3 x 1 = 3. An Arithmetical Solution to the Problem Threefold Mancipation, in: IURA 40 (1989), S. 55 ff.

–, A new argument for a narrow view of litem suam facere, TR 52 (1984), S. 373 ff.

Friedrich BLUHME, Die Ordnung der Fragmente in den Pandektentiteln, ZgR 4 (1820), S. 257 ff, wiederabgedruckt in: Labeo 6 (1960), S. 50 ff; 235 ff; 368 ff.

Uta-Renate BLUMENTHAL, Reflections on the influence of the collectio canonum of cardinal Deusded, in: Mélanges en l'honneur d'Anne Lefebvre-Teillard, Paris 2009, S. 135 ff.

Guido BÖMER, Besitzmittlung und mittelbarer Besitz, Tübingen 2009.

Sibylle von BOLLA-KOTEK, Die Entwicklung des Fiskus zum Privatrechtssubjekt mit Beiträgen zur Lehre vom aerarium: Eine rechtsgeschichtliche Untersuchung, Prag 1938.

Pietro BONFANTE, Il ius vendendi del pater familias e la legge 2, Codice 4, 43, di Costantino, in: Studi in onore di C. Fadda, Bd 1, Neapel 1906, S. 113 ff (= Scritti giuridici vari. Famiglia e successione, Bd 1, Turin 1916, S. 64 ff).

Franco BONIFACIO, La novazione nel diritto romano, Neapel 1950.

Alejandro BORDA, La teoría de los actos propios, Buenos Aires 1998.

Jens BORMANN, Wettbewerbsbeschränkungen durch Grundstücksrechte, Heidelberg 2003.

Martin BOROWSKI, Die Glaubens- und Gewissensfreiheit des Grundgesetzes, Tübingen 2006.

Franz von BOSSOWSKI, Die Abgrenzung des mandatum und der negotiorum gestio im klassischen und justinianischen Recht (Ein Beitrag zur Lehre von der Konkurrenz der Klagen), Lemberg 1937.

Michael BRAUKMANN, Pignus. Das Pfandrecht unter dem Einfluß der vorklassischen und klassischen Tradition, Göttingen 2008.

Mario BRETONE, Note minime su Celsus filius, in: Labeo 9 (1963), S. 331 ff.

Marten BREUER, Staatshaftung für judikatives Unrecht, Tübingen 2011.

Filippo BRIGUGLIO, Studi sul procurator, Band 1, Mailand 2007.

Alois von BRINZ, Rez. Manns, Pönitenzrecht, KVGR (Kritisch Vierteljahresschrift für Gesetzgebung und Rechtswissenschaft) 26. Jahrgang (Dritte Folge VI), Berlin 1886, S. 210 ff.

Gerardo BROGGINI, La Prova nel processo romano arcaico, Jus 11 (1960), S. 348 ff (= Coniectanea. Studi di diritto romano, Mailand 1966, S. 133 ff).

Hans-Jürgen BRUNS, Venire contra factum proprium im Strafrecht?, in: JZ 11 (1956), S. 147 ff.

Wolfram BUCHWITZ, Servus alienus heres. Die Erbeinsetzung fremder Sklaven im klassischen römischen Recht, Wien ua 2012.

William W. BUCKLAND, The Roman Law of Slavery: The Condition of the Slave in Privat Law from Augustus to Justinian, Cambridge 1908, NDr. Cambridge 1970.

Alfons BÜRGE, Zum Edikt De edendo, SZ 112 (1995), S. 1 ff.

–, Occupantis melior est condicio, SZ 106 (1989), S. 248 ff.

–, Retentio im römischen Sachen- und Obligationenrecht, Zürich 1979.

Georg C. BURCHARDI, Die Lehre von der Wiedereinsetzung in den vorigen Stand, Göttingen 1831.

Alberto BURDESE, Note sulla responsabilità del „*iudex privatus*", in: Studi Mazzarolli, Band 1, Padova 2007, S. 50 ff.

–, Il cosi detto error in dominio nella traditio classica, Archives de droit privé, XVI (1953), S. 43 ff.

–, Lex commissoria e ius vendendi nella fiducia e nel pignus, Turin 1949.

Wilhelm G. BUSSE, De ratihabitione. Dissertatio inauguralis, Leipzig 1834.

Franz BYDLINSKI, Zum Kontrahierungszwang der öffentlichen Hand, in: *Ludwig ADAMOVICH/Peter PERNTHALER* (Hrsg.), Auf dem Weg zur Menschenwürde und Gerechtigkeit. Festschrift für Hans R. Klecatsky, Band I, Wien 1980, S. 129 ff.

John W CAIRNS/Paul J. DU PLESSIS, The Creation of the Ius Commune. From Casus to Regula, Edinburgh 2010.

Francesco CALASSO, Medio evo del diritto. Band I: Le Fonti, Mailand 1954.

Alfredo CALONGE, Estudios de derecho romano. Homenyje al Profesor Don Carlos Sánchez del Río y Paguero, Zaragoza 1967, S. 253 ff.

Antonello CALORE, „Per Iovem lapidem". Alle origini del giuramento. Sulla presenza del ‚sacro' nell'esperienza giuridica romana, Mailand 2000.

Claus-Wilhelm CANARIS, Die Vertrauenshaftung im deutschen Privatrecht, München 1971.

Luigi CAPOGROSSI COLOGNESI, Remissio mercedis. Una storia tra logiche di sistema e autorità della norma, Neapel 2005.

Severino CAPRIOLI, Tre capitoli intorno alla nozione di "regula iuris" nel pensiero dei glossatori, in: Annali di storia del diritto V–VI, Mailand 1961–62.

Antonio CARCATERRA, Le definizioni dei giuristi romani. Metodo, mezzi e fini, Mailand 1966.

–, Il pegno delle cose future (fructus e partus), in: Annali Bari 3 (1940), S. 123 ff.

Jean-Michel CARRIÉ, Le colonat du Bas-Empire: un mythe historiographique?, in: Opus 1 (1982), S. 352 ff.

Franco CASAVOLA, Lex Cincia. Contributo alla storia delle origini della donazione romana, Neapel 1960.

–, Fadda e la dottrina della azioni popolari, Labeo 1 (1955), S. 131 ff.

Aldo CENDERELLI, La negotiorum gestio. Corso esegetico di diritto romano I: Struttura, origini, azioni, Turin 1997.

Pietro CERAMI, In integrum restitutio adversus fiscum, in: AUPA 39 (1987), S. 855 ff.

–, D. 1, 7, 25pr (Ulp 5 opin) e il brocardo venire contra factum proprium, in: *Fernando REINOSO BARBERO* (Hrsg.), Principios generales del derecho. Antecedentes históricos y horizonte actual, Madrid 2014, S. 855 ff.

Giuliano CERVENCA, Studi vari sulla restitutio in integrum, Mailand 1965.

Lauro CHIAZZESE, Jusiurandum in litem, Mailand 1958.

Jeroen M. J. CHORUS, Handelen in strijd met de wet. De verboden rechtshandeling bij de Romeinse juristen an de glossatoren met einige verbindingslijnen naar het Nederlandse recht, Leiden 1976.

Maria R. CIMMA, De non numerata pecunia, Mailand 1984.

Peter CLASSEN, Zur Bedeutung der mittelalterlichen Universitäten, in: Mittelalterforschung, Berlin 1981, S. 115 ff.

–, Die geistesgeschichtliche Lage. Anstöße und Möglichkeiten, in: *Peter WEIMAR* (Hrsg.), Die Renaissance der Wissenschaften im 12. Jahrhundert, Zürich 1981, S. 11 ff.

Max C. COHN, Die sogenannte actio de eo quod certo loco. Eine Untersuchung aus dem römischen Recht, Berlin 1877, NDr. Aalen 1969.

Angelo CONVERSO, Einleitung Brocardica in: Corpus Glossatorum Iuris Civilis, Band IV.3, Turin 1967, S. I ff.

Emilio COSTA, La locazione di cose nel diritto romano, Turin 1915, NDr. Rom 1966.

Götz von CRAUSHAAR, Der Einfluss des Vertrauens auf die Privatrechtsbildung, München 1969.

Salvatore Antonio CRISTALDI, "*Si pater ter filium venum duit...*". L'alienazione del figlio nella previsione decemvirale, in: *Isabella PIRO* (Hrsg.), Scritti per Alessandro Corbino, Band 2, Rom 2016 S. 247 ff.

Stanislao CUGIA, L'"adiectus solutionis causa", Neapel 1919.

Kathleen G. CUSHING, Papacy and Law in the Gregorian Revolution. The Canonistic Work of Anselm of Lucca, Oxford 1998.

Karl von CZYHLARZ, Das römische Dotalrecht, Gießen 1870.

–, Das Veräußerungsverbot des fundus dotalis, Lindes Zeitschrift für Civilrecht und Prozeß neue Folge 22 (1865), S. 404 ff.

David DAUBE, D. 19, 1, 46 and Adultery, in: Mélanges Ph. Meylan (1963), S. 63 ff (= Collected studies in Roman Law, Band 2, Frankfurt am Main 1991, S. 1075 ff).

–, Zur Palingenesie einiger Klassikerfragmente, SZ 76 (1959), S. 149 ff.

–, Did Macedo murder his father?, SZ 65 (1947), S. 261 ff (= Collected studies in Roman Law, Band 1, Frankfurt am Main 1991, S. 193 ff).

Marisa DE FILIPPI, Ratihabitio, Bari 2002.

Heinrich DEGENKOLB, Platzrecht und Miete. Beiträge zu ihrer Geschichte und Theorie, Berlin 1867.

Hylkje DE JONG, Ἀνὴρ ἀγαθός (vir bonus) – eine byzantinistische Interpretation, SZ 130 (2013), S. 348 ff.

Constant DE KONINCK, "Iudex qui litem suam fecit". La responsabilité quasi-délictuelle du iudex privatus dans la procedure formulaire, in: *Luuk DE LIGT* (Hrsg.), Viva vox iuris Romani. Essays in honor of Johannes E. Spruit, Amsterdam 2002, S. 79 ff.

Aldo DELL'ORO, I libri de officio nella giurisprudenza romana, Mailand 1960.

Jos L. DE LOS MOZOS, El principio de la Buena Fe. Sus aplicaciones prácticas en el Derecho civil español, Barcelona 1965.

Gustav DEMELIUS, Die confessio im römischen civil-Process und das gerichtliche Geständniss der neuesten Processgesetzgebung, Graz 1880.

–, Schiedseid und Beweiseid im römischen Zivilprozesse, Leipzig 1887.

Pieter Willem DE NEEVE, Colonus, Utrecht 1981.

–, Remissio mercedis, SZ 100 (1983), S. 296 ff.

Gunter DEPPENKEMPER, Negotiorum gestio – Geschäftsführung ohne Auftrag. Zu Entstehung, Kontinuität und Wandel eines Gemeineuropäischen Rechtsinstituts, 2 Teile, Göttingen 2014.

Heinrich DERNBURG, Pfandrecht, Band 2, Leipzig 1864.

Francesco M. DE ROBERTIS, I rapporti di lavoro nel diritto romano, Mailand 1946.

Lucetta DESANTI, La sostituzione fedecommissaria. Per un corso di esegesi della fonti del diritto romano, Turin 1999.

Eric DESCHEEMAEKER, Obligations quasi ex delicto and Strict Liability in Roman Law, The Journal of Legal History 31/1 (2010), S. 1 ff.

Fernand DESSERTEAUX, Etudes sur la formation historique de la capitis deminutio, Paris 1919.

Hans Walter DETTE, Venire contra factum proprium nulli conceditur. Zur Konkretisierung eines Rechtssprichwortes, Berlin 1985.

Francis DE ZULUETA/Peter STEIN, The Teaching of Roman Law in England around 1200, London 1990.

Luis DÍEZ-PICAZO PONCE DE LEÓN, La doctrina de los propios actos, Barcelona 1963.

Hermann DILCHER, Rez. Ankum, De Geschiedenis der „actio Pauliana", SZ 80 (1963), S. 506 ff.

Luigi DI LELLA, Querela Inofficiosi Testamenti. Contributo allo studio della successione necessaria, Neapel 1972.

Gero DOLEZALEK, Azos verschollener Glossenapparat zu den Tres Partes, SZ 85 (1968), S. 403 ff.

–/Rudolph WEIGAND, Das Geheimnis der roten Zeichen. Ein Beitrag zur Paläographie juristischer Handschriften des zwölften Jahrhunderts, SZ Kan. Abt. 100 (1983), S. 143 ff.

Guido DONATUTI, L'origine della querella inofficiosae donationis, in: Studi in onore di Salvatore Riccobono, Band 3, Palermo 1934, S. 425 ff (= Studi di diritto romano, Band 2, Mailand 1977, S. 577 ff).

–, Studi sul Procurator II, Verus et falsus procurator, in: Annali Perugia 33 (1921), S. 671 ff (= Studi di diritto romano, Band 1, Mailand 1976, S. 135 ff).

Franz DORN, Azo, in: *Gerd KLEINHEYER/Jan SCHRÖDER* (Hrsg.), Deutsche und europäische Juristen aus neun Jahrhunderten, 4. Aufl. Heidelberg 1996, S. 35 ff.

Alvaro D'ORS, Las quaestiones de Africano, Rom 1997.

Xavier D'ORS, El interdicto fraudatorio en el derecho romano clasico, Rom-Madrid 1974.

Rudolf DÜLL, Iudicium domesticum, abdicatio und apoceryxis, SZ 63 (1943), S. 54 ff.

Gerhard DULCKEIT, Erblasserwille und Erwerbswille bei Antretung der Erbschaft: Beiträge zum Willensproblem im römischen Erbrecht, Weimar 1934.

Paul J. DU PLESSIS, A history of remissio mercedis and related legal institutions, Rotterdam 2003.

Clémence DUPONT, La vente et les conditions socio-économiques dans l'empire romain de 321 à 535 après Jésus-Christ, RIDA 19 (1972), S. 275 ff.

–, Les Constitutions de Constantin et le droit privé au dèbut du IVe Siécle: Les Personnes, Lille 1937, NDr. Rom 1968.

Christian ECKL, Treu und Glauben im spanischen Vertragsrecht, Tübingen 2007.

Arnold EHRHARDT, Rez. Arnò, Fictio brevi manus, SZ 51 (1931), S. 468 ff.

Diether EIBACH, Untersuchungen zum spätantiken Kolonat in der kaiserlichen Gesetzgebung unter besonderer Berücksichtigung der Terminologie, Köln 1977.

Frank EICHLER, Die Regeln des römischen Rechts. Die regulae iuris der justinianischen Kodifikation mit dem Text nach Mommsen und Übersetzung, Hamburg 2010.

Hermann EICHLER, Die Rechtslehre vom Vertrauen, Tübingen 1950.

Fridolin EISELE, Zum römischen Sklavenrecht (25 § 1 de usufr. 7, 1), SZ 26 (1905), S. 66 ff.

–, Cognitur und Procuratur. Untersuchungen zur Geschichte der processualen Stellvertretung, Freiburg 1881.

–, Beiträge zur Erkenntniss der Digesteninterpolationen, SZ 11 (1890), S. 1 ff.

Maria F. EKDAHL ESCOBAR, La doctrina de los actos proprios. El deber juridico de no contrariar conductas propias pasadas, Santiago de Chile 1989.

Rudolf ELVERS, Die römische Servitutenlehre, Marburg 1856.

Wilhelm ENDEMANN, Beweislehre des Zivilprozesses, Heidelberg 1860, NDr. Aalen 1973.

Woldemar ENGELMANN, Die Wiedergeburt der Rechtskultur in Italien durch die wissenschaftliche Lehre. Eine Darlegung des gemeinen italienischen Rechts und seiner Justizkultur im Mittelalter unter dem Einfluss der herrschenden Lehre der Gutachtenpraxis der Rechtsgelehrten und der Verantwortung der Richter im Sindikatsprozeß, Leipzig 1939.

Walter ERBE, Pfandverkauf und Eviktion nach klassischem römischem Recht, in: Festschrift Paul Koschaker, Band 1, Weimar 1939, S. 479 ff.

Walter ERDMANN, Ein römischer procurator omnium bonorum in Judäa z. Z. Christi?, SZ 64 (1944), S. 370 ff.

Özlem S. ERIŞGIN, Der Begriff des „litem suam facere“ im römischen Recht, in: Rechtspfleger-Studienhefte, 2007, S. 109 ff.

Heinrich ERMAN, Wie weit war die exceptio rei venditae et traditae decretal?, SZ 14 (1893), S. 237 ff.

Wolfgang ERNST, Rechtsmangelhaftung, Tübingen 1995.

–, Die datio ob rem als Austauschgeschäft, in: *Wolfgang* ERNST/*Eva* JAKAB (Hrsg.), Usus antiquus juris romani, Heidelberg 2005, S. 29 ff.

–, Periculum conductoris, in: Festschrift Hermann Lange, Stuttgart 1992, S. 59 ff.

–, Das Nutzungsrisiko bei der Pacht in der Entwicklung seit Servius, SZ 105 (1988), S. 541 ff.

Johannes N. ESPENBERGER, Aurelius Augustin, Einleitung zur Augustin-Ausgabe in: Bibliothek der Kirchenväter, Bd I.1, Kempten-München 1911, S. I ff.

Judith EVANS-GRUBBS, Munita coniuga: The Emperor Constantine's legislation on marriage and the family, Diss. Stanford University 1987.

Georges FABRE, Libertus, Recherches sur les rapports patron-affranchi à la fin de la république romaine, Rom 1981.

Carlo FADDA, Sul cosi detto pactum de iureiurando e sopra una recente opinione in proposito, BIDR 1 (1888), S. 34 ff.

Giuseppe FALCONE, Per la storia dell'indefensio nella rivendica: agere in rem per sponsionem e interdetto quem fundum, in: AUPA 43 (1995), S. 534 ff.

Lucia FANIZZA, Autorità e diritto. L'esempio di Augusto, Rom 2004.

–, L'amministrazione della giustizia nel principato. Aspetti, problemi, Roma 1999.

Carla FAYER, La familia romana, Band 1: Aspetti giuridici ed antiquari, Rom 1994.

–, La familia romana, Band 2: Aspetti giuridici ed antiquari – Sponsalia matrimonio dote, Rom 2005.

Hans E. FEINE, Gliederung und Aufbau des Decretum Gratiani, StudGr I (1953), S. 351 ff.

–, Reich und Kirche, Aalen 1966.

Wilhelm FELGENTRÄGER, Antikes Lösungsrecht, Berlin-Leipzig 1933.

Contardo FERRINI, Sull'exceptio rei venditae et traditae, in: Rendiconti – Reale Istituto Lombardo di Scienze e Lettere, Serie 2, Vol. 25, Fasc. 12 (1892), S. 844 ff.

–, Sulle fonti delle „Istituzioni" di Giustiniano, BIDR 13 (1901), S. 101 ff (= Opere, Band 2, Mailand 1929, S. 307 ff).

Fiorenzo FESTI, Il dievieto di "venire contro il fatto proprio", Mailand 2007.

Moritz FIERICH, Ueber die Eideszuschiebung: mit besonderer Berücksichtigung des Werkes von Gustav Demelius „Schiedseid und Beweiseid im römischen Civilprozesse", Wien 1888.

Giovanni FINAZZI, Ricerche in tema di negotiorum gestio, Band II.1: Requisiti delle actiones negotiorum gestorum, Cassino 2003.

–, Ricerche in tema di negotiorum gestio, Band II.2: Obbligazioni gravanti sul gestore e sul gerito e responsabilità, Cassino 2006.

Thomas FINKENAUER, Le „regulae iuris" come strumenti mnemotecnici, Index 43 (2015), S. 13 ff.

–, Duo rei – Neues von der Gesamtobligation?, SZ 130 (2013), S. 164 ff.

–, Vererblichkeit und Drittwirkungen der Stipulation im klassischen römischen Recht, Tübingen 2010.

–, Die Rechtsetzung Marc Aurels zur Sklaverei, Stuttgart 2010.

–, Direkte Stellvertretung bei Stipulation?, SZ 125 (2008) S. 440 ff.

Roberto FIORI, Materfamilias, BIDR 35–36 (1993–1994), S. 455 ff.

Hermann FITTING, Das Castrense peculium in seiner geschichtlichen Entwicklung und heutigen gemeinrechtlichen Geltung, Halle 1871, NDr. Aalen 1969.

–, Civilistische Bemerkungen, AcP 42 (1859), S. 147 ff.

Werner FLUME, Rechtsakt und Rechtsverhältnis. Römische Jurisprudenz und modernrechtliches Denken, Paderborn ua 1990.

–, Rez. Wolf, Error im römischen Vertragsrecht, TR 30 (1962), S. 363 ff.

–, Irrtum und Rechtsgeschäft im römischen Recht, in: Festschrift Schulz, Band 1 (Antike), Weimar 1951, S. 209 ff.

–, Eigenschaftsirrtum und Kauf, Regensburg-Münster 1948.

Avelino FOLGADO, El pensamento de San Augustín en torno a la propriedad privada, San Lorenzo de El Escorial 2003.

Wolfgang FORSTER, Konkurs als Verfahren. Francisco Salgado de Somoza in der Geschichte des Insolvenzrechts, Köln-Wien 2009.

Linda FOWLER-MAGERL, Clavis Canonum Selected Canon Law Collections Before 1140, Hannover 2005.

Gennaro FRANCIOSI, Il divieto della piscatio tinnaria: un'altra servitù prediale?, RIDA 49 (2002), S. 101 ff.

Benno FRESE, Zur Lehre von der Quittung, SZ 18 (1897), S. 241 ff.

Paolo FREZZA, Le garanzie delle obbligazioni, Corsi di diritto romano, Bd 1: Le garanzie personali, Padua 1962.

–, Le garanzie delle obbligazioni, Corsi di diritto romano, Bd 2: Le garanzie reali, Padua 1963.

Birgit FRIEDL, Consideration und promissory estoppel bei Vertragsänderungen im englischen Recht, München 1994.

Bruce W. FRIER, Landlords and Tenants in Imperial Rome, Princeton 1980.

–, Law, Economics and Disasters on the Farm: remissio mercedis Revisited, BIDR 92/93 (1989–90), S. 237 ff.

C. FUCHS, Das Verhältnis der Ratihabition zur negotiorum gestio, ApR 7 (1860), S. 291 ff.

Carl G. FÜRST, Zur Rechtslehre Gratians, SZ Kan. Abt. 57 (1971), S. 276 ff.

Manfred FUHRMANN, Philologische Bemerkungen zur Sentenz „Summum ius summa iniuria", in: Studi in onore di Edoardo Volterra, Band 2, Mailand 1971, S. 53 ff.

Numa Denis FUSTEL DE COULANGES, Le colonat romain, in: Recherches sur quelques problems d'histoire, Band 1, Paris 1885.

Michael GAGARIN/David COHEN, The Cambridge companion to ancient Greek law, Cambridge 2005.

Lorenzo GAGLIARDI, Decemviri e Centumviri. Origini e competenze, Mailand 2002.

Eduard GANS, Ueber römisches Obligationenrecht, insbesondere über die Lehre von den Innominatcontracten und dem jus poenitendi, Heidelberg 1819.

Jane F. GARDNER, Frauen im antiken Rom: Familie, Alltag, Recht, München 1995.

Francois-Louis GANSHOF, Le statut personnel du colon au Bas-Empire: Observations en marge d'une théorie nouvelle, in: Antiquité Classique 14 (1945), S. 261 ff.

Luigi GAROFALO (Hrsg.), Il ruolo della bona fede oggettiva nell'esperienza giuridica storica e contemporanea, 4 Bände, Atti del convengo internazionale di studi in onore di Alberto Burdese, Mailand 2003.

Jaques GAUDEMET, Sources de droit dans le décret de Gratien, RDC 1 (1951), S. 5 ff.

–, La doctrine canonique médiévale, Aldershot, Hampshire ua 1994.

Wilhelm GEERLINGS, Possidius – Vita Augustini, Paderborn 2005.

Wulf-Dieter GEHRICH, Kognitur und Prokuratur in rem suam als Zessionsformen des klassischen römischen Rechts, Göttingen 1963.

Klaus GENIUS, Der Bestandsschutz des Mietsverhältnisses in seiner historischen Entwicklung bis zu den Naturrechtskodifikationen, Stuttgart 1972.

Erich GENZMER, Die justinianische Kodifikation und die Glossatoren, in: *Eltjo J. H. SCHRAGE* (Hrsg.), Das Römische Recht im Mittelalter, Darmstadt 1987, S. 5 ff.

Andre E. GIFFARD, L'action qua incertum petimus, SDHI 4 (1938), S. 152 ff.

Giuseppe GILIBERTI, Servi della terra. Ricerche per una storia del colonato, Turin 1999.

Franz GILLMANN, Einteilung und System des Gratianischen Dekrets nach den alten Dekretglossen bis Johannes Teutonikus einschließlich. Unter besonderer Rücksicht auf Rudolph Sohm: Das altkatholiche Kirchenrecht und das Dekret Gratians, in: Schriften zur klassischen Kanonistik, Band 1 (Schriften zum Dekret Gratians und zu den Dekretisten), Würzburg 1988, Teil 3, S. 3 ff (erweiterter Sonderdruck von AfkKR 106 (1926), S. 472 ff).

Teresa GIMÉNEZ-CANDELA, El régimen pretorio subsidiaro de la acción noxal, Pamplona 1998.

Venanzia GIODICE-SABBATELLI, La tutela giuridica dei fedecommessi fra Augusto e Vespasiano, Bari 1993.

–, Fideicommissorum persecutio, Bari 2001.

Paul F. GIRARD, Les leges Iuliae iudiciorum publicorum et privatorum, SZ 34 (1913), S. 295 ff.

Matteo GIUSTO, Per una storia del „litem suam facere", SDHI 71 (2005), S. 457 ff.

Hans P. GLÖCKNER, Cogitationis poenam nemo patitur (D. 48, 19, 18). Zu den Anfängen einer Versuchslehre in der Jurisprudenz der Glossatoren, Frankfurt am Main 1989.

Thea Isabel Espinosa GOEDERT, Notae. En torno a la „stipulatio" y las „adquisitiones in pedenti" por parte del „servus fructuarius", in: SDHI 54 (1988), S. 262 ff.

Walter GOFFART, Caput and Colonate. Towards a History of Later Roman Taxation, Toronto 1974.

James GORDLEY, Ius Quaerens Intellectum: The Method of Medieval Civilians, in: *John W. CAIRNS/Paul DU PLESSIS* (Hrsg.), The Creation of Ius Commune. From Casus to Regula, Edinburgh 2010, S. 77 ff.

William M. GORDON, The interpretation of C. 8, 55, 8, in: Studi Volterra IV (1971), S. 413 ff (= Roman Law, Scots Law and Legal History. Selected Essays (2007), S. 107 ff).

Theodor GOTTLOB, Der kirchliche Amtseid der Bischöfe, Bonn 1936.

Otto GRADENWITZ, Textcritisches, SZ 14 (1893), S. 115 ff.

–, Rez. Demelius, Schiedseid und Beweiseid im römischen Zivilprozesse, SZ 8 (1887), S. 269 ff.

Götz GREVESMÜHL, Die Gläubigeranfechtung nach klassischem römischen Recht, Göttingen 2003.

Michael GRIESBECK, Venire contra factum proprium. Versuch einer systematischen und theoretischen Erfassung, Würzburg 1978.

Peter GRÖSCHLER, Schadens- und Aufwendungsersatz bei Julian, Afrikan und Paulus, in: *Jan Dirk HARKE* (Hrsg.), Africani quaestiones, Heidelberg 2011, S. 24 ff.

–, Actiones in factum. Eine Untersuchung zur Klage-Neuschöpfung im nichtvertraglichen Bereich, Berlin 2002.

Giuseppe GROSSO, Usufrutto e figure affini del diritto romano, 2. Aufl. Turin 1958.

–, Efficacia dei patti nei „bonae fidei iudicia", in: Studi Urbinati 1 u. 2 (1927 u. 1928), S. 29 ff u. S. 1 ff (= Scritti Band 3, S. 1 ff).

Herbert GRUNDMANN, Vom Ursprung der Universität im Mittelalter, Berlin 1957.

Giovanni GUALANDI, Legislazione Imperiale e Giurisprudenza, Band I, Mailand 1963.

Antonio GUARINO, ‚Insidiari' in testi giuridici, SDHI 5 (1939), S. 457 ff.

Andrea GUARNERI CITATI, Gli effetti del „pactum de non praestanda evictione" e la regola „creditorem evictionem non debere", AUPA 8 (1921), S. 385 ff.

Lucien GUÉNOUN, La cessio bonorum, Paris 1920.

Laura GUTIÉRREZ-MASSON, Actos proprios y buona fe. En torno a Papiano 3 quaestionum D. 50, 17, 25, in: *Luigi GAROFALO* (Hrsg.), Il ruolo della buona fede oggettiva nell'esperienza giuridica storica e contemporanea. Atto del convengo internazionale di studi in onore di Alberto Burdese, Band 2, Mailand 2003, S. 273 ff.

Julia HAAS, Schuldversprechen und Schuldanerkenntnis, Berlin 2011.

Karl HACKL, Der Zivilprozess in den Provinzen, SZ 114 (1997), S. 141 ff.

–, Vaterschaftsfeststellung, SZ 90 (1973), S. 105 ff.

Susanne HÄHNCHEN, Die causa condictionis, Berlin 2003.

Verena T. HALBWACHS, Non enim donat, qui necessariis oneribus succurrit. Überlegungen zum Verhältnis von Schenkungsverbot und Unterhaltsleistungen zwischen Ehepartnern, in: *Rena VAN DEN BERGH/Gardiol VAN NIEKERK* (Hrsg.), Libellus ad Thomasium. Essays in Roman Law, Roman-Dutch Law and Legal History in Honor of Philip J Thomas, Pretoria 2010, S. 130 ff.

Axel HALFMEIER, Widersprüchliches Verhalten als opt-out aus dem Europäischen Verbraucherschutzrecht? Zugleich Anmerkung zu BGH, Urteil vom 22. 12. 2004, VIII ZR 91/04, GPR 2005, 184 ff.

Jan Dirk HARKE, Prekarium. Besitzvertrag im römischen Recht, Berlin 2016.

–, Ansprüche aus Delikten am Sklaven, in: *J. Michael RAINER* (Hrsg.), Corpus der römischen Rechtsquellen zur antiken Sklaverei (CRRS) III.2, Stuttgart 2013.

–, Geschäftsführung und Bereicherung, Berlin 2007.

–, Si error aliquis intervenit – Irrtum im klassischen römischen Vertragsrecht, Berlin 2005.

–, Error in dominio?, SZ 121 (2005), S. 129 ff.

–, Locatio conductio, Kolonat, Pacht, Landpacht, Berlin 2005.

–, Argumenta Iuventiana, Berlin 1999.

Wilfried HARTMANN, Burchards Dekret. Stand der Forschung und offene Fragen, in: *ders.* (Hrsg.), Bischof Burchard von Worms, Mainz 2000, S. 161 ff.

–, Die Konzilien der karolingischen Teilreiche, Band 1: 843–859, Band 3 von Monumenta Germaniae Historica. Concilia, München 1984.

–/*Gerhard SCHMITZ* (Hrsg.), Fortschritt durch Fälschung? Ursprung, Gestalt und Wirkungen der pseudoisidorischen Fälschungen. Beiträge zum Symposion in Tübigen 2001, in: MGH 31 (2002).

Charles H. HASKINS, The Renaissance of the Twelfth Century, Cambridge 1927, NDr. New York 1957.

Herbert HAUSMANINGER, Publius Iuventius Celsus. Persönlichkeit und juristische Argumentation, in: ANRW II 15 (1976), S. 382 ff.

–, Subtilitas iuris, in: *Hans-Peter BENÖHR/Karl HACKL/Rolf KNÜTEL/ Andreas WACKE* (Hrsg.), Iuris professio. Festgabe für Max Kaser zum 80. Geburtstag, Wien-Köln-Graz 1986, S. 59 ff.

Franz HAYMANN, Textkritik. Studien zum römischen Obligationenrecht, SZ 40 (1919), S. 167 ff.

–, Freilassungspflicht und Reurecht. Ein quellenkritischer Beitrag, Berlin 1905.

Bettina HECHT, Störungen der Rechtslage in den Relationen des Symmachus. Verwaltung und Rechtsprechung in Rom 384/385 n. Chr., Berlin 2006.

Philipp HECK, Die fiducia cum amico contracta, ein Pfandgeschäft mit Salmann, SZ 10 (1889), S. 82 ff.

Susanne HEINEMEYER, Der Freikauf des Sklaven mit eigenem Geld – Redemptio suis nummis, Berlin 2013.

Clemens HEINRICHSMEIER, Das kanonische Veräusserungsverbot im Recht der Bundesrepublik Deutschland, Amsterdam 1970.

Karl HELDRICH, Das Verschulden bei Vertragsabschluss im klassischen römischen Recht und in der späteren Rechtsentwicklung, Leipzig 1924.

Friedrich W. HELLMANN, Zur Terminologie der römischen Rechtsquellen in der Lehre von der Unwirksamkeit der juristischen Thatsachen, SZ 23 (1902), S. 380 ff.

Arndt C. HENDEL, D. 28, 4, 3 Marcellus libro 29 digestorum. Zum Sicherheitsgedanken bei der benignor interpretatio, SZ 130 (2013), S. 419 ff.

Joachim HENGSTL, Zum Kauf unter Rückkaufsvorbehalt in den altassyrischen Urkunden aus KaniS, Zeitschrift für Assyrologie und Vorderasiatische Archäologie 77 (1987), S. 98 ff.

Maximilian HERBERGER, Dogmatik. Zur Geschichte von Begriff und Methode in Medizin und Jurisprudenz, Frankfurt am Main 1981.

Elisabeth HERRMANN-OTTO, Sklavenkinder in Recht, Ökonomie und Gesellschaft des Römischen Reiches, RIDA 51 (2004), S. 167 ff.

Otto HIRSCHFELD, Die kaiserlichen Verwaltungsbeamten bis auf Diocletian, Berlin 1905.

Rainer HOCHSTEIN, Obligationes quasi ex delicto, Köln 1971.

Emil HOFFMANN, Die Lehre von den Servituten, Darmstadt 1838.

Walther HOLZMANN, Studies in the collections of twelfth-century decretals, in: Monumenta iuris canonici, series B: Corpus collectionum, Band 3, Vatikanstadt 1979.

Tony HONORÉ, The Editing of the Digest Titels, SZ 90 (1973), S. 262 ff.

–, Ulpian. Pioneer of human rights, 1. Aufl. Oxford 1982, 2. Aufl. Oxford 2002.

–, Gaius, Oxford 1962.

–, Emperors and Lawyers, London 1981.

Heinrich HONSELL, Lebendiges Römisches Recht, in: Gedächtnisschrift für Theo Mayer-Maly, Wien 2011, S. 225 ff.

–, Die Risikohaftung des Geschäftsherrn, in: De iustitia et iure. Festgabe für Ulrich von Lübtow zum 80. Geburtstag, Berlin 1980, S. 485 ff.

–, Rez. J. G. Wolf, Causa stipulationis, in: SZ 92 (1975), S. 328 ff.

Franz HORAK, Rationes Decidendi. Entscheidungsbegründungen bei den älteren Juristen bis Labeo, 1. Band, Innsbruck 1969.

Uwe HORST, Die Kanonessammlung Polycarpus des Gregor von S. Grisogono. Quellen und Tendenzen, München 1980.

Dimitri HOUTCIEFF, Le principe de cohérence en materière contractuelle, 2 Bände, Marseille 2001.

Peter HUBER, Uneinheitliche Ausübung des Stimmrechts in der GmbH (II), Ecolex 1994, S. 679.

Heinz HÜBNER, Zur Haftung des iudex, qui litem suam fecit, IURA 5 (1954), S. 200 ff.

Alfred HÜCK, Der Treuegedanke im modernen Privatrecht, München 1947.

Hanns F. HÜGEL, Besprechung von OGH 26.4.2006, 7Ob236/05i, JBl 2006, S. 726.

Caroline HUMFREES, Poverty and Roman Law, in: *Margaret ATKINS/Robin OSBORNE*, Poverty in the Roman World, Cambridge 2006, S. 183 ff.

Philipp E. HUSCHKE, Die Lehre des Römischen Rechts vom Darlehn und den dazu gehörigen Materien, Stuttgart 1882, NDr. Amsterdam 1965.

–, De causa Siliana ad Cic. Epist. Ad Divers. VII. 21, Rostock 1824 (= Studien des Römischen Rechts, Band 1, Breslau 1930, S. 1 ff).

Mariko IGIMI, Zu Problemen der renuntiatio mandati bei Gaius D. 17, 1, 27, 2 (9 ed Prov), in: *Dieter NÖRR/Shigeo NISHIMURA* (Hrsg.), Mandatum und Verwandtes, Berlin-Heidelberg 1993, S. 141 ff.

Giambattista IMPALLOMENI, Studi sui mezzi di revoca degli atti fraudolenti nel diritto romano classico, Padua 1958.

–, Pauliana actio, in: Paulys Realenzyclopädie, Suppl. XII (1970), S. 1008 ff.

Miriam INDRA, Status quastio, Berlin 2011.

Günther JAHR, Rez. Casavola, Studi sulle azioni popolari: Le „actiones populares“, SZ 77 (1960), S. 472 ff.

Nils JANSEN, Die Korrektur grundloser Vermögensverschiebungen als Restitution?, SZ 120 (2003), S. 106 ff.

Carlos I. JARAMILLO JARAMILLO, La doctrina de los actos propios. Significado y proyección de la regla venire contra factum proprium en el ámbito contractual, Madrid 2014.

Detlev JASPER, Die Papstgeschichte des Pseudo-Liudprand, DA 31 (1975), S. 17 ff.

Rudolf von JHERING, Der Besitzwille – zugleich eine Kritik an der herrschenden juristischen Methode, Jena 1899, NDr. Aalen 1968.

Andrea JÖRDENS, Kaufpreisstundungen (Sales on Credit), in: ZPE 93 (1998), S. 263 ff.

Paul JÖRS, Aelius Nr. 88, in: Paulys Realenzyclopädie, Band I (1894), S. 523 ff.

–, Cervidius Nr 1, in: Paulys Realenzyclopädie, Band 3 (1899), S. 198 ff.

Klaus-Peter JOHNE/Jens KÖHN/Volker WEBER, Die Kolonen in Italien und den westlichen Provinzen des römischen Reiches. Eine Untersuchung der literarischen, juristischen und epigraphischen Quellen vom 2. Jahrhundert v. u. Z. bis zu den Severern, Berlin 1983.

Arnold H. M. JONES, The Roman Colonate, in: Past and Present 13 (1957), S. 1 ff.

Agnieszka KACPRZAK, La ratihabitio nel diritto romano classico, Neapel 2002.

Erich H. KADEN, Die Lehre vom Vertragsabschluss im klassischen römischen Recht und die Rechtsregel: Non videtur qui errant consentire, in: Festschrift Paul Koschaker, Band I, 1939, S. 334 ff.

–, Rez. Palumbo, L'actio Pauliana, SZ 56 (1936), S. 337 ff.

–, Rez. Püschel, Confessus pro judicato est, SZ 45 (1925), S. 538 ff.

Wolfgang KAISER, Authentizität und Geltung spätantiker Kaisergesetze, München 2007.

Herbert KALB, Bemerkungen zum Geltungsgrund und „valor iuridicus“ des Decretum Gratiani, in: *Franz POTOTSCHNIG/Alfred RINNERTHALER* (Hrsg.), Im Dienst von Kirche und Staat. In memoriam Carl Holböck, Wien 1985, S. 21 ff.

Hermann KANTOROWICZ/William Warwick BUCKLAND, Studies in the Glossators of the Roman Law, Cambridge 1938, NDr. Aalen 1969 (mit Ergänzungen von *Peter WEIMAR*).

Otto KARLOWA, Die Formen der Römischen Ehe und Manus, Bonn 1868.

Max KASER, ‚Ius honorarium‘ und ‚ius civile‘, SZ 101 (1984), S. 1 ff.

–, Controversiam movere, in: Studi in onore di Cesare Sanfilippo, Band 2, Mailand 1982, S. 215 ff.

–, Nochmals über Besitz und Verschulden bei den „actiones in rem“, SZ 98 (1981), S. 77 ff.

–, Ein Jahrhundert Interpolationenforschung (Mit dem Anhang: Über Rechtsregeln, literarischen Juristenstil, justinianische Streichungen und Kürzungen), Wien 1979, NDr. in: Römische Rechtsquellen und angewandte Juristenmethode, Wien-Köln 1986, S. 112 ff (Anhang S. 146 ff).

–, Besitzpfand und „besitzloses“ Pfand, SDHI 45 (1979), S. 1 ff.

–, Studien zum römischen Pfandrecht II, TR 47 (1979), S. 195 ff.

–, Der Privatrechtsakt in der römischen Rechtsquellenlehre, in: Festschrift für Franz Wieacker zum 70. Geburtstag, Göttingen 1978, S. 90 ff.

–, In integrum restitutio, besonders wegen metus und dolus (zugl. Rez. Kupisch, In integrum restitutio und vindicatio utilis bei Eigentumsübertragungen im klassischen römischen Recht), SZ 94 (1977), S. 101 ff.

–, Über Verbotsgesetze und verbotswidrige Geschäfte im römischen Recht, Wien 1977.

–, Stellvertretung und „notwendige Entgeltlichkeit“, SZ 91 (1974), S. 146 ff.

–, Il convenuto nelle azioni reali (Rez. Schipani, Responsibilitá del convenuto per le cose oggetto di azione reale), Labeo 18 (1972), S. 358 ff.

–, Zur Geschichte des precarium (zugl. Rez. Zamorani, Precario habere), SZ 89 (1972), S. 94 ff.

–, Zum Wesen der römischen Stellvertretung, in: Romanitas 9 (1970), S. 333 ff (= Ausgewählte Schriften II (1976), S. 247 ff).

–, Restituere als Prozessgegenstand. Die Wirkung der litis contestatio auf den Leistungsgegenstand im römischen Recht, 2. Aufl. München 1968.

–, Zum Formproblem der litis contestatio, SZ 84 (1967) S. 1 ff.

–, Rez. Provera, La vindicatio caducorum, Iura 16 (1965), S. 169 ff.

–, Rez. Franciosi, Il processo di libertà in diritto romano, SZ 79 (1962), S. 391 ff.

–, In bonis esse, SZ 78 (1961), S. 173 ff.

–, Sulle „actiones populares“, Rez. Casavola, Studi sulle azioni popolari: Le „actiones populares“,Labeo 4 (1958), S. 340 ff.

–, Rez. Tamalanca, La legittimazione passiva alla „hereditatis petitio“, Labeo 3 (1957), S. 254 f.

–, Periculum locatoris, SZ 74 (1957), S. 155 ff.

–, Die Passivlegitimation zur hereditatis petitio, SZ 72 (1955), S. 100 ff.

–, Zur altrömischen Hausgewalt, SZ 67 (1950), S. 474 ff.

–, Rez. Burdese, Lex commissoria e ius vendendi nella fiducia e nel pignus, SZ 67 (1950), S. 557 ff.

–, Rechtswidrigkeit und Sittenwidrigkeit im klassischen römischen Recht, SZ 60 (1940), S. 95 ff.

–, Die Geschichte der Patronatsgewalt über Freigelassene, SZ 58 (1938), S. 88 ff.

–, Der Inhalt der patria potestas, SZ 58 (1938), S. 62 ff.

–, Das Ziel der actio empti nach Eviktion, SZ 54 (1934), S. 162 ff.

–, Besitz und Verschulden bei den dinglichen Klagen, SZ 51 (1931), S. 92 ff.

Horst KAUFMANN, Die altrömische Miete, ihre Zusammenhänge mit Gesellschaft, Wirtschaft und staatlicher Vermögensverwaltung, Köln 1964.

Gerhard KEGEL, Verwirkung; Vertrag und Vertrauen, in: Festschrift für Clemens Pleyer (1986), S. 513 ff.

Friedrich L. KELLER, Ueber Litis Contestation und Urtheil nach classischem Römischen Recht, Zürich 1827.

John M. KELLY, A Note on ‚Threefold Mancipation', in: *Alan WATSON* (Hrsg.), Daube Noster. Essays in legal history for David Daube, Edinburgh 1974, S. 183 ff.

Max KERNER, Studien zum Dekret des Bischofs Burchard von Worms, 2 Bände, Aachen 1969.

Lotte KÉRY, Canonical Collections of the Early Middle Ages (ca. 400–1140): a bibliographical guide to the manuscripts and literature, Washington D.C. 1999.

Peter KIEß, Die confusio im klassischen römischen Recht, Berlin 1995.

Hannu T. KLAMI, Teneor mandati, Turku 1979.

Georg KLEINFELLER, Relegatio, in: Paulys Realenzyclopädie, 2. Reihe I A.1 (1914), S. 564 f.

–, Cognitor, in: Paulys Realenzyclopädie, Band IV (1901), S. 222 ff.

Tobias KLEITER, Entscheidungskorrekturen mit unbestimmter Wertung durch die klassische römische Jurisprudenz, München 2010.

Andreas KLETECKA/Diana HOLZINGER, Die Verjährung von Schadenersatzansprüchen aus fehlerhafter Anlageberatung, ÖJZ 2009, S. 69.

Fabian KLINCK, Die Grundlagen der besonderen Insolvenzanfechtung. Gläubiger- und Vertrauensschutz im Übergang vom Prioritäts- zum Gleichbehandlungsgrundsatz, Berlin-Boston 2011.

–, Zur Bedeutung des Wortes Prokurator in den Quellen des klassischen Rechts, SZ 124 (2007), S. 25 ff.

–, Erwerb durch Übergabe an Dritte nach klassischem römischen Recht, Berlin 2004.

Georg KLINGENBERG, Rez. Harke (Hrsg.), Africani quaestiones, SZ 130 (2013), S. 580 ff.

–, Das modicum-Kriterium, SZ 126 (2009), S. 187 ff.

–, Venditio ob tributorum cessationem facta, SZ 109 (1992), S. 350 ff.

–, Partielle Konvaleszenz, in: Festschrift Arnold Kränzlein, Graz 1986, S. 53 ff.

Rolf KNÜTEL, Die Inhärenz der exceptio pacti im bonae fidei iudicium, SZ 84 (1967), S. 133 ff.

–, „Nicht leichter, aber umso reizvoller" – Zum methodologischen Vermächtnis Max Kasers, SZ 115 (1998), S. 33 ff.

–, Stipulatio poenae. Studien zur römischen Vertragsstrafe, Köln-Wien 1976.

–, Contrarius consensus. Studien zur Vertragsaufhebung im römischen Recht, Köln-Graz 1968.

Helmut KÖHLER, Kritik der Regel „protestatio facto contraria non valet", JZ 36 (1981), S. 464.

Werner KOLITSCH, Praescriptio und exceptio außerhalb des Formularverfahrens, SZ 76 (1959), S. 265 ff.

Paul KOSCHAKER, Contributo alla storia ed alla dottrina della convalida nel diritto romano, Iura 4 (1953), S. 1 ff.

–, Bedingte Novation und Pactum im römischen Recht, in: Festschrift für Gustav Hanausek zu seinem siebzigsten Geburtstage am 4. September 1925, Graz 1925, S. 118 ff.

–, Rez. Riezler, Venire contra factum proprium, SZ 33 (1912), S. 548 ff.

Gerd KRÄMER, Das besitzlose Pfandrecht. Entwicklungen in der römischen Republik und im frühen Prinzipat, Wien-Köln 2007.

Arnold KRÄNZLEIN, Rechtsvorstellungen im altgriechischen und Graecoägyptischen Rechtskreis, in: *J. Michael* RAINER (Hrsg.), Arnold Kränzlein, Schriften, Wien et al 2010, S. 63 ff.

Ernst A. KRAMER, Die „natürlichen Rechtsgrundsätze" des § 7 ABGB heute, in: Festschrift 200 Jahre ABGB, Wien 2011, S. 1169 ff.

Christoph KRAMPE, An inutilis acceptilatio utile habeat pactum quaeritur – D. 46, 4, 8pr (Ulp 48 Sab), TR 53 (1979), S. 3 ff.

Dietrich KRATSCH, Justiz – Religion – Politik. Das Reichskammergericht und die Klosterprozesse im ausgehenden sechzehnten Jahrhundert, Tübingen 1990.

Roland KREIBICH, Der Grundsatz von Treu und Glauben im Steuerrecht. Rechtsdogmatische Untersuchung seiner äußeren Bezüge und inneren

Struktur, exemplarisch vertieft an den Grundsätzen der Verwirkung und des venire contra factum proprium, Heidelberg 1992.

Heinz KREJCI, Zur Schiedsrichterhaftung ÖJZ 2007/9, S. 87 ff.

Hans KRELLER, Das Edikt de negotiis gestis in der klassischen Praxis, SZ 59 (1939), S. 390 ff.

Nicole KREUTER, Römisches Privatrecht im 5. Jh. n. Chr. Die Interpretatio zum westgotischen Gregorianus und Hermogenianus, Berlin 1993.

Inge KROPPENBERG, Wirtschaftshistorische Aspekte des *plagium* von der späten Republik bis Konstantin, in: *Heinz* HEINEN (Hrsg.), Menschenraub, Menschenhandel und Sklaverei in antiker und moderner Perspektive. Ergebnisse des Mitarbeitertreffens des Akademievorhabens Forschungen zur antiken Sklaverei (Mainz, 10. Oktober 2006), Stuttgart 2008, S. 131 ff.

–, Die Insolvenz im klassischen römischen Recht, Köln-Weimar-Wien 2001.

Hugo KRÜGER, Rez. Costa, Papiniano, SZ 21 (1900), S. 410 ff.

–, Beiträge zur Lehre von der exceptio doli. Erstes Heft. Das Verhältnis der exceptio doli (generalis) zu exceptio rei venditae et traditae und zur exceptio pacti, Halle 1892.

Wolfgang KRÜGER, Erwerbszurechnung kraft Status: Eine romanistisch-rechtsvergleichende Untersuchung, Berlin 1979.

–/*Max* KASER, Fraus, SZ 63 (1943), S. 117 ff.

–, Die unmäßige Schenkung, SZ 60 (1940), S. 80 ff.

Wilhelm KUBITSCHEK, Advocatus fisci, in: Paulys Realenzyclopädie, Band I.1 (1894), S. 438 ff.

–, Census, in: Paulys Realenzyclopädie, Band III.2 (1914), S. 1914 ff.

Bernhard KÜBLER, Griechische Tatbestände in den Werken der kasuistischen Literatur, Teil 2, SZ 29 (1908), S. 183 ff.

–, Die Konträrklagen und das Utilitätsprinzip, SZ 38 (1917), S. 73 ff.

Hanno KÜHNERT, Zum Kreditgeschäft in den hellenistischen Papyri Ägyptens bis Diokletian, Diss. Freiburg i. Br. 1965.

Wolfgang KUNKEL, Herkunft und soziale Stellung der römischen Juristen, 2. Aufl. Graz-Wien-Köln 1967.

–, Rez. Heldrich, Das Verschulden bei Vertragsabschluss im klassischen römischen Recht und in der späteren Rechtsentwicklung, SZ 46 (1926), S. 433 ff.

–, Mater Familias, in: Paulys Realenzyclopädie, Band XIV (1930), S. 2183 f.

Johannes Emil KUNTZE, Der Servus Fructuarius des römischen Rechts, Leipzig 1889.

Berthold KUPISCH, In integrum restitutio und vindicatio utilis bei Eigentumsübertragungen im klassischen römischen Recht, Berlin 1974.

–, Cicero ad Atticum 16, 15, 2, SZ 96 (1979), S. 43 ff.

Stephan KUTTNER, Gratian and the Schools of Law 1140–1234, London 1983.

–, Reflexions sur les Brocards des Glossateurs, In: Melanges Joseph de Ghellinck, S.J., Band 2, Gembloux 1951.

–, Repertorium der Kanonistik, Band 1, Vatikan 1937, NDr. Modena 1981.

–, The Revival of the Jurisprudence, in: *Robert L. BENSON/Giles CONSTABLE* (Hrsg.), Renaissance and Renewal in the Twelfth century, Oxford 1982, S. 299 ff.

–, Harmony from Dissonance. An interpretaion of medieval canon law, in: The history of Ideas and Doctrines of Canon Law in the Middle Ages, 2. Aufl. Ashgate 1992, S. 1 ff.

Jaques LAMBERT, Les operae liberti, Paris 1934.

Francesca LAMBERTI, Alcuni riflessioni in tema di "litem suam facere", Labeo 38 (1990), S. 218 ff.

Renzo LAMBERTINI, Giustiniano e il *iudex qui litem suam fecerit*, Lezione tenuta nella Sede napoletana dell'Ast il 10 novembre 2010, (online-Publikation: http://www.studitardoantichi.org/einfo2/file/1290518727-Lambertini%202.pdf)

Paola LAMBRINI, In tema di „advocatus fisci" nell' ordinamento romano, SDHI 59 (1993), S. 325 ff.

Peter LANDAU, Gratian, in: Theologische Realenzyklopädie, Bd XIV, Berlin 1985, S. 124 ff.

–, Gratian and the Decretum Gratiani, in: *Wilfried HARTMANN/Kenneth PENNINGTON* (Hrsg.), The History of Medieval Canon Law in the Classical Period, 1140–1234. From Gratian to the Decretals of Pope Gregory IX, Washington 2008, S. 22 ff.

Ernst LANDSBERG, Bologneser Festschriften über Bologna, SZ 9 (1888), S. 405 ff.

Albert LANG, Zur Entstehungsgeschichte der Brocarda-Sammlungen, SZ Kan. Abt. 31 (1942), S. 106 ff.

Hermann LANGE, Römisches Recht im Mittelalter, Band 1 (Die Glossatoren), München 1997.

Julius G. LAUTNER, Zur interrogatio in iure nach klassischem Rechte, in: Abhandlungen zur antiken Rechtsgeschichte. Festschrift für Gustav Hanausek zu seinem siebzigsten Geburtstage am 4. September 1925, Graz 1925, S. 52 ff.

Giuseppe LAVAGGI, Nuovi studi sui liberti, in: Studi in onore di Pietro de Francisci, Band 2, Mailand 1956, S. 73 ff.

Kurt LEHFELDT, Die Anwendung des Rechtssatzes "venire contra factum proprium" im Völkerrecht, Hamburg 1939.

Heinrich LEHMANN, Die Enthaftung des ausgeschiedenen Gesellschafters der offenen Handelsgesellschaft von Verbindlichkeiten aus schwebenden Lieferungsverträgen. Zugleich ein Beitrag zur Lehre vom gegensätzlichen Verhalten, in: ZHR 79 (1916), S. 57 ff.

Franz LEIFER, Altrömische Studien IV. Mancipium und auctoritas. Mit Beiträgen zum römischen Schuld- und Haftungsproblem. 2. Teil, SZ 57 (1937), S. 112 ff.

Charlotte LEITMAIER, Das Privateigentum im gratianischen Dekret, Studia Gratiana 2 (1954), S. 363 ff.

Otto LENEL, Afrikans Quästionen, SZ 51 (1931), S. 1 ff.

–, Rei vindicatio und actio ad exhibendum, Grünhut'sche Zeitschrift für das Privat- und öffentliche Recht der Gegenwart, Band 37 (1910), S. 18 ff.

–, Rez. Gradenwitz, Interpolationen in den Pandekten, SZ 9 (1888), S. 177 ff.

Rudolf LEONHARD, Dos, in: Paulys Realenzyclopädie, Band V (1905), S. 1580 ff.

Ernst LEVY, Oströmisches Vulgarrecht, SZ 77 (1960), S. 1 ff.

–, Weströmisches Vulgarrecht. Das Obligationenrecht, Weimar 1956.

–, Die querela non numeratae pecuniae, SZ 70 (1953), S. 214 ff.

–, Zur nachklassischen in integrum restitutio, SZ 68 (1951), S. 360 ff.

–, Paulus und der Sentenzenverfasser, SZ 50 (1930), S. 272 ff.

–, Die Haftung mehrerer Tutoren, SZ 37 (1916), S. 14 ff.

–, Privatstrafe und Schadenersatz im klassischen römischen Recht, Berlin 1915.

Henri LÉVY-BRUHL, La vente de la fille de famille a rome, in: Festschrift Hans Lewald, Basel 1953, S. 93 ff.

–, Si pater filium ter venum duit, filius a patre liber esto, in: Nouvelles études sur le très ancien droit romain, Paris 1947, S. 80 ff.

Detlef LIEBS, Das Recht der Römer und die Christen, Tübingen 2015.

–, Römische Jurisprudenz in Africa, 2. Auflage Berlin 2005.

–, Sklaverei aus Not im germanisch-römischen Recht, SZ 118 (2001), S. 286 ff.

–, Die pseudopaulinischen Sentenzen II, in: SZ 113 (1996), S. 132 ff.

–, Pseudo-Ulianus II, Opinionum libri VI, in: HLL 5 (1989), § 507.4, S. 68.

–, The history of the Roman *Condictio* to Justinian, in: *Neil MacCORMACK/ Peter BURKS* (Hrsg.), The Legal Mind (Essays for Tony Honoré), Oxford 1986, S. 163 ff.

–, Lateinische Rechtsregeln und Rechtssprichwörter, 2. Aufl. München 1982.

–, Besprechung von: Honoré, Ulpian, Gnomon 56 (1984), S. 441 ff (verbesserte Version online unter: http://freidok.uni-freiburg.de/volltexte/6858/).

–, Rhytmische Rechtssätze. Zur Geschichte einiger lateinischer Rechtsregeln, JZ 36 (1981), S. 160 ff.

–, Bereicherungsanspruch wegen Mißerfolgs und Wegfall der Geschäftsgrundlage, JZ 33 (1978), S. 697 ff.

–, Ulpiani opinionum libri VI, TR 41 (1973), S. 279 ff.

–, Die Klagenkonkurrenz im römischen Recht, Göttingen 1972.

–, Variae lectiones – Zwei Juristenschriften, in: Studi in onore di Edoardo Volterra, Band 5, Mailand 1971, S. 51 ff.

Jerzy LINDERSKY, Usu, farre, coemptione. Bemerkungen zur Überlieferung eines Rechtsatzes, SZ 101 (1984), S. 301 ff.

Wiesław LITEWSKI, Rez. Lucrezi, SC Macedonianum, SZ 111 (1994), S. 564 ff.

Sebastian LOHSSE, Ius adcrescendi. Die Anwachsung im römischen Vermächtnisrecht, Köln/Weimar/Wien 2008.

Franciszek LONGCHAMPS DE BÉRIER, Il fedecommesso universale nel dirito romano classico, Warschau 1997.

Pedro LOPEZ BERJA DE QUIROGA, How (Not) to Sell a Son – Twelve Tables 4, 2, SZ 123 (2006), S. 297 ff.

Marcelo J. LÓPEZ MESA, La doctrina de los actos propios. Doctrina y jurisprudencia, Bogotá 2009.

Carlo LORENZI, Si quis a sanguine infantem ... comparaverit. Sul commercio di figli nel Tardo Impero, Perugia 2003.

Peter LOSER, Die Vertrauenshaftung im schweizerischen Schuldrecht: Grundlagen, Erscheinungsformen und Ausgestaltung im geltenden Recht vor dem Hintergrund europäischer Rechtsentwicklung, Bern 2006.

Philipp LOTMAR, Marc Aurels Erlaß über die Freilassungsauflage, SZ 33 (1912), S. 304 ff.

Ulrich von LÜBTOW, Catos leges venditioni et locationi dictae, in: Symbolae Raphaeli Taubenschlag dedicatae III, Breslau ua 1957, S. 227 ff.

–, Beiträge zur Lehre von der condictio nach römischem und geltendem Recht, Berlin 1952.

–, Die Aufgaben des Römischen Prätors auf dem Gebiet der Zivilrechtspflege, in: Studi in onore di Arnaldo Biscardi, Band 4, Mailand 1983, S. 349 ff.

–, Rez. Niederländer, Die Bereicherungshaftung im klassischen römischen Recht, in: Iura 5 (1954), S. 262 ff.

Zdravo LUČIĆ, Rez. Fanizza, Autorità e diritto, SZ 124 (2007), S. 465 ff.

Francesco LUCREZI, Senatusconsultum Macedonianum, Neapel 1992.

Meinhard LUKAS, Abbruch von Vertragsverhandlungen, 1. Teil: JBl 2009, S. 751 ff; 2. Teil: JBl 2010, S. 23 ff.

Claudia LYDORF, Die Abgrenzung zwischen Leihe und Prekarium in der Gl. Simile zu D. 43, 26, 1, 3, SZ 129 (2012), S. 592 ff.

Geoffrey MacCORMACK, The Liability of the Judge in the Republic and Principate, in: ANRW II.14, Berlin-New York 1982, S. 3 ff.

Saskia MACHOLD, Schadenersatzrechtliche Folgen des Scheiterns von Vertragsverhandlungen, Wien 2009.

Peter MADER, Verjährung und außergerichtliche Auseinandersetzung, JBl 1986, S. 1 ff.

–, Venire contra factum proprium nemini licet?, in: Festschrift Attila Fenyves (2013), S. 257 ff.

Daniele MAFFEIS, Forma *ad substantiam*, gestione di affari e divieto di venire contro il fatto proprio, in: Giustizia civile (2005), S. 1938 ff.

André MAGDELAIN, Le consensualisme dans l'édit du préteur, Paris 1958.

Ferdinand MANNS, Das Pönitenzrecht, Berlin 1879.

Ulrich MANTHE, Das senatus consultum Pegasianum, Berlin 1989.

Dario MANTOVANI, Il „bonus praeses“ secondo Ulpiano. Studi su contenuto e forma del „De officio proconsulis di Ulpiano“, BIDR 96/97 (1993/1994), S. 203 ff.

–, Le formule del processo privato romano, 2. Aufl. Padova 1999.

Pierre MARIA, Observations sur la possession du défendeur a la rei vindicatio, in: Ètudes d'histoire juridique, FS Girard, Band 2, Paris 1913, S. 223 ff.

Matteo MARRONE, La legittimazione passiva alla „rei vindicatio“, Palermo 1970.

Antoine MARTIN, L' estoppel en droit international public: Précédé d'un aperçu de la théorie de l'estoppel en droit anglais, Paris 1979.

Remo MARTINI, Le definizioni dei giuristi romani, Mailand 1966.

Carlo A. MASCHI, Tutela. Fedecommessi. Contratti reali (omissioni nel manoscritto veronese delle Istituzioni di Gaio), Studi Volterra, Band 4, Mailand 1971, S. 667 ff.

Antonio MASI, Il problema della remissione della mercede nella locazione di fondi rustici alla luce di una testimonianza di columella, in: Studi d'Amelio, Band 1, Mailand 1978, S. 273 ff.

Carla MASI DORIA, Pincipii e regole. Valori e razionalità come forme del discorso giuridico, in: *Andrea LOVATO* (Hrsg.), Tra retorica e diritto. Linguaggi e forme argomentative nella tradizione giuridica, incontro di studi Trani, 22–23 maggio 2009, Bari 2011, S. 19 ff.

–, Bona libertorum. Regimi giuridici e realtà sociali, Neapel 1996.

Tommaso MASIELLO, Le Quaestiones publice tractatae di Cervidio Scaevola, 2. Aufl. Bari 2003.

Fabiana MATTIOLI, Ricerche sulla formazione della categoria dei cosidetti quasi delitti, Bologna 2010.

Theo MAYER-MALY, Probleme der negotiorum gestio, SZ 86 (1969), S. 416 ff.

–, Obligamur necessitate, SZ 83 (1966), S. 47 ff.

–, Rez. Kaufmann, Die altrömische Miete, ihre Zusammenhänge mit Gesellschaft, Wirtschaft und staatlicher Vermögensverwaltung, SZ 82 (1965), S. 406 ff.

–, Das Notverkaufsrecht des Hausvaters, SZ 75 (1958), S. 116 ff.

–, Bemerkungen zum Aspekt der Konsensstörung in der klassischen Irrtumslehre, in: Mélanges Meylan, Band 1 (Droit romain), Lausanne 1963, S. 241 ff.

–, Das Notverkaufsrecht des Hausvaters, SZ 75 (1958), S. 116 ff.

–, Locatio conductio, Wien 1956.

–, Das biennium von c. 3, X, 3, 18, SZ (Kan Abt) 41 (1955), S. 412 ff.

Stephan MEDER, Die bargeldlose Zahlung, Frankfurt am Main 1996.

Dieter MEDICUS, Id quod interest. Studien zum römischen Recht des Schadenersatzes, Köln-Graz 1962.

–, Zur Funktion der „interrogatio in iure", in: Studi in onore di Edoardo Volterra, Band 1, Mailand 1971, S. 439 ff.

Klaus MEFFERT, Die Streitgenossenschaft im klassischen römischen Recht, Berlin 1974.

A. P. H. MEIJERS, Het Vermogensrecht in het Wetboeck van Canoniek Recht, Leuven 2000.

Marianne MEINHART, Die senatusconsulta Tertullianum und Orfitianum in ihrer Bedeutung für das klassische römische Erbrecht, Wien-Graz 1967.

Franz-Stefan MEISSEL, Rez. Müller-Kabisch, Die Kündigung bei societas und locatio conductio rei, in: SZ 131 (2014) S. 473 ff.

–, Societas. Struktur und Typenvielfalt des römischen Gesellschaftsvertrages, Frankfurt am Main 2004.

–, Geschäftsführung ohne Auftrag, Wien 1993.

Michael MEMMER, Die *obstetrix* im römischen Recht, in: Festschrift Herbert Hausmaninger, Wien 2006, S. 195 ff.

–, Ad servitutem aut ad lupanar, SZ 108 (1991), S. 21 ff.

Erich MERTENS, Inhalt und Herkunft der Opiniones Ulpians, Göttingen 1958.

Hans MERZ, Auslegung, Lückenfüllung und Normberichtigung, in: AcP 163 (1964), S. 305 ff.

Ernest METZGER, Rez. Fanizza, L'amministrazione, SZ 119 (2002), S. 610 ff.

Ernst MEYER, Brocardica, SZ Kan. Abt. Bd 38 (1952), S. 453 ff.

Oronzo MILELLA, „Casus" e „vis maior" in Sen., „ben." 4.39.3–4; 7.16.3, Labeo 33 (1987), S. 267 ff.

Moroslava MIRCOVIĆ, The Later Roman Colonate and Freedom, Philadelphia 1997.

Karlheinz MISERA, Der Bereicherungsgedanke bei der Schenkung unter Ehegatten, Köln-Weimar-Wien 1974.

Ludwig MITTEIS, Operae officiales und operae fabriles, SZ 23 (1902), 143 ff.

Carl J. A. MITTERMAIER, Ueber das forum continentiae causarum, in: AcP 2 (1819), S. 141 ff.

Caroline MOKREJS, Die clausula rebus sic stantibus – die antiken Quellen und ihre Rezeption, Diss. Wien 2011.

Marcello MOLÉ, Ricerche in tema di plagio, in: AG 170–171 (1966), S. 116 ff.

Cosima MÖLLER, Die Servituten, Göttingen 2010.

–, Die Rechtsstellung des Mieters in Rom und Karlsruhe, AcP 197 (1997), S. 537 ff.

Ana MOHINO MANRIQUE, Pactos en el contrato de compraventa en interés del vendendor, Madrid 2006.

Imre MOLNÁR, Verantwortung und Gefahrtragung bei der „locatio-conductio" zur Zeit des Prinzipats, in: ANRW II.14, Berlin-New York 1976, S. 583 ff.

Theodor MOMMSEN, Römisches Strafrecht, Leipzig 1899, NDr. Aalen 1990.

–, Juristische Schriften, Band 2, Berlin 1905.

Mario MORELLI, Die Geschäftsführung im klassischen römischen Recht, Berlin-Leipzig 1935.

Augusto M. MORELLO/Ruben STIGLITZ, La doctrina de los actos propios, in: Revista Juridica Argentina "La Ley" 1984, S. 865 ff.

Carsten H. MÜLLER, Gefahrtragung bei der locatio conductio. Miete, Pacht, Dienst- und Werkvertrag im Kommentar römischer Juristen, Paderborn-München-Wien-Zürich 2002.

Roman MÜLLER, Sprachbewußtsein und Sprachvariation im lateinischen Schrifttum der Antike, München 2001.

Martina MÜLLER-EHLEN, Hereditatis petitio. Studien zur Leistung auf fremde Schuld und zur Bereicherungshaftung in der römischen Erbschaftsklage, Köln-Weimar-Wien 1998.

Klaus P. MÜLLER-EISELT, Divus Pius constituit. Kaiserliches Erbrecht, Berlin 1982.

Simon MÜLLER-KABISCH, Die Kündigung bei societas und locatio conductio rei. Zur Frage ihrer rechtsgeschäftlichen Natur in vorklassischer und klassischer Zeit, Baden-Baden 2011.

Andrea MÜNKS, Vom Parteieid zur Parteivernehmung in der Geschichte des Zivilprozesses, Köln 1992.

Alfonso MURILLO VILLAR, La revocación de las donaciones en el derecho romano y en la tradición romanística española, Burgos 2007.

Jean C. NABER, De mancipationis natura aliquando mutata, in: Mnemosyna Pappulias, Athen 1934, S. 183 ff.

Domenico NARDI, Reversio in potestatem patris, in: Estudios en homenaje al profesor Juan Iglesias, Bd II, Madrid 1988, S. 875 ff.

–, Ancora sul "ius vendendi" del "pater familias" nella legislazione di Costantino, in: Sodalitas. Scritti in onore di Antonio Guarino, Band 5, Neapel 1984.

–, Il ius vendendi del pater familias nella legislazione di Costantino, in: Atti dell'Accademia di Scienze Morali e Politiche di Napoli 89 (1978), S. 53 ff.

Enzo NARDI, Poteva la donna, nell'impero romano, adottare un figlio?, in: Studi in onore di Arnaldo Biscardi, Band 1, Mailand 1982, S. 197 ff.

Hein L. W. NELSON, Überlieferung, Aufbau und Stil von Gai Institutiones, Leiden 1981.

Giovanni NICOSIA, Exceptio utilis, SZ 75 (1958), S. 251 ff.

Hubert NIEDERLÄNDER, Die Bereicherungshaftung im klassischen römischen Recht, Weimar 1953.

Hans NIEDERMEYER, Crimen plagii und crimen violentiae, Studi Bonfante II, Mailand 1930, S. 383 ff.

–, Nemo auditur propriam turpitudinem allegans, in: Festschrift Gutzwiller (1959), S. 623.

Pierre NOAILLES, L'inaliénabilité dotale et la Novelle 61, Annales Grenoble Band 31, 1919.

Ryuichi NODA, Die Haftung des Auftraggebers für Schäden des Beauftragten, In: *Dieter DÖRR/Shigeo NISHIMURA* (Hrsg.), Mandatum und Verwandtes. Beiträge zum römischen und modernen Recht, Berlin-Heidelberg 1993, S. 207 ff.

Dieter NÖRR, Probleme der Eviktionshaftung im klassischen römischen Recht, SZ 121 (2005), S. 152 ff.

–, Spekulationen zum Thema: *Lex*, *regula*, Norm, in: Historiae iuris antiqui, Goldbach bei Aschaffenburg 2003, S. 629 ff.

–, Mandatum, fides, amicitia, in: *Dieter NÖRR/Shigeo NISHIMURA* (Hrsg.), Mandatum und Verwandtes. Beiträge zum römischen und modernen Recht, Berlin-Heidelberg 1993, S. 13 ff.

–, Ethik und Recht im Widerstreit?, in: *Martin J. SCHERMAIER* (Hrsg.), Ars boni et aequi. Festschrift für Wolfgang Waldstein zum 65. Geburtstag, Stuttgart 1993, S. 267 ff.

–, Spruchregel und Generalisierung, SZ 89 (1972), S. 18 ff.

–, Origio. Studien zu Orts- Stadt- und Reichszugehörigkeit in der Antike, TR 31 (1963) S. 525 ff.

–, Origio, in: RE, Supplementband X (1965) 433 ff.

–, Die Entwicklung des Utilitätsgedankens im römischen Haftungsrecht, SZ 73 (1956), S. 68 ff.

Alexander NOGRADY, Römisches Strafrecht nach Ulpian. Buch 7 bis 9 De officio proconsulis, Berlin 2006.

Gijsbert NOORDRAVEN, De Fiducia in het Romeinse recht, Amsterdam 1988; deutsche Übersetzung: Die Fiduzia im römischen Recht, Amsterdam 1999.

Rolf OSTHEIM, Zur Haftung für culpa in contrahendo bei grundloser Ablehnung des Vertragsabschlusses, JBl 1980, 522 ff u. S. 570 ff (Fortsetzung und Schluss).

Gerhard OTTE, Dialektik und Jurisprudenz, Frankfurt am Main 1971.

Walter PAKTER, The mystery of „cessio bonorum“, Index 22 (1994), S. 323 ff.

Antonio PALMA, Benignior interpretatio. Benignitas nella giurisprudenza e nella normazione da Adriano ai Severi, Turin 1997.

Filippo PALUMBO, L'actio Pauliana nel diritto romano e nel diritto vigente, Neapel 1934.

Peter PANITSCHEK, Der spätantike Kolonat: Ein Substitut für die „Halbfreiheit“ peregriner Rechtssetzungen?, SZ 107 (1990), S. 137 ff.

María D. PARRA MARTÍN, La argumentación retórica en Juvencio Celso, Madrid 2005.

Josef PARTSCH, Studien zur negotiorum gestio, Heidelberg 1913.

Frederico PATETTA, I libri legali e il corredo d'un giudica bolognese nell'anno 1211, e un caso di rappresaglia fra Bologna e Ferrara, in: Atti della Reale Accademia delle Scienze di Torino 50 (1914–15).

Javier PATRICIO, Labeo: Zwei Episoden, SZ 117 (2000), S. 438 ff.

Christoph G. PAULUS, Rez. Frier, Landlords and Tenants in Imperial Rome, SZ 100 (1983), S. 660 ff.

Martin PENNITZ, Das periculum rei venditae, Wien-Köln-Weimar 2000.

–, Der „Enteignungsfall" im römischen Recht der Republik und des Prinzipats, Wien-Köln-Weimar 1991.

Alfred PERNICE, Labeo. Römisches Privatrecht im ersten Jahrhundert der Kaiserzeit, 5 Teile, Halle 1873–1900, NDr. Aalen 1963.

–, IX. Parerga. III. Zur Vertragslehre der römischen Juristen, SZ 9 (1888), S. 195 ff.

Pietro PESCANI, Le operae libertorum, Triest 1967.

Frank PETERS, Zur dogmatischen Einordnung der anfänglichen, objektiven Unmöglichkeit beim Kauf, in: Festschrift für Max Kaser, München 1976, S. 285 ff.

–, Die Rücktrittsvorbehalte des römischen Kaufrechts, Köln 1973.

Hans PETERS, Generelle und spezielle Aktionen, SZ 32 (1911), S. 179 ff.

Andrea PETITO, Il „iudex qui litem suam fecerit" nella Parafrasi di Teofilo, in: *Cosimo CASCIONE/Emilio GERMINO/Carla MASI DORIA* (Hrsg.), Parti e giudici nel processo. Dai diritti antichi all'attualità, Neapel 2006, S. 453 ff.

Gustav PFANNMÜLLER, Die kirchliche Gesetzgebung Justinians hauptsächlich auf Grund der Novellen, Berlin 1902.

Guido PFEIFER, Fiktive Formulare und gültige Geschäfte – Beobachtungen in der Urkundenpraxis der achämenidischen und hellenistisch-römischen Zeit, in: ZABR 16 (2010), S. 145 ff.

Heinrich H. PFLÜGER, Zur Lehre von der Haftung des Schuldners nach römischem Recht, SZ 65 (1947), S. 121 ff.

Maria P. PIAZZA, La disciplina del falso nel diritto romano, Padova 1991.

Giorgio PICASSO, Sacri canones et monastica regula. Disciplina canonica e vita monastica nelle società medievale, Mailand 2006.

Pascal PICHONNAZ, La compensation. Analyse historique et comparative des modes de compenser non conventionnels, Freiburg 2001.

Andreas PIEKENBROCK, Befristung, Verjährung, Verschweigung und Verwirkung, Tübingen 2006.

Peter E. PIELER, Die Rechtsgestalt der Kirche, in: *Brigitte SCHINKELE et al.* (Hrsg.), Recht – Religion – Kultur. Festschrift für Richard Potz zum 70. Geburtstag (2014), S. 575 ff.

–, Rechtsliteratur, in: *Herbert HUNGER* (Hrsg.), Die hochsprachliche profane Literatur der Byzantiner, Band 2, München 1978, S. 341 ff.

–, Gerichtsbarkeit, in: Reallexikon für Antike und Christentum, Band X, Stuttgart 1977 360 ff.

–, Rez. Wurm, Apokeryxis, Abdicatio und Exheredatio, in: Gnomon 48 (1976), S. 170 ff.

–, Studien zur Gerichtsorganisation des Imperium Romanum. Kaisergericht und kaiserliche Gerichtsorgane von Augustus bis Justinian, Habil. Wien 1981.

Isabel PIZZA DE LUNA, La doctrina de los actos propios y su aplicación en las legislaciones modernas, in: Estudios jurídicos en memoria de Eduardo J. Couture, Montevideo 1957, S. 555 ff.

Johnnes PLATSCHEK, Das Edikt de pecunia constituta, München 2013.

–, Pecunia constituta und stipulatio. Grenzen des Rechtsschutzes für formlose Geschäfte im römischen Recht, in: *Uri YFTACH-FIRANKO* (Hrsg.), The Letter. Law, State, Society and the Epistolary Format in the Ancient World (2013), S. 239 ff.

Arnold PÖSCHL, Kirchengutsveräußerungen und das kirchliche Veräußerungsverbot im frühen Mittelalter, AKKR 105 (1925), S. 1 ff.

Béla POKOL, Abstrahierungsformen des Rechts, in: Rechtstheorie 42 (2011), S. 105 ff.

Heinrich POLLACK, Der Schenkungswiderruf, insbesondere seine Vererblichkeit, Berlin 1886.

–, Die Widerklage, Wien 1889, NDr. Frankfurt 1970.

Karl R. POPPER, Logik der Forschung, 3. Aufl. Tübingen 1969.

Fritz PRINGSHEIM, Aequitas und bona fides, in: gesammelte Schriften, Band 1, Heidelberg 1961, S. 154 ff.

–, Symbol und Fiktion in antiken Rechten, in: Studi in onore di Pietro de Francisci, Band 4, Mailand 1956, S. 209 ff.

–, The greek law of sale, Weimar 1950.

–, Bonum et aequum, in: SZ 52 (1932), S. 78 ff.

–, Rez. Pierre Noailles, L'inaliénabilité dotale et la Novelle 61, in: SZ 44 (1924), S. 551 ff.

–, Ius aequum und ius strictum, in: SZ 42 (1921), S. 634 ff.

Federico PROCCHI, L'exceptio doli generalis e il divieto di venire contra factum proprium, in: *Luigi GAROFALO* (Hrsg.), L'eccezione di dolo generale. Applicazioni giurisprudenziali e teoretiche dottrinali, Padova 2006, S. 77 ff.

Giuseppe PROVERA, Riflessioni sul beneficium cedendarum actionum, in: Studi Sanfilippo, Band IV, Mailand 1983, S. 609 ff.

–, „Indefensio" e legittimazione passiva alla „rei vindicatio", in: Studi in onore di Giuseppe Grosso, Band 6, Turin 1974, S. 207 ff.

–, Servitù prediali ed obbligazioni „propter rem", in: Studi Volterra, Band 2, Mailand 1971, S. 15 ff.

–, La vindicatio caducorum. Contributo allo studio del processo fiscale romano, Turin 1964.

–, Contributi allo studio del iusiurandum in litem, Turin 1953.

Giovanni PUGLIESE, Il processo civile romano II: Il processo formulare, Band 1, Mailand 1963.

Jose PUIG BRUTAU, Estudos de Derecho Comparado. La doctrina de los actos propios, Barcelona 1951.

Renato QUADRATO, Le Institutiones nell'insegnamento di Gaio. Omissioni e rinvii, Neapel 1979.

Serena QUERZOLI, I testamenta e gli officia pietatis. Tribunale centumvirale, potere imperiale e giuristi tra Augusto e i Severi, Neapel 2000.

Ernst RABEL, Haftung des Verkäufers wegen Mangels im Rechte, Leipzig 1902.

–, Negotium alienum und animus, in: Studi Bonfante, Band IV, Mailand 1930, S. 279 ff.

Luigi RAGGI, La restitutio in integrum nella cognitio extra ordinem, Mailand 1965.

J. Michael RAINER, Illegaler Menschenhandel und Prostitution im Römischen Recht, in: *Cosimo CASCIONE/Carla MASI DORIA* (Hrsg.), Fides humanitas ius. Studii in onore di Luigi Labruna, Band VII, Neapel 2007, S. 4639 ff.

–, Bau- und Nachbarrechtliche Bestimmungen im klassischen römischen Recht, Graz 1987.

Salvo RANDAZZO, Mandare. Radici della doverosità e percorsi concensualistici nell'evoluzione del mandato romano, Mailand 2005.

Jürgen RASTÄTTER, Marcelli notae ad Iuliani digesta, Diss. Freiburg 1980.

Eleanor RATHBONE, Roman Law in the Anglo-Norman Realm, in: Studia Gratiana XI (1967), S. 253 ff.

Robert REBHAHN, Dienstnehmerbegriff und persönliche Abhängigkeit bei Vertretungsbefugnis, Wbl 1998, S. 277.

Roberto REGGI, Rez. Söllner, Origini e funzioni dell'actio rei uxoriae, Index 3 (1972), S. 577 ff.

José M. RIBAS-ALBA, La desheredación injustificada en derecho romano. Querella inofficiosi testamenti: Fundamentos y regimen clásico, Granada 1998.

Salvatore RICCOBONO, Communio e Comproprietà (Dalla communio del diritto quiritario alla comproprietà moderna), in: *Paul VINOGRADOFF* (Hrsg.), Essays in Legal History, Oxford 1913.

–, Stipulation and the theory of contract, Amsterdam-Kapstadt 1957.

–, Art. Brocardica, in: *Antonio AZARA/Ernesto EULA* (Hrsg.), Novissimo Digesto Italiano, Band 2, 3. Aufl. Turin 1957, S. 583 f.

–, Nuove applicazioni dell'actio negotiorum gestorum nel diritto giustinianeo, AnnPal 3–4 (1917), S. 221 ff.

Axel RIECHELMANN, Paenitentia: Reue und Bindung nach römischen Rechtsquellen, Frankfurt am Main 2005.

Werner RIESS, Apuleius und die Räuber. Ein Beitrag zur historischen Kriminalitätsforschung, Stuttgart 2001.

Erwin RIEZLER, Venire contra factum proprium, Leipzig 1912.

–, Rechtsmißbrauch und Schikane, in: RvHwb (1938), S. 1 ff.

–, Berufung auf eigenes Unrecht, JherJB 89 (1941), S. 177.

Olivia ROBINSON, An aspect of falsum, TR 60 (1992), S. 29 ff.

–, The ‚*iudex qui litem suam fecerit*' explained, SZ 116 (1999), S. 195 ff.

–, Justinian and the Compliers' View of the iudex qui litem suam fecerit, in: Festschrift Andreas Wacke, München 2001, S. 389 ff.

Alan RODGER, Prokurator Restituts, in: *Ulrich MANTHE/Christoph KRAMPE* (Hrsg.), Quaestiones Iuris. Festschrift für Joseph Georg Wolf zum 70. Geburtstag, Berlin 2000, S. 207 ff.

Carlos ROGEL VIDE/Marcelo J. LÓPEZ MESA, La doctrina de los actos propios. Doctrina y jurisprudencia, Madrid 2005.

Silvio ROMANO, Appunti sul pegno dei frutti nel diritto romano, Padova 1931.

Pasquale ROSAFIO, Studi sul colonato, Bari 2002.

Adolfo F. ROSSELLO, Dissensiones Dominorum, Lanciano 1890.

Michael I. ROSTOVTZEFF, Studien zur Geschichte des Kolonats, in: Archiv für Papyrusforschung, Beiheft 1 (1910).

–, Fiscus, in: Paulys Realenzyclopädie, Band VI (1907), S. 2385 ff.

–, Gesellschaft und Wirtschaft im Römischen Kaiserreich, 2 Bände, Leipzig 1930.

Giovanni ROTONDI, Bonorum venditio (Lineamenti), in: Per il XIV Centenario della Codificazione giustinianea, Mailand 1938, S. 97 ff.

–, I libri opinionum di Ulpiano e le sententiae di Paolo, in: Scritti Giuridici, Band 1, Mailand 1922, S. 453 ff.

Adolf F. RUDORFF, Über den Liber de officio proconsulis, in: Abhandlungen der Königlichen Akademie der Wissenschaften, Berlin 1865, 233 ff.

Hermann RÜDY, Der Rechtsmissbrauch, München 1934.

David RÜGER, Die donatio mortis causa im klassischen römischen Recht, Berlin 2011.

Carmela R. RUGGERI, Ancora sulla donna adottante, Labeo 36 (1990), S. 57 ff.

Tobias RUNDEL, Mandatum zwischen utilitas und amicitia. Perspektiven zur Mandatarhaftung im klassischen römischen Recht, Münster 2005.

Szymon RUNDSTEIN, Der Widerspruch mit dem eigenen Verhalten in der Theorie des französischen Privatrechts, in: AbR 43 (1919), S. 319 ff.

Hans-Albert RUPPRECHT, Kleine Einführung in die Papyruskunde, Darmstadt 1994.

Eberhard RUSCHENBUSCH, Der Ursprung des gerichtlichen Rechtsstreits bei den Griechen, in: Kleine Schriften zur griechischen Rechtsgeschichte, Wiesbaden 2005, S. 135 ff.

Antonio SACCOCCIO, Si certum petetur. Dalla condictio dei veteres alle condictiones giustinianee, Mailand 2002.

Giuseppina SACCONI, Ricerche sulla stipulatio, Camerino 1989.

Erich SACHERS, Zur Lehre von der Haftung des Mandatars im klassischen römischen Recht, SDHI 59 (1939), S. 432 ff.

–, Die Haftung des auftragslosen Geschäftsführers, SDHI 4 (1938), S. 309 ff.

–, Potestas Patria, in: Paulys Realenzyclopädie, Band XXII (1953), S. 1046 ff.

Carl SALKOWSKI, Zur Lehre vom Sklavenerwerb: Ein Beitrag zur Dogmatik des römischen Privatrechts, Leipzig 1891.

Richard P. SALLER, Pater Familias, Mater Familias, and the Gendered Semantics oft he Roman Household, in: Classical Philology 94.2 (1999), S. 182 ff.

Francisco SAMPER, Pars debita en el derecho romano vulgar, SDHI 37 (1971), S. 74 ff.

Richard SAMTER, Das Verhältnis zwischen Scaevolas Digesten und Responsen, SZ 27 (1906), S. 151 ff.

Cesare SANFILIPPO, Interrogatio in iure (profilo storico), in: Scritti Giuridici raccolti per il centenario della casa editrice Jovene, Neapel 1954, S. 631 ff.

Andrea SANGUINETTI, Dalla querella alla portio legitima. Aspetti della successione necessaria nell'epoca tardo imperial e giustinianea, Mailand 1996.

Bernardo SANTALUCIA, I libri opinionum di Ulpiano, 2 Bände, Mailand 1971.

Gianni SANTUCCI (Hrsg.), Aequitas, Giornate in memoria di Paolo Silli, Padova 2006.

Mauro SARTI/*Mauro* FATTORINI, De claris archigymnasii bononiensis professoribus a saeculo XI usque ad seculum XIV, Band 1, 2. Aufl. Bologna 1888–1896.

Johann B. SARTORIUS, Die Lehre von der Widerklage nach dem gemeinen teutschen Civilprozesse, Erlangen 1838.

Charles SAUMAGNE, Sur la formation du colonat. Du rôle de l'„origo" et du „census", in: Cahiers de Tunis, Tunis 1962, S. 115 ff (= Byzantion 12 (1937), S. 487 ff).

Elisabeth SAUTHOFF, Auslegung der Art 75, 76 CISG nach Treu und Glauben?, IHR 2005, S. 151.

Friedrich C. von SAVIGNY, Über den römischen Kolonat, Vermischte Schriften Band 2, Berlin 1850, NDr. Aalen 1968, S. 1 ff.

Alessandro P. SCARSO, Venire contra factum proprium e responsibilita, in: Responsibilità civile e previdenza 74 (2009), S. 513 ff.

Roberto SCEVOLA, La responsibilità del *iudex privatus*, Mailand 2004.

Johann C. SCHACHER, De impugnatione facti proprii, Diss. Frankfurt 1688 (benützte Ausgabe: Leipzig 1704).

Christoph SCHÄFER, Spitzenmanagement in Republik und Kaiserzeit. Die Prokuratoren von Privatpersonen im Imperium Romanum vom 2. Jh. v.Chr. bis zum 3. Jh n.Chr., St. Katharinen 1998.

Dietmar SCHANBACHER, Die Konvaleszenz von Pfandrechten im klassischen römischen Recht, Berlin 1987.

Martin SCHAUER, Keine rechtsmissbräuchliche Berufung auf Arbeitnehmereigenschaft, ZAS 2010, S. 52.

Philipp SCHEIBELREITER, Der Kreditkauf im griechischen Recht. Grundlagen und Dokumentation des „fiktiven Darlehens", in: *Éva JAKAB* (Hrsg.), Sale and Community Documents from the Ancient World, Triest 2015, S. 181 ff.

Martin SCHERMAIER, Rez. Harke, Si error aliquis intervenit, SZ 125 (2008), S. 826 ff.

–, Materia. Beiträge zur Frage der Naturphilosophie im klassischen römischen Recht, Wien 1992.

Gottfried SCHIEMANN, Mater familias, in: Der neue Pauly, Band 7 (1999), S. 998.

Arthur SCHILLER, Restraint of trade in classical roman law, in: *Peter G. VALLINDAS* (Hrsg.), Mnemosyna Pappulias, Athen 1934, S. 233 ff.

Oliver SCHIPP, Der weströmische Kolonat von Konstantin bis zu den Karolingern (332 bis 861), Hamburg 2009.

–, Der Raub freier Menschen in der Spätantike, in: *Heinz HEINEN* (Hrsg.), Menschenraub, Menschenhandel und Sklaverei in antiker und moderner Perspektive. Ergebnisse des Mitarbeitertreffens des Akademievorhabens Forschungen zur antiken Sklaverei (Mainz, 10. Oktober 2006), Stuttgart 2008, S. 157 ff.

Rudolph SCHLESINGER, Zur Lehre von den Formalcontracten und der Querela non numeratae pecuniae, Leipzig 1858.

Andreas Josef SCHLICK, Über den Satz vom Widerspruch im vierten Buch der aristotelischen Metaphysik, Würzburg 2011.

Siegmund SCHLOSSMANN, Über die angebliche technische Bedeutung von dare in der römischen Rechtssprache, SZ 29 (1908), S. 288 ff.

–, Zu l. 16 Dig. De cond causa data 12, 4 und zur Eviktionshaftung bei stipulatio rem dari, SZ 29 (1908), S. 309 ff.

Bruno SCHMIDLIN, Die römischen Rechtsregeln. Versuch einer Typologie, Wien-Köln 1970.

–, Regula iuris: Standard, Norm oder Spruchregel? Zum hermeneutischen Problem des Regelverständnisses, in: Festschrift für Max Kaser, München 1976, S. 91 ff.

Karl A. SCHMIDT, Das Hauskind in mancipium, Leipzig 1879.

Philipp SCHMIEDER, Duo rei. Gesamtobligationen im römischen Recht, Berlin 2007.

Christian SCHNABEL, Der solutionis causa adiectus im römischen Recht, München 2015.

Ludwig SCHNEYER, Das „Handeln auf eigene Gefahr“ als Anwendungsfall der Unzulässigkeit eines „venire contra factum proprium“, Hamburg 1955.

Helmut SCHNITZER, Schuldrechtliche Verträge der katholischen Kirche in Österreich, Graz-Köln 1961.

Ernst SCHÖNBAUER, Diokletian in einem verzweifelten Abwehrkampfe?, SZ 62 (1942), S. 267 ff.

Eltjo J. H. SCHRAGE (Hrsg.), Das Römische Recht im Mittelalter, Darmstadt 1987.

–/*Harry DONDORP*, Utrumque Ius. Eine Einführung in das Studium der Quellen des mittelalterlichen gelehrten Rechts, Berlin 1992.

–, The Sources of Medieval Learned Law, in: *John W. CAIRNS/Paul DU PLESSIS* (Hrsg.), The Creation of Ius Commune. From Casus to Regula, Edinburgh 2010, S. 7 ff.

Helmut SCHROFF, Matrona 3, in: Paulys Realenzyclopädie, Band XIV.2 (1930), S. 2300 f.

Johann F. SCHULTE, Die Geschichte der Quellen und Literatur des canonischen Rechts, Bd 1: Von Gratian bis auf Papst Gregor IX, Stuttgart 1875, NDr. Graz 1956.

Fritz SCHULZ, Die Lehre von Concursus Causarum im klassischen und justinianischen Recht, SZ 38 (1917), S. 114 ff.

–, Scientia, Dolus und Error bei der Stellvertretung nach klassischem römischem Recht, SZ 33 (1912), S. 37 ff.

–, History of roman legal science, Oxford 1953.

–, Geschichte der römischen Rechtswissenschaft, Weimar 1961.

Matthias SCHWAIBOLD, Dolum per subsequentia purgari, Frankfurt am Main 1985.

–, Wer sucht, der findet, Rechtshistorisches Journal 4 (1985), S. 202 ff.

Fritz SCHWARZ, Die Konträrklagen, SZ 71 (1954), S. 111 ff.

–, Die Grundlage der condictio im klassischen römischen Recht, Münster-Köln 1952.

Sandro SCHIPANI, Responsibilità del convenuto per le cose oggetto di azione reale, Turin 1971.

Salvatore SCIORTINO, C. 8, 46, 6: Brevi osservazioni in tema die abdicatio ed ἀποκήρυζις, in: AUPA 48 (2003), S. 335 ff.

Emil SECKEL, Über neuere Editionen juristischer Schriften aus dem Mittelalter I, SZ 21 (1900), S. 212 ff.

–, Distinctiones Glossatorum. Studien zur Distinktionen-Literatur der romanistischen Glossatorenschule, verbunden mit Mitteilungen unedierter Texte, in: Festschrift der Berliner Juristischen Facultät für Ferdinand von Martitz zum fünfzigjährigen Doktorjubiläum am 24. Juli 1911, Berlin 1911, NDr. Graz 1956, S. 277 ff.

Otto SEECK, Regesten der Kaiser und Päpste, Stuttgart 1919, NDr. Frankfurt am Main 1964.

Serge SEGURA, La cessio bonorum. Etude comparée de droit romain et de droit suisse, Zürich 2005.

Erwin SEIDL, Der Eid im römisch-ägyptischen Provinzialrecht, Band 1: Die Zeit von der Eroberung Ägyptens bis zum Beginn der Regierung Diokletians, München 1933.

Hans H. SEILER, Der Tatbestand der negotiorum gestio im römischen Recht, Köln-Graz 1968.

Walter SELB, Rez. Giménez-Candela, El régimen pretorio subsidiaro de la acción noxal, SZ 100 (1983), S. 682 ff.

–, Formulare Analogien in „*actiones utiles*" und „*actiones in factum*" am Beispiel Julians, in: Studi Biscardi III (1982), S. 315 ff.

Lothar von SEUFFERT, Die Lehre von der Ratihabition der Rechtsgeschäfte, Würzburg 1868.

Feliciano SERRAO, Il procurator, Mailand 1947.

Heinrich SIBER, Die Passivlegitimation bei der rei vindicatio als Beitrag zur Lehre von der Aktionenkonkurrenz, Leipzig 1907.

Wolfgang SIEBERT, Verwirkung und Unzulässigkeit der Rechtsausübung, Marburg 1934.

Cathrin SIGEL, Rechtsgutachten des Quintus Cervidius Scaevola, Aachen 2007.

Wilhelm SIMSHÄUSER, Iuridici und Munizipalgerichtsbarkeit in Italien, München 1973.

Reinhard SINGER, Das Verbot widersprüchlichen Verhaltens, München 1992.

Boudewijn SIRKS, Reconsidering the Roman Colonate, SZ 110 (1993), S. 331 ff.

–, The Colonate in Justinian's Reign, in: Journal of Roman Studies 98 (2008), S. 120 ff.

Francesco SITZIA, Considerazioni in tema di „Periculum locatoris" e di „remissio mercedis", in: Studi d'Amelio, Band 1, Mailand 1978, S. 331 ff.

Alfred SÖLLNER, Irrtümlich als Sklaven gehaltene freie Menschen und Sklaven in unsicheren Eigentumsverhältnissen – homines liberi et servi alieni bona fide servientes, Coprus der römischen Rechtsquellen zur antiken Sklaverei IX, Stuttgart 2000.

–, Zur Vorgeschichte und Funktion der actio rei uxoriae, Köln 1969.

–, Die causa im Kondiktionen- und Vertragsrecht des Mittelalters bei den Glossatoren, Kommentatoren und Kanonisten, SZ 77 (1960), S. 182 ff.

Siro SOLAZZI, Le facoltà del „procurator bonorum" nel diritto romano-ellenico, in: Scritti di diritto romano, Band II, Neapel 1957, S. 579 ff.

–, Sulla „Condicio emancipationis", in: Archivo giuridico I (1921) S. 168 ff.

Janusz SONDEL, Elemente des römischen Rechts, in: Ius Commune 20 (1993), S. 25 ff.

Michael SPALTENSTEIN, Die Wiedereinsetzung in den vorigen Stand, Berlin 1873.

Michael SPENCE, Protecting reliance: the emergent doctrine of equitable estoppel, Oxford 1999.

Hans-Dieter SPENGLER, Studien zur interrogatio in iure, München 1994.

Bernhard STAEHELIN, Estoppel und Vertrauensprinzip, in: Juristische Fakultät der Universität Basel (Hrsg.), Aequitas und Bona Fides. Festgabe zum 70. Geburtstag von August Simonius, Basel 1955, S. 381 ff.

Jakob F. STAGL, Favor dotis. Die Privilegierung der Mitgift im System des römischen Rechts, Wien-Köln-Weimar 2009.

Peter STEIN, Regulae Iuris. From Juristic Rules to Legal Maxims, Edinburgh 1966.

–, Fault in the Formation of Contract in Roman Law and Scots Law, Edinburgh 1958.

–, The nature of quasi-delictal obligations, RIDA 5 (1958), S. 567 ff.

Anja STEINER, Die Römische Solidarobligation, München 2009.

Raimund STEINER, Zivilrechtliche Ansprüche des Versicherungsnehmers aus geschäftsplanmäßigen Erklärungen?, ÖJZ 1986, S. 673 ff.

Arthur STEINWENTER, Kinderschenkungen an koptische Klöster, SZ Kan. Abt. 11 (1921) S. 175 ff.

–, Iusiurandum, in: Paulys Realenzyclopädie, Band X (1919), S. 1253 ff.

–, Mancipium, in: Paulys Realenzyclopädie, Band XIV.1 (1928), S. 1010 ff.

–, Precarium, in: Paulys Realenzyclopädie, Band XXII.2 (1954), S. 1814 ff.

Martin STEFULA, Zivilrechtliche Fragen des Schwarzfahrens, ÖJZ 2002, S. 826 ff.

Christian STEMPEL, Treu und Glauben im Unionsprivatrecht, Tübingen 2016.

Herwig STIEGLER, Servus fructuarius subreptus (actio furti, ususfructus, custodia), in: *Georg KLINGENBERG/J. Michael RAINER/Herwig STIEGLER* (Hrsg.), Vestigia Iuris Romani, Festschrift Wesener, Graz 1992, S. 467 ff.

–, Marcell. D. 37, 10, 10 und die Drittwirkung des Eides, SZ 85 (1968), S. 394 ff.

–, Statusstreit und Kindeserbrecht. Probleme des edictum Carbonianum, Graz 1972.

–, Marcell. D 37, 10, 10 und die Drittwikrung des Eides, in: SZ 85 (1968), S. 394 ff.

Alwin STOCKS, Die Verwirkung und das Verbot gegensätzlichen Verhaltens, Emsdetten 1939.

Emanuele STOLFI, Studi sui Libri ad edictum di Pomponio, Mailand 2001.

Ben STOOP, The sins of their Fathers: si filium ter venum duit, in: RIDA 42 (1995), S. 331 ff.

Fritz STURM, Rez. Saccoccio, Si certum petetur, SZ 124 (2007), S. 513 ff.

–, Sklavenkasse entscheidet über Eigentumserwerb, in: *Thomas FINKENAUER* (Hrsg.), Sklaverei und Freilassung im Römischen Recht, Symposion für Hans Josef Wieling zum 70. Geburtstag, Berlin 2006, S. 223 ff.

–, Zur Etymologie des Ausdrucks Brocardicum, in: Vriendenboek Raf Verstegen (2004), S. 279.

–, Das Absterben der mancipatio, in: Festschrift Kaufmann, Heidelberg 1993, S. 347 ff.

–, Rez. Schipani, Responsabilità del convenuto per la cosa oggetto di azione reale, SZ 90 (1973), S. 440 ff.

Szabolcs A. SZUROMI, Anselm of Lucca as a Canonist, Frankfurt am Main 2006.

Mario TALAMANCA, Note sulla oblatio liti, in: *Johannes E. SPRUIT* (Hrsg.), Maior Viginti Quinque Annis, Essays in commemoration oft he sixth lustrum oft he Institute for Legal History of the University of Utrecht, Assen 1979, S. 167 ff.

–, Le fattispecie dell'actio negotiorum gestorum (zugleich Rez. Seiler, Der Tatbestand der negotiorum gestio im römischen Recht), Labeo 17 (1971), S. 217 ff.

–, Osservazioni sulla legittimazione passiva alle *actiones in rem*, in: Studi Economico-Giuridici pubblicati per cura della Facoltà di Giurisprudenza della Università di Cagliari, Band 43, Padova 1964, S. 143 ff.

–, I clienti di Q. Cervidio Scevola, BIDR 42–43 (2000–2001), S. 483 ff.

–, La legittimazione passiva alla „hereditatis petitio", Mailand 1956.

José Ángel TAMAYO ERRAZQUIN, Libertis Libertabusque. El fideicomiso de alimantos en beneficio de libertos en Digesta y Responsa de Q. Cervidius Scaevola, Vitoria 2007.

Minoru TANAKA, Semel heres semper heres: Kommentare der Humanisten zu D. 4, 4, 7, 1 0 und D. 28, 5, 89, in: Aus der Werkstatt römischer Juristen, Berlin 2016, S. 423 ff.

Raphael TAUBENSCHLAG, Das römische Privatrecht zur Zeit Diokletians, in: Opera minora, Band 1, Warschau 1959, S. 3 ff (= Bulletin international del'Académie Polonaise des sciences et des lettres 1919/20, S. 141 ff).

Arndt TEICHMANN, Die protestatio facto contraria, in: Festschrift Michaelis, Göttingen 1972, S. 294.

–, Venire contra factum proprium. Ein Teilaspekt missbräuchlichen Handelns, JA 1985, S. 499.

Olga E. TELLEGEN-COUPERUS, Rez. Sanguinetti, Dalla querella alla portio legitima, SZ 116 (1999), S. 614 f.

–, Some Remarks concerning the Legal Consequences of the querela inofficiosae donationis, RIDA 26 (1979), S. 399 ff.

Leon TER BEEK, Dolus, Een semantisch-juridische Studie, 2 Bände, Nijmegen 1999.

Friedrich THANER, Anselm II Bischof von Lucca. Collectio Canonum, una cum collectione minore; Faszikel 1 und 2 (alles Erschienene) in einem Band, enthaltend Buch 1–10, Innsbruck 1906–15, NDr. Aalen 1965.

Frank THEISEN, Studien zur Emphyteuse in ausgewählten italienischen Regionen des 12. Jahrhunderts: Verrechtlichung des Alltags?, Frankfurt am Main 2003.

Georg THIELMANN, Nochmal: Doppelveräußerung durch Nichtberechtigte – D. 19, 1, 31, 2 und D. 6, 2, 9, 4, SZ 111 (1994), S. 197 ff.

Anthony THOMAS, Remissio mercedis, in: Studi Donatuti, Band 3, Mailand 1973, S. 1271 ff.

Gerhard THÜR, Zum δικάζειν bei Homer, SZ 87 (1970), 426 ff.

–, Beweisführung vor den Schwurgerichtshöfen Athens, die Proklesis zur Basanos, Wien 1977.

–, Rechtsstreit im archaischen Griechenland: Parallelen im Alten Orient?, in: *Markus* WITTE/*Marie T.* FÖGEN, Kodifizierung und Legitimierung des Rechts in der Antike und im Alten Orient, Wiesbaden 2005, S. 29 ff.

–, Marginalien zum fiktiven Darlehen, in: *Holger* ALTMEPPEN/*Ingo* REICHARD/*Martin J.* SCHERMAIER (Hrsg.), Festschrift für Rolf Knütel zum 70. Geburtstag, Heidelberg 2009.

Herbert THURSTON, Ecclesiastical Property, in: The Catholic Encyclopedia, Band 12, New York 1911, S. 466a ff.

Friedrich Wilhelm von TIGERSTRÖM, Das römische Dotalrecht: Eine zivilistische Abhandlung in zwei Bänden, Band 1, Berlin 1831, NDr. Aalen 1983.

Salvatore TONDO, Convalida del pegno e concorso di pegni successivi, Mailand 1959.

Armando TORRENT RUIZ, Usurae supra legitimum modum. Del edicto de Luculla a los Severos, in: Studi per Giovanni Nicosia, Band VIII, Mailand 2007, S. 255 ff.

Kaius TUORI, The myth of Quintus Mucius Scaevola: founding father of legal science?, in: TR 72 (2004), S. 243 ff.

Ralph TURNER, Roman Law in England before the time of Bracton, in: Journal of British Studies 15 (1975), S. 1 ff.

Constant VAN DE WEIL, History of Canon Law, Leuven 1991.

Dirk VAN RUYVEN, De emancipatione tacita Romanis incognita, Genf 1781.

Umberto VINCENTI, „Denuntiatio litis" nel processo di revindica, in: Atti dell'accademia romanistica costantiniana IX, Neapel 1993, S. 364 ff.

Pasquale VOCI, La responsabilitá dei contutori e degli amministratori cittadini, in: Iura 21 (1970), S. 71 ff.

–, Diritto ereditario romano, Band 1, 2. Aufl. Mailand 1967.

–, Modi di aquisto della proprietà, Mailand 1952.

Joseph VOGT, Das kirchliche Vermögensrecht, 2. Aufl. Köln 1910.

Moritz VOIGT, Das ius naturale, aequum et bonum und ius gentium der Römer, 4 Bände, Leipzig 1856–1875.

Edoardo VOLTERRA, Osservazioni sul pegno di cosa altrui in diritto romano, Rom 1930.

Laurent WAELKENS, Dos naturaliter mulieris est dans D. 23, 3, 75, in: *Harry DONDORP* (Hrsg.), Ius Romanum – Ius Commune – Ius Hodiernum. Studies in honour of Eltjo J.H. Schrage, Amsterdam/Aalen 2010, S. 399 ff.

Andreas WACKE, Führte die Unveräußerlichkeit des Mitgiftgrundstücks im römischen Recht zu relativer Nichtigkeit? Grenzen vom Verbot des venire contra factum proprium, in: *Zuzanna BENINCASA/Jakub URBANIK* (Hrsg.), Mater familias. Scritti romanistici per Maria Zabłocka, Warschau 2016, S. 1069 ff.

–, Pomponius Dig. 49, 15, 6: Ein Kriminalfall um Menschenraub und Lösegeldzahlung aus dem nördlichen Britannien. Mit Beobachtungen zu seinen variae lectiones, zur Salinenstrafe und zur Laufbahn des centurio M. Cocceius Firmus, in: Scritti in onore di Generoso Melillo, Band III, Neapel 2009, S. 1473 ff.

–, Ratum habere: Dogmengeschichtliche Grundlagen von Bestätigung und Genehmigung, SZ 121 (2004), S. 344 ff.

–, Ex post facto convalescere im römischen und im modernen Recht. In: Au-delà des frontières: Mélanges offerts à Witold Wolodkiewicz, Warschau 2000, S. 1025 ff.

–, Sprichwörtliche Rechtsprinzipien und europäische Rechtsangleichung, in: OIR 5 (1999), S. 174 ff.

–, Die Konvaleszenz von Pfandrechten nach römischem Recht, SZ 115 (1998), S. 438 ff.

–, Die Konvaleszenz der Verfügung eines Nichtberechtigten, in: SZ 114 (1997), S. 197 ff.

–, Das Verbot der Darlehnsgewährung an Hauskinder und die Gebote wirtschaftlicher Vernunft. Der Macedonianische Senatsbeschluß in Theorie und Praxis, SZ 112 (1995), S. 239 ff.

–, La *exceptio doli* en el Derecho romano clásico y la 'Verwirkung' en el Derecho alemán moderno, in: Derecho romano de obligaciones. Homenaje al Professor José Luis Murga Gener, Madrid 1994, S. 977 ff.

–, Gallisch, Punisch, Syrisch oder Griechisch statt Latein?, SZ 110 (1993), S. 14 ff.

–, Audiatur et altera pars: Zum rechtlichen Gehör im römischen Zivil- und Strafprozeß, in: *Martin SCHERMAIER/Zoltán VÉGH* (Hrsg.), Ars boni et aequi, Festschrift Wolfgang Waldstein, Stuttgart 1993, S. 369 ff.

–, Zur iurisdictio voluntaria, SZ 106 (1989), S. 180 ff.

–, Wettbewersfreiheit und Konkurrenzverbotsklauseln im antiken und modernen Recht, SZ 99 (1982), S. 188 ff.

–, Dolo facit, qui petit quod (statim) redditurus est, JA 1982, S. 477 ff.

–, Circumscribere, gerechter Preis und die Arten der List (dolus bonus und dolus malus, dolus causam dans und dolus incidens), unter Berücksichtigung der §§ 123, 138 BGB, in: SZ 94 (1977) 184 ff.

–, Zur Aktiv- und Passivlegitimation des gutgläubigen Sklavenbesitzers. Grenzen prozessualistischer Betrachtungsweise der römischen Rechtsquellen, in: Festschrift für Erwin Seidl, Köln 1975, S. 179 ff.

–, Zur Lehre vom *pactum tacitum* und zur Aushilfsfunktion der *exceptio doli*. Teil I, SZ 90 (1973), S. 220 ff; Teil II, SZ 91 (1974), S. 251 ff.

–, Zur causa der Stipulation (zugleich Rez. Wolf, causa stipulationis), TR 40 (1972), S. 231 ff.

Marie Sophie WAGNER-REITINGER, Servus communis quasi duo servi sunt – Der Erwerb durch den im Miteigentum stehenden Sklaven, Diss. Graz 2013.

Wolfgang WALDSTEIN, Konsequenz als Argument klassischer Juristen, SZ 92 (1975), S. 26 ff.

–, Operae libertorum, Stuttgart 1986.

–, Mandat und operae libertorum, in: *Dieter NÖRR/Shigeo NISHIMURA* (Hrsg.), Mandatum und Verwandtes (1993), S. 339 ff.

Tammo WALLINGA, *Authenticum* und *authenticae* – What's in a name? References to Justinian's Novels in medieval manuscripts, in: TR 77 (2009), S. 43 ff.

Tom WALTER, Die Funktionen der actio depositi, Berlin 2012.

Alan WATSON, The law of persons in the later roman republic, Oxford 1967, NDr. Aalen 1984.

–, Contract of mandate in roman law, Oxford 1961, NDr. Aalen 1984.

–, The law of succession in the later roman republic, Oxford 1971.

Heinrich WEBER, Rechtsgrundsätze für die kirchliche Temporalienverwaltung, Breslau-Carlowitz 1938.

Rudolph WEIGAND, Die Naturrechtslehre der Legisten und Dekretisten von Irnerius bis Accursius und von Gratian bis Johannes Teutonicus, München 1967.

Constant van de WEIL, History of Canon Law, Leuven 1991.

Peter WEIMAR, Brocarda/Brocardica, in: *Albrecht CORDES* (Hrsg.), Handwörterbuch zur deutschen Rechtsgeschichte, Band 1, 2. Aufl. Berlin 2008 685 ff.

–, Azo, in: *Michael STOLLEIS* (Hrsg.): Juristen. Ein biographisches Lexikon von der Antike bis zum 20. Jahrhundert, München 2001, S. 53 f.

–, Argumenta Brocardica, in: Zur Renaissance der Rechtswissenschaft im Mittelalter, Weimar-Goldbach 1997, S. 45 ff.

–, Brocarda, Brocardica, in: Lexikon des Mittelalters, Band 2, München 1983 707 f.

– (Hrsg.), Die Renaissance der Wissenschaften im 12. Jahrhundert, Zürich 1981.

–, Tractatus de violento possessore ‚Cum uarie multiplicesque' a Pilio Medicinensi compositus, in: Ius commune 1 (1967), S. 61 ff.

–, Argumenta Brocardica, in: Studia Gratiana XIV (Collectiana Stephan Kuttner IV), Bologna 1967, S. 89 ff.

–, Die legistische Literatur der Glossatorenzeit, in: *Helmut COING* (Hrsg.), Handbuch der Quellen und Literatur der neueren europäischen Privatrechtsgeschichte, Band 1, Mittelalter (1100–1500) München 1973, S. 129 ff.

Otto H. WENDT, Faustrecht oder Besitzvertheidigung und Besitzverfolgung, Jena 1883.

Leopold WENGER, Die Quellen des römischen Rechts, Wien 1953.

–, Stellvertretung im Rechte der Papyri, Leipzig 1906.

Joseph WENNER, Kirchliches Vermögensrecht. Mit besonderer Berücksichtigung der Verwaltung des katholischen Kirchenvermögens in Preußen und in der Ostmark, Paderborn 1940.

Hermann WENUSCH, Protestatio facto contraria non valet?, ZVR 2005, S. 32.

Franz X. WERNZ, Ius decretalium ad usum praelectionum in scholis textus canonici sive iuris decretalium, Band III: Ius administrationis eccles. Catholicae. Pars 1, Rom 1908.

Uwe WESEL, Rhetorische Statuslehre und Gesetzesauslegung der römischen Juristen, Köln et al 1967.

Gunter WESENER, Vorjustinianische Ansätze zur actio ad supplendam legitimam, in: *Gunter WESENER/Herwig STIEGLER/Georg KLINGENBERG/ Michael RAINER* (Hrsg.), Festschrift für Arnold Kränzlein. Beiträge zur Antiken Rechtsgeschichte, Graz 1986, S. 149 ff.

–, Zur Denkform des "quasi" in der römischen Jurisprudenz, in: Studi in memoria di Guido Donatuti, Band 3 (1973), S. 1387 ff.

–, Iulians Lehre vom ususfructus, SZ 81 (1964) S. 83 ff.

–, Offensive Selbsthilfe im klassischen römischen Recht, in: Festschrift Artur Steinwenter zum 70. Geburtstag, Graz ua 1958, S. 100 ff.

–, Querela, Paulys Realenzyclopädie, Band XXIV (1963), S. 857 ff.

Raymond WESTBROOK, Restrictions on Alienation of Property in Early Roman Law, in: *Peter BIRKS* (Hrsg.), New Perspectives in the Roman Law of Property, Essays for Barry Nicholas, Oxford 1989, S. 207 ff.

Franz WIEACKER, I „libri opinionum" [di Ulpiano?]. Rez. Santalucia, I „libri opinionum" di Ulpiano (2 Bde), in: Labeo 19 (1973), S. 196 ff.

–, Textstufen klassischer Juristen, Göttingen 1960.

–, Irrtum, Dissens oder gegenstandslose Leistungsbestimmung?, in: Mélanges Meylan, Band 1, Lausanne 1963, S. 383 ff.

–, Amoenitates Iuventianae. Zur Charakteristik des Juristen Celsus, in: Iura 13 (1962), S. 1 ff.

–, Zur rechtstheoretischen Präzisierung des § 242 BGB, Tübingen 1956 (wiederabgedruckt in: Ausgewählte Schriften, Band 2, Frankfurt am Main 1983, S. 195 ff).

–, Lex commissoria. Erfüllungszwang und Widerruf im römischen Kaufrecht, Berlin 1932.

Niklas WIELANDT, Die einseitig verpflichtende Schuldzusage. Eine rechtsvergleichende Untersuchung des abstrakten, kausalen und nicht rechtsgeschäftlichen Schuldanerkenntnisses und Schuldversprechens nach deutschem und englischem Recht, Frankfurt am Main 2010.

Hans Josef WIELING, Rez. Bormann, Wettbewerbsbeschränkungen durch Grundstücksrechte, in: SZ Germ. Abt. 123 (2006), S. 835 ff.

–, Drittwirkung des Mandats und ähnlicher Rechtsverhälnitsse, in: *Dieter NÖRR/Shigeo NISHIMURA* (Hrsg.), Mandatum und Verwandtes (1993), S. 235 ff.

–, Rez. Dette, Venire contra factum proprium, in: AcP 187 (1987), S. 95 ff.

–, Venire contra factum proprium und Verschulden gegen sich selbst, AcP 176 (1976), S. 334.

Reinhard WILLVONSEDER, XXV annorum operae, SZ 100 (1983), S. 533 ff.

Markus WIMMER, Besitz und Haftung des Vindikationsbeklagten, Köln-Weimar-Wien 1995.

–, Das Prälegat, Köln-Weimar-Wien 2004.

Laurens C. WINKEL, Error iuris nocet: Rechtsirrtum als Problem der Rechtsordnung, Band I: Rechtsirrtum in der griechischen Philosophie und im römischen Recht bis Justinian, Zutphen 1985.

–, Vorbemerkungen zum Thema Rechtsirrtum in der mittelalterlichen Jurisprudenz, zugleich ein Thema aus der Geschichte der Rechtsideologie, Ius Commune 13 (1985), S. 69 ff.

Anders WINROTH, The Teaching of Law in the Twelfth Century, in: *Helle VOGT/Mia MÜNSTER-SWENDSEN* (Hrsg.), Law and Learning in the Middle Ages, Kopenhagen 2006.

–, The Making of Gratian's Decretum, Cambridge 2004.

Moritz WLASSAK, Cessio bonorum, in: Paulys Realenzyclopädie, Band III. 2 (1899), S. 1995 ff.

–, Zur Geschichte der negotiorum gestio. Eine rechtshistorische Untersuchung, Jena 1879.

Friedrich von WOESS, Personalexekution und cessio bonorum im römischen Reichsrecht, SZ 43 (1923), S. 485 ff.

Armin WOLF, Die Gesetzgebung der entstehenden Territorialstaaten, in: *Helmut COING* (Hrsg.), Handbuch der Quellen und Literatur der neueren europäischen Privatrechtsgeschichte, Band I: Mittelalter (1100–1500). Die gelehrten Rechte und die Gesetzgebung, München 1973, S. 517 ff.

Joseph G. WOLF, Die lex Iulia de adulteriis coercendis, Iura 62 (2014), S. 47 ff.

–, In mancipio esse, in: *Martin AVENARIUS/Rudolf MEYER-PRITZL/ Cosima MÖLLER* (Hrsg.), Ars Iuris. Festschrift für Okko Behrends zum 70. Geburtstag, Göttingen 2009, S. 611 ff.

–, Funktion und Struktur der mancipatio, in: *Michel HUMBERT/Yan THOMAS* (Hrsg.), Mélanges de droit et d'histoire ancienne. Hommage à la mémoire de André Magdelain, Paris 1998, S. 501 ff.

–, Causa stipulationis, Köln 1970.

–, Error im römischen Vertragsrecht, Köln-Graz 1961.

Hans J. WOLFF, Der Ursprung des gerichtlichen Rechtsstreits bei den Griechen, in: *ders.* (Hrsg.), Beiträge zur Rechtsgeschichte Altgriechenlands und des hellenistisch-römischen Ägyptens, Weimar 1961, S. 1 ff.

–, Error im römischen Vertratgsrecht, Köln-Wien 1961.

Hartmut WOLFF, Die Constitutio Antoniniana und Papyrus Gissensis 40 I, 2 Bände, Köln 1976.

Christian WOLLSCHLÄGER, Das stoische Bereicherungsverbot in der römischen Rechtswissenschaft, in: *Okko BEHRENDS/Malte DIESSELHORST/ Wulf E. VOSS* (Hrsg.), Römisches Recht in der europäischen Tradition (Symposion Wieacker), Ebelsbach am Main 1985, S. 77 ff.

Witold WOŁODKIEWICZ, Attorno al significato della nozione di mater familias, in: Studi in onore di Cesare Sanfilippo, Band 3, Mailand 1983, S. 735 ff.

Hans van de WOUW, Brocardica Dunelmensia, SZ 108 (1991), S. 234 ff.

Felix WUBBE, Benigna interpretatio als Entscheidungskriterium, in: *Franz HORAK/Wolfgang WALDSTEIN* (Hrsg.), Festgabe für Arnold Herdlitczka zu seinem 75. Geburtstag, München 1972, S. 295 ff.

–, Benignius redivivus, in: *Hans ANKUM/Robert C. FEENSTRA/Wilhelmus F. LEEMANS* (Hrsg.), Symbolae iuridicae et historicae Martino David dedicatae, Band 1 (ius romanum), Leiden 1968, S. 237 ff.

–, Res aliena pignori data, Leiden 1960.

Sven E. WUNNER, Contractus. Sein Wortgebrauch und Willensgehalt im klassischen römischen Recht, Köln-Graz 1964.

Michael WURM, Apokeryxis, Abdicatio und Exheredatio, München 1972.

Reuven YARON, Si pater filium ter venum duit, TR 36 (1968), S. 57 ff.

Yousef I. YOUAKIM, Estoppel in international law, Ann Arbor-Michigan 2004.

Pierpaolo ZAMORANI, Precario habere, Mailand 1969.

Klaus ZECHIEL-ECKES, Ein Blick in Pseudoisidors Werkstatt. Studien zum Entstehungsprozeß der falschen Dekretalen. Mit einem exemplarischen editorischen Anhang (Pseudo-Julius an die orientalischen Bischöfe, JK † 196), Francia 28/1 (2001), S. 37 ff.

Ernst ZELLER, Treu und Glauben und Rechtsmißbrauchsverbot, Zürich 1981.

Karl-Heinz ZIEGLER, Kompetenzvereinbarungen im römischen Zivilprozessrecht, in: *Dieter MEDICUS/Hans H. SEILER* (Hrsg.), Festschrift für Max Kaser zum 70. Geburtstag, München 1976, S. 557 ff.

–, Das private Schiedsgericht im antiken römischen Recht, München 1971.

Ugo ZILLETTI, Studi sul processo civile giustinianeo, Mailand 1965.

–, La dottrina dell'errore nella storia del diritto romano, Mailand 1961.

Maria G. ZOZ DE BIASIO, I rimedi contro gli atti in frode ai legittimari in diritto romano, Mailand 1978.

Ferdinando ZUCCOTTI, Il giuramento nel mondo giuridico e religioso antico, Mailand 2000.

2. Quellenverzeichnis

a. Literarische Quellen

b. Vorjustinianische Quellen

c. Justinianische Quellen

3. Stichwortverzeichnis

Q

R

V

W

Z

Wiener Studien zu Geschichte, Recht und Gesellschaft
Viennese Studies in History, Law, and Society

Herausgegeben von Nikolaus Benke

Band/Vol. 1 Richard Gamauf: Ad statuam licet confugere. Untersuchungen zum Asylrecht im römischen Prinzipat. 1999.

Band/Vol. 2 Ilse Reiter: Ausgewiesen, abgeschoben. Eine Geschichte des Ausweisungsrechts in Österreich vom ausgehenden 18. bis ins 20. Jahrhundert. 2000.

Band/Vol. 3 Franz-Stefan Meissel: Societas. Struktur und Typenvielfalt des römischen Gesellschaftsvertrages. 2004.

Band/Vol. 4 Antike – Recht – Geschichte. Symposion zu Ehren von Peter E. Pieler. Herausgegeben von Nikolaus Benke und Franz-Stefan Meissel. 2009.

Band/Vol. 5 Loredana Cappelletti: Gli statuti di Banzi e Taranto nella *Magna Graecia* del I secolo a.C. 2011.

Band/Vol. 6 Lisa Isola: Venire contra factum proprium. Herkunft und Grundlagen eines sprichwörtlichen Rechtsprinzips. 2017.

www.peterlang.com

www.ingramcontent.com/pod-product-compliance
Ingram Content Group UK Ltd.
Pitfield, Milton Keynes, MK11 3LW, UK
UKHW041829290926
8980IPUK00002B/147

9 783631 717141